W0061832

BECK'SCHE SONDERAUSGABEN

KARL GEIRINGER

DIE MUSIKERFAMILIE BACH

Musiktradition
in sieben Generationen

Unter Mitarbeit von
Irene Geiringer

VERLAG C.H. BECK MÜNCHEN

Diese Sonderausgabe ist – mit Ausnahme des Kapitels über Johann Sebastian Bach, das hier in einer gekürzten Neufassung erscheint – eine verbesserte Neuausgabe von Karl Geiringer, „Die Musikerfamilie Bach", 1958.
Englische Originalausgabe: The Bach Family, Seven Generations of Creative Genius (George Allen & Unwin LTD, London)

Mit 24 Tafelabbildungen und 94 Notenbeispielen im Text

CIP-Kurztitelaufnahme der Deutschen Bibliothek

Geiringer, Karl:
Die Musikerfamilie Bach: Musiktradition in
7 Generationen / Karl Geiringer. Unter Mitarb. von
Irene Geiringer. – 2. Aufl. d. Sonderausg., verb.
Neuausg. – München: Beck, 1983.
 (Beck'sche Sonderausgaben)
 Einheitssacht.: The Bach family, seven generations
of creative genius ⟨dt.⟩
 ISBN 3 406 06985 1

Zweite Auflage der Sonderausgabe. 1983

ISBN 3 406 06985 1
© C. H. Beck'sche Verlagsbuchhandlung (Oscar Beck), München 1977
Druck: C. H. Beck'sche Buchdruckerei, Nördlingen
Printed in Germany

Dem Andenken von

MARY CONOVER MELLON

deren stetes Streben

nach Abenteuern in der Welt des Geistes

einen Ansporn

bei der Abfassung dieses Buches

bildete

VORWORT
ZUR ZWEITEN AUFLAGE

Das vorliegende Buch setzt sich die Aufgabe, einen Überblick über Leben und Wirken der größten uns bekannten Familie von Musikern zu geben. Gleichzeitig trachtet es, deutsche Künstlerschicksale im siebzehnten und achtzehnten Jahrhundert zu schildern und an Hand der Werke einer einzigen Familie die Entwicklung der Musik von der Barockzeit zu der klassischen Periode zu skizzieren.

Die wichtigste Persönlichkeit und zentrale Figur in dieser Darstellung ist Johann Sebastian Bach. Ihm ist es vor allem zu verdanken, daß sich biographisches Material über die älteren Mitglieder der Familie erhalten hat und ebenso eine nicht unbeträchtliche Anzahl ihrer Kompositionen. Auch pflegte Sebastian die Beziehungen zu den Verwandten der eigenen Zeit und in seinem Haus wuchsen vier Söhne heran, die in der nächsten Generation glanzvolle Leistungen vollbringen sollten.

So vereinigte der Thomaskantor in seiner Hand die Fäden, durch die diese weitverzweigte Sippe zusammengehalten wurde. Aus der Tatsache, daß er gleichzeitig auch einer der größten Komponisten aller Zeiten war, ergab sich jedoch, paradoxerweise, eine gewisse Schwierigkeit für die Behandlung der Familiengeschichte. In der ersten Auflage dieses Buches wurde etwa ein Drittel des Gesamtumfanges der Schilderung des Lebensganges und Schaffens Johann Sebastians gewidmet. Dennoch war es unmöglich, innerhalb des zwangsmäßig noch immer recht eng bemessenen Raumes, der gigantischen künstlerischen Erscheinung Sebastians auch nur einigermaßen gerecht zu werden. So wurde schließlich eine Zweiteilung des Themas beschlossen. Dem Leben und Schaffen des Meisters ist von den Autoren ein eigenes Buch gewidmet worden („Johann Sebastian Bach", C. H. Beck'sche Verlagsbuchhandlung, München, 1971), während in dem vorliegenden Band nur die Grundzüge von Sebastians Dasein geschildert werden, sowie vor allem seine Beziehungen zu den Verwandten. Durch diese Beschränkung gewinnt auch die Darstellung der Familiengeschichte an Klarheit und Geschlossenheit.

Abgesehen von der völligen Umarbeitung des Sebastian gewidmeten Abschnittes, der nun vorwiegend den Meister im Kreise seiner Familie behandelt, stellt die vorliegende Auflage der Musikerfamilie Bach in ihrem Hauptteil einen wortgetreuen, auf photolithographischem Wege hergestellten Nachdruck der 1958 erschienenen ersten Auflage dar. Um eine Fortführung der Studien zu erleichtern, wurden jedoch anhangsweise verschiedene Arbeiten verzeichnet, die nach dem Abschluß der ersten Auflage erschienen sind und ebenso eine Anzahl der seit 1957 vorgelegten Neudrucke von Kompositionen der Verwandten Johann Sebastians.

Die Vorarbeiten für das Buch begannen in der unmittelbaren Nachkriegszeit. Da der Autor seinen Wohnsitz in den Vereinigten Staaten hat, ergaben sich bei der Materialbeschaffung sehr beträchtliche technische Schwierigkeiten. Diese konnten nur dank der unermüdlichen Hilfe zahlreicher – zum Teil inzwischen verstorbener – Bach-Freunde bewältigt werden. In jeder Hinsicht stand Herr John D. Barrett, New York, und die von ihm geleitete Bollingen Foundation in großzügiger Weise mit Rat und Tat zur Verfügung. Herr Paul Bach, ein direkter Nachkomme des Meininger Komponisten Johann Ludwig Bach, überließ mir bedeutsames archivalisches Material und gestattete mir auch die Veröffentlichung wertvoller Bilder aus seinem Privatbesitz. Von großer Wichtigkeit waren die dokumentarischen Untersuchungen, die Herr Staatsarchivar Fritz Wiegand, Erfurt, freundlichst zur Verfügung stellte. Herr Dr. Martin Cremer, Direktor der früheren Westdeutschen Bibliothek, Marburg, war in gütiger Weise behilflich, Mikrofilme der nach dem Kriegsende nur schwer zugänglichen Bestände der früheren preußischen Staatsbibliothek, Berlin, zu beschaffen. Herr Dr. George Weston, Professor emeritus der Harvard University, stellte die Schätze seiner Friedemann-Bach-Sammlung freundlichst zur Verfügung. Wertvolle Beiträge zur Materialbeschaffung leisteten auch die Herren Dr. Ernst Brinkmann, Mühlhausen; Dr. Conrad Freyse, Direktor des Bach-Museums, Eisenach; die Herren Oberbürgermeister von Jena und Meiningen, sowie Professor Dr. Günther Kraft, Weimar. Insbesondere ist auch den Leitern der Musikabteilungen der folgenden Bibliotheken der aufrichtigste Dank auszusprechen: Deutsche Staatsbibliothek, Berlin; Archiv der Gesellschaft der Musikfreunde, Wien; British Museum, London; Bibliothèque du Conservatoire Royal, Brüssel; Library of Congress, Washington, D. C.; New York Public Library; Library of the University of Michigan, Ann Arbor, Mich.; Sibley Music Library, Rochester, New York; Boston Public Library; Harvard University Libraries (Isham, Houghton und Widener), Cambridge, Mass.

Für Hilfe bei der Bewertung der Bach-Maler ist der Autor Herrn Thomas Messer, Direktor des Guggenheim Museums, New York, verpflichtet. Für verständnisvolles Eingehen auf die Wünsche des Autors sei dem Verlag C. H. Beck und insbesondere Frau Dr. Ursula Pietsch der verbindlichste Dank ausgesprochen.

Meine Gattin, Frau Dr. Irene Stekel Geiringer, die auch an meinen früheren Arbeiten beteiligt war, hat bei der Abfassung des vorliegenden Buches weitgehend mitgewirkt; dies gilt vor allem für die biographischen Abschnitte in dieser Familiengeschichte.

DR. KARL GEIRINGER
Professor der Musikwissenschaft i. R.
Santa Barbara, Cal., Januar 1977 University of California, Santa Barbara

INHALT

ABBILDUNGSVERZEICHNIS

ABKÜRZUNGEN

Eingeklammerte Nummern, die dem Namen eines Mitgliedes der Bach-Familie folgen, sind dem „Ursprung der musicalisch-Bachischen Familie" entnommen.

AfMf   Archiv für Musikforschung

BJ   Bach-Jahrbuch, Leipzig (Berlin) 1904 ff.

BV   Bärenreiter-Verlag, Kassel

BWV   Thematischer Katalog der Werke J. S. Bachs in Wolfgang Schmieder: „Thematisch-systematisches Verzeichnis der musikalischen Werke J. S. Bachs", Leipzig 1950

DDT   Denkmäler deutscher Tonkunst, Leipzig 1892–1931. Neuausgabe1957–61.

F   Thematisches Verzeichnis der Werke Wilhelm Friedemann Bachs in Martin Falck: „Wilhelm Friedemann Bach", Leipzig 1913

JSBiT   Johann Sebastian Bach in Thüringen, Erfurt 1950

MBF   Karl Geiringer: „Music of the Bach Family", Cambridge (USA) 1955, auch auf vier Langspielplatten aufgenommen (Boston Records).

MGG   Die Musik in Geschichte und Gegenwart, Kassel 1949 ff.

MQ   Musical Quarterly New York 1915–

NMA   Nagels Musik-Archiv, Hannover

RD   Das Erbe deutscher Musik, Reichsdenkmale, 1935 ff.

Schn   Thematischer Katalog der Werke der älteren Mitglieder der Bach-Familie in Max Schneider: „Thematisches Verzeichnis der musikalischen Werke der Familie Bach", BJ 1907

SIMG   Sammelbände der internationalen Musik-Gesellschaft, Leipzig 1899–1914

Sü   Thematischer Katalog der Werke Johann Christoph Friedrich Bachs, zusammengestellt von Georg Schünemann in DDT 56

T   Thematischer Katalog der Werke Johann Christian Bachs in C. S. Terry: „John Christian Bach", London 1929

Wq   Thematischer Katalog der Werke Carl Philipp Emanuel Bachs in Alfred Wotquenne:„C. P. E. Bach, Thematisches Verzeichnis seiner Werke", Leipzig 1905

ZfMW   Zeitschrift für Musikwissenschaft, Leipzig 1919–1935

ERSTER TEIL

AUFSTIEG UND ERSTE

GROSSE LEISTUNGEN

(– 1700)

EINLEITUNG

JAHRE DES UNHEILS IN DEUTSCHLAND

In der Geschichte menschlicher Errungenschaften stellt die Musikerfamilie Bach einen einzigartigen Fall dar, denn sie überragt alle anderen uns bekannten Künstlergeschlechter an Bedeutung und Länge des Wirkens. In sieben aufeinanderfolgenden Generationen waren die Bache[1] als Kirchen- oder Stadtmusiker tätig und selbst dem aus ihrer Mitte aufsteigenden unsterblichen Genie folgten hochbegabte Söhne, die in der Musik ihrer Zeit eine entscheidende Rolle spielten. Zähigkeit, Energie und ein unbezwinglicher Auftrieb muß den Bachen zu eigen gewesen sein, denn es gelang ihnen, aus den niedersten sozialen Schichten aufzusteigen zu einer Zeit, da das deutsche Volk durch eine Periode des Elends und der tiefsten Erniedrigung ging.

Es ist kaum möglich, ein zu dunkles Bild von der Leidenszeit zu entwerfen, die das deutsche Volk in der 1. Hälfte des 17. Jahrhunderts durchlebte, als der Dreißigjährige Krieg in seinem Lande geführt wurde. In poetischer Vision hat FRIEDRICH SCHILLER die grauenhafte Lage der Bevölkerung geschildert:

„Und wirklich war das Elend in Deutschland zu einem so ausschweifenden Grade gestiegen, daß das Gebet um Frieden von tausendmaltausend Zungen ertönte ... Wüsten lagen da, wo sonst tausend frohe und fleißige Menschen wimmelten, wo die Natur ihren herrlichsten Segen ergossen und Wohlleben und Überfluß geherrscht hatten. Die Felder, von der fleißigen Hand des Pflügers verlassen, lagen unbebaut und verwildert, und wo eine junge Saat aufschoß oder eine lachende Ernte winkte, da zerstörte ein einziger Durchmarsch den Fleiß eines ganzen Jahres, die letzte Hoffnung des verschmachtenden Volks. Verbrannte Schlösser, verwüstete Felder, eingeäscherte Dörfer lagen meilenweit herum in grauenvoller Zerstörung ... Die Städte seufzten unter der Geißel zügelloser und räuberischer Besatzungen, die das Eigentum des Bürgers verschlangen und die Freiheiten des Krieges, die Lizenz ihres Standes und die Vorrechte der Not mit dem grausamsten Mutwillen geltend machten ... Die Anhäufung der Menschen in Lagern und Quartieren, Mangel auf der

---

[1] Von Thüringen ausgehend hat sich diese Pluralbildung in der Bach-Forschung durchgesetzt.

einen Seite und Völlerei auf der andern brachten pestartige Seuchen hervor, die mehr als Schwert und Feuer die Länder verödeten. Alle Bande der Ordnung lösten in dieser langen Zerrüttung sich auf, die Achtung für Menschenrechte, die Furcht vor Gesetzen, die Reinheit der Sitten verlor sich, Treu und Glaube verfiel, indem die Stärke allein mit eisernem Zepter herrschte; üppig schossen unter dem Schirme der Anarchie und der Straflosigkeit alle Laster auf, und die Menschen verwilderten mit den Ländern."

So hatte 1648, als der Westfälische Friede geschlossen wurde, die deutsche Nation einen tragischen Tiefpunkt erreicht. In den Ländern, die nicht allzu ungünstig abgeschnitten hatten, war die Bevölkerung auf die Hälfte zusammengeschrumpft; in dem zentral gelegenen Thüringen aber war nur ein Viertel am Leben geblieben. Die auf wunderbare Weise vom Tode Verschonten waren körperlich und geistig erschöpft, und viele der in den späteren Kriegsjahren und der unmittelbaren Nachkriegszeit geborenen Kinder besaßen nur ungenügende Lebenskraft.

Von einer Bevölkerung solcher Art waren keine großen künstlerischen Leistungen zu erwarten. Tatsächlich hat die deutsche Literatur der Zeit kaum Beiträge von bleibendem Wert zu verzeichnen. Selbst die deutsche Sprache war in den Hintergrund gedrängt worden, da man danach strebte, sie so weit als möglich mit französischen und lateinischen Ausdrücken zu verzieren. Mit der bildenden Kunst Deutschlands stand es kaum besser, und mit Recht heißt es über sie in LÜBKE-SEMRAU's „Barock und Rokoko": „Arm an Talenten, arm an selbständigen künstlerischen Ideen, arm an Gelegenheiten zur Betätigung vermag sie in keiner Weise sich mit dem Kunstschaffen in den Nachbarländern zu messen."

Es ist eine erstaunliche Tatsache, daß in jenen unheilvollen Jahren die deutsche Musik sich lebendig erhielt. Obwohl die kriegerischen Ereignisse jede Musikübung schwer beeinträchtigten, ergaben sich doch nie jene wüstenhafte Dürre und der völlige Stillstand, wie sie auf anderen Gebieten künstlerischer Betätigung zu verzeichnen waren. Ein Autor des 17. Jahrhunderts namens JOHANN FLITNER ging sogar so weit, seine Zeit als ein *„seculum musicum"* zu bezeichnen. Hier liegt in der Tat ein ausgesprochenes Paradox vor.

Vielleicht vermag die enge Verbundenheit von Musik und Religion zur Lösung des Rätsels beizutragen. Die letzten Reste geistiger Kraft kamen in der religiösen Betätigung zum Ausdruck. Je ärger es in der äußeren Welt zuging, desto mehr wuchs das Sehnen nach dem inneren Frieden, den die Verbundenheit mit Christus gewährte. Unter solchen Umständen wurde die Musik, die transzendentalste aller schöpferischen Betätigungen, ein geistiges Muß, ein Heilmittel, auf das der Deutsche nicht verzichten konnte. Besonders war es die noch immer jugendstarke protestantische Kirche, die zur Schöpfung neuer, wichtiger Kompositionen Veranlassung gab. Wo immer eine

Kirche der Verwüstung entgangen war, tat die Gemeinde das Äußerste, einen Gottesdienst wieder aufzubauen, der, mit Hilfe der Musik, sie innerlich über ihre mühselige und hoffnungslose Existenz triumphieren ließ. So ergab es sich, daß der Krieg mit seinen Folgeerscheinungen dem deutschen Musikleben schweren, jedoch keineswegs verhängnisvollen Schaden zufügte.

Dies zeigt sich mit besonderer Deutlichkeit, wenn man die kleinen protestantischen Gemeinden ins Auge faßt, wo Kantoren, Organisten und Stadtpfeifer ganz erstaunliche Leistungen vollbrachten. Die zeitgenössischen Chronisten waren sich der Bedeutsamkeit des Erreichten völlig bewußt, und AUGUST BOETIUS bemerkte etwa in seiner „Merkwürdigen und auserlesenen Geschichte von der berühmten Landgraffschaft Thüringen" aus dem Jahre 1684:

„Sonderlich wird die MUSIC in Kirchen und Schulen / in Städten und Dörffern fleissig getrieben / DIE THUERINGER WISSEN WAS DIE ALTEN GESAGT... DER HAETTE KEINE PROPORTION WEDER AM GEMUETHE NOCH IM LEIBE / DER NICHT EIN LIEBHABER DER SING-KUNST WERE ... Es werden dieser Orten / weil auch die Bauren die Instrumente verstehen / nicht allein allerhand Saitenspiele in *Violinen* und *Violonen* / *Viol DI Gamben* / *Clavizimbeln* / *Spinetten* / *Zitrinchen* / auff Dörffern ... verfertiget / sondern man findet auch oft in geringen Kirchenspielen Orgel Werke mit so vielen Auszügen und Variationen / daß man sich darüber verwundern muß. Insonderheit aber haben die LINDEMANNI / ALTENBURGH / AHLEN / BRIEGEL / BACHEN und andere / mit ihrem Componiren dieser Provinz nicht einen geringen Nahmen wegen der Music gemacht...[1]"

Zur Zeit, als dieses Buch erschien, hatten tatsächlich Mitglieder der Familie Bach der Musik seit langem getreulich gedient. Doch sollten die Bache noch durch mehr als 100 Jahre ihre musikalische Tätigkeit fortsetzen, die anderen von BOETIUS erwähnten Musikersippen überflügeln und schließlich einen Glanzpunkt künstlerischer Entwicklung erreichen, wie ihn selbst der begeisterte Chronist nicht vorausahnen konnte.

---

[1] Vgl. H. Besseler und G. Kraft in „Johann Sebastian Bach in Thüringen", Erfurt 1950 (im folgenden abgekürzt JSBiT) S. 154 f.

ERSTES KAPITEL

EIN MÜLLER – EIN HOFNARR – EIN STADTPFEIFER

VEIT-HANS-CASPAR BACH

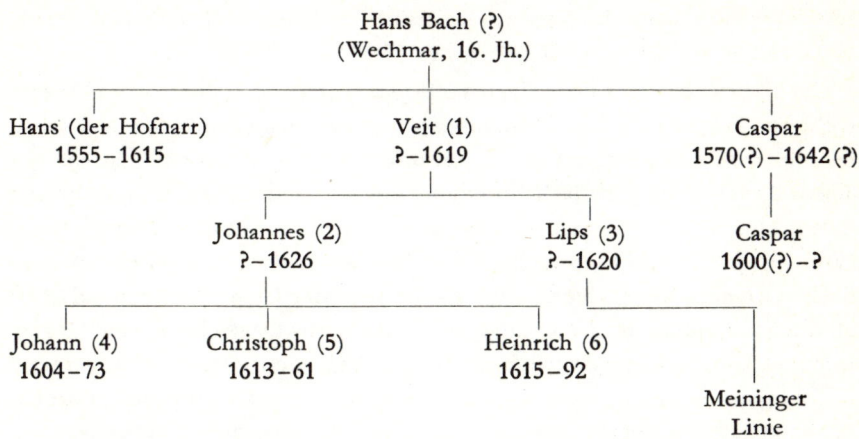

Die nach dem Namen angeführten Nummern sind Sebastians Genealogie
entnommen.

Im 18. Jahrhundert waren sich die Bach-Musiker der Einzigkeit ihrer Familientradition bereits voll bewußt. Voll Stolz bemerkte 1727 ein Kantor dieses Namens in dem thüringischen Flecken Gehren, daß die „weltbekannte Bachsche Familie" ihre Genealogie von 1504 an nachweisen könne[1]. Ob der Kantor tatsächlich ein solches Dokument besaß, wissen wir nicht. Wenn dies der Fall war, so stand jene genealogische Tafel seinem großen Verwandten, Sebastian Bach, nicht zur Verfügung, als dieser 8 Jahre später die Familiengeschichte zu Papier brachte. Die vom Thomaskantor verfertigte und als

---

[1] Dies war Johann Christoph Bach (17); vgl. FRITZ WIEGAND „Johann Sebastian Bach und seine Verwandten in Arnstadt", Arnstadt 1950. In der Gegend von Coburg, Franken, läßt sich, laut Mitteilung von Herrn Paul Bach, der Name Bach bereits im Jahre 1000 feststellen.

„Ursprung der musicalisch-Bachischen Familie" bezeichnete Chronik[1] geht auf das Ende des 16. Jahrhunderts zurück und beginnt mit folgenden Worten:

„Vitus Bach, ein Weißbecker in Ungarn, hat im 16ten Seculo der lutherischen Religion halber aus Ungarn entweichen müssen. Ist dannenhero, nachdem er seine Güter, so viel es sich hat wollen thun lassen, zu Gelde gemacht, in Deutschland gezogen, und da er in Thüringen genugsame Sicherheit für die lutherische Religion gefunden hat, hat er sich in Wechmar, nahe bey Gotha niedergelassen, und seine Beckers Profeßion fortgetrieben. Er hat sein meistes Vergnügen an einem Cythringen[2] gehabt, welches er auch mit in die Mühle genommen, und unter währendem Mahlen darauf gespielet. / : Es muß doch hübsch zusammen geklungen haben! Wiewol er doch dabey den Tact sich hat inprimiren lernen: / Und dieses ist gleichsam der Anfang zur Musik bey seinen Nachkommen gewesen."

Der Bericht läßt uns über einen wichtigen Punkt im Unklaren. Wir wissen nicht, ob Veit ungarischer Abstammung war oder aus Deutschland auf seiner Gesellenreise nach Ungarn wanderte und sich dort niederließ. Die letztere Theorie wurde in der Bach-Forschung meistens vertreten, und man wies darauf hin, daß der Name Bach sich an verschiedenen Orten Thüringens das ganze 16. Jahrhundert hindurch nachweisen läßt und ein Mann namens Hans Bach (vielleicht Veits Vater?) 1561 als Mitglied der Gemeindevormundschaft in Wechmar auftaucht. Neuerdings hat sich aber in Deutschland eine Gegenstimme erhoben[3]. Wenn Veit wirklich aus Deutschland ausgewandert ist, bemerkt W. Rauschenberger, so kann er sich nicht lange in Ungarn aufgehalten haben; wie konnte er in kurzer Zeit das anscheinend nennenswerte Vermögen, auf das Sebastian hinweist, ansammeln? Und warum spricht der Chronist von „einem Weißbäcker in Ungarn", ohne der thüringischen Abstammung Erwähnung zu tun? Erscheint es nicht wahrscheinlicher, daß Veit in Ungarn geboren wurde und Besitztümer von seinem Vater erbte? Auch in diesem Falle könnte er einer deutschen Familie entstammen, da viele Deutsche damals ihren Wohnsitz in Ungarn hatten. Anderseits könnte eine Mischung deutschen und magyarischen Erbgutes in den Vorfahren Veits oder seiner Frau einer der Faktoren sein, die zu der reichen künstlerischen Begabung beitrugen, welche Veit an seine Nachkommen weitergab. Die Frage ist noch unbeantwortet.

---

[1] Wir besitzen 2 Exemplare des „Ursprungs". Eines befand sich im Besitze von Philipp Emanuel Bach und wurde 1774 von ihm mit Zusätzen und Richtigstellungen an den ersten Bach-Biographen, J. Nikolaus Forkel, gesandt. Das andere wurde mutmaßlich von Sebastians Sekretär, J. Elias Bach, abgeschrieben, der es seinem Bruder Lorenz übergab, in dessen Familie das Dokument bewahrt wurde. Der „Ursprung" wurde von J. Müller-Blattau herausgegeben (Kassel 1950).

[2] Ein lautenartiges kleines Saiteninstrument.

[3] Vgl. W. Rauschenberger „Die Familien Bach". Frankfurt a. M. 1950.

Zwei grundlegende Tatsachen ergeben sich jedenfalls aus der Chronik. Veit gab seinem Glauben zuliebe eine gesicherte Existenz auf, und so zeigt sich in ihm bereits jene tiefverwurzelte Zugehörigkeit zum Luthertum, die für die Bache so ungemein wichtig sein sollte. Bemerkenswert ist ferner die Wahl von Thüringen[1]. Wir wissen ja nicht, ob es Veit dorthin zog, weil er Verwandte in der Gegend hatte; jedenfalls aber sagte es ihm in Thüringen zu, und mehrere Generationen seiner Familie folgten seinem Beispiel und verblieben in der Provinz, wo sich Bach-Zentren durch mehr als hundert Jahre erhielten. Ein gewisser Mangel an Unternehmungsgeist mag auch zu einer solchen Seßhaftigkeit beigetragen haben, doch war dies kein entscheidender Faktor. Thüringen war das Land, in dem sich Menschen von der Geistesart der Bache wirklich heimisch fühlten.

Für seine Schönheit müssen sie empfänglich gewesen sein, und die ungeheuren Forste des Thüringerwaldes und des Harz müssen sie beeindruckt haben. Auch ist die Natur den Thüringern freundlich gesinnt; ein mäßiges Klima und fruchtbarer Boden bringen Ernten hervor, die von keiner anderen deutschen Provinz übertroffen werden. Die Bewohner sind besinnlich, nach innen gekehrt und voll Phantasie. Zahllose Legenden haben ihren Ursprung in Thüringen. Hier steht der Kyffhäuserberg, in dem, der Sage nach, Kaiser Friedrich Barbarossa mit seinen Heerscharen wartet, bis ihm die Raben das Zeichen geben, zu seinem Volk zurückzukehren. Der Brocken mit seinen eigenartigen Nebelbildungen gilt als Treffpunkt der Hexen. In der Nähe von Eisenach befindet sich der Hörselberg, wo Venus Tannhäuser in süße Fesseln schlug, bis er sich losriß und zur Wartburg eilte, um am Sängerkrieg teilzunehmen. Der Name der Eisenacher Wartburg läßt uns jedoch auch eines ganz anderen Geschehens gedenken. In diesem Schloß verweilte Luther unter dem Decknamen eines Junker Jörg, als er an seiner grundlegenden Bibelübersetzung arbeitete. Und dies ist keineswegs der einzige Berührungspunkt zwischen Thüringen und dem Reformator. In Eisenach besuchte er die Lateinschule, der Sebastian Bach fast 200 Jahre später angehören sollte. In Erfurt studierte Luther an der Universität und trat in das dortige Augusti-

---

[1] J. M. KORABINSKYS Theorie (in „Beschreibung der . . . Stadt Preßburg", Preßburg 1784), daß Veit Bach seinen Wohnsitz in Preßburg hatte, ist bisher nicht bewiesen worden. Professor DR. GÜNTHER KRAFT, Weimar, hat ausgebreitete Forschungen über den Ursprung der Familie Bach im Rhöngebiet unternommen und das Dorf Ober-Katz als Geburtsort des Veit Bach festgestellt, wo er am 15. Mai 1579 getauft wurde. Die dem Autor freundlicherweise von Professor KRAFT brieflich erteilten Mitteilungen bringen bedeutsame Theorien über die Beziehungen der Bache zu Ungarn, Schlesien, Böhmen, und der Veröffentlichung seines Materials ist mit Spannung entgegenzusehen. Der Autor behält sich vor, sodann hiezu Stellung zu nehmen.

nerkloster ein. Thüringen wurde eine der Hauptsäulen der Reformation, und seine Prinzen befanden sich unter den Führern der Bewegung.

Nicht nur vom religiösen Standpunkt aus war die Wahl von Thüringen eine richtige. Dies war ein Land, wo man Sonntags einfache Bauernknechte in der Kirche als Sänger und Instrumentalisten hören konnte, die es – wie ein Jenaer Amtmann bemerkt – „manchen Federhansen wo nicht *pronunciatione*, jedoch *arte* weit zuvor" taten, ein Land, wo sogar in kleinen Kirchen die „vocalis musica zum wenigsten mit ein 5 oder 6 Geigen ornirt und gezieret" wurde[1]. In der von Musik durchtränkten Atmosphäre Thüringens wuchs das musikalische Können des Bäckers Veit Bach, und sein geliebtes „Cythringen" war ihm so wichtig, daß er das Instrument nicht nur in Stunden der Muße spielte, sondern es auch in die Mühle mitnahm.

Veit war nicht der einzige Bach seiner Zeit, der sich mächtig zur Musik hingezogen fühlte. Wir hören auch von einem Zimmermann *Hans Bach*, der vielleicht ein Bruder Veits war und als Spielmann und Schalksnarr am Hofe der verwitweten Herzogin Ursula von Württemberg in Nürtingen tätig war. Das wenige, was wir über Hans wissen, entnehmen wir zwei Bildnissen, die sich in Emanuel Bachs Sammlung von Bildnissen seiner Angehörigen[2] befanden. In dem früher angefertigten, einem Kupferstich der Berliner Bibliothek, sehen wir einen Mann mittleren Alters mit der damals modischen Halskrause, der eine Fiedel in der linken, einen Bogen in der rechten Hand hält. Er trägt Schnurrbart und Spitzbart, sein Haar ist kurzgeschnitten, doch zeigt er mitten auf der Stirn eine sorgfältig gewellte Locke, die offenbar komisch wirken sollte. Auf der rechten Schulter trägt er die Narrenschelle. Seine musikalischen Darbietungen müssen leichter Natur gewesen sein, denn ein Knittelvers in der linken Ecke des Bildes oberhalb einer Narrenkappe rühmt:

> *„Hie siehst du geigen Hannsen Bachen,*
> *Wenn du es hörst, so mustu lachen.*
> *Er geigt gleichwol nach seiner Art,*
> *Unnd tregt ein hipschen Hanns Bachen Bart."*

Das andere Bildnis, ein in der Bibliothèque Nationale in Paris bewahrter Holzschnitt zeigt uns einen älteren Mann in ähnlicher Aufmachung und hat

---

[1] Vgl. BURKHARDT GROSSMANN „Praefatio zu 116. Psalm", 1623 und MICHAEL ALTENBURG Vorrede zu „Erster Teil newer lieblich und zierlicher Intraden", 1620, mitgeteilt von KRAFT in JSBiT.

[2] Emanuel nahm irrtümlicherweise an, daß die Bildnisse Sebastians Urgroßvater, Johannes (Hans) Bach (2) darstellten. Dieser starb jedoch 1626, während 1615 als Todesjahr für den abgebildeten Hans Bach auf dem späteren Bildnis angegeben wird. Das Verwandtschaftsverhältnis zu Sebastian ist noch nicht aufgeklärt.

die folgende lateinische Aufschrift: *Morio celebris et facetus: fidicen ridiculus: homo laboriosus simplex et pius.* (Berühmter und launiger Schalksnarr, spaßhafter Fiedler, ein fleißiger, einfältiger und gottesfürchtiger Mann.) Um die Inschrift sind 18 verschiedene Zimmermannsgeräte als Symbole seines Berufs' angebracht.

Die Tatsache, daß zwei verschiedene Bildnisse von Hans Bach angefertigt wurden – eines von der Hand des angesehenen WILHELM SCHICHARD, der später als Universitätsprofessor in Tübingen wirkte – beweist, daß der Abgebildete nicht als durchschnittlicher Schalksnarr angesehen wurde. Während Gaukler und Narren in jener Zeit als „unehrlich" galten, heißt es im Kirchenregister, daß Hans, „dem fleißigen und treuen Diener ihrer Herzoglichen Hoheit ein ehrliches Begräbnis" erteilt wurde. So gelang es diesem Manne, dank seines Charakters und seiner Leistungen, aus den tiefsten sozialen Niederungen aufzusteigen.

Während der Weißbäcker und Müller Veit nur ein Liebhaber der Musik war und Hans die Tätigkeit eines Spielmanns und Schalksnarren mit der des Zimmermanns vereinte, wirkte ein anderer Bach namens *Caspar* (geb. um 1570), der vielleicht ein jüngerer Bruder Veits war, als Stadtpfeifer in Gotha. Caspar wohnte dort im Rathausturm[1], wie es der Brauch war für die Stadtpfeifer, die häufig auch als „Haustauben" bezeichnet wurden. Außer der musikalischen Tätigkeit mußte nämlich der Stadtpfeifer die Stunden abblasen, die Bewegung auf den zur Stadt führenden Straßen beobachten und berichten, wenn er mehr als zwei Reiter herannahen oder den Rauch eines Feuers aufsteigen sah. Caspar blieb in Gotha bis er 1620 nach Arnstadt berufen wurde, eine Stadt, die eine bedeutsame Rolle in der Bach-Chronik spielen und, von kleinen Unterbrechungen abgesehen, fast zwei Jahrhunderte hindurch Musiker der Familie beschäftigen sollte[2]. Caspar kam in eine durch die Pestepidemie des vorhergehenden Jahres furchtbar heimgesuchte Stadt, die etwa ein Drittel ihrer Einwohner eingebüßt hatte. Selbst als sich die Gesundheitslage gebessert hatte, waren die Arnstädter durch den 1618 ausgebrochenen Krieg in schwerste Bedrängnis versetzt. Nun war die Wachetätigkeit der Stadtpfeifer von besonderer Wichtigkeit, und Caspar mag im Neideckturm, wo er wohnte und wirkte, manche Stunden in Angst und Bangen verbracht haben. 1635 war er endlich in der Lage, die Stellung aufzugeben und sich ein Haus zu kaufen (das heute

---

[1] Die Genealogie berichtet, daß er im Schloß Grimmenstein sein Quartier hatte, was jedoch nicht zutreffen kann, da das Schloß 1567 zerstört wurde.

[2] Der Name Bach findet sich im Arnstädter Kirchenregister zum erstenmal im Jahre 1613, da eine Johanna Elisabeth Bach aus Ichtershausen den Böttcher Andreas Hartmann heiratete. Vgl. WIEGAND a. a. O.

noch steht). Obwohl er den Wachedienst nicht mehr ausüben mußte, wirkte er weiterhin als Musikant für die Stadt und den regierenden Grafen von Schwarzburg-Arnstadt, in dessen Kapelle er den Dulcian (Fagott) spielte. Der gräfliche Herr scheint ein Musikfreund gewesen zu sein, denn er verhalf einem anderen Caspar Bach (wohl dem ältesten, um 1600 geborenen Sohn des Stadtpfeifers) zu einer guten musikalischen Ausbildung. Er sandte ihn 1621 an den Hof von Bayreuth und späterhin nach Dresden und ließ Caspar durch angesehene Meister unterweisen, wobei er ihn auch mit den erforderlichen Instrumenten und Kleidungsstücken versah. Dafür mußte sich der junge Caspar verpflichten, auf „allerlei Instrumenten vielseitig zu üben" und später in die gräfliche Kapelle einzutreten. Doch kam es nie zur Verwirklichung des Planes und nach 1625 taucht sein Name nicht mehr in Arnstädter Archiven auf. Vielleicht war der Graf mit Hinblick auf die ständig wachsenden finanziellen Schwierigkeiten außerstande, Caspar Beschäftigung zu geben, oder der vielversprechende Musiker mag in jungen Jahren gestorben sein. Jedenfalls findet sich in den Arnstädter Dokumenten nach 1625 kein weiterer Hinweis auf den Künstler. Auch den jüngeren Söhnen des Stadtpfeifers war es nicht vergönnt, des Vaters Amt zu übernehmen, da ihrer vier in den Jahren 1632 bis 1637 starben[1]. Nachdem der alte Mann all diese Schicksalsschläge in Arnstadt erlitten hatte, mag er den Wunsch empfunden haben, die Stadt zu verlassen. Vielleicht begab er sich zu einem seiner Angehörigen, die in den benachbarten Dörfern wohnten. Jedenfalls ist sein Tod, der zwischen 1642 und 1644 erfolgte, im Arnstädter Sterberegister nicht verzeichnet.

Es war wohl Caspar Bach, der einen Sohn des Veit namens *Johannes* (geb. um 1580) zum Lehrling nahm als dessen „sonderliche Zuneigung zur Musik" sich bemerkbar machte. Die Genealogie erwähnt nicht den Namen Caspars, bemerkt aber, daß Johannes beim Gothaer Stadtpfeifer in Lehre war. Johannes verblieb bei seinem Meister sogar nach Ablauf der üblichen Dienstzeit, doch kehrte er schließlich nach Wechmar zurück. Er wurde häufig in benachbarte Städte, wie Gotha, Erfurt, Arnstadt berufen, wenn die dortigen Stadtpfeifer einer Verstärkung bedurften, und sein Ansehen als Spielmann war so groß, daß er sogar in entlegenere Orte wie Suhl und Schmalkalden geladen wurde. Daneben betätigte er sich als Teppichweber[2], und als Veit 1619 starb, scheint er auch noch die väterliche Mühle geführt zu haben. Doch nur sieben Jahre nach des Vaters Tod erlag Johannes der Pest, die damals verheerend das Land

---

[1] Melchior (1603 bis 1634), Johannes (1602 bis 1632) und Nicol (1619 bis 1637) werden im Sterberegister als Musiker angeführt, der 1635 verstorbene Heinrich als „blind"; der letztere mag zu der Erwähnung des „blinden Jonas" in der Genealogie Anlaß gegeben haben, der verschiedene Abenteuer erlebt haben soll.

durchzog. Er hinterließ drei Söhne, die jeder eine wichtige musikalische Dynastie begründen sollten[3].

Die Genealogie erwähnt auch einen Bruder des Johannes – ohne seinen Namen zu nennen –, der von Beruf Teppichwirker war. Es wird allgemein angenommen, daß es sich hierbei um *Lips Bach* handelt, der 1620 starb und im Wechmarer Register als Sohn des Veit angeführt wird. Die Familientradition behauptet, daß Lips' drei begabte Söhne vom Grafen von Schwarzburg-Arnstadt nach Italien zur musikalischen Ausbildung gesandt wurden, doch hat sich hiefür noch kein Nachweis erbringen lassen, und es mag hier eine Verwechslung mit den Söhnen des Caspar Bach vorliegen, deren ältester tatsächlich auf gräfliche Kosten ausgebildet wurde. Erst 100 Jahre später liegen Dokumente über die Nachkommen des Lips vor, die als „Meininger Bache" bedeutsame Künstler hervorbringen sollten.

---

[2] So heißt es in der Begräbnispredigt auf seinen Sohn Heinrich, die J. G. Olearius 1692 hielt. Die Genealogie aber erwähnt seine Tätigkeit als Müller.

[3] Die Mitteilung der Genealogie über seine Heirat, die von verschiedenen Bach-Biographen übernommen wurde, bedarf einer teilweisen Berichtigung. Es heißt dort, daß Johannes bei seiner Rückkehr nach des Vaters Tod Anna Schmied, eine Gastwirtstochter in Wechmar heiratete. Dies würde bedeuten, daß die Eheschließung im Jahre 1619 erfolgte. Andererseits wurden die in der Genealogie verzeichneten bedeutenden Söhne des Johannes bereits 1604, 1613 und 1615 geboren. Wenn er tatsächlich Anna Schmied 1619 heiratete, so muß sie seine zweite Frau gewesen sein, und die uns bekannten Söhne stammen aus einer früheren Ehe. Es erscheint jedoch wahrscheinlicher, daß Johannes bereits längere Zeit vor dem Tod des Vaters nach Wechmar zurückkehrte und dort Anna Schmied heiratete.

ZWEITES KAPITEL

DER BEGRÜNDER DER ERFURTER LINIE

JOHANN BACH

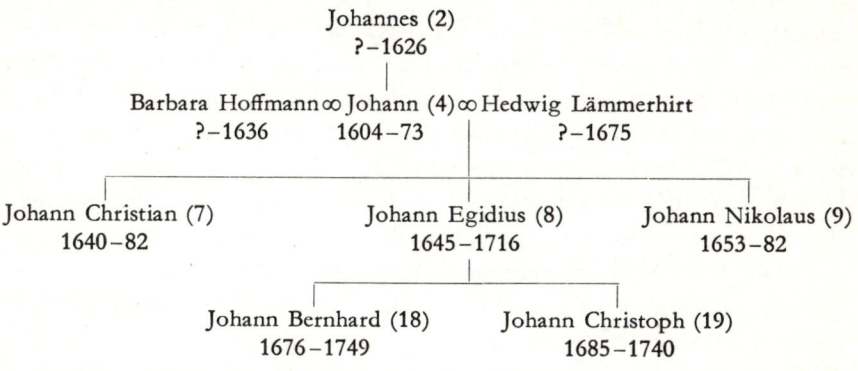

ZUR Zeit als Johannes Bach starb, waren die Lebensbedingungen in Wechmar unendlich schwierig. Der Krieg war in Deutschland eingezogen, und da zwei strategisch wichtige Straßen Thüringen kreuzten – eine nach Nürnberg, die andere nach Würzburg führend –, marschierten immer wieder Armeen durch das schöne Land, und Verwüstung und Seuchen folgten einander. Das Dorf Wechmar wurde 1626 und 1635 in furchtbarer Weise von der Pest heimgesucht; im letzteren Falle forderte sie mehr als 500 Todesopfer, unter ihnen auch die Witwe des Johannes Bach, der selbst neun Jahre früher durch den schwarzen Tod gefällt worden war. Es war eine von Katastrophen erfüllte und keineswegs der Pflege der Musen günstige Zeit, in der die Söhne des Johannes ihre Berufswahl zu treffen hatten. Dennoch entschieden sich alle für die Musik. Der älteste, *Johann* (geb. 1604), pflegte den Vater auf Musikreisen zu begleiten und erhielt auf diese Weise bereits eine gute praktische Ausbildung. Schon in jungen Jahren erwies er sich als so begabt, daß der Stadtpfeifer von Suhl, Johann Christoph Hoffmann, den Spielmann Bach veranlaßte, ihm den Knaben in die Lehre zu geben. Sieben Jahre blieb Johann als Lehrknabe und Geselle bei Hoffmann; dort lernte er die Tochter seines Meisters, Barbara, kennen und heiratete sie, sobald seine finanzielle Lage dies ermöglichte. In der Regel pflegte man in jenen Zeiten früh zu heiraten – und dies war auch bei den Bachen die allgemeine Tendenz –, doch zwangen die durch den Krieg geschaffenen unsicheren Verhältnisse Johann zu warten, bis er 31 Jahre alt war. Trotz guter Ausbildung war er nämlich Jahre hindurch außerstande, eine feste Stellung zu finden. Er zog von Suhl nach Schweinfurt, von dort nach Wechmar und wieder weg, ohne festen Fuß fassen zu können. Es ist möglich, daß er auch mit der Armee zeitweilig in Verbindung war, denn in einer späteren Steuererklärung erwähnt er Bargeld, das er „noch in voriger Zeit bei den Offizieren verdient"[1]. Endlich wurde er im Jahre 1635 nach Erfurt berufen, wo er bis zu seinem Tode verblieb. Die Umstände, die zu der Vakanz in der Erfurter „Stadtmusikantenkompanie" führten, sind so bezeichnend, daß sie hier erwähnt werden sollen.

Ein Erfurter namens Hans Rothländer lud einmal einen Soldaten in sein Haus und veranlaßte die Stadtpfeifer, bei ihm aufzuspielen. Der wehrhafte Gast trank zu viel und schlief ein. Als die Hausfrau versuchte, ihn aufzuwecken, um ihn zum Tanz aufzufordern, hatte er den Eindruck, man wolle ihn angreifen, sprang auf und tötete oder verwundete alle, die in der Nähe standen. So kam es, daß die Stadtmusikanten ein neues Mitglied benötigten[2].

Trotz der so unerfreulichen Gründe für seine Berufung muß Johann sie doch mit Freuden aufgenommen haben. Erfurt mit einer Bevölkerung von 60000 (die vor dem Jahrhundertende auf 15000 heruntergehen sollte) war ein Zentrum thüringischer Kultur. Die Stadt hatte stets eine gewisse Fortschrittlichkeit an den Tag gelegt. Eine der ältesten in Deutschland nachweisbaren Orgeln war hier im 11. Jahrhundert in der St.-Pauls-Kirche errichtet worden, und die 1392 begründete Erfurter Universität galt als eine bedeutsame Pflegestätte des Humanismus. Doch hatte seit dem Ausbruch des Dreißigjährigen Krieges die Stadt schwerste Einbuße erlitten. Ihr ökonomischer Niedergang läßt sich aus folgenden Tatsachen ermessen. 1622 hatte Erfurt an die Armee des Herzogs Friedrich von Altenburg 200000 fl. zu entrichten; 1625 beliefen sich die an den Kurfürsten von Mainz fälligen Kriegssteuern auf 60000fl.; ein Jahr später bezahlten die Bürger dem General Merode 50000 fl. als Ablöse für die geplante Unterbringung seiner Truppen in Erfurt, und 1630 waren sie genötigt, 50000 Pfund Brot und 7000 Thaler an den kaiserlichen General Tilly auszufolgen. Die Einquartierung einer schwedischen Besatzung schloß sich an, die von 1631 bis 1636 innerhalb Erfurts Mauern verblieb. Nur zu kurz war

---

[1] Vgl. OTTO ROLLERT „Die Erfurter Bache" in JSBiT.

[2] In der Genealogie wird Johann als Direktor der Kompanie bezeichnet. ROLLERT hat a. a. O. jedoch festgestellt, daß dies nicht zutrifft. Obwohl Johann zweifellos starken Einfluß in der Kompanie besaß, war ihr Leiter der Musiker Christoph Volpracht d. Ae.

1. HANS BACH

Holzschnitt, 1617

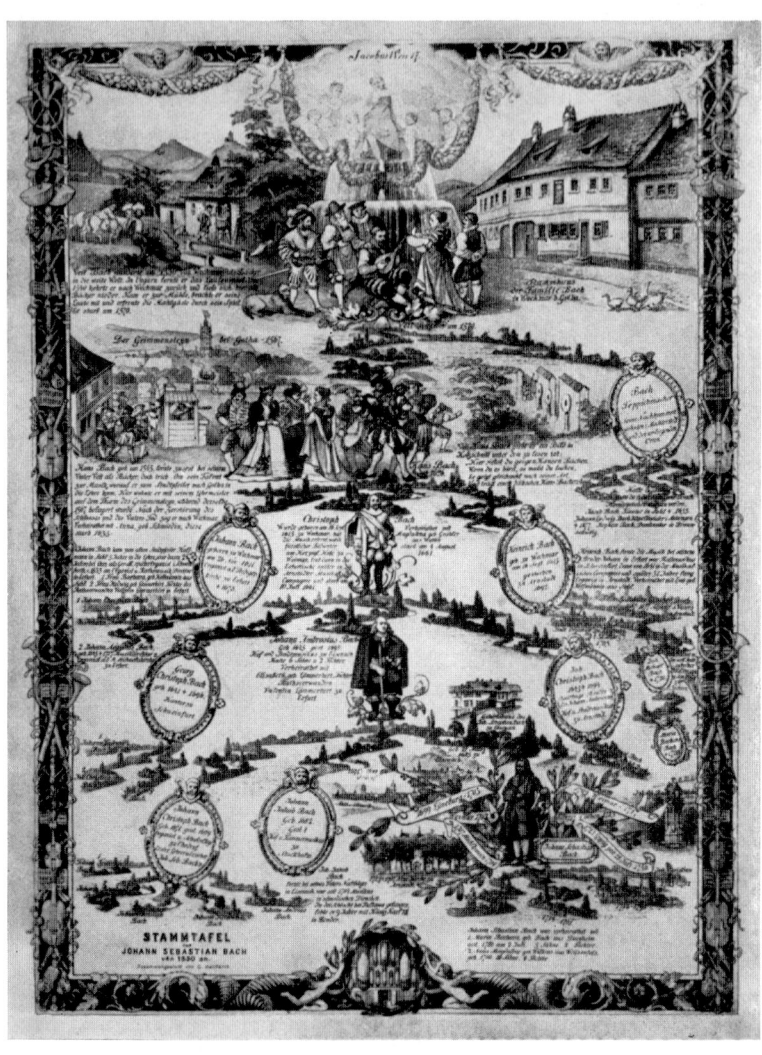

2. Stammtafel der Familie Bach vom Jahre 1530 an

die der Bevölkerung nach dem Abzug der Schweden vergönnte Entspannung. Bald kam es zu neuerlichen Feindseligkeiten und Besetzungen der Stadt. Selbst nach dem Ende des furchtbaren Krieges konnten sich die unseligen Erfurter nicht lange des Friedens erfreuen. 1664 erlitten sie neuerlich eine schwere Beschießung, und wenige Jahre später wurde eine kaiserliche Armee in Erfurt einquartiert.

In diesen wildbewegten Jahren verrichtete Johann Bach getreulich sein Amt, bis ihn 1673 der Tod abberief. Seine Pflichten waren mannigfacher Natur. Auch in Erfurt war es Aufgabe der Stadtpfeifer „ihre Wache zu gemeiner Stadt Nutz mit Ernst und allem Fleiß abzuwarten" und wenn sich Anlaß zu Verdacht ergab „mit Macht zu blasen, damit sich alles Volk ermuntere und zum Gewehr greife"[1]. Auch abgesehen vom Wachedienst waren manche Betätigungen der Stadtmusikanten dazu bestimmt, die Bürger zu „ermuntern". Man wachte auf zu den Klängen eines von den Pfeifern auf dem Turm um ¼4 Uhr morgens geblasenen Chorals; man hörte eine andere kirchliche Weise, wenn die Zeit zum Mittagmahl gekommen war und sobald abends ein dritter Choral erklang, wußte man, daß man sich zu Bett begeben solle. Große Kunst wurde in der Bearbeitung und Wiedergabe dieser Choräle entfaltet. JOHANN KUHNAU beschreibt zum Beispiel im Jahre 1700 die Leistungen der Leipziger Musikanten mit folgenden Worten: „Wenn unsere Stadtpfeifer etwa zur Festzeit ein geistliches Lied mit lauter Trombonen vom Turme blasen, so werden wir über alle Maßen darüber beweget und bilden uns ein, als hören wir die Engel singen[2]. Es ist anzunehmen, daß das Spiel des Johann Bach und seiner Kollegen auf ähnlicher Höhe stand. Der Erfurter Rat, der die Einwirkung der Musik auf den Seelenzustand der Bevölkerung zu ermessen wußte, ließ denn auch 1657 an das Rathaus einen Erker – die sogenannte „Auslage" – anbauen, auf dem die Stadtmusikantenkompanie regelmäßig am Mittwoch und Samstag Nachmittag musizierte[3]. Bei allen Betätigungen dieser Art spielten Johann und seine Verwandten eine so wichtige Rolle, daß der Name Bach zum Symbol für den Stadtpfeifer wurde und diese Bedeutung selbst zu einer Zeit beibehielt, als keine Mitglieder der Sippe mehr in Erfurt wirkten[4]. Das Ratsprotokoll vom

---

[1] Vgl. FALCKENSTEIN, Civitatis Erfurtensis Historia Critica et Diplomatica. Erfurt 1740.
[2] JOHANN KUHNAU, „Der musikalische Quacksalber". 1700. Nachdruck von Curt Benndorf, 1900.
[3] Vgl. ROLLERT a. a. O.
[4] Professor DR. KRAFT führt, nach freundlicher schriftlicher Mitteilung an den Autor, durchaus andere Gründe für die Identifizierung der Worte Bach und Musiker an. Seiner in Vorbereitung befindlichen Arbeit hierüber ist mit Interesse entgegenzusehen.

1. Dezember 1716 erwähnt denn auch ausdrücklich die „allhier privilegirten Stadt Musicanten oder sogenannten Bachen" und einmal wird ein Bürger namens Tobias Sebelitzky mit einer Strafe von 5 Thalern bedroht, sofern er bei der Hochzeit seiner Tochter eine andere Kompanie Spielleute verwende, da er „durch keine andere als durch die Bache" bedient werden solle[1].

Dieses Dekret ist auch bezeichnend für die Bemühungen der Behörden, den Stadtpfeifern zu einer gewissen materiellen Sicherheit zu verhelfen. Das „Aufspielen" bei Taufen, Hochzeiten und Begräbnissen stellte einen Großteil der Arbeit und des Einkommens der Kompanie dar, und die Gebühren für Mitwirkungen dieser Art waren vom Rat genau festgelegt. Solche „Akzidenzen", wie sie gewöhnlich bezeichnet wurden, waren damals um so wichtiger, als die städtischen Behörden in den Wirrnissen der Kriegszeit oft jahrelang den Angestellten ihren Gehalt nicht ausbezahlen konnten und die Stadtpfeifer lediglich mit Hilfe der kleinen von Privatleuten ausbezahlten Honorare ihr Dasein zu fristen vermochten. In der Theorie waren die Verbote gegen die Betätigung nicht-amtlicher Musikanten äußerst streng; tatsächlich aber fand man Mittel und Wege, die Vorschriften zu umgehen, und die Fehden mit den nicht privilegierten „Bierfiedlern" bedeuteten ein ständiges Ärgernis für die Stadtpfeifer.

Neben dem Blasen vom Turm und dem „Aufwarten" bei amtlichen Feierlichkeiten oder privaten Festen war es die Pflicht der Stadtpfeifer, im Kirchenorchester mitzuwirken und man erwartete Vielseitigkeit von ihnen, so daß jeder wenigstens ein Streich- und ein Blasinstrument spielen mußte. In Johann Bachs Fall war sein Pflichtenkreis für die Gottesdienste genau umschrieben, da er seit 1636[2] als Organist der Predigerkirche, einem herrlichen gotischen Bau des 13. Jahrhunderts, wirkte. Das hohe Ansehen, dessen er sich erfreute, geht aus der Tatsache hervor, daß zu dieser Zeit die alte Orgel der Kirche durch ein neues von dem berühmten Meister Ludwig Compenius erbautes Instrument ersetzt wurde. Hiefür wurde, trotz der allgemeinen Geldknappheit, ein Betrag von 1461 fl. innerhalb kurzer Zeit aufgebracht, wozu die Kirche selbst nur 112 fl. beisteuerte. Offenbar hatte der geschätzte Organist es allen Beteiligten klargemacht, daß die neue Orgel wirklich unerläßlich war.

Obwohl der Organist anscheinend genügend Überredungskraft besaß, um für künstlerische Zwecke Geldspenden zu erzielen, fehlte ihm jede Geschicklichkeit solcher Art, wenn es sich um seine eigenen Einkünfte handelte. 1669 mußte er sich beschweren, daß er innerhalb von 22 Jahren nur ein einziges

---

[1] Stadtarchiv Erfurt, Ratsprotokolle 1682.
[2] Philip Spitta („J. S. Bach", Leipzig 1873-86) erwähnt 1647 als Datum für Johanns Ernennung zum Organisten. Johann selbst aber spricht bereits 1636 in einer Steuererklärung von diesem Amt. Vgl. Rollert a. a. O.

Mal den jährlichen Malter (ungefähr 250 Pfund) Getreide empfangen habe, der das Honorar für seine Tätigkeit als Organist darstellte.

Eine Feststellung dieser Art beleuchtet blitzartig Johanns wirtschaftliche Lage. Tatsächlich mußte er ein Höchstmaß an Sparsamkeit und praktischen Sinn an den Tag legen, um die Seinen in so schwerer Zeit überhaupt am Leben zu erhalten. Dennoch zeigte er Gastfreundlichkeit und einen weitgehenden Familiensinn – Züge, die bei ihm und vielen seiner Verwandten so ausgeprägt waren, daß man sie als ein Bachsches Erbgut bezeichnen kann. Sein Bruder Heinrich (6) lebte bei ihm in Erfurt, bis er 1641 eine Berufung nach Arnstadt erhielt. Zwei junge Brüder seiner Frau, Johann Christoph und Zacharias H. Hoffmann weilten jahrelang unter seinem gastlichen Dach, um sich in der Musik auszubilden. Und schließlich wirkte auch Johanns Bruder Christoph Bach eine Zeitlang in der Erfurter Kompanie.

Als Johanns Frau nach der Geburt eines toten Kindes starb, war der Stadtpfeifer, in dessen Haus so viele Verwandte lebten, genötigt, bald wieder zu heiraten. Seine Wahl fiel auf Hedwig Lämmerhirt, ein Mitglied jener bedeutsamen Familie, aus der später die Mutter Johann Sebastian Bachs hervorging.

Zwischen den Geschichten der beiden Sippen bestehen bedeutsame Übereinstimmungen. Die genealogischen Forschungen eines Nachkommen – DR. HUGO LÄMMERHIRT – haben ergeben, daß seine Familie thüringischen Ursprungs ist, und der Name sich bereits 1419 in einem Dorf nahe von Gotha findet. Später verbrachten die Lämmerhirt längere Zeit in Niederschlesien, doch wurden sie – ähnlich dem Veit Bach in Ungarn – durch religiöse Verfolgungen zur Auswanderung gezwungen. Um 1620 siedelten sie sich in Erfurt an, wo sie als Kürschner Wohlstand und Ansehen errangen. Sie besaßen mehrere Häuser und einer der ihren – Valentin Lämmerhirt – war in den Jahren 1648, 1658 und 1663 der Vertreter der Kürschnerzunft im Rate der Stadt. Er muß seiner Tochter Hedwig eine nicht unansehnliche Mitgift gegeben haben, da sie in späteren Jahren in der Lage war, das Haus „Zu den drei Rosen" ihrer verwitweten Stiefmutter für den Preis von 120 fl. abzukaufen.

Obwohl unter den Lämmerhirt keine berufsmäßigen Musiker zu finden sind, ist es bemerkenswert, daß mehrere Musiker mit Lämmerhirtschen Töchtern verheiratet waren. Johann Bachs Beispiel wurde von seinem Neffen, Johann Ambrosius Bach, und auch von dem Organisten Johann Heinrich Buttstädt (einem Nachfolger Johanns an der Orgel der Predigerkirche) nachgeahmt. Eine andere Lämmerhirt-Tochter wurde die Mutter des angesehenen Komponisten und Lexikographen, Johann Gottfried Walther. So bestand hier anscheinend eine gewisse Zuneigung zur Musik. Ein wichtigerer Berührungspunkt mit den Bachen war jedoch die tief verankerte Gläubigkeit der Familie.

Eine Hinneigung zur Mystik zeigt sich in ihrem regelmäßigen Besuch der „christlichen Musiken", die Esajas Stiefel[1] abhielt. Dieser von den Wiedertäufern beeinflußte Schwärmer lehrte, daß jeder Christ direkte, unmittelbare Verbindung mit Gott anstreben solle, und bei den von ihm geleiteten Zusammenkünften galt die Musik – die zum Teil von ihm selbst geschaffen war – als Hauptmittel zur Erzielung jener Ekstase, die zur Vereinigung mit Gott führen sollte. Zwischen der orthodoxen Kirche und Stiefel bestand eine ständige Fehde und insbesonders waren die Behörden gegen Stiefels Pläne für soziale Reformen, die das Reich Gottes auf Erden begründen sollten. Die Familie Lämmerhirt ließ sich jedoch von der offiziellen Ablehnung der Stiefelschen Lehre keineswegs beeinflussen; gleich den Bachen hielten sie unerschütterlich an dem fest, was sie als richtig erkannt hatten. So vermochte Stiefel, als er zu einer Gefängnisstrafe verurteilt wurde, in einer Verteidigungsschrift auf drei Mitglieder der angesehenen Lämmerhirt-Familie als seine Freunde hinzuweisen. Ein Sohn des Schwärmers heiratete ein Mädchen aus dem Hause Lämmerhirt und war Pate des Johann Christian Bach (7), des ältesten Sohnes von Johann und Hedwig. Es ist anzunehmen, daß die Lämmerhirtschen Frauen in das Bachsche Erbgut ein mystisches Element brachten oder wenigstens es verstärkten, und daß von ihnen jenes leidenschaftliche Sehnen nach der inneren Anschauung Gottes herrührt, das eine der Urquellen von Sebastian Bachs künstlerischer Persönlichkeit darstellt. Ob sich Züge dieser Art auch in den Kindern Johanns und Hedwigs offenbarten, kann heute nicht festgestellt werden. Wir wissen nur, daß sie tüchtige Musiker waren, welche die vom Vater aufgebaute Tradition in würdiger Weise fortführten. Der 1640 geborene *Johann Christian* (7) wirkte als Direktor der Erfurter Musikkompanie, und als er 1682 der Pest erlag, übernahm sein 1645 geborener Bruder, *Johann Egidius*, das Amt. Die Brüder hatten nicht nur die gleiche Stellung inne, sondern waren mit zwei Schwestern, den Töchtern des Eisenacher Stadtpfeifers Schmidt, verheiratet. Egidius scheint vielseitiger als Christian gewesen zu sein, denn gleich seinem Vater wirkte er als Organist und Stadtpfeifer. Ein dritter Sohn, der 1653 geborene *Johann Nikolaus* (9), der gleichfalls als Stadtpfeifer in Erfurt wirkte, war ein ausgezeichneter Gambenspieler, doch erlag er in jungen Jahren der Seuche, die auch seinen älteren Bruder Christian fällte. Ob diese Bache auch komponierten, wissen wir nicht, da sich kein Werk aus ihrer Feder erhalten hat. Schöpferische Begabung läßt sich erst in der folgenden Generation, in Johanns und Hedwigs Enkel, Johann Bernhard (18) nachweisen.

---

[1] Vgl. P. MEDER, „Der Schwärmer Esajas Stiefel". Jahresbericht des Erfurter Geschichts- und Altertums-Vereins, 1898.

DRITTES KAPITEL

ZWEI BACHE IN ARNSTADT

CHRISTOPH UND HEINRICH BACH

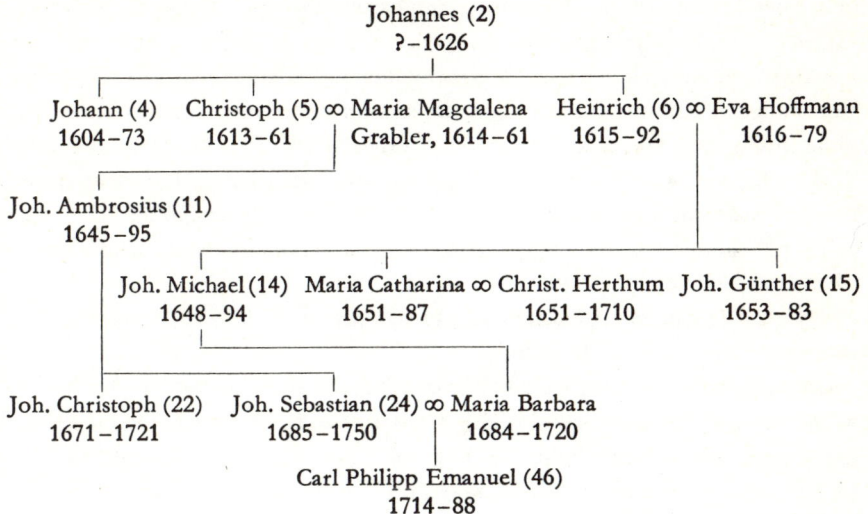

Johannes (2)
?–1626

Johann (4)   Christoph (5) ∞ Maria Magdalena   Heinrich (6) ∞ Eva Hoffmann
1604–73   1613–61   Grabler, 1614–61   1615–92   1616–79

Joh. Ambrosius (11)
1645–95

Joh. Michael (14)   Maria Catharina ∞ Christ. Herthum   Joh. Günther (15)
1648–94   1651–87   1651–1710   1653–83

Joh. Christoph (22)   Joh. Sebastian (24) ∞ Maria Barbara
1671–1721   1685–1750   1684–1720

Carl Philipp Emanuel (46)
1714–88

WENIG ist über Johanns Bruder *Christoph* bekannt, und keine Komposition hat sich von ihm erhalten. Er wurde 1613 in Wechmar geboren und empfing Musikunterricht von seinem Vater. Nach der Angabe seines Enkels in der Genealogie interessierte sich Christoph nur für Instrumentalmusik. Seine erste Stellung fand er als „fürstlicher Bediensteter" am Weimarischen Hofe, wo er wohl, dem Brauche der Zeit folgend, die Arbeit eines Lakaien mit einer Betätigung in der fürstlichen Kapelle verband. Um 1640 heiratete er Maria Magdalena Grabler, eine Bauerntochter aus Prettin in Sachsen, und zog mit ihr nach Erfurt, um an der Seite seines Bruders Johann als Stadtmusikant zu dienen. Hier wurden ihm sechs Kinder geboren, darunter drei musikalisch begabte Söhne, deren einer der Vater Sebastian Bachs werden sollte. 1654 wurde Christoph als Hof- und Stadtmusikus nach Arnstadt berufen, möglicherweise auf Empfehlung seines jüngeren Bruders Heinrich, der seit 1641 dort wirkte. Christophs Stellung entsprach in mannigfacher Hinsicht der seines Verwandten und Vorgängers, Caspar Bach, doch war er nicht genötigt, Wachedienst zu leisten und auf dem Turm zu wohnen. In der von Christian Günther, Graf zu Schwarzburg und Honstein am 17. Mai 1654 unterzeichneten Bestallungsurkunde heißt es, daß er „in der Kirchen bei der Music und auf dem Chor, wie auch zu Hof ... nebst seinen Adjuvanten sowohl mit Violen als blasenden Instrumenten, wie es die Kunst mit sich bringet, fleißig und unverdrossen aufwarten, täglich von dem Schloßthurm.. zweymahl, als zu Mittags und Abends und auf die Hohe Feste den ersten Tag auch Morgens frühe, abblasen" solle. Sein Jahresgehalt belief sich auf nur 35 fl.[1], wovon er auch die Hausmiete zu bestreiten hatte. Doch erhielt er außerdem jährlich 10 Maß (etwa eine Tonne) Korn und 8 Maß Malz, die er zum Bierbrauen verwenden durfte, ohne hiefür eine Steuer zu entrichten. Ferner wurde ihm das ausschließliche Recht eingeräumt, mit seinen Untergebenen bei Hochzeiten, Kindtaufen und Begräbnissen aufzuspielen. Trotzdem war es schwer, eine Familie auf einer solchen Grundlage zu erhalten, und dies mag der Grund gewesen sein, warum Christoph sich 1661 um eine Stellung in Naumburg bewarb. Bevor die Angelegenheit jedoch zur Entscheidung kam, starb er, und 24 Tage später folgte ihm seine Witwe im Tode nach.

Christoph scheint künstlerisch weniger begabt als seine beiden Brüder gewesen zu sein. Dennoch war das Erbgut, das er an seine Nachkommen weitergab, keineswegs unbedeutend. Die Verehelichung mit der sächsischen Bauerntochter brachte wichtige neue Charakterzüge in die Bachsche Familie. Prettin liegt recht nahe von der niederdeutschen Sprachgrenze, die – wie Walter Rauschenberger[2] feststellt – im Mittelalter noch weiter nach Süden reichte. So mögen durch Maria Magdalena Grablers Vorfahren Züge niederdeutscher Herbheit, Kernigkeit und einer gewissen realistischen Einstellung zum Leben in die Bachsche Erbmasse eingedrungen sein. Tatsächlich haben die Nachkommen Christophs und Maria Magdalenas trotz der deutlich hervortretenden Bachschen Charakterzüge gewisse Eigenschaften, die bei anderen Mitgliedern der Sippe nicht anzutreffen sind.

Christophs Bruder, der 1615 geborene *Heinrich*, legte ‚wie es in der Genealogie heißt, schon in jungen Jahren „eine sonderbare Beliebung zu dem Orgelschlagen" an den Tag, und da sich im heimatlichen Wechmar kein Instrument

---

[1] Ein Gulden (fl.) hatte 20 Groschen und jeder Groschen 12 Pfennige. Um eine Vorstellung von dem damaligen Wert des Guldens zu geben, sei erwähnt, daß 1653 1 Pfund Rindfleisch 20 Pf kostete, 2 Pfund Brot 1 Groschen, ein Paar Sohlen für Männerschuhe 12 Groschen. Vgl. ROLLBERG in BJ 1927.

[2] a. a. O.

fand, pflegte der Knabe an Sonntagen meilenweit zu wandern, um anderswo eine Orgel hören zu können. Er studierte Musik bei seinem Vater sowie seinem älteren Bruder Johann und arbeitete sechs Jahre hindurch mit letzterem in Erfurt, bis er 1641 eine Berufung als Organist an die Liebfrauenkirche und die Oberkirche in Arnstadt erhielt, wo er durch mehr als fünfzig Jahre wirken sollte. Nun war er in der Lage, sich einen Hausstand zu begründen und er wählte Eva Hoffmann, eine Tochter des Suhler Stadtpfeifers und Schwester von Johann Bachs erster Gattin, Barbara. Ein Vorgehen dieser Art war bei den Bachen durchaus nicht ungewöhnlich, und wir finden auch in der folgenden Generation zwei Söhne Johanns sowie zwei Söhne Heinrichs, die Schwestern heiraten. Die Ehe, die Heinrich und Eva durch 37 Jahre verband, war sehr glücklich. Sie hatten sechs Kinder und anscheinend wirkte sich die Mischung des künstlerischen Erbgutes der Musikerfamilien Bach und Hoffmann besonders günstig aus, da drei ihrer Söhne hochbegabt waren. Heinrich war ihr Lehrer und muß die Unterweisung solcher Schüler genossen haben. Während sein Leben demnach in menschlicher Beziehung sehr zufriedenstellend war, gab es in wirtschaftlicher Hinsicht schwere Probleme zu lösen. Die Lage der deutschen Organisten des 17. Jahrhunderts war eine überaus ungünstige, und schon im Jahre 1619, als der Krieg das Wirtschaftsleben noch nicht ernstlich betroffen hatte, stellte MICHAEL PRAETORIUS fest[1]:

„Dann es zubeklagen, wie geringe solaria, auch an etlichen vornehmen örtern, für ihre gutte und Konstreiche Organisten depudirt seynd, also das sie sich kümmerlich können erhalten, ja bisweilen auch die Edle Kunst verfluchen und wündschen, das sie an stat eines Organisten ein Kuhhirt oder sonsten nur ein geringes Handwerk gelernet hatten."

Zu Heinrichs Wirkenszeit war die allgemeine Lage infolge der Kriegswirren noch wesentlich schlechter. Sein Jahresgehalt belief sich lediglich auf 52 fl. und 5 fl. für Wohnungsmiete – wozu in einem späteren Zeitpunkt noch 20 fl. aus Legatgeldern hinzukamen. Wenn der Betrag auch höher war als das Einkommen seines Bruders Christoph, so kamen jene Akzidenzen, die für den Stadtpfeifer eine so wichtige Aushilfe bedeuteten, für den Organisten weit weniger in Frage. Selbst dieses bescheidene Gehalt wurde Heinrich jedoch keineswegs pünktlich ausbezahlt, da die immer wieder auferlegten Kriegssteuern Arnstadts wirtschaftliche Lage zerrütteten. Drei Jahre nach seiner Berufung war der Organist gezwungen, dem Grafen zu klagen, daß er die Besoldung durch mehr als ein Jahr nicht erhalten habe und sie nun „mit fast weinenden Augen" erbitten müsse. Als der Verwalter des Gotteskastens daraufhin Auftrag erhielt, dem Organisten das rückständige Gehalt sogleich

---

[1] Syntagma Musicum II/89.

auszuzahlen, versprach er sein möglichstes zu tun, betonte aber, daß es zweifelhaft sei, ob er das Geld würde aufbringen können. Immerhin gelang es
Heinrich, die Seinen vor Verhungern zu bewahren, wobei anscheinend ein
kleines ihm zur Verfügung stehendes Stück Land, das er bebaute, eine wichtige Rolle spielte. Die dieser Familie eigene Lebenskraft und Zähigkeit geht
aus der Tatsache hervor, daß unter Heinrichs sechs Kindern fünf ein reifes
Alter erreichten, was in jenen Zeiten einen seltenen Glücksfall bedeutete. Heinrich selbst trug die Schwierigkeiten seines Daseins mit Tapferkeit und sogar
mit „munterem Geiste", wie sein (ähnlich veranlagter) Urenkel, Philipp
Emanuel Bach ihm nachrühmte. Seine Freundlichkeit und Herzensgüte machten ihn allgemein beliebt. Es ist bezeichnend, daß, als er einmal ein Gutachten
über einen mäßig begabten Bewerber für die Organistenstelle in Rockhausen
abzugeben hatte, er dem Konsistorium mitteilte, der Mann sei „vor die Besoldung gut genug". Auf diese Weise half er dem Kandidaten, ohne sich einer
unwahren Auskunft schuldig zu machen und hatte gleichzeitig Gelegenheit,
eine zarte Ermahnung an die knickrige Behörde auszusprechen. Wie bescheiden der Künstler war, geht aus der Tatsache hervor, daß er 31 Jahre in Arnstadt vergehen ließ, bevor er die seinem Vorgänger zugebilligte „Fruchtzulage",
d. h. die jährliche Zuweisung von Korn erbat. Während dieses Ansuchen
bewilligt wurde, zeigten sich die Vorgesetzten in anderer Hinsicht weniger
entgegenkommend. Als die beiden ältesten Söhne des Organisten Stellungen
in nahe gelegenen Orten annahmen, fühlte sich der Vater zeitweise veranlaßt,
sie zu besuchen. Obwohl er in solchen Fällen einen Stellvertreter in Arnstadt
einsetzte, wurde er doch wegen der wiederholten Abwesenheiten gerügt und
angewiesen, die Stadt nicht ohne besondere Erlaubnis zu verlassen. Hier zeigt
sich zum ersten Mal aktenmäßig jene Einschränkung der Bewegungsfreiheit,
die den Bachen so oft unangenehm werden sollte. Dem Gebrauch der Zeit folgend hatten die Hof- wie die Stadtmusikanten nicht das Recht, ihren Dienst-
ort ohne ausdrückliche Bewilligung seitens der vorgesetzten Behörde zu verlassen, und dies wurde von der Familie Bach, mit ihrem stark ausgeprägten Unab-
hängigkeitsgefühl, als großer Übelstand empfunden. Immer wieder begingen
sie Verstöße in dieser Richtung, und nach Heinrich lassen sich ähnliche Kon-
flikte mit den Vorgesetzten bei Johann Sebastian, Wilhelm Friedemann und
Johann Ernst Bach beobachten.

Im Alter von 67 Jahren richtete Heinrich ein Gesuch an das Konsistorium,
seinen 1653 geborenen Sohn *Johann Günther* zum Stellvertreter zu ernennen.
Dies geschah und daraufhin heiratete Günther die Tochter eines früheren
Arnstädter Bürgermeisters. Ihr Glück war aber nur von kurzer Dauer, denn

5 Monate nach der Eheschließung starb Günther im Alter von 30 Jahren[1]. Heinrich war nun ganz allein, da er 1679 seine Gattin verloren hatte, und so zog er zu seiner Tochter, Maria Catharina, die mit dem Organisten und gräflichen Küchenschreiber Christoph Herthum verheiratet war. Da der alte Mann mehr und mehr dem Siechtum verfiel, übernahm Herthum allmählich Heinrichs Arbeit, wobei er 1689 und 1690 von Sebastian Bachs ältestem Bruder, J. Christoph (22), unterstützt wurde. Schließlich war Heinrich blind und stand (wie es in der ihm gewidmeten Leichenpredigt heißt) „wegen vieler und steter Flüsse und offener Schenkel viel Ungemach aus". Dennoch bewahrte er jene heitere Ruhe, die ihm sein langes schweres Leben hindurch aufrecht erhalten hatte. Viel Freude bereiteten ihm seine 28 Enkel und Urenkel, und er benützte jede sich bietende Gelegenheit, sich von den jungen Leuten aus Erbauungsbüchern vorlesen zu lassen. Als er sein Ende herannahen fühlte, diktierte er den folgenden Brief an seinen gräflichen Herrn:

Hochgeborner Graff, Gnädigster Herr,
        Nachdem ich nun durch Gottes Gnade über 50 Jahre in' hiesigen beiden Stadt-Kirchen Organist bin, jetzt aber hohen Alters und Schwachheit halber schon geraume Zeit zu Bette gelegen und nunmehro eines seligen Endes von Gott erwarte, inzwischen jedoch mein Ambt in beyden Kirchen durch Ew. Hochgräffl. Küchenschreiber Christoph Herthumen, als meinem Eydam, zu Eur. Hoch Gräffl. Gnaden sowohl alß zu hiesigem Ministerii und der gantzen Gemeinde verhoffentlichen Vergnügen, dennoch allschon ins dritte Jahr richtig versehen lassen, und nunmehro bald an deme, daß dieser Kirchendienst nach meinem Todte mit einem anderen, hiezu tauglichen Subject wieder bestellt werden muß, so habe, für alltäglich erwartenden meinem seel. Ende nicht ermangeln wollen (weile Ew. Hoch Gräffl. Gnaden ich doch meine Lebetage noch umb nichts gebeten) dieselbe auf meinem Todtbette hiedurch unterthänigst zu ersuchen, mir die hohe Gnade zu erweisen, solchen Dienst gedachten Ihren Küchenschreiber, seiner kundbahren perfection und excolirten Kunst halber in Gnaden zu gönnen, ihm auch zu dem Ende noch für meinen Abscheiden mir gnädig substituiren und die succession versprechen zu lassen. Gleichwie solche Gnade mir in meinem miserablen Zustande eine besondere Freude und Consolation sein wird, Also werde auch nicht ermangeln den Allerhöchsten, weil ich noch lebe, so tags als nachts demüthigst anzuflehen, daß er Ew. Hochgräffl. Gnaden dafür segnen, glückliche Regierung verleihen, und nebst Dero Gemahlin Durchl. bei unabfälliger Gesundheit und langem Leben beständig erhalten wolle.

                    Ew. Hochgräffl. Gnaden
                        unterthänigster
Arnstadt, den 14. Januor 1692.   Heinrich Bach

---

[1] Seine Witwe, Barbara Margaretha, heiratete ein Jahr später einen Arnstädter Geistlichen, den sie nach 4 Jahren verlor. Sie ließ nun 6 Jahre vergehen und schloß darauf den Ehebund mit einem anderen Bach, J. Ambrosius, dem Vater Sebastians. Wieder aber war sie von Unheil verfolgt, da der dritte Gatte bereits 2 Monate nach der Hochzeit verschied.

Die sachliche Art, mit der Heinrich auf seinen bevorstehenden Tod hinweist, ist ebenso bezeichnend für den tiefgläubigen Mann wie für seine Zeit. Daß der Gedanke an den Tod ihn ständig beschäftigte – ein Zug, dem wir bei seinem Großneffen Sebastian wieder begegnen werden –, zeigt sich auch in der Tatsache, daß Heinrich, solange er noch nicht ans Bett gefesselt war, jedem Begräbnis in Arnstadt – sei es auch des ärmsten Mitbürgers – beiwohnte. Der Wunsch des alten Organisten wurde vom Grafen erfüllt und Herthum zum Vertreter *cum spe succedendi* ernannt. Wenige Monate später verschied Heinrich „selig im Herrn". Eine ungewöhnlich große Zahl von Trauergästen fand sich zusammen, um dem geschätzten Musiker die letzte Ehre zu erweisen, und die vom Prediger J. G. OLEARIUS verfaßte und nach dem Gebrauch der Zeit gedruckte Gedenkrede zeigt das Gepräge persönlichen Erlebens. Hier heißt es etwa:

„Seinem Nahmen nach / hieß und war Er ein Bach / von geringem Menschlichen Ursprung; Der Gnaden nach / aber / hatte Gottes Gütigkeit den heilsamen Lebens Bach / durch Wort und Sacramenta / mit vielen guten Christenthums- und Ampts-Gaben in seine Seele geleitet: Dabeneben aber auch so manche Ströhme seines Lebens Bachs bey reichen Eh-Segen / biß ins dritte Glied / und zugleiche die besondere Gnade über Ihn ergossen / darinn Er Ihm allzeit eine solche Gemüths-Zufriedenheit verliehen / daß man Ihn / wann gleich noch so viel *Creutz contrapuncten* und *Chromatische* Töne Ihm fürgestanden / Er dennoch allzeit . . . als ein Trauriger / dennoch allzeit frölich und auff sein fest fürgesetztes Freuden-Final stets gerichtet gewesen / wovon Ich an meinen wenigen Theil / aus augenscheinlicher befindung / wahres Zeugniß erstatten kan."

In künstlerischer Hinsicht konzentrierte sich Heinrichs Interesse auf Tasteninstrumente. Es ist anzunehmen, daß er bei Hof auf dem Cembalo oder Clavichord spielte, doch war er hauptsächlich als Organist der beiden großen Arnstädter Kirchen tätig und genoß hohes Ansehen als Orgelvirtuose. In jenen Zeiten war die Tätigkeit des Organisten eine recht verantwortungsvolle. Er mußte nicht nur begleiten, sondern häufig den Chor leiten. Neben Vertrautheit mit der alten traditionellen Kunst erwartete man von ihm, daß er die neuen aus Italien und anderen Ländern eingeführten Formen beherrsche. In der Improvisation von Fugen und Choralvariationen mußte er großes Geschick an den Tag legen, und die Anforderungen an sein technisches und künstlerisches Können waren hoch. All diesen Verpflichtungen war Heinrich Bach völlig gewachsen; er war nicht nur ein glänzender Spieler und Meister der Improvisation, sondern – wie sein Urenkel Philipp Emanuel stolz feststellte – „ein guter Componist".

MUSIKALISCHE STRÖMUNGEN
IM 17. JAHRHUNDERT
DIE KOMPOSITIONEN VON JOHANN UND HEINRICH BACH

Die Musik der Barockzeit, die etwa vom Ende des 16. bis zur Mitte des 18. Jahrhunderts reicht, zeigt deutliche Abweichungen von der Tonkunst der vorangehenden Renaissance.

Eine neuartige Kraft des Ausdrucks und Verinnerlichung des gefühlsmäßigen Inhalts macht sich geltend. Schneidende Dissonanzen, wie sie vorher niemals verwendet worden waren, finden nunmehr in die Kompositionen Eingang und chromatische Halbtonfortschreitungen spielen eine wichtige Rolle im Melodienbau. Das Interesse der Musiker an rhythmischer und koloristischer Abwechslung unter Beibehaltung architektonischer Einheitlichkeit, äußert sich in der Bevorzugung der Variationenform. Die Komponisten entdecken aufs neue die Möglichkeiten des menschlichen Einzelgesanges, der geeignet ist, wohlklingende Tonfolgen hervorzubringen und mannigfache Stimmungen auszudrücken. Die höchste Stimme der Komposition, die Trägerin der Melodie, nimmt in der Musik der Zeit eine führende Rolle ein; nahezu gleiche Bedeutung aber kommt dem stützenden Generalbaß zu, dem „basso continuo", der auch als Grundlage für die Improvisation der füllenden Mittelstimmen dient.

Im Gegensatz zum gelassenen Gleichmaß der Renaissance zeigt das Barock Vorliebe für dramatische Gegensätze. Barockmusik ist bisweilen zart und innig, dann wieder monumental und mächtig. Die Streichinstrumente und ganz besonders die Violine, die der menschlichen Gesangsstimme an Biegsamkeit und Ausdruckskraft nahe kommt, sind die erklärten Lieblinge der Zeit. Gleichzeitig wird die musikalische Farbenskala durch die Konstruktion des mächtigen Kontrabaßfagottes sowie der Kontrabaßposaune nach der Tiefe hin erweitert.

Der „konzertierende Stil" mit seinem unermüdlichen Wettstreit zwischen den einzelnen Tongruppen spielt sowohl in instrumentaler wie auch in vokaler Musik, in geistlicher und auch weltlicher Tonkunst eine bedeutsame Rolle.

Die protestantische Kirchenmusik, in der sich die älteren Mitglieder der Familie Bach besonders hervortaten, zeigt all diese Merkmale barocken Kunstschaffens. Es darf freilich nicht außer acht gelassen werden, daß die neuen künstlerischen Ziele, die ihren Ausgang von Italien nahmen, Deutschland, und insbesondere die kleineren Städte Mitteleuropas nur langsam und meist mit einer Verspätung von mehreren Jahrzehnten erreichten. Anderer-

seits aber waren die Kantoren und Organisten Thüringens ebenso eifrig bestrebt, mit der künstlerischen Entwicklung Schritt zu halten, wie ihre Kollegen in den großen künstlerischen Zentren.

Im Mittelpunkt des evangelischen Gottesdienstes standen die *Choräle*,
Kirchenlieder, die ursprünglich von der Gemeinde im Einklang oder „chora-
liter" vorgetragen wurden. Wort und Weise der schönsten dieser Gesänge
entstand im 16. Jahrhundert, vielfach unter Benutzung älterer Lieder; doch
auch während der Barockzeit wurde dieser kostbare Besitz des deutschen Volkes
noch ständig erweitert, wobei neue Melodien nicht selten auf weltliche Quellen
zurückgingen. Mit besonderer Vorliebe pflegten Komponisten des 17. Jahrhunderts die Form der geistlichen *Aria*, eines Kirchenliedes, das einen mehr
persönlichen und subjektiven Charakter zeigt als der traditionelle Choral.

Die barocke *Motette*, in der die einzelnen Stimmen gesungen wurden, obwohl
die Verstärkung durch Instrumente die Regel war, geht gleichfalls auf die
Renaissancezeit zurück. Doch entsprang die dramatische Verbindung von Bibelwort und Choraltext sowie die Bevorzugung der zweichörigen Anlage, bei der
die beiden Tongruppen miteinander in Wettstreit standen, dem Geiste der
Barockzeit. Besonders anziehend und erregend wirkten jene Motetten, in denen
Schriftwort und Kirchentext sich gegenseitig ausdeuten und ergänzen.

Minder klar war die Verbindung mit der Vergangenheit in jenen geistlichen
Kompositionen erkennbar, die neben Vokalstimmen auch unabhängige Instrumentalpartien vorschrieben. Das *geistliche Konzert* benützte mitunter Choralmelodien, war jedoch auch vielfach frei erfunden. Sologesang spielte hier eine
wichtige Rolle und die Behandlung der menschlichen Stimme war im allgemeinen glänzender als in den Motetten, wobei den Sängern Gelegenheit gegeben wurde, nicht nur ihr technisches Geschick zu zeigen, sondern auch den
Text in persönlicher Weise auszudeuten. Den Instrumenten fiel eine bedeutsame Rolle zu. Sie wechselten mit den Singstimmen ab, und häufig ging eine
instrumentale Einleitung den geistlichen Konzerten voran. In seinen verschiedenen Gestalten – als Komposition für eine einzige Singstimme, als Dialog
oder als Tonsatz für drei oder mehr Solostimmen, gewöhnlich mit Chor –
bereitete das geistliche Konzert die Bahn für die mächtigen Kirchenkantaten
des 18. Jahrhunderts.

In ihren Werken reiner *Instrumentalmusik* beschränkten sich die älteren Bache
auf Musik für Tasteninstrumente, die in der Hauptsache für die Kirche bestimmt war. Von alters her war es in der Lutheranischen Kirche gebräuchlich gewesen, die Gemeinde nicht all die zahllosen Strophen der Kirchenlieder
singen zu lassen. Einige wurden vom Chor vorgetragen, andere vom Organisten in einer mehr oder minder polyphonen Ausdeutung. Auch spielte der

Organist die Melodie, bevor die Gemeinde sie anstimmte. Für solche Zwecke wurden verschiedene Formen musikalischer Ausdeutung der Choralmelodie gewählt. Verarbeitete der Komponist etwa Teile der Melodie des Kirchenliedes, besonders den Anfang, in fugierter Form, so entstand eine *Choral-Fuge* oder bei bescheideneren Ausmaßen eine *Choral-Fughette*. Die vollkommen freie Bearbeitung eines Kirchenliedes führte zur *Choral-Fantasie*, während eine Variationsreihe über eine lutherische Weise als *Choral-Partita* bezeichnet wurde. Auch die Verwendung eines Chorals als Cantus firmus, besonders im Baß, oder die ornamentale Ausschmückung der als Oberstimme gebrachten Kirchenweise war beliebt. Neben solchen auf einer vorauskomponierten Melodie aufgebauten Stücken kommen auch Fugen und Variationsreihen über frei erfundenen Themen vor; die letzteren sind gewöhnlich weltlichen Charakters und für ein besaitetes Tasteninstrument, nicht für die Orgel bestimmt.

Es ist bemerkenswert, daß die instrumentalen Choralbearbeitungen oft die gleiche Anlage zeigen wie ihre vokalen Gegenstücke; ebenso wie ja auch zwischen den instrumentalen und den vokalen Fugen der Zeit kein grundsätzlicher Gegensatz besteht. Choralvariationen, die für die Kirche und die Orgel bestimmt sind, verwenden eine ähnliche Technik wie Variationen über ein Tanzlied, die der weltlichen Musik angehören und für ein besaitetes Tasteninstrument geschrieben sind. Da die Orgelmusik des 17. Jahrhunderts in der Regel ohne eine eigentliche Pedalstimme gehalten ist, bereitet es dem Forscher oft Schwierigkeiten zu entscheiden, ob ein Stück für die „Königin der Instrumente" oder für ein besaitetes Tasteninstrument bestimmt ist. Nicht nur im 17. Jahrhundert, sondern selbst im Zeitalter Johann Sebastian Bachs werden Stilelemente unbedenklich vertauscht und keinerlei Versuche unternommen, die einzelnen Kategorien der Musik scharf von einander abzusondern.

Drei Kompositionen von *Johann Bach* haben sich im „Alt-Bachischen Archiv" erhalten, einer Musiksammlung, die von Johann Ambrosius Bach begonnen und von seinem Sohne Sebastian fortgesetzt wurde. Dieses überaus wertvolle Material wurde von Philipp Emanuel Bach geerbt und kam später in den Besitz Georg Pölchaus, sowie des Goethe-Freundes Carl Friedrich Zelter. Die letztgenannten beiden Männer ermächtigten im Jahre 1821 Johann Friedrich Naue, Musikdirektor der Universität Halle, neun dieser Stücke zu veröffentlichen. Leider ist seine Ausgabe durch zahlreiche Auslassungen, willkürliche Zusätze und selbst durch Änderungen in den Namen der Komponisten verunstaltet. Dessen ungeachtet war Naues Ausgabe fast ein Jahrhundert lang die Hauptquelle für die Kenntnis der Musik der älteren Bache, da die Originalmanuskripte des Alt-Bachischen Archives, die in die Bibliothek der Berliner Singakademie übertragen worden waren, dort durch lange Zeit verschollen waren. Erst am Ende des ersten Weltkrieges gelang es Max Schneider, sie wieder aufzufinden. Seine Veröffentlichung zahlreicher Partituren in RD 1 und 2 (1935) bietet eine verläßliche Grundlage für die Untersuchung der Musik von Sebastians Vorfahren.

Die anspruchloseste Anlage zeigt Johann Bachs vierstimmige „Aria" *Weint nicht um meinen Tod*[1]. Der kurze Tonsatz, der in jedem der neun Verse des Textes Verwendung findet, ist aufs einfachste, in völlig homophonem Stile harmonisiert. Offensichtlich kann er auch von einer einzigen Singstimme mit Orgelbegleitung ausgeführt werden. Das anziehende, zum Teil modal angelegte kleine Stück atmet stille Würde und zu Herzen gehende Wärme. Die vielfachen rhythmischen Wechsel verleihen der Melodie stärkere Bewegung

Beisp. 1

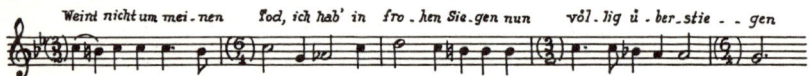

und inneres Leben (Beisp. 1). Die biegsame Deklamation in dieser „Aria" sticht vorteilhaft ab von der monotonen Anlage späterer Choräle, in denen die Mehrzahl der Noten gleiche Länge aufweist.

Johanns achtstimmige Motette für zwei Chöre *Sei nun wieder zufrieden* (Schn. 30)[2] wurde von Naue unter dem Namen Johann Michael Bachs veröffentlicht, obwohl die Originalstimmen einen deutlichen Hinweis auf die Urheberschaft des Meisters enthalten. Auch hätte der einfach-strenge Stil, der unzweifelhaft von der geschmeidigeren und komplizierteren Schreibweise Johann Michaels absticht, den Herausgeber warnen sollen. Der Tonsetzer verwendet eine völlig homophone Technik, ähnlich der in der Arie gebrauchten, doch fehlt die strophische Anlage mit melodischen Wiederholungen. Die Motette ist durchkomponiert und sobald der ganze Text verarbeitet ist, kommt die Komposition zu einem jähen Ende. Seine Hauptwirkung erreicht das Werk durch die klanglich wirkungsvolle Gegenüberstellung zweier vierstimmiger Chöre. Der eine besteht aus höheren Stimmen – zwei Sopranen, einem Alt und einem Tenor –, der andere aus tieferen Stimmen – einem Alt, zwei Tenören und einem Baß. Die Stimmen des höheren Chores sind durch Tonwerk-

---

[1] Neudruck in RD I, S. 18.
[2] Die Werke der älteren Bache sind hier nach Schneiders Katalog in BJ 1907 zitiert. „Weint nicht um meinen Tod" fehlt in diesem Verzeichnis. „Sei nun wieder zufrieden" ist in RD I S. 3 neugedruckt.

zeuge, wahrscheinlich Streichinstrumente, verstärkt; eine solche Dopplung findet sich jedoch nicht bei dem tieferen Chor[1]. Das Werk legt Zeugnis ab von des Komponisten solidem technischem Können, wenngleich die Wirkung durch das Fehlen einer klaren Formgebung geschwächt wird.

Von weit größerer Bedeutung ist eine dritte Komposition von Johann Bach, die Choralmotette *Unser Leben ist ein Schatten* (Schn. 31)[2], ein wuchtiges Werk voll unheimlicher Eindruckskraft. Auch diese Motette wurde von Naue irrtümlich als eine Komposition Johann Michael Bachs herausgegeben, obwohl die Originalpartitur die Initialen „J.B." aufweist und auch hier wieder ein anderer Stil vorliegt als in den bekannten Motetten Michaels. Dem Gebrauche der Zeit folgend bringt Johann Bibelworte und Kirchenlieder in wirksame Verbindung. Die Komposition ist rondoartig angelegt, wobei drei Kirchenlieder zwischen biblischen Textstellen eingeschaltet sind. Der Gegensatz zwischen zwei klanglich verschiedenen Chören findet hier abermals Anwendung. Der Hauptchor ist sechsstimmig und besteht aus zwei Sopranen, einem Alt, zwei Tenören und einem Baß; ein dreistimmiger Nebenchor setzt sich aus je einer Alt-, Tenor- und Baßstimme zusammen. Recht seltsam wirkt die Bezeichnung der kleineren Gruppe als „chorus latens" (versteckter Chor). Der sechsstimmige Chor beginnt mit einer Beschreibung der Unsicherheit des menschlichen Daseins, wobei ein unheimlich realistisches Bild spukhaft dahinjagender und plötzlich verschwindender Schatten gezeichnet wird (Beisp. 2). Diese gespensterhafte Darstellung wird von dem verborgenen Chor unterbrochen, der gleich einer Gemeinde in einer fernen Kirche die tröstende Botschaft verkündet: „Im finstern Grabe Jesus ist mein helles Licht" (fünfte Strophe des Chorales „Ach was soll ich Sünder machen"). Die entmutigte Menschheit wird durch die göttliche Verkündigung mit Zuversicht erfüllt; die Schrecken des Anfangs weichen ruhigem Gottvertrauen und der Hauptchor stimmt den Gesang an: „Ich bin die Auferstehung und das Leben". Eine Hymne der verborgenen Sänger schließt sich an, die wieder

---

[1] Max Schneider, der die Motette in RD I herausgegeben hat, nahm an, daß alle acht Stimmen durch Instrumente verstärkt wurden. Dies erscheint unrichtig, da der Katalog des Alt-Bachischen Archives, der in Philipp Emanuels Nachlaßverzeichnis abgedruckt wurde, klar zum Ausdruck bringt, daß die Komposition für „8 Singstimmen und 4 Instrumenten" geschrieben war. Unter den alten Stimmen, denen wir unsere Kenntnis des Stückes verdanken, finden sich auch Instrumentalpartien für die beiden Soprane. Da die vier Stimmen jedes Chores immer als eine festgeschlossene Einheit und nie gesondert auftreten, erscheint es höchst wahrscheinlich, daß die übrigen beiden Instrumente den Alt und Tenor des ersten Chores verstärkten. Unsere Annahme, daß Streichinstrumente Verwendung fanden, beruht auf der offensichtlichen Vorliebe der älteren Bache für diese Art von Tonwerkzeugen.

[2] Neudruck in RD I S 9, ein Auszug MBF S. 6 (Langspielplatte I).

durch teilweise Wiederholungen des Hauptchores an Nachdruck gewinnt. Mit den zuversichtlichen Worten: „Weil du vom Tod erstanden bist, werd ich im Grab nicht bleiben" verschwindet die Vision der in der Ferne betenden

Beisp. 2

Gemeinde, und neuerdings erscheint das Leben auf der Erde hoffnungslos und voll von Gefahren. Bis zum Ende der Komposition herrscht nun die düstere Stimmung des Beginnes vor. Die letzten Worte des Stückes spiegeln nur zu deutlich das Fühlen eines Mannes, der die Schrecken eines scheinbar unendlichen Krieges durchlebt hat:

> *Auch wir allhier keins Bleibens han,*
> *müssen alle davon.*
> *Gelehrt, reich, jung, alt oder schön,*
> *müssen alle, davon, davon.*

Erschütternd wie diese ganze dramatische und unkonventionelle Komposition ist auch ihr allerletzter Takt. Nachdem alle anderen Stimmen verstummt sind, wiederholen zwei Soprane wie einen letzten Seufzer das Wort „davon"

Beisp. 3

(Beisp. 3). Es ist bemerkenswert, daß Johanns Großneffe Sebastian eine ähnliche Wirkung in seiner Jugend – Kantate „Gottes Zeit ist die allerbeste" (Actus Tragicus, BWV 106) – verwendet hat. Am Ende des Chores „Es ist der alte

3. Unterschriften der verschiedenen Bach-Musiker:
Caspar, Christoph, Heinrich, J. Christoph (13), J. Egidius, J. Nicolaus (9), J. Günther (15),
J. Ambrosius, J. Christoph (12), J. Sebastian

4. Eisenach, wo Sebastian Bach geboren wurde und Mitglieder der Familie von 1665 bis 1797 wirkten. Im Hintergrund auf dem Hügel ist die Wartburg zu sehen.
Stich von Merian

Bund" verstummen allmählich die Alt-, Tenor- und Baßstimmen und zuletzt auch die Instrumente; der Sopran allein bleibt zurück mit einem Anruf an den Erlöser. Die Stimmung ist hier freilich eine andere als in dem Werke Johanns, da der jüngere Komponist glaubensfeste Zuversicht zum Ausdruck bringt.

Mit Gefühlen der Kränkung und Enttäuschung liest der Musikfreund in der Leichenrede des Johann Gottfried Olearius von den verschiedenen Chorälen, Motetten, Konzerten, Präludien und Fugen, die *Heinrich Bach* geschrieben hat. Denn von diesen zahlreichen Werken, die der Arnstädter Organist während eines langen, arbeitsreichen Daseins im Dienste der Musik geschaffen hat, ist offenbar nur ein einziges erhalten[1]. Es ist ein kraftvolles Werk, welches in jeder Beziehung das hohe Ansehen rechtfertigt, dessen sich sein Komponist erfreute. „Ich danke dir, Gott"[2] für den 17. Sonntag nach Trinitatis geschrieben, ist ein vorzügliches Beispiel für den konzertanten Stil der Zeit. Wir finden hier einen überaus anziehenden harmonischen Wettstreit, die ständige Abwechslung zwischen unterschiedlichen Klanggruppen, wie sie für den Übergang vom geistlichen Konzert eines Scheidt und Schütz zu den Kantaten des 18. Jahrhunderts kennzeichnend ist. Die menschlichen Stimmen stehen keineswegs als Ausdrucksmittel allein; vier Instrumente – zwei Violinen und zwei Violen – greifen bedeutsam in den Tonsatz ein. Die Sänger bestehen aus zwei fünfstimmigen Gruppen, einer kleinen Anzahl von Solosängern, den „Favoriti", und dem größeren Chor der Begleitstimmen, „Ripieni" genannt.

Die musikalische Entwicklung ist in der Regel den Instrumenten und den „Favoriti" anvertraut, während die Ripienisten nur zur gelegentlichen Verstärkung herangezogen werden. Ein lebhafter Gedankenaustausch zwischen hohen und tiefen Stimmen läßt sich schon in der fröhlichen „Sinfonia" beobachten, die dem Werk als Einleitung dient. Der folgende Vokalteil bringt eine kraftvolle Vertonung der Worte: „Ich danke dir, Gott", unter Heranziehung des vollen vokalen und instrumentalen Klangkörpers. Dann fällt die Führung den „Favoriti" zu, deren durchsichtiger, reich verzierter Tonsatz eine gewisse Ähnlichkeit zeigt mit der Tonsprache instrumentaler Solisten in

---

[1] Das Lament „Ach, daß ich Wassers g'nug hätte", das von älteren Autoren (auch von Schneider in BJ 1907) als Werk Heinrich Bachs bezeichnet wurde, ist in der Zwischenzeit als eine Komposition seines Sohnes Johann Christoph erkannt worden (vgl. S. 60 des vorliegenden Buches). Die beiden Choralpräludien „Christ lag in Todesbanden" und „Erbarm dich mein", die Ritter und andere als Werke Heinrich Bachs veröffentlicht haben, stammen von einem Tonsetzer mit den Anfangsbuchstaben „J. H. B." (vielleicht Johann Heinrich Buttstädt), nicht aber von Heinrich Bach.

[2] Neudruck in RD II, S. 3, ein Auszug aus dem Werk in MBF, S. 13 (Langspielplatte I).

einem zeitgenössischen Concerto grosso (Beisp. 4). An den Hauptstellen der
Partitur und insbesondere, wenn Gott der Herr angerufen wird, aber wirken
alle Sänger und Spieler in kraftvollen Akkorden zusammen. Die ungewöhn-

Beisp. 4

liche technische Kunstfertigkeit, die sich in diesem Stück entfaltet, sowie die
gefühlsmäßige Wärme und das unwandelbare Vertrauen in Gott, die hier zum
Ausdruck kommen, lassen „Ich danke dir, Gott' als eines der bedeutsamsten
Werke eines Mitgliedes der älteren Bach-Familie erscheinen.

VIERTES KAPITEL

HEINRICHS ZWEI GROSSE SÖHNE

JOHANN CHRISTOPH (13) UND JOHANN MICHAEL BACH

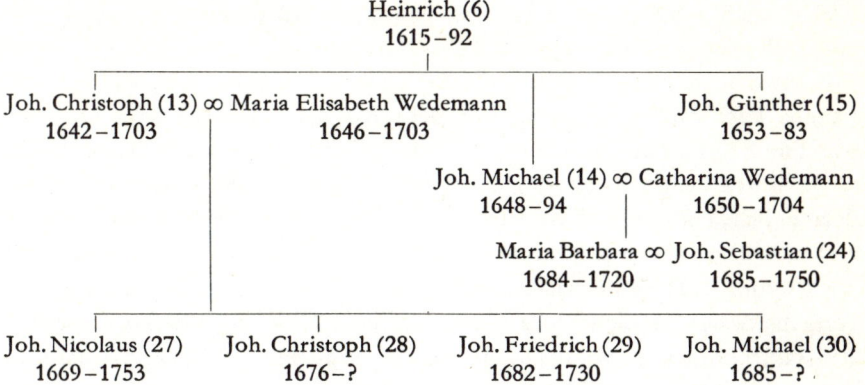

Heinrich (6)
1615–92

Joh. Christoph (13) ∞ Maria Elisabeth Wedemann   Joh. Günther (15)
1642–1703   1646–1703   1653–83

Joh. Michael (14) ∞ Catharina Wedemann
1648–94   1650–1704

Maria Barbara ∞ Joh. Sebastian (24)
1684–1720   1685–1750

Joh. Nicolaus (27)   Joh. Christoph (28)   Joh. Friedrich (29)   Joh. Michael (30)
1669–1753   1676–?   1682–1730   1685–?

UNSERE Darstellung führt uns nunmehr dem am nordwestlichen Ende des Thüringer Waldes anmutig gelegenen Städtchen Eisenach am Fuße der mächtigen mittelalterlichen Wartburg zu. Dies war von 1662 bis 1741 die Hauptstadt eines kleinen Herzogtums, das durch die Teilung der Besitzungen des Fürsten von Weimar ins Leben gerufen wurde. Eisenachs Herrscher bemühten sich, es den großen Herren und Förderern der Künste gleichzutun, doch war dies nicht leicht, da der winzige Staat in nur beschränktem Maße Steuern einbringen konnte und das Privatvermögen der regierenden Familie nicht bedeutend war. So ergab es sich, daß eine Anzahl angesehener Persönlichkeiten nach Eisenach berufen wurden, die es jedoch nach kurzem Aufenthalt vorzogen, an einen anderen, ihren Talenten größeren Spielraum bietenden Ort zu ziehen. Viermal[1] sicherten sich die Eisenacher Herzöge die Mitarbeit des Violinspielers Daniel Eberlin, eines begabten, vielseitigen Mannes, der auch als Hauptmann in der päpstlichen Armee gegen die Türken und anderseits als Bankier in Hamburg hervortrat. In Eisenach war Eberlin als herzoglicher Privatsekretär und Dirigent, einmal auch als Direktor der herzoglichen Münze

---

[1] Vgl. WILHELM GREINER „Die Musik im Lande Bachs" Eisenach 1935.

tätig[1]. 1677 trat Johann Pachelbel, der bedeutende Organist und Komponist, der dortigen Kapelle als „Musicus" bei, zog jedoch bereits im nächsten Jahr nach Erfurt. Später gelang es dem Eisenacher Hof, Pantaleon Hebenstreit zu gewinnen. Dieser als Tanzmeister und Erfinder eines Instrumentes geschätzte Künstler – sein „Pantaleon" war eine verbesserte Form des zitherartigen Hackbretts und erregte Aufsehen am Hofe Ludwig XIV. – blieb von 1706 bis 1709 in Eisenach und ihm folgte Eberlins Schwiegersohn, der hochangesehene Georg Philipp Telemann, der vier Jahre hindurch in der kleinen Residenz wirkte, auch nachher seinen Titel beibehielt und weiterhin eine Pension von Eisenach bezog.

In ihrer Suche nach begabten Musikern hatten die Eisenacher Behörden die Familie Bach nicht übersehen. Heinrichs Ruf als ausgezeichneter Organist war über Arnstadt hinausgedrungen, und als 1665 der Eisenacher Stadtorganist starb, wurde Heinrichs ältester Sohn, der 23jährige *Johann Christoph* (13), zu dem üblichen Probespiel eingeladen. Der junge Musiker, der seit 1663 als Organist der Kapelle im Arnstädter Schloß Neideck gewirkt hatte, bestand die Prüfung aufs glänzendste, mußte jedoch zunächst die Bewilligung zur Aufgabe seiner Stellung vom Grafen Ludwig Günther von Schwarzburg-Arnstadt erbitten. Er schrieb daher am 14. September 1665 ein Gesuch[2], in dem er betonte, daß das Eisenacher Angebot ohne sein Zutun erfolgt und daher als ein Akt göttlicher Vorsehung anzusehen sei. Als Nachfolger schlug er seinen jüngeren Bruder Johann Michael vor. Der Graf erteilte die gewünschte Bewilligung und folgte der Anregung, da es ihm anscheinend zusagte, ein Mitglied der Familie Bach in der Schloßkapelle wirken zu sehen. (Als J. Michael 1673 nach Gehren zog, wurde die Stelle Heinrichs Schwiegersohn, Christoph Herthum übertragen.) So stand der Berufung Johann Christophs nach Eisenach nichts im Wege, und er wurde zum Stadtorganisten ernannt, der in allen drei Kirchen Eisenachs, insbesonders aber der Georgenkirche zu spielen hatte. Die Stadtväter müssen erfreut gewesen sein, einen jungen, höchst bewanderten Musiker gewonnen zu haben, der von einem ob seiner Kunst und seines angenehmen, bescheidenen Wesens allgemein beliebten Mann ausgebildet worden war. Bald aber sollte sich ihre Einstellung ändern. Künstlerisch war alles völlig zufriedenstellend; der neue Organist war nicht nur höchst bewandert, sondern weit überdurchschnittlich begabt. Anderseits

---

[1] Nach C. Freyses Feststellung in BJ 1956 erwies er sich hiebei als unehrlich und entfloh, als Ende 1691 eine Revision der Landeskasse erfolgte.
[2] Thüringisches Staatsarchiv, Rudolstadt, Sign. 679. Das Dokument wurde mir freundlicherweise von Herrn Fritz Wiegand, Stadtarchivar in Erfurt, zur Verfügung gestellt.

aber schien er nicht bereit zu sein, die in einer Kleinstadt für den Organisten unvermeidlichen Schwierigkeiten des Daseins in Kauf zu nehmen. Ein „Memorial", das er am 10. Oktober 1670 an die Behörden richtete, ist höchst bezeichnend. Die Sprache ist – für damalige Gebräuche – viel zu entschieden, und wir können uns kaum vorstellen, daß sein Vater jemals eine so nachdrückliche Mahnung an seine Vorgesetzten hätte ergehen lassen. Das Memorial[1] lautet:

„Demnach bekandt, daß die Vollständige besoldungen bey der Geistlichen *Collectur* nach Verflossener Jahresfrist allererst gefallen, undt Die bediente unter der Zeit nicht erheben können; undt Dann Von E. E. Wohlw. Rath ich endesbemeldter mit 10 fl.Mw. an den Spital *Collectoren* Joseph Hermann gewiesen, welcher mir solche 10 fl. quartaliter reichen soll, Damit ich mich dürftiglich zubehelfen, biß Michaelis die gantze Besoldung fällig; So muss ich doch mit Wehemuth Vermelden, dass ich von angeführtem Spital *Collectore* sehr langsam das erhalten kan, indem er mich bald hie hin weiset, bald dort hin vertröstet, undt wirdt also langwirig mit der Zahlung, darüber man seinen *credit* bey ehrlichen leuthen, die hierauf Vertröstet, verliert; Weil mir dann sehr schwehr fället, solcher gestalt mit den meinigen außzukommen; massen ich ausser meiner besoldung nichts habe, davon ich leben könnte; Als habe nicht umbhin gekönt, Ew. Hoch Ehr(würden) solches zu Vernehmen zu geben, mit unterdienstlicher bitte, Ob etwa mit dem Spital *Collector* möchte anstalt gemacht werden, Daß er mir jedesmahl bey Verfallung des Quartals die 2½ fl. unfehlbar, ohne Vielfältiges anmahnen liefern möge, und ich also der völligen besoldungszahlung auß der Geistl. *Collectur* erwarten könne; Denn ich der habe bißher, wenn ein Quartal fellig gewesen, nach diesem Gelde so offt schicken müssen, dass ich mich geschämet, diesem aber abzuhelfen wirdt Verhoffentlich Ew. Hoch Ehrw. mir die hülfliche Handt beyhalten der Zuversicht ich gelebe, welche aus dringendter nothwendigkeit berichten wollen."

Wir wissen nicht, ob Johann Christophs Bitte erfüllt wurde. Sicher ist jedenfalls, daß die Behörden das Vorgehen ihres Organisten keineswegs schätzten, auch wenn er sachlich im Recht war. Andere im Eisenacher Archiv bewahrte Schriftstücke zeigen deutlich, wie unerfreulich die Beziehungen zwischen Johann Christoph und seinen Vorgesetzten waren. Aus dem Jahre 1679 liegt etwa eine umfangreiche Beschwerde des Organisten an das Konsistorium vor, daß er nicht in der Lage sei, die ihm zustehenden Akzidenzen (d. h. die für seine Mitwirkung bei Begräbnissen, Hochzeiten oder Taufen festgelegten Honorarsätze) einzukassieren. Nur zu oft geschehe es, daß der Hinterbliebene, der Bräutigam oder der Vater des Neugeborenen Mittel und Wege finde, seine Verpflichtung nicht zu erfüllen und den Organisten gar nicht oder nur teilweise honoriere. Johann Christoph erklärte, daß man ihm

---

[1] Superint. Archiv Eisenach: B 25 B 1, Bl. 4, wo alle auf J. Christoph bezüglichen Dokumente, sofern nicht andere Angaben erteilt werden, zu finden sind.

nicht weniger als 46 fl. 20 gr. schulde (ein Betrag, der nahezu seinem halben Jahresgehalt gleichkam). An der Beschwerde ließ er es jedoch nicht genug sein; es erschien ihm angemessen, seinen Vorgesetzten noch überdies einen Rat zu erteilen, wie man diesem Mißbrauch steuern solle. Man sollte, regte er an, den Verlobten den Nachweis des Aufgebotes erst aushändigen, nachdem sie die Gebühr für den Organisten entrichtet hätten. Es erscheint unwahrscheinlich, daß das Konsistorium sich bereit fand, dem Rat des Organisten Folge zu leisten. Alles ging weiter wie bisher und auch in einem späteren Zeitpunkt hatte Johann Christoph Veranlassung, sich über unbezahlte Hochzeitsgebühren zu beklagen. Diesmal wies er jedoch darauf hin, daß er bei Unbemittelten gerne auf sein Honorar verzichten wolle, wenn die anderen kirchlichen Angestellten bereit seien, das gleiche zu tun.

Zahlreiche andere Akte berichten von ständigen Bemühungen des Organisten, eine geeignete Wohnung zu finden. Während Heinrich Bach den größten Teil seiner langen Arnstädter Dienstzeit in dem gleichen Haus verbrachte, ergab sich bei Johann Christoph immer wieder die Notwendigkeit zur Übersiedlung. Ein Auszug aus der langen Bittschrift, die er, diesmal die vorschriftsmäßigen Floskeln der Unterwürfigkeit überreichlich verwendend, am 15. Februar 1692 an den Bürgermeister und den städtischen Rat richtete, entwirft ein eindrucksvolles Bild von der schwierigen Lage des Künstlers:

„Wohl Edle, Wohl Ehren Veste, Groß Achtbare Hoch und wohlgelahrte, Hoch und wohlweise Herren Bürge Meister und Rath, insonders Großgünst. Hochgeehrte Herren.

Ich kan nicht Vorbey, E. Wohl Edl. wohl Ehrenw. hoch und Wohlweißht., meinen itzigen Nothstand wehemütig Vor Zustellen, in hoffnung, Sie werden mich nicht allein als Vorgesetzte Grosse *Patronen* Grossg. anhören, sondern mir auch gebürige Hülffe wiederfahren lassen. Es ist nehmlich denen selber bekant, daß ich die Zeither, da ich alhir in diensten gewesen, welches nunmehr 27 Jahre sind, mit anführung allerhand *motiven* offt und Vielmahls flehend angehalten, daß ich doch [mit] einer freyen Wohnung alhir möchte versorget werden: allein ich bin hirbey in erreichung meines Zwecks unglückseelig gewesen und habe nichts minder mit meinem größten schaden und Ungemach bald aus einem Miethause ein bald aus dem andern wieder ausZiehen müßen, also daß, nachdem ich zehen miethäuser wie auch einen guten Theil des meinigen dabey Vorzogen, auch unmöglich länger in solchem unbestand leben können, ich mich endlich resolvirt, ein eigen hauß zu kaufen, weil aber die mittel hirZu nicht in handen gehabt, habe ich mich zu bezahlung der Angabe, biß sich etwa ein Erbfall in meiner *Patria* Zu Arnstadt ereignete, damit ich mich wieder retten könne, in schulden stecken und zinsbare *Capitalia* aufnehmen, ... weil nun mehro die *Creditores* ... auf ihre Zahlung dringen, mir aber die Verhofften mittel noch nicht erschienen sind, so werde ich leider nun auch wieder Von dieser Wohnung verdrungen, mit was betrübnis aber, können E. Wohl Edl. auch wohl. Ehrenv. Hoch und wohlweisshh. bei hochVernünftiger anseh- und behertzigung meines

Hausstandes leicht [er]messen ... Wenn denn, Hochgeehrteste Herren, ich mit Weib und Kindern bey meiner besoldung, Zumahl bey itzigen schweren Zeiten, da alle Frucht und Victualien Von Tag Zu Tag steigen, nicht subsistieren kann ..., auch Vorhoffentlich in hiesiger Stadt noch so Viel raum übrig seyn wird, daß ich, als ein 27jähriger Diener logiret werden kan, als werde ich abermals höchstens gemüßiget, E. WohlEdl. auch wohl Ehrenv. hoch und wohlweisshl. bittlichen anzuflehen, daß Sie doch Grossg. geruhen wolten, mir nur diese eintzige bitte noch Zugewähren und mit einer freyen Wohnung Zu Versorgen, weil ich sonst nicht weiß, wie ich mich mit meinen Kindern behelffen und fortbringen soll. Es ist Zwar nicht ohne, daß ich noch vor kurtzer Zeit mit einer Zulage bin bedacht worden, allein es ist auch E. wohl Ed. und wohl Ehrenv. hoch und wohlweisshh. bekant, wie mir ao. 1677 auch mehr Geschäffte auf die Mittwoche und Donnerstage aufgetragen worden, welche ich etliche Jahr ohne einige Zugelegte Ergetzligkeit Vorrichten müssen, darum will ich nicht hoffen, daß solches mir itzo im Wege liegen solte ... "

Dann aber fuhr er in der für ihn so bezeichnenden Art fort, den Vorgesetzten Ratschläge zu geben, was zu geschehen habe. Er schlug vor, daß das von dem deutschen Schulmeister[1] bewohnte Haus geräumt und ihm zur Verfügung gestellt werden solle, und er war sogar so undiplomatisch zu betonen, daß man hierbei wichtige Reparaturen durchführen und einen Keller beistellen müsse.

Der Rat war von diesem Gesuch keineswegs günstig beeindruckt. Selbst als sich das fürstliche Oberkonsistorium und sogar der regierende Herr zugunsten des Organisten aussprachen, erklärten die städtischen Behörden, Bach habe einen Gehalt, womit er sich, „wenn anders ein ordentlich leben und Haußwesen dabei geführt wird, ehrlich hinbringen" könne. Anderseits sei die Stadtkasse leer und das betreffende Haus könne nicht für den Organisten geräumt werden. Johann Christoph aber kämpfte unentwegt weiter und sogar als es ihm gelungen war, 10 fl. als Beitrag zur Miete dem Rat zu entwinden, wurden noch immer Schriftstücke über sein Problem zwischen dem Fürsten und der Stadtbehörde ausgetauscht. Endlich brachten die Stadtväter die Diskussion mit der gehässigen Feststellung zum Stillstand, daß „vielleicht von einem unordentlichen Haußwesen dergleichen Vorgeschützte mengel herrühren müssen. Es were gut wenn Er die allmosen Einnahmen besser administriret und dabei nicht *ad proprios usus* verwendet hette." (Letzteres ist wohl so aufzufassen, daß der Organist gelegentlich die von ihm in der Kirche einkassierten kleinen Spenden für Almosen als Vorschuß auf seinen außenstehenden Gehalt betrachtete. Wäre er weitergegangen und hätte sich tatsächlich Geld, das ihm nicht zustand, angeeignet, so hätte die Behörde dies zweifellos nicht auf sich beruhen lassen.)

---

[1] Die Hauptunterrichtsanstalt Eisenachs war die Lateinschule; daneben gab es auch noch einige deutsche Schulen.

Jedenfalls nahm der Herzog diesen Vorwurf der Stadtbehörde nicht ernst. Weit mehr als die Stadtväter wußte er Johann Christophs künstlerische Bedeutung zu schätzen, und es lag ihm daran, dem Organisten zu helfen. Als 1694 die Familie des Künstlers von schwerer Krankheit heimgesucht wurde[1], sandte er ihm Getreide und Holz und ließ ihm auch im nächsten Jahr Unterstützungen dieser Art in regelmäßigen Abständen zukommen. Endlich fand er auch eine Möglichkeit, den Herzenswunsch des Organisten zu erfüllen. Die herzogliche Münze war 1694 geräumt worden, da verschiedene Aufseher sich als unehrlich erwiesen hatten, so daß Herzog Johann Georg II. beschloß, an dieser Stelle nicht mehr[2] Geldstücke prägen zu lassen. In dem ehemaligen Münzgebäude wurden daher 1796 sieben Wohnräume, Boden und Ställe Johann Christoph zur Verfügung gestellt. Er war überglücklich und wiegte sich in dem Glauben, daß er nun zur Ruhe kommen werde. Zwei Jahre später aber starb der Herzog und sein Nachfolger, Johann Wilhelm, beschloß, die Münze in das ursprüngliche Haus wieder zurückzuverlegen. So mußte der unselige Organist neuerlich mit der Suche nach geeigneter Unterkunft anfangen. Um des Künstlers Enttäuschung etwas zu mildern, verlieh ihm der neue Herrscher den Titel eines Kammermusikers und gewährte ihm ein Jahresgehalt von 24 Rth., einmaliges Kleidergeld in der Höhe von 12 Rth. und etwas Feuerholz, Korn und Gerste[3]. Außerdem setzte er sich beim Stadtrat dafür ein, daß dem Organisten ein Darlehen von 300 Thalern zum Ankauf des Hauses, das er im Auge habe, gewährt werde. Der Rat zeigte sich wieder nicht entgegenkommend; er lehnte die Gewährung des Darlehens ab, wies aber auf drei andere Häuser hin, für die die fürstliche Kanzlei Geld vorgestreckt habe und die, falls der Herrscher die Schuld ruhen lasse, billig zu erwerben wären. Diese Häuser sagten jedoch dem eigenwilligen Organisten nicht zu und so ging der Kampf weiter, bis endlich 1702 ein Ausgleich erzielt wurde und Johann Christoph in sein eigenes Haus einziehen konnte. Doch war es ihm nicht vergönnt, sich lange daran zu erfreuen, denn ein Jahr später starb der Künstler im Alter von 61 Jahren. Die Leichenrede nahm den folgenden Text zum Motto: „Das

---

[1] In einem Brief an den Herzog klagt Johann Christoph, sein Haus sei so voll mit Kranken, daß es einem Lazarett gleiche. Aus dem Kirchenregister geht hervor, daß im Oktober 1694 sechs Personen seines Haushaltes private Kommunion empfingen. Es ist auch bezeichnend, daß J. Christophs dritter Sohn im Schuljahr 1693 bis 1694 234 Mal abwesend war, während der jüngste 1695 die Schule überhaupt nicht besuchte. Vgl. HELMBOLD in BJ 1930.

[2] Vgl. FRIEDRICH SCHÄFER „Der Organist Johann Christoph Bach und die Eisenacher Münze". Luginsland 1929.

[3] In dem Dekret wird auf den „armseligen Zustand" des Organisten hingewiesen. Vgl. Nr. 471 in Weimarer Archiv, Eisenacher Dienersachen.

Haupt, die Hände und die Füße sind froh, daß nun das Ende der Arbeit kommen sei." Tatsächlich war es ein mühseliges, von kleinlichen Sorgen erfülltes Dasein, das der Prediger zu beschreiben hatte.

Es ist eine recht traurige Geschichte, die die erhaltenen Dokumente[1] über das Dasein des größten Bach vor Sebastian berichten. Sie vermitteln ein Bild stets wiederkehrender Geldnöte und verzweifelter Versuche, diese Schwierigkeiten zu beseitigen – Versuche, die den Künstler mehr und mehr in Probleme verstrickten. Zur Zeit seines Todes war ihm z. B. sein Gehalt für drei Jahre vorausbezahlt worden, wohl um den Ankauf des Hauses zu ermöglichen. Es scheint, als ob Johann Christoph in Eisenach nie anders als unter Sorge und Druck gelebt hätte. Dabei war sein Gehalt nicht wirklich gering. Er empfing 116 fl. per Jahr von der Stadt, wozu die Akzidenzen und das fürstliche Honorar noch zu addieren waren. Nach damaligen Verhältnissen war dies keineswegs ein Hungerlohn, und sein Vater hatte Frau und Kind mit weit geringeren Einkünften erhalten. Johann Christoph aber empfand in berechtigtem Künstlerstolz, daß er auf Besseres Anspruch habe. Als er in Eisenach Fuß gefaßt hatte und ans Heiraten denken konnte, wählte er Maria Elisabeth Wedemann, die einer etwas höheren Gesellschaftsschicht entstammte. Sein Schwiegervater war Stadtschreiber in Arnstadt und sein Schwager sollte Bürgermeister der Stadt werden. Eine Einladung zur Hochzeit hat sich erhalten und läßt auf verhältnismäßig großzügige Festlichkeiten schließen, die wohl eher der Sinnesart Johann Christophs als der des bescheidenen Heinrich entsprachen. Auch in Eisenach scheint das Ehepaar sich bemüht zu haben, seine Lebensführung weniger armselig zu gestalten, als dies bei Musikern gang und gäbe war. Es ist bezeichnend, daß Johann Christoph 1679 ein Haus besaß, für das er viermal so viel Steuer zu entrichten hatte als sein Vetter Ambrosius für das seine[2]. Auch in der Ausbildung seiner Söhne paßte sich der Organist den Gebräuchen seiner Gesellschaftsklasse nicht an. Während die meisten Musikersöhne im Alter von 14 oder 15 Jahren die Lateinschule verließen, um bei einem Mitglied der Zunft als Lehrling zu dienen, verblieben zwei Söhne J. Christophs bis zum Alter von 21 bzw. 20 Jahren in dem Institut und der älteste besuchte daraufhin die Jenaer Universität, ein bei den Bachen seiner Generation einzigartiger Vorstoß in die Welt der höheren Bildung. All dies mag dem Eisenacher Rat als anmaßend erschienen sein und die Beziehungen zu dem schwer zu behandelnden Organisten verschlechtert haben. Sicherlich war er bei den Behörden keineswegs beliebt. Anderseits

---

[1] Sie wurden erstmalig von Schumm bzw. Rollberg vorgelegt. Vgl. Bibliographie.
[2] Vgl. Steuerregister für 1679. Der Organist zahlte 1 fl. 6 gr. 6 pf., Ambrosius nur 6 gr.

müssen die Stadtväter seine Leistungen geschätzt haben, da sie es ihm ver-
wehrten, eine andere Stellung anzunehmen. 1686 ergab sich nämlich für Johann Christoph eine Gelegenheit, der erdrückenden Enge Eisenachs zu entgehen, als er aufgefordert wurde, als Stadtorganist in Schweinfurt zu wirken.
Er nahm mit Freuden an, mußte aber einige Wochen später die Mitteilung
machen, daß sowohl der Rat wie der Herzog von Eisenach sich weigerten,
ihn zu entlassen[1].

Nur in einer Hinsicht waren die Beziehungen zwischen dem Organisten
und dem Rat positiver Natur. Johann Christophs ständige ernsthafte Bemühungen, Verbesserungen an der ihm anvertrauten Orgel zu erzielen, konnten nicht verfehlen, Eindruck auf die Behörden zu machen. Das 1576 in der
Georgenkirche aufgestellte Instrument wies allerhand Schäden auf, und in den
ersten Jahrzehnten seiner Eisenacher Tätigkeit versuchte Johann Christoph,
Reparaturen durchführen zu lassen. Schließlich gelang es ihm aber, die Stadtväter von der Notwendigkeit eines vollständigen Umbaus der Orgel zu über-
zeugen. Sein Entwurf für das Abkommen mit dem Orgelbauer Georg Christoph
Stertzing vom 19. März 1696 hat sich erhalten[2]. Er umfaßt 10 Seiten und
stellt ein bemerkenswertes Dokument dar, das uns Johann Christophs meister-
liche Beherrschung der Materie vor Augen führt. Doch selbst als sein Entwurf
Annahme gefunden hatte, war der Organist noch nicht zufrieden. Er befaßte
sich weiter mit der Angelegenheit, und einige Monate später unterbreitete er
so viele Zusatzvorschläge, daß der Rat beschloß, bei Stertzing ein neues Instrument zu bestellen und nur etwas Material von der alten Orgel zu verwenden. Johann Christoph legte nicht nur die ganze Disposition des Orgelwerkes
fest, sondern bemühte sich auch, bessere Aufführungsbedingungen für die
übrigen am Chor wirkenden Musiker zu schaffen. Er empfahl die Errichtung
eines Halbmondes vor der Orgel mit zwei kleinen Galerien, um so die Wiedergabe zweichöriger Motetten zu ermöglichen, die bisher nur recht schwer
durchführbar gewesen war. Als er am 30. Oktober 1697 seinen letzten Ver-
besserungsvorschlag vorlegte, machte er die folgende sehr bezeichnende Bemerkung:

> „Ich suche hidurch keinen eigenen Nutz, sondern ich meyne es guth mit der
> Kirche, Stadt und Orgell und nehme mich des Werckes an, als wenn ich ewig daruff
> spielen wollte, ungeacht ich selbiges so lange nicht mehr verrichten werde als schon
> geschehen; und da wir nun auch so nahe schon herbey gerückt ein gutes Orgell-

---

[1] 3 Briefe in dieser Angelegenheit haben sich, laut gütiger Mitteilung des Kurators,
Dr. Conrad Freyse, in Abschriften im Eisenacher Bach-Museum erhalten.

[2] Vgl. WERNER WOLFFHEIM „Die alte Orgel zu St. Georg in Eisenach", Eisenacher
Tagespost 1911, und HANS LÖFFLER „Nachrichten über die St.-Georgen-Kirche in
Eisenach", Zschr. f. evangel. Kirchenmusik, iv. v.

werck zu erhalten, wehr es ja schade, wenn man es an dem noch wenigen wolte fehlen laßen; so braucht man ja die hiezu behörigen Costen itzo sobald auch noch nicht, sondern es hatt noch Zeit. Uff solche weise bekommen wir mit Gottes Hülffe ein zumahl der disposition halber schönes Orgellwerck, dessen Eisenach weit und breit, zumahl bey Orgell- und Musik-Verständigen ruhm und Ehre haben, hingegen aber andere benachbarten Orten dergleichen so nicht zu finden seyn wird. Meines raths betreffend, will ich so viel mir als itziger Zeit bestalten Organisten zukomt und in meinem Vermögen vorhanden (wie es denn nun mehr erst recht sorgfältig angehen und fleiß erfordern wird) gern das meinige darbey thun und mit dem Orgellmacher dieser oder jener stimm halber, wo es nötig, zu rath gehen, damit *alles fein accurat mensuriert, wohl intoniret und jede stimme nach erheischender arth fein aequal und gut lautend* ins gehör angebracht werde, und also zuförderst ein tüchtiges Orgellwerck werde, denn *wo ein wohl disponiertes gutes Orgellwerck* ist, *dahin ziehet es gemeiniglich auch gute* Organisten nach sich, ja ein solches Werck machet gar erst gewißermaß(en) gute organisten, welches mir sehr viel in meinem thun (und) profession hette helfen sollen, wenn ich seit anno 1665 bis itzo ein solches Werck zu tractieren unter meinen Händen allhier gehabt hätte."

Diesmal erwies sich Johann Christophs Sorglosigkeit in Geldangelegenheiten als berechtigt, denn als man 1698 für das neue Orgelwerk zu sammeln begann, ging ein Betrag von 3047 Thalern ein, der sogar die tatsächlichen Spesen überstieg. So konnten Johann Christophs Pläne voll und ganz ausgeführt werden, was dem Organisten gewiß viel Genugtuung bereitete. Es war ihm jedoch nicht vergönnt, die Vollendung des großen Projektes zu erleben. Am 23. Februar 1703 schrieb er noch an den Rat über Einzelheiten des Baues; am 31. März verschied er, vier Jahre vor dem Abschluß des Orgelbaues in der Georgenkirche.

In mancher Hinsicht ist Johann Christoph als Vorläufer Johann Sebastians (der ein Vetter zweiten Gliedes war) anzusehen. Unter allen Bachen der früheren Generationen war er es, der dem überragenden Genie der Familie an Tiefe wie an schöpferischer Originalität am nächsten stand. Sogar in den Handschriften der beiden Meister läßt sich eine gewisse Ähnlichkeit beobachten. Johann Christophs Kampfbereitschaft und Halsstarrigkeit, sein Mangel an Geschick im Verhalten zu den Vorgesetzten finden sich durchaus auch bei Sebastian, der eigentlich dem Eisenacher Organisten viel eher ähnelte als dem eigenen Vater. In einem Punkt aber lag ein bedeutsamer Unterschied zwischen dem Charakter des älteren und des jüngeren Meisters vor. Sebastian hatte die Triebkraft und Energie, ein neues Leben zu beginnen, wenn ihm dies für sein inneres Wachstum und seine Laufbahn heilsam erschien. Sogar wenn es galt, ärgste Unannehmlichkeiten einschließlich einer Gefängnisstrafe in Kauf zu nehmen, zögerte Sebastian nicht, sich loszureißen. Johann Christoph aber war durch die Anschauungen seiner Zeit und die Traditionen der Familie gehemmt und gab gerade dort nach, wo äußerste Kraftanspannung am Platz gewesen wäre. So blieb er 38 Jahre hindurch in Eisenach, das seiner Kunst keine genügende Entfaltungsmöglichkeit bot. Es ist begreiflich, daß der Mangel einer richtigen Wirkungssphäre den Künstler mit Unzufriedenheit erfüllte; hier lag die Wurzel für seine Rastlosigkeit und seine unerfreulichen Beziehungen zu seiner Umwelt.

Über Johann Christophs Söhne ist nicht viel bekannt, doch ist das wenige, was wir wissen, charakteristisch. Alle vier waren Musiker. Zwei scheinen des Vaters Unrast und Begierde nach Wechsel geerbt zu haben, während die anderen beiden ihr ganzes Leben hindurch die gleiche Stellung innehatten. *Johann Christoph der Jüngere* (28) war in Norddeutschland, als der Vater starb. Er bewarb sich um die freigewordene Stelle in Eisenach, doch entschied sich der Rat für einen anderen Bach, Johann Bernhard (18), der sich als Organist in Magdeburg einen Namen gemacht hatte. Dieser Mißerfolg mag dem jungen Johann Christoph nicht allzu unangenehm gewesen sein, denn in der Genealogie liest man, daß „er sein meistes Plaisir im Reisen suchte". Er blieb nicht einmal in Deutschland, sondern begab sich nach Holland und von dort nach England, wo er sich als Klavierlehrer niederließ. Sein jüngster Bruder, *Johann Michael* (30), ein Orgelbauer, war auch nicht gewillt, in Thüringen zu verbleiben. Er reiste nach Nordeuropa und entschwand der Familie für immer. Über die beiden anderen Söhne Johann Christophs wird im zweiten Teil dieses Buches mehr zu berichten sein.

Johann Christophs Bruder, der 1648 geborene *Johann Michael* (14), scheint eine weniger problematische Natur gewesen zu sein und fügte sich klaglos in die Bachsche Familientradition ein. Auch er empfing seine musikalische Ausbildung von Heinrich Bach und wirkte bis 1673 als Schloßorganist in Arnstadt. In diesem Jahr starb sein Onkel Johann, Haupt der Erfurter Bache, und die Organistenstelle an der Predigerkirche war neu zu besetzen. Der Erfurter Rat berief Johann Effler, der bis dahin als Organist in dem Flecken Gehren bei Arnstadt gewirkt hatte. So ergab sich eine Vakanz in Gehren und der 25jährige Michael wurde zum Probespiel eingeladen. Der Eindruck, den er machte, war ausgezeichnet, und ein Ratsmitglied schrieb am 13. Oktober 1673 an den Grafen von Schwarzburg-Arnstadt, der anscheinend den jungen Musiker empfohlen hatte:

„... Sowohl der H. Pfarrer *substitutus* als die Verordneten des Raths allhier sagen gnädigst und gnädiger Fürstl. und Gräffl. Herrschaft unterthänigsten und unterthänigen gehorsamsten Dank, daß Sie diese Gemeinde und Kirche mit einem stillen eingezogenen kunsterfahrnen *Subjecto* versehen wollen. Sonderlich haben die Rathsmeister auf heutiges beschehenes Zureden sich erbothen zu der *ordinar* Besoldung, welche der Organiste allerhier aus dem Fleck Gehren überkommen, auch die 10 fl. *addition,* so dem abgezogenen Organisten seines Fleißes und *meriten* halber zugewendet, Ihm dem neuen Organisten ebenmäßig dergestallt zu verwilligen, und künftig zu reichen, daß so lange Er bey diesem Dienste ausharren würde, dieselbe nicht allein vor seine Ufwartung in der Kirche, sonder auch als Gemeiner Schreiber ihres Fleckens jährlich zu gewarten haben."

Hieraus ergibt sich, daß Johann Michael Vorrechte eingeräumt wurden, die sein Vorgänger, ein älterer und angesehenerer Organist, errungen hatte. Sein Gehalt war jedenfalls höher als das seines Vaters, denn abgesehen von einer jährlichen Zahlung von 73 fl. erhielt er freie Wohnung, einen halben Acker pachtfreies Land, Brennholz und verschiedene Lebensmittel. Außerdem wird er auch von der gräflichen Herrschaft honoriert worden sein, da er häufig am Arnstädter Hof zu spielen hatte. Eine weitere Einnahme ergab sich dem vielseitigen Künstler aus der Verfertigung von Musikinstrumenten. Während die Mehrzahl der Bache im Orgelbau außerordentlich bewandert war und genaueste Anweisungen für die Verbesserung oder den Umbau eines Instrumentes erteilen konnte, war Johann Michael ein Fachmann in der Herstellung von Klavichorden und Violinen. Sein Siegel (das sich in der Sammlung Manfred Gorkes erhalten hat) weist denn auch 2 Violinbögen und 2 Geigenschnecken auf. Kunstfertigkeit dieser Art besaß auch sein jüngerer Bruder, Johann Günther, den die Genealogie als „geschickten Verfertiger verschiedener neu inventirter musikalischer Instrumenten" preist, und desgleichen seine beiden Neffen, Johann Nicolaus (27) und Johann Michael (30), die wohl von ihm ausgebildet wurden.

Sein Privatleben verlief zunächst ähnlich dem seines älteren Bruders. Er heiratete Catharina Wedemann, eine Schwester der Gattin Johann Christophs, und die Hochzeit fand 1675 statt, zwei Jahre nach Michaels Amtsantritt in Gehren, ebenso wie Heinrichs ältester Sohn zwei Jahre nach der Übersiedlung nach Eisenach den eigenen Hausstand begründet hatte. Von hier an aber wies das Leben der beiden Brüder ein abweichendes Bild auf. Michael war es nicht vergönnt, einen Sohn großzuziehen, der die künstlerische Tätigkeit des Vaters fortsetzen sollte. Er selbst starb bereits im Alter von 46 Jahren und hinterließ 5 unverheiratete Töchter, deren jüngste, Maria Barabara, nur 10 Jahre alt war. Seine Witwe starb 1704, 10 Jahre nach ihrem Mann. Die Waisen zogen nun zum Teil nach Arnstadt und Maria Barbara wurde von ihrem Onkel und Paten, Martin Feldhaus, dem Bürgermeister der Stadt, aufgenommen. Es war in seinem Haus „Zur goldenen Krone", wo sie bald darauf mit Johann Sebastian Bach, ihrem Vetter und späteren Gatten, zusammentreffen sollte.

DIE KOMPOSITIONEN JOHANN MICHAEL BACHS

Die Kompositionen von Johann Michael und Johann Christoph verhalten sich zu einander wie Versprechen zu Erfüllung. Die beiden Brüder arbeiteten in den gleichen Gebieten der Musik, doch in allen Formen – mit der einzigen Ausnahme des Choralvorspieles – zeigte Christoph künstlerische Überlegenheit. Während der jüngere Bruder, dessen Lebensspanne so tragisch kurz bemessen war, versuchte und experimentierte, war dem älteren voller Erfolg beschieden. Bei der Besprechung ihrer Werke werden wir daher die sinngemäße und nicht die zeitliche Anordnung einhalten und uns vorerst der Untersuchung der Werke Johann Michaels zuwenden.

Die elf Motetten und fünf Kantaten Johann Michael Bachs, die gegenwärtig bekannt sind, vermitteln ein gutes Bild der künstlerischen Vielseitigkeit dieses bemerkenswerten Komponisten. Obwohl die meisten Motetten in üblicher Weise auf biblischen Texten und Chorälen aufgebaut sind, zeigen sie doch in der Behandlung des Materials auffallenden Abwechslungsreichtum.

Nur ein einziges Werk, die Neujahrsmotette *Sei lieber Tag willkommen*[1] (Schn. 27) macht keinen Gebrauch von Kirchenliedern; auch sonst weist es Abweichungen von Johann Michaels Motetten auf, da es für zwei Sopran-, eine Alt-, zwei Tenor- und eine Baßstimme geschrieben ist, eine Kombination, die wir sonst unter des Komponisten Werken nicht finden. Ebenso unterscheidet sich die leichte Durchsichtigkeit der vielstimmigen Setzweise, mit ihrer abwechslungsreichen Verwendung hoher und tiefer Stimmen, vorteilhaft von der mitunter etwas schwerfälligen Homophonie der übrigen Motetten Michaels. Nahe dem Ende bei den Worten „und Tod" schreibt der Tonsetzer – als ein richtiges Kind seiner Zeit – ein eindrucksvolles plötzliches *piano* vor.

Gänzlich verschieden ist die Motette *Nun hab' ich überwunden* (Schn. 32)[2], die nun andrerseits wieder keinen biblischen Text gebraucht. Die dritte Strophe von Melchior Vulpius' bekanntem Lied „Christus, der ist mein Leben" bildet die textliche Grundlage für diese Komposition, die für zwei vierstimmige gemischte Chöre geschrieben ist. Die elffache Wiederholung des Wortes „nun" am Beginne der Komposition übte auf eine Gemeinde des 17. Jahrhunderts keineswegs die leicht komische Wirkung aus, die sie auf den Hörer unserer Tage macht. Solch spannungerhöhende Repetitionen kurzer Worte waren in der Barockzeit allgemein gebräuchlich und wurden auch noch von

---

[1] Neudruck in RD I, S. 39.
[2] Neudruck in RD I, S. 47.

Sebastian Bach mitunter verwendet. Michaels Motette besteht aus zwei
Hauptteilen. In dem ersten ist der Text des Kirchenliedes in kurze Abschnitte
zerlegt, die in Dialogform, unter Einschaltung konzertierender Elemente vertont sind. Die Innigkeit und feurige Kraft der Tonsprache Michaels kommt hier
zu bester Wirkung. Die zweite Hälfte der Motette, in der die beiden Chöre
zusammenwirken, verwendet die gebräuchliche Cantus-firmus-Technik: die
Choralmelodie wird in langen Notenwerten im Sopran gebracht, während
Alt, Tenor und Baß Gegenstimmen vortragen, die zum Teil der Melodie
des Kirchenliedes entnommen sind (Beisp. 5). Es sei darauf hingewiesen,
daß sich die nämliche Technik auch in den gleichzeitigen Orgel-Choral-
Bearbeitungen beobachten läßt.

Beisp. 5

In den übrigen neun Motetten sind biblischer Text und Kirchenlied verbunden. Besonders eindrucksvoll sind hier die kürzeren und mehr zusammen-
gedrängten Tonsätze wie etwa *Unser Leben währet siebenzig Jahr* (Schn. 23)[1]
mit dem Choral „Ach Herr, laß deine liebe Engelein" als Cantus firmus im
Sopran. Der Gegensatz zwischen den verschiedenartigen zwei Texten, der
am Anfang kaum bemerkbar ist, vergrößert sich im Laufe des Tonsatzes bis
sich in den letzten zwölf Takten die scharf gesonderten Welten vom Himmel
und Erde schroff gegenüberstehen. In der niederen Sphäre herrscht – ausgehend von den Textworten: „Denn es fahret schnell dahin, als flögen wir
davon" – unheimliche Eile und Geschäftigkeit. Im oberen Bereich aber läßt
sich heitere Freude beobachten, da der Sopran in hohen, lang ausgehaltenen
Noten das Lob des Erlösers singt. Dieser Gegensatz zwischen dem Leiden der
Menschheit und der Seligkeit Gottes wird noch betont durch den kühnen Gebrauch auffallender Dissonanzen zwischen Sopran und Alt (Beisp. 6).
Ähnlich im Charakter, wenn auch von geringerer dramatischer Kraft erfüllt, ist die fünfstimmige Motette *Das Blut Jesu Christi* (Schn. 20)[2] der eine
Strophe aus Johann Heermanns Lied „Wo soll ich fliehen hin" als Grundlage

---

[1] Neudruck in RD I, S. 19.
[2] Neudruck in RD I, S. 22.

dient. Bemerkenswerterweise schreibt der Komponist hier Blasinstrumente
zur Verstärkung des Chores vor; vier Posaunen unterschiedlicher Größe
sollen die unteren Stimmen verdoppeln, während ein „Zink" (ein Sopran-

Beisp. 6

horn mit Grifflöchern) im Einklang mit der Oberstimme spielt. In den ersten
siebzehn Takten wird nur biblischer Text verwendet; der Sopran ist ebenso
wie die anderen Stimmen behandelt und beteiligt sich an der Ausdeutung des
der Heiligen Schrift entnommenen Textes. Nach einer kurzen Pause wechselt
er jedoch seine Rolle und der Vortrag der Choralmelodie wird ihm nunmehr
übertragen. Am Ende der Komposition werden vierzehn Takte genau wiederholt, ein seltsamer Vorgang, der die Wirkung des Stückes keineswegs günstig
beeinflußt.

Daß Michael mit der subjektiven Gefühlsseligkeit der italienischen Kunst
des 17. Jahrhunderts völlig vertraut war, zeigt die fünfstimmige Motette *Ich
weiß, daß mein Erlöser lebt* (Schn. 22)[1], die den gleichen Text aus dem Buche
Hiob verwendet, den später auch Händel in seinem „Messias" gebrauchte.
Für den Cantus firmus ist das Kirchenlied „Christus, der ist mein Leben"
herangezogen. Ähnlich den Werken Heinrich Schütz' schöpft Michael Inspiration aus dem Rhythmus des Textes und erzielt damit eine eindrucksvolle
und erregte Tonsprache von starker Ausdruckskraft. Die häufige Wiederholung
dreitaktiger Perioden verleiht der Motette den Charakter dringlichen Strebens
und eine Innigkeit, wie sie nur in den besten deutschen Chorwerken der Zeit
zu finden ist.

Leicht konventionell wirkt dagegen die Weihnachtsmotette *Fürchtet euch
nicht* (Schn. 34)[2] für Doppelchor. In dieser handwerklich gediegen ausgeführten Komposition entwickeln die zwei Chorgruppen zunächst die Worte des
Engels in einem einfach homophonen Dialog, wie er in deutschen Werken der
ersten Jahrhunderthälfte häufig beobachtet werden kann. Schließlich vereinigen sich die beiden Chöre, und während der Sopran das Kirchenlied
„Gelobet seist du, Jesu Christ" vorträgt, sind den tieferen Stimmen Gegenmelodien anvertraut.

---

[1] Neudruck in RD I, S. 36, und Edition Schirmer, New York 1941 (Geiringer).
[2] Neudruck in RD I, S. 62.

Umgekehrt ist dagegen die Anlage der fünfstimmigen Choralmotette *Herr, wenn ich nur dich habe* (Schn. 21)[1]. Von einem anfänglichen Gegensatz zwischen Bibeltext und Kirchenlied ringt sie sich allmählich zu völliger Vereinheitlichung durch. Michael verwendet fünf Strophen des Chorales „Ach Gott, wie manches Herzeleid", der in der üblichen Weise durch den Sopran vorgetragen wird, während die übrigen Stimmen den biblischen Text verarbeiten. Besonders eindrucksvoll ist der Abschnitt, der der dritten Strophe des Kirchenliedes vorangeht. In der Art eines Orgelchorales nehmen die tieferen Stimmen hier die Choralmelodie vorweg und verarbeiten sie auf polyphone Art. In der letzten Strophe fehlen die Bibelworte, und alle fünf Stimmen vereinigen sich zu einer kraftvollen Harmonisierung des Kirchenliedes. Besonders reizvoll ist hier die Beschleunigung des Zeitmaßes, die der Tonsetzer mit der unerwarteten Angabe „Presto" vorschreibt. Trotz des Jubels und Frohlockens, das in diesem Schluß zum Ausdruck kommt, fügt der Komponist nahe dem Ende der Motette die Angabe *piano* ein. Unwillkürlich wird man hier an das Werk eines anderen protestantischen Tonsetzers erinnert, der zwei Jahrhunderte später am Ende des zweiten Satzes seines „Deutschen Requiem" in ähnlicher Weise ein jubelndes Stück in Verklärung ausklingen ließ.

Eine auffallende Ähnlichkeit der Formgebung läßt sich in den drei achtstimmigen Motetten für Doppelchor *Herr, du lässest mich erfahren* (Schn. 35), *Dem Menschen ist gesetzt einmal zu sterben* (Schn. 36) und *Halt, was du hast* (Schn. 33) feststellen, die alle in e-Moll sind[2].

Nach einer kurzen Einleitung, in der der 2. Chor den Bibeltext vorträgt, setzt der 1. Chor mit dem Choral ein; abwechselnd stimmt nun jede der beiden Gruppen ihren Text sozusagen im Wettstreit mit der anderen an, bis schließlich das Kirchenlied den Sieg davonträgt und von allen Sängern in mächtiger Weise vorgetragen wird. Die zahlreichen kurzen Abschnitte und wiederholten Echoeffekte – vor allem in der letzten Choralstrophe – verleihen den Motetten den Charakter der Ruhelosigkeit.

In dem von Todessehnsucht erfüllten *Herr, ich warte auf dein Heil* (Schn. 37)[3] wird das Problem der Choralmotette wieder in anderer Weise gelöst. Das eindrucksvolle Werk verwendet achtstimmigen Doppelchor, und der Bibeltext wird in der üblichen Weise dem zweiten Chor übertragen, während der erste den Choral „Ach wie sehnlich wart ich" vorträgt. Nach nur vier Choralzeilen wird der Gefühlsgehalt so übermächtig, daß er das geistliche Lied ganz verstummen läßt. Das Werk endet nicht in der traditionellen Art

---

[1] Neudruck in RD I, S. 29.
[2] Neudruck in RD I, S. 68, 75, 53.
[3] Neudruck in RD I, S. 84, und in MBF S. 59 (Langspielplatte I).

mit dem glorifizierten Choral, sondern die zweite Hälfte der Komposition vereinigt alle Stimmen in dem innigen Flehen: „Herr, ich warte auf dein Heil,
o komm und hole mich!" Die Motette zeigt Michaels Gabe, Melodien in einfach gradliniger und überzeugender Weise zu harmonisieren und gleichzeitig
die naive Freude, die ihm als richtigem Barockkomponisten die musikalische
Ausdeutung bildlicher Texte bereitete (Beisp. 7).

Beisp. 7

Fünf weitere Vokalkompositionen, die erst im 20. Jahrhundert entdeckt
wurden, tragen wesentlich zum Verständnis der künstlerischen Persönlichkeit des Komponisten bei. In jedem dieser Werke ist außer der Orgel eine
fünfstimmige Streichergruppe verwendet, um die Sänger zu begleiten und
glänzende instrumentale Vor- und Zwischenspiele beizustellen. Obwohl diese
fünf Stücke beträchtliche Verschiedenheiten zeigen, lassen sich in allen An-
sätze zur Form der Kirchenkantate des 18. Jahrhunderts erkennen.

Die einfachste Anlage findet sich in zwei Arien für Einzelstimme und Instrumente. Die eine für Sopran (Schn. 18) benützt wieder das Kirchenlied
Ach wie sehnlich wart ich, die andere für Alt (Schn. 17) die Hymne *Auf!
laßt uns den Herren loben*[1]. Der begleitende Streicherkörper besteht aus einer
Violinstimme, von der bescheidene Virtuosität erwartet wird, und vier nicht
näher bezeichneten Instrumenten, vielleicht drei Gamben und einem Streich-
baß. Beide Arien beginnen mit einer „Sinfonia" die nach wenigen ruhigen Einleitungstakten den Charakter einer frei dahinfließenden Tokkata annimmt. Die
Texte sind hier als strophische Lieder behandelt und, um der Gefahr der Ein-
förmigkeit zu entgehen, sieht der Komponist für die letzte Zeile gewisse
Änderungen vor. In „Ach wie sehnlich" schreibt er „lente", in „Auf! laßt
uns" wird der dreiteilige Takt des Anfangs in geraden Takt umgewandelt.
Dies sind Stücke von einfacher, edler Schönheit, für Sänger von bescheidenem technischen Können bestimmt, wie sie in dem Städtchen Gehren zu
finden waren.

---

[1] Neudruck in RD II, S. 46 und 49.

Komplizierter ist die Solokantate *Es ist ein großer Gewinn* (Schn. 16)[1].
Jeder ihrer 3 Abschnitte beginnt mit einem Vokalsolo, das nur vom Generalbaß begleitet wird und dem Sopran Gelegenheit gibt, ein gewisses Ausmaß
von Fertigkeit an den Tag zu legen. Dann führen die Streicher und die Singstimme die Melodie in heiter konzertierendem Zwiegespräch weiter. Außer
der Orgel werden hier 2 Violinen, ein „violino piccolo" und ein „quart violino
non di grosso grande" vorgeschrieben. Es ist nicht ganz klar, was Michael
mit der Quartvioline der „nicht großen und umfangreichen" Art im Auge
hatte, doch ist anzunehmen, daß es sich hier, wie beim „violino piccolo", um
eine kleine höhergestimmte Geige handelte. Die ungewöhnliche Bezeichnung
mag darauf zurückzuführen sein, daß Michael das Instrument selbst baute
und auf die Eigenart der Konstruktion hinweisen wollte.

Liebster Jesu, hör mein Flehen (nicht in Schneiders Katalog angeführt)[2],
das für den 2. Sonntag der Fastenzeit bestimmt war, hat den Charakter eines
dramatischen Dialoges zwischen Christus (Baß), der Kanaaniterin (Sopran)
und 3 Jüngern (Alt, 2 Tenöre). Ihnen allen sind bestimmte Instrumente des Be-
gleitorchesters zugeteilt: 2 Violinen Christus, 2 Violen der Kanaaniterin, Kon-
trabaß den Jüngern. Nur in dem abschließenden Choral wirken alle Sänger und
Instrumente zusammen. Lateinische Überschriften in der Partitur erklären die
Handlung des Stückes. Nach einer sehr kurzen „Symphonia" fleht die Kanaaniterin den Heiland an, ihre Tochter, die vom Teufel besessen ist, zu heilen. Die
drei Jünger verwenden sich für sie, und nach einigem Zögern befiehlt der
Herr, daß Satan seine Beute fahren lasse. Das folgende instrumentale Zwischenspiel mit seinen einfachen von Pausen unterbrochenen Akkorden macht kaum
einen Versuch, die entscheidende Wandlung im Befinden des Kindes zu schildern. Anscheinend hegte Johann Michael nicht wirkliches Interesse für die Form
des epischen Dialogs, in der Hammerschmidt, Ahle und Meister des 17. Jahrhunderts bedeutendes leisteten. Das einzige Werk dieser Art, das sich erhalten
hat, zeigt eine in den Werken des Gehrener Komponisten sonst nicht anzu-
treffende Steifheit.

Am größten angelegt unter Michaels Kantaten ist *Ach bleib bei uns, Herr
Jesu Christ* (Schn. 42) für 2 Violinen, 3 Violen, Fagott, Orgel und vierstimmigen gemischten Chor[3]; sie verwendet den Text des bekannten Kirchenliedes,
doch nicht seine Melodie. Michael vertont, wie in einer Motette des 16. Jahrhunderts, jede Zeile gesondert, veranschaulicht liebevoll die den Worten innewohnenden bildlichen Möglichkeiten und behandelt namentlich die Dynamik

---

[1] Neudruck in RD II, S. 39.
[2] Neudruck in RD II, S. 53.
[3] Neudruck in RD II, S. 61.

mit großer Sorgfalt. Manch anziehende Einzelheiten sind in diesem Werk zu beobachten, doch an Einheitlichkeit des Baues läßt die Partitur manches zu wünschen übrig. In der einleitenden „Sonata"[1] entfaltet sich ein fröhlicher Wettstreit zwischen den beiden Violinen und der ersten Viola, in den später auch die Vokalstimmen eingreifen. Bei der Textstelle „Dein göttlich Wort das helle Licht" gibt uns Michael ein gutes Beispiel seiner Kunst der Tonmalerei, wenn er die erste Violine höher und höher führt (Beisp. 8). Trotz gelegentlicher Unbeholfenheiten der Stimmführung zeigt dieses Werk, daß Michael nicht nur die deutsche Kunst der Vielstimmigkeit, sondern auch den italienischen konzertanten Stil vollauf beherrschte.

Ernst Ludwig Gerber berichtet in seinem in den Jahren 1812 bis 1814 veröffentlichten „Neuen Lexikon der Tonkünstler", daß er eine Handschrift mit 72 Choralpräludien Johann Michaels besitze, die verschiedene Choralvariationen mit bis zu zehn Veränderungen enthalte. Der Gelehrte weist auf die große Verschiedenheit im Charakter der Stücke hin und betont, daß keines des Namens Bach ganz unwürdig sei. Diese Handschrift läßt sich leider nicht mehr nachweisen, und wir besitzen nurmehr acht Choralvorspiele, die lediglich ein beschränktes Bild von Michaels künstlerischen Leistungen auf diesem

---

[1] Die Ausdrücke „Sonata", „Sinfonia" und „Symphonia" werden in jener Zeit ohne irgendeinen Bedeutungswechsel zur Bezeichnung des instrumentalen Vorspieles einer Kantate verwendet. Obwohl die Einleitung in „Liebster Jesu" mit „Symphonia" überschrieben ist, stehen am Ende der ersten Bitte der Kanaaniterin die Worte „Sonata repetatur".

Gebiete vermitteln[1]. Die Werke, die wir kennen, legen Zeugnis ab von der natürlichen Musikalität und dem handwerklichen Können des Autors, sind aber weder besonders einfallsreich noch originell. Die einfachste Form zeigt „Von Gott will ich nicht lassen" (Schn. 47), mit der Melodie in der Oberstimme gestützt von rasch bewegten Unterstimmen. Abgesehen von einer Einleitung von eineinhalb Takten und einem kurzen Zwischenspiel ist das Kirchenlied in der einfachsten und anspruchslosesten Weise vorgebracht. Etwas kunstvoller ist die Anlage in „In dich hab' ich gehoffet" (Schn. 50) und „Nun freut euch, lieben Christen G'mein" (Schn. 52). Noch bevor der Cantus firmus in der Oberstimme erklingt, stimmen die beiden Unterstimmen ein Fugato an, das den Beginn der Choralmelodie als Thema verwendet. Die Technik Pachelbels, der ein Freund der Familie war, scheint hier vorweggenommen zu sein. Besonders eindrucksvoll ist „In dich hab' ich gehoffet", in dem die allmähliche Vergrößerung der Stimmenanzahl von drei zu fünf Schritt hält mit der Vertiefung des gefühlsmäßigen Ausdruckes in dem Text des Kirchenliedes. In „Dies sind die heil'gen zehn Gebot" (Schn. 49) und „Allein Gott in der Höh'" (Schn. 51) wird ein der Vielstimmigkeit angenäherter Stil in Einleitung und Zwischenspielen verwendet, während die Abschnitte, in denen der Cantus firmus auftritt, eher harmonisch gehalten sind. Besonders reizvoll ist „Wenn mein Stündlein vorhanden ist" (Schn. 46), in dem die Melodie des Kirchenliedes zwischen Sopran und Baß aufgeteilt wird, so daß ein belebtes Zwiegespräch zwischen höchster und tiefster Stimme entsteht. Des Komponisten technische Geschicklichkeit zeigt sich hier etwa in einer Engführung zwischen dem Thema und seiner rhythmischen Verkleinerung, die sich in der Mitte des Vorspieles beobachten läßt (Beisp. 9).

Dem Vorbild Samuel Scheidts folgen die Choralvariationen in „Wenn wir in höchsten Nöthen seyn" (Schn. 48). In der ersten Variation ist die Melodie dem Sopran anvertraut und reich verziert. In der zweiten erscheint sie in ihrer Grundgestalt als Mittelstimme, eingeschlossen von einem harmonisch stützenden Baß und einer singenden Oberstimme. Im dritten und letzten

---

[1] Neudrucke: „Von Gott will ich nicht lassen" und „Wenn wir in höchsten Nöten seyn" in MBF S. 56 ff. (Langspielplatte I); „Wenn mein Stündlein" in RITTER, Geschichte des Orgelspiels II, S. 104; „Dies sind die heil'gen zehn Gebot" in RITTER „Orgelfreund", B. VI Nr. 46; „In dich hab' ich gehoffet" in RD, B. IX; „Nun freut euch" in „Orgel Journal", B. I, S. 7. Eine „Aria mit 15 Veränderungen" ist nur in einer Bearbeitung für Harmonium von L. A. Zellner aus der zweiten Hälfte des 19. Jahrhunderts bekannt. Die Quelle dieser Bearbeitung ist verschollen, und wir wissen weder, wie das Werk in seiner Originalgestalt ausgesehen hat, noch ob es tatsächlich eine Komposition Michaels ist. Ein Werk, das sich – nach Angabe Wilhelm Martinis in JSBiT S. 214 – im Tabulaturbuch des Pfarrarchivs zu Osthausen erhalten haben soll, war dem Autor nicht zugänglich.

Abschnitt erreicht das Stück seinen Höhepunkt. Hier gebraucht der Komponist nur zwei Stimmen, und rasch bewegte Sechzehntelfiguren überwuchern fast gänzlich die Weise des Kirchenliedes. Der leicht beschwingte, schwerelose

Beisp. 9

Charakter dieses Endes verleiht dem kleinen Werk einen heiter zuversichtlichen Charakter, der das im Text ausgedrückte Gottvertrauen aufs Schönste spiegelt.

Zusammenfassend kann gesagt werden, daß Johann Michael ein reich begabter Komponist war, dessen Tonwerke jedoch von ungleichem Wert sind. Er hat sich sowohl an deutsche wie an italienische Vorbilder angeschlossen und war mit der Schreibweise seiner Zeit völlig vertraut. Der Komponist verfügte über ein achtbares technisches Können; seine Tonsätze sind voll Ausdruckskraft und ziehen uns durch reizvolle Einzelheiten an. Das harmonische Rüstzeug wird mit großem Feingefühl verwendet; im Gebrauch vielstimmiger Ausdrucksmittel und in der Formbildung aber bleibt er eher am Handwerklichen haften. Michaels Instrumentalkompositionen mögen den Vokalwerken überlegen gewesen sein. Doch da sich nur so wenige erhalten haben, sind wir kaum imstande ihre Bedeutung einzuschätzen. Die vorhandenen Werke zeugen für einen begabten, wenn auch nicht genialen Komponisten, dessen Tod im Alter von nur 46 Jahren eine künstlerische Entwicklung abschnitt, bevor sie die volle Blüte erreicht hatte.

DIE KOMPOSITIONEN JOHANN CHRISTOPH BACHS

Johann Christoph ist zweifellos der bedeutendste unter den älteren Mitgliedern der Familie Bach. Selbst die bescheidene Anzahl von Werken, die sich erhalten hat, kann eine Vorstellung von der Vielseitigkeit seiner Begabung geben. Er schrieb Werke für Klavier und Orgel, Kantaten und Motetten, Stücke für eine einzige Singstimme und für zehnstimmigen Doppelchor. Freudige Zuversicht, düstere Trauer, die sich zur Verzweiflung steigert, so-

wie gelegentlich auch recht humorvolle Züge lassen sich in seinen Werken feststellen. Johann Christoph schreibt Melodien von großer Schönheit und Ausdruckskraft; er kombiniert geschickt die alten Kirchentonarten mit dem neueren Dur und Moll und erzielt damit harmonische Wirkungen von erstaun-
lichem Abwechslungsreichtum; kühne Akkordfolgen und plötzliche Modulationen von großer Eindringlichkeit geben seinen Werken das Gepräge. Vor
allem aber zeigen sie ein klares, sinngemäßes Ebenmaß in der Formgebung.
Sebastian war von den Werken Johann Christophs tief beeindruckt, und
Philipp Emanuel bezeichnete ihn in der Genealogie als den „großen und
ausdrückenden Komponisten". Forkel erzählt in seinem Buch über Johann
Sebastian von der Bewunderung, die der Hamburger Bach für seinen großen
Vorfahren hegte:

„Ich erinnere mich noch sehr lebhaft, wie freundlich der damals schon alte Mann
[Emanuel] bey den merkwürdigsten und gewagtesten Stellen mich anlächelte, als
er mir einst in Hamburg das Vergnügen machte, mich einige dieser alten Werke
hören zu lassen."

Zu Johann Christophs unkompliziertesten Vokalkompositionen zählen
Es ist nun aus (Schn. 59) und *Mit Weinen hebt sich's an* (Schn. 60)[1]. Dies
sind vierstimmige Lieder von großer melodischer, harmonischer und rhythmischer Einfachheit. Wie auch sonst in „Arien" choralartigen Gepräges kann
hier eine einzige Sopranstimme mit Orgelbegleitung den vierstimmigen Chor
ersetzen. Trotz ihres anspruchslosen Charakters zeigen die beiden Stücke eine
tief ergreifende Tonsprache. „Es ist nun aus" ist eine „Sterb-Aria" mit dem
Refrain „Welt gute Nacht", der durch den eindrucksvollen Sprung einer
absteigenden None im Sopran versinnbildlicht wird (Beisp. 10). Das kurze Stück
verleiht dem allgemeinen Sehnen der Zeit nach Befreiung von irdischer Unrast

Beisp. 10

erschütternden Ausdruck, und es ist nicht verwunderlich, daß Sebastian sich
besonders davon angezogen fühlte. Anscheinend führte er die Arie auf, da er
eigenhändig den Text in den alten Stimmen ergänzte und kleine Verbesserungen in der Musik vornahm. – „Mit Weinen hebt sich's an" wurde, wie aus

---

[1] Neudruck in RD I, S. 91 und 93.

einem Vermerk in der Handschrift hervorgeht, im Jahre 1691 geschrieben.
Bemerkenswert ist die rhythmische Freizügigkeit dieses Stückes, die Christoph erzielt, indem er am Anfang und Ende jeder Textzeile die Notenwerte
verlängert; der trochäische Rhythmus wird auf diese Weise immer wieder
unterbrochen und eine rastlose Stimmung erzeugt, die ein anschauliches Bild
der Leiden entwirft, die der Mensch auf Erden zu ertragen hat.

Etwas kunstvoller gestaltet sind die beiden fünfstimmigen Motetten
Sei getreu bis an den Tod (Schn. 63) und *Der Mensch vom Weibe geboren*
(Schn. 62)[1]. Diese kurzen Stücke bezeugen noch den Einfluß der Arienform.
Die erste Hälfte benützt Bibelworte (Offenbarung II, 10 bzw. Hiob XIV, 1)
und zeigt eine aufgelockerte, leicht polyphone Setzweise. Die zweite Hälfte
hat Ariencharakter; sie verwendet ein Kirchenlied als Text und ist völlig
homophon gesetzt. „Sei getreu" atmet ruhige Zuversicht, während „Der
Mensch", vielleicht unter dem Einfluß von Johann Bachs „Unser Leben",
Ruhelosigkeit und Pessimismus zum Ausdruck bringt. Doch weder das eine
noch das andere Stück ist wirklich bedeutsam, und es ist bemerkenswert, daß
sie nicht als hinreichend wichtig angesehen wurden, um in das „Alt-Bachische
Archiv" Aufnahme zu finden. Unsere Quelle für diese Kompositionen sind
verläßliche doch überaus späte Kopien aus der zweiten Hälfte des 19. Jahrhunderts.

Von ganz anderer Bedeutung sind zwei fünfstimmige Motetten *Fürchte
dich nicht* (Schn. 61)[2] und *Der Gerechte* (Schn. 64)[3], die zu den wertvollsten Werken Johann Christophs gehören. In „Fürchte dich nicht" wechselt der Sopran, der das Kirchenlied cantus firmus-artig in langen Noten vorträgt, mit den biblische Worte benützenden tieferen Stimmen ab. Der Hauptteil ist auf einem Spruch aus Jesaja XLIII/1 aufgebaut: „Fürchte dich nicht,
denn ich habe dich erlöst; ich habe dich bei deinem Namen gerufen; du bist
mein"; ihm folgt Lukas XXIII/43 „Wahrlich ich sage dir: Heute wirst du mit
mir im Paradiese sein". Altes und Neues Testament sind hier verbunden, um
der Menschheit die Botschaft der Erlösung zu bringen; gleichzeitig stimmt
jedoch die gequälte Seele (Sopran) die letzte Strophe des Chorals „O Traurigkeit" an. Die anfängliche Ruhe der Motette wird allmählich durch größere
Bewegung abgelöst, und ein lebhaftes Fugato führt zu einem mächtigen Zwiegespräch zwischen den Worten Gottes und der Antwort der leidenden Menschheit. Dem Flehen der Oberstimme „Ich bitte dich mit Tränen" wird das

[1] Neudruck in RD I, S. 95 und 98.
[2] Neuausgabe Breitkopf & Härtel, Leipzig 1922 (Junk).
[3] Neudruck in RD I, S. 101, und bei G. Schirmer, New York 1941 (Geiringer).

tröstende „Fürchte dich nicht, denn ich habe dich erlöst" gegenübergestellt und dem wiederholten angstvollen Aufschrei „Hilf, hilf!" die Prophezeiung: „Heute wirst du mit mir im Paradiese sein". Prachtvoll ist die Architektur des Stückes: das langsame Anschwellen bis zum Höhepunkt im Mittelteil und nahe dem Ende der Motette, das allmähliche Zurücksinken zu dem Stimmungsgehalt des Beginnes. Es ist nicht erstaunlich, daß Johann Sebastian, der gewiß das Werk seines Verwandten gekannt hat, eine Motette (Nr. IV) über den gleichen Text schrieb, in der der nämliche Gedanke eines Zwiegespräches zwischen Christus und der Menschheit zum Ausdruck gelangte.

Die Motette „Der Gerechte" zählte zu den Lieblingswerken Philipp Emanuel Bachs, der den fünf Stimmen des Originals Streicher und Orgel hinzufügte und diese Bearbeitung als ersten Chor einer eigenen Kantate verwendete (vgl. S. 242). Emanuel verdanken wir auch die Mitteilung, daß dieses Werk seines Großonkels im Jahre 1676 geschrieben wurde, als der Komponist 34 Jahre zählte. Der Text ist der apokryphen „Weisheit Salomonis", Kap. IV entnommen: „Der Gerechte, ob er gleich zu zeitig stirbt, ist er doch in der Ruhe." Das bildliche Element ist in dieser Vertonung stark ausgeprägt. Am Beginne ist der Tod des Gerechten durch absteigende melodische Linien, Gottes Wohlgefallen durch ansteigende Tonfolgen ausgedrückt. Die Plötzlichkeit, mit der der Gerechte in ein besseres Dasein „hingerücket" wird, ist durch punktierte Rhythmen angedeutet und das „böse, böse Leben" auf Erden durch die bezeichnenden Akkorde (Beisp. 11). Winterfeld weist darauf hin, daß

Beisp. 11

Johann Christoph in dieser Komposition von Giovanni Gabrielis Motette „Sancta Maria, succurre miseris" beeinflußt war. Unzweifelhaft gleichen sich die beiden Werke in manchen Einzelheiten; von noch größerer Bedeutung aber ist das Gefühl für Schönheit und Ebenmaß des Aufbaues, das der thüringische Meister seinem italienischen Vorbild verdankt. Der erste Teil der Motette zeigt langsam feierlichen Charakter; dann folgen zwei Abschnitte, die im Original mit Presto und Adagio überschrieben sind, und den Abschluß bildet ein heiter tanzartiges Stück im dreiteiligen Takt. So zeigt die Motette die Tempofolge langsam-schnell-langsam-schnell, die wir auch in den vier Sätzen der gleichzeitigen italienischen „Sonata da chiesa" finden.

Vier Motetten von Johann Christoph haben sich erhalten, deren jede zwei respondierende vierstimmige Chöre verwendet. *Ich lasse dich nicht, du segnest mich denn* (Schn. 68)[1] verwendet in seinem Hauptteil die Worte Jakobs aus dem ersten Buch Mose (XXXII/26), wozu später die dritte Strophe des Liedes „Warum betrübst du dich?" des Schuhmacher-Poeten Hans Sachs hinzukommt. Zunächst wechseln die beiden Chöre in einfach harmonischem Zwiegespräch ab. Allmählich aber wird der Ausdruck erregter; die Einsätze beginnen sich zu überschneiden, und schließlich singen die beiden Chöre zusammen. Die Intensität des Flehens wird erhöht durch den Aufschrei einer einzelnen Sopranstimme „Mein Jesu!" nahe dem Ende dieses Abschnittes. Im zweiten Teil der Motette findet das Kirchenlied zusammen mit den biblischen Worten Verwendung. Der Choral erscheint gleich einem Cantus firmus im Sopran, während drei tiefere Stimmen ein rasch bewegtes Fugato zu den Worten Jakobs singen. Zwei Hauptthemen treten in diesem Teil auf: ein eigensinnig gebieterisches zu den Worten „Ich lasse dich nicht!" und ein flehend bittendes bei der Textstelle „du segnest mich denn". Beide Gedanken sind kunstvoll verarbeitet, wobei nicht bloß einfache Nachahmung, sondern auch Engführung Anwendung finden. Obwohl die acht Stimmen des Beginnes hier in vier zusammengezogen sind, erreicht die Motette in diesem Abschnitt ihren Höhepunkt, und der Komponist schwingt sich zu einer polyphonen Schreibweise auf, wie sie mit gleicher Schlagkraft nur selten in seinen Vokalwerken zu finden ist. Auf diesen kraftvollen und leidenschaftlichen Abschnitt ist es vor allem zurückzuführen, daß die Motette lange Zeit als eine Komposition Sebastians angesehen wurde. Im dritten und letzten Teil des Werkes kommt die einfach harmonische Anlage des Beginnes wieder zur Geltung. Die Melodie des Kirchenliedes, die dem Fugato als Cantus firmus gedient hatte, ist hier einfach vierstimmig harmonisiert, und die dramatische Erregung des Mittelteiles weicht dem Gefühle der Freude und ruhigen Zuversicht.

Herr nun lässest du deinen Diener in Frieden fahren (Schn. 65)[2] verwendet die Worte von Lukas II/29–32 ohne Zutat eines Liedtextes. Plötzliche Wechsel zwischen Tonarten, die einen Ganzton oder Halbton auseinanderliegen, kühne Mischungen von mittelalterlichen Kirchentönen mit Dur und Moll, verleihen dieser Motette den Charakter buntschillernder Abwechslung. Der Komponist gibt dem Stück eine dreiteilige Anlage, indem er die mächtige Anrufung: „Herr, Herr!" der ersten Zeile am Ende seiner Motette wieder aufnimmt. Bemerkenswert ist, daß in den letzten Abschnitt ein Zitat aus dem

[1] Neudruck bei Bote und Bock, Berlin, und bei G. Schirmer, New York 1941 (Geiringer).

[2] Neudruck Breitkopf & Härtel, Leipzig 1922 (Junk).

zweiten eingebettet ist, so daß sich ein klarer Zusammenhalt aller Teile des Werkes beobachten läßt.

Lieber Herr Gott (Schn. 66)[1] wurde, nach dem Zeugnis der Handschrift im Alt-Bachischen Archiv, im Dezember 1672 geschrieben. Christoph mag den Text dieses Stückes in Schütz' „Geistlicher Chormusik" No. XIII von 1648 gefunden haben. In beiden Werken findet sich auch der nämliche Zug, daß ein Mittelteil in ungeradem Takt von zwei Außenteilen in geradem Zeitmaß eingeschlossen ist. Während in Johann Christophs Werk die beiden ersten Abschnitte homophon angelegt sind, bildet eine prachtvolle Fuge den Abschluß der Motette. In dieser läßt der Komponist das Thema und dessen Beantwortung in Engführung rasch aufeinanderfolgen, wodurch die Intensität des musikalischen Ausdrucks bedeutend erhöht wird. Zunächst findet nur die Hälfte der Stimmen Verwendung; allmählich jedoch werden auch die anderen vier dem musikalischen Gewebe eingefügt. Zwischen den beiden Chören, die durch kunstvolle Imitationen verbunden sind, herrscht vollkommenes Gleichgewicht. Der natürliche Fluß der Stimmen weist darauf hin, daß Johann Christoph italienische Meister studierte. Die Mischung der Tonarten unter denen G-Dur, e-Moll und der mixolydische Kirchenton abwechseln, trägt dazu bei, den Eindruck von Unrast und Erregtheit zu verstärken, die dieses eindrucksvolle Werk kennzeichnen.

Von gleicher Schlagkraft ist die einen Text aus den Klageliedern des Jeremias (V, 15, 16) vertonende, zweichörige Motette *Unseres Herzens Freude* (Schn. 67)[2]. Spitta sagt mit Recht davon: „Der Ausdruck sucht an Mannigfaltigkeit, Energie und ergreifender Innerlichkeit, die Bildung der Tonreihen an kühner Plastik, das Ganze an hoher Formvollendung unter den besten Gattungsbeispielen sicher seinesgleichen." Mit einfacher Würde werden die Worte vertont: „Unseres Herzens Freude hat ein Ende; unser Reigen ist in Wehklagen verkehrt." Im zweiten Teil des Stückes vereinigen sich die acht Stimmen zu dem herzzerreißenden Aufschrei: „O weh, daß wir so gesündigt haben!", wobei der Komponist kühne harmonische Fortschreitungen, wie die Nebeneinanderstellung von As-Dur- und G-Dur-Akkorden verwendet, um stärkste Wirkung zu erzielen. Nun wird der erste Teil wiederholt und gleichzeitig in poetischer Weise mit dem zweiten verbunden. Immer wieder werden die Worte der Klage unterbrochen durch einen qualvollen Aufschrei, bis schließlich nichts als die Stimme der Verzweiflung zurückbleibt. Es ist nicht

---

[1] Neudruck Breitkopf & Härtel, Leipzig 1922 (Junk).
[2] Neudruck Breitkopf & Härtel, Leipzig 1924 (Straube).

verwunderlich, daß Sebastian eigenhändig einen Teil dieser Motette kopierte, da ihre Ausdruckskraft und formelle Gliederung weit in die Zukunft weisen.

Von den Motetten weichen die fünf Kompositionen Johann Christophs ab, die nicht nur Orgel, sondern auch selbständig geführte Streicher zur Begleitung der Singstimmen verwenden. Zwei davon sind Lamente für eine Singstimme, welche die von Heinrich Schütz in die deutsche protestantische Musik eingeführte dramatische Vortragsart verwenden. *Ach, daß ich Wassers g'nug hätte* (Schn. 5 und 57)[1], für Alt, Violine, 3 Gamben und Baß wurde früher als ein Werk Heinrich Bachs angesehen. Es wird jedoch in Emanuel Bachs Nachlaßverzeichnis unter Johann Christophs Kompositionen aufgezählt, und tatsächlich weisen die ihm eigene gefühlsmäßige Intensität sowie die kühne harmonische Schreibweise auf die Autorschaft von Heinrichs Sohn hin. Dies ist eine in da-capo-Form gehaltene, ungewöhnlich knappe Solokantate. Nach einer kurzen instrumentalen Einleitung setzt die Singstimme ein und erweist sich nunmehr als vorherrschend, während die Streicher nur stützen oder das musikalische Gewebe bereichern. Der Stil ist dramatisch und rezitativartig; die Musik folgt genau dem Rhythmus und Tonfall der Sprache und fügt vom Worte ausgehende Tonmalereien ein.

Viel großzügiger ist die zweite Klage angelegt, *Wie bist du denn, o Gott, im Zorn auf mich entbrannt* (Schn. 58)[2] für Baß und 5 Streicher, das eine aus dem 17. Jahrhundert stammende Fassung der Bußpsalme verwendet. Auch dieses Werk wurde ursprünglich einem anderen Komponisten – J. Philipp Krieger (1649 bis 1725) – zugeschrieben und erst verhältnismäßig spät als Schöpfung Johann Christophs erkannt[3]. Es ist eine mächtige Komposition in 5 großen Teilen, die im Gegensatz zu dem anderen Lament den Streichern, besonders der äußerst brillant gesetzten Violine, eine wichtige Rolle zuweist[4]. Eine würdevolle Einleitung in der Haupttonart e-Moll bereitet auf den Einsatz der Singstimme vor. Jeder der drei folgenden vokalen Abschnitte beginnt ruhig, nur vom Baß begleitet. Nach einigen Takten treten die Streicher hinzu, und nun steigert sich der Ausdruck zur Leidenschaftlichkeit. Am dramatischsten ist der dritte Teil, in dem aufgeregte Violinpassagen das mitleidslose Vorgehen Gottes gegen den Leidenden versinnbildlichen. Der Rhythmus wechselt

---

[1] Neudruck Breitkopf & Härtel, Leipzig 1911 (Schneider).
[2] Neudruck in DDT, II. Folge VI/1.
[3] Vgl. RD I, S. VIII; BJ 1907, S. 132; SIMG I, 1899/1900, S. 214.
[4] MAX SEIFFERT, Herausgeber des Werkes empfiehlt die Verwendung eines Fagotts für die vierte Stimme. Dies scheint nicht am Platz zu sein, da in einem Verzeichnis der von F. E. PRAETORIUS (1655 bis 1695) hinterlassenen Werke diese Komposition angeführt ist als: „für B. solo, 1 Violine, 3 Violen con B. cont".

von geradem zu dreiteiligem Takt; die Bitten werden stürmischer, bis ein Höhepunkt bei den Worten: „Mein Gott, sei länger nicht in Zorn auf mich entbrannt, laß deinen Eifer sein in Güte umgewandt" erreicht ist. Nun weicht Verzweiflung allmählich der Hoffnung, und im letzten Takt bringt eine melodische Umkehrung (Beisp. 12) deutlich zum Ausdruck, daß der Gequälte nun-

Beisp. 12

mehr auf eine Wandlung des Schicksals baut. Obwohl das Lament von dem Sänger einen Stimmumfang von nahezu zwei Oktaven fordert, wird er durch die Tiefe und Wahrheit des Ausdrucks reichlich für die Schwierigkeiten des Werkes entschädigt.

Die auf einem Text aus dem Hohenlied Salomos beruhende Hochzeitskantate *Meine Freundin, du bist schön* (Schn. 71)[1] für 4 Solostimmen, Chor, Violine, 3 Violen und Baß, nimmt im Schaffen Johann Christophs eine einzigartige Stellung ein. Sie zeigt urwüchsigen Humor, den man von dem Komponisten tiefempfundener Motetten wie „Ich lasse dich nicht" oder „Der Gerechte" kaum erwarten würde. Das Bibelwerk zum Zwecke einer Hochzeitsfeierlichkeit nicht symbolisch sondern realistisch zu deuten, war höchst ungewöhnlich und mußte bei den Zuhörern unbändige Heiterkeit auslösen. Vor allem fügte Johann Christoph einen amüsanten fortlaufenden Kommentar hinzu, der vor oder während der Aufführung vorzutragen war und auf diese Weise den der Kantate innewohnenden Humor ins rechte Licht setzen sollte. Die Hochzeitskantate war bei den Bach-Musikern sehr beliebt. Ambrosius kopierte Stimmen und Kommentar – wir halten es sogar für durchaus denkbar, daß er bei der Abfassung des letzteren seinem Vetter an die Hand ging. Sebastian scheint sich wieder mit der Komposition befaßt zu haben, da er für die von seinem Vater geschriebenen Stimmen einen neuen Umschlag anfertigte. Als Beispiel für den robusten Bachschen Humor sei ein Großteil des Kommentars hier wiedergegeben!

---

[1] Neudruck, RD II, S. 91.

„1. Ein Verliebter schleichet, seines Weges, gantz vor sich allein . . . Unversehens aber stößet Im seine Liebste auf, die redet Er sehr höflich an[1]: *Meine Freundin!* und schmeichelt Ihr weiter: *Du bist schön!* gibt Ihr auch ferner nachdenklich zu verstehen: *wende deine Augen von mir, denn sie machen mich brünstig.* Vielleicht weil Er sich befürchtet, es möchten die Leute Seine Hertzensgedanken Ihme an denen Augen abmercken.

2. Die Liebste, welche eben nicht unteutsch, wüntschet selber auch einen bequemen und gelegenen Orth Ihre keusche Liebe, gantz gelaßen, Ihme vorzustellen, gedenckende: *Oh daß ich dich mein Bruder draußen finde, und dich küßen müste. daß mich niemand höhnete.* Gibt auch darauf sobald eine Gelegenheit darzu anhand: *Mein Freund komme in seinen Garten.*

3. Der Liebste, der sich eines so kühnen Zumuthens nicht versehen, und auch durch langes Stillschweigen sich nicht mag verdächtig machen, als wolte Er Ihr den Garten verweigern, oder were furchtsamb und gar ohne Resolution, erkläret sich geschwind: *Ich komm meine Schwester, liebe Braut, in meinen Garten.*

4. Und nachdem Sie nun richtige Abrede genommen, und sich zusammen in Garten beschieden, nehmen Sie darauf vor dißmahl, ohne langweiliges *Final* einen kurtzen Abschied, gehen von ein ander und macht jedes, an seinem Orth, sich fertig, das Vorhaben ins Werck zu setzen.

5. Hierauf nimbt die Liebste einen *Chackan*[2] an die Hand und gehet daran zum Garten. Unter Weges aber ist Sie voll guter Gedancken, und redet immer mit sich selbst, erzeigt sich darneben uff allerhand Arth, so die *Violin* durch vielfältige *Variationes praesentiret,* den gantzen Weg vergnügt und frölich, bildet und stellet Ihr auch gleichsam Selber, mit natürlichen Farben, ein und das andre vor, wie es, wenn Sie nun in den Garten kommen, ergehe werde (mag wohl voritzo eben das erstemahl nicht seyn). Dahero sich mit folgenden Worten ergetzet: *Mein Freund ist mein und ich bin Sein, der unter den Rosen weydet. Er hält sich auch zu mir. Seine lincke lieget unter meinem Haupt und seine rechte hertzet mich. Er erquicket mich mit Blumen, und labet mich mit Äpffeln, denn ich bin kranck vor Liebe.* Meistens aber läst Sie sich der vorigen Worte: *Mein Freund ist mein, und ich bin sein,* immer darzwischen vernehmen, weil deren das Hertz, ohne Zweifel, voll gewesen seyn muß.

6. In dem Sie nun nicht weit mehr von dem Garten ist, kommen unversehens ein baar Kerle querfeld über *marchiret,* und weil Sie, solche Weibes Person, wie vermuthlich, schon öffters des Weges zum Garten wandern sehen, auch von dem Handel vielleicht murmeln hören, gebrauchen Sie sich derowegen keine gewöhnlichen Anredung: Woher? Wohin? Wie so allein? sondern thun, als wenn sie ohne dem schon wißeten, wen sie suchte, fragen also: *Wo ist dein Freund hingegangen? charisiren* Sie darneben, und sagen: *O du schöneste unter den Weibern,* lassen auch nicht nach und forschen: *Wo hat sich dein Freund hingewand?*

7. Sie, die es selbst nicht mehr vor heimlich hält, und dem Vermuthen nach, sich gerne damit *vexiren* läßet, verhählet es nicht und bekennet: *Mein Freund ist hinab*

---

[1] Als Text der Komposition verwendete Bibelzitate sind in Kursivschrift gesetzt.
[2] Der Autor verwendet den ungewöhnlichen Ausdruck *Chackan* für Stock, da das Werk an dieser Stelle die Form einer Chaconne annimmt.

gegangen in seinen Garten zu den Würtzgärtlein, daß Er sich weide unter dem Garten und Rosen breche.

8. Hierauf bieten beede, aus Höffligkeit ihre Begleitungs Dienste an: *So wollen wir mit dir Ihn suchen.*

9. Itzt gedachte beede Gefehrten gehen dannenhero in solchen Garten hin und wieder. Hir lauft der *Bassus continuus continuirlich* herumb und suchet: die anderen *Instrumenta* schreiten auch bißweilen, so zu reden ein bißgen fort, bald stehen Sie wieder still und sehen sich gleichsam hir und dort ümb. biß endlich, da Sie den Liebsten in Garten gewahr werden, alle zusammen lauffen, und durch ein *piano* und *adagio* ein *Compliment* machen.

10. Er, Verliebter, der sich zwar seiner Liebsten alleine, und nicht mit einem solchen *comitat*, versehen, darneben aber mercket, daß solche Gefehrten sich nur auß bloser Bedienung zu Ihr gesellet, auch zu dem keine unbekannte, sondern vielmehr ein baar gute Freunde wahren, bewillkommet dieselbe und erzehlet Ihnen seine Garten Verrichtungen, sprechend: *Ich habe meine Myrrhen sammt meinen Würtzen abgebrochen* . . .

11. Und nachdem Er Sie alle in das Lust und Garten Häußchen *fouriret* und den Tisch mit Erfrischungen und Lebens Mittelchen besetzet hat, fängt Er, wie auch seine Liebste, die sich schon der Wirtung, in etwas, zu gleich angemaßet, an, und nöthigen beyde gegenwärtige Freunde: *Esset meine Lieben und Trincket meine Freunde.*

12. Dieselben laßen sichs gefallen, und geben ihre Vergnügung mit folgenden Lobspruch zu verstehen: *So sehe ich nun das vor guth an, daß es fein sey, wenn man ißet und trincket, und guths Muths ist, denn daß ist eine Gabe Gottes.*

13. Beede nötigen Sie, . . . noch mehr: *Esset meine Lieben und trincket meine Freunde, und werdet truncken.*

14. In dem höhret mann eine Gesundheit spielen, weiln, zu Vermehrung der Freude, *Organist* und *Musicanten* gehohlet worden.

15. Zuletzt auch, da die Mahlzeit gehalten, vernimt mann, daß die Gäste denen *Musicanten* zu ruffen: das *gratias!* hirdurch Ihnen zu verstehen gebende: Sie solten ein Dancklied spielen, worauf sämtliche *Musici*, derer Gäste *intention* zu errathen, den *Choral* statt eines *präludii* ein wönig anfangen, welches ‚als es denen Gästen angenehm zu seyn, sie vermercket, Selbiges von fornen wiederhohlen, und mit Einstimmung aller Anwesenden *continuiren*, worbey die *Instrumente* nicht ruhen.

16. Endlich, weilen iedermann gehabte Vergnügung von sich mercken liese, wurde vor diesesmahl beschlossen, und Feurabend gemacht; *ergo* hieß es allwege: Gute Nacht! Schlafft wohl! Großen Dank. Machts guth. Ihr auch.‘‘

Die Komposition erreicht ihren Höhepunkt in der *ciaccona* mit 66 Veränderungen für Gesang und Streicher, die auf dem Thema (Beisp. 13) aufgebaut ist. Sie soll die Liebe der Braut für den Bräutigam ausdrücken, und der Komponist scheint diese Form gewählt zu haben, um darzulegen, daß jede Äußerung eines Verliebten wie eine neue Variation über das gleiche Thema wirkt. Johann

Christophs Sinn für formales Ebenmaß veranlaßt ihn, in dieser Nummer mit Hilfe harmonischer Wandlungen, eine Art Rondo in den Rahmen der Chaconne einzubauen[1]. Wenn es gegen Ende des Stückes zu dem Festessen

Beisp. 13

kommt, beteiligt sich zum ersten Male auch der Chor. Die Aufforderung im Text, sich zu betrinken, belustigt den Komponisten, und er läßt die Singstimmen eine Art Schlucken produzieren (Beisp. 14). Das Werk hat jedoch den

Beisp. 14

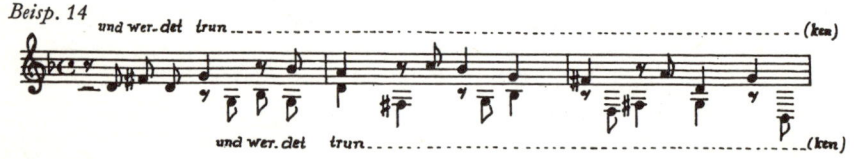

traditionellen ernsten Abschluß, indem Solisten und Chor zusammen eine Hymne zum Preise Gottes anstimmen. Die letzte Note (G) wird von den Sängern 10 Takte lang ausgehalten und verklingt, während die Violine noch weiterhin rüstig am Werk ist. So schildert der Komponist, daß sich die Gäste nur zögernd entfernen.

Eine andere Kantate halb dramatischen Charakters ist *Die Furcht des Herren* (nicht bei Schn. angeführt)[2] für 5 Solostimmen, gemischten Chor, Streicher und Orgel. In der von Johann Christoph eigenhändig geschriebenen Partitur werden die meisten Sänger und sogar der instrumentale Generalbaß mit bestimmten städtischen Funktionären identifiziert, was auf die Aufführung des Werkes zu Ehren eines neu erwählten Stadtrats deutet. Der Baß wird etwa als „der ältere Bürgermeister" bezeichnet, der Chor als „der ganze Stadtrat", der Generalbaß (Orgel) als „Stadtschreiber". Im Hauptteil der Komposition wird jede Zeile eines Gebetes vom „älteren Kämmerer" (Tenor) angestimmt, und nach ein bis zwei Takten fällt der Rest der Sänger und Spieler ein. Beson-

---

[1] Variat. 1 bis 17 stehen in der Tonika, 18 bis 22 in der Dominante, 33 bis 51 wieder in der Tonika, 52 bis 59 in der Subdominante, 60 bis 66 neuerlich in der Tonika.
[2] Neudruck in RD II, S. 72.

5. JOHANN AMBROSIUS BACH

Sebastians Vater

6. Das Haus, Rittergasse 11 (Mitte des Bildes), in dem J. Ambrosius Bach
während der ersten drei Jahre seines Aufenthaltes in Eisenach wohnte

ders eindrucksvoll ist der Mittelteil, worin die traditionelle Verbindung von Kirchenlied und Bibelzitat ins Weltliche umgedeutet wird. Die städtischen Funktionäre flehen die sich ihrer Verdienste rühmende „Weisheit" (Sopran) an, sie zu segnen. Der Sopranstimme stehen das Soloquartett und der ganze Chor gegenüber, und das lockere polyphone Gewebe mit den verschiedenen Einsätzen und Imitationen malt in anschaulicher Weise die Unsicherheit und Verwirrung, die unter den nach Aufklärung ringenden Männern zu finden ist. Wenn die „Weisheit" stolz verkündet, daß Könige mit ihrer Hilfe herrschen, ahmt die Singstimme ebenso wie die Streicherbegleitung Trompetenfanfaren nach.

Die Michaeliskantate *Es erhub sich ein Streit* (Schn. 69) ist das umfangreichste und, hinsichtlich der Instrumentation, das ambitionierteste Werk Johann Christophs[1]. Philipp Emanuel Bach schrieb darüber an Forkel am 20. September 1775[2]: „Das 22stimmige Stück ist ein Meisterstück. Mein seeliger Vater hat es einmal in Leipzig in der Kirche aufgeführt, alles ist über den Effekt erstaunt. Hier habe ich nicht Sänger genug, außerdem [andernfalls] würde ich es gerne einmal aufführen!" Der Text ist der Offenbarung Johannes (XII, 7–12) entnommen, und das Werk zeigt eine gewisse Verwandtschaft mit einer auf den gleichen Worten aufgebauten Komposition von ANDREAS HAMMERSCHMIDT[3], dessen Arbeiten den älteren Bachen bekannt waren. Das Thema, der Kampf Michaels und seiner Engel mit der „alten Schlange, die da heißt Satanas" ist von monumentaler Größe und lag der kampffreudigen Natur des Komponisten sehr nahe. Er vertont den Bibeltext in epischer, oratorienhafter Art, und die ausgedehnte Komposition erlangt kraft ihrer majestätischen Gewalt und ihrem verhaltenen dramatischen Feuer ein durchaus persönliches Gepräge. Die 22 Stimmen setzen sich aus 2 fünfstimmigen Chören, 2 Violinen, 4 Violen, Continuo (Fagott und Orgel) und – als ein höchst ungewöhnlicher Zusatz – 4 Trompeten und Pauken zusammen. Das Werk beginnt mit einer zweiteiligen „Sonata", in der Art einer französischen Ouvertüre. Ein von beiden Bässen in Imitationen geführtes Arioso leitet zu dem ersten Höhepunkt, der Beschreibung des Kampfes zwischen den Mächten des Lichtes und der Finsternis. Das gigantische Tongemälde, in dem die Trompeten die führende Stellung einnehmen, ist mehr als 50 Takte hindurch einzig auf dem C-Dur-Dreiklang aufgebaut. Den Abschluß dieses Teiles bildet ein glänzendes instrumentales Zwischenspiel, das den Sieg der Engel schildert. Der Komponist erreicht einen zweiten Höhepunkt bei den Worten „Nun ist

---

[1] Neudruck in MBF, S. 36 ff. (Langspielplatte I).
[2] Vgl. C. H. BITTER, „C. P. E. und W. Fr. Bach und deren Brüder", I, 343.
[3] „Andern Theil geistlicher Gespräche über die Evangelia", Dresden 1656, Nr. 26.

das Heil und die Kraft" und einen dritten, da er den Siegesjubel schildert. Die Kantate, die trotz ihrer harmonischen Einfachheit durch eine Fülle interessanter koloristischer Effekte fesselt, trug vielleicht am meisten zum Ruhm ihres Schöpfers bei.

Johann Sebastian, der den gleichen Text vertonte, ließ sich anscheinend von dem Werk seines Verwandten beeinflussen, doch verwendete er verschiedenartige deutlich gesonderte Formen (Rezitativ, Arie, Choral, polyphonen Chor) und teilte die Bibelworte auf zwei verschiedene Kantaten (Nr. 19 und 50) auf[1].

PHILIPP SPITTA bezeichnet Johann Christoph Bachs Orgelwerke als enttäuschend für jeden, der seine Gesangskompositionen kenne. Diese ablehnende Einstellung mag auf ein Mißverstehen des Zweckes dieser Kompositionen zurückzuführen sein. Die *44 Choräle welche bey wärenden Gottes Dienst zum Präambulieren gebraucht werden können* (Schn. 82)[2] sind kurze, unkomplizierte Stücke, welche die Gemeinde auf das folgende Kirchenlied vorbereiten und selbst für einen mittelmäßig befähigten Organisten leicht ausführbar sein sollten. Dies ist Musik für praktische Zwecke; sie enthebt den Spieler der Notwendigkeit ein Choralpräludium zu improvisieren und ist dabei so einfacher Natur, daß sie dem Hörer als ein nicht früher vorbereitetes Stück erscheint. Matthesons Rat[3] für Orgelimprovisationen entsprechend, dauert keines der Vorspiele länger als zwei Minuten. Bisher hat sich kein zeitgenössischer Druck der „44 Choräle" auffinden lassen, doch scheint die Bemerkung auf dem Titelblatt „gesetzt und herausgegeben von Johann Christoph Bachen" darauf hinzuweisen, daß der Komponist eine Veröffentlichung der Sammlung ins Auge faßte.

Wie Pachelbels Präludien fängt jeder der 44 Choräle mit einem kurzen Fugato an. Im Gegensatz hiezu zeigt die zweite Hälfte gewöhnlich eine mehr homophone Anlage und verwendet einen Orgelpunkt, der diesem Teil des Stückes Stabilität verleiht. In etwa der Hälfte der Vorspiele folgt Johann Christoph dem Vorbild älterer Meister wie Scheidt und Ahle, indem er die ganze Choralmelodie verwendet und im Fugato die erste Zeile behandelt, während der Rest im zweiten Abschnitt erscheint. In mehr als 20 Stücken aber benützt der Komponist nur ausgewählte Zeilen des Liedes, manchmal sogar

---

[1] J. Christoph Friedrich, der „Bückeburger Bach", der dasselbe Thema in seiner Kantate „Michaels Sieg" (vgl. S. 274) behandelte, war von der Komposition seines Vaters beeinflußt, verwendete aber, gleich J. Christoph, beide Teile des Textes in einem einzigen Werk.

[2] Neudruck Bärenreiter-Verlag, Kassel (Fischer).

[3] Große Generalbaßlehre, 1725 bis 1727.

nur die erste. Seine kontrapunktische Arbeit ist von großer Einfachheit. Parallele Terzen und Sexten treten häufig auf, und obwohl selten mehr als 3 Stimmen gleichzeitig Verwendung finden, wird eine Art Scheinpolyphonie angestrebt, die dem Hörer die Illusion geben soll, 4 oder 5 Stimmen zu hören[1]. Nr. 13, „Nun laßt uns Gott den Herren loben" etwa ist eine dreistimmige Komposition, die 5 Einsätze des Fugenthemas bringt, jeden auf anderer Tonhöhe, mit nicht weniger als 3 Oktaven zwischen dem tiefsten und dem höchsten. Gelegentlich, wenn auch nicht häufig, finden sich Engführungen in den Stücken der Sammlung (Nr. 3, 11, 13).

Viele anziehende Präludien finden sich unter den „44 Chorälen". Nr. 9, „Wir glauben all an einen Gott" mit seiner interessanten Kombination verschiedener Motive, zählt zu den am sorgfältigsten ausgearbeiteten Werken. Nr. 41, „Aus meines Herzens Grunde" im ungewöhnlichen $^3/_8$-Rhythmus, hat einen frohen, leichten Charakter, der trefflich zum Text paßt (Beisp. 15).

Beisp. 15

Am bemerkenswertesten ist vielleicht das letzte Stück, „Warum betrübst du dich mein Herz?". Dies ist eines der wenigen Choralvorspiele des 17. Jahrhunderts, das sich nicht nur das Ziel setzt, die Gesamtstimmung des Chorals zum Ausdruck zu bringen, sondern bestrebt ist, die im Text geschilderten *wechselnden* Empfindungen zu interpretieren. Das Lied beginnt mit der traurigen Frage „warum betrübst du dich mein Herz", und der Komponist verwendet daher chromatisch absteigende Läufe, wie sie seit Monteverdi und Scheidt allgemein zur Versinnbildlichung von Kummer und Trauer gebraucht wurden. In den letzten zwei Zeilen wechselt jedoch die Stimmung, und der Text spricht von unserem Vertrauen in Gott, den Schöpfer. An diesem Punkt verschwinden die klagenden Halbtonreihen, und die Musik drückt, unter Heranziehung eines kraftvollen Orgelpunktes, Zuversicht und Hoffnung aus. In diesem Choralvorspiel zeigt sich Johann Christoph als seiner Zeit weit voraus; er mag geahnt haben, daß er zu weit gegangen sei und unternahm daher keine weiteren Versuche auf diesem Gebiet.

---

[1] Auf diese Weise läßt sich die Bemerkung im Nachruf auf Johann Sebastian Bach in Mizlers „Musikalischer Bibliothek" erklären, Johann Christoph habe in seinem Orgelspiel nie weniger als fünf Stimmen verwendet.

Was Johann Christoph im strengen instrumentalen Stil zu leisten vermochte
zeigt sein *Präludium und Fuge ex Dis* [Es-Dur] (Schn. 81)[1]. Dies ist eine Toc-
cata mit Läufen und Passagenwerk, welche die durch den österreichischen
Hoforganisten Johann Jakob Froberger in Deutschland eingeführte brillante
Schreibweise zeigt. In der Mitte der schönen Phantasie steht eine vierstimmige
Fuge auf ein chromatisch absteigendes Thema. Sie besteht aus 45 Takten und
zeigt eine kunstvolle Anlage. Der Komponist verwendet vier Stimmen und
macht keinen Versuch, eine größere Stimmenanzahl vorzutäuschen. Das
Werk ist voll starker rhythmischer Bewegung, das interessante Thema ist wirkungsvoll harmonisiert und die Modulationen logisch geplant. Es ist nicht
erstaunlich, daß das mächtige Stück lange Zeit für ein Werk des jungen Sebastian Bach galt und als solches von den Herausgebern der Bach-Gesamtausgabe veröffentlicht wurde.

Während „Präludium und Fuge ex Dis" sowohl auf der Orgel wie auf
einem Klavier ausgeführt werden kann, ist die *Sarabande Duodecies variat.*
(Schn. 76)[2], eine Reihe von 12 Variationen über ein sarabandenartiges Thema,
deutlich für ein mit Saiten versehenes Tasteninstrument bestimmt. Die darin
verwendeten Effekte lassen es als wahrscheinlich erscheinen, daß das Werk
für ein Cembalo mit 2 Manualen gedacht war. Der Komponist verwendet
ein sehr einfaches Thema, dessen formale Struktur in jeder der Variationen
beibehalten wird. Trotzdem wirkt das Stück keineswegs monoton, da Johann
Christoph eine ungewöhnliche Art der Wiederholung gebraucht. Die ersten
8 Takte des Themas und jeder Variation werden in der üblichen Weise zweimal gespielt; die zweiten 8 Takte sind unterteilt und jede viertaktige Phrase
wird für sich wiederholt. So ergibt sich die Illusion einer leichten Unsym-
metrie. Die sechste und vor allem die zwölfte Variation verwenden in geschickter Weise chromatische Wendungen von großer Ausdruckskraft. Die
Architektur des ganzen Werkes ist klar und logisch; die rhythmische Bewegung nimmt langsam zu, erreicht einen Höhepunkt in der fünften und siebten
Variation und geht dann wieder zurück. Die Variationen Nr. 3, 6, 9, 12 stellen Ruhepunkte im natürlichen Fluß des Werkes dar, indem sie den eher
nachdenklichen Charakter des langsamen Sarabandenthemas wieder aufnehmen. Es erscheint kaum zweifelhaft, daß Sebastian Bach sich dieser Komposition erinnerte, als er seine eigene „Aria mit verschiedenen Veränderungen"
(BWV 988) schrieb. Auch sein Werk ist in G-Dur, verwendet ein sarabandenartiges Thema im ¾-Takt und stellt einen Zusammenhang zwischen jeder drit-

---

[1] Neudruck in BGA XXXVI, Nr. 12 und in MBF, S. 33 (Langspielplatte I).
[2] Neudruck Steingräber, Leipzig (Riemann).

ten Variation her. Wie in manchen anderen Fällen trug das künstlerische Erbe seiner Vorfahren auch hier dazu bei, den Meister bedeutsam anzuregen.

Ähnlichen Charakter weist ein anderes Klavierwerk Johann Christophs auf, die *Aria Eberliniana pro dormiente Camillo, variata* (Schn. 77)[1], eine Reihe von 15 Variationen die, dem Zeugnis des Manuskriptes zufolge, im März 1690 entstanden. Das Thema rührt von dem Eisenacher Hofkomponisten Daniel Eberlin (s. S. 35 f.) her, einem vielseitigen Mann, der, wenn man dem Zeugnis seines Schwiegersohnes, Georg Philipp Telemann, Glauben schenken darf, ein vorzüglicher Musiker war. Wir wissen nichts über den „schlafenden Camillo", für den die Arie bestimmt war, doch muß das Thema ziemlich bekannt gewesen sein, da noch 1713 J. Heinrich Buttstädt einen Teil davon als Grundlage seiner eigenen Variationen verwendete[2]. Johann Christoph behält die einfache, liebreizende Melodie in etwa der Hälfte der Variationen bei, wobei er sie mit immer neuen Gegenmelodien ausstattet. Am anziehendsten sind vielleicht die Variationen Nr. 9 und 11, die nicht in das allgemeine Schema einer allmählich ansteigenden und dann wieder abnehmenden rhythmischen Bewegung passen. Nr. 9 ist eine chromatische Variation mit Fortschreitungen von seltener Kühnheit und Ausdruckskraft (Beisp. 16). Die 11. Variation bringt

Beisp. 16

das Thema in der Tenorstimme und umgibt es, in der Art einer mittelalterlichen Motette, mit bedeutsamen Gegenmelodien. Während die G-Dur-Variationen hauptsächlich für den Kielflügel gedacht waren, scheint dieses Werk mit seiner romantischen Gefühlsbetontheit für das Klavichord, das einzige Tasteninstrument der Zeit, auf dem klangliche Schattierungen möglich waren, bestimmt zu sein. Die Variationen über eine Sarabande beeinflußten Sebastian; das Werk über ein Thema Eberlins weist eher auf die Klavichordkompositionen Emanuel Bachs hin. Jedenfalls aber war auch Sebastian damit vertraut, denn die zehnte Variation der „Aria Eberliniana" scheint als Vorbild für

---

[1] Neudruck in Publikationen der NBG XXXIX/2 (Freyse).
[2] In „Musikalische Klavirkunst und Vorrathskammer". Vgl. CONRAD FREYSE a.a.O.

das Choralvorspiel „Wer nur den lieben Gott läßt walten" im „Orgelbüchlein"
gedient zu haben. Die Übereinstimmung erstreckt sich nicht nur auf den heiteren, energischen Rhythmus beider Stücke, sondern auch auf die Behandlung
des Cantus firmus und sogar auf die Länge dieser Kompositionen.

Keine weiteren Werke Johann Christophs sind uns heute zugänglich[1]. Die
Kompositionen, die sich erhalten haben, zeigen, daß die Werke des Eisenacher
Organisten nicht nur als Grundlage und Vorbild für das Schaffen späterer
Mitglieder der Familie, insbesonders Sebastians, wichtig waren. Sie sind an
und für sich Meisterwerke eines Künstlers, der zu den bedeutendsten schöpfe-
rischen Musikern der Zeit zählte.

---

[1] Eine Reihe von Klaviervariationen in a-Moll, deren Handschrift PHILIPP SPITTA
besaß, scheint verloren zu sein. Vgl. Schn. 78.

FÜNFTES KAPITEL

DAS DREIGESPANN DER BACH-BRÜDER

GEORG CHRISTOPH – JOHANN CHRISTOPH (12) – JOHANN AMBROSIUS BACH

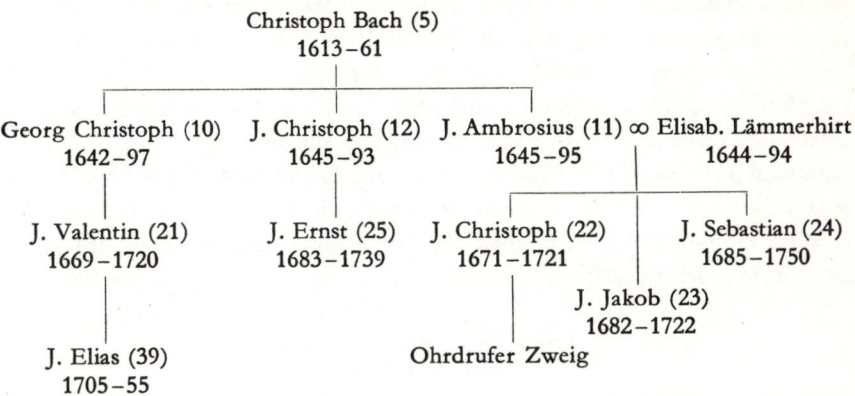

Christoph Bach (5)
1613–61

Georg Christoph (10)	J. Christoph (12)	J. Ambrosius (11) ∞ Elisab. Lämmerhirt	
1642–97	1645–93	1645–95	1644–94
J. Valentin (21)	J. Ernst (25)	J. Christoph (22)	J. Sebastian (24)
1669–1720	1683–1739	1671–1721	1685–1750
		J. Jakob (23)	
		1682–1722	
J. Elias (39)		Ohrdrufer Zweig	
1705–55			

ALS Christoph, der Bruder Johanns und Heinrichs, in Arnstadt im Alter von 48 Jahren starb, hinterließ er drei Söhne und eine schwachsinnige Tochter[1] (vgl. S. 74), die drei Wochen später auch die Mutter verloren. Der älteste Sohn, Georg Christoph (10) war damals 19 Jahre alt und am ehesten in der Lage, sich zu erhalten. Wohl dank der Hilfe der ihm verwandten Suhler Familie Hoffmann, fand er eine Stellung als „Schuldiener" im Dorfe Heinrichs bei Suhl und setzte anscheinend seine Studien fort, da er 1668 als Kantor nach Themar berufen wurde. Dies bedeutete einen sozialen Aufstieg. Der Kantor war Leiter der Kirchenmusik und demnach der Vorgesetzte des Organisten und der in der Kirche mitwirkenden Stadtpfeifer; außerdem war es seine Pflicht, in der Lateinschule Unterricht zu erteilen. Bei der Besetzung solcher Stellen wurde Männern mit akademischer Bildung Vorzug gegeben, und es ist ja bekannt, daß die Leipziger Behörde zögerte, Johann Sebastian Bach als

---

[1] Das Erfurter Geburtsregister führt noch zwei weitere Kinder an: Johann Jakob, geb. 1647; Maria Barbara, geb. 1651, über die jedoch nichts ausfindig gemacht werden konnte.

Thomaskantor anzustellen, da er kein Diplom einer Universität vorzuweisen hatte. Der Rat des Städtchens Themar war naturgemäß weniger anspruchsvoll; dennoch mußte Christoph eine gewisse Bildung besessen haben, um seinen verschiedenen Verpflichtungen nachkommen zu können.

Er scheint seine Vorgesetzten zufriedengestellt zu haben, denn er wirkte 20 Jahre lang in Themar, worauf er als Kantor in das größere Schweinfurt berufen wurde[1]. Die Stadt bemühte sich 1686 auch den großen Johann Christoph als Organisten zu gewinnen, doch da die Eisenacher Behörde ihn nicht wegziehen ließ, war es Georg Christoph, der das Ansehen der Bach-Musiker in Schweinfurt begründete und den Grundstein für eine durch Generationen fortgeführte Tätigkeit der Familie in dieser fränkischen Stadt legte. Seine beiden jüngeren Brüder besuchten ihn dort, um den 47. Geburtstag mit ihm zu feiern, und Georg Christoph fühlte sich dadurch veranlaßt, zu Ehren des Zusammentreffens eine Kantate auf die Worte des 133. Psalms zu schreiben *Siehe wie fein und lieblich ist es, wenn Brüder einträchtiglich bei einander wohnen.* Das mit Wasserfarben bemalte anziehende Titelblatt, das sich mit der Komposition[2] im Alt-Bachischen Archiv erhalten hat, weist die folgende lateinische Inschrift auf:

Trigae Fratrum Germanorum
BACHIORUM
nempè
CONCORDIA
florens   firma
suavis
è Psalmo CXXXIII Demonstrata et musicè
exornata

2 Tenor: et   Violinô
Baßô   3 Violdigamb:
continuô
à
fratrum natu maximo
Georgio Christophoro Bachio. Svvinfurt. Cant:
Anno M.DC.LXXXIX. d.6.Septembris,
cum illô ipsô die Dei gratiâ im-
plevisset annos 47

---

[1] Das Jahr 1688 wurde von Spitta a.a.O. als Zeit der Übersiedlung angegeben. Oscar Stapf wies jedoch in JSBiT darauf hin, daß der Name Bach in den Themarer Kirchenbüchern und der Schulchronik seit dem 11. November 1683 nicht vorkommt, so daß Georg Christoph möglicherweise schon 1684 nach Schweinfurt zog.

[2] Neudruck in RD II, S. 22; erster Teil in MBF, S. 25 (Langspielplatte I).

(Das Dreigespann der deutschen Bach-Brüder und ihre blühende, süße und feste Harmonie, mit Hilfe des 133. Psalms dargestellt und für 2 Tenöre, Baß, Violine, 3 Gamben und Kontinuo durch den ältesten Bruder, Georg Christoph Bach, Kantor in Schweinfurt, in Musik gesetzt, am 6. September 1689, als er mit Gottes Hilfe sein 47. Jahr erreichte).

In diesem Werk soll jede Einzelheit die zwischen den drei Brüdern obwaltende Harmonie zum Ausdruck bringen. Die Malereien auf dem Titelblatt unter dem Wort „blühend" zeigen eine Hand mit einem dreiblättrigen Kleeblatt, unter „süß" ein Triangel mit drei Ringen, unter „fest" ein Schloß mit drei Ketten. Ferner ist das Werk für drei Solostimmen (2 Tenöre, 1 Baß) geschrieben und verwendet drei Gamben unter den Begleitinstrumenten. In der Regel wird jedes Thema dreimal angestimmt und die instrumentale Einleitung führt drei Themen durch. Trotz der übertriebenen Betonung der Dreizahl ist das Werk künstlerisch nicht unbedeutend und zeigt uns Georg Christoph als einen geschickten, gut ausgebildeten Komponisten. Das instrumentale *Präludium* besteht aus einem Abschnitt in geradem und einem in dreiteiligem Takt. Diese Scheidung wird auch im Vokalteil aufrecht erhalten und gegen Ende wiederholt der Komponist den Text und die Vertonung des Anfangs, wodurch eine Art dreiteiliger Konstruktion geschaffen wird. Die instrumentalen Zwischenspiele verarbeiten Themen, die im folgenden auch von den Singstimmen übernommen werden und im ganzen wird hier eine sehr kompakte und geschlossene Form erzielt. Dies ist eine gemütvolle, dabei brillante Komposition, die den Frieden in der Seele des Mannes schildert, der sich seinen Brüdern eng verbunden fühlt. Die Kantate bietet den Sängern und Instrumentalisten dankbare Aufgaben und entschädigt auf diese Weise für die offenkundigen Schwächen der kontrapunktischen Schreibweise, die wohl zum Teil auf den programmatischen Charakter des Werkes zurückzuführen sind. Georg Christoph scheint sich auch als Poet betätigt zu haben. In einer von den GRAFEN V. STOLBERG angelegten Sammlung von 20 000 Begräbnispredigten[1] werden auch vier Gedichte angeführt (zwei davon in Latein), die der Kantor verfaßte.

Es war ihm nicht beschieden, sich seines neuen Wirkungskreises lange zu erfreuen, denn er starb im Alter von 55 Jahren. Drei Jahre vorher hatte er die Genugtuung, seinen ältesten Sohn Johann Valentin (geb. 1669) zum Schweinfurter Stadtpfeifer ernannt zu sehen. Valentins Söhne folgten der Familientradition. Unter ihnen interessiert uns besonders der zweite, Johann Elias (geb. 1705), da wir ihm wertvolles biographisches Material über Sebastian und dessen Familie verdanken.

---

[1] Vgl. Mitteilungsblatt des Bachschen Familienverbandes 1939, Nr. 2.

Georg Christophs jüngere Brüder, *Johann Christoph* (12) und *Johann Ambrosius*, waren Zwillinge. Sebastian erwähnt die Tatsache in der Genealogie und sein Sohn, Philipp Emanuel, fügte folgende Angaben hinzu, die er wohl unzählige Male im Kreise der Familie gehört haben wird:

> „Sie liebten sich aufs äußerste. Sie sahen sich einander so ähnlich, daß sogar ihre Frauen sie nicht unterscheiden konnten. Sie waren ein Wunder für große Herren und Jedermann, der sie sah. Sprache, Gesinnung, alles war einerley. Auch in der Musik waren sie nicht zu unterscheiden; sie spielten einerley, für dasselbe, ihr Vortrag einerley. War einer krank so war es auch der andere. Kurz sie starben bald hinter einander."

Die Zwillinge waren nur 16 Jahre alt, als sie Vater und Mutter verloren. In einem Gesuch, das ihre verzweifelte finanzielle Lage darlegt, baten sie den Grafen, ihnen Christoph Bachs Gehalt für das laufende Quartal zu gewähren und wiesen auch darauf hin, daß sie für ihre Schwester zu sorgen hätten, die „blöden Sinnes und unförmlicher Gestalt" sei. Die Zahlung wurde geleistet, doch bedeutete dies nur eine vorübergehende Erleichterung und die Familie mußte zu Hilfe kommen. Die Zwillinge begaben sich nach Erfurt zu ihrem Onkel Johann und bald wirkten sie in der Ratsmusik mit, der auch ihr Vater angehört hatte[1]. Johann Christoph (12) strebte jedoch zurück nach Arnstadt und ließ es sich angelegen sein, dort so oft wie nur möglich „aufzuwarten". Anscheinend hatte er Erfolg, denn 1671 wurde er vom Grafen Ludwig Günther von Schwarzburg-Arnstadt als Hofmusikus angestellt. Im Vertrag wird ausdrücklich darauf hingewiesen, daß er „in der Zierlichkeit im Geigen sich wohl zu üben" habe. Er sollte sich bei Hof hören lassen und regelmäßig in der Kirchenmusik mitwirken, an deren Verbesserung dem Grafen viel lag. Da sein Jahresgehalt noch geringer als der seines Vaters war – er erhielt nur 30 fl., 5½ Maß Korn bzw. Weizen, 4 Klafter Holz und 5 Maß Gerste mit der Bewilligung, diese tranksteuerfrei zu brauen – mußte er noch auf andere Weise Geld verdienen. Der Stadtmusikus Heinrich Gräser – Christoph Bachs Nachfolger – wurde daher angewiesen, Johann Christoph zu beschäftigen, wann immer sich eine Möglichkeit hiezu ergebe und ihn vor den anderen Musikern zu bevorzugen. Es läßt sich leicht vorstellen, daß Instruktionen von so unbestimmter Art zu Streitigkeiten zwischen den Musikern führen mußten, die alle auf die Akzidenzen angewiesen waren. Tatsächlich finden sich im Arnstädter Archiv Petitionen in dieser Angelegenheit von Gräser wie von Bach.

---

[1] Vgl. Otto Rollert a.a.O. Wiegand a.a.O. war zunächst anderer Auffassung, änderte jedoch, laut freundlicher Mitteilung an den Verfasser, seinen Standpunkt nach gründlicher Durchsicht der Erfurter Archive und teilt nun Rollerts Anschauung, daß auch Johann Christoph (12) in Erfurt tätig war.

Der ältliche, verbitterte Stadtmusikus beschwerte sich in gehässigster Weise über den jungen Kollegen. Er war eifersüchtig auf Johann Christoph und bemerkte einmal wehmütig, „wenn ich Bach hieße, hätte ich überall Hilfe". Auch verletzte es ihn, daß der Sohn des Bürgermeisters in dem Bestreben, bei seiner Hochzeit wirklich gute Musik zu hören, den jungen Johann Christoph aufforderte, zusammen mit dessen Zwillingsbruder und seinem Vetter aufzuspielen, wobei die Musikanten von Erfurt nach Arnstadt kommen mußten[1]. Deshalb kämpfte Gräser mit allen ihm zur Verfügung stehenden Mitteln gegen „Hans Toffel Bach", wie er ihn zu bezeichnen pflegte, spottete über dessen Violinspiel als „Fliegengewedel" und beschwerte sich über das „Tabaksaufen" des „trotzigen, stutzigen" Mannes. Als er schließlich schwere Beschuldigungen gegen die ganze Bach-Sippe erhob, die „keine ehrlichen Stadtpfeifer" seien, mußte eingeschritten werden. Im Jahre 1677 wurde diesbezüglich eine Klage seitens der Arnstädter Bache unter Leitung Heinrichs, sowie ihrer Erfurter Verwandten an den Grafen gerichtet, in der Gräsers Bestrafung gefordert wurde. Schließlich kam es zu einem Ausgleich, doch da die Streitigkeiten nicht aufhören wollten, kündigte der Graf 1681 sowohl Gräser wie Bach. Nach einem Jahr der Not besserte sich Johann Christophs Lage. Graf Ludwig Günther starb, und sein Nachfolger Anton Günther stellte Bach neuerlich an, wobei er ihn an Stelle Gräsers zum Stadtmusikus ernannte und ihm hiemit das seinerzeit seinem Vater eingeräumte Privileg gewährte, auch in den Nachbarorten aufzuwarten[2]. Der neue Herrscher, dem in Gräfin Auguste Dorothea[3] eine musikliebende Gattin zur Seite stand, bemühte sich ernstlich, eine Verbesserung im Arnstädter Musikleben zu erzielen. 1683 berief er Adam Drese, einen tüchtigen Gambenspieler, als Dirigenten und dieser vergrößerte das Hoforchester auf 21 Spieler, unter denen die Familie Bach durch Johann Christoph (12), seinen Onkel Heinrich – solange dieser hiezu physisch in der Lage war –, seinen Vetter Johann Michael (14) und Heinrichs Schwiegersohn Christoph Herthum vertreten war.

---

[1] Formell war Gräsers Beschwerde berechtigt, da Johann Christoph zu jener Zeit noch nicht offiziell in Arnstädtischen Diensten stand, doch ist anzunehmen, daß der Bräutigam an Gräser die in solchen Fällen übliche Vergütung entrichtete.

[2] Dieses Vorrecht wurde auf die nahegelegenen Ämter Keula und Schermberg ausgedehnt, wo niemand außer Johann Christoph Bach und seinen Gesellen aufwarten durfte. Die sich daraus ergebende Zunahme an Akzidenzen veranlaßte den Grafen, Bachs Gehalt für den Dienst am Hof auf 20 fl. herabzusetzen.

[3] Sie war die Tochter des Herzogs Anton Ulrich von Wolfenbüttel, eines großen Förderers der Musik und Kunst. Sowohl eine Schwester wie eine Tante von ihr erzielten bedeutsame Reformen an den Hoftheatern von Coburg und Meiningen. Vgl. Gresky „Die Arnstädter Musikverhältnisse zur Zeit der Bach". Arnst. Anzeiger, 1935.

Nicht nur finanzielle Schwierigkeiten bedrängten Johann Christoph; auch in seinem Privatleben gab es Probleme zu lösen. Während die meisten Bache in den Stand der Ehe traten, sobald sie eine feste Stellung gefunden hatten[1], ließ sich Johann Christoph Zeit, und er war vierunddreißig Jahre alt, als er den Ehebund mit Martha Elisabeth Eisentraut, der Tochter eines Schuldieners in Ohrdruf schloß. Sechs Jahre vorher hatte er ein unliebsames Erlebnis, das zu einer gewissen Zurückhaltung dem schönen Geschlecht gegenüber führte. Er hatte einem Arnstädter Mädchen den Hof gemacht und sogar einen Ring gegeben; später war er jedoch zur Erkenntnis gelangt, daß sie für ihn nicht die Richtige sei und auf seinen Wunsch war ihm der Ring zurückgegeben worden. Das kirchliche Konsistorium hatte daraufhin den jungen Mann und das Mädchen wiederholten unangenehmen Verhören unterworfen, die sich durch fast zwei Jahre hinzogen. Da kein wirklicher Verstoß nachzuweisen war, versuchte die Behörde, die jungen Leute zur Eheschließung zu überreden. Das Mädchen schien dazu durchaus bereit, der Mann aber erwies sich als recht halsstarrig. Je dringlicher das Konsistorium sich zeigte, um so entschlossener war er, seine Freiheit zu bewahren. Obwohl seine Stellung zum großen Teil von den Beamten abhing, denen gegenüber er sich in Opposition befand, entschloß er sich dennoch, einen Appell an die höhere Behörde, das Obergericht in Weimar, zu richten, und dort verfocht er seine Sache mit solcher Energie, daß er von jeder Verantwortlichkeit dem Mädchen gegenüber freigesprochen wurde. Die Episode ist sehr bezeichnend, und um sie im rechten Lichte zu sehen, müssen wir uns vergegenwärtigen, daß in jener Zeit und Gesellschaftsschicht die Wahl einer Gattin mit Liebe recht wenig zu tun hatte und hauptsächlich von Beweggründen wirtschaftlicher Natur bestimmt wurde. Ein Mann heiratete, um das Amt des Schwiegervaters zu erben, um ein Heim zu haben, Kinder in die Welt zu setzen, die die Familie fortführen und ihm bei der Arbeit helfen würden. Es wäre durchaus im Sinne der damaligen Gepflogenheiten gewesen, wenn der junge Mann, dem Ratschlag seiner geistlichen Vorgesetzten folgend, das Mädchen geheiratet hätte. Johann Christoph war jedoch nicht willens, sich beraten zu lassen. Der auf ihn ausgeübte Druck hatte nur die Wirkung, seinen Widerstand zu verstärken und ihn einen Schritt unternehmen zu lassen, mit dem er den Vorgesetzten und im Grunde der öffentlichen Meinung Trotz bot. Es ist denkbar, daß der junge Sebastian sich seines eigenwilligen Onkels erinnerte, als man versuchte, ihn zur Eheschließung mit der Tochter Buxtehudes zu überreden, die ihm die Nachfolge in Lübeck gesichert hätte.

---

[1] Johann Christoph (13) war fünfundzwanzig, Johann Michael (14) siebenundzwanzig, Johann Ambrosius nur dreiundzwanzig, als sie heirateten.

Schließlich vergaben die Arnstädter Johann Christoph seine unabhängige Sinnesart und er erfreute sich großen Ansehens. Scheinbar war er trotz der von Gräser gerügten „Trutzigkeit" doch recht geschickt im Umgang mit Menschen – wohl geschickter als sein Namensvetter, der Eisenacher Organist. Dieser Eigenschaft ist es zu verdanken, daß er Hausbesitzer wurde. Ein Vertrag hat sich erhalten, der am 12. September 1687 zwischen Johann Christoph Bach und einer wohlhabenden alten Bäckerswitwe abgeschlossen wurde. Sie verpflichtete sich, ihm ihr Haus mit all seinem Inhalt, einem Garten und 6 Äcker Land[1] zu hinterlassen, wogegen er es übernahm, ihr bis zu ihrem Tode freie Wohnung und Verpflegung, mit warmer Kost und 2 Maß Bier per Tag, zu gewähren. Die Witwe starb wenige Monate später und so erwarb Johann Christoph mit geringen Auslagen ein gutes Haus und etwas Land; auch vermehrte sich sein Einkommen dank verschiedener Akzidenzen. Doch, gleich seinem Vater und seinen Brüdern, war es ihm nicht beschieden, ein hohes Alter zu erreichen und er starb, wie Christoph Bach, mit 48 Jahren. Drei Kinder überlebten ihn, unter denen Johann Ernst (25), Sebastians Schulgenosse und Nachfolger in Arnstadt, uns noch beschäftigen wird.

Unter den Werken im Alt-Bachischen Archiv befindet sich auch eine anonyme Komposition, die möglicherweise Johann Christoph (12) zuzuschreiben ist. Das Manuskript weist weder einen Namen noch Initialen auf und auch die Handschrift ist uns nicht bekannt. Am Ende der Partitur steht die Aufschrift „Arnstadt, d. 6. Juli 1686". Zu jener Zeit lebten Heinrich und Johann Christoph in Arnstadt, doch da Heinrich damals 71 Jahre alt und recht leidend war, scheint es nicht recht glaubwürdig, daß er der Autor dieses kraftvollen Stückes war. Vielleicht liegt hier das einzige erhaltene Werk des Arnstädter Johann Christoph Bach vor.

Nun ist alles überwunden ist eine vierstimmige Begräbnisarie, die im Charakter dem „Weint nicht um meinen Tod" (s. S. 30) von Johann Bach ähnelt. Das Stück steht im $^4/_4$-Takt und weist keinerlei rhythmische Komplikationen auf. Eine einfache, zu Herzen gehende Melodie wird in ausdrucksvoller Harmonisierung gebracht, die in anziehender Weise zwischen e-Moll und G-Dur schwankt. Jeder der 6 Verse endet mit den Worten „nun leb wohl und gute Nacht". Sebastian, der den Text von fünf dieser Strophen auf ein eigenes Blatt schrieb, strich das Wort „nun" aus und ersetzte es durch „Welt". Die Verse endeten nun mit den Worten „Welt leb wohl und gute Nacht" und gewannen so an Bedeutsamkeit.

---

[1] Das Haus war in der Kohlgasse Nr. 357 gelegen und steht noch heute als Nr. 7; der Garten lag in der Borngasse. Vier Äcker Land befanden sich am Rabenhold, zwei am Eulenberg. Vgl. Wiegand a.a.O.

Philipp Emanuel Bach besaß ein Ölgemälde[1] seines Großvaters, *Johann Ambrosius*, der dem Zwillingsbruder, Johann Christoph, so unglaublich ähnlich sah. Dieses Bild, das später der Berliner Staatsbibliothek einverleibt wurde, zeigt Ambrosius ohne die gebräuchliche Perücke oder die auf den meisten Portraits der Zeit wiedergegebene Staatstoilette. Der offene Hemdkragen war ein Attribut der Trompeterzunft, der Ambrosius angehörte. Die Haltung ist einfach natürlich, und man gewinnt den Eindruck, Ambrosius habe gerade in seiner Werkstatt musiziert, durch deren Fenster die Wartburg zu sehen ist. Der kräftige Hals, das feste Kinn und die energische, fleischige Nase – Züge, die sein Sohn Sebastian von ihm erben sollte – scheinen die Hartnäckigkeit der Bache zu verkörpern. Die aufgeweckten dunklen Augen[2] vervollständigen das Bild einer vollblütigen, kräftigen und erdnahen Persönlichkeit. Man kann sich gut vorstellen, daß das Auftreten von zwei so auffallenden Männern, die sich völlig ähnlich waren, „ein Wunder für jedermann" darstellte.

Ambrosius begann sein Berufsleben als Mitglied der Erfurter Ratsmusikantenkompanie, wobei er die Arbeit seines Vetters Johann Christian (7) übernahm, der nach Eisenach gezogen war, um unter dem dortigen Stadtpfeifer Christoffel Schmidt zu arbeiten. 1667 wurde Ambrosius offiziell angestellt, und nun begann er seine Verehelichung zu erwägen. Im Hause seines Onkels lernte er Elisabeth Lämmerhirt kennen, eine jüngere Stiefschwester von Johann Bachs Gattin Hedwig[3]. Sie wohnte im Haus „zu den drei Rosen" am Junkersand, einer Gasse, wo auch die Bache ihr Domizil hatten, und so ergaben sich für die beiden jungen Leute häufig Gelegenheiten einander zu sehen. Kaum ein Jahr nach Ambrosius' offiziellem Eintritt in die Ratsmusik heirateten sie und zogen in ein nahegelegenes Haus am Junkersand. Der Bräutigam war dreiundzwanzig, die Braut ein Jahr älter. Elisabeth konnte ihrem Gatten wohl nur eine bescheidene Mitgift bringen, denn ihr Vater war tot und in den sieben Jahren seiner Krankheit war ein Großteil des von ihm

---

[1] Es ist anzunehmen, daß es von einem Angestellten des Eisenacher Hofs gemalt wurde. Vielleicht war es JOHANN DAVID HERLICIUS, der zwölf Kupferstiche zu einem 1673 gedruckten „Gesangbuch" beistellte. Vgl. CONRAD FREYSE „Eisenacher Dokumente um Sebastian Bach", Veröffentlichungen d. NBG, 1933, und FRITZ ROLLBERG in BJ 1927. S. auch FREYSE in BJ 1957.

[2] Auf ihre Ähnlichkeit mit denen Sebastians hat H. BESSELER in „Fünf echte Bildnisse Johann Sebastian Bachs", Kassel 1956, hingewiesen. Beide zeigen beim rechten Auge eine gewisse „Schlaffheit der Oberlidfalte".

[3] HUGO LÄMMERHIRT in BJ 1925 sieht in Elisabeth eine Nichte Hedwigs. ZILLER in „Johann Heinrich Buttstädt" erklärt, daß sie Hedwigs Stiefschwester war, und auch ROLLERT a.a.O. nimmt dies an.

Ersparten aufgebraucht worden[1]. Doch nahmen die Lämmerhirt eine geachtete soziale Stellung ein – die Genealogie beschreibt Elisabeth stolz als Tochter Valentins, „E. E. Raths Vorwandt in Erffurth" – und andere Mitglieder der Familie erfreuten sich eines gewissen Wohlstandes. Dies zeigt sich in den Legaten, die Elisabeths Bruder, Tobias, den Kindern seiner Schwester hinterließ[2].

Der junge Ambrosius war im Grunde nicht begierig in Erfurt zu verbleiben, denn sein Vetter Johann Christian (7) war aus Eisenach heimgekehrt und bestrebt, sein früheres Amt, das nun Ambrosius zugefallen war, wieder auszuüben. Die Lage änderte sich, als der Tod den Eisenacher Stadtpfeifer Christoffel Schmidt ereilte. Hätte Christian Eisenach nicht verlassen, so wäre er wohl zum Nachfolger Schmidts, der auch sein Schwiegervater war, ernannt worden. Da er sich wieder Erfurt zugewandt hatte, faßten die Eisenacher einen anderen Bach ins Auge. Sie luden Ambrosius zum Probespiel in der Georgenkirche, wo sein Vetter, der große Johann Christoph (13) seit 6 Jahren als Organist wirkte und Ambrosius machte einen so ausgezeichneten Eindruck, als er sich am 12. Oktober 1671 hören ließ, daß ihm die Stelle unter besseren Bedingungen als seinem Vorgänger verliehen wurde[3]. Während Schmidt von der Stadt einen Jahresgehalt von nur 28 fl. erhielt, wozu naturgemäß die Akzidenzien kamen, empfing Ambrosius jährlich 40 fl. 4 gr. 8 pf. sowie freie Wohnung in den ersten drei Dienstjahren[4]. Nach dem Vertrag sollte er mit seinen 4 Gesellen „jeden Tag zweimahl aufm Rathhauß, als mittags ümb 10 uhr, deß abends aber ümb 5 uhr abblasen ... alle Festage und Sontage vor undt nach der Predig vor undt nachmittags beym Gottes Dienst nach anordnung des Herrn Cantoris aufwarten".

---

[1] Vgl. WALTER DIECK „Die Beziehungen der Familie Bach zu Erfurt". Thür. Allg. Ztg. 1935.

[2] Das Testament gibt uns eine Vorstellung von der geistigen Welt in Elisabeths Elternhaus. Der Text wurde, wie der Notar bemerkt, von Tobias Lämmerhirt „mit gar bedachtsamen, vernehmlichen Worten" diktiert und es ist daher anzunehmen, daß die kraftvolle Einleitung Lämmerhirts eigene Ausdrucksweise wiedergibt: „ ... befehlen beyde Eheleute ihre Seelen, wann selbige nach Gottes gnädigen Willen von ihren sterblichen Leibern abscheiden sollten, in die Hand Gottes, ihres liebsten himmlischen Vaters als allmächtigen Schöpfers Himmels und der Erden, des Sohnes Jesu Christi als ihres einzigen Erlösers und Seeligmachers, des wehrten Heil. Geistes, welches sie in der heil. Tauffe zum ewigen Leben geheiligt hat, ihre Leiber aber der kühlen Erde, als welche ihrer aller Mutter ist, dieselben christlichen Gebrauch nach zu begraben."

[3] Emanuel Bachs Behauptung in der Genealogie, daß die Zwillinge ähnliche Schicksale hatten, wird durch die Tatsache bekräftigt, daß auch J. Christoph (12) 1671 seine offizielle Anstellung erhielt.

[4] Vgl. Stadtarchiv Eisenach B, XXV, C 1, wo alle auf Ambrosius bezüglichen Dokumente, sofern keine andere Quelle angegeben wird, zu finden sind.

Der neue Hausmann[1] – wie der Stadtpfeifer häufig genannt wurde – verstand es zweifellos, die Vorgesetzten zufriedenzustellen. Es ergab sich hier eine Beziehung, die sich völlig von der des Eisenacher Rats zu Johann Christoph (13) unterschied. Einige Monate nach seinem Dienstantritt richtete Ambrosius eine Bittschrift an den Fürsten Johann Georg I. von Eisenach, der eben zur Regierung gelangt war, und bat um Bewilligung, ein gewisses Quantum Bier steuerfrei brauen zu dürfen. Als der Fürst daraufhin beim Rat anfragte, empfahlen Ambrosius' Vorgesetzte, dem Stadtpfeifer das auch seinem Vorgänger eingeräumte Vorrecht zu gewähren und setzten hinzu:

„Der neue Hausmann hat sich nicht nur eines stillen und jederman genehmen Christlichen Wandels befleißiget, sondern auch in seiner profession dermaßen qualificirt, daß er sowohl mit vokal- als instrumental Music beym Gottes Dienst undt ehrlichen Zusammenkünften mit hoch undt niedrigen Standespersonen guter vergnügung aufwarten kann, also, daß wir uns desgleichen soweit wir gedencken, hiesigen Orths nicht erinnern."

Kurz nachher schlug der Rat dem Fürsten vor, daß im Falle der Landestrauer (wenn nach dem Tod eines Mitgliedes des Herrscherhauses Instrumentalmusik bei Hochzeiten usw. verboten war) der Hausmann für den sich so ergebenden Verlust an Akzidenzen durch Zahlung eines Guldens per Hochzeit entschädigt werden sollte. Wieder wurde dabei als Argument vorgebracht: „das hat der frühere Stadtpfeifer auch gehabt, undt umb so viel mehr dem jetzigen wohl qualificirten Hausmann billig zu gönnen sey." Der Herrscher gab seine Zustimmung, und aus einer Aufstellung für 1672 bis 1673 erfahren wir, daß Ambrosius aus diesem Anlaß 20 fl. ausbezahlt erhielt. Eine solche Vergünstigung schon nach einem Dienst von 18 Monaten zu erhalten, war etwas Ungebräuchliches in der kleinen Residenz. Wenn die Stadtväter, die für Johann Christoph Bachs hochstehende musikalische Leistungen so wenig Anerkennung zeigten, die Tätigkeit des Ambrosius außerordentlich hoch schätzten, folgten sie nur der allgemein in Eisenach vorherrschenden Einstellung. Zwei zeitgenössische Berichte über Ambrosius haben sich erhalten, die dies deutlich zeigen. Der eine stammt von einem Hof- und Stadtzimmermann namens Georg Dressel, der eine Chronik wichtiger Ereignisse in Eisenach in den Jahren 1648 bis 1673 verfaßte. Er beschreibt einen festlichen Ostergottesdienst, an dem der Kantor Schmidt, der Organist J. Christoph Bach zusam-

---

[1] ROLLBERG bemerkt in „Von den Eisenacher Stadtpfeifern" Jena, 1932, daß die Bezeichnung Hausmann auf die Betätigung des Stadtpfeifers im „Stadthaus", d. h. Rathaus zurückzuführen ist. Auch der Ausdruck „Haustaube" wurde wegen des Domizils im Stadtturm häufig verwendet.

7. JOHANN SEBASTIAN BACH

Pastellbildnis von Gottlieb Friedrich Bach

8. Stiegenhaus im Eisenacher „Bach-Haus".
Ölgemälde von Paul Bach

men mit dem Stadtpfeifer und dessen Gesellen teilnahmen. Der Chronist interessiert sich jedoch nur für die glänzende Leistung des Ambrosius Bach, über den er schreibt: „1672 hat der neue Hausmann auf Ostern mit Orgel, Geige, Singen und Trompeten und mit Heerpauken dreingeschlagen, daß noch kein Kantor oder Hausmann, weil Eisenach gestanden, nicht geschehen." Eine weniger direkte Schilderung der Leistungen des Hausmanns findet sich in der Bittschrift, die Ambrosius' späterer Kollege, der Kantor Andreas Christian Dedekind, an den Rat richtete. Nach Ambrosius' Tode empfahl er den Stadtpfeifer Christoph Hoffmann aus Suhl für die freigewordene Stelle und bemerkte „derselbe auch in Musicis so rühmlichen sich exercirt, daß er nebenst der guten manierlichen Violine auch ein schönes Cornetto, Trombono, Violono und absonderliche nette Trombetta tractiret . . . daß er mit der Zeit Herrn Bachen ziemlich gleichstimmig sein wird".

Es ist naturgemäß leichter, sich von einem begabten Ausführenden hinreißen zu lassen, als neue Werke eines sehr originellen und tiefen Komponisten zu verstehen. Daher ist es nicht erstaunlich, daß Ambrosius seinem Vetter vorgezogen wurde. Dabei waren jedoch die künstlerischen Gesichtspunkte gewiß nicht die ausschlaggebenden; weit mehr ins Gewicht fiel Ambrosius' „christlicher, ruhiger Wandel". Bei ihm hören wir nichts von Schulden, Vorschüssen, wiederholtem Wohnungswechsel. Drei Jahre lang, während die Stadt die Miete bezahlte, wohnte er bei Oberförster Balthasar Schneider[1], der als Taufpate fungierte, als das erste Kind seines Mieters geboren wurde. Später bezog

---

[1] Dieses Haus, heute Rittergasse 11, steht noch immer und bietet mit seiner schönen, holzgeschnitzten Fassade ein gutes Beispiel des Baustils im 17. Jahrhundert. Es ist das einzige Haus in Eisenach, das nachweisbar von Ambrosius Bach bewohnt wurde. Anderseits läßt sich kein Beweis für die alte Tradition erbringen, daß Sebastian Bach am Frauenplan 21, wo sich heute das Bach-Museum befindet, geboren wurde. Forscher, wie ROLLBERG, HELMBOLD und KÜHN (letzterer ein Bach-Nachkomme) haben nach Einsichtnahme in die Steuervorschreibungen und andere zeitgenössische Dokumente festgestellt, daß das Haus am Frauenplan zur Zeit Sebastians Geburt dem Rektor der Lateinschule, Heinrich Borstelmann gehörte, während Ambrosius mit seiner Familie 1685 in dem nahegelegenen Haus Lutherstraße 35 wohnte. Eine hitzige Fehde wurde zwischen diesen Gelehrten und den Vertretern der entgegengesetzten Anschauung (H. A. WINKLER und C. FREYSE, Kurator des Bach-Museums) geführt. Zweifellos ist das Bach-Museum beachtenswert, auch wenn es nicht als Sebastian Bachs Geburtshaus anzusehen ist. Das schöne Haus steht ja in einem Teil Eisenachs, wo Ambrosius tatsächlich wohnte, und da es aus der richtigen Periode stammt, gibt es eine gute Vorstellung davon, wie Sebastian Bachs Geburtshaus ausgesehen haben mag. Anderseits ist das Haus in der Lutherstraße ganz uninteressant, da sich von dem alten Bau nichts erhalten hat. Im zweiten Weltkrieg wurde das Bach-Museum durch Luftangriffe schwer beschädigt, doch gelang es, das Gebäude mit Hilfe von Material aus anderen alten Häusern so geschickt zu restaurieren, daß sogar Freunde des Museums keine Veränderung bemerkten, als sie es nach Beendigung der Feindseligkeiten aufsuchten. Vgl. C. FREYSE in BJ 1940 bis 1948 und 1957.

er ein eigenes Haus und entrichtete regelmäßig seine Steuer. Man mußte sparsam zu wirtschaften verstehen, um einen so großen Haushalt führen zu können. Ambrosius war beruflich verpflichtet, zwei Gesellen und zwei Lehrlinge zu halten. Seine Schwiegermutter und die schwachsinnige Schwester lebten bei ihm bis zu ihrem Tod[1], und schließlich wuchsen hier sieben Kinder heran, unter ihnen Johann Christoph (22), der in Erfurt am 18. Juni 1671 getauft wurde, Johann Jakob (23), in Eisenach am 11. Februar 1682 getauft und endlich Johann Sebastian, der in Eisenach am 23. März 1685 die Taufe empfing[2]. Es ist auch möglich, daß noch ein anderer Johann Christoph Bach (17), Sohn des Erfurter Johann Christian, bei dem gastfreundlichen Ambrosius lebte, als der Knabe 1683 bis 1684 die Eisenacher Lateinschule besuchte (s. S. 109). Um sie alle zu ernähren, bedurfte es guter Wirtschaftsführung, und anscheinend waren Ambrosius und Elisabeth hiezu weit eher befähigt als ihre Eisenacher Verwandten, der große Johann Christoph und seine Gattin Elisabeth. Es ist bezeichnend, daß der Organist Johann Christoph nur mit Hilfe von Darlehen und Vorschüssen sein Auslangen finden konnte, während der Hausmann Ambrosius genügend verdiente, um auf jenen Teil seines Einkommens verzichten zu können, der auf Betätigungen außermusikalischer Natur zurückzuführen war. Nach einer Abrechnung, die sich erhalten hat, zog man Ambrosius mehr als ein Viertel seines Gehaltes ab, da ein Vertreter die folgenden, dem Hausmann zufallenden Arbeiten zu verrichten hatte: Uhrziehen im Glockenturm, Läuten des Schloßglöckleins, das die Bevölkerung zur Bezahlung der Steuer ermahnte, und schließlich die jährliche Besichtigung der Feuerstätten. Anscheinend bestand so starke Nachfrage nach Ambrosius' „Aufwarten", daß er es sich leisten konnte, eine nicht unerhebliche Einnahme anderer Natur aufzugeben. Manchmal spielte er auch bei Hochzeiten außerhalb Eisenachs. Der Kantor Dedekind erwähnt etwa, daß Ambrosius einmal aus einem solchen Anlaß in Ohrdruf mit Johann Pachelbel und Christoph Hoffmann musizierte[3]. Von 1677 an war Ambrosius auch in dem neu begründeten kleinen Orchester des Fürsten Johann Georg I. tätig und erhielt ein Jahreshonorar von 19 fl. 9 pf., sowie ein reichliches Neujahrsgeschenk, das im Jahre 1679 z. B. die Hälfte des fürstlichen Gehaltes ausmachte.

---

[1] Eva Barbara Lämmerhirt wurde 1673, Dorothea Maria Bach 1679 in Eisenach begraben.

[2] Die anderen vier Kinder waren Johann Balthasar (1673 bis 1691), Johann Jonas (1675 bis 1685), Maria Salome (1677 bis 1728), Johanna Juditha (1680 bis 1686), vgl. C. Freyse in BJ 1955.

[3] Vielleicht handelte es sich um die Hochzeit von Ambrosius' ältestem Sohn, Johann Christoph (22) mit Dorothea von Hof, die im Oktober 1694 in Ohrdruf stattfand. Pachelbel mag anwesend gewesen sein, da er der Lehrer des Bräutigams war.

Alles in allem genommen, verdiente Ambrosius nicht mehr, wahrscheinlich sogar weniger als sein Vetter. Doch war er nicht nur peinlich genau in seiner Geldgebarung und höchst sparsam – Eigenschaften, die er an seinen jüngsten Sohn vererbte –, sondern auch bescheiden und eher anspruchslos. So belastete er sich etwa nicht mit den Kosten für einen lang ausgedehnten Schulbesuch seiner Söhne, sondern wendete ihrer musikalischen Ausbildung sein Augenmerk zu. Die beiden Söhne, die zu Lebzeiten des Vaters das Jünglingsalter erreichten, wurden, nachdem sie die dritte Klasse der Lateinschule absolviert hatten, Musikern in die Lehre gegeben. Ambrosius' Vetter Johann Christoph, hatte, wie erwähnt, diesbezüglich andere Anschauungen. Verschiedenheiten in ihrer Lebensphilosophie sowie in ihrer finanziellen Lage mögen die beiden Familien davon abgehalten haben, sich wirklich nahezukommen. Es ist bezeichnend, daß keiner der beiden Bache als Taufpate bei einem Sohn des anderen fungierte[1]. Ambrosius empfand zweifellos große Achtung für die schöpferische Tätigkeit seines Vetters; Johann Christoph aber mag auf den Hausmann als einen bloß ausübenden Musiker etwas herabgesehen haben. Es scheint nämlich, daß Ambrosius als Komponist keine Leistungen zu verzeichnen hatte. Keiner seiner Nachkommen erwähnt ihn jemals als schöpferischen Künstler, und nicht ein Werk von ihm hat sich erhalten. Da er es war, der eine Sammlung von Kompositionen der Familie Bach anlegte, erscheint es kaum denkbar, daß er seine eigenen Beiträge nicht aufgenommen hätte.

Nachdem Ambrosius zwölf Jahre in Eisenach gedient hatte, begann er einen Wechsel ernsthaft in Erwägung zu ziehen. In Erfurt starben 1682 Johann Christian (7) und J. Nikolaus Bach (9) an der Pest. Ihr Bruder, Johann Egidius (8), wurde nun zum Direktor der Ratsmusik ernannt, und die beiden anderen Stellen mußten neu besetzt werden. Der Erfurter Rat erinnerte sich an Ambrosius' seinerzeitige Tätigkeit und lud ihn ein, nach Erfurt zurückzukehren. Der Hausmann war hiezu durchaus geneigt, und seine Frau, die in Erfurt mancherlei Verwandte hatte, teilte wohl seine Einstellung. Zuerst mußte jedoch seine Kündigung seitens der Eisenacher Behörden angenommen werden. Am 2. April 1684 richtete er daher eine ausführliche Bittschrift an den Rat, in der er alle Schwierigkeiten seiner Lage darlegte: seine durch zahlreiche Perioden der Landestrauer bedingten geringen Einnahmen, die Nichteinhaltung der vorgeschriebenen Zahlung für Hochzeitsmusiken seitens vieler Mitbürger und der unausgesetzte Zank mit den Bierfiedlern, der ihn „gantz ungeduldig und verdrossen" machte; eine weitere Ursache zur Unzufrieden-

---

[1] Johann Christoph wirkte bei der Taufe einer Tochter des Ambrosius als Vertreter, da der Pate, Johann Pachelbel, von Erfurt nicht abkommen konnte.

heit, die Ambrosius jedoch nicht ausdrücklich erwähnte, war die Herabsetzung seines Honorars bei Hof. Als er neunzehn Tage nach Absendung des Gesuches keine Antwort erhalten hatte, bat er in einer zweiten Bittschrift um Erledigung und legte wieder größten Nachdruck auf die Eingriffe der Bierfiedler, die, auf Grund der Verordnung, bei Hochzeiten nur im Einvernehmen mit dem Hausmann aufspielen durften, dem sie auch eine Gebühr zu entrichten hatten. In der Beschwerde heißt es:

> „daß ich mit denselben immer zu zanken habe, indem sie fast niemals an meiner Austeilung auf Hochzeiten, wenn derselben etliche zugleich einfallen wollen, zufrieden seyn, sondern es läuft einer hier, der andere dahin, zu denen Hochzeiten, den Vorzug vor anderen zu erlangen, welches mir dann nichts als Verdruß erwecket."

Aber all dies hatte keine Wirkung auf den Stadtrat, der einen so vorzüglichen Hausmann keineswegs ziehen lassen wollte. Dies teilte Eisenach dem Erfurter Rat mit und ersuchte, Ambrosius Bach keine weiteren Anträge zu machen. Er mußte sich fügen, und es ist möglich, daß ihm dies nicht allzu schwer fiel, sobald der erste Ärger verraucht war. Im ganzen klingen seine Beschwerden nicht so echt wie die verzweifelten Appelle seines Vetters. Natürlich hätte er gerne seine finanzielle Lage verbessert, doch mußte er sich sagen, daß es ihm in Eisenach nicht gerade schlecht ging. Ein Vorteil war etwa, daß Eisenach von der Pest unberührt blieb, die in den vergangenen Jahren in Erfurt so furchtbar gewütet hatte. Außerdem gewann seine Arbeit bei Hof an Reiz, seit 1685 der vielseitige Daniel Eberlin neuerdings in Eisenach erschien und die Leitung der fürstlichen Kapelle übernahm. Diese wurde nun vergrößert, Aufführungen fanden häufiger statt, und die Stadtpfeifer wurden öfter bei Hof beschäftigt. So entschloß sich Prinz Johann Georg II., der 1686 die Regierung übernahm, Ambrosius Bachs Gehalt wieder in der alten Höhe auszuzahlen.

Es folgte eine ruhige Zeit im Leben des Hausmanns. Sein ältester Sohn, Johann Christoph (22), der in Erfurt bei dem großen Johann Pachelbel gearbeitet und dann bei seinem betagten Großonkel, Heinrich Bach in Arnstadt ausgeholfen hatte, wurde zum Organisten in Ohrdruf ernannt[1], wo er sein ganzes Leben hindurch wirken sollte. Zu der Befriedigung, den ältesten Sohn in Amt und Würden zu sehen, kam die Freude über die ungewöhnliche Begabung des jüngsten. Der Hausmann wird den kleinen Sebastian im Geigen-

---

[1] Es ist möglich, daß er die Berufung seinem Arnstädter Onkel, Johann Christoph (12), zu verdanken hatte, dessen Frau aus Ohrdruf stammte. Er war übrigens nicht der erste Bach in Ohrdruf. Der Name findet sich dort bereits im Jahre 1472. In den Jahren 1564 und 1565 heiraten zwei aus Wechmar stammende Trägerinnen dieses Namens in Ohrdruf. Vielleicht waren sie Schwestern oder Tanten Veit Bachs.

spiel unterwiesen haben und über die Wirkung seines Unterrichtes auf den Knaben beglückt gewesen sein.

Doch wie kurz war die Ambrosius vergönnte Zeit! Im August 1693 erlitt er einen furchtbaren Verlust, da sein Zwillingsbruder, sein zweites Ich, in Arnstadt starb. Wenige Monate später verschied seine Frau, Elisabeth. Wie erschüttert der Witwer auch war, er mußte seinen jungen Söhnen, den Lehrlingen und Gesellen ein Heim bieten. Da seine einzige Tochter gerade von zu Hause wegzog, um einen Erfurter zu heiraten und da Leute seines Standes nicht in der Lage waren, Dienstboten zu beschäftigen, gab es nur einen Ausweg für Ambrosius: so rasch als möglich zu heiraten. Er wählte eine in der Bach-Familie wohlbekannte Arnstädterin, die bereits zweimal verwitwete Barbara Margarethe Keul, die seinerzeit mit seinem verstorbenen Vetter, Johann Günther (s. S. 24), den Ehebund geschlossen hatte. Die Hochzeit fand im November 1694, ein halbes Jahr nach Elisabeths Hinscheiden, statt. Anscheinend aber konnte Ambrosius über die seelischen Erschütterungen, die er erlitten hatte, nicht hinwegkommen. Zwei Monate nach der Hochzeit erkrankte er; am 31. Januar 1695 empfing er die heilige Kommunion zu Hause, und am 24. Februar trug man ihn zu Grabe.

Die Krankheit hatte mancherlei Ausgaben mit sich gebracht, und wenig war der Witwe und den verwaisten Kindern geblieben. Barbara Margarethe richtete daher eine bewegliche Bittschrift an den Rat, in der sie darauf hinwies, daß in Arnstadt, nach dem Tod ihres Schwagers, Johann Christoph Bach, dessen Witwe die Erlaubnis erhalten hatte, die Stelle des verstorbenen Gatten mit der Hilfe von Gesellen und Lehrlingen weiterhin auszufüllen[1], und bat um ein Privileg dieser Art. Sie erwähnte auch, daß der Graf von Schwarzburg-Arnstadt unbedingt wieder einen Bach anstellen wolle, doch da „der liebe Gott das Bachsche Geschlecht binnen wenigen Jahren vertrocknen"[2] ließ, blieb ihm nichts übrig, als die Witwe eines Bach mit der Arbeit zu betrauen. Sebastians Stiefmutter konnte natürlich nicht voraussehen, daß das, was ihr als ein Ende erschien, in Wirklichkeit den Anfang der glorreichsten Periode in der Geschichte der Familie Bach darstellte.

Die Eisenacher Stadtväter waren von den Argumenten der Witwe Bach nicht beeindruckt und zahlten ihr gerade nur, was ihr dem Gesetz nach zustand – den Gehalt für eineinhalb Quartal. Sie beriefen Johann Heinrich

---

[1] Die Witwe übte dieses Amt 18 Monate hindurch aus. Dann gab sie es wegen der ständig anwachsenden Schwierigkeiten auf.

[2] Tatsächlich hatte der Arnstädter Hof 1692 den Organisten Heinrich Bach, 1693 den Hausmann Johann Christoph Bach (12) und 1694 den Gehrener Organisten, Johann Michael Bach (13) verloren.

Halle aus Göttingen als Hausmann, und Ambrosius Bachs Haushalt mußte aufgelöst werden. Die Witwe kehrte nach Arnstadt zurück; der älteste Sohn, Johann Jakob, sollte bei dem neuen Hausmann als Lehrling eintreten und der jüngste wurde Ambrosius' ältestem Sohn, Johann Christoph (22), Organisten in Ohrdruf, anvertraut.

EPILOG

Ein Rückblick auf die Entwicklung der Familie Bach innerhalb der ersten hundert Jahre ihrer musikalischen Betätigung zeigt gewisse stets wiederkehrende Züge. Es bildeten sich verschiedene Bach-Zentren, wo der Sohn das Amt des Vaters übernahm und außerdem Mitglieder der Sippe für ähnliche Tätigkeiten herangezogen wurden. Am umfangreichsten war der Bach-Kreis in Erfurt, wo alle drei Söhne des Johannes zeitweise wirkten und mehrere ihrer Kinder geboren wurden. Doch war Arnstadt von kaum geringerer Bedeutung, da Christoph und Heinrich Bach, sowie ihre Söhne sich dort betätigten. Auch in Schweinfurt und Ohrdruf ließen sich Bache nieder und begründeten eine musikalische Tradition, die von mehreren Generationen fortgeführt werden sollte. Am bedeutsamsten war jedoch Eisenach, denn dort wirkte der größte Bach-Komponist des 17. Jahrhunderts neben einem Mann, dessen Sohn der Familie Unsterblichkeit verleihen sollte.

Nachdem die Bache in einigen Städten Wurzel gefaßt und im musikalischen Leben eine wichtige Rolle zu spielen begonnen hatten, erfolgte ein gewisser sozialer Aufstieg. Statt als „Haustaube" im Stadtturm zu wohnen, wurden sie Hausbesitzer. Auch wählten sie ihre Frauen aus etwas höheren sozialen Schichten. Die Gattin des Johannes Bach war eine Gastwirtstochter, und ihre Söhne, Johann und Heinrich, blieben in der eigenen Lebenssphäre, als sie Töchter des Stadtpfeifers Hoffmann heirateten. Heinrichs Söhne aber strebten nach oben. Zwei von ihnen heirateten Töchter des Arnstädter Stadtschreibers, der dritte die Tochter eines Bürgermeisters. Ihr Vetter Ambrosius ging ähnlich vor, als er die Tochter eines Erfurter Ratsmitgliedes gewann. Es ist auch bedeutsam, daß manche der jüngeren Bache alle Klassen der Lateinschule absolvierten und einige das Amt des Kantors ausfüllen konnten. Um all dies in einer der unseligsten Epochen deutscher Geschichte erreichen zu können, bedurfte es eines ungewöhnlich starken Auftriebs. Dieser war den Bach-Musikern eigen, und außerdem besaßen sie jene tief verwurzelte Familienanhänglichkeit, die Hilfeleistungen des einen an den anderen in Zeiten der Not als selbstverständlich erscheinen ließ. Sie verständigten einander, wenn eine Stellung zur

Besetzung gelangte, und dank des Ansehens, dessen sich der Name Bach erfreute, konnten sie hiebei viel erreichen. Doch auch wenn keine praktischen Gründe vorlagen, war es ihnen lieb, mit den Verwandten regelmäßig zusammenzutreffen. So wurden jene Familientage ins Leben gerufen, über die FORKEL, auf Grund der Mitteilungen Emanuel Bachs, folgendes berichtet:

„Da sie unmöglich alle an einem Orte beisammen leben konnten, so wollten sie sich doch wenigstens einmal im Jahre sehen, und bestimmten einen gewissen Tag, an welchem sie sich sämtlich an einem dazu gewählten Orte einfinden mußten. Auch dann noch, als die Familie an Zahl ihrer Glieder schon sehr zugenommen und sich außer Thüringen auch hin und wieder in Ober- und Niedersachsen sowie in Franken hatte verbreiten müssen, setzten sie ihre jährlichen Zusammenkünfte fort. Der Versammlungsort war gewöhnlich Erfurt, Eisenach oder Arnstadt. Die Art und Weise, wie sie die Zeit während dieser Zusammenkunft hinbrachten, war ganz musikalisch. Da die Gesellschaft aus lauter Kantoren, Organisten und Stadtmusikanten bestand, die sämtlich mit der Kirche zu tun hatten . . . so wurde, wenn sie versammelt waren, zuerst ein Choral angestimmt. Von diesem andächtigen Anfang gingen sie zu Scherzen über, die häufig sehr gegen denselben abstachen. Sie sangen nämlich nun Volkslieder, teils von possierlichem, teils auch von schlüpfrigem Inhalt zugleich miteinander, aus dem Stegreif so, daß zwar die verschiedenen extemporierten Stimmen eine Art von Harmonie ausmachten, die Texte aber in jeder Stimme anderen Inhalts waren. Sie nannten diese Art von extemporierter Zusammenstimmung Quodlibet, und konnten nicht nur selbst von Herzen dabey lachen, sondern erregten auch ein ebenso herzliches und unwiderstehliches Lachen bey jedem der sie hörte."

In künstlerischer Hinsicht wirkten die Bache zunächst fast ausschließlich für die protestantische Kirche, und ihre geistlichen Motetten zeigen, daß sie die großen Traditionen der Vergangenheit weiterführten und dabei Werke schufen, die dem besten, was Deutschland zu jener Zeit hervorbrachte, ebenbürtig waren. Soweit man nach den erhaltenen Werken schließen kann, wurde die weltliche Musik von den frühen Meistern der Familie nur wenig gepflegt. Gelegentlich unternahmen sie Vorstöße in das Gebiet der halbweltlichen Kantate und der Klaviervariation, doch zeigte keiner unter ihnen wirkliche Vielseitigkeit.

Die Bache brachten in diesem Zeitabschnitt eine Anzahl begabter Musiker hervor. Johann, Heinrich, Georg Christoph und vor allem Johann Michael waren Komponisten, die in ihren geistlichen Kompositionen Vertrautheit mit dem Stil und den technischen Neuerungen ihrer Zeit an den Tag legten. Viel höher standen noch die Werke Johann Christophs, der als das erste in der Familie Bach auftretende Genie anzusehen ist. Seine künstlerische Eigenart, seine Gefühlstiefe und ein ausgesprochener Sinn für Humor sichern ihm eine ganz besondere Stellung unter den deutschen Komponisten der Zeit. Es ist gewiß kein Zufall, daß Werke von Johann Christoph und seinem Vater Heinrich in einer Sammlung Aufnahme fanden, die in dem weit von Thüringen entfernten nördlichen Lüneburg angelegt wurde.

Johann Sebastian, ein echter Bach, sammelte voll Treue und Stolz die Werke seiner Vorfahren. Er studierte sie, führte sie auf und beschritt in seinen eigenen Kompositionen die Pfade, die ihm die älteren Bache gewiesen hatten.

ZWEITER TEIL

AUSDEHNUNG UND HÖHEPUNKT

(1700 – 1750)

EINLEITUNG

PARTIKULARISMUS UND UNIVERSALISMUS

IN DEUTSCHLAND

ALS eine Nachwirkung des Dreißigjährigen Krieges war die zentrale Regierungsgewalt in Deutschland aufs äußerste geschwächt worden. Die regierende Familie der Habsburger hegte vor allem das Streben, ihre eigenen Besitzungen zu erweitern und kümmerte sich kaum um die Bedürfnisse des Kaiserreiches. Schwedische und französische Einflüsse machten sich innerhalb Deutschlands stark geltend, und nirgends wurde ein Versuch gemacht, eine einheitliche nationale Politik zu verfolgen.

Statt einer zentralen Regierungsgewalt herrschten mehr als dreihundert unabhängige Fürsten. Obwohl ihr Land in einzelnen Fällen nur lächerlich klein war, verfügten sie doch über den Dünkel und das Selbstgefühl eines Cäsaren. Innerhalb der enggezogenen Grenzen ihres Staates waren sie absolutistische Regenten und äfften den Grundsatz ihres großen Vorbildes, Ludwig XIV. von Frankreich, nach: „L'état, c'est moi". Jeder von ihnen wollte sein eigenes Versailles erbauen und Festlichkeiten veranstalten, die es denen des Sonnenkönigs an Verschwendung und Prunk gleichtaten. Diese absolutistische Einstellung findet vollkommenen Ausdruck in dem Standbild des großen Kurfürsten von Brandenburg, das Andreas Schlüter und seine Schüler in der ersten Hälfte des 18. Jahrhunderts errichteten. In einsamer Größe, einem römischen Imperator gleichend, mit majestätisch ausgestrecktem Arm ist der Fürst hier hoch zu Rosse dargestellt, während sich zu seinen Füßen vier Sklaven in Ketten winden. Für den Betrachter in der Barockzeit waren die Gestalten dieser Sklaven unerläßlich, da sie als Symbole für die unbeschränkte Regierungsgewalt des Herrschers zu dienen hatten.

Die finanziellen Mittel für die übliche Prunkentfaltung wurden hauptsächlich durch übergroße Besteuerung der – zwei Drittel der Bevölkerung umfassenden – Bauernschaft aufgebracht, deren wirtschaftliche und soziale Lage sich von Sklaverei nur wenig unterschied. Selbst ärgere Methoden wurden verwendet, um die geleerten Schatzkammern wieder zu füllen. Der Landgraf von Hessen und andere deutsche Fürsten bereicherten sich aufs äußerste, indem sie ihre Untertanen an England und Holland als Kanonenfutter für überseeische Kriege verkauften. Besonders zufrieden waren die Herrscher, wenn die so veräußerten Männer den Kriegsunbilden zum Opfer fielen, da eine Prämie für jeden Soldaten, der den Feldzug nicht überlebte, bezahlt wurde.

Nicht nur die Fürsten, sondern auch der Bürgerstand war bestrebt, den Eindruck überwältigender Größe zu erwecken. Der erfolgreiche Handelsherr stand an Verschwendungssucht einem Prinzen kaum nach. In München bauten sich die Brüder Cosmas und Egid Asam, fast ausschließlich aus eigenen Mitteln, eine kleine Kirche in der Nähe ihres Wohnsitzes. Das Innere der Andachtsstätte, das mit prachtvollen Gemälden und vergoldeten Statuen überreich ausgestattet war, konnte es an Prunk beinahe mit einer Kathedrale aufnehmen. In jener Zeit war es die Mode, in den Häusern der Reichen an die Wände eine Säulenhalle oder prächtige Gartenarchitektur zu malen, während die Wolken, die auf der Decke eines Ballsaales oder selbst eines Vorraumes dargestellt wurden, dem Beschauer Einblick in die Wunder des Himmels zu eröffnen schienen. Die wuchtigen Barockperücken, die von Männern getragen wurden und die enormen Reifröcke der Frauen hatten den Zweck, ihre Träger bedeutsamer und eindrucksvoller wirken zu lassen.

Spaltung und Verfolgung von Einzelinteressen lassen sich nicht nur in der Politik, sondern auch in der christlichen Kirche beobachten. Obwohl sie unbarmherzigen Angriffen von seiten der Freidenker ausgesetzt war, herrschte unter ihren Mitgliedern große Uneinigkeit. Den Katholiken, die beharrlich kämpften, um die Seelen wieder zu gewinnen, die sie zur Zeit der Reformation eingebüßt hatten, standen Lutheraner und Kalvinisten gegenüber, die sich gegenseitig mit dem gleichen Fanatismus angriffen, den sie in ihrer Fehde mit dem Papst an den Tag legten. Selbst die Anhänger Luthers standen in zwei verschiedenen Lagern; während die Orthodoxen auf eine buchstäbliche Befolgung der Vorschriften des Reformators drangen, bestanden die Pietisten auf einer mehr persönlichen Auslegung der Lehre, die auch den Gefühlen des Gläubigen Rechnung trug. Wie stets bei Meinungsverschiedenheiten in Glaubensfragen wurde der Kampf ohne jede Duldsamkeit und mit äußerster Erbitterung geführt.

Es kann nicht wundern, daß die schädliche Wirkung des religiösen und politischen Partikularismus schon bald erkannt wurde und die besten Geister nach Kräften bestrebt waren, ihr entgegenzuarbeiten. Auf religiösem Gebiete wurden Versuche unternommen, die kalvinistische und lutherische Lehre miteinander zu versöhnen und die beiden Konfessionen in einer neuen evangelisch-apostolischen Kirche zu vereinen. In vereinzelten Fällen wurden sogar Bemühungen angestellt, Katholiken und Protestanten nicht als Todfeinde, sondern vielmehr als Brüder anzusehen, denen es gelingen müsse, ihre Meinungsverschiedenheiten auszugleichen. Karl Ludwig, der kalvinistische Kurfürst der Pfalz, baute etwa in Mannheim die berühmte „Friedenskirche", die in gleicher Weise Katholiken, Lutheranern und Kalvinisten offenstand. Obwohl keine dieser Bemühungen einen wirklich nachhaltigen Erfolg zu verzeichnen hatte, waren sie doch von äußerster Bedeutsamkeit, da sie die Vorbedingung abgaben für die Idee religiöser Duldsamkeit, die in der zweiten Jahrhunderthälfte so überwältigende Bedeutung erlangte. Im 16. Jahrhundert hatte jede religiöse Partei versucht, ihre Überzeugungen mit Gewalt den Andersgläubigen aufzudrängen; gegen Ende des 17. Jahrhunderts aber hatte sich die Erkenntnis durchgerungen, daß jede Partei gewisse Zugeständnisse würde machen müssen, um eine Versöhnung der gegensätzlichen Anschauungen zu ermöglichen. Doch selbst auf dieser Grundlage erschien es unmöglich, eine wirkliche Einigung zu erzielen, und schließlich gelang es dem 18. Jahrhundert, sich zu der Erkenntnis durchzuringen, daß jedes Glaubensbekenntnis seine eigenen Anschauungen beibehalten, gleichzeitig aber auch die Ideen der Andersgläubigen respektieren solle.

Bestrebungen nach Zusammenschluß und Vereinheitlichung lassen sich auch auf politischem und philosophischem Gebiet beobachten. Leibniz, der größte deutsche Denker des ausgehenden 17. Jahrhunderts, träumte von einer Zeichensprache auf mathematischer Grundlage, die es allen Nationen ermöglichen sollte, einander zu verstehen. Diese Utopie nahm mehr praktische Formen an, als in Berlin und später auch in St. Petersburg Akademien begründet wurden, die sich die Förderung wissenschaftlicher Forschung und damit einen engeren Zusammenschluß der Völker zum Ziel setzten. Die neuen Akademien verdankten ihre Entstehung der Überzeugung, daß Zusammenarbeit und gegenseitige Hilfe zu besseren Resultaten führe als unabhängige Bemühungen selbst von seiten der bedeutendsten Einzelpersonen.

Leibniz' philosophische Anschauungen, die von größter Bedeutung für das geistige Leben des 18. Jahrhunderts waren, können als ein monumentaler Versuch angesehen werden, das Weltall als ein harmonisches Gebilde zu betrachten, das in all seinen Phasen von den gleichen Grundgesetzen beherrscht wird. Die Grundlagen der Schöpfung sind für ihn die Monaden, die er nicht etwa für leblose Gegenstände hält, sondern für Kräfte, beseelt von dem Streben nach Handlung. Jede Monade ist ein Mikrokosmos, der in prästabilierter Harmonie die Ideen des Weltalls spiegelt, wobei freilich ungeheuer verschiedene Abstufungen der Vollkommenheit vorliegen. Die niedrigsten Monaden – Metall und Gestein – haben nur ganz schwache, unbestimmte Empfindungen, während die Zentralmonade – Gott – mit vollkommen klarem Bewußtsein ausgestattet ist. Der Mensch befindet sich ungefähr in der Mitte der Monadenreihe; seine beschränkten Sinne versetzen ihn unter die tiefen Monaden, während sein denkender Geist ihn der höchsten annähert. So gelang es Leibniz, ein System des Weltalls zu entwerfen, in das jeder, selbst der geringste Teil sich harmonisch einfügt.

Auch in den bildenden Künsten läßt sich eine gewisse Zusammenfassung stilistischer Merkmale feststellen, die jedoch keineswegs auf systematische Bemühungen zurückzuführen ist, sondern im Gegenteil durch Ereignisse hervorgerufen wurde, die für den Künstler recht ungünstig waren. Als eine Folge des Dreißigjährigen Krieges bildete sich in Deutschland eine Art künstlerischen Vakuums aus, und so kam es, daß der Bedarf nach neuen Formen und Ideen von den Nachbarländern befriedigt werden mußte. Das katholische Süddeutschland und insbesonders Österreich empfingen starke Anregungen von italienischer Malerei und Architektur, während im Norden der strenge holländische Stil die Skulptur und Baukunst Deutschlands beeinflußte. Im 18. Jahrhundert aber machten sich französische Ideen auf allen Gebieten künstlerischer Betätigung geltend. Auf diese Weise empfing die Malerei, Skulptur und Baukunst Zentraleuropas von den Werken verschiedenster Nationen Befruchtung.

Auf dem Gebiete der Musik läßt sich das Streben nach Vereinheitlichung ebenso deutlich beobachten wie in jedem anderen Feld geistigen Lebens. Im Gegensatz zu den bildenden Künsten war ein Zusammenhang zwischen der Musik des 16. und der des 17. Jahrhunderts in mancher Hinsicht aufrechterhalten worden. Die kraftvolle Polyphonie der deutschen Renaissance wurde vom Barock übernommen, und die Beigabe einer anziehenden harmonischen Grundlage verlieh dem kontrapunktischen Stimmengewebe stärkere Bedeutung und Festigkeit. Diesen typisch zentraleuropäischen Zügen gesellten sich zahlreiche andere Merkmale zu, die auf das Vorbild des Südens und des Westens hinweisen. Italien stellte die sinnliche Anmut bei und die dramatische Kraft seiner Melodien, die Kunst des „bel canto" und des Singens auf Streichinstrumenten, den konzertierenden Stil mit seinem Wettstreit zwischen verschiedenen Klangmassen. Von der Apenninenhalbinsel kam auch die Form des Konzertes mit einem oder mehreren Soloinstrumenten sowie die Triosonate für zwei Melodiestimmen und beziffterten Baß. Von Frankreich aber lernte man die Kunst, ein Orchester zusammenzustellen und zu schulen, sowie die Form der Ouvertüre, die aus einer langsamen Einleitung und einer schnellen Fuge besteht, denen sich gelegentlich noch ein langsames Nachspiel zugesellt. Hier waren auch bedeutsame Errungenschaften auf dem Gebiete der Klaviermusik, der Tanzkomposition und der Programmusik zu verzeichnen. In Deutschland gab es Tonsetzer, wie etwa Christoph Graupner, die sich italienischen Vorbildern anschlossen; andere, wie J. Kaspar Ferdinand Fischer, waren von französischen Meistern beeinflußt. Eine dritte Gruppe, an deren Spitze der große Organist Johann Pachelbel stand, trachtete, eine stilistische Vereinheitlichung innerhalb des deutschen Kulturgebietes zu erzielen, indem sie süddeutsche Virtuosität im Norden des Reiches einführten. Noch größer war die Bedeutung jener Männer, die sich bemühten, eine Verbindung der stilistischen Merkmale des Westens und Südens mit denen Zentraleuropas herbeizuführen. Der Österreicher Georg Muffat studierte z. B. erst in Paris bei Lully und später in Rom bei Corelli; die Ergebnisse dieser vielfältigen Ausbildung lassen sich in Muffats Orchestersuiten, seinen Concerti grossi und Triosonaten beobachten. Auch andere Komponisten, wie etwa Johann Friedrich Fasch und der vielseitige Georg Philipp Telemann waren mit dem Nationalstil des Westens ebenso vertraut wie mit dem des Südens. Hiebei ist jedoch zu betonen, daß diese Künstler keineswegs ihre Vorbilder mechanisch nachahmten. Im Verlaufe einer langsam fortschreitenden Assimilierung entwickelten die deutschen Komponisten, die sich des eigenen polyphonen und harmonischen Erbgutes stets bewußt blieben, allmählich einen stark vereinheitlichten Gesamtstil, der das musikalische Spätbarock (1700 bis 1750) Deutschlands kennzeichnet.

Die Familie Bach, deren Sitz sich im Herzen Deutschlands befand, spielte eine wichtige Rolle in dieser Bewegung. Johann Sebastian Bach, der im Zentrum des Geschlechtes steht, kann als die bedeutsamste treibende Kraft im Streben nach musikalischer Vereinheitlichung angesehen werden.

ERSTES KAPITEL

DER JENAER UND DER MÜHLHAUSENER BACH

JOHANN NICOLAUS
UND JOHANN FRIEDRICH BACH

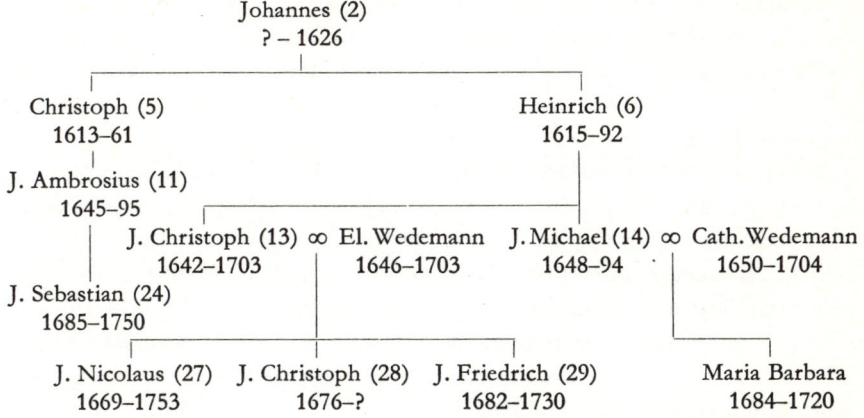

```
                    Johannes (2)
                    ? – 1626
                        |
        ┌───────────────┴───────────────┐
  Christoph (5)                      Heinrich (6)
   1613–61                            1615–92
      |
J. Ambrosius (11)          ┌──────────────────┘
   1645–95      J. Christoph (13) ∞ El. Wedemann   J. Michael (14) ∞ Cath. Wedemann
      |            1642–1703        1646–1703         1648–94          1650–1704
J. Sebastian (24)
   1685–1750
   ┌──────────────┬──────────────┐                              └──────────┐
J. Nicolaus (27)  J. Christoph (28)  J. Friedrich (29)              Maria Barbara
 1669–1753         1676–?             1682–1730                       1684–1720
```

Es wurde bereits darauf hingewiesen, daß die Söhne des großen Johann Christoph eine gute Ausbildung in der Eisenacher Lateinschule genossen und der älteste, Johann Nicolaus (27)[1], sogar Gelegenheit hatte, die Jenaer Universität zu besuchen. Dies muß dem ständig von Geldsorgen bedrängten Vater nicht leicht gefallen sein. Vielleicht fand Nicolaus Unterstützung bei dem Jenaer Organisten, Johann Magnus Knüpfer[2], der Johann Christoph Bachs Schüler gewesen war und dessen Sohn nun gerne als Helfer bei sich aufgenommen haben mag. Der begabte und vielseitige Jüngling gewann bald Freunde

---

[1] Er wurde am 17. Oktober 1669 getauft und erhielt den unter den Bach selten auftretenden Namen Nicolaus von seinem Taufpaten, dem Hoforganisten Nicolaus Kerner aus Gotha. Der andere Taufpate war ein Verwandter, Johann Christoph Hoffmann aus Suhl (s. S. 81).

[2] Knüpfer war ein Sohn Sebastian Knüpfers, der von 1657 bis 1676 in Leipzig als Thomaskantor wirkte. Die Tatsache, daß der Thomaskantor seinen Sohn nach Eisenach für seine musikalische Ausbildung sandte, beweist, welch Ansehen J. Christoph Bach genoß. Vgl. H. A. WINKLER, „Neues über den Jenaer Bach" in Jenaische Zeitung, 1933.

in der Universitätsstadt, und so ergab es sich, daß ihm 1695 die Stelle eines Stadtorganisten und Universitätslehrers übertragen wurde.

Zur Zeit als der Sechsundzwanzigjährige eine feste Anstellung in Jena gewann, hatte er bereits durch eine Reise mehr Weltkenntnis gesammelt als sein Vater. Ein junger Freund, Georg v. Bertuch (ein Schüler Daniel Eberlins, des seinerzeitigen Hofkapellmeisters in Eisenach), hatte ihn eingeladen, mit nach Italien zu reisen. Bertuch war gezwungen gewesen, den Plan aufzugeben, als sie die italienische Grenze erreichten, doch Nicolaus scheint weitergereist zu sein. Dieses Erlebnis trug mannigfache Früchte. Daß Nicolaus sich die Kenntnis der italienischen Sprache aneignete, geht aus einem Albumblatt[1] hervor, das er im Alter von 75 Jahren mit auffallend klaren Schriftzügen bedeckte. Trotz all der Schönheiten, die Italien ihm erschlossen haben muß, war er in Jena durchaus zufrieden und hier verblieb er sein ganzes langes Leben hindurch.

Vom gesundheitlichen Standpunkt aus wurde Jena allgemein als ein besonders begünstigter Ort angesehen, und ein begeisterter Besucher ging sogar so weit, Jenas frische Luft, gutes Wasser, hohe Berge, schattige Wälder, heitere Felder und Weingärten mit dem Paradies zu vergleichen. Abgesehen von den Reizen der Natur, die man in gewisser Hinsicht auch dem lieblichen Eisenach zubilligen konnte, war es auch die besondere geistige Atmosphäre, die das Leben in der kleinen Universitätsstadt anziehend gestaltete. In den letzten Jahrzehnten des 17. Jahrhunderts begann die Naturwissenschaft hier eine wichtige Rolle zu spielen und allmählich die Einstellung der Intellektuellen entscheidend zu beeinflussen. Zur Zeit, als Nicolaus Bach nach Jena kam, war die interessanteste Persönlichkeit dort ein Mathematiker und Astronom namens Erhard Weigel, dessen großes Ansehen einen so vielversprechenden Studenten wie den jungen Leibniz veranlaßte, die Jenaer Universität zu besuchen. Das Haus, das Weigel sich erbaute, war eine Quelle des Staunens für jeden, der nach Jena kam. Nicolaus, der selbst an technischen Erfindungen außerordentlich interessiert war, muß stark beeindruckt gewesen sein, als er in dem Haus einen durch einen Flaschenzug bedienten Aufzug fand und sah, wie Wasser durch eine hydraulische Maschine zu allen Stockwerken des ungewöhnlich hohen Gebäudes (das man als einen Wolkenkratzer des 17. Jahrhunderts bezeichnen könnte) gepumpt wurde. Auch ihn entzückte gewiß die „Kellermagd" des Professors: wenn man in Weigels Wohnzimmer Wasser in einen Trichter goß und einen Hahn aufdrehte, kam Wein aus dem kühlen Keller geflossen. Auch auf anderen Wissensgebieten regte es sich in Jena, und es ist bezeichnend,

---

[1] In der Sammlung von MANFRED GORKE, Meiningen.

daß in der kleinen Stadt nicht weniger als neun Druckereien und acht Buchhandlungen zu finden waren. Die rauhen Umgangsformen unter den Studenten wurden von Nicolaus wohl als selbstverständlich angesehen, und als ein richtiger kampffreudiger Bach mag er auch die ständig vorkommenden Duelle als nicht störend empfunden haben. Das allgemein als „flögelisch und rökelisch" beanstandete Benehmen der Jenaer Studenten kam auch im Collegium Musicum zum Ausdruck, einer seit dem 16. Jahrhundert bestehenden Studentenorganisation zur Pflege der Musik. Einmal soll es dabei so weit gekommen sein, daß die Mitglieder sich mit Instrumenten prügelten und zwei davon auf dem Rücken des Direktors zerschlagen wurden[1]. Falls dies sich ereignete, als Nicolaus Bach die Leitung der Vereinigung innehatte, so wird er seinen Mann gestellt haben. Ebenso ist anzunehmen, daß er keine Einwände erhob gegen das allgemeine starke Trinken, das sogar von den Ärzten Jenas gutgeheißen wurde, die erklärten, die trockene Luft der Stadt mache eine fortwährende Anfeuchtung der Kehle notwendig.

Einige Jahre nach Antritt seiner Stellung hatte Nicolaus Gelegenheit zu einem Wechsel. 1703 starben sein Vater und seine Mutter, und Nicolaus fühlte sich als ältester Sohn verpflichtet, den jüngeren Geschwistern zu helfen. Insbesonders lag ihm daran, seinem Bruder Johann Christoph (28) die Nachfolge als Eisenacher Organist zu sichern. Der junge Musiker war zu diesem Zeitpunkt in Lübeck, wahrscheinlich um Buxtehude zu hören, den Vetter Sebastian zwei Jahre später ebenfalls aufsuchen sollte. Daher verfaßte Nicolaus das Gesuch für den Bruder und teilte den Behörden mit, daß Johann Christoph nach Eisenach zurückeile, um gegebenen Falles ein Probespiel abzulegen. Außerdem betonte er, wie wichtig es sei, daß die Arbeit an der neuen Eisenacher Orgel, an der sein Vater so großen Anteil genommen habe, unter der Überwachung eines Mitgliedes der Familie zu Ende geführt werde. Falls Johann Christoph dem Rat zu unerfahren erscheine, sei er, Nicolaus, gerne bereit, die Arbeit vorläufig durchzuführen, bis die Behörde den Bruder reif genug hiefür fände[2]. In einem zweiten Gesuch erwähnte er, daß Herzog Johann Wilhelm von Eisenach diesem Vorschlag freundlich gegenübersteht. Doch all dies half nichts. Der Stadtrat hatte keine Lust auf einen anderen Johann Christoph Bach und bot die Stelle Nicolaus an, der sich in Jena be-

---

[1] Siehe FRITZ STEIN in „Die Musik", 1912.

[2] Das Gesuch ist, wohl mit Absicht, etwas unklar in dieser Hinsicht. FRITZ ROLLBERG („Aus der Heimat und dem Familienkreis des Jenaischen Organisten J. Nicolaus Bach", Jenaische Zeitung, Nr. 88, 1933) nimmt an, daß Nicolaus bereit war, Jena aufzugeben. Es erscheint aber weit wahrscheinlicher, daß er den Plan hatte, einen Vertreter zu bestellen, der in Jena tätig sein würde, bis Johann Christoph in der Lage sei, den Dienst in Eisenach zu übernehmen.

währt und überdies ein ausgezeichnetes Probespiel in Eisenach abgelegt hatte. Nicolaus aber lehnte ab, da er sich nicht entschließen konnte, Jena aufzugeben, wo er nebenbei gerade im Begriffe war, die Behörde zum Bau einer neuen Orgel zu veranlassen. Hiebei folgte er deutlich dem Beispiel des Vaters. Auch er empfahl den Orgelbauer Georg Christoph Stertzing und riet dringend an, statt zahlreiche Ausbesserungen durchzuführen, ein neues erstklassiges Instrument zu errichten. Dies war ein kühner Plan, denn die Jenaer Behörden hatten für den Neubau einer Schule so viele Auslagen gehabt, daß für die Konstruktion der Orgel nur sehr wenig Geldmittel zur Verfügung standen. Nicolaus aber vertraute auf die Freigebigkeit der Bürger, die auf diese Weise ihre Dankbarkeit für das angenehme Leben in Jena zum Ausdruck bringen sollten. „Es ist ja schier nicht zu denken", schrieb er, „daß an hiesigem Orte ansteckende Krankheiten grassieren, von wirklichen Kriegstroublen weiß man nichts, an guter und leichter Nahrung hat man keinen Mangel, und wer wolle alle Guttaten, so Gott diesem Orte vor anderen erzeigt, erzählen". Nicolaus' Überredungskraft erwies sich als ebenso erfolgreich wie die seines Vaters. Ein auserlesenes Instrument mit insgesamt vierundvierzig Stimmen, drei Manualen und Pedal wurde allmählich erbaut, das Jena bis zum 20. Jahrhundert dienen sollte; 1708 konnte der Künstler stolz bemerken, daß „viele Organisten nur bloß um der Orgel willen hergereist und ganz content und mit Verwunderung wieder weggegangen" seien.

Nicolaus' ungewöhnliche Kunstfertigkeit auf der Orgel veranlaßte die Universität ihn einzuladen, auch das Instrument ihrer Kollegienkirche zu übernehmen. Die Instruktionen der akademischen Behörde vom 12. Dezember 1719 haben sich erhalten, und wir entnehmen daraus, daß Nicolaus die Orgel an Sonn- und Feiertagen morgens und nachmittags und außerdem bei den „actibus academicis" zu spielen hatte. Es war auch sein Amt „nach Gelegenheit eine feine Music, zumaln an hohen Festen und andern einfallenden Freuden- oder Danksagungs-Tagen aufzuführen".

Nicolaus entledigte sich seiner mannigfachen Obliegenheiten, bis er das 80. Lebensjahr erreichte. Dann zwang ihn eine Krankheit, nach einem tüchtigen Vertreter Ausschau zu halten. Es war ihm leider nicht vergönnt, einen Sohn im Amt nachfolgen zu sehen. Die Vitalität, die er selbst in so reichem Maße besaß, hatte sich anscheinend nicht auf seine Kinder vererbt. Aus der 1697 mit einer Goldschmiedstochter geschlossenen Ehe entstammten sechs Kinder. Unter ihnen überlebte nur eine Tochter das zarte Kindesalter, und auch sie starb vor dem Vater. Etwas widerstandsfähiger waren vier Kinder aus einer zweiten Ehe, doch befand sich nur ein Sohn darunter, und er verschied im Alter von einundzwanzig Jahren während er an der Universität Philosophie studierte. Auch war es Nicolaus versagt, ein Enkelkind die Bachsche Tradition fortführen zu sehen. Keine seiner Töchter heiratete in jungen Jahren; die einzige Hochzeit, der er im eigenen Heim beiwohnen konnte, fand drei Wochen vor seinem Tod statt, und die Braut war vierunddreißig Jahre alt. Nicolaus mußte daher einen Vertreter außerhalb des Familienkreises suchen, und seine Wahl fiel auf einen Theologiestudenten namens Johann Heinrich Möller. Dieser ging ihm fünf Jahre lang an die Hand, und nach dem Tod des greisen Organisten im Jahre 1753 wurde er dessen Nachfolger. Möller folgte nun dem allgemeinen Brauch und heiratete 1757 die jüngste Tochter seines Vorgängers. Auch diesem Paar war es nicht bestimmt, das Bachsche Erbe weiterzuführen. Der erste Sohn starb als Säugling; die Mutter verschied bei der Geburt eines zweiten Sohnes, und dieser wurde im Alter von sechs Jahren von einem Wagen überfahren. Eine andere Tochter Nicolaus' wurde bereits nach fünf Wochen Witwe, und die dritte hatte nur eine Tochter, die unverehelicht im Alter von zweiunddreißig Jahren starb. So konnte sich die Lebenskraft und Vielseitigkeit des Jenaer Bach nicht auf spätere Generationen vererben.

Für die Sorgen und Kränkungen im häuslichen Leben fand er Entschädigung in seiner ausgebreiteten beruflichen Tätigkeit. Abgesehen von der Arbeit in den beiden Jenaer Kirchen und der Beteiligung am „Collegium Musicum" wirkte er als vielgesuchter Lehrer und scheint, gleich seinem Vetter Sebastian, eine ausgesprochene Gabe für diesen Beruf gehabt zu haben. Es ist gewiß kein Zufall, daß zwischen 1700 und 1750, da Nicolaus in Jena wirkte, eine ungewöhnlich große Zahl musikalisch interessierter Studenten sich dort aufhielten, während in der zweiten Hälfte des Jahrhunderts das Jenaer Musikleben ein weit stilleres Bild zeigt[1]. Unter den Schülern Nicolaus' sind der blinde Orgel- und Klaviervirtuose Chr. Gotthelf Jacobi, der Lautenist Ernst Gottlieb Baron und der Organist und Schriftsteller Jakob Adlung zu nennen. Der Instrumentenbauer Gerhard Hoffmann, der die Konstruktion der Flöte verbesserte, studierte 1710 in Jena und mag auch mit Nicolaus Bach gearbeitet haben[2].

Außerdem war Nicolaus auch manuell überaus geschickt und, wie sein Gehrener Onkel, der ihn wohl ausgebildet hatte, am Instrumentenbau sehr interessiert. Er verfertigte nicht nur gute Instrumente, die sich großen Ansehens erfreuten, sondern war unausgesetzt damit beschäftigt, technische Verbesserungen zu erzielen. Seine Kielflügel besaßen eine von ihm erfundene Vorrichtung, die es dem Spieler ermöglichte, verschiedenartige Register zu

---

[1] Vgl. ERICH WENNIG „Chronik des musikalischen Lebens der Stadt Jena", 1. Teil, Jena 1937.
[2] Vgl. FRITZ ROLLBERG a. a. O.

kombinieren, indem er einfach die Klaviatur nach vorwärts oder rückwärts schob. Adlung scheint von dieser Erfindung viel gehalten zu haben, da er sie ausführlich in seiner „Musica Mechanica Organoedi" bespricht[1]. Nicolaus war auch berühmt als Erbauer von Lautenklavieren, einer besonderen Art von Kielflügeln, in denen Darmsaiten, von der bei Lauten gebräuchlichen Länge, Verwendung fanden. Überdies fügte er ihnen auch ein tieferes Register hinzu, so daß seine Lautenwerke den Umfang einer Theorbe aufwiesen. Wenn er selbst auf dem Instrument spielte, konnte, wie Adlung berichtet, auch der beste Lautenist irregeführt werden; solange er das Tonwerkzeug nicht sah, hätte er einen Eid abgelegt, daß es sich um eine gewöhnliche Laute handle. Adlung rühmt auch, daß Nicolaus' Lautenklaviere und Cembali leicht zu spielen waren und er recht ansehnliche Preise für sie erzielte[2]. Für ein dreiklavieriges Lautenwerk erhielt er nicht weniger als 60 Thaler.

Im Orgelbau besaß er ebenfalls ausgebreitete Sachkenntnis, und als das neue Instrument der Stadtkirche errichtet wurde, überwachte Nicolaus jede kleinste Einzelheit[3]. Auch für die Orgel erfand er verschiedene kleine Verbesserungen wie ein mit Sand gefülltes Gegengewicht, um die Bewegung der Blasbälge zu erleichtern. Auch konstruierte er eine gedackte Pfeife, die mit einem langen Zylinder ausgestattet war, welcher mehr oder weniger tief in die Pfeife eingeführt werden konnte, wodurch sich eine Änderung in der Tonhöhe ergab. Indem er auf dem Zylinder die Intervalle der temperierten Tonleiter vermerkte, hoffte Nicolaus ein verläßliches Werkzeug zum Stimmen der Orgel geschaffen zu haben. Doch ging er nicht zu weit in theoretischen Spekulationen. Als J. Georg Neidhardt, der Vorkämpfer für die gleichschwebende Temperatur, sich anerbot, ein Register von Orgelpfeifen mit Hilfe eines Monochords zu stimmen, schickte sich Nicolaus an, gleichzeitig ein anderes dem Gehör nach zu stimmen und war sehr erfreut, als seine Methode ein besseres Resultat ergab als die des Gelehrten[4].

Nicolaus' Bruder, *Johann Friedrich* (29), war einundzwanzig Jahre alt, als die Eltern starben. Er verließ daraufhin die erste Klasse der Lateinschule, die er mit gutem Erfolg besucht haben muß, da die Schulbehörde ihn als *ingenium bonum* preist. Wahrscheinlich betreute Nicolaus ihn, ließ ihn an der Jenaer Universität studieren und gab ihm Musikunterricht, wogegen Friedrich ihm

---

[1] Berlin 1768. II, S. 108–9.
[2] Vgl. „Musica Mechanica Organoedi", S. 137.
[3] Es ist auffallend, daß bei den 1701 durchgeführten Reparaturarbeiten an der Orgel der Kollegienkirche Nicolaus' Name keine Erwähnung findet. Wennig und Rollberg a. a. O. vermuten, daß er zu jener Zeit von Jena abwesend und vielleicht auf seiner Italienreise war.
[4] Vgl. Adlung, „Anleitung zur Musikalischen Gelehrsamkeit", Erfurt 1758, S. 311.

bei seinen verschiedenen Obliegenheiten assistierte. Friedrich wurde als ein *studiosus* beschrieben, als sein Vetter Johann Sebastian dem Stadtrat in Mühlhausen vorschlug, den jungen Musiker mit der Organistenstellung in St. Blasius zu betrauen, die er selbst aufgegeben hatte, um nach Weimar zu übersiedeln. Sebastians Empfehlung hatte gewiß Einfluß in Mühlhausen; überdies war Friedrich Bach von mütterlicher Seite her mit dem Ratsherrn Bellstedt[1] verwandt, der auch bei Sebastian Bachs Berufung nach Mühlhausen eine gewisse Rolle gespielt hatte. So erhielt studiosus Friedrich Bach die Stelle, die ihm allerdings weniger Honorar als seinem Vetter Sebastian einbrachte, und 22 Jahre hindurch, bis zu seinem Tod, verblieb er in St. Blasius. Wenig ist über seine Tätigkeit bekannt; wir wissen nur, daß er, gleich seinem Vater und seinem älteren Bruder, lebhaftes Interesse an dem Orgelbau nahm, der unter seiner Aufsicht durchgeführt wurde. Es ist anzunehmen, daß er mit seinen Vorgesetzten in Frieden lebte, denn die Akten der Zeit bewahren nicht einen einzigen Hinweis auf Mißhelligkeiten, wie sie in den Eisenacher Archiven so reichlich mit Bezug auf Friedrichs Vater anzutreffen sind. Diese Tatsache scheint das Gerücht zu widerlegen, das durch J. N. Gerbers Lexikon verbreitet wurde und Friedrich Bach als einen Trunkenbold beschreibt, der sein großes Talent verzettelte und schließlich nicht imstande war, seinen Verpflichtungen in nüchternem Zustand nachzukommen. Gerber behauptet, dies von seinem Vater gehört zu haben, der die Mühlhausener Lateinschule besuchte und Gelegenheit hatte, Friedrich Bach Orgel spielen zu hören. Vielleicht war des älteren Gerber Gedächtnis in diesem Punkt nicht verläßlich, denn wir können uns kaum vorstellen, daß der Mühlhausener Rat einen der Trunksucht ergebenen Organisten zweiundzwanzig Jahre lang beschäftigt hätte, ohne ihn häufig zu rügen[2].

Daß Friedrich ein des Namens Bach würdiger Komponist war, scheint seine Orgelfuge in g-Moll zu bezeugen, die MAX SEIFFERT in einer vom Leipziger Organisten J. ANDREAS DROBS bewahrten Handschrift verschiedener Orgelfugen besaß[3]. Seiffert beschreibt die Fuge als eines der besten Bach-Werke, die vor Sebastian geschrieben wurden. Der Autor des vorliegenden Buches war leider nicht in der Lage, in das Werk Einsicht zu nehmen und so das Dunkel, das J. Friedrich Bachs schöpferische Tätigkeit umgibt, zu erhellen.

---

[1] Ein Bruder des Ratsherrn Bellstedt war Stadtschreiber in Arnstadt und mit einer Wedemann verheiratet. Friedrich Bachs Mutter war ebenfalls eine Wedemann, und das gleiche gilt von Maria Barbara Bachs Mutter. Friedrich Bach war daher sowohl von väterlicher wie von mütterlicher Seite ein Vetter von Maria Barbara, der Gattin Johann Sebastians.

[2] Vgl. GEORG THIELE, „Die Familie Bach in Mühlhausen", Mühlhausen 1921.

[3] Vgl. BJ 1907.

Obwohl sich nur wenige Kompositionen von Johann Nicolaus erhalten haben, ergibt sich doch das Bild einer bemerkenswerten künstlerischen Persönlichkeit. Über seine Tätigkeit als Instrumentalkomponist läßt sich nur wenig sagen. Adlung erwähnt, daß er mehrere Suiten schrieb, doch ist bisher keine zum Vorschein gekommen. Sein kurzes *bicinium* für Orgel über *Nun freut euch lieben Christen G'mein* zeigt ihn von ähnlichen Werken Johann Pachelbels beeinflußt. Wesentlich wichtiger ist seine kurze Messe, bestehend aus *Kyrie und Gloria*[1], die wahrscheinlich 1716 geschrieben wurde und zwei Violinen, zwei Violen, gemischten Chor und Baß verwendet[2]. Das Werk zeigt deutlich den Einfluß der italienischen Reise auf den Komponisten. Die Behandlung der Singstimmen und Instrumente, die melodischen Linien, besonders im „Christe Eleison", die kurze Fuge des zweiten Kyrie, die von einem völlig homophonen Abschnitt abgelöst wird – all dies weist auf südliche Vorbilder, vor allem die geistlichen Werke Caldaras und Lottis hin. Nicolaus Bachs Werk, das zwei Abschnitte aus dem Ordinarium der lateinischen Messe vertont, fügt sich jedoch durchaus in den Geist der deutschen protestantischen Kirche ein. Er vertont das Gloria in der Art einer Choralmotette, wobei er als Cantus firmus in langen Noten das Kirchenlied „Allein Gott in der Höh'" verwendet, das in der protestantischen Liturgie das lateinische Gloria ersetzt. So kombiniert er in einem Stück die protestantische mit der katholischen Fassung des gleichen Textes. Ein solcher Vorgang war in jener Zeit nicht ungewöhnlich. Sebastian Bach verwendet in seiner kurzen Messe in F-Dur den Choral „Christe, du Lamm Gottes" als Cantus firmus und sein Schüler, Johann Ernst Bach (34), schrieb ein Kyrie und Gloria, das den Choral „Es woll uns Gott gnädig seyn" in gleicher Weise einfügt. Ähnliche Züge finden sich

---

[1] Neudruck Breitkopf & Härtel, Leipzig 1920 (Junk).
[2] Eine Handschrift des Werkes, die 1939 im Besitz von Breitkopf & Härtel war, hat die Datierung „Meiningen, 16. September 1716". Spittas Theorie (a. a. O.), daß die Handschrift von J. Ludwig Bach herrührt, kann ebenso wenig aufrecht erhalten werden, wie die des Breitkopf & Härtelschen Katalogs (Leipzig 1925, S. 2 Nr. 8), daß es sich um ein Manuskript J. Sebastian Bachs handle. Die Schriftzüge sind denen auf Nicolaus Bachs italienischem Albumblatt sehr ähnlich, und es ist daher anzunehmen, daß hier ein Autograph vorliegt (vgl. Winkler, a. a. O.). Vielleicht war Nicolaus nach Meiningen gereist, um ein von ihm erbautes Instrument abzuliefern und hatte bei dieser Gelegenheit seinem Verwandten J. Ludwig Bach die Partitur seiner Messe übergeben. Eine zweite Handschrift der Messe hat das Datum 1734; wahrscheinlich wurde die Kopie in diesem Jahr angefertigt.

auch bei Sebastians Vorgänger in Leipzig, Johann Kuhnau, sowie in Kompositionen Zachows und Telemanns.

Das aus den traditionellen drei Abschnitten bestehende kurze Kyrie bildet eine wirkungsvolle Einleitung zu dem kunstvolleren Gloria. Hier wird in jedem seiner vier Abschnitte ein Vers des Chorals als Cantus firmus von einem Mezzosopran vorgetragen, der somit eine fünfte Vokalstimme beisteuert. Der dramatische Gegensatz zwischen den ruhigen langen Noten des Kirchenliedes und der schnell bewegten, aufgeregten Vertonung des Messetextes wird noch durch die gleichzeitige Verwendung zweier Sprachen – Deutsch für den Choral, Latein für den Messetext – gesteigert. Der Zusatz der deutschen Sprache zu dem lateinischen Original muß der lutherischen Gemeinde klar vor Augen geführt haben, daß der ehrwürdige Kirchentext nunmehr ganz ihr Eigentum geworden sei[1]. Um bei den vier Wiederholungen des Cantus firmus Monotonie zu vermeiden, verwendet der Komponist verschiedene Rhythmen, geraden Takt im 2. und 3., dreiteiligen im 1. und 4. Abschnitt. Im letzteren ersetzen auch vier Violen die früher verwendeten zwei Violinen und zwei Violen. Wenn in der abschließenden freien Doppelfuge „Cum Sancto Spiritu" die Violinen wieder zu Wort kommen, verleihen sie dem eindrucksvollen Stück noch mehr Glanz.

Zwischen der Einleitung und der fugierten Coda besteht eine gewisse stilistische Verwandtschaft, da in beiden der Cantus firmus fehlt. Ferner läßt sich eine rhythmische Übereinstimmung zwischen dem 1. und 4. Abschnitt, eine melodische zwischen der Einleitung und dem 2. Abschnitt feststellen. Nur der 3. Abschnitt, „Domine, fili unigenite", der bei den Worten „miserere nobis" in wirkungsvoller Weise von dem vorherrschenden G-Dur nach h-Moll moduliert, bewahrt seine Unabhängigkeit als ein leicht kontrastierender Mittelteil. Es ist sehr bedauerlich, daß das kraftvolle, ausdrucksreiche Stück die einzige geistliche Komposition von Nicolaus ist, die sich erhalten hat.

Ein zweites uns bekanntes Werk des Jenaer Bach ist so verschieden von der Messe, wie zwei Kompositionen des gleichen Meisters nur sein können. *Der Jenaische Wein- und Bierrufer*[2] ist eine burleske Kantate in der Art von Sebastian Bachs „Bauernkantate", die sowohl auf der Bühne wie im Kon-

---

[1] Spittas Annahme (a. a. O.), daß der Cantus firmus ursprünglich für Instrumente und nicht für eine Singstimme bestimmt war, erscheint nicht berechtigt. Eine kleine Schwierigkeit ergibt sich wohl daraus, daß die Sopranstimme des gemischten Quartetts höher liegt als der Cantus firmus; doch kann diese überwunden werden, wenn man den Choral einer größeren Gruppe von Sängern überträgt, die stets deutlich zu hören sind.
[2] Neudruck Breitkopf & Härtel, Leipzig 1921 (Stein), Schlußnummer in MBF, S. 67 (Langspielplatte I).

zertsaal aufgeführt werden kann. Hier wird eine kleine Farce aus dem Jenaer Studentenleben dramatisiert. Zwei unerfahrene „Füchse", Monsieur Peter und Monsieur Clemon, kommen aus ihrem Heimatort nach Jena, wo sie in einem von Monsieur Caspar, einem früheren Mitbürger, geführten Gasthaus absteigen. Der Wirt gibt ihnen in etwas gönnerhafter Weise Ratschläge, wie man sich in Jena benehmen soll, und die Unterredung wird unterbrochen durch das Auftreten des Wein- und Bierrufers, Johannes, der ankündigt, daß in einer benachbarten Schenke ein Faß eben geöffnet wurde. Von dem Wirt aufgehetzt beginnen die jungen Leute den alten Mann zu hänseln, der kein Bedenken trägt, im gleichen Ton zu erwidern. Die Studenten gebrauchen auch allerhand Schimpfwörter, und schließlich wird Johannes so empört, daß er droht, eine Beschwerde beim Rektor vorzubringen. Dies schüchtert die Burschen ein, und sie gehen weg, wobei sie eine Schlußarie zum Lobe Jenas singen, in die auch der Wirt einstimmt[1]. Das Werk, das wahrscheinlich für das Jenaer „Collegium Musicum" bestimmt war, verwendet in reichlichem Maße Studentenjargon, mit dem Nicolaus natürlich vertraut war. Der Komponist scheint – wie manche andere Mitglieder der Familie – keine Bedenken gegen gelegentliche recht unfeine Witze gehabt zu haben. Die Gestalt des Wein- und Bierrufers Johannes wurde übrigens nicht von Nicolaus erfunden. In einer Beschreibung Jenas aus dem Jahre 1681 wird von dem Wein- und Bierrufer, der auch als Nachtwächter fungiert und im Johannesturm wohnt, berichtet[2]. Er hatte noch ein drittes Amt, da er verpflichtet war, an Sonn- und Festtagen die Blasebälge für den Organisten zu bedienen. Nicolaus hatte daher reichlich Gelegenheit, die Eigenheiten des Mannes kennenzulernen, um so mehr, als dieselbe Person, ein gewisser Hans Michael Vater, die Stellung von 1724 bis 1743 innehatte. Es ist denkbar, daß Nicolaus' Satire auf Vater gemünzt war und während dessen Dienstzeit entstand.

Die Musik zu dieser Burleske ist von der einfachsten Art, ähnlich den Singspielen jener Zeit, die die Hamburger Oper aufführte. Das bescheidene Orchester von zwei Violinen und Kontinuo, das die musikalische Struktur durch heitere kleine Begleitfiguren belebt (Beisp. 17), die einfach volkstümlichen Melodien, das Fehlen einer Ouvertüre oder komplizierterer Vokalformen – all dies zeigt, daß der Geist der neuen komischen Oper seinen Eingang in Nicolaus Bachs Werk gefunden hatte. Die Partitur weist nur zwei Ensemblenummern

---

[1] Die Ausgabe Fritz Steins läßt auch Johannes in der Schlußnummer mitsingen. Dies ist dramatisch wie musikalisch unangebracht. Der Bierrufer ist viel zu verärgert, um am Gesang der Studenten teilzunehmen, und tatsächlich hat der Komponist auch keine Stimme für ihn vorgeschrieben.
[2] Vgl. A. Beier, „Architectus Jenaensis", 1681.

auf, ein heiteres Duett am Anfang und das reizende Schlußtrio. Die übrigen Stücke verdanken ihre Anziehungskraft Nicolaus Bachs Kunst humoristischer Charakterisierung. Wir sehen die Studenten, die sich schüchtern und dann

Beisp. 17

wieder unverschämt gebärden; den aufgeblasenen Rufer, der in majestätischem Ton seine Waren anpreist und gleich danach ordinärste Schimpfworte an die Burschen richtet; den Wirt, der sich den Anschein gibt, über der Sache zu stehen und dabei doch der Urheber des ganzen Streites ist. Dieses Werk zeigt uns, daß das dramatische Talent J. Christoph Bachs in seinem Sohn zu neuem Leben erwachte.

ZWEITES KAPITEL

JOHANN BACHS NACHKOMMEN

JOHANN CHRISTOPH (17) UND JOHANN BERNHARD BACH

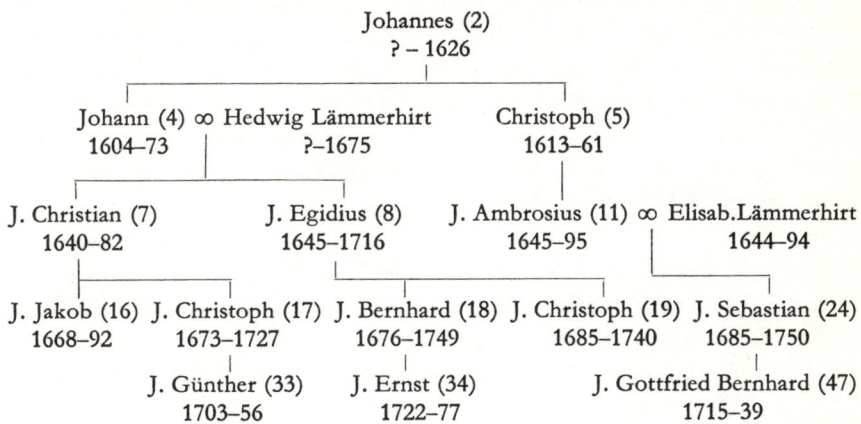

Johannes (2)
? – 1626

Johann (4) ∞ Hedwig Lämmerhirt   Christoph (5)
1604–73   ?–1675   1613–61

J. Christian (7)   J. Egidius (8)   J. Ambrosius (11) ∞ Elisab.Lämmerhirt
1640–82   1645–1716   1645–95   1644–94

J. Jakob (16) J. Christoph (17) J. Bernhard (18) J. Christoph (19) J. Sebastian (24)
1668–92   1673–1727   1676–1749   1685–1740   1685–1750

        J. Günther (33)   J. Ernst (34)   J. Gottfried Bernhard (47)
        1703–56   1722–77   1715–39

Die Genealogie erwähnt vier Enkel des Erfurter Stadtmusikanten Johann
Bach. Einer von ihnen, Johann Jakob, war ein Geselle bei Ambrosius Bach
in Eisenach und starb daselbst im Alter von vierundzwanzig Jahren. Jakobs
jüngerer Bruder, *Johann Christoph* (17), scheint auch nach seines Vaters Tod
eine kurze Zeit bei dem gastlichen Ambrosius gewohnt zu haben, denn das Register der Eisenacher Lateinschule erwähnt ihn als Schüler für 1683 bis 1684.
Wie und wo er seine weitere Ausbildung erhielt, wissen wir nicht, doch muß
er ehrgeizig und tüchtig gewesen sein, da der verwaiste Jüngling nicht nur
Musikunterricht empfing, sondern auch Theologie studierte. Auf Grund dieser
zweifachen Qualifikationen erlangte er 1693 eine Stellung als Kantor in Nieder-
zimmern bei Erfurt; 1698 wurde er als Kantor nach Gehren berufen, wo sein
Onkel, Johann Michael, als Organist und Stadtschreiber erfolgreich gewirkt
hatte. Leider verlief Johann Christophs Tätigkeit nicht in so zufriedenstellender Weise. Schlechte und sehr unregelmäßige Zahlungen sowie Angriffe seitens
eines feindselig eingestellten Vorgesetzten, der unter anderem dem Kantor

vorwarf, er verwende weltliche Tanzmotive in seinen geistlichen Werken[1], trübten sein Leben in Gehren, und da er als rechter Bach sich energisch zur Wehr setzte, gelang es ihm ebensowenig wie seinem großen Eisenacher Namensvetter, in Frieden zu leben. Dennoch verblieb er in Gehren, bis er nach neunundzwanzigjähriger Diensttätigkeit einer plötzlich eintretenden Krankheit erlag. Es ist begreiflich, daß seine drei Söhne es vorzogen, Gehren zu verlassen. Zwei wirkten als Musiker in Sondershausen, wo sie in jungen Jahren starben, der dritte, Johann Günther (33), den Sebastian als guten Tenor rühmte, wurde Schullehrer in Erfurt und betätigte sich als Stadtmusikant.

Weit befriedigender ist das Bild der Tätigkeit von Johann Bachs anderen beiden Enkeln, den Söhnen des Johann Egidius. Der jüngere, ein anderer *Johann Christoph* (19), der im gleichen Jahr wie Sebastian geboren wurde, folgte seinem Vater als Direktor der Erfurter Ratsmusik und verblieb in diesem Amt bis zu seinem Tod im Jahre 1740. Der ältere, der 1676 geborene *Johann Bernhard* (18), muß ein trefflicher Organist gewesen sein, denn nachdem er an der Erfurter Kaufmannskirche gewirkt hatte, war sein Ansehen so groß, daß er eine Berufung nach Magdeburg erhielt. Anscheinend wünschte er jedoch in Thüringen zu leben, und als sein Onkel, der große Johann Christoph, in Eisenach starb, wurde er dessen Nachfolger. Die Tätigkeit an der neuen, nach den Vorschriften seines Vorgängers erbauten Orgel hat Johann Bernhard gewiß Befriedigung gewährt, und er verblieb in Eisenach bis zu seinem Tod im Jahre 1749. Er scheint einen großen Teil dieser Zeit in dem gleichen Haus gelebt zu haben und war so nicht den Unannehmlichkeiten ausgesetzt, unter denen Johann Christoph gelitten hatte. Bald nach seiner Ankunft trat eine ausgesprochene Verbesserung im Musikleben der kleinen Residenz ein, da nacheinander zwei bedeutende Dirigenten, Pantaleon Hebenstreit und Philipp Telemann, in Eisenach tätig waren. Ein zeitgenössischer Autor[2] rühmt denn auch in begeisterten Worten die liebliche Musik, die in der Kirche an Sonntagen erschallte, da Johann Bernhard Bach als Organist, Johann Konrad Geisthirte als Kantor und Johann Heinrich Halle als „musicus instrumentalis" sich unter Mitwirkung der neu bestellten Hofmusiker hören ließen und die ganze Gruppe unter der Leitung Telemanns stehe. Doch hielt es den angesehenen Komponisten nicht länger als vier Jahre in Eisenach. Nach Telemanns Abreise mag der musikliebende Herzog Johann Wilhelm die Talente seines Organisten, der ihn auch mit höchst anziehenden Orchestersuiten erfreute,

---

[1] Vgl. WIEGAND, „Die Arnstädter Bache" in „J. S. Bach und seine Verwandten in Arnstadt", 1950.

[2] Vgl. JOHANN LIMBERG, „Das im Jahre 1708 lebende und schwebende Eisenach", 1709.

noch mehr geschätzt haben. Sein Gehalt wurde nahezu verdoppelt und erhielt sich in dieser Höhe auch, als Eisenach 1741 dem Fürstentum Weimar einverleibt und die herzogliche Kapelle daselbst aufgelöst wurde.

Zwischen Bernhard und Sebastian, die sowohl von väterlicher wie von mütterlicher Seite verwandt waren[1], bestand große Freundschaft. Bernhard war Taufpate von Sebastians drittem Sohn, Johann Gottfried Bernhard, und Sebastian fungierte in gleicher Weise bei Bernhards erstem Sohn, Johann Ernst, dessen Lehrer er später werden sollte. Vor allem aber hielt Sebastian viel von Bernhards schöpferischer Tätigkeit.

DIE KOMPOSITIONEN JOHANN BERNHARD BACHS

Nicht viele seiner Werke sind uns bekannt, und was wir besitzen sind lediglich kleinere Stücke für Tasteninstrumente[2] und Suiten für Streichorchester. Ihre Erhaltung verdanken wir zwei großen Verwandten des Komponisten. Die Orgelchoräle wurden von seinem Schüler, dem Organisten und Lexikographen Johann Gottfried Walther (dessen Mutter eine geborene Lämmerhirt war) kopiert, während die Orchestersuiten anscheinend von dem Thomaskantor aufgeführt wurden, der hiefür eigenhändig Stimmen herausschrieb.

Es ist bedeutsam, daß Luthers kraftvoller und doch so einfacher Choral *Wir glauben all' an einen Gott* auf Bernhard besondere Anziehungskraft ausübte. Er bearbeitete ihn in drei verschiedenen Orgelvorspielen, die alle von tiefer, unerschütterlicher Gläubigkeit erfüllt sind. Einfachheit und Geradheit kombiniert mit reich strömender Phantasie charakterisieren denn auch all seine Orgelwerke.

Bernhard schrieb verschiedene Arten von Choralvorspielen. Der einfachste Typ findet sich in den Bicinien, zweistimmigen Bearbeitungen, in denen eine schnell bewegte Stimme die in langen Noten vorgebrachte Choralmelodie begleitet. Selbst in dieser anspruchslosen Form bemüht sich Bernhard, den Textgehalt in der Gegenmelodie zum Ausdruck zu bringen. Außerdem läßt er gelegentlich den Cantus firmus zwischen Ober- und Unterstimme abwechseln und die einzelnen Abschnitte mit einem melodischen Zitat aus der nun

---

[1] Bernhards Großmutter, Hedwig Lämmerhirt, war eine Stiefschwester von Sebastians Mutter, Elisabeth Lämmerhirt.
[2] Neudrucke: Fuge in F, Steingräber, Leipzig; Fuge in D in Ritter, „Geschichte des Orgelspiels", Leipzig 1884; „Christ lag in Todesbanden" und „Nun freut euch", Choralvorspiele in RD IX (Frotscher); „Du Friedefürst", in Straubes „Choralvorspiele", Leipzig 1907, Nr. 3.

folgenden Choralzeile beginnen. Unter seinen dreistimmigen Vorspielen ist *Vom Himmel hoch* besonders anziehend. Hier ist der Cantus firmus der Mittelstimme übertragen, während die höchste Stimme sich in reizenden freien Passagen ergeht, die Weihnachtsfreude und das Rauschen der Engelsflügel darstellen sollen[1].

Der Komponist pflegte auch die Choralpartita, in der zum Beginn das Kirchenlied in einfacher Harmonisierung gebracht wird, worauf sich Variationen oder „Partiten" anschließen, deren Zahl der Anzahl von Strophen im Choraltext entspricht. In seinen vier Variationen über „Du Friedefürst, Herr Jesu Christ" umranken ausdrucksvolle Verzierungen die Melodie, wodurch Musik voll Wärme und Innigkeit erzielt wird.

Bernhards Kunstfertigkeit in der Variationenform zeigt sich auch in seiner Orgel-Chaconne in B-Dur[2]. In den zwanzig Veränderungen über ein kraftvolles achttaktiges Thema erschließt der Komponist trotz der durch die Form auferlegten Beschränkungen eine Reihe rhythmisch und melodisch anziehender Bilder.

Zu seinen besten Werken für Tasteninstrumente zählen zwei Fugen in D-Dur und F-Dur, in welchen Bernhard kühne chromatische Fortschreitungen und Sequenzen verwendet (Beisp. 18). Es ist auch bemerkenswert, daß

Beisp.18

der Komponist, gleich seinem Vetter Sebastian, das konzertante Prinzip in den die thematischen Durchführungen verbindenden Fugen-Episoden häufig gebraucht. Dies ist keineswegs die einzige Übereinstimmung zwischen den Wer-

---

[1] Vgl. G. Frotscher, „Geschichte des Orgelspiels und der Orgelkomposition", Berlin 1935, I S. 586.

[2] Der große Abstand zwischen den drei Stimmen in Variation VII, der eine Aufführung ohne Pedal unmöglich macht, scheint darauf hinzuweisen, daß das gewöhnlich als Klavierkomposition bezeichnete Werk tatsächlich für die Orgel bestimmt war.

ken für Tasteninstrumente der beiden Bache. Besonders die frühen Partiten Sebastians bezeugen den Einfluß, den Bernhards Stil auf ihn ausübte[1].

Auffallender noch ist die Verwandtschaft zwischen den *Orchestersuiten* der beiden Komponisten. Jeder schrieb vier Suiten, unter denen Bernhards g-Moll-Werk für Solovioline und Streicher[2] Sebastians Suite in h-Moll für Soloflöte und Streicher nahekommt. In beiden Werken wird in der Ouvertüre eine konzertante Fuge verwendet und nicht nur ihre Themen[3], sondern auch die Figurationen zeigen eine gewisse Übereinstimmung.

Jede der beiden Suiten hat unter den Tonsätzen ein kraftvolles Stück, das die in den Orchestersuiten der Zeit nicht allzu häufige Überschrift „Rondeau" trägt. Doch, auch wenn man von solchen Übereinstimmungen absieht, fühlt man sich durch die Kunstfertigkeit und blühende Einfallskraft in Bernhards Werk angezogen. Außer den bereits erwähnten zwei Sätzen enthält sie ein ernstes „Air", in dem das Orchester die edle Kantilene der Solovioline stützt, eine reizende „Fantaisie" in Da-capo-Form und ein geistsprühendes „Passepied". Auch Bernhards andere drei Werke dieser Art enthalten viel Anziehendes. Sie verwenden keine Soloinstrumente und finden ihr Auskommen mit dem Streichorchester. Die solid gearbeiteten Ouvertüren sind stets bedeutsame Stücke. Die naive Beschreibung eines Sturms in „La Tempête", die den Abschluß der G-Dur-Suite bildet, das brillante „Les Plaisirs"[4] in der e-Moll-Suite und namentlich in der D-Dur-Suite[5] der pompöse Marsch, die zierlichen Passepieds, das heitere „La Joye" und die anmutige „Caprice" mit ihrem freien Fugato (Beisp. 19) zählen zu den reizvollsten Vertretern der Gattung.

Beisp. 19

[1] Der Baß in der ersten Variation von Sebastians „Sei gegrüßet Jesu gütig" weist eine erstaunliche Ähnlichkeit mit der entsprechenden Stimme in Bernhards Bicinium „Jesus, Jesus, nichts als Jesus" auf.

[2] Neudruck Breitkopf & Härtel, Leipzig 1920 (Fareanu).

[3] Das Thema in Bernhards Ouvertüre muß besonderen Eindruck auf Sebastian gemacht haben, da er es fast notengetreu im Andante seiner ersten Sonate für Flöte und Cembalo verwendete.

[4] Die Überschrift „Les Plaisirs" für eine Bourrée wurde auch von Telemann in seiner a-Moll-Suite verwendet. Dieses Werk enthält überdies eine „Réjouissance", eine Bezeichnung, die Sebastian in seiner D-Dur-Orchestersuite gebrauchte.

[5] Neudruck von sechs Sätzen in MBF, S. 74 ff. (Langspielplatte II).

DIE MEININGER BACHE

JOHANN LUDWIG UND NICOLAUS EPHRAIM BACH

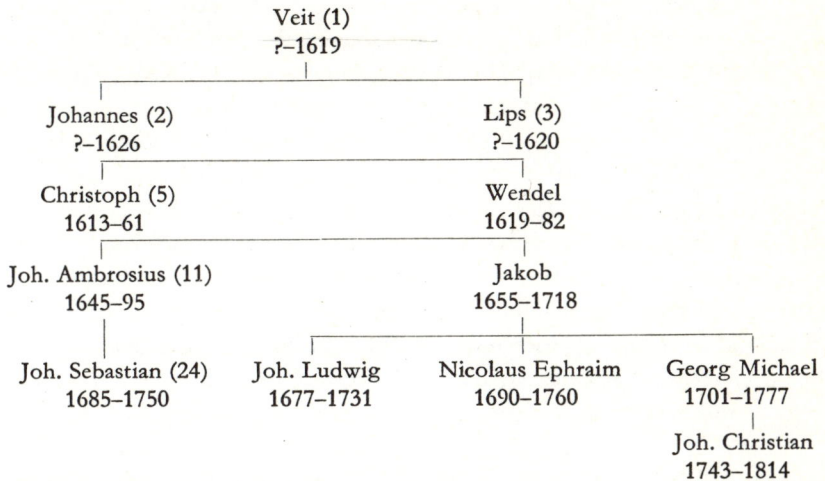

Veit (1)
?–1619

Johannes (2)
?–1626

Lips (3)
?–1620

Christoph (5)
1613–61

Wendel
1619–82

Joh. Ambrosius (11)
1645–95

Jakob
1655–1718

Joh. Sebastian (24)
1685–1750

Joh. Ludwig
1677–1731

Nicolaus Ephraim
1690–1760

Georg Michael
1701–1777

Joh. Christian
1743–1814

Im 18. Jahrhundert entstand ein wichtiges Bach-Zentrum am Meininger Hofe. Der Familientradition zufolge stammte der betreffende Zweig der Familie von Lips Bach, einem Bruder des Spielmanns Johannes (s. S. 13), doch ist die Geschichte dieser Bache in ihren Anfängen in Dunkel gehüllt. Klarheit läßt sich erst in der zweiten Hälfte des 17. Jahrhunderts gewinnen, da wir in dem 1655 im thüringischen Dorfe Wolfsbehringen geborenen *Jakob Bach*[1] den Begründer der Linie ansehen können, die eine Anzahl bedeutender Künstler hervorbrachte und sich bis auf unsere Tage erhalten hat. Ein „curriculum vitae" hat sich erhalten, das Jakob Bach für einen Schulvorsteher zu schreiben hatte[2]; demnach sind uns einige Tatsachen über ihn bekannt. Sein Vater Wendel (1619 bis 1682) scheint ein einfacher Bauer[3] gewesen zu sein, der trotz

---

[1] Jakob Bach erwähnt 1654 als sein Geburtsjahr; Spitta und Terry führen 1655 an, was mit der Angabe im Sterberegister übereinstimmt.

[2] Es befindet sich im Archiv des Landeskirchenrates der Thüringer evangelischen Kirche, Eisenach.

[3] So versteht Rollberg den Ausdruck „Innwohner", den Jakob gebrauchte. Vgl. Rollbergs Artikel in „Thüringer Fähnlein", H. 8, 1933.

seiner geringen Mittel den Willen besaß, seinem Sohn eine gute Erziehung angedeihen zu lassen. 1669 wurde der vierzehnjährige Jakob daher in der Eisenacher Lateinschule eingeschrieben, jener Anstalt, die später von vielen seiner Verwandten besucht werden sollte. Diesmal erwies sich Eisenach jedoch nicht als eine glückliche Wahl. Der gastfreundliche Ambrosius wohnte noch nicht in der Wartburgstadt, und Johann Christoph, der große Organist, hatte sich dort erst vor kurzem niedergelassen und mußte für seine junge Frau und den ersten Sohn sorgen. Wahrscheinlich konnte er Jakob Bach nicht viel Hilfe angedeihen lassen und dieser war außerstande, sein Auskommen zu finden. Jedenfalls berichtet das Schulregister, daß Jakob die Anstalt 1671 verließ, nachdem er eines Diebstahls überführt worden war. Nun bezog er die Schule in Gotha, wo er anscheinend eine gute musikalische Ausbildung empfing; dort fühlte er sich so wohl, daß er viele Jahre später seinen Sohn, Johann Ludwig, in dieselbe Anstalt sandte. In Gotha verliebte Jakob sich in Anna Martha Schmidt, die Tochter eines Hutmachers; sie entflohen, kaum 18 Jahre alt, aus der Stadt und heirateten, konnten jedoch wegen Geldmangels nicht zusammenbleiben. Martha kehrte zu ihren Eltern zurück und Jakob versuchte, seine Studien in Mühlhausen zum Abschluß zu bringen, der Stadt, die nach ihm drei seiner Verwandten, darunter den größten von allen, aufnehmen sollte. Leider fand er dort nicht das freie Quartier, auf das er gehofft hatte, und nach sechs Monaten war seine finanzielle Lage eine so verzweifelte, daß er beschloß, als Musketier in die Armee des Herzogs von Eisenach einzutreten, die am Krieg des deutschen Kaisers gegen Frankreich teilzunehmen hatte. Doch das Leben in der Armee sagte Jakob keineswegs zu, und nach einem Jahr gelang es ihm sich freizukaufen. Nun versuchte er sein Glück als Schulmeister. Als eine Stelle im thüringischen Dorfe Thal frei wurde, bewarb sich der Einundzwanzigjährige darum und bestand die Prüfung vor dem Konsistorium sowie das Probesingen und Spielen auf der Orgel vor der Gemeinde mit so gutem Erfolg, daß er gewählt wurde. Nun war es ihm endlich möglich, mit seiner geliebten Martha zusammenzuleben und die Frucht war Jakobs erster Sohn, der schöne und hochbegabte Johann Ludwig. Von nun an wirkte Jakob als Lehrer und Kantor und die ihm eigene Ruhelosigkeit zeigte sich nur im Wechsel von Stellungen, die er in Steinbach, Wasungen und Ruhla innehatte. Daß er überall als ein ehrbares Mitglied der Gemeinschaft angesehen wurde, geht aus den hochgestellten Paten hervor, die er seinen zahlreichen Kindern sicherte. Abwechslungsreichtum charakterisierte auch sein eheliches Leben. Er begrub nicht nur seine geliebte Martha, sondern noch zwei weitere Frauen. Im Alter von 61 Jahren heiratete er zum viertenmal und hatte noch zwei Kinder, bevor er 1718 starb. Das musikalische Talent, das er vererbte, muß bedeutend gewesen sein, da aus jeder der ersten beiden Ehen ein besonders begabter Künstler hervorging[1].

Jakobs ältester Sohn, *Johann Ludwig*, wurde am 4. Februar 1677 in Thal geboren und empfing eine gute Ausbildung. Von 1688 bis 1693 besuchte er das Gothaer Gymnasium und studierte nachher Theologie[2]. Seine erste Stellung war, wie die seines Vaters, eine doppelte, denn er arbeitete, wie er selbst erwähnt, „in der Schule und Kirche" in Salzungen. Im Alter von zweiundzwanzig Jahren wurde er nach Meiningen berufen, der Hauptstadt des kleinen Fürstentums von Sachsen-Meiningen, das der Aufteilung des vom Fürsten Ernst „dem Frommen" von Gotha hinterlassenen Erbe an seine sieben Söhne seine Existenz verdankte. Dem dritten Sohn, Bernhard, fiel Meiningen mit einer Anzahl benachbarter Städte und Dörfer zu, und er nahm 1680 Besitz davon. Fürst Bernhard I. war in seinen guten wie in seinen schlechten Eigenschaften der typische Duodezherrscher der Zeit. Es lag ihm viel daran, für die materielle und geistige Wohlfahrt seiner Untertanen zu sorgen. Unter seiner Regierung wurden Ackerbau, Obstzucht und Bergbau verbessert, ein Waisenhaus errichtet, Versuche unternommen, für die Armen zu sorgen, eine ausgezeichnete Lateinschule eröffnet und neue Kirchen gebaut. Der tief religiöse Prinz war imstande, nach dem Gedächtnis die Predigten, die er gehört hatte, aufzuschreiben – und in jener Zeit dauerten Predigten viel länger als heutzutage! – und er hinterließ vierzehn umfangreiche Bände mit solchen Niederschriften. Er sammelte auch Gebete für den Kommuniongottesdienst und ließ sie im Druck erscheinen. Anderseits glaubte er fest an Hexenkünste und verwendete beträchtliche Summen für alchimistische Experimente in der Hoffnung, auf diese Weise das Gold zu finden, das seine ständig anwachsenden finanziellen Sorgen aus der Welt schaffen würde. Als das Geld sich nicht einstellen wollte, fand er eine andere Einnahmequelle, indem er Untertanen an den Dogen von Venedig zum Kampf gegen die Türken verkaufte, wobei er 36 Thaler für einen Soldaten erhielt. Dies brachte natürlich nur eine vorübergehende Erleichterung. Ja, die Staatsfinanzen befanden sich in so desolatem Zustand, daß Ernst Ludwig, der Sohn und Erbe des regierenden Fürsten, anonym eine Schrift veröffentlichte, in der er dem Herrscher Ratschläge gab, wie Meiningen vor Bankrott zu bewahren sei.

---

[1] Georg Michael Bach (1703 bis 1771), ein Sohn aus Jakobs dritter Ehe, war auch ein Musiker und wirkte als Kantor an der Ulrichskirche in Halle. Sein Sohn Christian (1743 bis 1814), bekannt als der „Clavier-Bach", war ein Schüler Friedemann Bachs.

[2] Er erwähnt dies in einem 1725 von ihm abgefaßten Gesuch. Vgl. MÜHLFELD, „Die herzogliche Hofkapelle in Meiningen". Meiningen 1910.

Doch wie immer man Bernhards Leistungen beurteilen mag, so ist nicht abzuleugnen, daß er in der Berufung des jungen Johann Ludwig Bach Klugheit an den Tag legte. Es mag zunächst Ludwigs einnehmende äußere Erscheinung gewesen sein, die den Fürsten beeindruckte; doch bald konnte er feststellen, daß er einen ungewöhnlich fähigen Mann gewonnen hatte. 1703 wurde Ludwig mit zweierlei Obliegenheiten betraut; er wurde zum Kantor und zum „Pagen-Informator" ernannt. Seine Pflichten waren wahrlich ausgebreiteter Natur. Er mußte Gebetsstunden morgens und abends für die Pagen und andere fürstliche Angestellte abhalten, wobei er sorgfältig Präsenz zu nehmen und die Namen der Abwesenden dem Hofmarschall oder dem Hofprediger zu melden hatte; er unterrichtete die jungen Adeligen im Katechismus und in anderen, als weniger wichtig bezeichneten Gegenständen wie Schreiben, Rechnen und Geschichte. Er mußte einen genauen Arbeitsplan für den Unterricht und die sportliche Betätigung der Pagen ausarbeiten, die er Tag und Nacht zu beaufsichtigen hatte. Er führte die Kirchenbücher und tat schließlich das, worauf es ihm wirklich ankam: er leitete die Kirchenmusik[1]. Die Stellung hatte Vorteile wie Nachteile. Die Bezahlung war nicht schlecht, da Ludwig außer Kost und Quartier ein Jahreshonorar von 100 fl. erhielt. Anderseits aber genoß er fast so wenig Freiheit wie seine jungen Zöglinge; sogar wenn er nur einen Abend außerhalb seines Domizils verbringen wollte, mußte er Erlaubnis vom Hofmarschall einholen. Auch ließen ihm seine mannigfachen Obliegenheiten nicht genug Muße zur Entfaltung musikalischer Tätigkeit. Vielleicht waren dies die Gründe, warum er nach einer anderen Stellung Ausschau hielt. Am 26. Oktober 1706[2] richtete sein Vater in Ludwigs Namen ein Gesuch an den Eisenacher Rat, in dem dieser sich um die durch den Tod des Kantors Andreas Christian Dedekind freigewordene Kantorstelle bewarb. Bemerkenswerterweise betonte Jakob Bach hiebei, daß sein Sohn an der musikalischen Tätigkeit des Kantors lebhaft interessiert sei, jedoch die Unterrichtstätigkeit einem von Ludwig zu honorierenden Vertreter übertragen wolle. Das Gesuch hatte keinen Erfolg, doch ergab sich in Meiningen selbst eine Änderung der Lage. Fürst Bernhard I. war im April 1706 gestorben. Fürst Ernst Ludwig, sein Nachfolger, erkannte die Gaben seines Kantors und enthob ihn 1711 der bisherigen Verpflichtungen, wogegen er ihn mit der Leitung des Hoforchesters betraute, das bisher von Georg Kaspar Schürmann, einem

---

[1] In den Instruktionen (vgl. MÜHLFELD a.a.O.) heißt es nur: „hat er den choral bei dem Gottesdienste auf die Sonntage und in der Woche zu singen", doch da das Dokument Ludwig als „Hofkantor" bezeichnet, ist anzunehmen, daß er alle dem Kantor zufallenden musikalischen Obliegenheiten übernahm.

[2] Vgl. Superint. Archiv Eisenach, B 25, B 2, S. 20.

produktiven Opernkomponisten, dirigiert worden war. Um diese Zeit heiratete Ludwig die Tochter des Baumeisters Samuel Rust[1], und da die Überwachung der Pagen im Schloß nicht mehr zu seinen Pflichten zählte, wurde ihm erlaubt auszuziehen und einen eigenen Haushalt zu begründen. Statt Kost und Quartier gewährte man ihm einen Beitrag von 16 Thalern zur Miete und ein bestimmtes Quantum von Korn, Weizen, Gerste, Karpfen, Wildbret und Kerzen.

Abgesehen davon, daß er den Prinzen Malunterricht gab[2], konnte er sich nun ganz der Musik widmen und schrieb eine Reihe bedeutender Werke. Auch als ausübender Künstler betätigte er sich unausgesetzt; sein Orchester machte häufig Besuche an den benachbarten Höfen, und so wurde eine Tradition geschaffen, die im 19. Jahrhundert in den berühmten Konzertreisen des Meininger Orchesters unter von Bülow und Brahms zu glorreichem neuem Leben erwachen sollte. Auch in Meiningen selbst wurden die Musiker stark beschäftigt, und manchmal mußten sie am gleichen Tage zwei Konzerte geben. Ludwig pflegte die auswärtigen Künstler, die oft zu Besuch kamen, am Cembalo zu begleiten oder er ließ sich als Geiger hören. Welch große Rolle die Musik in den Meininger Hoffestlichkeiten spielte, geht aus der folgenden Instruktion für die Geburtstagsfeier eines Prinzen hervor[3]:

„Montag früh 4 Uhr Intrada mit Trompeten und Pauken,
Montag früh 7 Uhr von der ganzen Kapelle die gewöhnliche Morgenmusik,
Montag ½10 Uhr Gottesdienst; bei dem Te Deum Trompeten und Pauken,
3 Kanonensalven,
bei der Tafelmusik ist unanständiges Stimmen zu unterlassen,
zu Anfang ist eine Ouverture zu spielen,
der Text der Kantate ist Serenissimo zu übergeben,
nach der Kantate lassen sich Pauken und Trompeten wieder hören,
bei der Abendtafel starke Instrumentalmusik mit Trompeten und Pauken,
die Musik zum nachfolgenden Ball ist stark zu besetzen."

Der Nachwelt erscheint Fürst Ernst Ludwig nicht gerade im besten Licht. Dem neuen Herrscher fiel es nicht ein, selbst die guten Ratschläge zu befolgen, die er seinem Vater betreffs einer ökonomischen Lebensführung gegeben hatte. Er war genau so verschwenderisch wie sein Vorgänger, und ungeheure Summen wurden für den Bau neuer Schlösser und Kirchen ausgegeben. Der Luxus, der an seinem Hof herrschte, wäre in einem weit größeren Lande am Platz gewesen, und sein Gehaben verschlimmerte sich noch, als er nach dem Tode seiner ersten Gattin die Tochter des „großen" Kurfürsten von Branden-

---

[1] Rust erbaute das neue Meininger Schloß, die Elisabethenburg.
[2] Vgl. H. Löffler, „Bache bei Sebastian Bach", BJ 1949 bis 1950.
[3] Vgl. Mühlfeld a. a. O.

burg ehelichte. Auch zeigte sich Ernst Ludwig rücksichtslos in seinem Vorgehen gegen Familienmitglieder, die Besitzansprüche zu stellen hatten und führte ständig Krieg gegen die benachbarten kleinen Fürstentümer. Sein Musikdirektor dürfte all dies wohl nicht zu schwer genommen haben, da für ihn das Bewußtsein, daß sein Herr ein begeisterter Musenfreund sei, von weit größerer Bedeutung war. Der Fürst schrieb Gedichte – über religiöse Themen – und gelegentlich vertonte er sie selbst, so etwa wenn es sich um die Trauermusik für das Begräbnis seines eigenen Bruders handelte. Sein Musikdirektor konnte auf das Verständnis seines Herren bauen, und dies trug gewiß dazu bei, daß Johann Ludwig seine schöpferischen Anlagen zu voller künstlerischer Entwicklung bringen konnte. Als der Prinz 1724, durch den plötzlichen Tod seines ältesten Sohnes aufs tiefste erschüttert, starb, beklagte dies Johann Ludwig aufrichtig, und er schrieb eine prachtvolle Trauermusik, die Verse verwendete, welche der Fürst selbst lange vorher für einen solchen Anlaß geschrieben hatte[1]. Die Kantate legte beredtes Zeugnis ab für die innige künstlerische Verbundenheit, die zwischen dem Prinzen und seinem Musikdirektor bestand.

Nach Ernst Ludwigs Tod herrschte Unordnung in Meiningen. Da der älteste überlebende Sohn zu jung war um die Regierung anzutreten, fungierten zwei Onkel, die in denkbar schlechter Beziehung zueinander standen, als Vormünder. Ihre Streitigkeiten beanspruchten so viel Energie, daß für die Förderung der Musik wenig Zeit übrig blieb. Einer der beiden Herrscher scheint jedoch für den Musikdirektor etwas Interesse gehabt zu haben, denn Johann Ludwig faßte sich ein Herz, an Prinz Anton Ulrich eine Bittschrift zu richten, daß ihm doch die seinerzeit zugesagten, jedoch vorenthaltenen Deputate an Lebensmitteln und der Zuschuß zur Miete wieder ausgefolgt werden sollten. Vielleicht wurde seiner Bitte entsprochen; jedenfalls sah sich Johann Ludwig veranlaßt, als der Herzog 1728 nach einem längeren Aufenthalt in Wien nach Gandersheim zurückkehrte, ihn mit einer Festkantate zu begrüßen. Drei Jahre später starb der Komponist und wurde am 1. Mai 1731 begraben[2].

Bevor wir uns der Besprechung von Johann Ludwigs Kompositionen zuwenden, sei auf seinen jüngeren Bruder hingewiesen, der auch sein ganzes Leben lang in Diensten der Meiningenschen Fürsten stand. *Nicolaus Ephraim Bach* wurde am 26. November 1690 in Wasungen geboren. Zur Zeit, da er

[1] Fürst Ernst Ludwig bereitete auch eine Gedächtnispredigt für sich selbst vor, die nach seinem Tod unter seinen Papieren gefunden wurde.
[2] Das Datum wurde laut freundlicher Mitteilung von Herrn PAUL BACH im Meininger Sterberegister festgestellt. SPITTAS und TERRYS Angaben, daß Johann Ludwig 1741 starb, sind daher als unrichtig anzusehen.

alt genug war, um seine musikalische Ausbildung zu erlangen, war Johann
Ludwig bereits am Meininger Hof tätig, und es ist anzunehmen, daß Ephraim
bei ihm wohnte und Unterricht empfing. Die Stiefschwester des Fürsten, Elisabeth Ernestine Antoinette, wurde auf den Jüngling aufmerksam, der gleich
ihr Liebe für Musik und Malerei an den Tag legte, und als sie zur Äbtissin des
protestantischen Stiftes Gandersheim[1] ernannt wurde, nahm sie den achtzehnjährigen Ephraim in ihre Dienste. Der Jüngling gewann so eine recht ungewöhnliche Herrin. Die Prinzessin war dank ihrer Schönheit und Klugheit
in ganz Europa berühmt, und zwei der größten Monarchen, der deutsche
Kaiser Karl VI. und der französische König Louis XIV., hatten um ihre Hand
für einen Sohn bzw. Enkel angehalten. In jedem Falle war ein Übertritt zum
Katholizismus die Voraussetzung, und da die tiefgläubige Prinzessin sich
hiezu nicht entschließen konnte, erklärte sie – um jedes Ärgernis zu vermeiden –, daß sie nicht heiraten, sondern ihr Leben Christus widmen wollte.
So wurde sie vom Kaiser zur Äbtissin von Gandersheim ernannt, und dieses
Amt übte sie dreiundfünfzig Jahre lang aus. An Ephraim stellte sie alles eher
als geringe Anforderungen. Sie fand bald heraus, daß der junge Bach recht
vielseitig war und gab ihm reichlich Gelegenheit, Proben hievon abzulegen.
Verschiedene in den Braunschweigischen Archiven von Wolfenbüttel bewahrte
Dokumente geben Auskunft über das Ausmaß seiner Obliegenheiten. Er war
nicht nur Hofmusikus und Organist, der, wann immer dies benötigt wurde,
eigene Kompositionen zur Verfügung zu stellen hatte, sondern wirkte auch als
Aufseher über die „Mahlereyen und Statuen Gallerie", der den Bedienten Malunterricht zu geben hatte. Da er auch im praktischen Leben sich als sehr tüchtig erwies, wurde er überdies zum fürstlichen Kellermeister und Rechnungsfüh-
rer ernannt und stieg endlich zum Rang eines Intendanten auf, der für die Führung des ganzen Haushaltes verantwortlich war[2]. Welch hohes Ansehen er genoß, zeigt sich in der Reihe der Prinzen und Prinzessinnen – unter ihnen auch
die Äbtissin –, die als Paten für die beiden Kinder fungierten, welche aus der
zweiten Ehe hervorgingen, die der rüstige Hofintendant, dem Beispiel seines

---

[1] Das im 9. Jahrhundert von sächsischen Prinzen begründete Nonnenkloster
wurde 1586 der protestantischen Kirche einverleibt und diente nun als Stift für Damen aus reichsfürstlichen und reichsgräflichen Häusern. Gandersheim behielt seine
politische Unabhängigkeit und war lediglich der Rechtsprechung des Kaisers unter-
stellt, hatte Sitz und Stimme auf der rheinischen Prälatenbank und besaß ausgedehnte
Grundstücke.

[2] Als seine vielfältigen Pflichten ihn zwangen, seine musikalische Betätigung ein-
zuschränken, wurde ein Verwandter 1717 zum Kantor ernannt. Es war dies *Tobias
Friedrich*, Sohn von Sebastians Lehrer und ältestem Bruder, Johann Christoph (22)
aus Ohrdruf.

Vaters folgend, im Alter von fünfundsechzig Jahren einging[1]. Trotz all der ihm übertragenen Verpflichtungen hatte Ephraim doch wohl ein leichteres Leben als sein älterer Bruder. Von seinem achtzehnten Jahre an bis zu seinem Tod im Alter von siebzig, arbeitete er für dieselbe Herrin, deren Vertrauen und Anerkennung er genoß. Keine Kompositionen haben sich von ihm erhalten, und wir sind daher außerstande festzustellen, ob er schöpferisch begabt war. Besonders interessiert uns jedoch seine Hinneigung zur bildenden Kunst, die in seinem Neffen und Großneffen, den Nachkommen Ludwig Bachs, zu bedeutsamer Steigerung gelangen sollte.

DIE KOMPOSITIONEN JOHANN LUDWIG BACHS

Wenn die Anzahl der von Sebastian Bach kopierten Werke eines Komponisten als Beweis für die Wertschätzung gelten kann, die der Thomaskantor für sie empfand, so muß er von Ludwig Bach sehr viel gehalten haben. Von achtzehn deutschen Kirchenkantaten des Vetters besaß er Stimmen und teilweise auch Partituren, die er größtenteils selbst angefertigt hatte[2]. Sie sind ein gutes Beispiel dafür, wie der Leipziger *Director musices* Partituren für den eigenen Gebrauch anlegte. Obwohl die Noten offensichtlich in großer Eile geschrieben wurden, sind sie unschwer leserlich; der Text ist jedoch oft so abgekürzt, daß es schwer ist ihn zu entziffern. Sebastian zeigte größte Sparsamkeit in der Verwertung des teuren Notenpapiers und nützt jeden kleinsten Platz aus[3]. Wie Alfred Dürr nachgewiesen hat,[4] führte er die siebzehn Kantaten sämtlich, im Jahre 1726, in Leipzig auf. Zu dieser Gruppe gehört wahrscheinlich auch BWV 15, „Denn du wirst meine Seele", ein Werk, das früher als Bachs erste Kantate angesehen wurde. Sebastians Einstellung zu Lud-

---

[1] Keine Kinder aus erster Ehe sind - lt. Mitteilung von Herrn Paul Bach - nachweisbar.

[2] Vgl. den diesbezüglichen Brief Philipp Emanuel Bachs an einen unbekannten Adressaten, vormals in der Preuß. Staatsbibliothek. Siebzehn der Kantaten sind im Anhang zu Bd. 41 der Bach-Gesamtausgabe angeführt; die achtzehnte ist offenbar die Trauermusik für Fürst Ernst Ludwig von Meiningen. Nicht alle Abschriften Sebastians haben sich erhalten. Zwölf Kantaten liegen in Partitur, andere in Stimmen vor. Die Partitur der Trauermusik, welche wir besitzen, ist nicht in Sebastians Handschrift und scheint nicht diejenige zu sein, welche sich in Emanuels Besitz befand. Die Manuskripte von Johann Ludwigs Kompositionen befinden sich heute größtenteils in den Berliner Bibliotheken.

[3] In der Kantate „Gott ist unsre Zuversicht" füllte er etwa drei Viertel jeder der ersten drei Seiten der Handschrift mit dem Anfangschor aus. Der übrigbleibende Platz auf diesen Seiten reichte nicht für die acht Notenlinien des Chors, und er füllte ihn daher mit den fünf Systemen einer Arie aus, die als dritte Nummer des Werkes erscheint, und vom Chor durch ein Seccorezitativ getrennt ist (Vgl. Abb. 10).

[4] „Zur Chronologie der Leipziger Vokalwerke J. S. Bachs", BJ 1957.

wigs Werken wurde von Philipp Emanuel geteilt, der sie einem ungenannten Korrespondenten mit folgenden Worten empfahl: „Die Arbeit ist durchaus fleißig und besonders ein reiner Satz. Die Chöre sind ausnehmend."

In der Tat sind Ludwigs *Kantaten* von solcher Qualität, daß es höchst bedauerlich erscheint, sie nicht im Druck vorliegen zu sehen. Dies ist kraftvolle, abwechslungsreiche und inspirierte Musik, in der die Freude des Komponisten an Klangschönheit zum Ausdruck kommt. Die Behandlung der Stimmen, vor allem in den Solonummern, erweist, daß Ludwig italienische Werke studiert hatte (wozu die Aufführungen am Meininger Hof reichlich Gelegenheit boten). Die Texte sind häufig auf der Bibel aufgebaut, die manchmal wörtlich zitiert ist, meistens aber, dem Gebrauche der Zeit entsprechend, frei paraphrasiert wird, wobei Prinz Ernst Ludwig für manche dieser „madrigalischen" Abschnitte verantwortlich gewesen sein mag. Auch an Choralversen herrscht naturgemäß kein Mangel. Jede Kantate ist für ein besonderes Ereignis des Kirchenjahres bestimmt, doch sind die Texte so allgemein gehalten, daß sie, wie Emanuel Bach bemerkte, fast jederzeit aufführbar sind.

Die Mehrzahl der Kantaten ist für das traditionelle Streichorchester mit Orgel instrumentiert, wie es auch die älteren Mitglieder der Familie Bach verwendet hatten. In manchen Fällen werden Oboen hinzugefügt. In einer Kantate treten Flöten und Oboen auf, in einer anderen zwei *corni di silva* (eine wörtliche Übersetzung des Wortes Waldhorn) und zwei Oboen, die an Stelle von Violinen verwendet werden können. Alle dem Komponisten zur Verfügung stehenden Mittel finden in der „Trauermusik" Verwendung. Doch auch mit seinem kleinen Instrumentalkörper erzielt Ludwig überraschende koloristische Effekte; vor allem gibt er seinem Lieblingsinstrument, der Violine, reichlich Gelegenheit Brillanz zu entfalten. Wie gut er es versteht, Vokal- und Instrumentalklangfarben zu mischen, zeigt sich in dem schönen Duett für Violine und Sopran in der Kantate *Ich aber ging*. Ebenso anziehend ist eine Arie in *Ich will meinen Geist*, wo der Solosopran mit dem Ton von Hörnern, Oboe und Streichern abwechselt. Es ist interessant festzustellen, daß die Partituren und Stimmen vielerlei Vortragsbezeichnungen und Anweisungen für Tempowechsel sowie die Angaben „solo" und „tutti" enthalten (wobei wir nicht in der Lage sind zu entscheiden, ob diese vom Komponisten herrühren oder Zusätze des „Kopisten" sind).

Ludwigs Kantaten (die gelegentlich in zwei Abschnitte zerfallen) beginnen öfters mit einem kurzen Chor, der ein reiches polyphones Gewebe aufweist; andere haben zum Anfang ein Duett oder ein einfaches Arioso einer der Solostimmen. Eine rein instrumentale Einleitungsnummer ist nirgends zu fin-

den, doch gehen einige instrumentale Takte gewöhnlich dem Einsatz der
Stimmen voran. Ludwig hatte die Tendenz, diese Instrumentaltakte als Einleitung oder Nachspiel des letzten Stückes wieder zu verwenden, wodurch
er dem Werk stärkeren Zusammenhalt gab. Der einleitenden Nummer folgt
– in der Art der beliebten Neumeisterschen Kantatentexte – eine Reihe
von Seccorezitativen, Arien (meist in Da-capo-Form) und Duetten. Als Abschluß dient ein größerer Chorsatz, der häufig aus drei Abteilungen besteht:
einem mehr polyphon gehaltenen Vokalteil, einem kurzen instrumentalen
Mittelstück und einem Schlußchoral, der von den Sängern in einfachen
Akkorden vorgetragen wird, wozu die energisch bewegten Instrumental-
stimmen eine markige Begleitung liefern.

Die Musik gibt dem Gefühlsgehalt des Textes beredten Ausdruck. In der
Kantate *Ja, mir hastu Arbeit gemacht* beschwören Seufzermotive sowohl
in dem einleitenden Arioso wie in dem Schlußchor das Bild des leidenden
Christus herauf. In *Wie lieblich sind auf den Bergen* wird anderseits die
Seligkeit und Entrücktheit vom irdischen Treiben durch einen anmutigen
Reigen versinnbildlicht. Der Komponist läßt sich keine Gelegenheit entgehen,
einen dramatisch wirksamen Wechsel einzufügen. In „Ich aber ging"
werden z. B. die von dem Wort „Blut" inspirierten schweren chromatischen
Sequenzen von freudig kräftigen Koloraturen abgelöst, sobald der Text neues
Leben versinnbildlicht. In der großartigen Kantate *Mache dich auff, werde
Licht* wird eine Einleitung von Händelscher Größe (Beisp. 20) gefolgt von

Beisp. 20

glanzvollen Figurationen der Solostimme, bei den Worten „denn siehe Finsternis" von einem Adagio abgelöst (Beisp. 21). Die Wirkung des Tempowech-
sels wird noch verstärkt durch den gleichzeitigen harmonischen Abstieg von
a-Moll nach g-Moll. Die Kantate *Gott ist unser Zuversicht* schildert das
Tosen der Elemente, die die Sünden der Menschheit versinnbildlichen, und
den Sieg des Herrn über das Wüten des Sturmes. Das Werk erreicht einen

Höhepunkt in einer höchst dramatischen Szene: die Violinen zeigen die wilde
Bewegung der Wogen bis Jesus (Baß) die niedergedrückten Menschen ermahnt, Mut zu fassen und Wind und Meer beruhigt (Beisp. 22). Es bedarf kei-

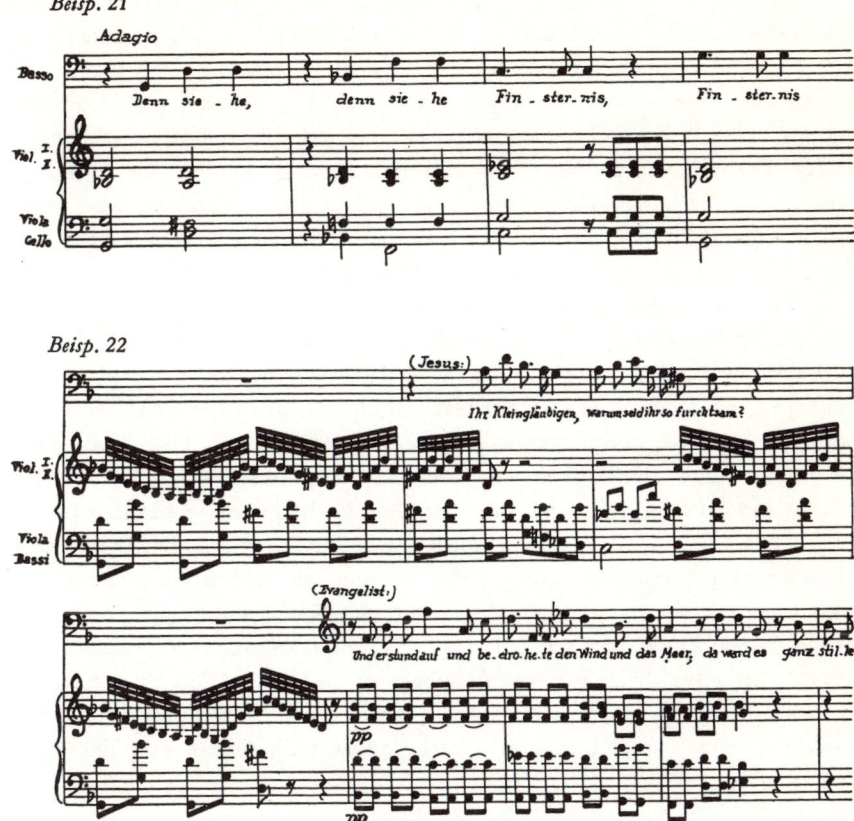

Beisp. 21

Beisp. 22

ner großen Phantasie um die Verwandtschaft zwischen dieser Episode und
Zügen in Sebastian Bachs Passionen zu erkennen[1].

---

[1] In diesem Zusammenhang sei darauf hingewiesen, daß in „Ja, mir hastu Arbeit
gemacht" das Baß-Arioso Nr. 3 die Geißelung Christi mit dem nämlichen punktierten
Rhythmus zum Ausdruck bringt, der auch in der Matthäuspassion für die Schilderung des Vorkommnisses (Alt-Arioso „Erbarme dich, mein Gott") Verwendung
findet. Dieser Rhythmus wird von Ludwig auch in dem Tenor-Arioso Nr. 4 der
Kantate *Und ich will ihnen einen einigen Hirten erwecken* gebraucht, um die Tötung
der Schafe durch den Wolf zu schildern.

Gelegentlich wirkt sich das Streben des Komponisten nach dramatischer Abwechslung ungünstig aus und erweckt den Eindruck einer gewissen Unrast. In der Kantate *Die mit Thränen säen*, die einen von Brahm's Requiem wohlbekannten Text vertont, werden nur vier Takte zur Schilderung der Tränen verwendet; dann wechselt der Rhythmus, der Komponist schreibt Allegro vor und heitere Musik schildert das Ernten in Freude. Nach fünf Takten wird dieser zweite Chorabschnitt abgelöst durch ein kontrastierendes Duett von Sopran und Tenor über die Worte „sie gehen hin und weinen". Der Satz endet mit der Wiederholung der zwei ersten Chorstücke und diese verhältnismäßig kurze Nummer besteht demnach aus nicht weniger als fünf Abschnitten. Solche Mängel sind jedoch nur selten anzutreffen, und Wechsel in Stil und gefühlsmäßigem Ausdruck haben gewöhnlich eine Verstärkung der dramatischen Kraft und Vitalität des Werkes zur Folge.

Zu den anziehendsten Eigenschaften dieser Kantaten zählen ihre schöne melodische Erfindung und die vom Komponisten erzielten reizvollen koloristischen Wirkungen. Ludwig Bachs Schreibweise ist leicht polyphon aufgelockert; er strebt mehr nach Abwechslungsreichtum als nach monumentaler Größe. Die einzelnen Nummern sind gewöhnlich kurz und keine klare Scheidung zwischen Arioso und Arie läßt sich beobachten. In den Rezitativen kommt der Unterschied zwischen Ludwigs und Sebastians Schaffensart besonders deutlich zum Ausdruck. Die Rezitative des Meininger Komponisten zeigen einen verhältnismäßig ruhigen und sanften Charakter und entbehren zumeist der feurigen Intensität, die Sebastians Stücke dieser Art kennzeichnet. Doch alles was Ludwig schreibt, ist wohlklingend, und er verwendet die menschliche Stimme mit äußerstem Geschick. Um völlige Klarheit zu erzielen, läßt er die Solostimmen in Arien und Duetten gewöhnlich mit einzelnen Instrumenten abwechseln, während das volle Orchester in der Regel den Chor begleitet.

Weit größere Ausmaße als die übrigen Kantaten zeigt die 1724 auf den Tod Ernst Ludwigs komponierte *Trauermusik*. Der Text beruht auf dem 116. Psalm, V. 16 bis 19, der teilweise wörtlich, teilweise in freier Paraphrasierung verwendet wird. Wie der Komponist auf dem Titelblatt erwähnt, enthält der zweite Teil Verse, die der Herzog selbst verfaßte. Dies ist die einzige Kantate Ludwigs, die für zwei vierstimmige Chöre und zwei Orchester bestimmt ist. Das den ersten Chor begleitende Orchester besteht nur aus Streichern und Cembalo. Das dem zweiten Chor zugeteilte Orchester aber verwendet im ersten Abschnitt Holzbläser, Streicher und Cembalo, im zweiten Holzbläser und Cembalo, zu denen im dritten drei gestopfte Trompeten und Pauken hinzutreten. In diesem Werk spannt Ludwig seine Kräfte aufs äußerste an, um eine seines verehrten Herren würdige Komposition zu schaffen. Die Trauermusik ist nicht nur länger als jede andere Kantate; sie zeigt auch größere Würde und stärkere Ausdruckskraft. Besonders ergreifend ist der Abschnitt, in dem die Solisten abwechselnd mit dem Chor der Sehnsucht nach dem himmlischen Jerusalem Ausdruck verleihen (Beisp. 23)[1]. Als die

Beisp. 23

müde Seele endlich im Paradies anlangt, wird sie mit einem Halleluja begrüßt und ein Jubilieren beginnt, wie man es in einer Begräbniskantate kaum erwarten würde.

Obwohl das Werk nicht in Sebastians Handschrift vorliegt, erscheint es wahrscheinlich, daß es in seiner Sammlung enthalten war[2]. Eine gewisse, wenn auch mehr äußerliche Ähnlichkeit zwischen dem Doppelchor im Zwölfachteltakt „Meine Bande sind zerrissen", der den ersten Abschnitt der Trauermusik beschließt und dem ersten Chor von Sebastians „Matthäuspassion" ist unverkennbar.

Während Ludwigs Kantaten ähnlich den Werken Buxtehudes und den Frühkantaten Sebastians aus kurzen, scharf kontrastierenden Abschnitten bestehen, sind die *Motetten* breiter angelegt[3]. Die meisten sind gewichtige

---

[1] Er ist wiedergegeben in MBF, S. 95 ff. (Langspielplatte II).

[2] Emanuel Bach weist in dem oben erwähnten Brief auf eine Kantate hin, die drei Trompeten verwendet.

[3] Gleich den Kantaten liegen die meisten Motetten nur im Manuskript vor. Sie befinden sich hauptsächlich in der Berliner Bibliothek. Nur die Motette „Uns ist ein Kind geboren" wurde von Rudolf Moser in einer stark bearbeiteten Ausgabe bei Kistner & Siegel (1930) vorgelegt. Die Motette „Gott sey uns gnädig" ist auszugsweise in MBF, S. 81 ff. veröffentlicht (Langspielplatte II).

Werke würdigen, ernsten und feierlichen Charakters. In ihnen weicht der subjektive, fast nervöse Stil der Kantaten epischer Größe[1].

In allen seinen Motetten offenbart Ludwig das Gefühl für klare, wohlgeplante musikalische Formen. Die Da-capo-Form wird häufig für größere Abschnitte oder für eine ganze Motette verwendet. *Gott sey uns gnädig* ist in so großen Dimensionen angelegt, daß der Komponist sich außerstande fühlt, mit der dreiteiligen Form sein Auslangen zu finden. Er verdoppelt sie und erzielt auf diese Weise eine Art Rondoform mit drei Einsätzen des Hauptteiles.

Die Motetten sind keineswegs leicht ausführbar. Ludwig erwartet von seinen Sängern eine ausgezeichnete Koloraturtechnik, weiten Stimmumfang und die Fähigkeit, schwere Intervalle zu treffen. Die Werke weisen eine Reinheit und Schönheit der melodischen Linie auf, wie sie gewöhnlich nur in italienischen Vokalkompositionen anzutreffen ist. Ludwig liebt es, zwei Chöre zu verwenden, die jeder aus dem gemischten Quartett (Sopran, Alt, Tenor, Baß) bestehen. Sogar in den drei Motetten, die er für sechs, neun bzw. zehn Stimmen schrieb – *Unser Trübsal, Gott sey uns gnädig* und *Die richtig für sich gewandelt haben* –, bildet die klassische Kombination der vier Stimmen die Grundlage für die musikalische Struktur.

Diese Werke sind vorwiegend homophon gehalten. Ludwig zeigt ein unersättliches Verlangen, alle koloristischen Möglichkeiten zu erproben. Seine beiden Chöre, die wohl in einer gewissen Entfernung von einander aufgestellt waren, werfen einander das musikalische Material zu. Manchmal wechseln sie ab; dann wieder überschneiden sich ihre Einsätze. Häufig werden Echoeffekte verwendet und die Partituren sind voll mit dynamischen Vorschriften. Der Komponist liebt es, hohe Stimmgruppen mit tiefen und größere Klangkörper mit kleineren abwechseln zu lassen. In „Die richtig für sich gewandelt haben" wird ein dritter, nur aus zwei Stimmen bestehender Chor lediglich vorgeschrieben, um einen Gegensatz in der Klangfarbe zu erzielen, da von den zehn Stimmen der Partitur nie mehr als acht und gelegentlich auch nur zwei bis vier verwendet werden.

Auch in den nur selten auftretenden polyphonen Abschnitten, wie etwa der achtstimmigen Fuge in *Uns ist ein Kind geboren*, wird die Schönheit der Harmonie keineswegs vernachlässigt. Der Musik eignet eine üppige Klangfülle, die an katholische Kirchenwerke eines Durante oder Caldara gemahnt.

---

[1] Eine Ausnahme bildet die Motette „Die richtig für sich gewandelt haben", die nicht weniger als zehn Wechsel des Taktes vorschreibt und so eine Atmosphäre der Unruhe schafft.

9. JOHANN LUDWIG BACH

Pastellbildnis von Gottlieb Friedrich Bach

10. J. Ludwig Bachs Kantate „Gott ist unser Zuversicht" in der Handschrift von J. Sebastian Bach. Um das Papier ganz auszunützen, beginnt
Sebastian in den untersten Notenzeilen die folgende Arie, obwohl der
erste Chor noch nicht beendet ist

Ludwig ließ sich nicht von der allgemein verbreiteten Tendenz beeinflussen, den Choral als Cantus firmus in Motetten zu verwenden. Die innige Verbindung von Bibelwort und lutherischem Kirchenlied, mit der Johann Christoph, Johann Michael und vor allem Johann Sebastian Bach so großartige Wirkungen erzielten, ist ihm fremd. Seine Motetten beruhen hauptsächlich auf dem Bibelwort und erst am Ende fügt er eine einfach harmonisierte, oft recht lange Hymne mit vielen Strophen ein. Nur in Ausnahmefällen wird eine Art Cantus-firmus-Technik von ihm herangezogen. In der großartigen Motette „Gott sey uns gnädig" läßt eine Baßstimme in majestätischen, langen Noten die aufsteigende und absteigende B-Dur-Skala ertönen, die eine Stütze für den erregten Dialog der beiden Chöre bildet. Die starke Wirkung dieser Skala wird noch erhöht durch die unbeugsame Strenge eines Orgelpunktes auf F, der zwischen den beiden Einsätzen der Skala eingefügt ist. Der Text der Motette enthält die Worte: „Der Herr lasse sein Antlitz über uns erscheinen". Es ist nicht undenkbar, daß die auf- und absteigenden Notenreihen die stete Verbindung zwischen Himmel und Erde versinnbildlichen, wie sie in der Geschichte von der Jakobsleiter zum Ausdruck kommt. „Und ihm träumte; und siehe, eine Leiter stand auf der Erde, die rührte mit der Spitze an den Himmel, und siehe, die Engel Gottes stiegen daran auf und nieder."
In der auf Jesaja IX, 6 beruhenden Motette „Uns ist ein Kind geboren" führen bei den Worten „welches Herrschaft" die Bässe und Tenöre beider Chöre in lang ausgehaltenen Noten eine Melodie ein (Beisp. 24), die an den

Beisp. 24

gregorianischen Choral des Magnificat „tertii toni" anklingt. Später wird bei den Worten „und es heißt Wunderbar, Rat" eine ähnliche Melodie von den Sopranen wie von Engelstimmen intoniert.
Wie in seinen Kantaten so zeigt sich Ludwig auch in den Motetten als ein Meister dramatisch gesteigerter Ausdruckskraft. *Gedenke meiner, mein Gott* beginnt ruhig in vollen g-Moll-Akkorden. Allmählich steigert sich die Bewegung und Erregung, bis ein Aufschrei die Worte „mein Gott" begleitet (Beisp. 25). Die dritte Umkehrung des Dominantseptakkordes, die der Komponist hiebei verwendet, war damals recht ungebräuchlich. Von gleicher Kühnheit ist die Motette *Sey nun wieder zufrieden.* Bei den Worten „denn du hast meine Seele vom Tod, meine Augen von Tränen befreit" geht die Ton-

art plötzlich von G-Dur nach g-Moll über, und chromatische Fortschreitungen versinnbildlichen Kummer und Tod. Der Abschnitt kommt mit einem Fis-Dur-Dreiklang zu einem müden, fast erschöpften Abschluß.

Beisp. 25

Die Motetten schildern Freude und Seligkeit häufiger als Schmerz und Leid. Erstere werden durch fröhliche Koloraturen zum Ausdruck gebracht, wie sie Barockkomponisten für Stimmungen dieser Art zu verwenden liebten. Ludwig strebt eine Verstärkung ihrer Wirkung an, indem er die schnell bewegten Figurationen durch massive Akkorde begleiten läßt (Beisp. 26). Be-

Beisp. 26

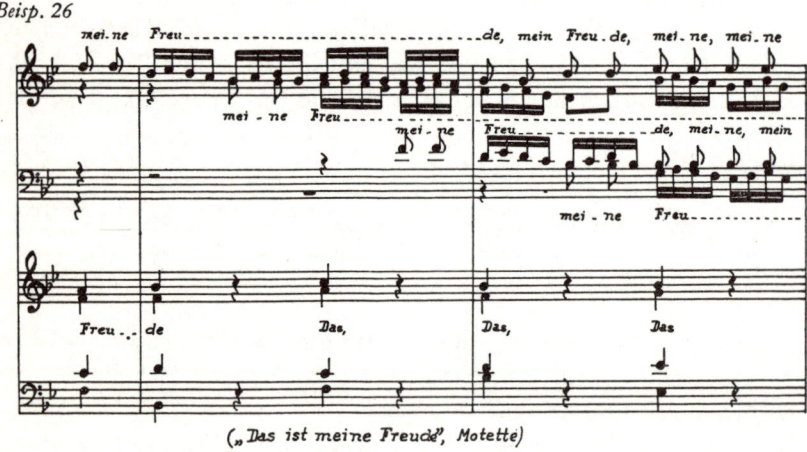

(„Das ist meine Freude", Motette)

sonders eindrucksvoll ist eine Stelle in *Ich will auf den Herren schauen*, wo nach bewegten Koloraturen Sopran und Alt plötzlich einhalten und das Wort „erhöre" aushalten, während die restlichen Stimmen mit grimmiger Energie „mich, mich" sechsmal ausrufen (Beisp. 27), – eine Stelle, deren realistische Wirkungskraft schwer zu überbieten ist.

Alle uns bekannten Motetten des Meininger Bach sind künstlerisch wertvoll und einige unter ihnen, wie „Gott sey uns gnädig", „Ich will auf den Herren schauen", „Uns ist ein Kind geboren", „Wir wissen" gehören zu dem besten,

Beisp. 27

das die Zeit auf diesem Gebiet hervorbrachte. Der Autor hofft, in nicht zu ferner Zukunft eine Auswahl von Ludwig Bachs geistlichen Werken[1] in moderner Ausgabe vorlegen zu können, eine Aufgabe, die schon überfällig ist.

Nur eine einzige instrumentale Komposition Ludwig Bachs ist bisher ans Licht gekommen; es ist eine Ouvertüre mit einer anschließenden Tanzsuite, die das Datum 1715 trägt[2]. Das Werk ist für Streichorchester mit Kontinuo, zu denen gelegentlich eine Solo-Oboe hinzutritt, instrumentiert. Dem eindrucksvollen langsamen Abschnitt der Ouvertüre folgt eine heitere, energische Fuge, die folgendes Thema verwendet: (Beisp. 28). Wie andere Werke des

Beisp. 28

Meisters ist sie kraftvoll, melodiös und eingänglich in der Art Händels. Unter den dem Ouvertürensatz folgenden Tänzen sind die beiden „Airs" am interessantesten. Das erste verwendet eine Art Trillermotiv, das von allen Stimmen,

---

[1] Eine Passion aus dem Jahre 1713 und verschiedene andere Werke des Meininger Bach scheinen verloren zu sein. Anderseits ist wenig Anlaß anzunehmen, daß die drei Messen, die ihm zugeschrieben wurden, tatsächlich von ihm herrühren. Die Messe in c-Moll (BWV, Anh. 26) ist von minderer Qualität und nicht auf dem Niveau der anderen Werke Ludwig Bachs. Die Messe für Doppelchor in G-Dur (BWV, Anh. 167), die 1805 als Komposition Sebastian Bachs veröffentlicht wurde, scheint das Werk eines Italieners zu sein, vielleicht Antonio Lottis wie SPITTA vermutet. Die Messe in e-Moll (BWV, Anh. 166) ist von J. Nicolaus Bach (vgl. S. 104).

[2] Neuausgabe von Friedrich, Universal Edition, Wien, 1939.

von der Solo-Oboe bis zu den Bässen, angestimmt wird. Das zweite, ein heiterer Tanz im Sechsvierteltakt (für den Johann Ludwig Vorliebe zeigte), macht wirksamen Gebrauch von dem Gegensatz zwischen einem fragenden Einzelinstrument und der Antwort des ganzen Klangkörpers. Ein vergnügtes Spiel entwickelt sich, in dem nicht nur Oboe und Violinen, sondern auch Viola und Bässe den munteren Sologedanken anstimmen. Ein anmutiges Menuett, eine würdige Gavotte und eine energische Bourrée vervollständigen die Tanzsuite. Diese Sätze lassen es als höchst bedauerlich erscheinen, daß kein weiteres Instrumentalwerk des Komponisten vorliegt, der anscheinend in der Behandlung von Streichinstrumenten ebenso viel Geschick und Einfallsreichtum zeigte wie in seinen Vokalkompositionen.

VIERTES KAPITEL

JOHANN SEBASTIAN BACH

IM KREISE SEINER FAMILIE

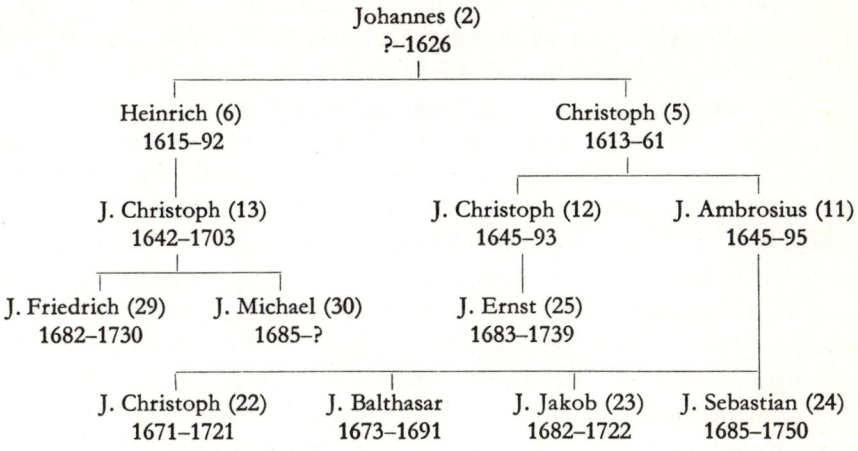

Johannes (2)
?–1626

Heinrich (6)
1615–92

Christoph (5)
1613–61

J. Christoph (13)
1642–1703

J. Christoph (12)
1645–93

J. Ambrosius (11)
1645–95

J. Friedrich (29)
1682–1730

J. Michael (30)
1685–?

J. Ernst (25)
1683–1739

J. Christoph (22)
1671–1721

J. Balthasar
1673–1691

J. Jakob (23)
1682–1722

J. Sebastian (24)
1685–1750

DIE Geschichte der älteren Mitglieder der Musikerfamilie Bach gewährte Einblick in die reich bedachte schöpferische Kraft des Geschlechtes. Mit Johann Sebastian aber erreicht die Chronik den *einen* Bach, der seine Verwandten turmhoch überragte. Es erschien unmöglich, das Leben und Schaffen dieser gewaltigen Persönlichkeit im Rahmen einer Familiengeschichte entsprechend zu würdigen. Die Autoren haben dies in einer eigenen Arbeit versucht. Der vorliegende Band aber beschränkt sich darauf, Sebastian als ein Mitglied des Bach-Geschlechtes zu behandeln, zu zeigen, wie er sich nicht nur mit der Geschichte der Sippe befaßte, sondern bedacht war, die persönliche Beziehung zu den Verwandten aufrecht zu erhalten; wie er von ihnen Unterstützung erlangte und später selbst hilfreich eingriff, wann immer dies angezeigt erschien und so allmählich zum natürlichen Mittelpunkt der Familie wurde.

Johann Sebastian Bach wurde am 21. März 1685 in Eisenach geboren. Er war der vierte Sohn des „Hausmanns" Johann Ambrosius und seiner Gattin Elisabeth, geborene Lämmerhirt. Seine Kindheit scheint eine glückliche gewesen zu sein. Er wuchs in einem von Musik erfüllten Heim auf. Sein Vater

gab ihm Unterricht, wobei es sich wohl hauptsächlich um Spielen auf Streichinstrumenten handelte. Auch muß er starke Eindrücke von dem Orgelspiel
seines Onkels, Johann Christoph (13) empfangen haben, wenn er nicht sogar
bei ihm studierte. Im Alter von 9 Jahren aber verlor er die Mutter und ein Jahr
später den Vater. Nun mußte die Familie eingreifen. Der älteste Bruder, Johann
Christoph (22), Organist in Ohrdruf, erklärte sich, trotz seiner sehr geringen
Besoldung, bereit, Sebastian und den drei Jahre älteren Johann Jakob (23)
aufzunehmen und als Musiker auszubilden. Jakob verließ Ohrdruf ein Jahr
später. Sebastian aber verblieb dort fünf Jahre lang. Sein Musikunterricht muß
gut gewesen sein, denn Christoph, ein Schüler des bedeutenden Komponisten
Johann Pachelbel, wurde von den Ohrdrufer Behörden als ein „junger, aber
künstlicher Mensch" und als „optimus artifex" beschrieben. Sebastian bewahrte jedenfalls dem Bruder ein dankbares Gedenken und gab einer seiner
ersten Kompositionen, einem Capriccio in E-dur für Klavier (BWV 993) die
Überschrift „In honorem Johann Christoph Bachii (Ohrdruffiensis)". Die
gründliche Ausbildung von seiten des Bruders konnte jedoch dem von uner-
sättlichem Lerneifer erfüllten Jüngling nicht genügen und dem Fünfzehn-
jährigen gelang es, dank der Empfehlung des Ohrdrufer Kantors, in den berühmten „Mettenchor" der Michaeliskirche im norddeutschen Lüneburg Aufnahme zu finden, die ihm eine gründliche Kenntnis bedeutender Werke der
Chorliteratur vermittelte. (In der handschriftlichen Bibliothek befanden sich
auch zwei Werke seiner Vorfahren.) Mit siebzehn Jahren beendete Sebastian
seine Studien an der Lüneburger Michaelisschule und begann nach einer geeigneten Stellung Ausschau zu halten. In Norddeutschland zu bleiben, war nicht
seine Absicht. Ihn zog es nach Thüringen, dem Land, in dem seine Familie seit
nahezu zweihundert Jahren für die Pflege der Musik gewirkt hatte und wo der
Name Bach in Musikerkreisen viel bedeutete. Seine Verwandten wußten von
seiner Absicht und ließen es sich angelegen sein, ihm den Weg zu ebnen. In
Arnstadt schien sich eine Möglichkeit zu bieten, da für die nahezu vollendete
Orgel an der „Neuen Kirche" ein Organist zu berufen war. Der dortige Bürgermeister, Martin Feldhaus, befaßte sich mit der Angelegenheit. Als Schwiegersohn des Stadtschreibers Wedemann war er mit den Bach-Musikern verwandt, da sowohl Johann Christoph (13) wie sein Bruder, Johann Michael (14)
mit Töchtern Wedemanns verheiratet waren. So bestanden in dem kleinen
Städtchen gute Möglichkeiten für den jungen Sebastian. Da jedoch der Bau der
neuen Orgel noch nicht beendet war, nahm der Jüngling zunächst eine Stellung
als „Lakai und Geiger" am herzoglichen Hof in Weimar an. Auch hier mag ein
entfernter Verwandter ihn empfohlen haben, denn im Hoforchester befand sich
ein gewisser David Hoffmann, Enkel des Suhler Stadtpfeifers, bei dem Johann

Bach (4) in die Lehre gegangen war und dessen Tochter er später geheiratet hatte (s. S. 15). Schließlich gelang es Feldhaus, den achtzehnjährigen Sebastian zur Prüfung der neuen Orgel einladen zu lassen. Sein Spiel machte einen so hinreißenden Eindruck, daß die Arnstädter Behörden keinen weiteren Kandidaten zum Probespiel einluden und Sebastian bald darauf seinen Anstellungsvertrag übermittelten. Er hatte die Orgel während der Gottesdienste zu spielen sowie einen kleinen Chor von Schülern der Lateinschule zu leiten, und erhielt für seine Arbeit eine verhältnismäßig recht ansehnliche Besoldung.

Während sich in dem neuen Betätigungsfeld bald Schwierigkeiten und Probleme mancher Art ergaben, war das Leben in Arnstadt menschlich überaus befriedigend. Hier fand er einen ehemaligen Ohrdrufer Schulkollegen vor, den Vetter Johann Ernst (25), Sohn von Ambrosius Bachs Zwillingsbruder, den er auch während der Lüneburger Zeit in Hamburg besucht hatte. Das Zusammentreffen mit dem jungen Verwandten mag Sebastian einigermaßen dafür entschädigt haben, daß er seinen Lieblingsbruder, Johann Jakob (23), in die weite Welt ziehen sah. Jakob hatte sich entschlossen, als Oboist in die Armee des schwedischen Königs Karl XII. einzutreten und Sebastian schrieb aus diesem Anlaß 1704 sein „Capriccio sopra la lontananza del suo fratello dilettissimo" (Capriccio über die Abreise seines überaus geliebten Bruders) für Klavier (BWV 992). In sechs Sätzen mit programmatischen Überschriften werden in diesem reizvollen kleinen Werk die Bemühungen der Freunde, Jakob von seinem gefährlichen Unternehmen abzuhalten, ihre Klagen über den unwiderruflichen Entschluß, der Abschied und am Schluß, die Abreise zu den Klängen des Posthorns, in Tönen wiedergegeben.[1]

Eine andere in Arnstadt angeknüpfte verwandtschaftliche Beziehung sollte sich als besonders bedeutsam erweisen. Im Haus des Bürgermeisters, „Zur goldenen Krone", wo Sebastian längere Zeit wohnte, traf er mit Maria Barbara zusammen, einer Tochter des verstorbenen Gehrener Organisten, Johann Michael Bach (14). Sebastian und Barbara waren ungefähr gleich alt; beide entstammten Familien, für die die Pflege der Musik von überragender Bedeutung war und beide waren Waisen ohne starke persönliche Bindungen. So ergab es sich, daß die beiden jungen Menschen zu einander fanden und das Haus „Zur goldenen Krone" Zeuge eines Liebesidylls wurde. Die Blutsverwandtschaft

---

[1] Der Bruder kam tatsächlich weit in der Welt herum. Viele Jahre später erfuhr Sebastian von dem hervorragenden Flötisten P. G. Buffardin, daß dieser seinerzeit Jakob in Konstantinopel kennengelernt und unterrichtet hatte. König Karl XII. hatte sich nach der Niederlage in der Schlacht von Poltava in die ihm verbündete Türkei begeben, und Jakob blieb dort 8 Jahre im Gefolge des Königs. Später wirkte er als Hofmusiker in Stockholm, wo er 1722 starb.

wurde nicht als Hindernis empfunden, da Barbara und Sebastian nur Vettern zweiten Grades waren. Sebastian, von Natur aus ein Familienmensch, war mit 22 Jahren durchaus bereit, sein Junggesellendasein aufzugeben. Ihm, der mit zehn Jahren der Eltern beraubt worden war, erschien nichts wünschenswerter, als ein friedliches Heim zu gewinnen und an der Seite einer Gattin zu leben, die seine Interessen teilte und seine künstlerischen Leistungen voll zu würdigen wußte. In finanzieller Hinsicht hatte sich seine Lage auch einigermaßen verbessert, dank einer kleinen Erbschaft, die ihm nach dem Tode seines Onkels von mütterlicher Seite, Tobias Lämmerhirt (s. S. 79) zugefallen war. Am 17. Oktober 1707 war die kleine Dorfkirche in dem nahe gelegenen Dornheim Zeuge der einfachen Trauungszeremonie, die Sebastian und Barbara vereinte. Das bescheidene Gotteshaus war gewählt worden, da sein Pastor, Lorenz Stauber, ein Freund der Familie war und einige Monate später Barbaras Tante, Regine Wedemann, heiraten sollte. Wir wissen allzu wenig über Barbara Bach, doch dürfen wir annehmen, daß die Frau, die von so hervorragenden Musikern abstammte und die Mutter hochbegabter Söhne werden sollte, ihrem Gatten in musikalischen Fragen verständnisvoll zur Seite stand. Jedenfalls scheint die Ehe eine glückliche gewesen zu sein.

Schon vor der Eheschließung war es klar geworden, daß Sebastian nicht in Arnstadt verbleiben würde. Schwierigkeiten in der Aufrechterhaltung der Disziplin unter den ihm unterstellten Chorsängern und Beschwerden des Stadtrats über einen ungebührlich lang ausgedehnten Studienurlaub – Bach blieb vier Monate statt der ihm zugebilligten vier Wochen in Lübeck, hingerissen von der Meisterschaft des großen Organisten Dietrich Buxtehude – hatten zu einer höchst unerquicklichen Situation geführt. Hinzu kamen Klagen über Sebastians zu kühne Improvisationen und Choralbegleitungen auf der Orgel und des Organisten Entschlossenheit, auf dem von ihm als richtig angesehenen Standpunkt zu verharren. Nun ergab es sich, daß in der freien Reichsstadt Mühlhausen der Organistenposten an St. Blasius nach dem Tod des hochangesehenen Johann Georg Ahle neu besetzt wurde. Es dauerte nicht lange, bis die Familie Schritte unternahm, um Sebastian das Amt zu sichern. Barbara war von mütterlicher Seite mit dem Mühlhauser Ratsherrn Johann Hermann Bellstedt verwandt und er war es, der die Verhandlungen über die Neubesetzung leitete. So kam es Ostern 1707 zu einem Probespiel für den jungen Bach und der Eindruck, den er machte, war so glänzend, daß man ihm die Stelle anbot und dies zu besseren Bedingungen als sie seinem berühmten Vorgänger gewährt worden waren. Die Lösung von Arnstadt bot keinerlei Schwierigkeiten, da die Behörden sich eher erleichtert fühlten, daß keine weiteren Auseinandersetzungen mit dem schwer zu behandelnden jungen Organisten in Aussicht standen. Ja, man nahm sogar Sebastians Vorschlag an und übertrug das Amt an der „Neuen Kirche" an Johann Ernst Bach (25), dies jedoch mit einer bedeutsamen Einschränkung: Ernsts Gehalt war kaum die Hälfte des Sebastian gebotenen Betrages.[1]

Auch in Mühlhausen litt es den jungen Künstler nicht lange. Obwohl das neue Amt gegenüber dem früheren eine Verbesserung bedeutete, ergaben sich doch wieder Schwierigkeiten, da Sebastian nicht umhin konnte, zu einer unerfreulichen Fehde zwischen einem orthodoxen und einem pietistischen Pastor auf seiten des ersteren Stellung zu nehmen. Sein Vorgehen mag in gewisser Hinsicht auf Familientradition zurückzuführen sein, denn die Bache hielten grundsätzlich an der lutherischen Orthodoxie fest. Hinzu kam, daß die Kirchenmusik in St. Blasius nicht in der Art gepflegt wurde, wie es Sebastian wünschenswert erschien. So wandte sich sein Blick nach Weimar, wo der Organist Johann Effler, den Bach bei seiner ersten Anstellung am herzoglichen Hof oft vertreten hatte, verschieden war. Im Juni 1708 stellte Sebastian sich vor und wurde alsbald als Hoforganist und Kammermusikus angestellt. Am 25. Juni erbat er in einem devoten Schreiben seine Demission von Mühlhausen und erhielt die Erlaubnis, das Amt in Weimar anzutreten. Auch in diesem Fall sorgte Sebastian dafür, daß ein Verwandter sein Nachfolger werde. Johann Friedrich Bach (29), geb. 1682, ein Sohn des großen Johann Christoph (13) von Eisenach wurde hiefür angestellt. Wie in Arnstadt wurde auch in Mühlhausen dem neuen Organisten nur ein wesentlich geringerer Gehalt als seinem Vorgänger bewilligt. Friedrich folgte in seiner Lebensführung der alten Familientradition und behielt das Amt in Mühlhausen bis zu seinem Tod im Jahre 1730.

Anders stand es mit Sebastian, der innerhalb von fünf Jahren die dritte Stelle antrat. Dies war wohl nur zu geringem Teil jugendlicher Unrast zuzuschreiben, weit mehr dem Bewußtsein eigener Leistungsfähigkeit, die ihn mit Selbstverständlichkeit eine stete Verbesserung seiner finanziellen Lage anstreben ließ. Jedes der drei Ämter, die ihm zufielen, bedeutete auch einen sozialen Aufstieg. Von Arnstadts geringster Kirche war er an die St. Blasius-Kirche der freien Reichsstadt Mühlhausen gelangt, die weit höheres Ansehen genoß, da mehrere bedeutende Musiker an ihr gewirkt hatten. Schließlich hatte er Zugang an einen herzoglichen Hof gewonnen, was gegenüber Mühlhausen als ein wei-

---

[1] Ernst verblieb in dieser Stellung bis 1728, da er nach dem Tode seines Verwandten Andreas Börner Organist der beiden anderen Kirchen Arnstadts wurde. Er starb, fast blind, 1739 und da sein einziger Sohn damals erst 2 Jahre alt war, ging die Organistenstelle der Bach-Familie verloren, die sie seit 1641 innegehabt hatte. (Nach Heinrich Bach hatte sie sein Schwiegersohn Christoph Herthum; ihm folgte dessen Schwiegersohn Andreas Börner und daraufhin Johann Ernst Bach.)

terer Aufstieg anzusehen war. Die Anstellung in Weimar hatte er anscheinend
aus eigenen Kräften erzielt. Die Hilfe der Familie war nun nicht mehr erforder-
lich; das Blatt hatte sich gewendet und Sebastian wurde den Verwandten
gegenüber mehr und mehr ein hilfsbereiter Mentor, der sich mit Hingabe der
jungen Generation annahm.

Neun Jahre verblieb er in Weimar. In dieser Zeit wuchsen ihm vier Kinder
heran, eine Tochter, Catharina Dorothea (geb. 1708) und drei Söhne: Wilhelm
Friedemann (geb. 1710), Carl Philipp Emanuel (geb. 1714) – dazwischen ein
Zwillingspaar, das jedoch im Säuglingsalter starb – und Johann Gottfried
Bernhard (geb. 1715). Eine Schwester Barbaras lebte auch bei ihnen und außer-
dem nahm Sebastian zwei junge Verwandte zu sich, um sie auszubilden:
Johann Lorenz (38), einen Enkel des Schweinfurter Onkels, Georg Christoph
(30), und Johann Bernhard (41), Sohn von Sebastians ältestem Bruder und
Lehrer[1]. Die Kinder und Verwandten, die bei Sebastian wohnten, gaben seinem
Haus das lebensvolle Gepräge, das er als Kind im gastlichen Hause seines
Vaters beobachtet hatte.

Einen gleichaltrigen Vetter fand er in Weimar vor. Es war dies der Stadtorganist Johann Gottfried Walther, dessen Mutter, ebenso wie die Mutter
Sebastians, eine geborene Lämmerhirt war (s. S. 19). Walther, der später hohes
Ansehen gewann als Autor des ersten umfassenden Musiklexikons (veröffentlicht 1732), war ein Meister auf seinem Instrument und ein tüchtiger Komponist, insbesonders auf dem Gebiet der Orgelmusik. Sebastian fand in ihm einen
geistesverwandten Künstler, von dem noch manches zu lernen war. Ein besonderes Bindeglied war das Interesse an italienischer Musik, das beide heg-
ten. Die Vettern wetteiferten in der Bearbeitung italienischer Instrumental-
konzerte für Tasteninstrumente und empfingen wertvolle Anregungen voneinander.

Im großen und ganzen muß die berufliche Tätigkeit in Weimar Bach mehr
zugesagt haben als seine Arbeit in Arnstadt oder Mühlhausen. Vor allem gab
sie ihm Gelegenheit, als Orgelvirtuose die allerhöchste Meisterschaft zu erreichen und unsterbliche Werke für sein Instrument zu schaffen. In Weimar entwickelte sich Bach zum größten Orgelkomponisten aller Zeiten. Dennoch ergaben sich auch hier Probleme. Die Beziehungen zwischen dem regierenden
Herzog Wilhelm Ernst und dessen Neffen und Thronfolger, Prinz Ernst August, waren höchst gespannt. Jeder der beiden veranstaltete seine eigenen

---

[1] Johann Lorenz hielt sich von 1713–1717 in Weimar auf und wurde sodann Kantor
in Lahm in Franken. Johann Bernhard zog mit Sebastian nach Köthen, wo er bis
1719 verblieb. Im Jahre 1721 wurde Bernhard, als Amtsnachfolger seines verstorbenen Vaters, Organist in Ohrdruf.

Musikaufführungen und als das Zerwürfnis zwischen ihnen sich verschärfte, verbot Herzog Wilhelm Ernst seinen Untergebenen, im „roten Schloß" seines Neffen zu musizieren. Bach schätzte jedoch den jungen Prinzen, musizierte gerne bei ihm und scheute sich auch nicht, beim Geburtstag des Prinzen eine eigene Kantate zur Aufführung zu bringen. Dies erregte den Unwillen des Herzogs und er brachte dies zum Ausdruck, indem er nach dem Tod seines Kapellmeisters im Dezember 1716 das Amt nicht – wie zu erwarten war – Bach übertrug, sondern Verhandlungen mit anderen Kandidaten aufnahm. Sebastian empfand dies als eine ausgesprochene Demütigung, die ihm jede Freude an seiner Tätigkeit raubte und er wünschte sich, Weimar verlassen zu können. Eine glückliche Wendung des Schicksals fügte es nun, daß ein Schwager von Prinz Ernst August, der junge Prinz Leopold von Anhalt-Köthen, nach einem neuen Kapellmeister für seine Hofmusik Ausschau hielt. Er hatte von seiner Schwester viel über Bach gehört und wohl auch der Aufführung der Kantate beim Geburtstag seines Schwagers beigewohnt. So bot der junge Herrscher dem Komponisten das Amt zu äußerst günstigen Bedingungen an. Bach sagte zu, wobei er sich klar war, daß der neue Pflichtenkreis in diametralem Gegensatz zu seiner bisherigen Tätigkeit stand. Orgelspiel und Komposition geistlicher Musik wurde von ihm nicht erwartet, denn der Köthener Hof war 1596 zur reformierten Kirche übergetreten und duldete im Gottesdienst nur die einfachste Art kalvinistischer Psalmen. Der Hofkapellmeister sollte sich vor allem auf dem Gebiete instrumentaler Musik betätigen und gerade die Neuartigkeit seiner Obliegenheiten zog den stets experimentierfreudigen Künstler ungemein an. Ab 1. August 1717 befand Bach sich daher in Fürstlich Köthenschen Diensten, obwohl er noch gar nicht seine Demission vom Weimarer Hof erhalten hatte. Er reichte nun sein Gesuch ein und nahm nicht an, daß sich irgendwelche Schwierigkeiten ergeben würden. Der Weimarer Herzog war jedoch durchaus anderer Ansicht. Er war nicht bereit, seinem Hof einen Musiker zu entziehen, der als Orgelvirtuose hohes Ansehen genoß und kürzlich auch als Klavierist in Dresden, bei einem Wettstreit mit dem berühmten Louis Marchand, als Sieger hervorgegangen war. So wurde Bachs Ansuchen glattweg abgelehnt und der Herzog nahm an, daß der Künstler sich mit der Sachlage abfinden würde. Hiebei verkannte er aber die Natur seines Organisten, der nicht bereit war, sich den Wünschen des Fürsten zu fügen. So klar machte Bach seinen Standpunkt, daß es in den Akten heißt: „d. 6. Nov., ist der bisherige *Concert*-Meister u. Hof-*Organist*, Bach, wegen seiner Halßstarrigen Bezeugung v. zu erzwingenden *dimission*, auf der LandRichter-Stube *arrêtiret* ... worden". Vom 6. November bis zum 2. Dezember weilte Bach im Gefängnis. Da er jedoch keineswegs willens war nachzugeben und da andererseits der

Herzog es nicht zu einem offenen Streit mit dem Köthener Hof kommen lassen wollte, wurde er schließlich „mit angezeigter Ungnade" entlassen.

Sebastian Bachs entschlossenes Auftreten gegen fürstliche Anordnungen bedeutet einen Markstein in der Geschichte allmählich errungener sozialer Freiheit für den schaffenden Künstler. Hier brach er mit der Familientradition. Johann Ambrosius und Johann Christoph waren beide gezwungen worden, gegen ihren Willen in Eisenach zu verbleiben und ein gutes Angebot von anderer Seite abzulehnen. Sebastian aber war hiezu nicht bereit. Wie begeistert hätten seine Vorfahren der „Halßstarrigen Bezeugung" gelauscht, die für Sebastian schließlich das Tor des Gefängnisses öffnete. Naturgemäß begab er sich nun schleunigst nach Köthen, wo seine Familie bereits auf ihn wartete.

Als Barbaras siebentes Kind[1] in Köthen getauft wurde, versammelte sich eine erlauchte Gruppe in der Kirche; drei Mitglieder der fürstlichen Familie im Verein mit einem Hofrat und der Gattin eines Ministers fungierten als Paten. Dies wirft ein Licht auf Bachs Aufstieg. In Weimar wäre es ihm nicht gelungen, Taufpaten dieser sozialen Stellung für seine Kinder zu gewinnen. Als Hofkapellmeister in Köthen aber stand er dem Rang und Einkommen nach dem Hofmarschall, dem zweithöchsten Beamten, gleich. Dazu kam, daß er in Prinz Leopold einen (wie er sagte) „die Musik sowohl liebenden als kennenden" Herrn vorfand, der für Bachs Schaffen wahres Verständnis an den Tag legte. In Köthen lag der Schwerpunkt der schöpferischen Tätigkeit des Hofkapellmeisters in Komposition für Klavier und instrumentale Ensembles. Die Orgel war fast ganz vergessen; Sebastian schrieb glänzende Orchesterwerke, wie etwa die Brandenburgischen Konzerte und anmutige Tanzsuiten für Cembalo und Clavichord. Besonders stark fühlte der Komponist in jener Zeit den Drang sein überlegenes Können auch anderen mitzuteilen und Werke für die Belehrung der werdenden Künstler zu schreiben. Zahlreiche Klavierkompositionen, wie die Inventionen, die Sinfonien und der erste Teil des Wohltemperierten Klaviers waren für Unterrichtszwecke bestimmt. Der Meister empfand die Pflichten eines Lehrers keineswegs als drückend; sie trieben im Gegenteil seine schöpferischen Gaben zu höchsten Leistungen an.

In seinen Kindern erschloß sich ihm eine Quelle der Freude. Es war nunmehr klar geworden, daß der älteste Sohn, Wilhelm Friedemann, großes Talent besaß und der Vater begann ihn ernsthaft zu unterrichten. Als „Friede" (wie man den Knaben zu Hause nannte) 9½ Jahre alt war, legte Sebastian ein Klavierbüchlein für ihn an, das sich erhalten hat[2] und in reizvoller Weise Ein-

---

[1] Das Kind starb nach zehn Monaten.
[2] Es befindet sich in der Bibliothek der Yale University; in New Haven, Conn., USA.

blicke in die Zusammenarbeit von Vater und Sohn gewährt. Hier finden sich Kompositionen in Sebastians Hand, die uns aus seinen Klavierwerken bekannt sind, daneben Kopien solcher Stücke in der noch ungeschickt geformten Handschrift des Knaben. Dem kindlichen Geschmack Rechnung tragend ließ der Lehrer Friede auch leichte Stücke zeitgenössischer Komponisten wie Telemann, J. C. Richter und Stölzel eintragen und steuerte zu einem Menuett des letzteren auch noch ein kleines Trio bei.

Als Friedemann zehn Jahre alt war, fand das idyllische Leben der Familie in Köthen ein unerwartet tragisches Ende. Während Sebastian sich im Gefolge des Fürsten in Karlsbad befand, erkrankte Barbara Bach plötzlich und erlag ihrem Leiden bevor man noch den Gatten zurückberufen konnte. Die Kinder im Alter von zwölf, zehn, sechs und fünf Jahren hatten die Mutter verloren und Sebastian war seiner verständnisvollen Gefährtin beraubt. Eine Veränderung in der Bach'schen Lebensführung mußte ins Auge gefaßt werden.

Es war der Brauch der Zeit, nach dem Tod der Gattin sehr bald eine neue Ehe zu schließen, wofür eine Menge praktischer Gründe sprachen. Auch die Bache hielten es meist so, und es beweist Sebastians starke Verbundenheit mit Barbara, daß er eineinhalb Jahre, vom Juni 1720 bis zum Dezember 1721 wartete, bevor er den neuen Ehebund schloß. Seine Braut, die zwanzigjährige Anna Magdalena Wilcken, war die Tochter eines Hoftrompeters und stammte auf der väterlichen wie der mütterlichen Seite von Musikern ab. Sie war selbst eine ausgezeichnete Sopranistin und stand im Dienste des Hofes zu Köthen, wo sie bereits im Alter von fünfzehn Jahren ein Gastspiel gegeben hatte. Die junge Frau behielt ihre Stellung auch nach der Hochzeit bei und empfing halb soviel Gehalt wie ihr Gatte. Zwischen den beiden bestand ein Altersunterschied von sechzehn Jahren; anderseits bedeuteten die gemeinsamen Interessen ein starkes Bindeglied. Magdalena mag mehr als ihr Gatte an Opernmusik Anteil genommen haben – es ist bezeichnend, daß ihr jüngster Sohn als einziger von Sebastians Kindern ein erfolgreicher Opernkomponist wurde –, doch war sie vollauf befähigt, Sebastians Größe zu würdigen, und jung genug, um sich seine künstlerischen Anschauungen zu eigen zu machen. Die Heirat brachte für sie eine Fülle neuer Pflichten; sie mußte vier Stiefkinder betreuen, deren ältestes nur sieben Jahre jünger war als sie selbst. Wir wissen nicht, wie sich Barbaras Kinder zunächst zu ihr verhielten. Im Falle des elfjährigen Friedemann kann die Möglichkeit nicht von der Hand gewiesen werden, daß er sich schwer damit abfand, die Mutter durch eine Fremde verdrängt zu sehen und daß dieses Erlebnis zur Gestaltung seiner problematischen Persönlichkeit beitrug. Wenn wir auch über die Einstellung der Stiefkinder nicht im klaren sind, so wissen wir anderseits, daß es Magdalena gelang, ihrem Gatten eine freundliche, behagliche

Häuslichkeit zu schaffen. Musiker, die zu Besuch kamen, sowie eine Schar von Verwandten wurden gastlich aufgenommen, und alle fühlten sich wohl in des Künstlers Heim. Magdalena hatte die Gabe, auch die einfachsten Freuden des Daseins aus vollem Herzen zu genießen. Als ihr einmal sechs Nelkenpflanzen geschenkt wurden, berichtete der damals in Leipzig weilende Johann Elias Bach, daß „sie dieses Geschenk höher schäzet als die Kinder ihren Christ-Beschehr, und also abwartet, wie man kleine Kinder zu warten pfleget, damit ja keines davon eingehen möge"[1]. Aus der gleichen Quelle erfahren wir, wieviel Freude ihr ein abgerichteter Hänfling bereitete. Eine solche Veranlagung war gerade was sie brauchte, in einem Leben voll von Pflichten und mannigfachsten Problemen. Sie mußte einen großen Haushalt auf das sparsamste führen, dreizehnmal Kinder in die Welt bringen und sieben davon begraben. Wie sehr Sebastian sich bei solchen Schicksalsschlägen bemühte, der Mutter Mut und Stärke einzuflößen, zeigt sich in dem Notenbüchlein, das er ihr 1725 schenkte; zwei verschiedene, von ihm selbst herrührende Fassungen von Paul Gerhardts Lied „Gib dich zufrieden und sei stille in dem Gotte deines Lebens", trug er in das Büchlein ein, um die Gattin durch einfache, tief empfundene Musik aus der Bedrängnis des irdischen Lebens zu erheben.

Wir wissen nichts von Magdalenas Erscheinung. Ihr Gatte ließ sie von Cristofori malen, doch hat sich das Bildnis, das in Emanuel Bachs Nachlaß angeführt ist, leider nicht erhalten. Wir müssen uns mit dem geistigen Bild einer schwerarbeitenden, warmherzigen, hochmusikalischen Frau begnügen, die mit Tapferkeit des Lebens Bürden trug, dem großen Gatten hilfreich zur Seite stand, an seiner Kunst die reinste Freude empfand und anscheinend auch noch Zeit fand, ihm beim Kopieren seiner Werke zu helfen, wobei sie sich so sehr der Handschrift des Gatten anpaßte, daß manche von ihr herrührende Manuskripte lange Zeit für Bach'sche Autographe gehalten wurden.

Sebastian schenkte Magdalena nicht nur 1725, sondern schon vorher im Jahre 1722 ein Notenbüchlein, in das er selbst verschiedene Klavierkompositionen schrieb, es aber mehr oder minder der Gattin überließ, einzutragen was sie wollte. So fanden Lieder und verschiedene Tanzstücke anderer Komponisten hier Eingang, die wohl der Leistungsfähigkeit der jüngeren Kinder angepaßt waren und auch bei Tanzstunden Verwendung finden konnten. Selbst ein Ansatz zum Unterricht in der Aussetzung von Continuostimmen findet sich in dem zweiten Büchlein, doch brechen die Anweisungen nach der 15. Regel mit dem Hinweis ab, daß der Rest mündlich besser erklärt werden könne.

---

[1] Vgl. „Die Briefentwürfe des Johann Elias Bach", veröffentlicht von K. POTT-GIESSER in „Die Musik", 1912 bis 1913.

Schon bald nach Sebastians Eheschließung mit Anna Magdalena war noch in anderer Hinsicht eine entscheidende Veränderung in Bachs Lebensumständen eingetreten. Prinz Leopold entschloß sich, sein Junggesellendasein aufzugeben und eine Prinzessin von Anhalt-Bernburg zu heiraten. Die Gattin war jedoch – nach Bachs eigener Beschreibung – eine „amusa" und anscheinend nicht gewillt, die musikalischen Interessen ihres Mannes zu teilen. So ergab es sich, daß – um abermals mit Bach zu sprechen – die „musicalische Inclination des gesagten Fürsten in etwas laulicht" wurde und der Künstler sich zurückgesetzt fühlte. Er mußte sich fragen, ob es Sinn habe, weiter an dem kleinen Hof zu verbleiben. Würde eine Stellung mit einem umfangreicheren Wirkungskreis, vor allem eine, die es ihm ermöglichte, Gott wieder in Musik zu glorifizieren, ihm nicht mehr Befriedigung gewähren? Wäre ein Wechsel nicht auch mit Hinblick auf seine heranwachsenden Söhne angezeigt, denen er eine akademische Ausbildung ermöglichen wollte? Bach begann sich mit dem Gedanken vertraut zu machen, daß die friedliche, konfliktlose Lebensweise in Köthen nur eine reizende Zwischenstation darstelle, und daß er sich eher dem größeren Pflichtenkreis und den unvermeidlichen Kämpfen aussetzen müsse, die eine Stellung in einem wichtigen Musikzentrum mit sich bringen würde.

Als Johann Kuhnau, Kantor an der hochangesehenen Thomasschule und Musikdirektor von St. Thomas und den anderen Hauptkirchen in Leipzig, am 5. Juni 1722 verschied, beschloß Sebastian sich um diese Position zu bewerben, die in den protestantisch-lutherischen Kreisen Deutschlands von großer Bedeutung war. Die Leipziger verhandelten zunächst mit anderen, ihnen geeigneter erscheinenden Kandidaten, doch da sich in jedem Fall Schwierigkeiten ergaben, fiel die Wahl schließlich auf Bach, der am 31. Mai 1723 formell als Thomaskantor eingeführt wurde und das Amt bis zu seinem Tod innehatte.

Die neuen Obliegenheiten als *director musices* mehrerer Kirchen bedeuteten einen gewaltigen Ansporn für Bachs schöpferische Tätigkeit. Für den Gottesdienst schrieb er eine atemberaubende Zahl neuer Vokalwerke und revidierte zwischendurch ältere Kompositionen der gleichen Gattung. Die Mehrzahl seiner Kirchenkantaten – überwältigend in Quantität wie in Qualität – wurde in verhältnismäßig kurzer Zeit vollendet. Und als die gigantische Eruption etwas nachzulassen begann, gelangte am Karfreitag 1729 Bachs „Matthäuspassion" zur Wiedergabe, ein Werk, welches Bachs kirchenmusikalisches Schaffen in Leipzig zu einem glanzvollen Höhepunkt brachte. Im Frühjahr des gleichen Jahres aber übernahm Bach auch ein Amt, das sein Schaffen in ganz andere Bahnen führte. Er wurde zum Leiter des Leipziger Collegium Musicum ernannt, wodurch er Gelegenheit fand, sich wieder energisch weltlicher Musik zuzuwenden. Er schrieb nun Werke zur Ehrung des Herrscherhauses oder gewisser Persönlichkeiten an der Universität. Auch ließ er verschiedene Klavier- und Orgelwerke, die beste Aussicht auf Erfolg hatten, im Druck erscheinen. Die vier Teile der sogenannten „Klavierübung" mit den mächtigen „Goldberg-Variationen" als Abschluß, wurden damals von Bach selbst herausgegeben und schließlich veröffentlichte er auch die letzten großen kontrapunktischen Werke wie das „Musikalische Opfer" und die „Kunst der Fuge."

Diese großartigen schöpferischen Leistungen entfalteten sich ungeachtet der Tatsache, daß Bach gleichzeitig beruflich mit wachsenden Schwierigkeiten zu kämpfen hatte. Während der Köthener Hofkapellmeister nur die Wünsche *eines* Fürsten berücksichtigen mußte, hatte der Thomaskantor mit zwei Dutzend Vorgesetzten (im Stadtrat und kirchlichen Konsistorium) Einvernehmen zu pflegen. Die von der eigenen Bedeutung überzeugten Honoratioren zeigten nur wenig Verständnis für Bachs Leistungen und fühlten sich beleidigt, wenn er nicht die Unterwürfigkeit an den Tag legte, die von ihm erwartet wurde. Sebastian beklagte sich denn auch in einem Brief an einen alten Freund,[1] daß er in Leipzig „fast in stetem Verdruß, Neid und Verfolgung leben" müsse. Im eigenen Heim aber war der Mann, den der Leipziger Rat als untraktabel empfand, ein ganz anderer. Hier freute er sich an der begabten jungen Generation, die ihn umgab und sich von seiner Meisterschaft und machtvollen Persönlichkeit hinreißen ließ.

Bei seiner Ankunft in Leipzig bestand Bachs unmittelbare Familie aus vier Kindern und seiner jungen Frau[2]. Die einzige Tochter, Catharina Dorothea war fünfzehn Jahre alt und daher eine wertvolle Stütze bei der Hausarbeit. Die drei Knaben, Wilhelm Friedemann, Philipp Emanuel und Gottfried Bernhard, die damals dreizehn, neun und acht Jahre alt waren, wurden Schüler der Thomasschule und bewährten sich dort. Von Friedemann haben sich einige Arbeitshefte erhalten, die ihn als aufgeweckten Knaben zeigen, wohl bewandert in Latein und Griechisch, anderseits aber durchaus geneigt, sich langweilige Unterrichtsstunden durch Zeichnen von Karikaturen und Niederschrift von schelmischen Bemerkungen vergnüglicher zu gestalten. Sebastian war entschlossen, seinen Söhnen zu den akademischen Studien zu verhelfen, die ihm selbst versagt waren. Es ist als eine symbolische Handlung zu werten, daß er im Jahre seiner Ankunft in Leipzig Friedemanns Namen bereits in die Universi-

---

[1] Brief an Georg Erdmann vom 28. Oktober 1730.
[2] Es ist bezeichnend für Sebastians Familiensinn, daß er bald nach seiner Ernennung einen Neffen aus Ohrdruf nach Leipzig kommen ließ. Es war dies der 1707 geborene Johann Heinrich, der vierte Sohn von Sebastians ältestem kürzlich verstorbenen Bruder, Johann Christoph (22). Der Jüngling verblieb vier Jahre in der Thomasschule, wobei er von seinem Onkel musikalische Ausbildung empfing; später wurde er Kantor in Oehringen. Er starb 1782.

11. WILHELM FRIEDEMANN BACH

Zeichnung von P. Gülle

12. Erste Seite des Autographs von W. Friedemann Bachs unvollendetem
Klavierkonzert in Es-Dur

tätsmatrikel eintragen ließ und die Bestätigung hierüber dem Sohn zu Weihnachten überreichte. Hand in Hand mit der Schularbeit ging ein intensives Musikstudium. Die drei Bach-Söhne waren natürlich Stützen im Chor des Vaters, studierten Orgel und Klavier bei ihm und wurden allmählich in Musiktheorie und Kompositionslehre eingeführt. Dennoch war der Vater noch nicht völlig zufrieden. Es erschien ihm notwendig, daß sein geliebter „Friede" noch Unterricht von einem bedeutenden Geigenlehrer empfange. Daher sandte er ihn 1726 nach Merseburg, wo er ein Jahr bei Johann Gottlieb Graun studierte, einem ausgezeichneten Schüler Tartinis, der später Emanuel Bachs Kollege am preußischen Hof werden sollte. Das Ergebnis des Merseburger Aufenthaltes war gewiß zufriedenstellend; trotzdem aber gehörte Friedemanns Liebe hauptsächlich den Tasteninstrumenten, deren Spiel ihn der Vater gelehrt hatte. Bei den jüngeren Söhnen erschien Sebastian ein Unterricht außerhalb des Heims nicht so wichtig. Dies galt jedenfalls für Emanuel, der linkshändig war und daher keine rechte Eignung für Musizieren auf Streichinstrumenten besaß. So bildete ihn der Vater zu einem hervorragenden Klavierspieler aus und hatte außerdem die Genugtuung, daß Emanuel im Alter von siebzehn Jahren ein eigenes Menuett für Klavier selbst stach und es ungefähr gleichzeitig mit Sebastians opus I – dem ersten Teil der „Klavierübung" – herausgab. Doch war es sichtlich Friede, der dem Vater am meisten bedeutete. Es machte ihm Vergnügen, mit dem ältesten Sohn nach Dresden zu fahren, gemeinsam die Oper zu besuchen (über deren „Liederchen" er sich mit leichter Ironie aussprach) und mit den dortigen Musikern zusammenzutreffen. Die Liebe und Fürsorge des Vaters mögen zunächst Friedemann viel geholfen haben, erwiesen sich aber im Endergebnis als unheilvoll. Es konnte nicht ausbleiben, daß Sebastians starke Persönlichkeit den Jüngling vollkommen in ihren Bann zog. Friedemann machte sich mit Selbstverständlichkeit die künstlerischen Anschauungen des Vaters zu eigen und war außerstande, den Tendenzen seiner eigenen Zeit voll und ganz zu folgen. Er war sich auch klar, welch hohe Erwartungen der Vater in ihn setzte und fühlte sich dadurch erhoben und auch wieder bedrückt. Emanuel gelang es anderseits nie, dem Vater so nahe zu kommen wie dies Friedemann beschieden war; er bewunderte ihn von ganzem Herzen, bemühte sich aber nicht, ihn nachzuahmen, und so fiel es ihm weit leichter, seinen eigenen Stil auszubilden.

Nach seiner Rückkehr aus Merseburg besuchte Friedemann wieder die Thomasschule, die er 1729 absolvierte, wobei er eine öffentliche Valediction vortrug. Dann begann er Studien an der Leipziger Universität, welche er durch vier Jahre besuchte und hörte Vorlesungen in Jus, Philosophie und Mathematik. Emanuel folgte seinem Beispiel; er inskribierte zwei Jahre später, im Alter von siebzehn Jahren, und studierte in Leipzig bis 1735. Beide Jünglinge hätten natürlich ohne weiteres nach Absolvierung der Thomasschule Stellen als Musiker finden können, doch war dies nicht die Absicht ihres Vaters. Er war durchaus bereit, sie noch einige Jahre zu erhalten, um ihnen eine gute akademische Ausbildung zuteil werden zu lassen, obwohl er sich klar war, daß beide die Musik zu ihrem Beruf machen würden. Stolz schrieb er in dem oberwähnten Brief an Erdmann: „insgesamt sind sie gebohrne *Musici*, u. kan versichern, daß schon ein *Concert Vocaliter* u. *Instrumentaliter* mit meiner Familie *formiren* kan". Die Söhne halfen ihm auch in mancher Hinsicht, indem sie Noten kopierten, die Unterweisung von Schülern übernahmen[1] und Proben abhielten; auf diese Weise ermöglichten sie dem Vater, schöpferischer Arbeit mehr Zeit zu widmen. Es ist wohl kein Zufall, daß die „Matthäuspassion" zu einer Zeit komponiert und aufgeführt wurde, da Friedemann und Emanuel zu Hause lebten und viele Obliegenheiten des Vaters übernahmen.

1733 aber gelangte die Organistenstelle an der Dresdner Sophienkirche zur Neubesetzung, und dies schien Friedemann eine gute Möglichkeit zu eröffnen, offiziell ein Amt als Musiker anzunehmen. Sebastian Bach war natürlich in Dresden gut bekannt, und seit seinem denkwürdigen Erfolg über Marchand (vgl. S. 139) sehr geschätzt. Auf der erlesenen kleinen Silbermann-Orgel, um die sich Friedemann nun bemühte, hatte Sebastian zwei Jahre früher ein Konzert gegeben, das die Dredner Höflinge und Musikfreunde mit Begeisterung erfüllte. So konnte Friedemann auf eine freundliche Aufnahme seines Gesuches rechnen, insbesondere da die entscheidende Stimme bei der Vergebung des Amtes dem berühmten Pantaleon Hebenstreit zukam, der als früherer Eisenacher Kapellmeister (vgl. S. 36) mit den Bachen bekannt war. Doch war Hilfe solcher Art kaum notwendig, da der junge Friedemann ein auserlesener Orgelvirtuose war, der die Hörer bei seinem Probespiel tief beeindruckte. Am nächsten Tage wurde das Anstellungsdekret ausgestellt, und Sebastians ältester Sohn zog nach Dresden. Der Vater war mit der Wendung der Dingeʿrecht zufrieden. Finanziell war die Stelle nicht gerade günstig, doch erforderte die Tätigkeit an der Sophienkirche nur wenig Arbeit, und der junge Musiker hatte reichlich Zeit zu weiteren Studien und zu schöpferischer Tätigkeit. Auch war Dresden nicht weit von Leipzig, und so konnte der Vater damit rechnen, den Sohn öfters zu sehen[2] und seine künstlerische Entwicklung zu beobachten.

---

[1] Friedemann unterrichtete etwa Christoph Nichelmann, der später als zweiter Cembalist am preußischen Hof Emanuel Bachs Kollege werden sollte.

[2] Wir hören 1739 von einem solchen Besuch in einem Brief des Johann Elias Bach. Friedemann verbrachte einen Ferienmonat beim Vater, und mit ihm kamen als Gäste die angesehenen Lautenisten Silvius L. Weiß und Johann Kropfgans zu erlesenem gemeinsamen Musizieren.

Emanuel war einundzwanzig, somit zwei Jahre jünger als Friedemann, da er das väterliche Haus verließ. Er begab sich nach Frankfurt an der Oder, um seine Jusstudien an der dortigen Universität fortzusetzen und fand seinen Unterhalt als Klavierlehrer. Drei Jahre später erlangte er das Amt, das er siebenundzwanzig Jahre lang beibehalten sollte: er wurde Cembalist Friedrichs des Großen von Preußen.

So verlor Sebastian 1735 seine beiden wichtigsten Helfer in der Familie. Obwohl die so entstandene Lücke noch erweitert wurde durch den Abgang einiger seiner besten Schüler wie Johann Ludwig Krebs und Christian Friedrich Schemelli, so sah sich Sebastian doch veranlaßt, ein Amt für seinen dritten Sohn, Johann Gottfried Bernhard zu finden. Die Organistenstelle an der Marienkirche in Mühlhausen gelangte gerade zur Neubesetzung, und da Sebastian in den siebenundzwanzig Jahren seit seinem eigenen Wirken in Mühlhausen freundliche Beziehungen zu einflußreichen Bürgern unterhalten hatte, reichte er nun für den Sohn ein. Es fehlte nicht an Opposition seitens einiger Ratsherren, die einen Mühlhäuser Organisten im Auge hatten, doch erwies sich Sebastian Bachs Name, verbunden mit Bernhards ausgezeichnetem Probespiel, als stark genug, die Widerstände zu überwinden, und so wurde der junge Bach angestellt. Anscheinend hatte der Vater vergessen, wie sehr ihm mancherlei in Mühlhausen nicht zugesagt hatte, als er selbst in der Stadt wirkte. Vor allem stand bei ihm augenblicklich alles unter dem Eindruck einer unseligen Fehde mit seinem Vorgesetzten an der Thomasschule, dem Rektor Ernesti, und jeder andere Ort mußte ihm verlockender als Leipzig erscheinen. Auch wußte niemand, wie der Ausgang dieses bitteren Kampfes sein würde, und so schien es ratsam, dem Sohn finanzielle Unabhängigkeit zu sichern. Dies sollte sich jedoch als ein verhängnisvoller Schritt erweisen. Der zwanzigjährige Bernhard war nicht reifer, vielleicht sogar weniger reif als seine Brüder im selben Alter gewesen waren, und Sebastians weise Regel, den Söhnen eine langsame Entwicklung zu ermöglichen, wäre bei Bernhard besonders wichtig gewesen. Statt jedoch eine richtige akademische Ausbildung zu erlangen, wie sie den Brüdern zuteil wurde, mußte er nach Mühlhausen ziehen, wo sich von Anfang an Schwierigkeiten einstellten. Die Protokolle der Ratssitzungen haben sich erhalten[1] und zeigen deutlich eine feindliche Einstellung mehrerer Mitglieder gegen den neuen Organisten. Ihre Bemerkungen klingen wie ein Echo der seinerzeit in Arnstadt gegen den zwanzigjährigen Sebastian erhobenen Vorwürfe. Ein Ratsherr erklärte:

---

[1] Vgl. GEORG THIELE „Die Familie Bach in Mühlhausen". Mühlhäuser Geschichtsblätter 1921.

„daß H. Bach jun. bisher allzuviel und allzulange präludirt, mithin dadurch die zur Andacht und Gottesdienst bestimmte Zeit über die Gebühr verkürzt, . . . sich um die hiesigen Gesänge und deren schöne Melodien schlecht bekümmert, und daher mit Orgelschlagen die singende Gemeinde oft nur verwirret."

Ein anderer, dem das kräftige Spiel des jungen Künstlers nicht zusagte, rief aus:

„Wenn H. Bach die Orgel so fort spielt, so ist sie in 2 Jahren hingerichtet, oder die meisten Kirchengänger müssen taub werden."

(Anscheinend hatte Bernhard die Methode seines Vaters übernommen, der, wie Sebastians erster Biograph, Forkel, berichtet, bei der Prüfung einer Orgel „alle klingenden Stimmen anzog und das volle Werk sodann so vollstimmig als möglich spielte.") Der Bürgermeister aber, der von Anfang an auf Bernhards Seite stand, versuchte die Anwürfe zum Schweigen zu bringen, und erklärte:

„haben wir Gott zu danken, daß wir einen künstlerischen und geschickten Organisten erhalten haben, welchem weder die Abkürzung des Praeludii anzubefehlen noch weniger aber die Orgel nach der Kunst zu spielen zu verbieten ist. Denn wenn wir einen Stümper hätten haben wollen, hätten wir keinen fremden Künstler zu verschreiben nötig gehabt."

Gewisse Ratsherren ließen sich aber nicht beeinflussen und erklärten Bernhards „allzulangen praeludii als etwas Unnötiges und Beschwerliches".

Dem jungen Organisten konnte diese Einstellung nicht entgehen. Während sein Vater in ähnlicher Lage Ärger empfand, sich aber in seinem Selbstvertrauen nicht erschüttern ließ, war der Sohn nicht so widerstandsfähig und wurde durch Anwürfe dieser Art aus seiner Bahn geworfen. Es kränkte ihn auch, daß er nicht zu den Beratungen über die neue, für seine Kirche geplante Orgel herangezogen wurde. Mühlhausen sagte ihm daher nicht länger zu, und er beschwor den Vater, ihm eine andere Stellung zu suchen. Tatsächlich gelang es Sebastian, seinen Sohn an die Jakobikirche in Sangerhausen berufen zu lassen, um die er sich selbst im Jahre 1703 bemüht hatte. Bernhard kündigte, und der Mühlhausener Organist, der ursprünglich für die Stelle ausersehen worden war, wurde sein Nachfolger. Als Bernhard, achtzehn Monate nach seiner Ankunft, Mühlhausen im März 1737 verließ, hätte er wohl Freude empfunden, wenn er nicht am Ende noch mit kränkendem Mißtrauen behandelt worden wäre. Jene Ratsherren, die sich gegen sein jugendlich-kraftvolles Spiel ausgesprochen hatten, bestanden darauf, daß vor seiner Abreise ein anderer Organist feststelle, ob die Orgel in gutem Zustand hinterlassen worden sei. Es war ein demütigendes und – wie sich zeigte – unnötiges Vorgehen gegen den Sohn des größten Orgelfachmanns, der seinen Schülern eine gründliche Kenntnis des Instruments beibrachte und sie auf das genaueste unterwies, wie es zu behandeln sei. Wir können uns vorstellen, wie sehr Sebastian diese Beleidigung empört haben muß. Dazu kam noch, daß auch Bernhards persönliche Lebensführung nicht zufriedenstellend war; vielleicht war es auf den künstlerischen Mißerfolg zurückzuführen, daß der Jüngling sich nicht an die Regeln äußerster Sparsamkeit hielt, die ihm zu Hause beigebracht worden waren und Schulden machte. Tragischerweise war es Bernhard auch in Sangerhausen nicht möglich, zur Ruhe zu kommen und mit seinem bescheidenen Einkommen das Auslangen zu finden. (Er mag einen gewissen Leichtsinn in Geldangelegenheiten von dem großen Johann Christoph in Eisenach geerbt haben, mit dem er von väterlicher und von mütterlicher Seite her verwandt war). Nach weniger als einem Jahr verschwand er plötzlich aus dem kleinen Städtchen und hinterließ wieder Schulden. Der Ratsherr J. F. Klemm, dem anscheinend Bernhards Ernennung zu verdanken war, verständigte den Vater von dem Sachverhalt, worauf dieser schrieb: „Mit was Schmerzen und Wehmuth diese Antwort abfaße, können Eu: HochEdlen von selbsten als ein Liebreich- und wohlmeynender Vater Dero Liebsten EhePfänder beurtheilen. Meinen (leider mißrathenen) Sohn habe seit vorm Jahre, da die Ehre hatte von Eu: HochEdlen viele Höfligkeiten zu genießen, nicht mit einem Auge wieder gesehen. Eu: HochEdlen ist auch nicht unwißend, daß damahln vor selbigen nicht alleine den Tisch, sondern auch den Mühlhäuser Wechsel (so seinen Auszug vermuthlich damahlen *causire*te) richtig bezahlet, sondern auch noch einige *Ducaten* zu Tilgung einiger Schulden zurück ließ, in Meynung nunmehro ein ander *genus vitæ* zu ergreiffen. Ich muß aber mit äußerster Bestürtzung abermahligst vernehmen, daß er wieder hie und da aufgeborget, seine LebensArth nicht im geringsten geändert, sondern sich gar *absentiret* und mir nicht den geringsten *part* seines Aufenthalts biß *dato* wißend gemacht. Waß soll ich mehr sagen oder thun? Da keine Vermahnung, ja gar keine liebreiche Vorsorge und *assistence* mehr zureichen will, so muß mein Creütz in Gedult tragen, meinen ungerathenen Sohn aber lediglich Göttlicher Barmhertzigkeit überlaßen, nicht zweiflend, Dieselbe werde mein wehmüthiges Flehen erhören, und endlich nach seinem heiligen Willen an selbigem arbeiten, daß er lerne erkennen, wie die Bekehrung einig und allein Göttlicher Güte zuzuschreiben. Da nun Eu: HochEdlen mich *expectoriret*, als habe das zuversichtliche Vertrauen, Dieselben werden die üble Aufführung meines Kindes nicht mir *imputiren*, sondern überzeügt seyn, daß ein getreüer Vater, dem seine Kinder ans Hertze gehen, alles suche zu bewerckstelligen, um Deroselben Wohl befördern zu helffen: Welches mich auch veranlaßet, bey damahliger Dero *vacance* Ihnen selbigen bestens zu empfehlen, in Hoffnung, die Sangerhäuser *civilisir*tere LebensArth u. die vornehmen Gönner würden Ihn gleichmäßig zu anderer Aufführung bewegen, Dero-

wegen auch nochmahlen gegen Eu: HochEdlen als dem Urheber seiner Be-
förderung hiemit meinen schuldigsten Danck abstatte, auch nicht zweifle, Eu:
HochEdlen werden nur in so lange Eu: HochEdlen Rath suchen zu *disponiren*
mit der gedroheten *mutation* zu verzögern, biß ausfündig zu machen ist, wo er
sich aufhalte: (Gott ist mein | allwißender Zeüge, daß ihn seit vorm Jahre nicht
wieder zu sehen bekommen:) Um zu vernehmen, was er gesonnen fernerhin zu
thun? Zu bleiben, u. seine LebensArth zu ändern? oder sein *fortun* anderwerts
zu suchen? . . ."

Bernhard war inzwischen nach Jena gegangen, um Jus zu studieren und
fand wohl Aufnahme bei seinem Verwandten, Johann Nicolaus Bach. Der
Jüngling mag sich zurückgesetzt gefühlt haben, weil er nicht, wie seine beiden
älteren Brüder, eine gute akademische Ausbildung empfangen hatte und war
nun bestrebt, dies nachzuholen. Jena war eine gute Wahl, denn Johann Nicolaus hatte vor einigen Monaten seinen einzigen Sohn verloren, und der betagte
Organist wird den begabten jungen Verwandten, der ihn vertreten und ihm
später nachfolgen konnte, mit Freuden willkommen geheißen haben. Doch
erfüllten sich Bernhards Pläne nicht, denn schon vier Monate nachdem er an
der Universität inskribiert hatte, erlag der unselige junge Mann im Alter von
vierundzwanzig Jahren einem „Fieber".

Während die Söhne aus der ersten Ehe sich fern vom Elternhaus ihr eigenes
Leben aufbauten, wuchs eine neue Generation im Thomaskantorat heran. Die
Wiege stand nie leer. Im ersten Jahrzehnt des Aufenthaltes in Leipzig wurden
dem Bach-Ehepaar zehn Kinder geboren; dann folgten in größeren Abständen
noch drei weitere bis zum Jahre 1742. Für Anna Magdalena war Mutterglück
unlösbar verbunden mit Tragik, da der Tod mit furchtbarer Regelmäßigkeit
in ihrem Heim Einkehr hielt. Von ihren dreizehn Kindern überlebten nur
sechs das Säuglingsalter und unter diesen verursachte der älteste Sohn, Gottfried Heinrich, den Eltern viel Kummer, da der Knabe (der anscheinend hohe
musikalische Begabung zeigte) schwachsinnig war[1]. Im übrigen wuchsen drei
Töchter Magdalenas heran und zwei Söhne, der 1732 geborene Johann Christoph Friedrich und der drei Jahre jüngere Johann Christian, die beide großes
musikalisches Talent an den Tag legten. Ihre Schulung wurde einem Vetter
aus Schweinfurt anvertraut, dem vorerwähnten Johann Elias Bach (39), der 1738
in Leipzig eintraf.

Der dreiunddreißigjährige Johann Elias, ein Enkel von Ambrosius' Bruder
Georg Christoph (10), hatte sich in Leipzig eingefunden, um Theologie zu stu-

---

[1] Ein Fall ähnlicher Art ereignete sich in einer früheren Generation; eine Schwester
des Johann Ambrosius Bach war ebenfalls schwachsinnig (vgl. S. 82).

dieren, wofür ihm der Schweinfurter Rat sowie ein reicher Wohltäter Stipendien verliehen hatten[1]. Sebastian, der den Bruder des Elias seinerzeit ausgebildet hatte, schlug vor, daß Elias bei ihm Kost und Quartier empfange und als Gegenleistung seine jungen Söhne unterrichte sowie als sein Sekretär fungiere. Dies wurde vertraglich festgelegt, doch entwickelten sich bald auch herzliche Beziehungen zwischen den Familien des Thomaskantors und dem Schweinfurter Vetter. Die Entwürfe von Elias' Briefen, die sich erhalten haben, zeigen einen liebenswerten Menschen, der an allem, was sich im Heim Bachs ereignete, wärmsten Anteil an den Tag legte. Er nahm seine Pflichten sehr ernst, ganz besonders als es sich darum handelte, die Zöglinge für die Kommunion vorzubereiten. 1741 wurde ihm eine andere Stellung angeboten, doch lehnte er ab mit der Begründung, daß die ihm anvertrauten Knaben, insbesonders der älteste, seiner Unterweisung dringend bedürften. Elias schrieb über die Kompositionen seines großen Vetters an andere Musiker. Er bemühte sich, Anna Magdalenas Leben zu verschönern, indem er ihr Blumenstöcke und Singvögel beschaffte; anderseits ersuchte er seine Mutter, ihm für Sebastian eine Flasche von „rechten guten Hefen Brandewein" zu senden. Da Elias sich im klaren war, wie gerne sein Vetter eine Abwesenheit von Leipzig in die Länge zog, gestattet er sich, als der Thomaskantor in Berlin weilte, an die bevorstehende Leipziger Ratswahl zu erinnern, für die eine neue Komposition vorzulegen war. So erwies sich Elias in mancher Hinsicht als hilfsbereit und nützlich; anderseits aber hätte er sich wohl nicht so bewährt, wenn er nicht – wie er in einem Brief bemerkt – „im Hause des Herrn Vetters recht viel Gutthaten genossen" hätte. Wir erfahren etwa, daß der Thomaskantor ihm für eine Reise nach Oschatz seine großen „Belz-Stiefeln" und einen Regenmantel lieh, Gegenstände, die Sebastian teuer waren, da sie ihn regelmäßig auf die eigenen Kunstfahrten begleiteten. Sebastian nahm den Sekretär auch nach Dresden mit und führte ihn bei seinem einflußreichen Gönner, dem musikliebenden Grafen Keyserlingk ein. Auch müssen die Hauskonzerte im Kantorat, an denen oft hervorragende Musiker von auswärts als Gäste teilnahmen, Eindrücke geboten haben, die dem Vetter aus Schweinfurt in lebendigster Erinnerung blieben. Noch Jahre nach seiner Heimkehr war Elias bestrebt, dem Leipziger Verwandten Aufmerksamkeiten zu erweisen. Einmal schickte er ihm ein Fäßchen neuen Weines, und Sebastian antwortete darauf mit folgenden Worten, die für seine Genauigkeit in Geldangelegenheiten recht bezeichnend sind:

---

[1] Johann Elias hatte mehrere Jahre zuvor in Jena zu studieren begonnen, doch zwang ihn Geldmangel, vor Beendigung seiner Studien nach Hause zurückzukehren.

Leipzig d. 2. Novembr. 1748.

Hoch Edler etc.

Hochgeehrter Herr Vetter.

Daß Sie nebst Frauen Liebsten sich noch wohl befinden, versichert mich Dero gestriges Tages erhaltene angenehme Zuschrift nebst mit geschicktem kostbarem Fäßlein Mostes, wofür hiermit meinen schuldigen Danck abstatte. Es ist aber höchlich zu bedauern, daß das Fäßlein entweder durch die Erschütterung im Fuhrwerck, oder sonst Noth gelitten; weiln nach dessen Eröffnung und hiesigen Ohrtes gewöhnlicher *visirung*, es fast auf den 3ten Theil leer und nach des *visitatoris* Angebung nicht mehr als 6 Kannen in sich gehalten hat; und also schade, daß von dieser edlen Gabe Gottes das geringste Tröpfflein hat sollen verschüttet werden. Wie nun zu erhaltenen reichen Seegen dem Herrn Vetter herzlichen *gratulire*; als muß hingegen *pro nunc* mein Unvermögen bekennen, üm nicht im Stande zu seyn, mich *reellement revengiren* zu können. Jedoch *quod differtur non auffertur*, und hoffe *occasion* zu bekommen in etwas meine Schuld abtragen zu können. Es ist freylich zu bedauern daß die Entfernung unserer beyden Städte nicht erlaubet persönlichen Besuch einander abzustatten; Ich würde mir sonsten die Freyheit nehmen, den Herrn Vetter zu meiner Tochter *Ließgen* Ehren Tage, so künfftigen *Monat Januar*, 1749, mit dem neuen Organisten in *Naumburg*, Herrn *Altnickol*, vor sich gehen wird, dienstlich zu *invitiren*. Da aber schon gemeldete Entlegenheit, auch unbeqveme Jahres Zeit es wohl nicht erlauben dörffte den Herrn Vetter persöhnlich bey uns zu sehen; So will mir doch ausbitten, in Abwesenheit mit einem christlichen Wunsche ihnen zu *assistiren*, wormit mich denn dem Herrn Vetter bestens empfehle, und nebst schöner Begrüßung an Ihnen von uns allen beharre

Eu: HochEdlen

gantz ergebener treüer Vetter und

willigster Diener

Joh. Seb: Bach

. . . . . .

P. S. Ohnerachtet der Herr Vetter sich geneigt *offeriren*, fernerhin mit dergleichen *liqueur* zu *assistiren*; So muß doch wegen übermäßiger hiesiger Abgaben es *depreciren*; denn da die Fracht 16 gr. der Ueberbringer 2 gr. der *Visitator* 2 gr. die Land*accise* 5 gr. 3 Pf. und general*accise* 3 gr. gekostet hat, als können der Herr Vetter selbsten ermeßen, daß mir jedes Maaß fast 5 gr. zu stehen kömt, welches denn vor ein Geschencke alzu kostbar ist.

Zur Zeit, als dieser Brief Elias erreichte, war der junge Mann bereits wohlbestallter Kantor und Inspektor des Alumneums in Schweinfurt. Nachdem er 1743 sich in seiner Heimat „eine bleibende Stätte und ein gewisses Stückchen Brod auf zeitlebens" gesichert hatte, sah er darauf, daß „ein ehrliches Verbündnis, in das er sich mit einem Frauenzimmer aus Leipzig wohlbedächtig eingelassen, nunmehr durch priesterliche Kopulation seine völlige Richtigkeit erhalte"[1]. Doch war dem Ehepaar kein langes Glück beschieden, denn die Frau

---

[1] Brief vom 27. Mai 1743 an Herrn von Pflug.

starb zwei Jahre später, und 1746 schloß Elias neuerlich ein Ehebündnis[1]. Als die zweite Gemahlin das Bürgerrecht in Schweinfurt erwerben wollte, bat Elias den Rat, dies ohne Berechnung einer Gebühr zu ermöglichen und bot als Gegenleistung Kantaten an, die er für das gesamte Kirchenjahr komponiert hatte. Er scheint Werke dieser Art häufig geschrieben zu haben, doch war er zu vertraut mit den Schöpfungen seines Vetters, um von den eigenen Leistungen viel zu halten[2].

Während Elias in Leipzig weilte, schloß er sich an einen jungen Verwandten an, der in der Thomasschule studierte und gleichzeitig von Sebastian musikalischen Unterricht empfing. Es war dies ein Patenkind des Meisters, der 1722 geborene *Johann Ernst* (34), ein Sohn des Eisenacher Organisten Johann Bernhard (18), der anderseits Pate von Sebastians unseligem dritten Sohn war. Der junge Ernst hatte an der Thomasschule nicht viel Erfolg. Anscheinend war auch er nicht frei von der Bachschen Vorliebe für Überschreitung von Urlauben, die so oft zu Schwierigkeiten mit den Vorgesetzten führte. In Ernsts Fall hatte sie seine Entlassung aus der Schule zur Folge, doch verblieb er in Leipzig, wo er wohl bei seinem Paten wohnte und schließlich als Jusstudent an der Universität inskribierte. Er war nicht in der Lage, seine Studien abzuschließen, da sein kränklicher Vater ihn am Ende des Jahres 1741 bestimmte, nach Eisenach zurückzukehren. Dies war nicht leicht für den ehrgeizigen Jüngling. Zwischen der künstlerisch so anregenden Atmosphäre in Sebastians Heim, in dem sich bedeutende Gäste und begeisterte Schüler ständig einfanden, und der Enge des provinziellen Eisenach bestand ein großer Unterschied, und dieser wurde noch dadurch verschärft, daß das Eisenacher Hoforchester, mit dessen künstlerischen Darbietungen Ernst anscheinend gerechnet hatte, 1741, nach der Vereinigung der Fürstentümer Eisenach und Weimar, aufgelöst wurde. Ernst klagte über die unerfreulichen Verhältnisse, worauf

---

[1] Einer seiner Söhne, der 1745 geborene Johann Michael scheint der erste Bach-Musiker gewesen zu sein, der die Vereinigten Staaten bereiste. Nach seiner Rückkehr wandte er sich von der Musik ab und ließ sich weit von seiner fränkischen Heimat in Güstrow, Mecklenburg, als Advokat nieder, wo er 1820 starb. Johann Michael ist vielleicht der Autor der 1780 in Kassel gedruckten „Kurzen und systematischen Anleitung zum Generalbaß und der Tonkunst". Die humoristische Einleitung zu dem Buch trägt das Datum „Göttingen, 3. Juli 1780". Das siebenundvierzig Seiten umfassende Werk besteht aus acht Kapiteln, die Konsonanzen, Dissonanzen, Notenwechsel, Modulationen, Orgelpunkt und bezifferten Baß behandeln. Im letzten Kapitel finden sich zahlreiche musikalische Beispiele. Der gleiche Johann Michael ist möglicherweise der Komponist der umfangreichen „Friedenskantate", die sich in Berlin erhalten hat. Stilistisch gehört das Werk der Zeit der Veröffentlichung der „Kurzen und systematischen Anleitung" an.
[2] Von Leipzig schrieb er einmal an seinen Gönner, Herrn von Segnitz, daß er sich eine Stellung als Lehrer wünsche, da die „Musik keineswegs sein Hauptwerk" sei.

Elias, wohl unter dem Eindruck von Sebastians Bemerkungen, ihn ermahnte: „halte doch für nötig und dienlich, wenn Sie sich die Einsamkeit eine Zeit lang gefallen ließen, um Ihrem ehrlichen alten Papa gefällig zu sein, denn wie mich der Herr Kapellmeister [Sebastian] versichert, wirft der Organistendienst bei der Stadt Eisenach so viel ab, daß ein ehrlicher Mann davon leben kann." Ernst folgte dem Rat und half dem Vater; als dieser 1749 starb, wurde die Stellung mit Selbstverständlichkeit ihm übertragen, und so hatte Sebastian die Genugtuung, auch diesen begabten Schüler in Amt und Würden zu sehen.

Die eigenen Kinder bereiteten ihm in diesen letzten Jahren manche Freude. 1746 sah er Friede von Dresden nach Halle übersiedeln, wo dieser ein seinerzeit vom Vater angestrebtes wichtiges Amt ausübte. Emanuel gewann mehr und mehr Ansehen als Klaviervirtuose und Komponist und war glücklich verheiratet. Lieschen, die älteste Tochter aus des Meisters zweiter Ehe, war – wie wir hörten – mit Sebastians Schüler Johann Christoph Altnickol vermählt, der mit Hilfe des Thomaskantors eine Stellung in Naumburg erlangt hatte. Dies war dem Meister ein Anlaß zu großer Freude. Im Frühjahr 1750 fand auch sein achtzehnjähriger Sohn, Johann Christoph Friedrich, ein Amt als Kammermusikus des Grafen Wilhelm von Schaumburg-Lippe in Bückeburg. Beim vorangehenden Weihnachtsfest überreichte ihm die Mutter eine deutsche Luther-Bibel mit folgender Inschrift[1]:

> Zum steten Andenken
> und Christlicher erbau-
> ung schenket ihrem
> lieben Sohn dieses herrliche
> Buch
> Anna Magdalena Bachin
> gebohrne Wülckin
> Deine getreue und
> wohlmein[en]de Mamma
> Leipzig den 25. Decemb.
> 1749

Nur klein war die Familie, die Sebastian nunmehr umgab. Im Hause lebte die älteste, bereits zweiundvierzigjährige Tochter, der schwachsinnige Gottfried Heinrich, zwei junge Mädchen im Alter von dreizehn und acht Jahren und der fünfzehnjährige Johann Christian. An dem Talent dieses genialen Knaben freute sich der Vater ganz besonders und brachte dies zum Ausdruck, indem er

---

[1] Vgl. G. v. Dadelsen, „Bemerkungen zur Handschrift J. S. Bachs", Trossingen 1957, Abb. 1.

dem Jungen drei seiner Klaviere schenkte. Vor allem aber stand ihm die getreue Anna Magdalena zur Seite, stets bereit an allem, was ihn bewegte, Anteil
zu nehmen.

Mehr denn je bedurfte der alternde Meister dieses Rückhalts, da seine früher
ausgezeichnete Gesundheit völlig zerrüttet war. Ein altes Augenleiden hatte
sich in den letzten Jahren verschärft und er war nahezu erblindet. Zwei von
einem unfähigen Arzt ausgeführte Augenoperationen verschlimmerten die
Lage noch weiterhin. Sebastian erlitt einen Schlaganfall, lag zehn Tage lang
mit hohem Fieber bewußtlos und verschied schließlich am 28. Juli 1750, wie
der Nekrolog berichtet, „sanft und selig".

In der schweren letzten Zeit mag dem Meister die Gewißheit Trost gewährt
haben, daß vier seiner Söhne als Musiker den Namen Bach ehrenvoll in die
Zukunft tragen würden.

EPILOG

Ein Rückblick auf die Tätigkeit der Familie Bach während der ersten Hälfte
des 18. Jahrhunderts zeigt, daß zur Zeit, da ein unsterbliches Genie ihrer Mitte
entwuchs, die Sippe als ganzes ihre Einflußsphäre bedeutsam erweiterte. In
Erfurt waren bis zum Jahre 1740 Nachkommen Johann Bachs als Organisten
und Stadtmusikanten tätig und sogar im 19. Jahrhundert finden wir dort
Angehörige anderer Bach-Linien an der Arbeit. In Eisenach, der Wirkensstätte
des großen Johann Christoph (13), waren Johann Bernhard (18) und späterhin
dessen Sohn Johann Ernst (34) als Organisten tätig. In Arnstadt wurde ein
anderer Johann Ernst (25), ein Sohn von Ambrosius' Zwillingsbruder, mit
dem Organistenamt in der „Neuen Kirche" betraut, nachdem Sebastian die
Stelle niedergelegt hatte; er verharrte auf diesem Posten bis zu seinem Tode
im Jahre 1739. Ein wichtiges neues Bach-Zentrum wurde in Meiningen durch
Johann Ludwig begründet. Nach ihm wirkten dort sein Sohn und später sein
Enkel sowohl als Hofmaler wie als Hoforganisten bis zum Jahre 1846. In dem
fränkischen Schweinfurt waren drei Generationen von Bachen als Kantoren
oder Organisten tätig, bis ihre Arbeit mit dem Tode von Johann Elias (39)
im Jahre 1755 ein Ende fand. In Ohrdruf dienten ohne Unterbrechung bis
zum Jahre 1814 die Söhne und Enkel von Sebastians ältestem Bruder, Johann
Christoph (22). In Jena hatte Johann Nikolaus (27) das Amt des Universitäts-
Musikdirektors und Organisten nicht weniger als achtundfünfzig Jahre inne.

Mühlhausen, wo Johann Sebastian und sein Sohn Gottfried Bernhard (47) kurze Zeit wirkten, beschäftigte noch einen dritten Bach-Organisten; Johann Friedrich (29), ein Sohn des großen Johann Christoph, setzte die alte Familientradition der Stabilität fort, da er dort zweiundzwanzig Jahre in seiner Stellung verblieb. Diese Aufzählung könnte noch wesentlich erweitert werden, wollten wir die in kleineren thüringischen Siedlungen wirkenden Kantoren oder Organisten einbeziehen. Die örtliche Lage der Bach-Zentren weist auf die tief verwurzelte Treue der Familienmitglieder zu dem von den Vorfahren erwählten Gebiet im Herzen Deutschlands.

Andererseits war aber auch die Zahl jener Bach-Musiker in ständigem Wachstum begriffen, die sich veranlaßt sahen, ihr Glück anderswo zu versuchen. Der zweite Sohn und Namensträger des großen Johann Christoph reiste nach Hamburg und Rotterdam und ließ sich schließlich als Klavierlehrer in England nieder; einer seiner Brüder begab sich als Orgelbauer in die nördlichen Staaten, wo sich seine Spur verliert. Johann Jakob (23), Sebastians Lieblingsbruder, wollte mehr von der Welt sehen; daher trat er als Musikant in die schwedische Armee ein und gelangte mit ihr bis nach Konstantinopel. Später ließ er sich als Hofmusiker in Stockholm nieder, wo er 1722 starb. Auch in Sebastian war der Reisetrieb stark, doch war es ihm nicht beschieden, Deutschland jemals zu verlassen. Sein Schaffensdrang beherrschte sein ganzes Leben, und er suchte jene Orte auf, wo er annehmen konnte, die besten Arbeitsmöglichkeiten zu finden. Immerhin lebte er von 1717 an außerhalb Thüringens, und seine Söhne ließen sich – wie gezeigt werden wird – in Städten nieder, wo die Familie Bach vorher nicht gewirkt hatte.

Sowohl in sozialer und finanzieller als auch in künstlerischer Hinsicht nahm Sebastian eine Sonderstellung unter seinen Verwandten ein. Sein Einkommen übertraf das der anderen Bache, und als das sächsische Herrscherhaus (mit dem er weit bessere Beziehungen unterhielt als mit den Leipziger Behörden) ihm den Titel eines kurfürstlich-sächsischen und königlich-polnischen Hofcompositeurs verlieh, genoß er ein Ansehen, wie es keinem seiner Angehörigen zuteil wurde. Die Zeitgenossen waren sich über die Bedeutung seiner Kompositionen nicht im klaren, doch wurde er als größter deutscher Orgelvirtuose und bedeutender Fachmann auf dem Gebiete des Orgelbaues bewundert. Trotzdem er so in mancher Hinsicht über den anderen Bach-Musikern stand, fühlte er sich in der grundlegenden Einstellung zu seinem Beruf eins mit seiner Sippe. Wie die meisten seiner Vorfahren und Verwandten sah er sein Hauptziel darin, Gott in Tönen zu dienen. Er pflegte ein neues Werk mit der Aufschrift J(esu) J(uva) zu versehen und mit den Buchstaben S(olo) D(eo) G(loria) abzuschließen. Die lutherische Religion war der Urquell seiner Kunst, wie es seit hundert Jahren in der Familie der Fall gewesen war, und er blieb unberührt von den neuen gedanklichen Strömungen, die das mächtige Bollwerk des Protestantismus zu erschüttern drohten. Die Traditionsverbundenheit in geistiger und künstlerischer Hinsicht trug zweifellos zu Bachs innerer Kraft bei. Anderseits war sie ein entscheidender Faktor in seiner Einstellung zur zeitgenössischen Musik. Als Bach den Gipfel seiner Kunst erreicht hatte, war eine neue Generation herangewachsen, die andere künstlerische Ziele verfolgte (s. S. 330). Obwohl der Thomaskantor gelegentlich bewies, daß er durchaus fähig war, die neue Tonsprache zu meistern, zog er es mit zunehmendem Alter vor, in stolzer Abgeschiedenheit zu wirken und sich lediglich der Durchführung selbstgestellter, gewaltiger Aufgaben zu widmen.

Im Zeitalter Sebastian Bachs erklomm die Familie den Gipfel ihrer künstlerischen Tätigkeit. Ihre Schöpfungen beschränkten sich nicht mehr auf einige wenige Gattungen der Musik; in der ersten Hälfte des 18. Jahrhunderts meisterten die Bache jede ihrer Zeit bekannte Musikform, mit einziger Ausnahme der Oper. Ihre hochbedeutsamen Errungenschaften gewannen jedoch nicht gebührende Anerkennung und Ruhm. Diese sollten erst der nächsten Bachgeneration zuteil werden, bei der dann auch Leistungen auf sämtlichen Gebieten der Musik zu verzeichnen waren.

DRITTER TEIL

LETZTE GROSSE ERRUNGENSCHAFTEN
UND ABSTIEG

(1750 –   )

EINLEITUNG

ROKOKO UND KLASSIZISMUS

Der Siegeszug der Naturwissenschaften brachte im 18. Jahrhundert einen völligen Umschwung in der Einstellung des Menschen zur Umwelt mit sich. Die frühere kritiklose Annahme der Theorien antiker Autoren wich empirischer Beobachtung, welche zu den grundlegenden Entdeckungen eines Galilei, Newton und Kepler führte. Bald beschränkte sich die wissenschaftliche Methode nicht mehr auf das Gebiet der Naturwissenschaften. Alle Lebensäußerungen wurden dem Diktat der Vernunft unterworfen. Rücksichtslos griff man Aberglauben und Bigotterie an, und überall wurden veraltete Vorurteile über Bord geworfen. Allmählich begann der Geist der Aufklärung die Grundfesten der christlichen Religion zu untergraben, und sogar von den Musen erwartete man, daß sie den Anordnungen der Vernunft Folge leisteten. In gewisser Hinsicht läßt sich denn auch als eine Folgeerscheinung des Rationalismus eine naturalistische Strömung im Rokokostil feststellen, der im zweiten Viertel des 18. Jahrhunderts zur Ausbildung gelangte. Sowohl in der Dichtung wie in der Malerei wurden Schäfer und Schäferinnen die Mode, denn sie verkörperten die Grundsätze der Einfachheit, Anmut und unbeschwerten Heiterkeit, die man im Zeitalter des Rokoko anstrebte. In der Musik war es der „galante Stil", den diese Geistesrichtung hervorbrachte. Die kontrapunktische Kunst des Barocks wurde als vernunftwidrig abgelehnt und ein monodischer Stil angestrebt. „Das Gehör" – bemerkte Mattheson – „empfindet ... oft größere Lust an einer einzigen wohlgeordneten Stimme, die eine saubere Melodie in aller natürlichen Freiheit führt, als an vierundzwanzig, bei denen dieselbe, um sich allen mitzuteilen, dermaßen zerrissen ist, daß man nicht weiß, was es heißen soll." Das künstlerische Streben eines Komponisten der neuen Generation wurde von Valentin Görner in folgender Weise gekennzeichnet: „Das Gefällige, das Reizende, das Scherzende, das Tändelnde, das Verliebte, das Lustige ist in den Melodien mein Vorwurf gewesen." Es darf hiebei nicht übersehen werden, daß der galante Stil sich zu einer Zeit entwickelte, da die barocke Tonkunst in den Werken Bachs und Händels ihren Höhepunkt erreichte. Johann Adolf Scheibe, der Leipziger Wortführer der neuen Richtung, faßte seine Anwürfe gegen Johann Sebastian in den folgenden bezeichnenden Worten zusammen: „Dieser große Mann würde die Bewunderung ganzer Nationen seyn, wenn er mehr Annehmlichkeit hätte, und wenn er nicht seinen Stücken durch ein schwülstiges und verworrenes Wesen das Natürliche entzöge und ihre Schönheit durch allzu große Kunst verdunkelte." Hier klaffte eine tiefe Kluft zwischen alten und neuen Anschauungen, und der Thomaskantor war nicht gewillt, sie zu überbrücken.

Es ist bemerkenswert, daß die Dogmen des galanten Stils, die die Kunst der Barockzeit mit solcher Leidenschaftlichkeit angriffen, ihrerseits auch keineswegs unbeanstandet blieben, wobei die strengsten Kritiker nicht der älteren, sondern interessanterweise der jüngeren Generation angehörten. Die Gegner der anmutig-tändelnden Kunstrichtung stützten sich auf die Anschauungen des deutschen Philosophen J. Georg Hamann und des Engländers Edward Young, die behaupteten, daß die Schöpfungen des Genies nicht auf vernunftmäßige und theoretische Spekulationen, sondern auf göttliche Inspiration zurückgehen. Für die Tonkunst bedeutete dies, daß die zarte, leichte Schreibweise, die vor allem Süd- und Westeuropa erobert hatte, einer soliden musikalischen Sprache weichen sollte, in der der Nachdruck auf Ausdruckskraft und Empfindsamkeit lag. „Es ist das Geschäft der Musik" – erklärte Daniel Webb – „die Bewegungen der Leidenschaften so auszudrücken, wie sie aus der Seele herauskommen." Und Philipp Emanuel Bach betonte, daß ein Musiker andere nur rühren könne, wenn er selbst gerührt sei.

Die neue Richtung der Empfindsamkeit erreichte ihren Gipfelpunkt in der „Sturm-und-Drang"-Bewegung der siebziger Jahre, zu der die meisten großen Geister der Zeit bedeutsame Beiträge leisteten. Haydns „Sonnenquartette" und Mozarts kleine g-Moll-Symphonie zählen zu den wichtigsten Dokumenten dieser künstlerischen Entwicklung. Doch noch bevor die „romantische Krise" – wie sie mitunter bezeichnet wird – erreicht worden war, wurde die Verschmelzung der beiden Hauptformen der Rokokomusik als Ideal ins Auge gefaßt. Galanter Stil und Empfindsamkeit verbanden sich zu der neuen Ausdrucksweise des Frühklassizismus, die heiter und leicht, dabei aber innig und echt empfunden war, und einen Ausgleich zwischen Form und Inhalt, der Sprache des Herzens und der des Verstandes erstrebte. Bereits um 1760 wurden Versuche unternommen, eine Vereinigung der scheinbar so weit auseinanderliegenden Elemente zu erzielen, doch erst viel später erreichte der klassische Stil seine höchste Vollendung.

Dieser Entwicklungsprozeß läßt sich in den verschiedenen künstlerischen und geistigen Erscheinungen der Zeit feststellen. Ein enger Zusammenhang besteht zwischen musikalischem Klassizismus, den Idealen humanitären Denkens und Weltbürgertums sowie der großartigen Einfachheit, die sich in der zeitgenössischen Literatur und bildenden Kunst offenbaren.

Die Bache, die der Generation Johann Sebastians folgten, wurden von den wechselnden Strömungen der Rokokozeit und des Klassizismus auf das stärkste beeinflußt und trugen anderseits auch wieder entscheidend zu deren Gestaltung bei.

ERSTES KAPITEL

DER HALLESCHE BACH

WILHELM FRIEDEMANN BACH

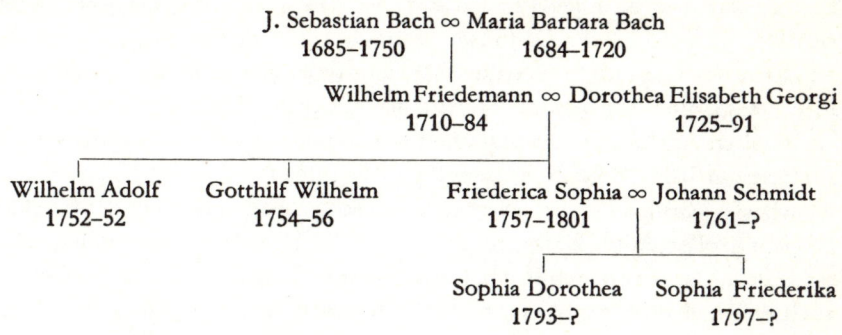

J. Sebastian Bach ∞ Maria Barbara Bach
1685–1750 | 1684–1720

Wilhelm Friedemann ∞ Dorothea Elisabeth Georgi
1710–84 | 1725–91

Wilhelm Adolf   Gotthilf Wilhelm   Friederica Sophia ∞ Johann Schmidt
1752–52   1754–56   1757–1801 | 1761–?

Sophia Dorothea   Sophia Friederika
1793–?   1797–?

DIE Jünglingsjahre Friedemanns[1] wurden in Sebastians Lebensgeschichte beschrieben. Wir verließen die Schilderung der Laufbahn dieses ältesten Sohnes des Meisters, als er im Jahre 1733 in Dresden zu wirken anfing. Die innigen Hoffnungen, die ihn begleiteten, schienen völlig berechtigt. Mit dreiundzwanzig Jahren war Friedemann ein hervorragender und begeisterter Orgelvirtuose, dessen Improvisationen denen seines Vaters an Phantasiereichtum fast gleichkamen, und auch als Komponist war er vielversprechend. Seine Stellung an der Dresdner Sophienkirche war nicht bedeutend, aber sie hatte den Vorteil, daß sie nicht viel Zeit in Anspruch nahm. Er mußte jeden Montag um acht Uhr früh spielen, außerdem jeden Sonntag und Feiertag an einem Morgen- und einem Nachmittagsgottesdienst teilnehmen. Dies gab Friedemann Gelegenheit, seine Studien fortzusetzen. Obwohl Musik natürlich seine Hauptbeschäftigung war, setzte er seine Arbeit auf dem Gebiete der Mathematik fort, die ihn während seiner Leipziger Universitätszeit stark angezogen hatte. Darin war er der wahre Sohn seines Vaters, den die Welt der Zahlen und ihre symbolische Ausdeutung in Musik stets faszinierten. Außerdem unterrichtete Friedemann ziemlich viel, und insbesondere die Verbindung mit einem seiner

---

[1] Vgl. auch MARTIN FALCK, „Wilhelm Friedemann Bach", Leipzig 1913. Neuausgabe C. F. Kahnt, Lindau 1956.

Schüler gewährte ihm große Befriedigung und brachte ihm Ansehen: Es war
dies der junge Johann Theophilus Goldberg, dessen Name in die Geschichte
der Musik eingegangen ist als der Künstler, der Sebastian Bachs „Aria mit verschiedenen Veränderungen" in der Nacht seinem Gönner, dem Grafen Keyserlingk, vorzuspielen pflegte, um den Grafen seine Schmerzen und Schlaflosig-
keit, die durch eine schwere Krankheit hervorgerufen waren, vergessen zu
lassen. Von Zeit zu Zeit wurde Goldberg von dem aristokratischen Gönner
nach Leipzig gebracht, um mit Sebastian an besonderen Problemen zu arbeiten,
aber es war hauptsächlich Friedemann, der den glänzenden Pianisten unterrichtete. Obwohl dieser Virtuose natürlich eine Sonderstellung unter den
Schülern des Organisten einnahm, so kann doch angenommen werden, daß
Friedemann auch sonst in dieser Zeit junge Leute erfolgreich unterwies.

Gesellschaftliche und künstlerische Verbindungen wurden leicht angeknüpft.
Friedemann hatte Dresden gelegentlich mit seinem Vater besucht und dort
mancherlei Musiker kennen gelernt. Freundschaftliche Beziehungen bestanden
zu dem großen Adolf Hasse, Kapellmeister der Dresdner Oper, und zu Hasses Gattin, der berühmten Primadonna Faustina Bordoni; oft sah Friedemann
auch den bedeutenden Flötisten P. G. Buffardin, der vor Jahren Sebastians
älteren Bruder Johann Jakob (vgl. S. 156) unterrichtet hatte, als dieser aben-
teuerliebende Musiker als Oboist der schwedischen Armee nach Konstantinopel
gekommen war. Der Organist verkehrte auch mit anderen Hofmusikern und
forderte sie auf, seinen Vater in Leipzig zu gemeinsamem Musizieren zu besuchen, eine Einladung, die von guten Musikern hoch geschätzt wurde. Und
als Sebastian im Jahre 1736 zum Königlich-Polnischen und Kurfürstlich-
Sächsischen Hofkomponisten ernannt wurde und seine Dankbarkeit mit
einem großartigen Konzert auf der neuen Silbermann-Orgel in der Dresdner
Frauenkirche zum Ausdruck brachte, ermöglichte er es dem Sohne, Beziehungen zu den musikliebenden Aristokraten am Hof anzuknüpfen. So half der
Vater vielfach von ferne seinem geliebten „Friede" Schwierigkeiten zu überwinden, die er selbst in seiner Jugend ohne Beistand hatte bewältigen müssen.

Trotz solch augenscheinlicher Vorteile gab es in Dresden Probleme und sogar
Gefahren für einen unfertigen, leicht beeinflußbaren jungen Künstler. Wie
völlig verschieden war das Leben in der sächsischen Hauptstadt von dem
in des Thomaskantors Heim! Dort herrschte strengste Sparsamkeit; über jeden Groschen mußte Rechenschaft abgelegt werden, und um einige wenige,
ihm gebührende Thaler zu erhalten, hatte der Vater stundenlang umfangreiche
Bittgesuche und Beschwerden an seinen Monarchen geschrieben. Im Bachschen Heim war nur das unumgänglich Notwendige zu finden; Luxus in
Möbeln, Essen oder Kleidung wäre für einen Mann in Sebastians Stellung

nicht schicklich gewesen. Diese Normen der Sparsamkeit, welche von den Bach-Kindern als selbstverständlich angesehen wurden, schienen am Dresdner Hof keine Gültigkeit zu haben. Hier folgten Opernaufführungen, Ballette, Redouten, Schlittenfahrten und die raffiniertesten Feuerwerke einander in atemraubendem Tempo. Dem Monarchen machte es nichts aus, vierzigtausend Thaler während einer einzigen Faschingssaison auszugeben und dazu noch eine sehr beträchtliche Summe für das ungeheure Vergnügungsprogramm des übrigen Jahres aufzuwenden. Es war ein glitzerndes Feenland, in das Friedemann Einblick gewonnen hatte, ein Land, in dem ein neuernannter Gesandter von dreißig Staatskutschen mit je sechs herrlichen Pferden über eine von dreitausend Lampen erleuchtete Brücke geführt wurde. Die Musiker am Dresdner Hof lebten in einer ganz anderen Atmosphäre als ihre Kollegen in Leipzig. (Was Sebastian in einem Gesuch an seine Leipziger Vorgesetzten ausdrücklich erwähnte.) Hasse bezog für seine „schönen Dresdner Liederchen", wie Sebastian sie seinem Sohn gegenüber lächelnd bezeichnete, einen Gehalt, der unvergleichlich höher war als der des Leipziger Director Musices. Er und Faustina empfingen je sechstausend Thaler jährlich, ungefähr das achtfache von Sebastians Einkommen; dazu kamen noch fünfhundert Thaler als Vergütung von Reisespesen, und sie hatten überdies die Möglichkeit, durch Gastspiele allerhand nebenbei zu verdienen.

All dies war seltsam verwirrend und konnte die Wertbegriffe eines jungen Mannes leicht umstoßen. Vielleicht hätte Friedemann die Lebensführung seiner Familie aufgeben und sich die des Dresdner Hofs zu eigen machen können; dies war jedoch unmöglich, denn er gehörte nicht zu der luxuriösen, eleganten Hofwelt und konnte sie nur aus der Ferne mit Bewunderung und einer Beimischung von Neid betrachten. Ein protestantischer Organist hatte zu jener Zeit wenig Bedeutung in Dresden. Der Kurfürst, dem Beispiel seines Vaters, August „des Starken" folgend, der, um König von Polen zu werden, den Protestantismus aufgegeben hatte, war ein strenger Katholik, und ebenso hegte seine Gattin, eine österreichische Prinzessin, die bei den Habsburgern selbstverständliche Anhänglichkeit an die katholische Kirche, so daß während ihrer Regierungszeit der Protestantismus immer mehr Boden in Dresden verlor. Es ist bezeichnend, daß der Kurfürst eine prachtvolle neue katholische Kirche bauen ließ, während die frühere protestantische Hofkirche im Schloß zu Wohnungen für Angestellte umgewandelt wurde und die protestantischen Hofbediensteten nunmehr in der Sophienkirche ihre Andacht verrichten mußten. Große Entrüstung herrschte darüber unter den Nichtkatholiken, und Friedemann hatte besonders triftige Gründe, verärgert zu sein. Nicht nur war seine Arbeit durch Umbauten in seiner Kirche gehemmt (in die Gegenstände aus der früheren Hofkirche eingefügt wurden), sondern er mußte auch jeden Sonntag für zwei Morgengottesdienste spielen – einen separaten für die Hofangestellten, welche sich nicht unter die gewöhnliche Gemeinde mischen wollten –, ohne dafür zusätzliche Bezahlung zu bekommen.

Ein protestantischer Musiker hätte wohl auch in Dresden eine bessere Stellung finden können. Es verlieh z. B. größeres Ansehen, die neue Orgel der Frauenkirche zu spielen, und Friedemann mag sich für die dort im Jahre 1742 freigewordene Stelle interessiert haben. Sie wurde jedoch mit einem anderen Schüler Sebastians, Gottfried August Homilius, besetzt, dessen Wirken solchen Anklang fand, daß er 1755 zum Kreuzkantor und Musikdirektor der drei Dresdner protestantischen Hauptkirchen ernannt wurde. Es war keineswegs ungewöhnlich, in der gleichen Stadt Orgeln zu wechseln – dies hatte beispielsweise der erfolgreiche Leipziger Organist Johann Gottlieb Görner getan und die Tatsache, daß Homilius Friedemann Bach vorgezogen wurde, scheint darauf hinzuweisen, daß es dem jungen Bach nicht gelang, freundschaftliche Beziehungen zu seinen Vorgesetzten herzustellen. Friedemann hatte auch als Komponist weltlicher Musik keinen besonderen Erfolg. In Dresden herrschte italienischer Geschmack vor, und der Stil des Organisten, obwohl er in manchen Einzelheiten italienische Wesenszüge annahm, schien zu kompliziert und germanisch, um den Musikliebhabern der Hauptstadt zu gefallen.

Allmählich wurde es klar, daß Friedemann in der eleganten sächsischen Stadt ein Außenseiter bleiben müsse und daß ihm dort kein richtiger Erfolg beschieden sein würde. Er begann sich nach einer Möglichkeit umzusehen, Dresden zu verlassen und anderswo eine Stellung mit größerer Verantwortung und weiterem Wirkungskreis zu finden. Als er sechsunddreißig Jahre alt war, ergab sich eine gute Gelegenheit, und es ist bezeichnend, daß er wieder an einen Ort ging, wo sein Vater wohlbekannt war. Man wird sich erinnern, daß Sebastian, während er in Weimar wirkte, durch die außerordentlichen Vorzüge der neuerrichteten Orgel in der Halleschen Liebfrauenkirche, verlockt wurde, sich um die freie Organistenstelle zu bewerben, und daß sein Probespiel außerordentlich erfolgreich gewesen war. Die Verhandlungen hatten jedoch zu keinem Ergebnis geführt, da die gebotenen Bedingungen ihm nicht günstig genug erschienen. In Halle war man darüber sehr enttäuscht, doch gelang es dem Meister mit der Zeit, die Behörden zu versöhnen und als die Orgel fertig war, wurde er eingeladen, das neue Instrument sorgfältig zu prüfen. In den folgenden Jahren hatte Gottfried Kirchhoff als Organist an der Liebfrauenkirche gewirkt. Als nach seinem Tode im Januar 1746 die Stelle frei wurde, hegte die Familie Bach natürlich das Bestreben, sich dieses wichtige Amt für eines ihrer Mitglieder zu sichern. Sebastian setzte sich wahrscheinlich mit August Becker, mit dem er als junger Mann verhandelt hatte, in Verbindung, denn dieser war noch immer ein Mitglied des Kirchenrats. Friedemann hatte anscheinend die besten Empfehlungen vorweisen können, denn – entgegen allen Gepflogenheiten – wurde ihm die Stelle ohne das übliche Probespiel übertragen. Es ist möglich, daß das entscheidende Wort zu seinen Gunsten von Friedrich dem Großen von Preußen gesprochen wurde. Der König hatte gerade einen Sieg über Sachsen im Zweiten Schlesischen Krieg (1744 bis 1745) errungen und Dresden im Dezember 1745 besetzt. Während der neun Tage seines Aufenthalts genoß dieser wahre Freund der Musen mit größtem Vergnügen alles, was die Dresdner Musiker zu bieten hatten; am Tag seines Einzugs in die Hauptstadt besuchte er sogar die Erstaufführung einer Hasse-Oper. Da Philipp Emanuel Bach damals schon einige Jahre im Dienste des Königs stand, scheint es möglich, daß Friedrich den älteren Bruder seines Begleiters einlud, ihm während seines Dresdner Aufenthaltes vorzuspielen. Die Stadt Halle gehörte zum Staate Brandenburg, welcher mit Preußen vereint war, und trotzdem die Ernennung eines Organisten eine rein städtische Angelegenheit war, mochte der König angedeutet haben, daß die Wahl Friedemann Bachs ihm genehm wäre. Jedenfalls wurde am 16. April 1746 der Vertrag unterzeichnet – er hatte den gleichen Wortlaut wie der an Sebastian im Jahre 1714 gesandte – und am Pfingstsonntag trat Friedemann in seinen neuen Wirkungskreis ein. Es war in jeder Beziehung ein großer Schritt vorwärts. Die Stellung, welche vorher hervorragende Musiker wie Samuel Scheidt und Friedrich Wilhelm Zachow, der Lehrer Händels, innegehabt hatten, genoß hohes Ansehen. Friedemanns Grundgehalt war mehr als das doppelte seines Honorars in Dresden[1] und außerdem hoffte er auf ein größeres Einkommen von „Akzidenzen". Auch war das Amt weit verantwortungsreicher, denn Friedemann war nicht nur Organist, sondern auch Dirigent von Kirchenkonzerten, welche an hohen Feiertagen und an Sonntagen in der Liebfrauenkirche abgehalten wurden, und überdies der Komponist vieler der aufgeführten Werke. Er hatte den Titel „Director Musices", wie sein Vater in Leipzig, ihm stand ein großer Chor und das übliche Orchester, welches aus den Stadtmusikanten und dem Collegium Musicum gebildet wurde, zur Verfügung.

Wenn Friedemann, als er Dresden verließ, einen völligen Wechsel seiner Umgebung gewünscht hatte, so war er dessen in Halle sicher. Hier gab es

---

[1] Der Grundgehalt von einhunderteinundachtzig Thalern, zwölf Groschen war seinem Vater im Jahre 1714 nicht angemessen erschienen, denn Sebastian hatte zu der Zeit schon für Frau und Kinder zu sorgen, während Friedemann noch Junggeselle war.

kein prunkvolles Hofleben, keine Entfaltung von Luxus, keine Oper und nur vereinzelte Theateraufführungen, wenn König Friedrich sich über die Einwände einzelner Bürger hinwegsetzte. Halle war in den letzten fünfzig Jahren das Zentrum des Pietismus gewesen, der mit seinem Streben nach einem asketischen Leben als Vorbereitung für das Jenseits jeglichen sinnlichen Genuß ablehnte. Frauen sollten in klösterlicher Einfachheit gekleidet sein, Tanzen und Rauchen wurden als leichtfertig angesehen. Als der neue „Director Musices" nach Halle kam, hatte der Pietismus viel von seiner ursprünglichen Kraft, die Gläubigen mitzureißen, verloren. Die Führung war von dem großen Philanthropen August Hermann Francke, dem Schöpfer noch heute bestehender[1] großangelegter Wohltätigkeits- und Erziehungsanstalten, auf seinen Sohn, Gotthilf August, einen herrschsüchtigen, engherzigen Theologen, übergegangen, dessen Ansichten für die allmähliche Verknöcherung pietistischer Lehren in Halle typisch waren. Friedemann hatte das Mißgeschick, daß der jüngere Francke Archidiakonus seiner Kirche[2] war, ein Vorgesetzter, dem wirkliches Verständnis für Musik fehlte. Es war sicher nicht leicht, mit ihm und seinen Kollegen zu arbeiten. In Halle durfte es kein Musiker wagen, sich anders als mit mustergültigem Anstand zu betragen. Nichts wurde von den Kirchenbehörden übersehen oder jemals vergessen. Sogar geringe Verstöße gegen die Vorschriften wurden scharf verwiesen, und ein wirkliches Vergehen brachte sofortige Entlassung[3].

Nach dreizehn Jahren in Dresden wird es für Friedemann nicht leicht gewesen sein, sich so vollkommen gegensätzlichen Verhältnissen anzupassen. Er war zwar in der sächsischen Hauptstadt immer abseits gestanden; dennoch hatte er genügend von der leichtlebigen, sinnenfreudigen Atmosphäre Dresdens in sich aufgenommen, um von der einfachen Lebensführung seiner Jugendjahre abzuweichen. Nun war er in einen Kreis verpflanzt, wo Daseinsfreude mit Argwohn angesehen wurde und eine nüchterne, strenge Lebensweise als selbstverständlich galt. Wäre der junge Friedemann von Leipzig direkt nach Halle gegangen, so wäre er vielleicht ein richtiger Pietist geworden; doch der sechsunddreißigjährige Künstler, der mit ganz anderen Anschauungen in Berührung gekommen war, fand solche Umstellung überaus schwer. Manchmal

---

[1] Francke gründete eine Schule für arme Kinder, ein Waisenhaus, ein Pädagogium und eine Lateinschule für zahlende Studenten; später fügte er noch eine Missionsanstalt für Ostindien hinzu. Alle diese Schulen, in denen auch Mädchen unterrichtet wurden, waren in einer Siedlung mit eigenem Bauerngut, Krankenhaus, Buchladen und Apotheke vereinigt. Die Erzeugung von Medikamenten lieferte ein bedeutendes Einkommen für die verschiedenen Wohltätigkeitsanstalten.
[2] Er starb 1769, ein Jahr bevor Friedemann Halle verließ.
[3] Dies geschah im Falle von Friedemanns Kollegen, Kantor Mittag.

wird er vielleicht der Ansicht seines Monarchen, Friedrich des Großen, gefährlich nahegekommen sein, welcher die Halleschen Pietisten als „protestantische Jesuiten und Pharisäer" verspottete.

Seine innere Unsicherheit dem Pietismus gegenüber wurde durch Einflüsse von anderer Seite noch verstärkt. Als im Jahre 1693 die Hallesche Universität, eine der vorzüglichsten protestantischen Lehranstalten, gegründet wurde, hatte sie hauptsächlich der Idee des Pietismus gedient. Doch trat eine einschneidende Änderung ein, als der Philosoph und Mathematiker Christian Wolff, der bedeutendste Vertreter der neuen Aufklärungsbewegung, im Jahre 1707 seine Vorlesungen in Halle aufnahm. In seinem System war kein Platz für die religiösen und mystischen Erlebnisse, welche den Pietisten so viel bedeuteten, und er sah unsere Welt keineswegs als ein Tränental an. Wolff gründete seine Philosophie auf der gesunden Tätigkeit der menschlichen Vernunft, und gemäß seinem großen Vorbild Leibniz bewies er, daß die Welt, in welcher wir leben, die bestmöglichste aller Welten sei. Sein System mit dem Nachdruck auf empirischen Forschungsmethoden war den Anschauungen des Pietismus entgegengesetzt und mußte letzten Endes zu Skeptizismus und Atheismus führen (obwohl Wolff selbst ein sehr religiöser Mann war). Er wurde daher heftig von der Kirche angegriffen, und nachdem er in einer Vorlesung über Konfuzius sogar zu beweisen gewagt hatte, daß Moral unabhängig sei von Theologie, gelang es seinen Widersachern, im Jahre 1723 seine Vertreibung aus Halle zu erzwingen. Den triumphalen Fortschritt seiner Lehre, welche von der Jugend mit Begeisterung aufgenommen wurde, konnten sie jedoch nicht aufhalten, und als Friedrich der Große im Jahre 1740 den Thron bestieg, war es eine seiner ersten Taten, Wolff nach Halle zurückzuberufen. Zur Zeit, als Friedemann nach Halle übersiedelte, hatte Wolff eine unangreifbare Stellung errungen, und seine Schüler wendeten die neue rationalistische Methode in allen Wissenszweigen erfolgreich an. Von besonderer Bedeutung für Halle war Johann Salomo Semler, welcher die historisch-kritische Auslegung biblischer Quellen begann.

Natürlich wurde der neue „Director Musices", der durch seinen Freund, den Verleger J. J. Gebauer, in Universitätskreise eingeführt worden war, von den zwei diametral entgegengesetzten Strömungen, welche das geistige und religiöse Leben in Halle beherrschten, stark berührt. Hin und her gezogen zwischen der Scylla des Rationalismus und der Charybdis des Pietismus, hatte Friedemann nicht die Kraft, den tiefen christlichen Glauben, in dem er aufgewachsen war, beizubehalten. Dies zeigt sich deutlich in seinen Kirchenkompositionen, welche nicht auf dem hohen Niveau seiner Instrumentalmusik stehen und denen es mitunter an religiöser Inbrunst mangelt.

Es war wieder einmal Friedemanns tragisches Schicksal, daß er sich nicht einer führenden Partei anschließen wollte und doch auch wieder der Charakterstärke entbehrte, sich seiner geistigen Unabhängigkeit zu erfreuen. Dies mag wohl auch einer der Gründe seiner Unzufriedenheit in Halle und seines schließlichen Zusammenbruchs gewesen sein.

Die ersten Jahre waren freilich zufriedenstellend: solange Sebastian am Leben war, gewährte schon sein bloßes Dasein dem Sohn eine Stütze. Im Frühjahr 1747 reisten die beiden miteinander nach Berlin und Potsdam, um dem König ihre Aufwartung zu machen: dies war ein großes Erlebnis, von dem Friedemann in späteren Jahren oft und gerne erzählte. Im Jahre 1750 unternahm er die gleiche Reise zum zweitenmal, doch unter welch traurigen Umständen! Sebastian war gestorben; nachdem Friedemann seines Vaters Angelegenheiten in Leipzig geordnet hatte, brachte er seinen Halbbruder Johann Christian zu Emanuel, welcher Christian ein Heim angeboten hatte. Durch den unersetzlichen Verlust aufs tiefste erschüttert, blieb Friedemann viel länger in Berlin, als er beabsichtigt hatte und mußte nach seiner Rückkehr öffentliche Verweise von seiten der Behörden über sich ergehen lassen. Dies war nicht der erste Verdruß mit seinen Vorgesetzten; einige Monate zuvor hatte man ihm mit Entlassung gedroht, als er, gegen die Vorschrift, die der Kirche gehörigen Trommeln dem Collegium Musicum geliehen hatte. Friedemann gelang es jedoch, seine Vorgesetzten zu besänftigen, und wir wissen von keinen Beschwerden während der nächsten Jahre.

Nun da Besuche beim Vater nicht mehr möglich waren empfand Friedemann seine Einsamkeit stärker als zuvor und der Einundvierzigjährige beschloß daher, sich zu verehelichen; seine Wahl fiel auf die Tochter eines Steuerbeamten, bei dem er seit seiner Ankunft in Halle gewohnt hatte. Die Braut besaß etwas eigenes Vermögen, und es hatte den Anschein, als ob der Künstler nunmehr ein konventionelleres Leben beginnen würde. Der Ehe entsprangen drei Kinder, für die der Vater hochgestellte Taufpaten, wie den Dresdner Hofmarschall und Mitglieder des fürstlichen Hauses von Anhalt-Köthen gewann; doch nur eine Tochter, Friederica Sophia, geboren 1757, überlebte das Kindesalter. Letzten Endes heilte die Ehe Friedemann nicht von seiner Rastlosigkeit und Unzufriedenheit. Er versuchte mehrmals, anderswo eine Stellung zu finden. Im Jahre 1753 bewarb er sich um einen Organistenposten in Zittau; 1758 um ähnliche Beschäftigung in Frankfurt, und seine häufige Abwesenheit, welche ihm die Halleschen Behörden vorwarfen, hatte wahrscheinlich mit anderen erfolglosen Versuchen solcher Art zu tun.

Zehn Jahre nach seiner Ankunft in Halle wurde das Leben in dieser Stadt höchst unerfreulich. Ein Krieg brach aus zwischen Preußen, zu dessen Ver-

bündeten England und einige kleine norddeutsche Staaten zählten, und deren
Gegnern: Österreich, Rußland, Frankreich, Sachsen und verschiedene andere
deutsche Staaten – ein Kampf der sieben Jahre lang fortgeführt werden sollte.
Von Anfang an war man sich klar, daß Halle nicht verteidigt werden könne,
und so wurde es als offene Stadt erklärt. Immer wieder quartierte sich eine
der feindlichen Armeen in der unglückseligen Stadt ein, brauchte all ihre
Reserven auf und erzwang mit Drohungen völliger Zerstörung durch Feuer
die Bezahlung ungeheurer Lösegelder. Alle Bürger trugen zu diesen Zahlungen bei; und dennoch scheint es erstaunlich, wie eine Bevölkerung von nur
dreizehntausend Einwohnern die verschiedenen Besatzungstruppen, welche
beispielsweise im Jahre 1760 auf einer Bezahlung von dreihunderteintausend-
siebenhundertsiebenundvierzig Thalern und großen Lieferungen bestanden,
befriedigen konnte. Arbeit jeglicher Art kam fast zum Stillstand, das Vieh ging
an Epidemien zugrunde, es herrschte große Lebensmittelnot und die Bewohner waren dem Zusammenbruch nahe. Friedemann litt unter diesen Verhältnissen wie alle anderen und obwohl er nicht ein Bürger Halles war,
wurde er für Feindesabgaben besteuert, da seine Frau eigenen Besitz hatte.
Er fand dies ungerecht und beschloß, bei der Kirchenbehörde Berufung ein-
zulegen, wobei er einen keineswegs günstigen Augenblick für diesen Schritt
wählte. Am 20. Oktober 1761, einige Tage nachdem durch die Ankunft von
preußischen Truppen in der Umgebung die rein militärische Gefahr für den
Moment überwunden zu sein schien, schrieb er sein Gesuch. Offenbar vergaß
er, daß der Krieg noch nicht zu Ende war, daß die Stadt im vergangenen,
ärgsten Jahr buchstäblich alle ihre Mittel verloren hatte und daß die Kirchen-
kasse leer war. Er verlangte nicht nur Befreiung von der Kriegssteuer mit
der Begründung, daß diese anderen Kirchenangestellten gewährt worden war,
sondern er fügte noch folgendes Ansuchen hinzu:

„Ich nehme mir zu gleicher Zeit die Freyheit, Ew. Hoch Wohl- und Hochedelgeb. um Zulage meines Gehalts gehorsamst zu ersuchen. Schon bey Antritt meines Amts gab mir der verstorbene Herr Präsident Schäfer im Namen
eines Wohllöblichen Kirchen-Collegii die Versicherung, wenn sich irgend die
Kirchen-Umstände verbesserten, darauf bedacht zu seyn. Diese mir seit fünfzehn Jahren gegebene Versicherung sammt den itzigen sehr schlechten Zeiten
und der täglich zunehmenden Theuerung bewegen mich jetzt, Ew. Hoch Wohl
und Hochedel-Geb. deshalb gehorsamst anzugehen." Mit keinem Wort wird
erwähnt, daß sich die Kirche auch in schwerster Lage befand und daher von
einer „Besserung der Kirchen-Umstände" keine Rede sein konnte. Friedemann war anscheinend so eingesponnen in die eigenen Probleme, daß er
außerstande war, sich in die Lage anderer zu versetzen. Dieser Charakterzug

mag die Erklärung dafür abgeben, warum die verschiedenen Versuche, welche Friedemann nach seines Vaters Tode (und daher ohne seine Unterstützung und Rat) unternahm, um eine Stelle zu bekommen, fehlschlugen. Es ist nicht erstaunlich, daß dieser Brief nicht das erhoffte Ergebnis erzielte. Die Behörden, welche solch schwere Zeiten durchgemacht hatten und noch nicht wußten,wie sie die Stadt vor dem Bankrott retten konnten, waren empört und verheimlichten ihre Gefühle durchaus nicht. Sie antworteten ihm kurz und bündig, daß der von ihm geforderte Beitrag zu den Kontributionen an den Feind gerechtfertigt sei, da er sich des damit erkauften Schutzes gleichfalls erfreue und er überdies weniger besteuert sei als der niedrigste Handwerker. Was die Gehaltszubesserung betraf, so sahen sie dafür keinen wie immer gearteten Grund im Hinblick auf sein „öfters ungebührlich bezeigetes Betragen" und seine „Vergessenheit der schuldigen Subordination gegen das Kirchen-Collegium", da er trotz des Verweises, den man ihm „in pleno Collegii" gegeben hatte, wiederholt ohne besondere Erlaubnis verreist sei. Schließlich wurde ihm zu verstehen gegeben, daß er von nun an größere „Subordination" zeigen solle, um die Behörde nicht zu weiteren Schritten zu zwingen. Es muß betont werden, daß der Vorwurf eines „ungebührlichen Betragens" sich nicht auf ernstliche Vergehen Friedemanns bezogen haben kann. Liederliche Sitten oder ausschweifendes Leben hätte der Kirchenrat sicher nicht einmal kurze Zeit geduldet, und im Jahre 1761 war Friedemann bereits fünfzehn Jahre im Amt. Der Rat mußte tatsächlich sein Gedächtnis anstrengen, um seine Behauptung aufzustellen, denn der betreffende Verweis war dem Organisten elf Jahre zuvor erteilt worden, als er nach dem Tode seines Vaters seinen Urlaub überschritten hatte!

Man kann sich die Wirkung dieses höchst unfreundlichen Briefes auf den Künstler, der seiner Ansicht nach Halle ausgezeichnete Dienste geleistet hatte, wohl vorstellen. Er muß es daher als wahre Erlösung empfunden haben, als er ein Jahr später einen überaus verlockenden Antrag bekam. Man lud ihn ein, als Nachfolger des verstorbenen Christoph Graupner – einer der ersten Bewerber um das Thomaskantorat – Dirigent am Darmstädter Hof zu werden. Die Stelle war sehr gut bezahlt mit einem Gehalt von neunhundert Gulden und Zuwendungen an Getreide und Holz, was Graupner 1723 veranlaßt hatte, die Tätigkeit in Darmstadt derjenigen in Leipzig vorzuziehen. Friedemann muß dieses Anerbieten als eine Möglichkeit zur Erfüllung seiner großen Wünsche erschienen sein: in Darmstadt konnte er ein neues Leben beginnen, sich der Instrumentalmusik widmen und endlich eine seinen Leistungen entsprechende Entschädigung erhalten. So willigte er ein, und man drängte ihn, mit der Überführung seiner Habseligkeiten zu beginnen, wofür man ihm hundert Gulden anbot. Aber der nunmehr zweiundfünfzigjährige Musiker sah sich nicht gern zu raschem Handeln gezwungen. In dem darauffolgenden Briefwechsel bestand er darauf, zuerst den offiziellen Titel zu erhalten, und mit charakteristischer Starrköpfigkeit ließ er sich von diesem Verlangen nicht abbringen, obwohl ihm die Darmstädter Behörde versicherte, daß ihm das Dokument bei seiner Ankunft eingehändigt werden würde. Was nachher geschah, ist in Dunkel gehüllt, da Friedemanns eigene Briefe nicht erhalten sind, aber es muß angenommen werden, daß seine zögernde Art die Verhandlungen zu führen und sein Mangel an Nachgiebigkeit einen schlechten Eindruck machten. Jedenfalls erhielt er schließlich den ersehnten Titel, aber nicht die Stelle. Das Dunkel, welches dieses Kapitel in Friedemanns Leben, das zum Wendepunkt in seiner Laufbahn hätte werden können, umhüllt, waltet auch über dem nächsten, verhängnisvollen Schritt. Am 12. Mai 1764 kündigte er in Halle, hörte sofort zu arbeiten auf und erschien nicht einmal zur Übergabe der ihm anvertrauten Instrumente. Man weiß von keinem ernstlichen Streit, welcher solch einen plötzlichen Entschluß hätte rechtfertigen können; überdies hatte Friedemann keine andere Stellung in Aussicht, auf die er hätte bauen können, obwohl er anscheinend auf eine Möglichkeit in Fulda hoffte. Der Groll und die Enttäuschung, welche sich in den achtzehn Jahren des Halleschen Dienstverhältnisses in dem Künstler angesammelt hatten, drängten zum Ausbruch, und er mag den unwiderstehlichen Drang empfunden haben, seinen unangenehmen und engherzigen Vorgesetzten zu zeigen, daß er nicht auf ihre Gnade angewiesen sei. Zunächst wird dieser Beweis seiner Unabhängigkeit ihm große Befriedigung gewährt haben, aber der Preis, welchen er und seine Familie dafür zahlen mußte, war keineswegs gering.

Er blieb noch sechs Jahre in Halle und gewann in bescheidener Weise seinen Unterhalt, indem er Musikunterricht erteilte. Sein Freund, der Verleger Gebauer, stand ihm hiebei hilfreich zur Seite. Einige seiner Halleschen Schüler waren sehr erfolgreich. Unter ihnen kommt seinem Verwandten Johann Christian Bach (1743 bis 1814) – unter dem Beinamen „Clavier-Bach" bekannt – besondere Bedeutung zu. Er war der Sohn von Michael Bach, dem Kantor von St. Ulrich in Halle, und wahrscheinlich ein Neffe des Meininger Hofdirigenten Johann Ludwig Bach. Der Jüngling erhielt verschiedene Manuskripte von seinem Lehrer zum Geschenk, darunter Sebastians „Clavierbüchlein", welches für den kleinen Friedemann geschrieben worden war. Ein anderer Schüler war Friedrich Wilhelm Rust, dessen Enkel, Wilhelm Rust, einer der bedeutendsten Herausgeber der Bach-Gesamtausgabe werden sollte. Dem älteren Rust schenkte der freigebige Lehrer das Manuskript von Sebastians „Französischen Suiten" für Klavier. Auch Johann Samuel Petri erklärte voll

Stolz in seiner „Anleitung zur praktischen Musik", daß er die Freundschaft und den Unterricht des Halleschen Bach genossen habe.

Im Jahre 1767 versuchte Friedemann die Gunst der Kurfürstin Maria Antonia von Sachsen zu gewinnen, indem er ihr sein Klavierkonzert in e-Moll widmete. Im Begleitschreiben erinnerte er die Prinzessin daran, daß er sie in Dresden hatte singen hören, als er seinen Schüler Goldberg zu ihr brachte, um ihn vorspielen zu lassen[1]. Wir hoffen, daß die Kurfürstin ihn entsprechend entlohnte – was nicht nachgeprüft werden kann, da die Privatrechnungen der Prinzessin aus dieser Zeit verloren sind –, doch ergab sich nichts anderes aus diesem Versuch, da Maria Antonia, die selbst eine fruchtbare Komponistin war, nur für Musik im italienischen Stil Interesse hatte.

Im August 1770 beschloß Friedemann, Halle endgültig zu verlassen, und das seiner Frau gehörige Grundstück zu versteigern. Im Alter von sechzig Jahren fing er ein Wanderleben an; hie und da ergab sich die Möglichkeit einer Stelle, doch kam es nie zu greifbaren Ergebnissen. Wo immer er hinkam, war man von seinem Orgelspiel entzückt, und er wurde zuerst mit größtem Beifall und Respekt empfangen. Dennoch hegte man nicht das Verlangen, ihn anzustellen. Er war zu alt, zu exzentrisch (denn wie anders konnte man einen Mann beurteilen, der eine befriedigende Stellung aufgegeben hatte, ohne sich eine andere gesichert zu haben?) und zu berühmt für eine Durchschnittsstellung, welche ein bescheidener junger Mann so viel zufriedenstellender ausfüllen konnte. So versagte Friedemann in Wolfenbüttel, in Braunschweig – der Stadt, in der ein anderer Bach, sein Verwandter Johann Stephan, von 1689 bis 1718 als Domkantor gewirkt hatte – und ein Besuch in Göttingen, wo sein großer Bewunderer Johann Nikolaus Forkel als Universitätsorganist tätig war, brachte auch keinen Erfolg. Der Komponist schlug sich durch, indem er Orgelkonzerte veranstaltete, Unterricht erteilte, Gelegenheitskompositionen für besondere Anlässe schrieb und manchmal Manuskripte seines Vaters veräußerte, immer in der Hoffnung, noch eine Dauerstellung zu finden. Im Jahre 1774 schien Berlin ihm solch eine Möglichkeit zu bieten, und ein plötzlicher Entschluß, wie ihn Friedemann im Alter häufig zu treffen pflegte, veranlaßte ihn von Braunschweig wegzueilen, wobei er sich nicht einmal die Zeit nahm,

---

[1] Maria Antonia, eine bayerische Prinzessin, kam als junge Frau im Jahre 1748 nach Dresden, zwei Jahre nachdem Friedemann die Stadt verlassen hatte. Sie war vielleicht vorher dort zu Besuch gewesen und mag bei dieser Gelegenheit Goldberg und Bach empfangen haben; möglicherweise besuchte Friedemann Dresden auch von Halle aus. In der Widmung erwähnt er den Grafen Keyserlingk als russischen Gesandten in Sachsen; so fand der Besuch wohl zwischen 1749 und 1752 statt, als der Graf neuerlich dem Dresdner Hof zugeteilt war, nachdem er ihn im Jahre 1745 verlassen hatte.

sein wertvollstes Besitztum, den Großteil der Manuskripte seines Vaters, in Ordnung zurückzulassen. Er übergab sie seinem Freund Professor Eschenburg zur Versteigerung und fand es überflüssig, ein Verzeichnis seiner Schätze anzufertigen. Scheinbar vergaß er die Angelegenheit völlig, und erst vier Jahre später, als seine Mittel zur Neige gingen kam er darauf zurück. Eschenburgs Antwort ist nicht erhalten und so wissen wir nicht, was mit Friedemanns kostbarer Sammlung geschah[1].

Auch in Berlin war man von den Darbietungen Friedemanns auf der Orgel hingerissen. Der Berichterstatter der „Berlinischen Nachrichten" schrieb: „Vergangenen Sonntag hat sich Herr Wilhelm Friedemann Bach, einer der größten Orgelspieler Deutschlands, Vormittags in der St. Nicolai-, und Nachmittags in der St.-Marienkirche, öffentlich und mit ausgezeichnendem Beyfall der Kenner und des Publikums hören lassen. Alles was die Empfindung berauscht, Neuheit der Gedanken, frappante Ausweichungen, dissonirende Sätze, die endlich in einer Graunischen Harmonie starben – Force, Delicatesse, kurz dieses alles vereinigte sich unter den Fingern dieses Meisters: Freuden und Schmerzen in die Seele ... überzutragen. Wär es möglich gewesen, den würdigen Sohn eines Sebastians zu verkennen?" Die vornehmen Berliner Musikliebhaber nahmen ihn mit offenen Armen auf, besonders da die Schwester des Königs, die kunstsinnige Prinzessin Anna Amalia, die seinen Bruder Emanuel zum Hofkapellmeister ernannt hatte und überdies eine große Verehrerin von Sebastians Musik war, ihm viele Gunstbezeigungen erwies. Friedemann widmete ihr „mit dem feurigsten Gefühl der Dankbarkeit" im Jahre 1778 acht Fugen und hegte anscheinend Hoffnungen auf eine Ernennung an ihrem Hofe. Aber wie so oft in späteren Jahren war er zu zuversichtlich gewesen und seine Pläne ließen sich nicht verwirklichen. Der Kapellmeister der Prinzessin, Johann Philipp Kirnberger, ein Schüler Johann Sebastian Bachs, hatte sich aus Dankbarkeit für Friedemanns Vater sehr hilfreich gezeigt und den Künstler mit einflußreichen Persönlichkeiten bekanntgemacht. Nun bildete sich Friedemann ein, daß die Prinzessin Kirnberger um seinetwillen vielleicht entlassen würde, und er begann eine Intrige gegen seinen Beschützer am Hof, mit dem traurigen Endergebnis, daß er sowohl die Unterstützung der Prinzessin als auch die Hilfe Kirnbergers verlor. Andere vornehme Musikfreunde waren

---

[1] Aus diesem Brief vom 4. Juli 1778 erfahren wir auch, daß Friedemann in Braunschweig Bücher ließ, die seinem Vater gehört hatten; von diesen ist gleichfalls keine Spur gefunden worden. Dies ist um so bedauerlicher, als Sebastians Bibliothek bedeutende Aufschlüsse über seine geistigen Interessen gegeben hätte. Im Verzeichnis seines Nachlasses wird nur eine reiche Anzahl theologischer Bücher erwähnt, welche zum Verkauf angeboten wurden, da anscheinend weder Friedemann noch Emanuel Wert darauf legten, sie zu besitzen.

gleichfalls enttäuscht, wenn der reizbare Musiker sich weigerte Proben seiner einzigartigen Improvisationskunst zu liefern, derentwegen sie ihn zu sich eingeladen hatten. Friedemann lehnte es nämlich ab in einer Gesellschaft zu spielen, wenn er das Gefühl hatte, daß seiner Kunst zu wenig Interesse entgegengebracht wurde; dies hatte zur Folge, daß man ihn als hochmütig und überspannt ansah. Doch wenn er echtes Verständnis fand, wie etwa im Falle des Goethefreundes Carl Friedrich Zelter, war er bereit, stundenlang vorzuspielen. Eine Unterrichtstätigkeit hätte ihm wohl auch ein bescheidenes Einkommen eingebracht; doch wurde er immer ungeduldiger mit unbegabten Schülern und schließlich weigerte er sich, sie anzunehmen, auch wenn es sich um Mitglieder reicher und angesehener Familien handelte. Wenn er wahrem Musikertum begegnete machte er allerdings auch wieder Ausnahmen; er unterrichtete z. B. bis zu seinem Tode die hochbegabte Sara Itzig, eine Großtante von Felix Mendelssohn[1], welche eine umfangreiche Sammlung von Friedemanns späteren Kompositionen zusammen mit denen seines Bruders Emanuel anlegte. Etwas Hilfe kam auch von der Familie des Grafen Keyserlingk[2], so daß die durch Sebastian begründete Verbindung mit diesem bedeutenden Manne fortgesetzt wurde. Doch solch unregelmäßige Unterstützungen sowie die kleine Jahresrente, welche Friedemanns Frau noch von Halle[3] erhielt, konnten nur eine vorübergehende Verbesserung seiner Lage bringen. In solch verzweifelter Not beging der alte Musiker künstlerisch unredliche Handlungen, welche die Nachwelt ihm noch heute vorwirft: er behauptete, der Komponist eines Orgelkonzerts zu sein, das in Wirklichkeit seines Vaters Bearbeitung eines großartigen Vivaldi-Violinkonzertes war. Diese Fälschung wurde erst im Jahre 1911 aufgeklärt, obwohl Zelter schon den wahren Tatbestand vermutet zu haben scheint, wie aus seiner Korrespondenz mit Goethe hervorgeht. Als es anderseits Friedemann klar wurde, daß das Interesse an Sebastians Musik größer war als an seinen eigenen Werken, strich er seinen Namen auf zwei seiner Kompositionen aus und setzte den Namen seines Vaters dafür ein.

Zehn Jahre lang lebte Friedemann in Berlin, in tragischem Kampf mit Armut und Krankheit; immer wieder verdarb er sich die wenigen Möglichkeiten, welche sich ihm noch boten, durch Ausbrüche von schlechter Laune, Eigensinn und einen wachsenden Widerwillen gegen jegliche Anstrengung. Friedemann war nicht mit seines Vaters Kampfesgeist geboren, und allmählich lernte er, Handlungen durch Ausflüge in die Welt der Phantasie zu ersetzen.

---

[1] BITTER, FALCK, MIESNER und MGG bezeichnen sie irrtümlicherweise als Felix Mendelssohns Großmutter.
[2] Vgl. MIESNER in BJ 1934.
[3] Vgl. MIESNER in BJ 1932.

Die ständigen Mißerfolge und die geringe Würdigung seiner Kompositionen bewogen ihn, sich mehr und mehr in seine eigene Welt zurückzuziehen, und als er im Jahre 1784 im Alter von vierundsiebzig Jahren[1] starb, erwähnte nur „Cramers Magazin der Musik", daß „Deutschland seinen ersten Orgelspieler und die musikalische Welt überhaupt einen Mann verloren, dessen Verlust unersetzlich" sei.

Das Schicksal von Friedemanns Witwe war traurig. Zuerst scheint sie von Musikfreunden etwas Unterstützung empfangen zu haben, denn es ist bekannt, daß ein Teil der Einkünfte einer Aufführung von Händels „Messias" im Jahre 1785 ihr übergeben wurde. Allmählich vergaß man sie jedoch, und als sie im Jahre 1791 starb, erhielt sie, wie Anna Magdalena Bach, ein Armenbegräbnis. Ihre einzige überlebende Tochter, Friederica Sophia, wich von der streng sittlichen Lebensführung ab, an welcher die Bache jahrhundertelang festgehalten hatten; als sie nämlich im Jahre 1789 im Alter von zweiunddreißig Jahren einen Musketier in einem Infanterieregiment heiratete, fand die Eheschließung fünf Tage nach der Geburt einer Tochter des Paares statt. Aus den Kircheneintragungen erfahren wir von der Geburt einer weiteren Tochter im Jahre 1797, aber da der Vater den allzu häufigen Namen Johann Schmidt führte, war es der Forschung unmöglich, das Schicksal dieser beiden Urenkelinnen von Sebastian Bach zu verfolgen.

Die Geschichte Friedemanns, dieses wahrhaft begabten, aber tragisch versagenden Künstlers, hat Romanschriftsteller stark angezogen. Er war der Held des im Jahre 1858 veröffentlichten, an romantischen Erfindungen überreichen Künstlerromans von EMIL BRACHVOGEL und stand im Mittelpunkt einer Oper von Gräner und eines deutschen Films unserer Zeit. Friedemann ist sicher der problematischste unter Sebastians Söhnen, und mangels klaren Quellenmaterials ist es unmöglich, die geheimen Triebfedern für manche seiner entscheidenden Handlungen aufzudecken. Trotzdem genügt das wenige, was wir über ihn wissen, uns einen Mann zu zeigen, der so völlig in seine eigenen Probleme eingesponnen war, daß er die Reaktion seiner Umwelt nicht abzuschätzen vermochte. Es ist bezeichnend, daß er die zwei einzigen Stellungen, welche er innehatte, zu seines Vaters Lebzeiten erlangte. Als Sebastians Rat und Hilfe dem Sohn nicht mehr zur Verfügung standen, war Friedemann in allem, was er versuchte, von Mißgeschick verfolgt. Er lernte nichts von seinen bösen Erfahrungen; sie verursachten nur ein Gefühl tiefer Niedergeschlagenheit, welches oft plötzlich in unbegründeten Optimismus umschlug, der den

---

[1] Sein langes Leben widerlegt am besten den gehässigen Bericht Reichardts über Friedemanns übermäßiges Trinken, ein Anwurf, der in keiner anderen zeitgenössischen Nachrichtenquelle Erwähnung findet.

Künstler zu höchst unüberlegten Handlungen verführte. Wenn wir Friedemanns Leben als Ganzes überblicken, erscheint uns die große Liebe und Unterstützung, welche Sebastian seinem ältesten Sohn angedeihen ließ, als verhängnisvoll. Sie verringerte Friedemanns Entschlußkraft im praktischen Leben und seinen Unternehmungsgeist in künstlerischen Fragen.

DIE KOMPOSITIONEN WILHELM FRIEDEMANN BACHS

Fünfundzwanzig Jahre trennten Friedemann von seinem Vater. Er gehörte einer jüngeren Generation an, welche die Vergangenheit vergessen und ihre eigene künstlerische Sprache sprechen wollte. In seinem Herzen kämpfte Bewunderung für Sebastians Kunst mit dem Wunsch, der Richtung der eigenen Zeit zu folgen. Infolgedessen wies seine Musik eine Mischung von konservativen und fortschrittlichen Elementen auf. In seinen Vokalkompositionen wendete er mit gleichem Erfolg strenge Polyphonie und vollkommen homophone Formen an. Nichtsdestoweniger zeigen seine Bemühungen, die Sprache von Sebastians Kirchenkantaten weiterzuentwickeln, wenig Originalität. Friedemann war in seiner Instrumentalmusik viel bedeutender. Hier gebrauchte er einen Stil, der im Grunde homophon, dabei jedoch mit häufigen kleinen Nachahmungen verziert war. Er verwendete selten mehr als ein Thema in einem Satz, doch gleich seinen Brüdern strebte er Abwechslung im Ausdruck und plötzliche Überraschungswirkungen an. Das Gleichmaß der Stimmung in Barockkompositionen wurde in Friedemanns Werken durch jene plötzlichen Kontraste ersetzt, die für das Zeitalter der Empfindsamkeit typisch waren.

Und doch war Sebastians Einfluß so stark, daß seines Sohnes Kompositionen von den Zeitgenossen als altmodisch und überkompliziert angesehen wurden. Der Künstler hatte nicht den Erfolg, den er seiner Ansicht nach verdiente. Enttäuschung verminderte das Ausmaß seiner schöpferischen Leistungen und veranlaßte ihn mehr und mehr eine musikalische Sprache anzunehmen, deren Ausdruck weit über modische Empfindsamkeit hinausging. Die optimistischen Kompositionen seines frühen Mannesalters zeigten schon einen persönlichen und stark gefühlsmäßigen Charakter, und als der Komponist älter wurde, verstärkte sich dies noch. In seinen späteren Werken kamen Leidenschaft und Schmerz zum Ausdruck und in manchen langsamen Sätzen eine Inbrunst und Gefühlstiefe, wie sie nur wenige Komponisten seiner Zeit aufbrachten.

Des alternden Friedemann Unfähigkeit, sich in vorgeschriebene Lebensformen einzufügen, sein Mangel an gesellschaftlichen Manieren, sein Widerstand gegen Komponieren oder selbst Improvisieren auf Bestellung, die verhältnismäßig kleine Anzahl der Werke, die er schrieb, unter denen Klavierkompositionen eine so wichtige Rolle spielen: all dies würde man eher von einem Künstler erwarten, der sechzig oder sogar hundert Jahre später lebte. Unter Sebastians Söhnen ist Friedemann der enttäuschte Romantiker, ein Mann, welcher seinen Zeitgenossen altmodisch erschien, während er ihnen in vieler Hinsicht weit voraus war.

Trotzdem es unmöglich ist, für die meisten Werke Friedemanns genaue Kompositionsdaten festzustellen, lassen sich die Hauptperioden seiner künstlerischen Entwicklung leicht verfolgen. Nur einige wenige Stücke aus Friedemanns *Jugend* (1710 bis 1733) sind erhalten. Sie sind entweder in oberflächlichem Rokokostil gehalten, der bei Friedemann seltsam unbefriedigend klingt, oder sie schließen sich eng dem Vorbild des größten Musiklehrers des Jahrhunderts an. Die Periode der *Reife* umfaßt die zwei langen Aufenthalte in Dresden und Halle (1733 bis 1770). Zuerst widmete Friedemann sich ganz der Instrumentalkomposition (Dresden, 1733 bis 1746) und erst als er in Halle lebte (1746 bis 1770), wandte er sich der Vokalkomposition, insbesondere der Schöpfung von Kirchenkantaten zu. Es besteht auch ein deutlicher Stimmungsunterschied zwischen den Werken der Dresdner und der Halleschen Periode. Die Kompositionen, welche Friedemann in seinen jüngeren Jahren schrieb, zeigen einen kraftvoll bejahenden Geist und sind hauptsächlich in Durtonarten gehalten. Für den Organisten im pietistischen Halle und besonders für den Mann, der weiterhin in der gleichen Stadt ohne feste Anstellung lebte, hatte das Dasein an Glanz und Heiterkeit eingebüßt. In den Kompositionen aus jener Zeit kommen häufig leidenschaftliches Sehnen und tragische Rastlosigkeit zum Ausdruck, wofür öfter als zuvor Molltonarten verwendet werden. Die *letzte Periode* (1771 bis 1784), welche Friedemann in Braunschweig und Berlin, ohne ein Amt innezuhaben, verbrachte, zeigt eine auffallende Abnahme der Zahl der komponierten Werke und nicht selten auch einen Rückgang in ihrer Qualität. Sowohl retrospektive als auch romantische Züge sind jetzt stärker betont. Der siebzigjährige Komponist, der bis dahin nie eine Verbindung mit der Bühne gehabt hatte, arbeitet nun an einer Oper[1]; in die gleiche Zeit gehören aber auch die schönen kleinen Klavierfugen, welche der Prinzessin Amalia von Preußen gewidmet sind.

Die Verbindung Friedemanns mit der Vergangenheit zeigt sich am deutlichsten in seinen *Orgelkompositionen*[2]. FORKEL schreibt in seiner Biographie

---

[1] Vgl. C. M. PLÜMICKE, „Entwurf einer Theatergeschichte von Berlin", Berlin, 1781, S. 338. Friedemanns Musik scheint verlorengegangen zu sein.

[2] Neuausgabe von sieben Choralvorspielen und drei Fugen (Power Biggs und Weston), New York, Music Press 1947.

Johann Sebastian Bachs[1]: „Hörte ich Wilhelm Friedemann ... auf der Orgel, so überfiel mich ein heiliger Schauder ... Hier war alles groß und feierlich", und DANIEL SCHUBART[2] hielt Friedemanns Leistungen als Orgelvirtuose für fast größer als die seines Vaters. Solch begeisterte Berichte lassen das Höchste von Friedemanns Orgelkompositionen erwarten, in Wirklichkeit aber scheint er eher improvisiert, als niedergeschrieben zu haben. Die Anzahl seiner gegenwärtig bekannten Werke auf diesem Gebiet ist verschwindend klein, selbst wenn wir die Klavierfugen mit einbeziehen, die vielleicht für die Orgel bestimmt waren. Es gibt sieben *Choralvorspiele* (F 38/1), die zumeist aus einer Reihe kurzer Fugatos über die einzelnen Choralabschnitte bestehen und auf einem längeren Orgelpunkt enden, eine Form, die auf Johann Christoph Bach und Pachelbel zurückgeht. Friedemanns Bearbeitungen verbinden in gewisser Hinsicht das melodische Material der einzelnen Liedzeilen und verleihen damit den Vorspielen größeren Zusammenhalt. Nichtsdestoweniger sind diese kurzen Kompositionen von keiner großen Bedeutung und halten einen Vergleich mit den Choralvorspielen aus Sebastians Reifezeit nicht aus.

Weit bemerkenswerter sind zwei *Fugen* mit einer Pedalstimme, die gründlich gearbeitete, aber etwas altmodische Fuge in g-Moll (F 37), und die große Tripelfuge in F-Dur (F 36). Dieses letztere Werk, das Friedemann in Halle schrieb, ist eine groß angelegte und kraftvolle Komposition; ihr langes Thema ist geschickt verarbeitet und auch untergeteilt, wobei die Abschnitte nicht nur aufeinander folgen, sondern auch gleichzeitig durchgeführt werden[3].

Die acht dreistimmigen Fugen (F 31), die Friedemann in Berlin komponierte und im Februar 1778 der musikliebenden Prinzessin Amalia von Preußen widmete, können auch als Werke für die Orgel angesehen werden, obwohl sie keine Pedalstimme haben. Es sind dies kurze, ansprechende, unkomplizierte und technisch nicht schwere Kompositionen, mit viel anziehenden Zügen, wie dem lustigen und rhythmisch interessanten Thema von Nr. 1 in C-Dur oder dem fröhlichen, gigueartigen Charakter von Nr. 5 in e-Moll. Im Zeitalter der

---

[1] a. a. O. Kapitel IV.

[2] „Ideen zu einer Ästhetik der Tonkunst", Wien 1806, S. 89.

[3] Die C-Dur-Fuge (F 35) ist eine unvollendetes Bruchstück, die c-Moll-Fuge mit einer Pedalstimme (bei Falck nicht angeführt; vgl. jedoch S. 349 Anm. 2 bezüglich ihrer Neuausgabe) ist von zweifelhafter Echtheit. Sie ist auch Johann Christoph Friedrich und sogar Johann Christian Bach zugeschrieben worden. Es ist interessant, daß diese Komposition in ziemlich durchsichtiger Umformung das gleiche Thema verwendet, das Sebastian aus Corellis Triosonate op. 3/4 für seine eigene vierstimmige Orgelfuge in h-Moll entlehnt hatte. Diese c-Moll-Fuge mag eine Kompositionsaufgabe gewesen sein, die einer der Bach-Söhne unter den wachsamen Augen des Vaters machte. (Vgl. GEIRINGER, „Artistic Interrelations of the Bachs", Musical Quarterly 1950).

Empfindsamkeit, in dem sich ein allgemeiner Niedergang der kontrapunktischen Schreibweise beobachten läßt, verstanden es nur ganz wenige Komponisten, die Form der Fuge so wirkungsvoll zu behandeln. Friedemanns Vorbild für diesen kleinen Zyklus war augenscheinlich ein Werk seines Vaters. Die Anordnung der Stücke (Nr. 1 in C-Dur, Nr. 2 in c-Moll, Nr. 3 in D-Dur Nr. 4 in d-Moll usw.) ähnelt der in Sebastians Inventionen und das Thema in Friedemanns Fuge in f-Moll (Nr. 8) ist deutlich dem Anfang von Sebastians Sinfonia in der gleichen Tonart (Beisp. 29) nachgebildet. Nicht nur

Beisp. 29

das bei Barockkomponisten beliebte chromatisch absteigende Thema, sondern auch der begleitende Kontrapunkt sind im Werk des Vaters vorgebildet. Die einzelstehende Fuge in c-Moll (F 32) auf ein Thema, das dem „Fac ut portem" aus Pergolesis Stabat mater ähnelt, steht nicht auf gleicher Höhe künstlerischer Vollendung mit diesen einfallsreichen Kompositionen. Ihre polyphone Schreibweise ist etwas konventionell, mit deutlicher Hinneigung zu einem mehr homophonen Stil[1].

Mehr als zwei Dutzend *Kompositionen für Klavier*[2] (Cembalo, Clavichord, Spinett oder Fortepiano) sind bekannt. In die *erste Periode* der schöpferischen Tätigkeit des Komponisten gehört ein kleines Charakterstück im Stile Cou-

---

[1] Die Klavierfuge in B-Dur (F 34) ist, wie schon GEORGE B. WESTON erkannte, eine Bearbeitung der Fuge in Händels Ouvertüre zu „Esther". Die kleine Klavierfuge in F-Dur (F 33) ist ein unbedeutendes Werk aus Friedemanns früher Jugend.

[2] Neuausgaben: Kleine Klavierstücke (RIEMANN) Leipzig, Steingräber – Konzert für zwei Klaviere unbegleitet, BGA, Band 43, S. 47 – Neun Klaviersonaten (BLUME) NMA 1930 bis 1940 – Sechs Phantasien für Klavier (BANCK) Leipzig, Kistner und Siegel, 1881 – Drei Phantasien für Klavier (RIEMANN) Leipzig, Steingräber – Zwölf Polonaisen (WÜHRER) Wien, Bundesverlag 1949 bis 1953.

perins, „La Reveille" genannt (F 27), eine kurze Gigue in G-Dur (F 28) und
eine „Bourleska" (F 26), der Friedemanns Bruder Friedrich die Bezeichnung
„L'Imitation de la Chasse" gab. Letztere ist eine lustige und ziemlich oberflächliche Komposition im Stile von Gottlieb Muffat, in der das damals so beliebte
Überschlagen der Hände reichliche Anwendung findet. Das bedeutendste Werk
aus dieser Vorbereitungsperiode ist die kleine Suite in g-Moll (F 24). Die Wahl
der Form und die etwas schwerfällige Polyphonie der Allemande weisen auf
Modelle der Barockzeit hin. Friedemann ahmte auch Einzelheiten in den Partiten seines Vaters nach. Der teils französische, teils italienische Stil der Cou-
rante und die zwanglose Aufeinanderfolge der Tänze (eine Bourrée und zwei
Trios folgen der Gigue nach) deuten auf diese Quelle hin. Anderseits aber
läßt sich der Geist einer jüngeren Generation in dieser Gigue mit ihrem plötzlichen Wechsel von Dur nach Moll und wieder zurück nach Dur und in ihren
drolligen rhythmischen Wirkungen beobachten.

Das *Concerto per il Cembalo Solo* in G-Dur (F 40) stammt wahrscheinlich
auch aus Friedemanns Jugend. Dieses Werk ahmt die Klavierbearbeitung eines
Concerto grosso nach und war vielleicht von den Präludien zu Sebastians
„Englischen Suiten" oder dem „Italienischen Konzert" des Vaters beeinflußt.
Das einleitende „Allegro non troppo" beginnt und endet mit einer mächtigen
Tuttigruppe, welche auch das thematische Material für den Rest des Satzes
liefert. Friedemann deutet die Verwendung eines imaginären Concertinos von
zwei Geigen und einem Violoncello an, indem er den Baß zu den Oberstimmen
hinaufrückt (Beisp. 30). In dem Mittelsatz glauben wir nur dieses Trio allein zu

Beisp. 30 Allegro non troppo

hören. Dies ist ein Andante in e-Moll von großer Einfachheit und Liebreiz.
Anscheinend war es ein Lieblingsstück Friedemanns, der es später noch
zweimal in Kompositionen seiner letzten Jahre verwendete[1]. Das Finale ist
frisch und lustig mit amüsanten rhythmischen Effekten.

---

[1] In seinem Hochzeitslied „Herz, mein Herz" und einer seiner Phantasien in
c-Moll aus dem Jahre 1784.

Friedemanns künstlerische Persönlichkeit scheint in den Klavierkompositionen seiner *zweiten Periode* voll entwickelt zu sein. An den Beginn der *Dresdner Jahre* gehört das *Concerto a duoi Cembali Concertati* (F 10; in modernen Ausgaben heißt es „Sonate" für zwei Klaviere), ein Werk, welches dem Vater so gut gefiel, daß er es selbst in Stimmen abschrieb. Dies hatte zur Folge, daß sich im 19. Jahrhundert Zweifel über die Urheberschaft erhoben. Der wirkliche Tatbestand wurde zuerst von Johannes Brahms erkannt, der das „Concerto" im Jahre 1864 bei Rieter-Biedermann als eine Komposition von Friedemann herausgab; nichtsdestoweniger schlüpfte es dreißig Jahre später in die Bach-Gesamtausgabe als eine „bisher ungedruckte" Komposition von Johann Sebastian[1]. Sowohl der Stil der Komposition als auch das Aussehen der beiden Handschriften lassen es als sicher erscheinen, daß hier der Vater tatsächlich ein Werk des Sohnes kopierte und daß dies nicht ein zweiter Fall eines „Friedemann Bachschen Orgelkonzertes" ist (vgl. S. 177). Der Ausdruck „Konzert", den Friedemann für sein Werk gebrauchte, ist nur im letzten Satz gerechtfertigt. Dieses glänzende und heitere Finale hat den Charakter eines Solokonzerts mit Orchesterbegleitung, das in einer Bearbeitung für zwei Klaviere vorliegt. Im Grunde ist hier derselbe rondoartige Wechsel zwischen Tutti und Soloepisoden zu beobachten, wie ihn Sebastian in seinem „Italienischen Konzert" verwendet. Ganz anders sind die vorangehenden beiden Sätze. Der erste ist in fast vollentwickelter Sonatenform. Sein Hauptthema zeigt den von Friedemann so gerne verwendeten synkopierten Rhythmus (Beisp. 31); es folgt ein scharf kontrastierendes Seitenthema, eine ausgedehnte

Beisp. 31

Durchführung und eine unvollständige Reprise. Deutlich zeigt diese Komposition, wie weit der junge Friedemann sich den fortschrittlichen Bestrebungen seiner Zeit anschloß. Der langsame Mittelsatz ist ähnlich im Charakter, wenn auch kürzer und einfacher. Das ganze „Konzert" ist vorwiegend homophon gehalten, und die regelmäßigen Imitationen im zweiten Klavier nehmen den Charakter von Begleitfiguren mit thematischer Bedeutung an.

Sieben *Sonaten* für ein Klavier stammen aller Wahrscheinlichkeit nach aus der Dresdner Zeit. Im Jahre 1745 versuchte der Komponist einen Publikums-

---

[1] Band XLIII, S. XV und 47.

erfolg zu erzielen, indem er die Sonate in D-Dur (F 3) als erste in einer geplanten Folge von sechs Sonaten[1] veröffentlichte. Leider wurden die Erwartungen des Komponisten nicht erfüllt. Die Sonate hatte so geringen Erfolg,
daß weitere Publikationen unterblieben. Nur die Sonate in Es-Dur (F 5)
wurde im Jahre 1748 einzeln veröffentlicht; die anderen vier Werke dieser
Gruppe (in F-Dur, G-Dur, A-Dur und B-Dur; F 6 bis 9) und eine ähnlich
angelegte Sonate in C-Dur (F 1), die alle wahrscheinlich 1744 oder früher geschrieben wurden, blieben zu Lebzeiten des Komponisten im Manuskript.

Jede dieser sieben Sonaten ist in drei Sätzen mit der üblichen Tempofolge:
langsam – schnell – langsam, gehalten. In der Sonate in C-Dur ist allerdings
der Mittelsatz nur zehn Takte lang, und in der Sonate in F-Dur, die der Komponist zweimal umarbeitete, schrumpft er sogar auf vier Takte zusammen.
Friedemanns Vorliebe für knappen Aufbau drückt sich auch in der Sonate in
D-Dur aus, in der sich das gleiche Schlußmotiv am Ende jedes der drei Sätze
wiederholt und damit eine Art zyklische Form erzeugt wird. Der Komponist
gibt keinem der zahlreichen Formtypen seiner Zeit den Vorzug. Er schreibt
ein-, zwei- und dreiteilige Sätze, die letzteren gelegentlich mit zwei deutlich
gesonderten Themen.

Auch sonst ist Friedemanns Schreibweise Schwankungen unterworfen. Einerseits läßt sich die Verbindung mit der Kunst der Vergangenheit deutlich
beobachten. So ist etwa im Largo der Es-Dur-Sonate mit seinem einheitlichen
Aufbau und im Adagio der D-Dur-Sonate mit seinen polyphonen Imitationen
der Geist des Thomaskantors zu verspüren. Italienische Einflüsse, welche am
Dresdner Hof besonders stark waren, zeigen sich in den Akkorden, welche
das Thema im ersten und letzten Satz der Es-Dur-Sonate begleiten und in
den glänzenden auf beide Hände aufgeteilten Passagen im Finale der B-Dur-
Sonate. Gleichzeitig treten in diesen Sonaten die Eigenheiten des empfindsamen Stiles hervor. Ihre Sprache ist oft nervös, von plötzlichen Gegensätzen
und überraschendem Wechsel erfüllt. Im ersten Satz der G-Dur-Sonate und
im Finale der B-Dur-Sonate treten wiederholt Änderungen im Tempo auf, die
diesen Sätzen einen höchst persönlichen Charakter verleihen. Die dramatischen
und oft sehr humorvollen Wirkungen, welche der Komponist durch den Gebrauch von Pausen erzielt, lassen sich in den Finali der Es-Dur- und G-Dur-
Sonate (Beisp. 32) beobachten. Mannigfaltigkeit der Stimmungen ist auch in
den verschiedenen Sätzen festzustellen. Erwähnt sei etwa der friedliche erste
Satz der C-Dur-Sonate und das lustige Finale der A-Dur-Sonate; aber Friede-

---

[1] Das Titelblatt führt an, daß Exemplare vom Komponisten in Dresden, seinem
Vater in Leipzig oder seinem Bruder (Emanuel) in Berlin bezogen werden können.

mann scheint noch mehr in seinem eigenen Element im Mittelsatz („Lament")
der G-Dur-Sonate oder im Klagelied des ersten Satzes in diesem Werk
(Beisp. 33).

Friedemanns *Phantasien*, die er in Dresden schrieb, sind im Charakter verschieden von den dramatischen Szenen, welche Emanuel unter dem gleichen

Beisp. 32

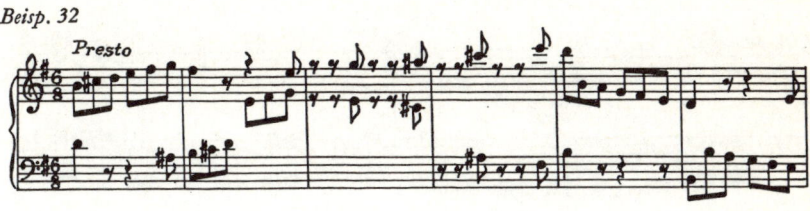

Beisp. 33

Titel veröffentlichte. Die Werke des älteren Bruders enthalten selten rezitativ-
artige Episoden und es wäre schwer, ihnen – wie in Emanuels Phantasien –
Worte unterzulegen oder sich ein Programm zu dieser Musik vorzustellen.
In Friedemanns Phantasien spiegelt sich die Gefühlswelt des Komponisten,
während Emanuel, unter dem Eindruck der Oper seiner Zeit, Musik schreibt,
die in poetischer und selbst völlig rationalistischer Weise ausgedeutet werden
kann. Manche Phantasien des älteren Bruders ähneln mit ihren Läufen und
gebrochenen Akkorden Tokkaten, andere gleichen einem einzelnen Sonaten-
satz, oder einer Verbindung verschiedener musikalischer Abschnitte, die im
Takt und Tempo voneinander abweichen; die Mehrzahl aber zeigt den logischen und ausgeglichenen Aufbau, welcher die Werke des reifen Friedemann
kennzeichnet.

Die D-Dur-Phantasie (F 17) ist ein technisch ziemlich schwieriges, effekt-
volles Stück mit schwungvollen Läufen und gebrochenen Akkorden, die auf
beide Hände aufgeteilt sind. Die Empfindsamkeit des 18. Jahrhunderts nimmt
hier fast den Charakter der Romantik des 19. Jahrhunderts an (Beisp. 34). Ähnlich, doch weniger solid gebaut, ist eine Phantasie (F 18), die in d-Moll be-

ginnt und in F-Dur endet. Eine zweite Phantasie in d-Moll (F 19)[1] ist in drei
Abschnitte geteilt, deren jeder abermals dreiteilig ist, und drei musikalische
Ideen (eine darunter ein Fugato) finden in der Komposition Verwendung. Die
so gebildete Form ABA/BCB/ACA mit ihren verschränkten Teilen hat César
Franck vielleicht studiert, als er sein „Prélude, Chorale et Fugue" schuf.

Beisp. 34

Einer kurzen Phantasie ähnlich ist das kleine c-Moll „Preludio" (F 29), ein
zartes Charakterstück voll einfacher Würde und Schönheit. Der kurze
„Marsch" in Es-Dur (F 30) gehört zu den reizvollsten und am wenigsten
komplizierten Kompositionen Friedemanns. Es ist bezeichnend für den Komponisten, daß sogar hier der heitere Charakter des Werkes im Mittelteil durch
einen kurzen Ausbruch von Angst und Schmerz unterbrochen ist.

Die Anzahl der Klavierkompositionen aus der *Halleschen Periode* ist nicht
groß; zu ihnen zählen jedoch die köstlichen zwölf *Polonäsen* (F 12), welche
nach der Meinung von Julius Epstein, dem hervorragenden Wiener Pianisten
und Freund von Brahms, zu den schönsten Klavierkompositionen aller Zeiten
gehören. Die Polonäse war ein Tanz, der in Deutschland seit dem 17. Jahrhundert bekannt war. Später verstärkte die politische Verbindung zwischen
Polen und Sachsen das allgemeine Interesse an dieser Form und nach 1750
erfreute sie sich besonderer Beliebtheit. Da Friedemann der Ansicht war, mit
diesem Werk einen Publikumserfolg erzielen zu können, kündigte er im Jahre
1765[2] an, daß er zwölf dieser Werke komponiert habe; die Öffentlichkeit aber
blieb wieder gleichgültig, was des Komponisten Gefühl der Hoffnungslosig-
keit noch steigerte. Die Polonäsen, welche erst fünfunddreißig Jahre nach
dem Tode Friedemann Bachs gedruckt wurden, sind kurze zwei- oder dreiteilige Kompositionen, die den Tanzcharakter zumeist abgestreift haben. Das
Tempo ist gewöhnlich mäßig schnell oder langsam und die rhythmische An-

---

[1] Die Riemannsche Ausgabe dieses Stückes (Steingräber) bezeichnet sie als
„Capriccio".
[2] GEORGE B. WESTON, Cambridge, Mass., besitzt auch ein Manuskript der Polonäsen, datiert 1765.

lage oft ziemlich verwickelt. Wenn nicht der Dreivierteltakt in allen zwölf
Stücken festgehalten wäre und häufig kurze Noten am Taktanfang vorkämen, so
wäre ihre Bezeichnung kaum gerechtfertigt. Die Anordnung der Polonäsen
ist der der Fugen ähnlich. Die Reihe beginnt in C-Dur und endet in g-Moll,
wobei die komplizierten Tonarten Cis und Fis (sowohl Dur als auch Moll)
übersprungen werden. Nicht zwei dieser hervorragenden Charakterstücke sind
dem Gehalt nach gleich. In Nr. 1 kommt Entschlossenheit zum Ausdruck,
Nr. 2 ist zart und nachdenklich, Nr. 3 jugendlich-feurig, Nr. 4 eine empfindsame Klage, Nr. 5 feierlich und mit einer dramatischen Durchführung ausgestattet, Nr. 6 erfüllt von Inbrunst und tiefer Empfindung. Wichtiger noch
als die Unterschiede zwischen den verschiedenen Polonäsen sind die Gegensätze innerhalb der einzelnen Nummern. Nr. 8 in e-Moll z. B. fängt mit einer
sehnsuchtsvollen Melodie an, in der weite melodische Sprünge Verwendung
finden, wie sie in Friedemanns Kompositionen häufig sind. Nach sechs Takten setzt ein lebhaftes und stürmisches zweites Thema ein, in dem eine völlig neue, dem ersten Thema fast diametral entgegengesetzte Stimmung zum
Ausdruck kommt. Trotz der Kürze des Stückes (nur vierundzwanzig Takte)
zeigt das Werk die Grundzüge der Sonatenform: Exposition mit zwei kontrastierenden Themen, eine modulierende Durchführung mit einem Versuch
Bestandteile beider Themen zu vereinigen, sowie eine nur leicht modifizierte
Reprise. In ihrer ausdrucksvollen Kraft weisen diese winzigen Meisterstücke
weit in die Zukunft. Sie sind, wie Griepenkerl, ihr erster Herausgeber sich
ausdrückt, der „wahrste Ausdruck eines edlen, zarten und sehr bewegten Ge-
mütes", und es ist nicht überraschend, daß ihre Bedeutung zuerst im romantischen Zeitalter erkannt wurde.

Eine zweite Sonate in D-Dur (F 4), 1778 oder 1779 der Prinzessin Amalia
von Preußen gewidmet, gehört vielleicht in die Hallesche Periode. Der erste
Satz dieses Werkes gebraucht eine Ausdrucksweise, welche der des jungen
Mozart recht ähnlich ist. Das sich anschließende träumerische Grave zeigt einen
Aufbau von klassischer Einfachheit. Ein scherzhaftes und keckes Finale be-
schließt dieses Werk, welches nicht nur das Ende, sondern auch in gewisser
Hinsicht den Höhepunkt von Friedemanns Sonatenkomposition darstellt[1].

Ein Vergleich von Friedemanns zwei Phantasien in e-Moll kann eine gute
Illustration für die stilistischen Unterschiede zwischen seiner zweiten und *dritten Kompositionsperiode* bieten. Die erste (F 20), 1770 in Halle komponiert,
ist ein prächtiges Werk, das zwei Grundthemen in einen gediegenen rondo-

---

[1] Eine Sonate in C-Dur aus derselben Zeit (F 2) ist nicht von gleicher Bedeutung
und verblieb im Manuskript.

artigen Aufbau einfügt. Die zweite (F 21), die in Braunschweig oder Berlin geschrieben wurde, zeigt eine Zunahme der nervösen Energie zugleich mit einer Abnahme des formalen Zusammenschlusses. Sie enthält manch bemerkenswerte Einzelheiten wie die dämonische Einleitung oder die Klage im Rezitativ, doch fehlt dem Werk Logik, und es leidet an einer Tendenz, Ideen miteinander zu verbinden, die im Charakter nicht zueinander passen. Gleichzeitig ist es interessant, festzustellen, daß diese Phantasie scheinbar nicht für Cembalo, sondern eher für das moderne Pianoforte bestimmt war. Einige seiner Begleitfiguren kommen nur auf einem mit Dämpferpedal versehenen Instrument zu voller Wirkung[1]. Die beiden letzten Phantasien, die 1784, im Todesjahre Friedemanns, geschrieben wurden, stehen beide in c-Moll (F 15 und 16). Sie enthalten Teile aus früheren Werken und zeigen ein entschiedenes Nachlassen der Fähigkeiten des Komponisten. Eines dieser Werke ist ein Potpourri, das aus nicht weniger als siebzehn kaum zusammenhängenden Fragmenten besteht.

Einen Übergang von Friedemanns Klavierkompositionen zu seiner Ensemblemusik bilden seine *Konzerte für Cembalo und Orchester*[2]. Sie bestehen aus vier Werken für ein Cembalo und Streicher und einem für zwei Cembali, Blechbläser, Pauken und Streicher, zu denen noch ein unvollständiges Konzert von eineinhalb Sätzen und ein Konzert von zweifelhafter Echtheit[3] hinzugefügt werden könnten.

Die Werke bedienen sich der Konzertform der späten Barockperiode mit ihrem rondoartigen Wechsel zwischen Tutti und Soloepisoden. Friedemann erweitert jedoch die Tutti sowie auch die Soloteile und gewährt ihnen gleichzeitig mehr Unabhängigkeit voneinander. Erstere nehmen einen mehr symphonischen Charakter an und bestehen aus zwei, oder sogar drei und vier kontrastierenden Ideen, die oft in einem machtvollen Unisono enden. Die Figurationen der Soloteile verlieren ihren mechanischen Charakter und sind

---

[1] Ähnliche Beobachtungen könnte man bezüglich der Phantasien in C-Dur (F 14) und a-Moll (F 23) machen, beide aus Friedemanns dritter Kompositionsperiode.

[2] Neuausgaben: Konzert in e-Moll für Cembalo und Streicher (UPMEYER) Berlin, Vieweg 1931. – Konzerte in a-Moll, D-Dur und F-Dur für Cembalo und Streicher, bearbeitet für zwei Klaviere (RIEMANN) Leipzig, Steingräber, ohne Jahr. – Konzert in Es-Dur für Cembalo und Streicher (GEIRINGER) MBF S. 116 (Langspielplatte 3). – Konzert in Es-Dur für zwei Klaviere und Orchester, New York, Public Library.

[3] Ein siebentes Konzert in c-Moll unter Friedemanns Namen bei Schott, Mainz, veröffentlicht, ist das Werk von Sebastians Schüler Kirnberger. Die Berliner Bibliothek besitzt die Stimmen zweier Konzerte (St. 270, 276), welche ursprünglich den Namen W. F. Bach am Titelblatt trugen. Dies wurde in einer altertümlichen Schrift auf J. F. C. Bach geändert. SCHÜNEMANN (BJ 1914, S. 127 bis 128) glaubt, daß diese Werke von Friedemann sind.

von einem mehr persönlichen Gefühlsleben erfüllt. In Friedemanns Konzerten stehen sich die beiden Partner, das Soloinstrument und das Orchester, in einer den großen Konzerten des 19. Jahrhunderts nicht unähnlichen Weise gegenüber.

Falls das g-Moll-Konzert (F Anfang von S. 11) wirklich eine Komposition von Friedemann Bach ist, kann es nur ein Werk seiner Lehrlingszeit sein. Das konservative Gepräge seines ersten Satzes, in welchem die gleiche Stimmung vom Anfang bis zum Ende streng gewahrt ist, und die minderwertige Qualität des zweiten und dritten Satzes scheinen dies zu erweisen.

Die Konzerte in a-Moll[1], D-Dur und F-Dur, sowie das Konzert für zwei Klaviere in Es-Dur (F 45, 41, 44, 46) gehören wahrscheinlich in die Dresdner Periode. Es sind dies einfallsreiche Kompositionen, erfüllt von starker Empfindung und Ausdruckskraft. Ihr Stil ist im Grunde homophon, doch sind kanonische Imitationen häufig verwendet, um die Setzweise abwechslungsreicher zu gestalten. In der Regel wechseln fünf Einsätze des Haupt-Tutti-Ritornells mit vier Soloepisoden ab. Das a-Moll-Konzert zeigt eine merkwürdig traurige, fast an Verzweiflung grenzende Stimmung. Gewisse melodische Merkmale, Übergänge und Modulationen in diesem Werk wie auch in dem h-Moll-Mittelsatz des D-Dur-Konzerts schaffen eine clair-obscure Atmosphäre, die in Werken dieser Zeit selten ist[2].

Das F-Dur-Konzert ist vielleicht das fortschrittlichste dieser Dresdner Kompositionen. Es ist interessant, daß ein Thema des ersten Satzes (Takt 31, 32) wieder im letzten Satz (Takt 35, 36) vorkommt; abermals verbindet hier der Komponist die einzelnen Sätze seiner Komposition. – Sowohl die Verwendung von zwei Klavieren als auch von Blechbläsern im Begleitorchester des Es-Dur-Konzerts kommt nur ein einziges Mal in Friedemanns Werken dieser

---

[1] Es herrscht starke Meinungsverschiedenheit bezüglich der Entstehungszeit des a-Moll-Konzerts. Die Schrift des Manuskripts ist flüchtig und ziemlich unsicher. Dies bewog GEORGE B. WESTON (nach freundlicher mündlicher Mitteilung an den Verfasser), das Manuskript als ein Alterswerk Friedemanns anzusehen. FALCK (S. 87 und 96) hingegen hält es für eine Komposition aus seiner Leipziger Zeit. Stilistische Gründe scheinen jedoch auf eine Entstehung in den Dresdner Jahren hinzuweisen. Die Komposition zeigt große Ähnlichkeit mit anderen Konzerten, Sonaten und Symphonien, die Friedemann damals schrieb und die Handschrift ähnelt der des F-Dur-Konzerts für zwei Klaviere. Die Tatsache, daß das Werk auf Leipziger Papier, das auch Sebastian verwendete, geschrieben wurde, ist nicht überzeugend. Friedemann konnte es verwendet haben, während er seinen Vater von Dresden aus besuchte, oder er mag das Papier nach Dresden mitgenommen haben.

[2] Die gleiche Stimmung findet sich ein Jahrhundert später in der Musik von Johannes Brahms, der mit Friedemanns Werken vertraut war.

Gattung vor[1]. Die Verringerung der Anzahl der Tutti von fünf auf vier weist auf die Konzerte der Halleschen Periode hin, während der altmodische unbegleitete Triostil des Mittelsatzes an ähnliche Stücke von Sebastian erinnert. Einen fortschrittlicheren Charakter zeigen die Werke der Halleschen Zeit: der erste Satz eines unvollendeten Konzertes in Es-Dur[2] und das Konzert in e-Moll, das er 1767 Maria Antonia, der Kurfürstin von Sachsen widmete (F 42 und 43). Sie zeigen nicht nur die obenerwähnte Verminderung in der Anzahl der Tutti, sondern auch im ganzen eine Neigung zu größerer stilistischer Konzentration. Weniger Ideen werden in jeden Satz eingeführt, doch werden sie mit größerer Gründlichkeit verarbeitet. Der Stil hat die letzten Reste des polyphonen Charakters abgestreift und der Gebrauch von parallelen Terzen und Sexten in den Soloteilen scheint ein wachsendes Interesse an den Möglichkeiten des modernen Hammerklaviers anzuzeigen. Es ist höchst bedauerlich, daß die zweite Hälfte des anziehenden Es-Dur-Konzerts fehlt. Von den vollständigen Werken ist das innig-melancholische und romantische e-Moll-Konzert die reifste Komposition – ein erlesenes Kunstwerk, das in jedem Takt des Künstlers gediegenes Können zeigt.

Friedemanns instrumentale Ensemblemusik[3] ist im Charakter weniger fortschrittlich als seine Klavierkompositionen. Sie zeigt seine Begabung, scharf profilierte Melodien zu erfinden und nicht nur die Oberstimme, sondern auch die Mittelstimmen und besonders den Baß mit reichem thematischem Leben zu erfüllen. Manche Durchführungsstellen in den Symphonien gehören zu dem besten, das zu jener Zeit in Deutschland geschrieben wurde, und in der Kombination der Instrumente entfaltet Friedemann gelegentlich eine fast italienisch anmutende, sinnliche Klangschönheit. Dagegen ist er in der Anwendung der

---

[1] Eine ältere Fassung des Werkes in der Königsberger Bibliothek ist für Streicher und zwei Hörner gesetzt. Eine spätere Partitur im Besitze der Berliner Bibliothek fügt zwei Trompeten und Pauken zu dieser Instrumentierung hinzu. Diese Fassung ist in der Ausgabe der New York Public Library wiedergegeben.

[2] Friedemann arbeitete es später in eine gewöhnliche Orchesterkomposition um, wobei er die Ripieno-Teile mehr oder weniger unverändert ließ, während er den Klavierpart durch zwei von anderen Orchesterinstrumenten verstärkte Oboen ersetzte. In dieser Form verwendete er den Satz als Einleitung zu seiner Kantate „Ertönet, ihr seligen Völker" (F 88).

[3] Neuausgaben: Sechs Sonaten für zwei Flöten (WALTHER), Leipzig, Breitkopf & Härtel. – Lamentabile und Presto von Sonate in F-Dur für zwei Flöten (GEIRINGER) MBF S. 112 (Langspielplatte 2). Drei Sonaten für zwei Violen, Köln, Tischer & Jagenberg. – Sonate für Violine und Cembalo in H-Dur (SCHITTLER), München, Wunderhorn Verlag 1910. – Trio in B-Dur für zwei Violinen und Baß (RIEMANN), Leipzig, Breitkopf & Härtel, 1875 bis 1876. – Vier Trios für zwei Soloinstrumente und Kontinuo (SEIFFERT), Leipzig, Breitkopf & Härtel, 1934. – Symphonie in d-Moll (SCHITTLER), München, Wunderhorn Verlag, 1910.

13. C. P. E. BACH, PASTOR STURM UND DER MALER

Zeichnung von Andreas Stöttrup

14. Autograph der ersten Seite von Philipp Emanuel Bachs Kantate
für den 16. oder 24. Sonntag nach Trinitatis

Blechbläser altmodisch und verwendet sie mitunter als Soloinstrumente im höchsten Register. Seinen dreiteiligen Formen fehlt ein kontrastierendes zweites Thema und im Gegensatz zu den Werken der Wiener oder Mannheimer Schule, weist keine seiner Symphonien ein Menuett als einen Mittelsatz auf. Friedemanns Größe zeigt sich in seiner Ensemblemusik fast ebenso deutlich wie in seiner Klavierkomposition, doch lehnt er sich in der ersteren mehr an die Vergangenheit an.

Zu der *Kammermusik* seiner *Reifezeit* und besonders der Dresdner Jahre gehören vier seiner sechs Sonaten für zwei Flöten und alle Trios. Die Flötensonaten (in e-Moll, G-Dur, Es-Dur und F-Dur; F 54, 59, 55, 57) sind für die zwei Blasinstrumente ohne Baß geschrieben. Der Stil ist stark polyphon gehalten, mit ständigem Kreuzen der Stimmen. Die beiden Flöten sind unabhängig von einander und untereinander von gleicher Wichtigkeit. Die meisten Sonaten bestehen aus drei Sätzen (schnell – langsam – schnell); nur das Duo in G-Dur schiebt noch außerdem eine zweistimmige Fuge zwischen den langsamen Mittelsatz und das Finale ein. Solch kleine Meisterstücke, wie das „Cantabile" des G-Dur-Duos, der harmonisch interessante erste Satz der Es-Dur-Sonate und das tragische „Lamentabile" in der F-Dur-Sonate mit dem ergreifenden Anfang (Beisp. 35), bedeuten eine wahre Bereicherung der dürftigen Literatur für unbegleitete Flöten. Selten ist derart wertvolle Musik für zwei Instrumente, die in ihren technischen Möglichkeiten so beschränkt sind, geschrieben worden.

Die beiden Trios für zwei Flöten und Kontinuo (F 47, 48) und die beiden Trios für zwei Violinen und Kontinuo (F 49, 50) sind ähnlich angelegt. Der für die Werke des Dresdner Organisten so charakteristische, spielerisch imitierende Stil herrscht in diesen Kompositionen vor (Beisp. 36). Besonders anziehend ist das B-Dur-Trio, das eine Mischung von männlicher Energie und liebenswürdiger Anmut zeigt[1].

---

[1] Zwei „Trios" für ein Melodieinstrument und Cembalo, im Stil von Sebastians Sonaten für Violine und Cembalo obligato, werden Friedemann zugeschrieben. In beiden Fällen ist die Urheberschaft recht zweifelhaft. Den Trios fehlen die raschen, kleinen Imitationen und das Kreuzen der Stimmen, die für Friedemanns Musik so charakteristisch sind. Die H-Dur-Sonate für Violine und Cembalo mit ihrer edlen harmonischen Sprache klingt mehr wie eine Komposition von Emanuel als ein Werk Friedemanns. Die liebliche c-Moll-Sonate für Viola und Cembalo (im Manuskript einer unbekannten Hand in der Library of Congress, Washington, D.C., USA erhalten und von YELLA PESSL bei der Oxford University Press, London, herausgegeben) ist eine stark italienisierte Komposition, welche scheinbar von einem Viola-Virtuosen, der mit allen Geheimnissen des Instruments vertraut war, geschrieben wurde. Diese, der Viola auf den Leib geschriebene Sonate, mit ihren vielen zwei- und dreistimmigen Akkorden, zeigt nur wenig Ähnlichkeit mit Friedemanns übrigen Kompositionen für Streichinstrumente, vor allem seinen Duos für zwei Violen.

In seiner *letzten Kompositionsperiode* schrieb Friedemann noch zwei Flötenduette (in f-Moll und Es-Dur; F 58, 56) sowie überdies drei Duos für zwei Violen (F 60 bis 62). Diese fünf Werke, die wahrscheinlich alle in Berlin komponiert wurden, ähneln grundsätzlich den früheren Flötenduos, obwohl sich

Beisp. 35

eine stets zunehmende Vorliebe für strenge Formen erkennen läßt. Im f-Moll-Duo für zwei Flöten sind der erste und letzte Satz fugenartig angelegt und im g-Moll-Duo für zwei Violen ist das Amoroso des Mittelsatzes ein Kanon und das Finale eine Fuge. Sogar in den Duos für Streichinstrumente behält der

Beisp. 36   *Vivace   Trio in D dur (Bass weggelassen)*

Komponist die strenge Zweistimmigkeit der Flötenkompositionen bei und vermeidet die Versuchung, Doppelgriffe und Akkorde einzufügen. Ein allmählicher Verfall seiner schöpferischen Kraft ist in diesen späten Kompositionen und besonders in den Violaduos unverkennbar. Die Musik hat manchmal einen gespreizten und gezwungenen Charakter und die poetischen Namen Lamento, Amoroso, Scherzo, welche Friedemann für seine Mittelsätze wählt, können die Tatsache nicht verhüllen, daß diese Sätze, in denen sich früher die Phantasie des Komponisten vollkommen frei entfaltete, jetzt an Einfallsarmut leiden. So ist das Scherzo beispielsweise nichts anderes als eine kaum veränderte Kopie des uninspirierten kleinen Amoroso.

Nur ein einziges *Orchesterwerk* Friedemanns, die Symphonie in d-Moll (F 65) für zwei Flöten und Streicher, ist in der Form der französischen Ouvertüre gehalten. Sie beginnt mit einer langsamen Einleitung, in welcher die zwei Holzblasinstrumente einen edlen Gesang ertönen lassen, begleitet von seltsam zögernden synkopierten Streicherstimmen. Die darauffolgende vierstimmige Fuge (in der die Flöten schweigen) zeigt, wieviel Friedemann in der Schule seines Vaters gelernt hatte[1]. Trotz seines etwas konventionellen Themas ist dies eine geistvolle Komposition, die eine geschickte Verwendung der Streicher zeigt.

Etwas altmodisch im Charakter ist auch die aus einem einzelnen Satz bestehende D-Dur-Symphonie, die als Einleitung zur Kantate „Wo geht die Lebensreise hin" (F 91/I) verwendet wurde. Dieses glänzende Werk gebraucht noch die barocke Clarinotechnik, wobei die erste Trompete mehr als zwei Oktaven über das Mittel-c hinaufgeführt wird.

Sieben Symphonien (F 63, 64, 67 bis 71) sind in der italienischen Form, Allegro – Andante – Allegro gehalten, mit zwei Menuetten am Ende der Symphonie in F-Dur. Drei dieser Werke sind nur für Streichinstrumente gesetzt, eines verwendet Blasinstrumente ad libitum, während die übrigen drei Kompositionen für Streich- und Blasinstrumente geschrieben sind. Der Gebrauch eines Cembalos zur Ausfüllung der Mittelstimmen ist nicht immer notwendig. Gelegentlich ist das Stimmgewebe so dicht, daß ein Kontinuoinstrument den Klang nur vergröbern würde. Alle Sätze sind in zwei- oder dreiteiliger Form oder selbst in primitiver Sonatenform gehalten, doch tritt kaum jemals ein deutlich gesondertes zweites Thema auf. Die Durchführungsteile aber zeigen die Technik, mit thematischem Leben erfüllte Stimmen miteinander zu verweben, in einer an den frühen Haydn gemahnenden Art (Beisp. 37). Ein

Beisp. 37 Allegro molto   *Symphonie C dur*

jugendlich-energischer und gelegentlich humorvoller Geist durchdringt diese Symphonien, und es ist bedauerlich, daß diese anziehenden Werke, die zu Friedemanns wichtigsten Kompositionen gehören, nicht sämtlich im Neudruck vorliegen.

---

[1] Diese Symphonie wurde vielleicht als Einleitung zu Friedemanns Kantate „O Himmel schone" (F 90), die er im Jahre 1758 zu Ehren des Geburtstags König Friedrichs des Großen von Preußen schrieb, verwendet.

Friedemanns *Vokalmusik* zeigt weniger Mannigfaltigkeit als seine Instrumentalkompositionen. Sie besteht in der Hauptsache aus zwei Dutzend
Kirchenkantaten[1], die während der achtzehn Jahre, in denen Friedemann als
Musikdirektor in Halle wirkte, entstanden. Oratorien und weltliche Kantaten
mit ihren epischen oder humoristischen Möglichkeiten scheinen den Komponisten wenig interessiert zu haben. Im Alter soll er an einer Oper gearbeitet
haben, doch ist die Musik verloren gegangen und so gut wie nichts ist über
das Werk bekannt.

Selbst in diesen wenigen Kirchenkantaten macht er von der „Parodie"-
Technik häufigen Gebrauch, indem er in manchen Arien und Chören musikalisches Material von früheren Kantaten verwendet. So ist beispielsweise
in „Ihr Lichter jener schönen Höhn" (F 82), das für den zweiten Sonntag
nach Epiphanias bestimmt ist, die Musik zu zwei Arien aus der Kantate „Wir
sind Gottes Werke" (F 74) genommen und die Musik zu einer dritten Arie
aus der Kantate „Der Herr wird mit Gerechtigkeit richten" (F 81). In „Ver-
hängnis dein Wüten" (F 87) stammen ein Chor und eine Arie aus derselben
Kantate F 81 und zwei Nummern aus der Kantate „Der Höchste erhöret"
(F 86). Nur eine Nummer, ein Sopranrezitativ, ist neu komponiert. In
„Heraus verblendeter Hochmut" (F 96) sind drei Stücke aus der Kantate
„Ertönet ihr seligen Völker" (F 88) entnommen, während nur zwei Choräle
neu hinzugefügt sind.

Während in Sebastians Fall „Parodien" und Paraphrasen gewöhnlich zu
einer Steigerung des künstlerischen Inhalts führen, trifft bei Friedemann gerade das Gegenteil zu. Für ihn ist solch eine Bearbeitung gewöhnlich nur ein
Mittel, Zeit und Mühe zu sparen. Die Schwächen mancher dieser Kantaten
sind der Oberflächlichkeit zuzuschreiben, mit der die Bearbeitungen durchgeführt sind[2]. Nur jene sechzehn Kantaten, die Originalwerke sind, haben
wirkliche Bedeutung.

Sie zeigen eine bemerkenswerte Mannigfaltigkeit in ihrem Gefühlsgehalt.
Freude und Jubel finden ebenso getreuen Ausdruck wie Trauer und Gram.
Technisch passen diese Werke in das Allgemeinbild der mittel- und norddeut-
schen Kantate dieser Periode. Sie beginnen mit einem frei erfundenen Chor

---

[1] Neuausgaben: „Lasset uns ablegen", Chor (WESTON), Leipzig, Breitkopf &
Härtel, 1912. – „Dies ist der Tag", Kantate (NOWAK), Leipzig, Musikwissenschaft-
licher Verlag, 1937. – „Heilig, heilig" Chor (SCHERING), Leipzig, Kahnt, 1922. –
„Zerbrecht, zerreißt", Arie (SCHITTLER), München, Wunderhorn-Verlag, 1910.

[2] Schlechte Wortbetonung, die Folge nachlässiger Anpassung neuer Texte an vor-
handene Melodien, macht sich besonders in der Altarie der Kantate „Ihr Lichter
jener schönen Höhn" und in der Tenorarie der Kantate „Heraus, verblendeter
Hochmut" störend bemerkbar.

oder einem vierstimmigen Choral; dann folgen Rezitative, Arien und Duette und den Abschluß bildet zumeist wieder ein Choral. Mitunter geht dem Vokalteil auch eine „Sinfonia" in ein oder drei Sätzen voran. Doch da diese Instrumentalnummer oft für andere Zwecke geschrieben war, entspricht sie gewöhnlich dem Hauptteil der Kantate nur in ihrem allgemein festlichen Gepräge.

Es ist nur selbstverständlich, daß Friedemann dem Vorbild seines Vaters in vielen Einzelheiten der melodischen Sprache, Instrumentierung und des kontrapunktischen Aufbaus folgte; besonders in seinen Arien und Rezitativen war er sehr von Sebastian beeinflußt. Der Choral, der so oft die Keimzelle für eine ganze Kantate des Thomaskantors darstellte, verlor jedoch diese Bedeutung für den Sohn, dem, gleich seinen Zeitgenossen, das von der ganzen Gemeinde gesungene Kirchenlied nicht mehr als der wirkliche Kern der protestantischen Kirchenmusik erschien.

Die Chöre in diesen Kantaten sind deutlich von Instrumentalformen beeinflußt. Einige dieser Stücke machen den Eindruck freier Bearbeitungen der frühen Sonatenformen jener Periode; andere wieder ähneln einem Präludium, auf das eine Fuge folgt, wobei die beiden Teile thematisch streng verbunden sind[1]. Sogar in den Duetten und Arien erkennt man gelegentlich Friedemanns instrumentales Denken. Das Duett „Jesu, großer Himmelskönig" aus der Weihnachtskantate „O Wunder" (F 92) enthält beispielsweise einen Kanon für Sopran und Alt, der in der Schreibweise eine gewisse Verwandtschaft mit Friedemanns Duos für zwei Flöten zeigt (Beisp. 38). In ähnlicher Weise ist

Beisp. 38

die „Cavata" „Herz mein Herz" (F 97) das Ergebnis der Umarbeitung einer Instrumentalkomposition, des Mittelsatzes in dem Konzert für Cembalo solo

---

[1] Zu den Nummern, die der frühen Sonatenform gleichen, zählen die ersten Chöre in „Lasset uns ablegen", „Der Herr wird mit Gerechtigkeit" und „Erzittert und fallet" (F 80, 81, 83). Zu den Nummern in Fugenform gehören die ersten Chöre in „Es ist eine Stimme", „Gott fähret auf" und „Dienet dem Herrn" (F 89, 75, 84).

in G-Dur, dessen zarte Kantilene Friedemann als Grundlage für dieses Hochzeitslied[1] (Beisp. 39) verwendete.

Friedemanns erste Kantate „Wer mich liebet" (F 72), im Jahre 1746, bald nach seiner Ankunft aus Dresden geschrieben, zeigt noch Spuren des italienisierenden Stils, der in der sächsischen Hauptstadt, wo der Komponist dreizehn

Beisp. 39

)Dieses Ornament ist in der Vokalfassung weggeblieben.

Jahre verbracht hatte, vorherrschte. Schmachtende Melodien ziemlich weltlichen Charakters, kraftlose Harmonien, lang ausgedehnte, architektonisch schwache Formen kennzeichnen diese Pfingstmusik. Es ist charakteristisch für die größere Unabhängigkeit, die Friedemann in seiner Instrumentalmusik zeigt, daß kaum eines der in Dresden geschriebenen Werke dieser Gattung den Einfluß der künstlerischen Atmosphäre der Landeshauptstadt so deutlich aufweist, wie diese erste Kantate. Solche anfängliche Schwächen waren jedoch bald überwunden und sind in späteren Werken nicht mehr erkennbar. Zwei sehr reizvolle Kantaten „Gott fähret auf" (F 75) und „Lasset uns ablegen" (F 80) wurden während der folgenden Jahre geschrieben, die letztere 1749, die erstere vielleicht etwas früher. „Gott fähret auf", für Mariä Himmelfahrt bestimmt, war für Trompeten, Pauken, Oboen, Streicher und vier Singstimmen gesetzt. Sie beginnt mit einer prachtvollen Chorfuge und enthält eine jubelnde Baßarie[2]. Die Glorie und Majestät des Herrn finden in dieser mächtigen Musik wirkungsvollen Ausdruck. Die Pfingstkantate „Lasset uns ablegen" beschreibt in ihrem ersten Chor, hauptsächlich durch harmonische Veränderungen, den Gegensatz zwischen sündenhaftem Dunkel und strahlender Reinheit. Der plötzliche Fall von D-Dur nach B-Dur, verminderte Septakkorde und Modulationen zu Molltonarten beschreiben Schrecken und Finster-

---

[1] In diesem Zusammenhang sei erwähnt, daß in der Arie „Zerbrecht, zerreißt" (F 94) die für Orgel, Horn und Sopransolo gesetzt ist, die Orgel vorherrscht und mit viel größerer Sorgfalt behandelt ist als die Solostimmen. Ähnliche Beispiele finden sich auch in anderen Kantaten.

[2] Diese Arie wurde später wieder in der für den Geburtstag Friedrich des Großen geschriebenen Kantate verwendet.

nis, während hohe Noten der menschlichen Stimmen und Trompeten die Glück-
seligkeit der in hellem Licht Wandelnden versinnbildlichen. Die schönen
Arien, Rezitative und Choräle, die diesem ersten Chor folgen, tragen dazu bei,
dieser Kantate einen wichtigen Platz in der Kirchenmusik der Zeit zu sichern.
In der Himmelfahrtskantate „Wo geht die Lebensreise hin" (F 91) fehlt der
Anfangschor, da die Einleitungssymphonie in D-Dur mit ihren Oboen, Trompeten und Pauken auf die feierliche Stimmung des Werkes vorbereitet. In
dieser Kantate sind die Arien am wichtigsten. Das Werk enthält eine glänzende
Nummer für Tenor mit Trompeten und Streichern und vor allem die überaus
reizvolle Arie für Alt und Soloviola „Der Himmel neigt sich zu der Erde".
Dies ist eine Komposition von großer Inbrunst und melodischer Schönheit,
in welcher Solostimme und Soloinstrument sich vereinen, das Mysterium der
Himmelfahrt Christi (Beisp. 40) in einer an Sebastians Stil erinnernden Weise

Beisp. 40

zu beschreiben. Ähnlich im Charakter ist die Pfingstkantate „Dies ist der Tag"
(F 85), die mit einer schönen Symphonie in drei Sätzen (F 64) beginnt. Diesem
sorglosen und unproblematischen Instrumentalstück folgen vier Nummern
für Solostimmen und Instrumente, unter welchen eine markige und helden-
hafte Baßarie hervorragt.
Zu den bemerkenswertesten Sätzen in diesen Kompositionen gehört auch
der erste Chor der Osterkantate „Erzittert und fallet" (F 83). Die rührende
Schilderung vom Leiden Jesu bei den Worten „Den ihr geschlagen, verspottet,
verschmäht" (Beisp. 41), enthüllt die kraftvolle Ausdrucksweise des Komponisten. Von gleicher Bedeutung ist der Anfangschor aus der Kantate „Es ist
eine Stimme" (F 89). Diese Doppelfuge zeigt Friedemann als einen der großen
Kontrapunktiker in einer Zeit, die immer mehr einem homophonen Stil zu-
neigte. Es ist bedauernswert, daß die übrigen Teile dieser Kantate nicht auf
gleicher künstlerischer Höhe stehen. Leider erreichen nur sehr wenige der

Gesangskompositionen Friedemanns musikalische Vollkommenheit in sämtlichen Nummern.

Abschließend muß gesagt werden, daß Sebastians ältester Sohn in seinen Kantaten nicht so bedeutsame Leistungen zu verzeichnen hat, wie in seiner Instrumentalmusik. Seine Solonummern und die polyphonen Chöre sind stark

Beisp. 41

von des Vaters Vorbild abhängig, und nur in den mehr homophonen Chören gelingt es ihm mitunter, der etwas kraftlosen protestantischen Kirchenmusik seiner Zeit neues Leben einzuflößen.

ZWEITES KAPITEL

DER BERLINER (HAMBURGER) BACH

CARL PHILIPP EMANUEL BACH

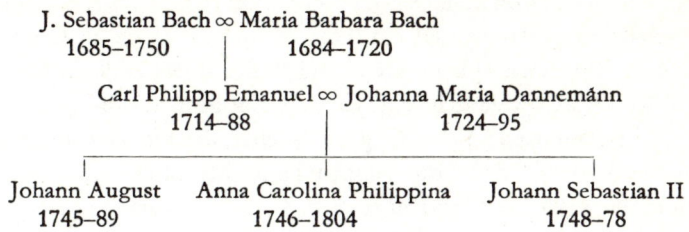

EMANUEL, der am 8. März 1714 in Weimar geboren wurde, begann schon früh zu komponieren. Es war bezeichnend für seinen unternehmenden Geist, daß er als Siebzehnjähriger mit eigener Hand ein Menuett für Klavier gravierte, und es als sein Opus 1 fast gleichzeitig mit seines Vaters Opus 1, der Klavierübung, veröffentlichte. Damals war er schon ein hervorragender Pianist. Obwohl sich Sebastian der Begabung dieses seines Sohnes sicherlich bewußt war, hegte er die feste Absicht, daß Emanuel, gleich Friedemann, die Vorteile des Studiums an einer Hochschule genießen solle. So war Emanuel durch drei Jahre als Student der Jurisprudenz an der Universität Leipzig inskribiert. Dann fand die Familie, daß nun genug für die Ausbildung des jungen Mannes getan sei. Wollte er seine Studien fortsetzen, so müsse er sich mit Hilfe seiner musikalischen Gaben selbst erhalten[1].

Dies war in Leipzig nicht so leicht, wo dank der Ausbildung durch Sebastian viele ausgezeichnete junge Musiker tätig waren. Daher entschloß sich Emanuel, nach Frankfurt an der Oder zu ziehen und an der dortigen Universität weiter

---

[1] Es erscheint recht zweifelhaft, daß Sebastian von seinem Sohn erwartete, er werde den Beruf eines Anwalts ausüben, eine Annahme, die z. B. von A. E. CHERBULIEZ (C. P. E. Bach, Zürich 1940) vertreten wird. Jus zu studieren, war unter Jünglingen, die sich der Musik widmen wollten, keine Seltenheit, wie die Fälle von Schütz, Kuhnau, Walther, Mattheson und Händel beweisen. Anderseits hatte sich Emanuel bereits 1733, sicher mit Zustimmung und Hilfe seines Vaters, um eine Organistenstelle in Naumburg beworben.

zu studieren[1]. Dort gab es kein gut organisiertes Musikleben, so daß ein begabter Künstler Möglichkeiten hatte, sich durchzusetzen. Gemäß der Angabe in der Genealogie, gab Emanuel in Frankfurt Klavierunterricht; außerdem hat er, wie er selbst berichtet[2], „sowohl eine musikalische Akademie als auch alle damals vorfallenden öffentlichen Musiken bey Feierlichkeiten dirigiert und komponirt". Obwohl Emanuel auf diese Weise in Frankfurt eine führende Stellung einnahm, hatte er nicht die Absicht, dort ständig zu bleiben, denn er hegte das Bedürfnis, in einem Kunstzentrum zu leben, wo er mit anderen Musikern zusammentreffen und von ihnen lernen konnte. Im Jahre 1738 entschied er sich, die Universität zu verlassen und ein Amt zu suchen. Doch im Gegensatz zu seinem Bruder Friedemann bemühte er sich nicht, in einem jener Orte Arbeit zu finden, wo seines Vaters Ruf und Einfluß von großer Hilfe gewesen wäre. Von dem Bestreben nach Unabhängigkeit geleitet, das ihn weit weg von Leipzig nach Frankfurt an der Oder geführt hatte, beschloß er, in Preußen zu bleiben und sein Glück in Berlin zu suchen. Vielleicht wurde er hiebei von den beiden Söhnen des preußischen Ministers von Happe beraten, welche gleichzeitig mit ihm die Universität besuchten; denn später bestanden sehr herzliche Beziehungen zwischen der Familie Bach und von Happe, welcher sowohl bei Emanuel wie bei Friedemann einem Sohn Gevatter stand[3]. (Er mag auch behilflich gewesen sein, den preußischen König zu veranlassen, seine Einladung an Sebastian ergehen zu lassen.) Jedenfalls übersiedelte Emanuel 1738 nach Berlin, voll Hoffnung, sich dort eine Existenz aufzubauen. Bald nach seiner Ankunft wurde er eingeladen, einen jungen Adeligen auf der üblichen europäischen Reise zu begleiten und sagte voll Freude zu. Jedoch alle Sehnsucht solcher Art sollte für Emanuel sein ganzes Leben hindurch unerfüllt bleiben. Gerade als er im Begriffe war, die Reise anzutreten, wurde er nach Rheinsberg berufen, wo der preußische Kronprinz Friedrich wegen einer Fehde mit seinem

---

[1] Er war nicht der erste Bach, der mit dieser Universität in Verbindung stand. Ein gewisser Veit Bach (1535 bis 1610) hielt dort als Professor für Theologie Vorlesungen, bevor er zum Pastor am Hofe des Kurfürsten Johann Georg zu Berlin ernannt wurde, und kehrte als alter Mann nach Frankfurt an der Oder zurück. Der Nekrolog betonte Veit Bachs „machtvolle Stimme im Anstimmen von Chorälen und Hymnen". Sein Geburtsort war Kronach, ein kleines fränkisches Städtchen nahe der Thüringer Grenze, also nicht weit von den bedeutenden Bach-Zentren. Herr Paul Bach, der Material über diesen zweiten Veit Bach auffand, hält es jedoch für unwahrscheinlich, daß dieser hervorragende Prediger mit den Bach-Musikern verwandt war.

[2] Vgl. seine Selbstbiographie, die zum erstenmal in der deutschen Ausgabe von Burneys „Tagebuch einer musikalischen Reise", 1772 bis 1773, erschien. Im Neudruck findet sie sich in Nohls „Musikbriefen". 2. Auflage 1873.

[3] Vgl. Miesner in BJ 1934. Friedemann widmete seine Klaviersonate in Es-Dur Herrn v. Happe.

Vater in einer Art Exil residierte. Hier träumte der Prinz von umwälzenden Reformen und kulturellen Taten für seine Regierungszeit und ergötzte sich inzwischen an guter Musik, was dem König, der nur militärische Leistungen gelten ließ, verschwiegen werden mußte. Dem jungen Friedrich, der selbst ein vorzüglicher Flötenspieler war, stand eine ausgezeichnete kleine Gruppe von Künstlern zur Verfügung, mit der er regelmäßig musizierte. Es ist nicht bekannt, wie es kam, daß der Konprinz auf Emanuel Bach aufmerksam wurde. Vielleicht besaß er die verschiedenen Werke für Flöte, welche der junge Komponist geschrieben hatte, oder es kann sein, daß die Familie von Happe Emanuels außergewöhnliche Talente dem Kronprinzen gegenüber pries. Wie dem auch sei, er berief Bach nach Rheinsberg und – von dem hervorragenden Klavierspiel des jungen Künstlers beeindruckt – verpflichtete er ihn als Begleiter, obwohl eine formelle Ernennung wegen Friedrichs ungeklärter Stellung noch nicht erfolgen konnte. Zwei Jahre später bestieg Friedrich den preußischen Thron und Emanuel hatte, wie er in seiner Selbstbiographie bemerkt, „die Gnade, das erste Flötensolo, was Seine Majestät als König spielten, in Charlottenburg mit dem Flügel ganz allein zu begleiten".

Obwohl der Monarch von allem Anfang an in militärische Feldzüge verwickelt war, die einen großen Teil seiner Regierungszeit ausfüllen sollten, gelang es ihm doch, seine bedeutsamen künstlerischen Pläne auszuführen. Herrliche Schlösser wurden in Charlottenburg und Potsdam errichtet; das letztere, Sanssouci genannt, wurde seine Lieblingsresidenz und Schauplatz der meisten musikalischen Ereignisse. Ein schönes Opernhaus wurde in Berlin gebaut und im Jahre 1742 mit einer Gruppe hervorragender italienischer Sänger und Instrumentalisten eröffnet, die Burney als die „glänzendste in Europa" pries. Während des Faschings fanden zweimal wöchentlich Opernaufführungen statt und alle angemessen gekleideten Bürger und auswärtigen Besucher hatten freien Eintritt. Der König saß gleich hinter dem Dirigenten, las die Partitur mit, und stellte auch die geringste Ungenauigkeit oder Abweichung fest, wofür der verantwortliche Musiker von seiner Majestät streng getadelt wurde. Die verschwenderische Art des Betriebs, welche in den ersten Jahren des Bestehens der Oper herrschte, zeigt sich etwa in der Tatsache, daß nicht weniger als 2771 Taler für die Beleuchtungseffekte einer einzelnen Vorstellung ausgegeben wurden. Weiters wurde die Rheinsberger Gruppe der Musiker vergrößert, bis sie ungefähr vierzig Künstler zählte, die sich in Potsdam fünfmal in der Woche zu Abendkonzerten versammelten. Unter ihnen genoß der hervorragende Flötist, Johann Joachim Quantz, eine einzigartige Stellung. Er war mit Unterbrechungen seit 1727 Friedrichs Lehrer gewesen, und der Schüler sah Quantz' Stil als den höchsten Gipfel der Meister-

schaft an. Quantz schrieb für ihn nicht weniger als dreihundert Flötenkon-
zerte im italienischen Stil; der König spielte sie abwechselnd, indem er sechs
oder in späteren Jahren vier bei jeder seiner „soirées musicales" aufführte,
und in den vier Jahrzehnten seines Musizierens wurde er ihrer nie müde.
Quantz bezog das sehr hohe Gehalt von zweitausend Thalern jährlich, wozu
noch ein reichliches Honorar für jede neue Komposition und hundert Dukaten
für jede neue Flöte, welche der geschickte Musiker selbst herstellte, kam. Er
war nicht nur gut bezahlt, sondern hatte auch großen Einfluß am Hofe.
Quantz war der einzige Musiker, der das Privileg hatte, das Spiel des Monarchen mit einem „bravo" zu unterbrechen, welchen Ausruf er gewandt ein-
schob, so oft der König nach einem langen Lauf atemlos war. Der folgende
Witz, welcher Emanuel Bach zugeschrieben wurde, entzückte alle Hofbeam-
ten und brachte sogar den König zum Lachen. Frage: „Was ist das furcht-
erregendste Tier in der Welt?" Antwort: „Der Schoßhund von Mme.
Quantz. Er ist so furchterregend, daß er Frau Quantz erschreckt; vor ihr hat
Herr Quantz Angst und ihn selbst fürchtet der größte Herrscher dieser Welt."

Sehr einflußreich am Hofe waren auch die beiden Brüder Graun, Johann
Gottlieb, ein hervorragender Geiger (vgl. S. 145), Konzertmeister des königli-
chen Orchesters, und Karl Heinrich, der Komponist des berühmten Passions-
Oratoriums „Der Tod Jesu", ein ausgezeichneter Sänger und Direktor der
Berliner Oper, für die er innerhalb von fünfzehn Jahren nicht weniger als
dreißig Werke im italienischen Stil schrieb. Außerdem waren verschiedene
Mitglieder der hochbegabten Familie Benda aus Böhmen am Hof angestellt,
unter denen der Komponist Georg Benda[1] und der vorzügliche Geiger
Franz Benda, ein Mitglied der ursprünglichen Rheinsberger Kapelle, der
nach dem Tode Gottlieb Grauns im Jahre 1771 des letzteren Obliegenheiten übernahm, besondere Erwähnung verdienen.

Mit Persönlichkeiten wie Quantz und den Brüdern Graun verglichen, hatte
Emanuel nur eine sehr bescheidene Stellung. Sein Anfangsgehalt betrug dreihundert Thaler, und obgleich es 1756 auf fünfhundert Thaler erhöht wurde
und später noch Zulagen erfolgten, als Emanuel Berufungen von auswärts
erhielt und Berlin verlassen wollte, erhielt er nie ein Honorar, wie es den Günst-
lingen des Königs gewährt wurde. Zu ihnen zählte Emanuel leider keineswegs.
Obgleich seine Stelle als Akkompanist des Monarchen eine enge Zusammenarbeit mit dem König voraussetzte, entwickelte sich zwischen den beiden Männern nie eine wärmere Beziehung, wie sie etwa zwischen Sebastian und dem

---

[1] Er hatte Sebastian Bach und dessen Söhne schon im Jahre 1734 anläßlich eines
Besuches in Leipzig kennengelernt.

Prinzen Leopold von Anhalt-Köthen geherrscht hatte. Wiewohl Emanuel viel weltgewandter war als sein Vater und sein älterer Bruder, fand er es doch nicht möglich, die Begeisterung für das Spiel des Königs zu äußern, welche der Herrscher erwartete. Ein Zug seiner Natur machte ihn für den Hofdienst ungeeignet. Wie sein früherer Mitschüler, Johann Friedrich Doles[1] bemerkte „litt er von klein auf, wie nicht wenige Knaben behenden Geistes und Körpers, an der Sucht, andere mutwillig zu necken". (Das Wort „litt" ist nicht so ungeeignet, wie es zunächst erscheint, denn Emanuels Neckereien müssen mancherlei Unannehmlichkeiten für ihn zur Folge gehabt haben!) Als er heranwuchs, entwickelte sich diese Neigung zu einer Vorliebe für ironische Bemerkungen, die er sogar in Anwesenheit des Königs mitunter nicht zu unterdrücken vermochte. Als ein Gast einst dem erlauchten Spieler gegenüber bemerkte: „Was für ein Rhythmus!", murmelte Bach hörbar: „Was für Rhythmen!", ein Ausruf, der ihn bei Seiner Preußischen Majestät nicht gerade beliebt machen konnte. Auch war der König den fortschrittlichen Zügen in Emanuels Musik eher abgeneigt. Der Monarch konnte sich für Kunstwerke, die ihm zusagten, ehrlich begeistern, doch schenkte er allem, was außerhalb der engen Grenzen seiner Vorliebe lag, keine Beachtung. Italienische Musik, französische Literatur und den französischen Rokokostil in der Architektur förderte er eifrigst; als er jedoch gebeten wurde, eine deutsche Sängerin anzuhören, antwortete er, daß er ebenso gut dem Wiehern eines Pferdes zuhören könne[2]. Die Einstellung des Königs erzeugte im Laufe der Zeit eine gewisse Verknöcherung im Berliner Musikleben, und diesen Zustand beschrieb Burney, zur Empörung der dortigen Musiker, mit folgenden Worten: „Von allen Musikern, welche seit mehr als dreißig Jahren in Preußens Diensten stehen, sind C. P. E. Bach und Franz Benda vielleicht die einzigen, welche es wagten, ihren eigenen Stil zu haben; die übrigen sind Nachahmer, sogar Quantz und Graun ... Von diesen zwei Lieblingen seiner Majestät ist der eine träge und der andere häufig gewöhnlich und geschmacklos. Und doch bedeuten ihre Namen in Berlin *Religion* und man schwört auf sie mehr als auf Luther und Calvin, denn trotzdem hier völlige Toleranz in bezug auf die verschiedenen christlichen Sekten herrscht, so wird doch in Musik, wer immer es wagt, irgendwelche andere Grundsätze zu haben, als die von Graun und Quantz gehegten, kaum der Verfolgung entgehen."

---

[1] Doles war ein Schüler Sebastian Bachs und wurde 1756 Thomaskantor, eine Stelle, die er dreiunddreißig Jahre innehatte.
[2] Es handelte sich um die große Elisabeth Schmehling (verheiratete Mara), welcher es durch Quantz' Vermittlung schließlich doch gelang, dem König vorzusingen.

Dessen ungeachtet blieb der Begleiter durch achtundzwanzig Jahre im Dienste des Königs. Wohl ergaben sich Gelegenheiten, andere Stellungen anzunehmen, aber Friedrich war nicht geneigt, ihn ziehen zu lassen, da er sich der ständig wachsenden Berühmtheit Emanuels, welche dem preußischen Hof zur Ehre gereichte, wohl bewußt war. Emanuel war anderseits nicht in der Lage, seinen Willen durchzusetzen; obwohl es ihm als sächsischen Staatsbürger frei stand, Berlin zu verlassen, wann immer er wollte, mußte er doch an seine Frau[1] und drei Kinder denken, die als preußische Untertanen nach des Königs Belieben zurückbehalten werden konnten. Glücklicherweise war die Routinearbeit durch die Anstellung eines zweiten Begleiters, der alle vier Wochen mit Emanuel abwechselte, erleichtert. Nach C. F. Schale trat im Jahre 1744 Ch. Nichelmann, ein früherer Schüler von Friedemann und Emanuel, als Akkompanist in die Kapelle ein und erhielt – was Emanuel als schwere Demütigung empfinden mußte – doppelt so viel Gehalt als sein einstiger Lehrer. Als Nichelmann 1756 die Stelle aufgab, wurde Karl Friedrich Christian Fasch[2] verpflichtet und da er anpassungsfähiger war als Emanuel, wurde er von dem königlichen Flötenspieler mehr geschätzt.

Trotz solcher Schwierigkeiten am Hofe waren die Jahre in Berlin für Emanuel keineswegs unerfreulich. Er war ein Lebenskünstler, der es verstand, dem Dasein die besten Seiten abzugewinnen. Die Stadt an sich dürfte ihn wohl nicht besonders angezogen haben. Nach dem Bericht eines zeitgenössischen Besuchers[3] konnte man in Berlin nach einem starken Regen ohne gepanzerte und bestiefelte Füße nicht auskommen, während man sich an trockenen Tagen einen Panzer für die Augen wünschte. Dichte Staubwolken gaben dann den Fußgängern das Aussehen von Göttern, die ihren Glanz vor sterblichen Augen in Nebel verhüllten. Solche Unannehmlichkeiten konnten jedoch in Kauf genommen werden angesichts der vielen Vorteile, die das Leben in Berlin mit sich brachte. Die Bekanntschaft mit italienischen Opern übte beispielsweise entscheidenden Einfluß auf die Entwicklung von Emanuels Stil aus. Außerdem herrschte eine erfrischende intellektuelle Atmosphäre in Berlin. Hier versammelten sich ausgezeichnete Gelehrte und Schrift-

---

[1] Er hatte 1744 Johanna Maria Dannemann, die Tochter eines Weinhändlers, geheiratet.

[2] Faschs Vater, Dirigent des Prinzen von Anhalt-Zerbst, war zunächst dagegen, seinen Sohn nach Berlin zu senden, da er fürchtete, der Jüngling würde von dem dort herrschenden irreligiösen Geist verdorben werden. Daraufhin erbot sich Emanuel, den jungen Kollegen in seinem eigenen Heim wohnen zu lassen, so daß er auf ihn acht geben könne. Karl Friedrich Fasch wurde später der Begründer der Berliner Singakademie. Vgl. seine Biographie von C. F. Zelter, Berlin 1801.

[3] Josef Winkler, „Hebe", Nürnberg 1782.

steller, die auf den verschiedenen Wissensgebieten kritische Untersuchungen anstellten und mit alten Vorurteilen aufzuräumen suchten. In Berlin wurde es Mode, Abhandlungen über musikalische und ästhetische Probleme zu schreiben; Marpurg, Quantz, Sulzer, Kirnberger und andere[1] leisteten bedeutendes auf diesem Gebiet und Emanuel selbst wurde dadurch angeregt, im Jahre 1753 sein grundlegendes Werk „Versuch über die wahre Art das Klavier zu spielen" zu veröffentlichen. Sechs Jahre später begannen drei junge Schriftsteller, der Dichter Gotthold Ephraim Lessing, der Philosoph Moses Mendelssohn (des Komponisten Großvater) und der Verleger Christoph Friedrich Nicolai mit der Veröffentlichung ihrer „Briefe die neueste Literatur betreffend", die gleich einem Sturmwind durch Deutschland fegten, die Vorherrschaft der französischen Literatur zerstörten und damit den Weg für die ruhmreiche Wiedergeburt der deutschen Dichtkunst im Zeitalter der Klassik bereiteten. (Es entbehrt nicht einer gewissen Ironie, daß die Waffe, die dazu dienen sollte, den Einfluß der französischen Literatur in Deutschland zu brechen, in einer Stadt geschmiedet wurde, wo ein von französischer Kultur begeisterter Monarch regierte.)

Das Leben war wirklich voll Würze und Anregung für einen Mann wie Emanuel Bach, der so mannigfache Interessen hegte. Die meisten hervorragenden Schriftsteller und künstlerisch interessierten hohen Beamten der Hauptstadt gehörten zu seinen Bekannten, mit denen er im Berliner Montagklub, bei den Samstagkonzerten in Agricolas Haus, im Musiksalon der Familie Itzig oder in seinem eigenen gastfreundlichen Heim zusammenkam. Er bereitete seinen Freunden genußreiche Stunden durch seine Improvisationen am Clavichord, während er den Frauen in einzigartiger Weise Komplimente machte, indem er sie in musikalischen Porträts verewigte, die in verschiedenen zeitgenössischen Sammlungen erschienen. La Bergius, la Borchward, la Prinzette, la Buchholtz, la Stahl waren alle Gemahlinnen von hohen Beamten[2], die er auf diese Art ehrte. Die fröhliche Atmosphäre, die in Bachs

---

[1] Vgl. F. W. Marpurg, „Der critische Musicus an der Spree", 1749 bis 1750; J. J. Quantz, „Versuch einer Anweisung, die Flöte traversière zu spielen", 1752; C. G. Krause, „Von der musicalischen Poesie", 1752; J. F. Agricola, „Anleitung zur Singkunst", 1757; J. G. Sulzer, „Pensées sur l'origine et les differents emplois des sciences et des beaux-arts", 1757; J. P. Kirnberger, „Konstruktion der gleichschwebenden Temperatur", 1760 und „Die Kunst des reinen Satzes", 1774 bis 1779.

[2] Samuel Buchholtz, ein Historiker, schrieb „Versuch einer Geschichte der Churmark Brandenburg". Frau von Printzen, Gemahlin eines Kriegsrats, war Taufpatin von Emanuels zweitem Sohn. Hofrat Dr. Georg Ernst Stahl war ein alter Freund der Bach-Familie und im Stahlschen Haus hatte Sebastian wahrscheinlich bei seinem Besuch in Berlin gewohnt. Friedemann widmete Stahl 1744 sechs Sonaten. Der Hofrat war der Taufpate von Emanuels Tochter, während seine Frau die Taufpatin des ersten Sohnes war.

Kreis herrschte, spiegelt sich in einem Brief, welchen der Dichter Johann Ludwig Gleim an seinen Freund, Johann Peter Uz schrieb; „Ramler, Lessing, Sulzer, Agricola, Krause . . . Bach, Graun kurz alles, was zu den Musen und freyen Künsten gehört, gesellten sich täglich zu einander, bald zu Lande, bald zu Wasser; was für Vergnügen war es in solcher Gesellschaft auf der Spree mit den Schwänen um die Wette zu schwimmen! Was für Lust, in dem Thiergarten sich mit der gantzen Gesellschaft unter tausend Mädchen zu verirren"[1].

Es ist interessant, daß Gleims Brief, datiert vom 16. August 1758, zu einer Zeit geschrieben wurde, als Preußen bereits seit zwei Jahren in den furchtbaren Kampf des Siebenjährigen Krieges verwickelt war. Scheinbar besaßen Bach und seine heiteren Freunde das Talent, im Augenblick zu leben und sich an einem schönen Tage über die Gefahren des Daseins hinwegzusetzen. Kurz nachher mußte der Komponist freilich mit seiner Familie aus Furcht vor einer russischen Besetzung nach Zerbst fliehen und als er zurückkehrte, traten er und Sulzer der Bürgerwehr bei. Obwohl der lange Krieg Emanuel nicht die Not brachte, unter der sein Bruder in Halle litt, so verursachte er ihm doch großen wirtschaftlichen Schaden. Allen Hofangestellten wurden ihre Gehälter in Papiergeld ausbezahlt, das nur ein Viertel des früheren Wertes besaß, und wenn Emanuel nicht ein ständiges Einkommen von seinen zahlreichen Privatschülern gehabt hätte – die durch seinen Ruf als einer der bedeutendsten Klavierspieler Deutschlands angezogen wurden –, so wäre er in einer sehr schlimmen Lage gewesen. Als der Krieg schließlich gewonnen war, unterließ es der König, entgegen den allgemein gehegten Erwartungen, seine Musiker für die großen Verluste, welche sie erlitten hatten, zu entschädigen. Emanuel, der in finanziellen Angelegenheiten seines Vaters Empfindlichkeit zeigte „war sehr aufgebracht darüber und ließ sichs auch merken"[2].

Überdies interessierte sich der König, der von dem langen Feldzug mitgenommen war, jetzt viel weniger für die Musikpflege, und so hatte Emanuel das Gefühl, daß nunmehr die Zeit gekommen sei, Berlin zu verlassen. Seine Gedanken wandten sich nach Hamburg, wo eine Stellung bald frei werden mußte. Emanuels Taufpate, Georg Philipp Telemann, war weit über achtzig Jahre alt und hatte die Stellung des dortigen Musikdirektors über vierzig Jahre

---

[1] Vgl. CARL SCHÜDDEKOPF, „Briefwechsel zwischen Gleim und Uz", Tübingen 1899. J. L. Gleim (1719 bis 1803) gehörte mit seinen Freunden, J. P. Uz (1720 bis 1796) und K. W. Ramler (1725 bis 1798) zu der damals beliebten Dichterschule der „Anakreontiker", die Gedichte im heiteren Stile des griechischen Lyrikers schrieben. Anderseits war Ramler auch der Verfasser des berühmten Textes zu „Der Tod Jesu".

[2] Vgl. ZELTER a.a.O.

15. C. P. E. BACH

Pastellbildnis von Johann Philipp Bach, 1773

16. Autograph von C. P. E. Bachs einchörigem „Heilig".
In den letzten drei Takten zitiert er das „Sicut locutus est"
aus Sebastian Bachs „Magnificat"

innegehabt. Telemann hielt sehr viel von Emanuel[1] und war gewiß bereit, ihn zu empfehlen. Die beiden Männer standen seit Jahren in regelmäßigem Briefwechsel und Telemann machte von der Hilfe seines Patenkindes Gebrauch, um neue Kompositionen aus Berlin zur Aufführung in Hamburg zu bekommen. Emanuel entsprach dem Wunsch gerne, und eine seiner Antworten sei hier als ein Beispiel seines Humors zitiert. Der Brief ist am 29. Dezember 1756 nach Ausbruch des Krieges geschrieben, und Emanuel fand es amüsant, die damalige Mode der Verwendung militärischen Jargons nachzuahmen, indem er seine Suche nach neuen Werken mit den Plünderzügen der gefürchteten kroatischen Panduren verglich[2].

„HochEdelgebohrener Hochgeehrtester Herr Capellmeister,

Bloß Ew.HochEdelgeb. mußten es seyn, um mich zum Panduren Handwerke zu verführen. Zum Glück bin ich ein ehrliebender Sachse,[3] der da wohl einsahe, daß nicht viel Gefahr darbey zu übernehmen war. Mein General Adjutant der H. D. Roloff verdient alles Lob. Er hat befohlenermaßen recognoscirt, und überschickt durch mich inliegenden Rapport. Was dünkt Ihnen von unserer ersten Probe bey dem aufgetragenen Commando? Kan ös mit der Zeit noch was rechtes aus uns werden? Ich glaube, solche Leute, wie wür seynd, muß man beybehalten. Zu mehrerer Sicherheit habe ich jedes Päcktgen, welches der H. Roloff rubricirt hat, noch einmahl in einen papierenen Mantelsack gethan, fest zugeschnürt u. über alles eine wachsleinewandne Felddecke gezogen, welche mit dem ersten Nahmens Buchstaben unsres würdigen Cheffs bezeichnet ist. Selbiger wird besser als ich einsehen, was Winter- und was Sommer Fourage[4] ist . . .

Der ältere [Graun] hat seine Concerten heute früh fest eingepackt an mich, der Abrede gemäß schicken sollen u. wollen, bey Straffe, daß er sie selbst Ihnen zuschicken müßte, wenn er die jetzige Gelegenheit versäumte. Da ich sie nun noch nicht gesehen habe, so vermuthe ich, daß er sich gutwillig dieser Straffe unterworffen habe. Allenfalls erwarte Ew.HochEdelgeb. weitere Befehle hierinnen. Ich sehe, daß ich das Landreuter und Panduren Handwerk zwar mit gleichem Eiffer, aber nicht mit gleichem Glück treibe. Wenn man nur allezeit mit seiner Geschicklichkeit im Plündern ankommen könnte, an meinem guten Willen sollte dieser Herr Concertenmacher nicht lange zweifeln.

---

[1] Nach Sebastian Bachs Tod schrieb Telemann ein Sonnett, an dessen Ende er darauf hinwies, daß Sebastians Name durch seinen würdigen Sohn in Berlin neuerlichen Ruhm erlange. Das Sonnett erschien in Marpurgs „Kritische Beyträge", 1754 bis 1755.

[2] Vgl. ERNST FRITZ SCHMID, „C. P. E. Bach und seine Kammermusik", Kassel 1931, S. 29.

[3] Sachsen gehörte in diesem Krieg zu Preußens Feinden und die Sachsen wurden als Feiglinge verspottet.

[4] Emanuel benützt wieder einen für Militärlieferungen gebräuchlichen Ausdruck, um zwischen den für die verschiedenen Abschnitte des Kirchenjahres geeigneten Werken zu unterscheiden.

Bald hätte ich in der Hitze meinen Neujahr Wunsch vergessen. Gott erhalte Sie noch viele Jahre gesund, munter, vergnügt, zur Zierde, zur Freude, zum Nutzen. Dieses wünschet aus dem redlichsten Hertzen.

Ew.HochEdelgeb. gantz eigner Bach.

Berlin, am 29ten Dez. 56.

N.S. Wollten Ew. HochEdelgeb. die Gütigkeit haben, u. den H. L. Schubak[1] von meiner Ergebenheit versichern, mit dem Anhange, daß ich ehestens dessen geehrestes letzteres Schreiben beantworten würde? Kein gut Gewissens- sondern ein Zeitmangel hat mich verhindert."

Am 25. Juni 1767 starb Telemann und vier angesehene Musiker bewarben sich um seine Stellung: Emanuel, sein Halbbruder Friedrich (vgl. S. 250), sein früherer Kollege im preußischen Orchester, Johann Heinrich Rolle[2] und Hermann Friedrich Raupach, Dirigent der kaiserlichen Oper in St. Petersburg. Die Entscheidung fiel fünf Monate später und Emanuel wurde ernannt. Der nächste Schritt war, die Einwilligung König Friedrichs zu erlangen. Emanuel benützte all seine Überredungskünste und führte an, daß sein schlechter Gesundheitszustand[3] ihn zu weniger anstrengenden Pflichten zwänge; wahrscheinlich half auch Prinzessin Amalie, die Schwester des Königs. Endlich gab der Herrscher seine Einwilligung, und die Prinzessin ehrte Emanuel vor seiner Abreise, indem sie ihn zu ihrem Hofdirigenten ernannte. Im März 1768 war alles geregelt und Emanuel trat seine neue Stellung an. In vieler Hinsicht ähnelte sie der Tätigkeit seines Vaters in Leipzig. Emanuel war Kantor der Lateinschule, des Johanneums, und Musikdirektor der fünf Hauptkirchen Hamburgs. Wie Sebastian interessierte er sich nur für die musikalische Leitung und es gelang ihm glücklicherweise sich vom Unterricht in der Schule freizumachen. Telemann hatte den Weg hiefür geebnet, da er sich weigerte, andere Gegenstände als Musik zu unterrichten; Emanuel ging noch weiter, indem er sogar die Musikstunden am Johanneum einem von ihm entschädigten Stell-

---

[1] Schubak war Stadtbeamter in Hamburg. Die Nachschrift zeigt, daß Emanuel zu jener Zeit bereits mit einflußreichen Männern der Stadt in Verbindung war.

[2] Rolle war von 1741 bis 1746 Violaspieler am Hofe Friedrichs des Großen und nachher Organist in Magdeburg. Sein Vater, Christian Friedrich Rolle, Organist in Quedlinburg, hatte gemeinsam mit Sebastian Bach im Jahre 1716 die Orgel in Halle geprüft. 1722 bewarb er sich kurz vor Sebastian um die Stelle des Thomaskantors in Leipzig.

[3] Wenig ist über Emanuels körperliche Konstitution bekannt. Er erwähnte Forkel gegenüber, daß er im Jahre 1743 wegen seiner Gicht die Kur in Teplitz nehmen mußte. Er soll auch das Fahren auf den elenden Straßen nach Potsdam äußerst anstrengend gefunden haben, und in einem Brief vom 15. März 1777 an Gerstenberg beklagte er sich über „einen fatalen Magenhusten". Da er jedoch ein Alter von vierundsiebzig Jahren erreichte, können wir ruhig annehmen, daß sein Gesundheitszustand im großen und ganzen befriedigend war.

vertreter übertrug. Auf diese Weise konnte er sich auf die musikalische Arbeit in seinen Kirchen konzentrieren, und dies war tatsächlich ein genügend großes Arbeitsgebiet. Ungefähr zweihundert Kirchenmusikaufführungen[1] wurden alljährlich geboten, darunter nicht weniger als zehn Passionen, wobei das gleiche Werk mitunter in allen Kirchen der Stadt erklang. Solch eine ungeheure Menge von Musik zu beschaffen, war keineswegs leicht, und Telemann hatte wahrscheinlich nicht nur Emanuels Hilfe in Anspruch genommen, um dieses Problem zu lösen. Emanuel selbst benützte viele Kompositionen seines Paten und noch mehr Werke seines Vaters. Außer ausgedehnten Pflichten als Dirigent und Komponist, bürdete die Stelle auch administrative Arbeit auf. Alle Honorare, welche Instrumentalisten, Sängern und Kopisten bezahlt wurden, gingen durch die Hände des Musikdirektors. Emanuel führte genau Buch über diese Zahlungen sowie auch über seine eigenen finanziellen Angelegenheiten und merkwürdigerweise hatte er gegen diese Arbeit nichts einzuwenden. Er war ja ein vorzüglicher Geschäftsmann und alles, was mit Finanzen zu tun hatte, interessierte ihn. Manchmal machte er charakteristische Notizen in sein Rechnungsbuch, wie etwa die zufriedene Feststellung: „die holländischen Ducaten wurden mir etwas höher als der Cours war, eingewechselt" oder die Bemerkung, die er über die Bezahlung für eine Begräbnismusik machte: „Künftig muß *ich* das Honorar stellen und auf die Rechnung setzen". Emanuels Einkommen von seiner Tätigkeit als Kantor war ganz beträchtlich. Es setzte sich – wie aus einer Aufstellung hervorgeht, die seine Tochter nach des Vaters Tod machte – aus verschiedenen Posten zusammen: ein Bargehalt von mehr als tausend Thalern[2] plus einem Quantum Kohle, Einnahmen vom Verkauf von Textbüchern zu eigenen Kompositionen[3], Honorare für Begräbnismusiken und Kompositionen für festliche Anlässe, Prüfungsgelder, welche die Kandidaten für die verschiedenen Organistenstellen zu entrichten hatten, usw. usw. Er hatte eine einträgliche Stellung, wie alles in diesem blühenden Zentrum des deutschen Handels einträglich sein mußte. Auf Verdienen eingestellt zu sein, war in Hamburg natürlich. Hier wurden städtische Ämter nur allzu oft gekauft und niemand sah etwas Anstößiges darin, daß in einem Andachtsbuch[4] Gebete mit Notierungen über Kurse für europäische Valuten in den verschiedenen Hauptstädten abwechselten. Emanuel fühlte sich in dieser

---

[1] Vgl. „Acta die neueren Einrichtungen bey den Kirchenmusiken betreffend", 1789 bis 1790, zitiert von MIESNER in „Philipp Emanuel Bach in Hamburg".

[2] Vgl. MIESNER a. a. O.

[3] Er bestand darauf, den ausschließlichen Vertrieb dieser Bücher zu haben und führte diesbezüglich, ganz in Sebastians Sinne, einen hitzigen Kampf mit dem Buchhändler Meyn, den er gewann.

[4] „Geistreich Gebet Büchlein vor Reisende zu Land und Wasser."

Atmosphäre wohl und seine Fähigkeit, sich in verständnisvoller Weise an finanziellen Gesprächen zu beteiligen, machte ihn nicht weniger bei den Bürgern beliebt als sein funkelnder Witz und seine angenehmen Manieren.

Die finanzielle Verbesserung war nicht der einzige Vorteil der Hamburger Stellung. Emanuel fühlte sich auch erleichtert, daß er sich nicht mehr der Hofetikette fügen mußte, nicht mehr stundenlang im Antechambre des Königs auf einen hohen Befehl zu warten hatte, sondern ein höchst angesehenes Mitglied einer wohlhabenden Gemeinde war. Er fand Geschmack an „der Atmosphäre von Frohsinn, Fleiß, Überfluß und Freiheit in der Stadt, wie man es nur selten in anderen Teilen Deutschlands fand" (Burney) und er war gewiß auch empfänglich für die schöne Lage des Ortes. Reichardt, der 1774 nach Hamburg kam und Emanuel kennenlernte, schrieb in seinen „Briefen eines aufmerksamen Reisenden": „Ganz besonders schön und mannigfaltig sind die Gegenden um die große Handelsstadt. Die Elbe und die Alster . . . machen hier durch ihre weiten und segelreichen Fluthen, und durch die reizendsten Ufer die allerschönsten Aussichten. Eine große Schönheit der Alster . . . ist dies, daß sie in der Stadt ein Bassin bildet, welches von beyden Seiten mit Alleen besetzt ist, die zu einem sehr angenehmen Spatzierwege dienen. Auch ist dieser Wasserbehälter mit kleinen anmuthigen Fahrzeugen besetzt, die einen in sehr kurzer Zeit nach den anmuthigsten Gegenden führen, die man hier nie weit zu suchen hat."

Ein weiterer anziehender Faktor des Lebens in der Hansestadt war der große Freundeskreis, den sich Emanuel hier schuf. Alle bedeutenden Hamburger Schriftsteller standen auf sehr gutem Fuß mit dem neuen Musikdirektor: Lessing, der nun auch nach Hamburg übersiedelt war, Klopstock und seine zweite Frau, die eine ausgezeichnete Sängerin war; Christoph Christian Sturm[1] (vgl. S. 241), J. Heinrich Voß, Matthias Claudius und Heinrich Wilhelm von Gerstenberg. Die Dichtungen mancher dieser Männer setzte Emanuel auch in Musik. Die Hochschullehrer Hamburgs nahmen den genialen, hochgebildeten Musiker gleichfalls mit offenen Armen auf. So fanden beispielsweise bei den Professoren J. Georg Büsch und Christoph Daniel Ebeling[2], die in derselben Straße wie Emanuel wohnten, viele angenehme Zusammenkünfte statt, wobei regelmäßig musiziert wurde. Wenn man Emanuels gesellschaftliches

---

[1] Sturm, Pastor von St. Petri, war mehrere Jahre Lehrer und Prediger in Halle gewesen, wo er wahrscheinlich Friedemann Bach kennenlernte.

[2] Büsch war Professor für Mathematik und ein angesehener Schriftsteller über Fragen des Handels. Er machte sich um Hamburg so verdient, daß ihm nach seinem Tode ein Denkmal errichtet wurde. Ebeling war Professor für Geschichte und Griechisch. Auch mit dem Philosophen J. A. H. Reimarus und dem Verleger J. J. C. Bode stand Bach in freundschaftlicher Beziehung.

Leben mit dem seines Vaters vergleicht, sieht man, daß Sebastian, obwohl er eine ähnliche Stellung innehatte, viel mehr als sein Sohn auf den Verkehr mit seinen unmittelbaren Kollegen beschränkt war. Verschiedene Gründe trugen zu dem geänderten Sachverhalt bei: die allgemeine Tendenz der Zeit, die früheren Schranken zwischen den verschiedenen Berufen zu beseitigen, Emanuels akademische Ausbildung, die ihm einen gewissen Rang in den Augen der Intellektuellen gab und vor allem seine natürlichen gesellschaftlichen Talente. Gastfreundlichkeit war den Bachen angeboren und Emanuel pflegte sie ebenso wie sein Vater; doch während alle auswärtigen Musiker zu Besuch in das Haus des Leipziger Thomaskantors strömten, fanden nur wenige Mitglieder der Universität ihren Weg in sein Heim. Es gab hingegen keinen bedeutenden Schriftsteller oder Gelehrten in Hamburg, der sich nicht durch den Umgang mit Emanuel Bach geehrt fühlte. Auch auswärtige Gäste fanden sich häufig bei Emanuel ein, so etwa die Komponisten Lolli und Galuppi. Der österreichische Baron Gottfried van Swieten hatte, während er am preußischen Hof als Gesandter wirkte, so viel über Emanuel gehört, daß er nach Hamburg fuhr, um ihn kennenzulernen. Er erstand verschiedene Werke von Sebastian und Emanuel und bestellte bei letzterem Symphonien; all diese Werke führte er in seinen Wiener Hauskonzerten auf, zum Entzücken Mozarts, auf den besonders die Werke des Thomaskantors tiefsten Eindruck machten.

Es wäre jedoch unrichtig anzunehmen, daß das Leben in Hamburg für Emanuel nur angenehme Seiten hatte. Die Unmenge von Musik, die er beizustellen hatte und anderseits die Abgeneigtheit der Stadt, viel für die Kirchenmusik auszugeben, wirkten sich ungünstig auf die Qualität der Aufführungen aus. Wie ein Bericht[1] nach dem Tode Emanuels meldete, wurden „die Instrumentalisten des vielen Musizierens überdrüssig und die Sänger wurden von dem vielen Singen matt, heiser oder gar krank".

Auch Burney, der Hamburg 1773 besuchte, berichtet, daß er in der Katharinenkirche sehr gute Musik von Emanuel „sehr schlecht aufgeführt und vor einer völlig unaufmerksamen Gemeinde" gehört habe. Der Komponist, fährt Burney fort, war sich dieser Unzulänglichkeiten wohl bewußt, fand sich jedoch damit ab, da sie aufgewogen wurden durch die Ruhe und Unabhängigkeit, die das Leben in Hamburg bot. Obwohl dieser Bericht etwas übertrieben klingt und von anderen zeitgenössischen Urteilen widerlegt wird, wie dem von Gerstenberg, dem die Musik in der Katharinenkirche „wie eine Harmonie

---

[1] Vgl. Anmerkung 1 S. 211.

der Engel schmeckte"[1], so muß doch etwas Wahres daran gewesen sein. Emanuel traf eine klare Scheidung zwischen den Werken, die er in Erfüllung seiner amtlichen Pflichten komponierte oder aufführte und jenen, die er zur eigenen Freude schrieb. Da er sich der beschränkten Mittel, die ihm bei den Kirchenkonzerten zur Verfügung standen, völlig bewußt war, fand er sich mit der unvermeidlichen Mittelmäßigkeit der Ausführung ab; bei den von ihm selbst in der Hamburger „Handlungsakademie" veranstalteten Privatkonzerten, in denen er sowohl als Solist wie als Dirigent auftrat[2], bemühte er sich dagegen höchstes künstlerisches Niveau zu erreichen. Von großer Bedeutung für ihn waren auch die Stunden, die er mit Improvisationen an seinem geliebten Silbermannschen Clavichord verbrachte. Verschiedene Zeitgenossen haben uns begeisterte Berichte über diese Improvisationen gegegeben und sie zeigen uns das Bild eines von Musik Besessenen: „Über alles ging mir aber sein freies Phantasieren, worin er ganz einzig und unerschöpflich war", schreibt beispielsweise Reichardt[3]. „Stundenlang konnte er sich in seine Ideen, in ein Meer von Modulationen vertiefen und verlieren. Seine Seele schien dann abwesend, die Augen schwammen, wie im süßen Traume, die Unterlippe hing über das Kinn herab, Gesicht und Gestalt neigten sich fast leblos über das Klavier."

Es ist interessant, daß beide Brüder, Friedemann und Emanuel, hervorragende Leistungen auf dem Gebiete der Improvisation zu verzeichnen hatten. Aber während der Zustand der Extase bei Friedemann die Unfähigkeit, sich mit der Wirklichkeit abzufinden, noch verstärkte, hatte Emanuel die seltene Gabe, die beiden Sphären seines Lebens streng getrennt zu halten. Das Fantasieren am Clavichord war für ihn lebenswichtig, da es ihm ein Ventil für sein innerstes künstlerisches Sehnen bot; aber nach solchen Stunden der Verzückung war er wieder fähig und gewillt, seine äußerst geschickte Handhabung der Probleme des Alltags aufzunehmen. In diesem Dualismus seiner Persönlichkeit, die sowohl künstlerischen als auch materiellen Erfolg sicherte,

---

[1] Ähnlich schrieb Georg Benda am 18. November 1778 an einen Freund: „Neulich bin ich hier in der Vesper auf die angenehmste Art überrascht worden. Ich ging hin, die Bachische Michaelismusik zu hören. Sie können sich vorstellen, ob ich etwas mittelmäßiges erwartete, da ich wußte, daß Bach die Musik komponiert hatte. Allein, wie groß meine Erwartung war, so sehr ward sie übertroffen". Das aufgeführte Werk war das zweichörige „Heilig" (Wq 217). Vgl. Miesner a.a.O.

[2] 1775 führte er Händels „Messias" auf; dies war jedoch nicht, wie manchmal behauptet wird, die erste Aufführung des Werkes in Deutschland. Thomas Arne hatte das Oratorium schon am 15. April 1772 in Hamburg zu Gehör gebracht. Vgl. Sittard „Geschichte des Musik- und Konzertwesens in Hamburg", Hamburg, 1890.

[3] Vgl. Reichardts Selbstbiographie in „Allgemeine Musikzeitung" 16. Jahrgang. Eine weitere Beschreibung findet sich bei Burney a.a.O.

hatte Emanuel Bach viel mit Joseph Haydn gemeinsam, den des älteren Meisters Werke entschieden beeinflußten. Wir können uns gut vorstellen, wie sehr die beiden Männer aneinander Gefallen gefunden hätten, wie gut sie sich über die humoristischen Seiten des Lebens, für die sie beide ein feines Empfindungsvermögen besaßen, unterhalten hätten, und mit welchem Gusto sie ungewöhnliche Speisen – wie die Lerchen, die Emanuel aus Leipzig schockweise bezog – gekostet hätten! Aber sie sollten sich nie persönlich kennen lernen und der junge Haydn, welcher Emanuels gefühlsinnige Sonaten jeden Abend voll Begeisterung auf seinem wurmstichigen Instrument spielte, und in ihnen eine neue Welt entdeckte, konnte nicht ahnen, daß der verehrte Komponist ein überaus praktischer, kluger und in seinem Geschäftsgebaren sogar harter Mann war.

Es liegen Berichte vor, welche Emanuel als unangenehmen Geizhals darstellen, aber diese können ebenso wie die Geschichten über Friedemanns Trunksucht als Legenden angesehen werden, wie sie von Feinden solch außerordentlicher Persönlichkeiten häufig verbreitet werden. Die abfälligen Bemerkungen, die z. B. Reichardt machte, mögen durch Auseinandersetzungen zwischen Emanuel und dem jungen Musiker hervorgerufen worden sein, nachdem der letztere Schulden gemacht hatte. Es besteht kein Zweifel, daß Emanuel in Geldsachen ebenso genau war wie sein Vater. Er war in einer Tradition strenger Sparsamkeit erzogen worden und die Hamburger Atmosphäre verstärkte solch eine Einstellung noch. So wurde er ein ausgezeichneter Geschäftsmann, der fähig war, die besten Resultate beim Verkauf seiner Werke zu erzielen. Aber für wirklichen Geiz haben wir keinen Beweis[1]. „Sollte Bach geizig sein", schrieb sein Freund G. F. E. Schönborn an den dänischen Musiker N. Schiörring, „so glaub ich, daß die Frau ihm den Geiz inoculirt hat ... vielmehr, daß ihre Untugenden ihm gutgeschrieben werden." Wir haben keine Möglichkeit, diese Behauptung nachzuprüfen, aber es mag doch erwähnt werden, daß in Johanna Maria Bachs Gesellschaftskreisen das Schicksal alternder Witwen ein sehr trauriges war. Das Gehalt hörte einige Monate nach dem Tode des Gatten auf, Versicherungen oder Pensionsgelder gab es nicht, und die kümmerlichen Ersparnisse, welche ein Musiker in der

---

[1] Ein Brief Emanuels an Forkel vom 20. Juni 1777 ist wiederholt als Beweis hiefür zitiert worden. Er erzählt Forkel von seiner Sorge über die ernste Krankheit seines jüngeren Sohnes in Rom, und erwähnt, daß er ihm fünfzig Dukaten habe schicken und den Ärzten noch weitere zweihundert Thaler werde bezahlen müssen. Wir sollten jedoch nicht vergessen, daß dies ein Geschäftsbrief war, der mit einer dringenden Bitte an Forkel begann, so rasch als möglich Subskriptionen für Emanuels neue Sonaten zu sammeln. Er erwähnte die großen Ausgaben für den kranken Sohn, um Forkels Eifer, diese Subskriptionen zu bekommen, anzufachen.

Regel zusammenbringen konnte, waren nur zu schnell aufgebraucht. Natürlich war Emanuels Frau daran gelegen, von solcher Not verschont zu bleiben.

Wie sein Vater scheint Emanuel ein angenehmes Familienleben geführt zu
haben, doch war in seinem Haushalt alles großzügiger angelegt als im bescheidenen Thomaskantorat. Burney lobt die „mit Geschmack bereitete Mahlzeit",
die ihm bei Emanuel geboten wurde, und auch das schöne große Musikzimmer
mit mehr als einhundertfünfzig Bildnissen bedeutender Musiker, welche sein
Gastgeber gesammelt hatte. Wir möchten annehmen, daß das schöne, mit
vielen Büchern ausgestattete Zimmer, welches wir in einem Gemälde sehen, das
Andreas Stöttrup von Emanuel, Pastor Sturm und sich selbst malte (Abb. 13),
in Emanuels Haus gelegen war. Das Porträt des Musikers, der neben Pastor
Sturm steht, verrät deutlich den Dualismus in Emanuels Wesen. Dieser elegant
gekleidete, ziemlich beleibte Herr ist ein ausgesprochener Weltmann; die
flinken Hände scheinen den scharfen Witz und die temperamentvolle Sprech-
weise ihres Besitzers zu verraten. Das Gesicht jedoch ist vergeistigt und voll
Sehnsucht. Die gleiche Schwermut zeigt sich auch in einem Porträt, das des
Komponisten Patenkind, sein Meininger Verwandter Johann Philipp Bach im
Jahre 1773 von ihm malte (Abb. 15).

In den folgenden Jahren trug ein Ereignis in der eigenen Familie sehr dazu
bei, den traurigen Ausdruck in Emanuels Augen zu vertiefen. Der Hamburger
Musikdirektor hatte nur drei Kinder, zwei Söhne und eine Tochter; keines
von ihnen wollte die Musik zum Beruf erwählen. Der ältere Sohn wurde ein
Anwalt, der jüngere Maler. Dies war ein großer Schlag für Emanuel, für den
die ungebrochene Reihe der Bachschen Musiker eine Quelle des Stolzes und
der Freude war, und der liebevoll Material für die Familiengeschichte sammelte.
Einen gewissen Trost bereitete es ihm freilich, daß sein zweiter Sohn entschiedenes künstlerisches Talent, wenn auch auf anderem Gebiete, zeigte. Nachdem
ein Fachmann wie Adam Friedrich Oeser, der Freund Winckelmanns und
Lehrer Goethes, sich überaus lobend über die Begabung des Jünglings ge-
äußert hatte, hegte Emanuel große Hoffnungen für seine Zukunft, Hoffnungen,
die grausam vernichtet wurden, als der junge Mann, während er in Italien
arbeitete, im Alter von dreißig Jahren einem Fieber erlag. Emanuel benach-
richtigte seinen Verleger-Freund, Immanuel Breitkopf, hievon mit folgenden
Worten: „Noch ganz betäubt von der traurigen Nachricht wegen des Ab-
sterbens meines lieben Sohnes in Rom kann ich kaum folgendes zu Papier
bringen. Ich weiß, Sie haben Mitleyden mit mir, und Gott behüte Sie für dergleichen Schmerz."

Dies geschah 1778 und von da an war der Tod ein häufiger Gast in der
Familie. 1781 starb Elisabeth Altnikol (vgl. S. 154), eine Halbschwester, an der

Emanuel sehr hing und die er auch regelmäßig finanziell unterstützte[1]. Ein Jahr später folgte Sebastians jüngster Sohn, der hochbegabte „Londoner Bach", Emanuels einstiger Schüler. 1784 wurde Friedemann abberufen. Emanuel selbst war 1782 schwer krank gewesen, als er, wie er an Breitkopf schrieb, „dem Tode entlaufen. Die verzweifelte Influenza wollte mir den Hals zuschnüren, doch Gott half". Er erholte sich niemals mehr ganz davon und sechs Jahre später, am 14. Dezember 1788, starb er im Alter von vierundsiebzig Jahren. Am folgenden Tag veröffentlichte der „Hamburger unpartheiische Korrespondent" einen wahrscheinlich von Carl Friedrich Cramer herrührenden Nachruf: „Er war einer der größten theoretischen und practischen Tonkünstler, der Schöpfer der wahren Art das Clavier zu spielen ... und ein Clavierspieler, der seines Gleichen in seiner Art wohl nie gehabt hat ... Die Tonkunst verliert an ihm eine ihrer größten Zierden, und der Name eines Carl Philipp Emanuel Bach wird ihr auf immer heilig sein. Im Umgang war er ein aufgeweckter munterer Mann voll Witz und Laune."

Emanuels ältester Sohn überlebte seinen Vater nur um vier Monate; er starb mit vierundvierzig Jahren. Nun bestand die Familie nur mehr aus zwei Frauen. der Witwe Emanuels und seiner unverheirateten Tochter. Sie führten Emanuels Geschäfte so gut sie konnten weiter, und als Frau Bach 1795 starb, kündigte die Tochter öffentlich an, daß sie die Werke ihres Vaters zu liefern in der Lage sei. Dies geschah bis zu ihrem Tode am 6. August 1804. Zu ihren Lebzeiten wurde Emanuels ausgedehnte Noten- und Bildersammlung versteigert und das meiste kam durch Georg Pölchau, den Bibliothekar der Berliner Singakademie, in die preußische Hauptstadt.

Das Nachlaßverzeichnis hat sich erhalten und stellt ein wichtiges historisches Dokument dar[2]. Die meisten Bach-Reliquien, welche wir besitzen, stammen aus Emanuels Sammlung, darunter die Autographe von Sebastians „Magnificat", der Johannes- und der Matthäus-Passion sowie der h-Moll-Messe. Emanuel pflegte voll Stolz seinen Besuchern Porträts von Hans Bach, dem Schalksnarren (den er für einen Ahnherrn hielt), seinem Großvater Ambrosius und ein Ölgemälde seines eigenen Vaters von Hausmann sowie die teilweise von Sebastian kopierten Kompositionen seiner Vorfahren zu zeigen. All dies hielt er in Ehren und hinterließ es der Nachwelt in gutem Zustand. Wenn wir ferner bedenken, daß die Familienchronik mit Emanuels eigenen Zusät-

[1] Es ist bemerkenswert, daß Emanuel sich nach ihrem Tod der verehelichten Tochter Elisabeths (Augusta Magdalena Ahlfeld) in gleicher Weise annahm. Vgl. seine Korrespondenz mit Immanuel Breitkopf, siehe „Musik-Autographen", Auktion am 10. Oktober 1951 in Stuttgart. Katalog 498 der Firma J. A. Stargardt, Eutin.
[2] Abgedruckt durch MIESNER in BJ 1938, 1940 bis 1948.

zen, der Bericht über die alljährlichen Bachschen Familientage und viele Angaben über Sebastians Lehrmethoden, Charakter und Werke von dem Hamburger Musikdirektor an den jungen Göttinger Musiker und Biographen Sebastians, J. Nikolaus Forkel, weitergegeben wurden, so erkennen wir, wieviel die Bach-Forschung Emanuels starkem Familiensinn verdankt. Wer die liebevollen Bemerkungen über seinen Vater liest, die er an Forkel in den Jahren 1774 bis 1775 schrieb, wird des Sohnes Anhänglichkeit an Sebastian nicht bezweifeln. In seiner Jugend, bevor er den eigenen Stil voll entwickelt hatte, mag sich Emanuel im natürlichen Streben nach künstlerischer Unabhängigkeit, die volle Größe seines Vaters nicht eingestanden haben. Später aber wurde er sich Sebastians überragender Bedeutung in vollem Maße bewußt. Man hat Emanuel oft dafür getadelt, daß er im September 1756 die Kupferplatten der „Kunst der Fuge" zum Verkauf anbot. Der Nachwelt, die das erhabene Werk mit der größten Ehrfurcht betrachtet, scheint ein solches Vorgehen traurigen Mangel an Verständnis und Pietät zu verraten. Es darf jedoch nicht vergessen werden, daß Emanuel sich zu dieser Handlung erst entschloß, nachdem der große Krieg ausgebrochen war. Er mußte die Möglichkeit einer plötzlichen Evakuierung in Betracht ziehen und es war ihm darum zu tun, nicht einen Zentner von Platten in seinem Besitz zu haben. Auch hoffte er auf diese Weise eine Neuauflage des Werkes in die Wege zu leiten. Er selbst unternahm 1765 und 1769 die Veröffentlichung verschiedener Choräle von Sebastian, der er in seinen letzten Lebensjahren eine monumentale vierbändige Ausgabe (veranstaltet in Gemeinschaft mit Kirnberger) folgen ließ.

Wie der reife Emanuel über seinen Vater dachte, wird auch durch einen überaus interessanten Brief an den Herausgeber der „Allgemeinen deutschen Biographie" beleuchtet, der 1788 anonym veröffentlicht wurde[1]. Dragan Plamenac bewies in einer schönen Studie[2], daß nur Emanuel der Autor dieses grundlegenden Vergleiches zwischen Bach und Händel sein konnte, der als Beantwortung einer Bemerkung Burneys in seiner Händel-Biographie angestellt wurde. Das Schreiben verrät nicht nur genaue Kenntnis von Sebastians Leben, wie sie nur ein Familienmitglied besitzen konnte, sondern auch tiefste Verehrung und Verständnis für seine Kunst. Emanuel wird besonders beredt, wenn er, der große Meister der Klaviermusik, seines Vaters Leistungen auf diesem Gebiet bespricht. Nachdem er Sebastians Fugen, die er denen Händels

---

[1] Brief vom 27. Februar 1788 „Allgemeine Deutsche Biographie", Bd. 81, S. 295, Berlin 1788.
[2] Musical Quarterly, Oktober 1949.

überlegen findet, gepriesen hat, fährt er fort: „Was haben aber Bachs übrige Claviersachen nicht für Vorzüge! Wie viel Leben, Neuheit und gefällige Melodie noch itzt, da alles im Gesange so verfeinert ist! Wie viel Erfindung, welche Mannichfaltigkeit in allerley Geschmack, der kunstreichen und galanten, der gebundenen und freyen Schreibart, wo Harmonie oder Melodie herrscht; dort äußerste Schwierigkeit für Meisterhände und hier Leichtigkeit, selbst für etwas geübte Liebhaber! Wie viel brave Clavierspieler haben seine Stücke nicht hervorgebracht! War er nicht der Schöpfer einer ganz anderen Behandlungsart der Clavierinstrumente? Gab er ihnen nicht vorzüglich Melodie, Ausdruck und Gesang im Vortrage? Er, der tiefste Kenner aller kontrapunktischen Künste (und Künsteleyen sogar) wußte der Schönheit die Kunst unterthan zu machen.“

DIE KOMPOSITIONEN CARL PHILIPP EMANUEL BACHS

In seinem Schaffen ließ sich Emanuel von Sebastians Werken eher anregen als beeinflußen. Nur während der *ersten Schaffensperiode*, der Lehrzeit in Leipzig und Frankfurt an der Oder (bis 1738) ahmte der Sohn den Vater nach. Für diese Phase können wir Emanuels Behauptung in seiner Selbstbiographie wörtlich nehmen, Sebastian sei der einzige Lehrer gewesen, den er jemals gehabt habe. Obwohl die meisten dieser seiner frühen Werke später vom Komponisten revidiert wurden, so erkennen wir doch in der häufigen Anwendung von Sequenzen, der rhythmischen Gleichförmigkeit und den schweren barocken Kadenzen die Tonsprache des Thomaskantors.

Als Emanuel im Alter von vierundzwanzig Jahren nach Berlin kam, begann seine *zweite Schaffensperiode*, die bis 1768 währte. In dieser Übergangsperiode bildete er in seiner Instrumentalmusik einen neuen Stil aus, eine Schreibweise voll Ausdruckskraft und Leidenschaft. Schon in den ersten großen Schöpfungen dieser Zeit, den „Preußischen Sonaten“, ist die subjektive und gefühlsbetonte Sprache der Empfindsamkeit deutlich erkennbar. Emanuel nahm in seine Instrumentalwerke charakteristische Züge aus der „Opera seria“ seiner Zeit auf, wie Rezitative, Ariosen und gewisse Formen der Arienbegleitungen[1]; so kommt es, daß seine Klavierkompositionen mitunter wie Bearbeitungen dramatischer Werke wirken. Er hatte von seinem Vater gelernt, daß mit Hilfe der Übertragung musikalischer Stilelemente von einem Ausdrucksmittel auf

---

[1] Burney schreibt diese Neuerungen hauptsächlich dem Einfluß von Hasses Opern auf Emanuel zu. Vgl. „A General History of Music“ IV, S. 454.

das andere hervorragende Wirkungen erzielt werden können. Nichtsdesto-weniger war seine Technik, Elemente des dramatischen Gesangstils auf Klavier-musik zu übertragen, nie vorher in solchem Ausmaß und mit gleichem Erfolg angewendet worden.

Obwohl sich Emanuel die neue Sprache der Empfindsamkeit mit Begeiste-rung aneignete, fehlt es in seinen Berliner Werken auch nicht an barocken Ele-menten. Wir finden in ihnen immer noch die von seinem Vater angewendeten Sequenzen; er gebrauchte schrittweise auf- und absteigende Baßlinien, schrieb mitunter komplizierte Kanons und Fugen und gestaltete sein großes Chorwerk, das „Magnificat" von 1749, nach dem Vorbild von Sebastians Komposition auf den gleichen Text. Von seinem Vater erbte Emanuel auch pädagogisches Interesse und Talent. Neigungen dieser Art, unterstützt durch die damals in Berlin beliebten theoretischen Untersuchungen, veranlaßten ihn, seinen „Ver-such über die wahre Art das Clavier zu spielen", zu veröffentlichen. Der galante Stil, der Emanuels Generation so stark anzog, war für ihn selbst nicht allzu bedeutsam. In der Regel beschränkte er sich darauf, galante Züge in Kompositionen geringeren Wertes aufzunehmen, die er für den König schrieb.

Während der Berliner Jahre entwickelte sich seine künstlerische Persönlich-keit zu voller Reife und allmählich wurde ihm die Beschränktheit der dort herrschenden künstlerischen Verhältnisse unerträglich. Er war froh, die Enge der Tätigkeit am preußischen Hofe gegen die größere geistige Freiheit der Hansestadt zu vertauschen. In dieser *dritten Schaffensperiode* (Hamburg 1769 bis 1788) erreichte die Qualität seiner Schöpfungen ihren Höhepunkt. Die sechs umfangreichen Sammlungen von Sonaten, Rondos und Phantasien „für Kenner und Liebhaber", welche seine Meisterleistung auf dem Gebiet der Klaviermusik darstellen, wurden damals veröffentlicht. Überdies waren viele bedeutsame Kammermusikwerke und seine großen Symphonien Früchte der Hamburger Jahre. Inzwischen hatten zeitgenössische Komponisten, wie Gaß-mann, Haydn und Mozart, Emanuels Tonsprache nicht nur in ihrer Kla-viermusik, sondern auch in Quartetten und Symphonien erprobt. Emanuel, dessen Ruhm ständig wuchs, war sich seiner führenden Stellung und der daraus entwachsenden Pflichten durchaus bewußt. Seine in Hamburg ge-schriebenen Werke zeigen die stark gefühlsbetonte Sprache des damals in der Literatur vorherrschenden „Sturm und Drang" und gleichzeitig ausgespro-chene Meisterschaft in der Lösung aller technischen Probleme. Der Kom-ponist legte nur bescheidenes Interesse für den ständig im Aufstieg begriffenen klassischen Stil in der Musik an den Tag. Anderseits verbindet ihre leiden-schaftliche Subjektivität diese Hamburger Werke mit der neuen Strömung der Romantik.

Die *Kompositionen für Klavier*[1] bilden den Kern von Emanuels Schaffen. Zu seinen Lebzeiten wurden über hundert Sonaten, Sonatinen, Rondos und Phantasien sowie eine fast ebenso große Anzahl kurzer Charakterstücke – im ganzen ungefähr zwei Drittel von allem, was er auf diesem Gebiete schrieb – gedruckt. Seine Zeitgenossen sahen in Emanuel hauptsächlich den Klaviervirtuosen und Klavierkomponisten. Sogar heutzutage sind die meisten seiner in modernen Ausgaben erhältlichen Stücke entweder Solowerke für das Tasteninstrument oder Kompositionen, in welchen es eine wichtige Rolle spielt.

Ein gutes Beispiel für Emanuels Jugendstil bietet eine Sonate in d-Moll (Wq 65/3) die 1732 in Leipzig geschrieben wurde[2]. Im ersten Satz, einem Allegro molto, erzeugt die ständige Sechzehntelbewegung in der rechten Hand, die vom Baß nur wenig gestützt wird, den Eindruck eines vom Kontinuo begleiteten Barocksolos. Der langsame Mittelsatz scheint nach dem Vorbild von Sebastians italienischen Konzert geschrieben zu sein. Auch in dem Werk des Sohnes wechseln Soloteile mit den Tuttistellen des ganzen Klangkörpers ab. Freilich deutet die häufige Anwendung der sentimentalen Terzen- und Sextenparallelen auf eine neue künstlerische Anschauungsweise hin. Das Finale in strengem zweistimmigen Stil hat den Charakter einer imitatorisch angelegten, lustigen Gigue. Die reizvollen fünf Stücke – zwei Polonäsen, zwei Märsche und ein „Solo per il Cembalo" (BWV Anh. 122 bis 125 und 129) – die Emanuel zum zweiten Klavierbüchlein seiner Stiefmutter beisteuerte, dürften wohl auch aus dieser Zeit stammen.

Anders im Charakter sind die in Berlin entstandenen Klavierwerke Emanuels. Der erste Satz der sechs „*Preußischen Sonaten*" (Wq 48), welche 1742 mit einer Widmung an den König erschienen, hat wohl noch einen altmodischen Anfang, der an eine zweistimmige Invention gemahnt. Anderseits aber findet sich hier schon die voll entwickelte Sonatenform mit kontrastierendem Nebenthema, richtiger Durchführung und vollständiger Reprise. Der anschließende Andantesatz erscheint fast wie eine Opernszene ohne Text. Wie leidenschaftlich ist der kühne Sprung einer verminderten Oktave im zweiten Takt! (Beisp. 42)

---

[1] Unter den verschiedenen Neuausgaben seien hervorgehoben: Sechs Preußische Sonaten, sechs Württembergische Sonaten, NMA (Steglich), 1927 bis 1928; Sechs Sammlungen von „Sonaten für Kenner und Liebhaber", Leipzig: Breitkopf & Härtel (Krebs), 1895; Achtzehn „Probestücke zum Versuch" . . ., Mainz: Schott (Doflein), 1935; Sonaten und Charakterstücke, Augsburg: Böhm (Mies), 1938; Kleine Stücke für Klavier, NMA (Vrieslander), 1930; Ausgewählte Klavierwerke: Wien, Universal-Edition (Schenker), 1902; Vier Duette für zwei Klaviere, BV (Oberdörffer), 1944; Abschied von meinem Silbermannischen Claviere in „Die Familie Bach" Wien: Universal Edition (Geiringer), 1936.
[2] Sie wurde 1744 in Berlin revidiert.

Und welche Fülle großartiger Stimmungen entfaltet sich in den zwei, in die Ariosoteile eingefügten „Secco"-Rezitativen, für welche der Komponist sogar die in solchen Stücken übliche Baßführung vorsah (Beisp. 43). Es ist bezeichnend, daß in diesem Satz, welcher in f-Moll beginnt und endet, keine Tonart vorgezeichnet ist, um so die Notation der häufigen Modulationen zu erleichtern.

Beisp. 42

Die Form des dritten Satzes der Sonate ist eher konventionell; es ist ein Vivace, in welchem die erregte Stimmung des Andante sorgloser Fröhlichkeit weicht. In dieser ganzen Sammlung und in den sechs *Württembergischen Sonaten* (Wq 49), die 1744 mit einer Widmung an Emanuels Schüler, Herzog Carl Eugen von Württemberg, als des Meisters op. 2 veröffentlicht wurden, finden sich Äuße-

Beisp. 43

rungen eines revolutionären Komponisten, welcher Gefühle zum Ausdruck bringt, wie sie bisher in der Klaviermusik keinen Platz gefunden hatten. Zu den bedeutsamen Merkmalen von Emanuels Stil zählen eine kühne harmonische Sprache unter Verwendung scharfer Dissonanzen und höchst eindrucksvolle Akkordkombinationen, dramatische Fermaten, unerwartete Pausen, Tempoveränderungen[1] und plötzliche Wechsel von Dur und Moll, wobei die Wirkung oft noch verstärkt wird durch dynamische Kontraste und den Gebrauch verschiedener Klangregister (Beisp. 44). Bezeichnend für den Feuergeist des Komponisten sind jene Stellen, welche Orchesterklänge nachzuah-

---

[1] In seinem „Versuch" (1. Teil III/28) empfiehlt er für die Aufführung des Adagios in seiner sechsten Württembergischen Sonate „ein allmähliges gelindes Eilen . . ., welches kurtz drauf sehr wohl mit einem schläfrigen Anhalten im Tacte abwechselt".

men scheinen, wie etwa im ersten Satz der sechsten Württembergischen Sonate. Eigenartige koloristische Effekte werden durch große Entfernung der beiden Hände erzielt; so entsteht ein ätherischer Klang, welcher der Musik einen transzendentalen Charakter verleiht[1].

Recht oft baut Emanuel einen ganzen Satz aus Elementen auf, die in den ersten Takten erscheinen. Dabei beginnt die sorgfältige Verarbeitung des Hauptthemas oft schon bald nach seinem ersten Auftreten, lange bevor es zu der traditionellen Durchführung kommt. Es ist interessant, daß diese eher in die Vergangenheit zurückweisenden Stilprinzipien von großer Bedeutung für die Werke Haydns und Beethovens werden sollten, während Mozart, der kontrastierende Themen in seinen Sonatensätzen vorzog, ihnen weniger Beachtung schenkte.

Kein anderes Werk trug so viel zum Ruhm seines Verfassers bei wie Emanuels „Versuch über die wahre Art das Clavier zu spielen", das im Selbstverlag des Komponisten erschien. Der 1753 gedruckte erste Teil wurde zu Bachs Lebzeiten dreimal aufgelegt und der zweite von 1762 zweimal. Der „Versuch" befaßt sich hauptsächlich mit dem Musizieren auf Tasteninstrumenten, unter denen das ausdrucksvolle Clavichord, das sich für die Aufführung gefühlsbetonter Musik besonders eignete, Emanuels Herzen am nächsten stand; doch war sein Interessenkreis zu weit und seine ganze Einstellung zu praktisch, als daß er sich enge Beschränkungen auferlegt hätte. Nicht nur der Klavierspieler, sondern jeder Musiker konnte von dem soliden handwerklichen Können und klaren logischen Denken, die in diesem Werk zum Ausdruck kommen, profitieren. Es ist bemerkenswert, wie sehr der Sohn in diesem nach des Vaters Tod geschriebenen Werke dem Vorbild Sebastians folgte. In dem Kapitel über Fingersatz übernahm er beispielsweise Sebastians Methode der Verwendung

[1] Im 19. Jahrhundert wurde diese Stileigentümlichkeit Emanuels mißverstanden, und Hans von Bülow fand es angezeigt, in seinen Ausgaben das durchsichtige Gewebe dieser Musik zu vergröbern.

des Daumens, fügte jedoch eine Fülle wichtiger Details hinzu; auch gab er nicht einmal des Vaters altmodisches Kreuzen des dritten und vierten Fingers völlig auf. Bei der Behandlung der Verzierungen folgte Emanuel dem „Clavierbüchlein für Friedemann Bach" von 1720 und erklärte ausführlich Triller, Mordent und ähnliches. So war die notwendige Grundlage für eine richtige Wiedergabe von Emanuels eigenen Kompositionen gelegt, in welchen Ornamente nicht bloß zur Verzierung eines Stückes verwendet wurden, sondern stets einen wichtigen Teil des melodischen Lebens ausmachten. Seine Auffassung des Generalbasses und der Intervalle war auch auf den Methoden seines großen Lehrers aufgebaut. Sie beide lehnten die theoretischen und mathematischen Anschauungen ab, die in Rameaus berühmten „Traité d'Harmonie" zum Ausdruck kommen. Vater und Sohn handelten hier vor allem als Lehrer, denen es darum zu tun war, werdenden Musikern ihr eigenes praktisches Wissen zu vermitteln. Der persönlichste Abschnitt des „Versuchs" ist vielleicht das letzte Kapitel des ersten Teils. In der Erörterung der Probleme des Vortrags brachte der Meister der Empfindsamkeit sein eigenes künstlerisches Glaubensbekenntnis zum Ausdruck: technisches Können genügt nicht für die vollkommene Ausführung von Musik; der Spieler muß seiner Hörerschaft vor allem den Gefühlsgehalt der Komposition vermitteln.

Emanuels „Versuch" ist nicht ein Buch mit theoretischen Betrachtungen; hier kommt ein Komponist und Erzieher zu Wort, der seinen Schülern praktische Anweisungen gibt. Es zeigt eine Frische und klare Einfachheit der Sprache, die das Werk noch am Leben erhalten wird, wenn ähnliche Bücher der Zeit lange vergessen sind.

Zur Erläuterung des Textes fügte Emanuel in der Ausgabe von 1753 achtzehn sogenannte „Probestücke" (Wq 63) hinzu, die er in sechs Sonaten zusammenschloß. Um für eine gewisse in einem Unterrichtswerk unvermeidliche Pedanterie zu entschädigen, ließ er in diesen Beispielen alle Abstufungen seiner gefühlsmäßigen Palette aufleuchten. Nicht zwei Sätze innerhalb einer Sonate sind in der gleichen Tonart und ihr subjektiver Charakter kommt in den ungewöhnlichen Überschriften wie „Adagio assai mesto e sostenuto" oder „Allegretto arioso ed amoroso" zum Ausdruck. Den Abschluß und Höhepunkt der ganzen Sammlung bildet die ausdrucksvolle c-Moll-Phantasie. Um völlige rhythmische Beweglichkeit zu erzielen, verwendete Emanuel nicht einmal Taktstriche in den improvisatorischen Anfangs- und Schlußabschnitten. Die ungeheure Gefühlskraft dieser „Phantasie" wurde von Emanuels Zeitgenossen so deutlich erkannt, daß der ihm befreundete Dichter W. Gerstenberg zwei Versuche unternahm, das Instrumentalstück in eine Art Kantate zu verwandeln, indem Rezitative hinzugefügt wurden, von denen eines auf Hamlets Monolog,

das andere auf die letzten Worte des sterbenden Sokrates (Beisp. 45) zurückgeht.

1760 widmete Emanuel der Prinzessin Amalia, der Schwester des Königs,
„*sechs Sonaten mit veränderten Reprisen*" (Wq 50). Sie bezeugen seine Anschauung,.
daß Verzierungen einen wesentlichen Teil der Melodie ausmachen und daher

Beisp. 45

vom Komponisten genau vorzuschreiben sind. Dem Spieler steht es demnach
nicht zu, in der damals üblichen Weise bei Wiederholungen Ornamente nach
Gutdünken einzufügen. Emanuel behielt diese Einstellung auch in vielen
seiner späteren Kompositionen bei, wie das folgende Beispiel aus einer 1770
veröffentlichten Sonate belegen mag (Beisp. 46).

Unter der großen Anzahl der in Berlin entstandenen Sonaten für Tasteninstrumente befinden sich auch sechs Sonaten für Orgel ohne Pedal (Wq 70).
Burneys Bericht, daß Emanuel kein Interesse an der Orgel hegte, wird durch
diese Werke voll bestätigt. Wenig darin verrät, daß sie für die Königin der
Instrumente bestimmt sind. Dies ist regelrechte Klaviermusik, wenn auch etwas

konventioneller[1] Art. Auch das 1765 veröffentlichte Konzert in C-Dur für
unbegleitetes Klavier (Wq 112/1) ist seiner Grundeinstellung nach retrospektiv.
Gleich Sebastians italienischem Konzert und Friedemanns G-Dur-Konzert
hat es den Charakter der Klavierbearbeitung eines imaginären Orchester-
werkes.

Beisp. 46   Sonate aus „ Musikalisches Vielerley”

Alle Züge von Emanuels Berliner Stil finden sich in reiferer und noch kon-
zentrierterer Form wieder in seinem Meisterwerk, den zwischen 1779 und
1787 veröffentlichten *sechs Sammlungen „für Kenner und Liebhaber"* (Wq 55 bis
59, 61). Hier entfaltet Emanuel die Sicherheit und Virtuosität des reifen Künstlers. Die Mehrzahl dieser Kompositionen sind Sonaten, welche in der Regel
aus drei Sätzen in eng verwandten Tonarten bestehen. Wenn es jedoch der
Ausdrucksgehalt fordert, zögert der Komponist auch nicht, eine so ungewöhnliche Tonartenfolge wie etwa G-Dur - g-Moll - E-Dur für die aufeinanderfolgenden Sätze zu verwenden. Gelegentlich schrumpfen die drei Sätze zu zweien
zusammen, die durch einige Übergangstakte verbunden sind und selbst die
romantische Verschmelzung aller drei Sätze zu einer Einheit kommt vor. Von
der zweiten Sammlung an gesellen sich Rondos zu den Sonaten. Diese Kompositionen, welche sich bei Emanuels Zeitgenossen besonderer Beliebtheit erfreuten, sind auf kurzen und einfachen Themen aufgebaut. Der Komponist
führt den Hauptgedanken in stets neuen Verkleidungen vor, verändert die
Tonlage, löst die Melodien auf, harmonisiert sie auf verschiedene Art, fügt
unerwartete Pausen und *rubati* ein. Die plötzlichen Wechsel von pianissimo

---

[1] Emanuels einzige Orgelsonate mit Pedal (Wq 70/7) ist ähnlich beschaffen. In
die gleiche Kategorie gehören auch sechs zwischen 1754 und 1763 entstandene
Fugen (Wq 119), die hauptsächlich für die Veröffentlichungen seines gelehrten
Freundes Marpurg bestimmt waren. Trotzdem die Stücke gründliches kontrapunktisches Wissen verraten, zeigen sie deutlich Emanuels Gleichgültigkeit gegen
die Form der Instrumentalfuge.

und fortissimo, die crescendi, die in einem piano enden, die diminuendi, die zu einem forte führen, und der Einfallsreichtum, mit dem den entzückten Zuhörern stets neue überraschende Wendungen vorgeführt werden, verraten einen ausgesprochenen Sinn für Humor. Die Rondos sind ein musikalisches Gegenstück zu Emanuels witzigen, anregenden Konversationen, die ihn bei den bedeutenden Geistern der Zeit so beliebt machten. In die drei letzten Sammlungen fügte Emanuel auch Phantasien ein. Sie vermitteln uns eine Vorstellung von seinen Improvisationen, die auf die Zuhörer einen so starken Eindruck machten. Die meisten dieser Stücke ähneln im Charakter seiner c-Moll-Phantasie, in der die Rezitative keinem rhythmischem Schema folgten. Die letzte Phantasie in C-Dur führt ein einziges Thema in ständig wechselnder Gestalt vor und nähert sich damit Emanuels Rondos.

Sowohl in Berlin wie in Hamburg schrieb Emanuel eine stattliche Zahl *kurzer Klavierstücke*. Sie wirken häufig wie Miniaturausgaben größer angelegter Formen, bei denen nicht nur der Umfang, sondern auch die technische Schwierigkeit reduziert wurde. Während sich die sechs Sonaten, welche die erste Ausgabe des „Versuchs" begleiteten, recht hohe Ziele setzten, sind die *sechs Sonatinen*, die der Komponist 1786 einer Neuauflage des Buches hinzufügte (Wq 63), weit bescheidener gehalten. Jede besteht nur aus einem einzigen Satz und umfaßt selten mehr als dreißig Takte. In technischer Hinsicht sind sie für einen mittelmäßigen Spieler gedacht. Trotz ihres fast aphoristischen Charakters sind die Stücke ebenso sorgfältig ausgearbeitet wie Emanuels größere Kompositionen; so ist etwa das tiefempfundene kleine Largo in E-Dur (Wq 63/8) ein Stück von fast klassischem Wohllaut.

Unter diesen kurzen Klavierstücken befinden sich zahlreiche *Solfeggios*, kleine präludiumartige Phantasien, die aus einem einzigen Motiv entwickelt sind. Es ist interessant, das wohlbekannte, 1770 veröffentlichte Solfeggio in c-Moll (Wq 117/2) mit ähnlichen Kompositionen Sebastians zu vergleichen. Während Emanuels Stück deutlich auf Formen aufgebaut ist, die der Vater zu verwenden pflegte, stempelt sein starker gefühlsmäßiger Gehalt es deutlich zu einem Produkt der jüngeren Generation.

Verschiedene Menuette (die oft paarweise auftreten) und Polaccas finden sich in dieser Gruppe; die letzteren sind frei von dem strengen, mitunter melancholischen Charakter, den Friedemann solchen Stücken gab. Emanuels Polaccas sind heitere Tänze im Dreivierteltakt, die im Charakter schon Ähnlichkeit mit den Polonäsen des 19. Jahrhunderts zeigen.

In eine besondere Kategorie gehören die musikalischen Porträts und andere Stücke programmatischen Charakters mit beschreibenden Titeln (Wq 117). Emanuel entwirft hier reizende kleine Bildchen mancher ihm befreundeter

Damen. Ein graziöses Allegro im Sechsachteltakt schildert „La Gleim" (vgl. S. 208), ein formelles Menuett „La Lott"; ernst und melancholisch (wohl mit Hinblick auf den Verlust ihrer Kinder) ist „La Stahl"; unternehmend und temperamentvoll „La Böhmer". „La Journalière" mit ihren lustigen Pralltrillern und „La Capricieuse" mit den heiter hüpfenden punktierten Rhythmen schildern rechte Evastöchter; sie erwecken, ebenso wie „La Complaisante" im Hörer den Wunsch, eine so liebenswürdige Dame persönlich kennenzulernen.

Eines der reifsten Charakterstücke ist der „Abschied von meinem Silbermannischen Claviere" (Wq 66) in Rondoform, der 1781 entstand. Ewald von Grotthus, ein Schüler Emanuels, erhielt vom Komponisten ein Clavichord, das der große Silbermann gebaut hatte. Bach begleitete sein Instrument mit einer Komposition und bewies damit, wie er zu Grotthus bemerkte, daß es auch möglich sei, klagende Rondos zu schreiben. Tatsächlich ist die aus einem einzigen Thema entwickelte Komposition ein zu Herzen gehendes Stück, das Emanuels Vorliebe für das Clavichord beredten Ausdruck verleiht.

In seiner *Kammermusik*[1] war Emanuel weniger fortschrittlich eingestellt als in seinen Klavierwerken. Es erscheint möglich, daß seine ersten Versuche auf diesem Gebiet die Aufmerksamkeit des preußischen Kronprinzen erregten und Emanuel die Stellung sicherten, die er fast dreißig Jahre innehatte. Während dieser Zeit war der Großteil der von ihm komponierten Kammermusikwerke für den König und dessen Hof bestimmt, und der sich allmählich stärker ausprägende konservative Geschmack des Monarchen zwang den Komponisten, auf kühnere Experimente in diesen Werken zu verzichten. Die Lage änderte sich als Emanuel nach Hamburg zog. Nun bestanden keinerlei Beschränkungen mehr und der Meister schrieb instrumentale Ensemblewerke, die an Vollendung den Klavierkompositionen fast ebenbürtig sind.

---

[1] Unter den Neuausgaben finden sich Duos für Flöte und Violine, NMA (Stephan) 1929; Phantasie für Klavier und Violine, Leipzig: Kahnt (Schering), 1938; Sonate für Klavier und Violine in D, Karlsbad: Hohler (Schmid), 1932; Sonate für Klavier und Flöte in C, Leipzig: Zimmermann (Leeuwen), 1923; zwölf zwei- und dreistimmige kleine Stücke für Flöte oder Violine und Klavier, Berlin: Breslauer (Hirsch), 1928; Triosonate für zwei Violinen und Klavier in G, Leipzig: Breitkopf & Härtel (Riemann), 1904; Triosonate für Flöte, Violine und Kontinuo in B, Leipzig: Peters (Landshoff), 1936; Triosonate für Flöte, Violine und Kontinuo in h, Leipzig: Zimmermann (Ermeler), 1932; Triosonate für zwei Flöten und Klavier in E, Leipzig: Zimmermann (Walther), 1935; Quartette für Flöte, Viola, Cello und Klavier in C, D, G, BV (Schmid), 1952; sechs Märsche für zwei Oboen, zwei Klarinetten, zwei Hörner, Fagott und Schlagwerk, New York: Marks (Simon), 1948. Andantino grazioso und Larghetto aus Sonate in C für Cembalo, Violine und Cello (Geiringer), MBF S. 133 (Langspielplatte 3).

In die erste Periode fallen eine Anzahl von „Solos" und „Trios", wie der Komponist sie in traditioneller Weise bezeichnete. Diese „Solos" sind für Querflöte und Baß oder Oboe und Baß geschrieben; die „Trios" für Flöte, Violine und Baß oder für Geige und obligates Cembalo. Sowohl in der Wahl dieser Formen als auch im Inhalt zeigen die Stücke Emanuel als treuen Schüler des Vaters. Wir finden Sonaten mit den vier Sätzen der Barockzeit, kanonische Episoden, Konzertformen und die harmonische Sprache sowie die typische Baßführung der Werke Sebastians.

In den in Berlin entstandenen Kammermusikwerken schreibt Emanuel wieder „Solos" und „Trios"; in vielen dieser Werke wird die gleiche Tonart während des ganzen Stückes aufrechterhalten, was auf die Suite des 17. Jahrhunderts hinweist. Barock ist auch die Tatsache, daß verschiedene Fassungen von den meisten dieser Werke vorliegen. Ein reizendes G-Dur-Stück von 1754 findet sich z. B. in einer Ausgabe für zwei Violinen und Baß (Wq 157), dann wieder für Flöte, Violine und Baß (Wq 152) und außerdem für Cembalo und Flöte (Wq 85)[1]. Anderseits kommt eine gewisse Hinneigung zum galanten Stil in der häufigen Verwendung des Wortes „grazioso" bei den Tempovorschriften zum Ausdruck. Zu den früher verwendeten Kombinationen von Instrumenten fügt Emanuel nun einige neue hinzu, wie Gambe und Baß oder Harfe und Baß. Die ständige Zusammenarbeit mit den Hofmusikern half dem Komponisten, sich mit den technischen Möglichkeiten der verschiedenen Instrumente vertraut zu machen und sie mit großem Geschick zu verwenden. Seine Gambensonaten weisen häufig Arpeggien und Akkorde auf, während die großen Sprünge in den Solopartien der Flötenwerke dem erlauchten Spieler Gelegenheit gaben, sein technisches Können an den Tag zu legen.

Es ist bezeichnend, daß ein offensichtlich experimentierendes Trio (Wq 161/1)[2] nicht dem künstlerisch konservativen König, sondern dem jungen Grafen Wilhelm von Schaumburg-Lippe (der Emanuels Halbbruder Friedrich in Dienst nahm) gewidmet war. Die Musik soll die verschiedenen Temperamente zum Ausdruck bringen, ein Thema, das im 18. Jahrhundert beliebt war[3]. Der Komponist erklärt seine Absicht im Vorwort mit folgenden Worten: „In dem ... Trio hat man versuchet, durch Instrumente etwas, so viel als

---

[1] In ähnlicher Weise steht bei den beiden zu Emanuels Lebzeiten gedruckten Trios (Wq 161, 1751 erschienen) auf dem Titelblatt die Bemerkung, daß eine der beiden Oberstimmen von der rechten Hand des Cembalisten übernommen werden könne.

[2] Vgl. hiezu HANS MERSMANN in BJ 1917.

[3] Noch Beethoven verwendet bekanntlich in seinem Streichquartett op. 18/6 ein Finale mit der Überschrift „La Malinconia".

möglich ist, auszudrücken, wozu man sonst viel bequemer nur Singstimme und Worte brauchet. Es soll gleichsam ein Gespräch zwischen einem Sanguineus und Melancholicus vorstellen, welche in dem ganzen ersten und bis nahe ans Ende des zweyten Satzes, mit einander streiten, und sich bemühen, einer den andern auf seine Seite zu ziehen; bis sie sich am Ende des zweyten Satzes vergleichen, indem der Melancholicus endlich nachgiebt, und des andern seinen Hauptsatz annimmt.“ Emanuel schildert den Streit durch eine ausgiebige Durchführung der Themen und erklärt sein Verfahren in einem begleitenden Kommentar, wobei er sich auf Verständigungsbuchstaben in der Partitur bezieht. Auf eine Stelle im ersten Satz weist er etwa mit folgenden Worten hin: „(i) Der M. fängt hier an, etwas nachzugeben und gehörig zu antworten . . . (k) Dieser sauere, obschon ganz kleine Schritt kostet dem M. eine Generalpause, um auszuruhen und (l) wieder zu sich kommen zu können. (m) Der S. fällt wieder ins Wort und spottet des andern, indem er ihm seine Gedancken lächerlich nachmacht“ (Beisp. 47).

Beisp. 47

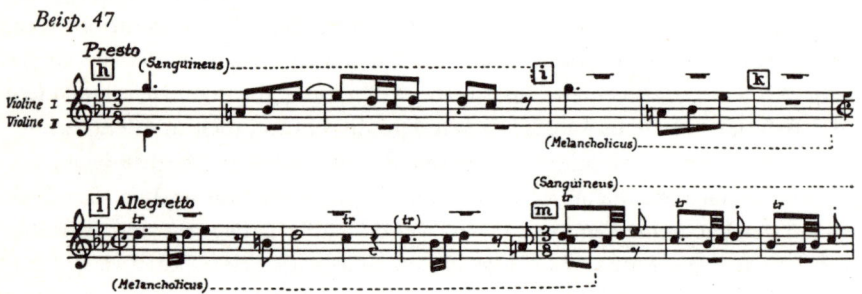

Obwohl sich andere dramatische Dialoge in Emanuels Kammermusik finden, hat er doch nie wieder versucht, einer Komposition ein genaues Programm beizufügen; in späteren Jahren gab er sogar die Schwächen dieses frühen Versuches zu.

Im ganzen trägt die Kammermusik der Berliner Jahre den Stempel einer Übergangsperiode, in welcher der Komponist bestrebt war, verschiedenste formale Prinzipien zu erproben. Neben Werken, die auf dem barocken Grundsatz beruhen, zwei Melodieinstrumente von gleichem Umfang und gleicher Bedeutung zu verwenden, finden sich Trios, die das Gleichgewicht zwischen den Oberstimmen nicht mehr aufrechterhalten. In Wq 156 und 160 für zwei Geigen und Baß ist die zweite Violine der ersten deutlich untergeordnet. Sie begleitet gewöhnlich in parallelen Terzen und Sexten und tritt nie mit den führenden Stimmen in Wettstreit. Ein ähnliches Verfahren läßt sich in der

Sinfonia a cembalo obligato e violino (Wq 74) beobachten, in welcher die rechte Hand des Klaviers führt, während die Geige hauptsächlich als füllende oder begleitende Stimme Verwendung findet. Alle drei Kompositionen lehnen eine polyphone oder konzertierende Schreibweise ab und nähern sich der später auftretenden Form der Klaviersonate mit Violinbegleitung.

In den letzten zwanzig Jahren bietet Emanuels Kammermusik ein ganz anderes Bild. Die barocke Verbindung von zwei Melodiestimmen und Baß verschwindet vollständig, und kaum ein Werk sieht einen vom Spieler auszuarbeitenden Kontinuo vor. Diese Spätwerke umfassen Duos, Trios und „Quartette" (Wq 79 bis 80, 89 bis 91, 93 bis 95) für obligates Klavier mit Begleitung von Streichern und gelegentlich auch Bläsern. In den Kompositionen für Klavier und Geige oder für Klavier, Geige und Cello, die augenscheinlich für Amateure bestimmt sind, fällt dem Klavier stets die Führung zu; in der Regel verdoppelt die Geige die Melodie, das Cello den Baß, und die Streicher werden auch häufig als Füllstimmen gebraucht. Dennoch erzielen sie anziehende koloristische Wirkungen und sollen daher nicht weggelassen werden.

In manchen Kammermusikwerken betreut Emanuel die Flöte, das Fagott, die Viola und insbesonders die Klarinette, das Lieblingsinstrument des alternden Meisters, mit wichtigen Aufgaben; dennoch steht das Klavier stets im Mittelpunkt. Dynamische Gegensätze werden nun weitgehend verwendet und die Kammermusikwerke nehmen allmählich das stark persönliche, unkonventionelle Gepräge von Emanuels Klavierkompositionen an. So enthalten etwa die zweite und dritte der „Claviersonaten mit einer Violine und einem Violoncello zur Begleitung" (Wq 91; 1777 erschienen) Meisterstücke von unvergeßlicher Eindringlichkeit. Es ist bezeichnend, daß das Rondo, das Emanuel so erfolgreich in seinen Werken für Klavier allein verwendet hatte, nunmehr auch in seiner Kammermusik auftritt. Sein natürlicher Platz ist im Finale, doch erscheint es in dem höchst ungewöhnlichen, ein Jahr vor Emanuels Hinscheiden komponierten Werk für obligates Cembalo, Flöte und Viola (Wq 93) sogar im ersten Satz. Dies ist ein tiefempfundenes Werk, in dem sich Schönheit der melodischen Sprache und formale Vollendung die Waage halten. Rhapsodische Züge treten in vielen dieser späten Kammermusikwerke auf, und eine der anziehendsten Phantasien (Wq 80; 1787 komponiert) ist für Klavier mit Begleitung einer Violine gedacht. Der Komponist schrieb darüber die bezeichnenden Worte: „Sehr traurig und ganz langsam. C. P. E. Bachs Empfindungen." Werke dieser Art (vgl. auch den eindrucksvollen Mittelsatz in Wq 95) führen uns bis zur Schwelle der Romantik. Anderseits zeigt es sich deutlich, daß Emanuel gegen Ende seines Lebens auch unter dem Einfluß eines Komponisten stand, der früher viel von ihm gelernt hatte. So ist bei-

spielsweise – wie schon Schmid festgestellt hat[1] – der letzte Satz des sogenannten „Quartetts" in D-Dur für Cembalo, Flöte und Viola (Wq 94) Haydns
Werken innerlich verwandt (Beisp. 48).

Beisp. 48

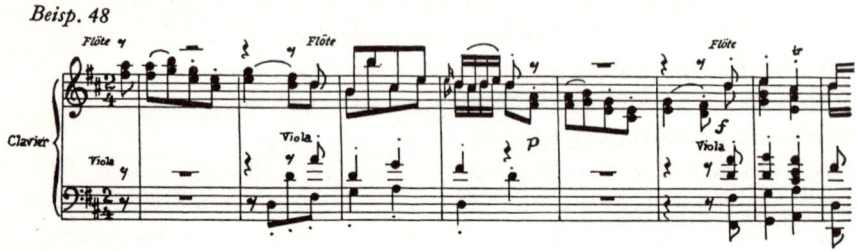

Auch kurze Stücke von geringer technischer Schwierigkeit, die an Kunstfertigkeit und Schönheit den größeren Werken ebenbürtig sind, finden sich
unter Emanuels Kammermusik. Er schrieb diese kostbaren Kleinkunstwerke
für zwei bis sieben Instrumente. Besonders reizend sind die 1770 erschienenen
„Zwölf zwey- und drey-stimmige kleine Stücke" für Flöten (oder Violinen)
und Klavier (Wq 82). Dies sind kurze Charakterstücke, gewöhnlich nicht
mehr als sechzehn Takte lang, in denen Sätze für alle drei Instrumente mit
solchen ohne Cembalo abwechseln. Letztere sind besonders anziehend, aber
auch die Trios, wie das sentimentale Allegro (Nr. 1), das Minuetto im galanten
Stil (Nr. 5) und die unwiderstehliche Polacca (Nr. 8) ziehen durch Anmut
und Einfachheit an. Ebenso bedeutend sind sechs undatierte kleine Sonaten
für Klavier, Klarinette und Fagott (Wq 92), von denen die meisten auch in
Bearbeitungen für sieben Blasinstrumente vorliegen. Hier erzielte Emanuel
durch solistische Verwendung der Instrumente einen durchsichtigen Kammer-
musikstil, wie er ihm auch in seinen größeren Werken kaum besser gelang.

In seinen *Klavierkonzerten*[2] zeigt der Komponist eine ähnliche Einstellung
wie in seiner Kammermusik. In die erste Periode fallen drei Konzerte für

---

[1] Vgl. E. F. Schmids wertvolle Studie „C. P. E. Bach und seine Kammermusik", S. 147, 148, wo auch die erste Seite des Autographs von Wq 80 im Faksi-
mile wiedergegeben ist.

[2] Neuausgaben: Konzert für Klavier und Orchester in d, DDT (Schering)
29/30; Konzert für Klavier und Orchester in D, Berlin: Adler (Landshoff), 1932;
Konzerte für Klavier und Orchester in F und g, BV (Oberdörffer), 1952; Konzerte
für Klavier und Orchester in C, D, D, Es, G, bearbeitet für zwei Klaviere, Leipzig:
Steingräber; Konzerte für zwei Klaviere in F und Es, Leipzig: Steingräber (Schwartz),
1914 bis 1918; Konzert für Oboe und Orchester in B, Bad Godesberg: Forberg
(Lauschmann), 1952; Konzert für Cello oder Flöte oder Cembalo und Orchester
in a, Leipzig: Eulenburg (Altmann), 1938; Konzert für Cello und Orchester in B,
Leipzig: Breitkopf & Härtel (Klengel), 1931.

Cembalo und Streicher, die in Leipzig oder Frankfurt entstanden und in Berlin revidiert wurden (Wq 1 bis 3). Tutti und Soli sind kurz und ergänzen einander statt in konzertmäßiger Weise in Wettstreit miteinander zu treten. In den Orchesterabschnitten wird oft ein kontrapunktisches Gewebe verwendet und die Begleitung zu den Cembalostellen ist kraftvoll. Obwohl der junge Komponist darauf bedacht ist, die Soli mit dem üblichen Glanz auszustatten, verrät seine Klaviertechnik Mangel an Erfahrung. Hinneigung zum galanten Stil ist unverkennbar; doch ahmt der Sohn auch häufig den Stil des Vaters nach.

Die achtunddreißig in Berlin geschriebenen Konzerte (Wq 4 bis 40, 46)[1] stimmen in ihren Grundzügen überein. Sie sind immer in drei Sätzen (schnell – langsam – schnell) und jeder enthält drei bis fünf Tutti. Diese Ritornelle sind von verschiedener Länge; in ihrer ausgedehntesten Form bestehen sie aus einem energischen ersten und einem kontrastierenden zweiten Abschnitt, einer Gruppe von Sequenzen und einer Coda, welche das Material des ersten Abschnittes wieder aufnimmt. Die Soli, die häufig von kurzen Tuttiepisoden unterbrochen werden, sind ebenso lang, manchmal sogar länger, als die Ritornelle. Sie verwenden teilweise aus dem ersten Tutti gewonnenes thematisches Material, teilweise neue Gedanken oder sie begleiten das Orchester mit reichen Figurationen. In Sätzen mit vier Ritornellen hat das erste Solo den Charakter einer Exposition, das zweite erinnert an eine Durchführung und das dritte nimmt reprisenartige Gedanken aus den ersten beiden Solos auf. In Sätzen mit fünf Ritornellen zeigen die beiden mittleren Soli den Charakter einer Durchführung. All diese Merkmale deuten auf den allmählichen Übergang der alten Vivaldischen Konzertform in die neue Sonatenform hin. Obwohl Emanuels Behandlung des Soloinstrumentes sich mehr und mehr dem spezifischen Charakter des Tonwerkzeuges anpaßt, ist sein Stil noch nicht durchwegs klavieristisch. Es ist bemerkenswert, daß einige dieser Konzerte auch in Fassungen vorliegen, die den Klavierpart durch ein Streich- oder Blasinstrument ersetzen. Das a-Moll-Konzert von 1750 (Wq 26) liegt z. B. in drei verschiedenen Fassungen – für Cello, Flöte bzw. Cembalo solo – vor. Mit geringen Veränderungen in der Ornamentik paßt der Komponist den Solopart dem wechselnden Klangmedium des Holzblas-, tiefen Streich- und Tasteninstrumentes an[2].

---

[1] Einige andere haben sich unter Emanuels Namen in alten Handschriften in der Library of Congress, Washington und an anderen Orten erhalten, doch ist ihre Echtheit nicht ganz sicher.

[2] In ähnlicher Weise finden sich die Cembalokonzerte Wq 28, 29 auch als Flöten- und Cellokonzerte. Wq 39, 40 sind auch als Oboenkonzerte bekannt. In Wq 34, 35 ist die Ausführung des Soloparts auf der Orgel dem Belieben des Spielers überlassen. Ungefähr zu der gleichen Zeit (1756) schrieb Joseph Haydn sein C-Dur-Konzert für die Orgel oder Cembalo mit Orchesterbegleitung.

So hat der barocke Brauch, die Soloinstrumente in Konzerten auszutauschen, auch für Sebastians Sohn in jener Zeit noch Gültigkeit.

Unter den zahlreichen bemerkenswerten Werken dieser Gattung verdient das leidenschaftliche d-Moll-Konzert von 1748 (Wq 23), mit den weiten melodischen Sprüngen am Anfang (Beisp. 49) besondere Erwähnung. SCHERING be-

Beisp. 49

merkt mit Recht, daß in dem ersten und dritten Satz des Werkes ein Geist herrscht, der in Beethovens V. und IX. Symphonie zu voller Entfaltung gelangen sollte. Auch der Mittelsatz des c-Moll-Konzertes von 1753 (Wq 31) ist bedeutsam. Er enthält instrumentale Rezitative des Soloinstrumentes, die auf dramatische Weise vom Orchester unterbrochen werden, wobei die dynamische Ausdrucksskala der Begleitgruppe vom pp zu ff reicht, während das Tempo mehrfach zwischen Adagio und Presto wechselt. Dieser höchst romantische Satz wirkt wie eine ausgedehnte Einleitung zu dem sich unmittelbar anschließenden Finale.

Die zwischen 1762 und 1764 entstandenen *Sonatinen* für Klavier und verschiedene Instrumente (Wq 96 bis 110) können als ein Versuch angesehen werden, die enge Begrenztheit des Stils der Berliner musikalischen Schule aufzugeben und sich mit anderen künstlerischen Richtungen auseinanderzusetzen. In diesen Kompositionen, die sich der Schreibweise des österreichischen Hofkomponisten Wagenseil und des jungen Haydn anschließen, versucht Emanuel nicht mehr, wirkliche Konzerte zu schaffen. Dies sind suitenartige Divertimenti, die in allen Sätzen eines Stückes an der gleichen Tonart festhalten und dem Klavier eine führende Stelle einräumen. Im übrigen aber wird von dem Komponisten Mannigfaltigkeit in der Anlage erstrebt. Während Wq 96 nur aus einem Thema mit Variationen und einem ausgedehnten Finale besteht, hat Wq 109 nicht weniger als acht Sätze, unter denen I und IV identisch, III und V sowie VI und VIII eng miteinander verwandt sind. Andere Sonatinen weisen drei Sätze auf, mit einem langsamen am Anfang oder mit raschem Tempo in allen dreien. Sie sind meist für ein oder zwei Cembali, Streicher, zwei Flöten und zwei Hörner gesetzt. Wq 109 für zwei

Cembali verwendet außerdem drei Trompeten, Pauken, zwei Oboen und Fagott. Wie im österreichischen Divertimento herrscht hier eine heitere, sorglose Stimmung vor; Durtonarten werden bevorzugt, ein tanzartiger Charakter ist in vielen Sätzen bemerkbar und bei einem Finale findet sich die Bezeichnung „Alla Polacca".

In den zehn Konzerten für ein Klavier und dem einen für zwei Klaviere, die Emanuel in Hamburg schrieb (Wq 41 bis 45, 47), macht der Komponist von den bisher gesammelten Erfahrungen meisterhaften Gebrauch. Sie gehören zu dem besten, das die norddeutsche Schule auf diesem Gebiet hervorbrachte. Keines von ihnen liegt in einer Fassung für ein anderes Tonwerkzeug vor, und demzufolge ist der Klavierpart dem Instrument wirklich auf den Leib geschrieben. Das begleitende Orchester gleicht in der Regel dem der Sonatinen. Die meisten Sätze haben keinen richtigen Schluß und gehen ineinander über. Die so erzielte Einheitlichkeit findet durch andere formale Züge noch Verstärkung. Im G-Dur-Konzert, das der hervorragenden, 1772 veröffentlichten Sammlung von sechs Konzerten angehört (Wq 43), benützen der erste und der zweite Satz dieselbe Einleitung. In dem herrlichen c-Moll-Konzert derselben Sammlung verwendet der letzte Satz thematisches Material aus dem ersten. Dies ist das einzige viersätzige Konzert Emanuels; der dritte Satz ist – wie in den österreichischen Symphonien – ein Menuett.

Im Grunde bleibt in diesen Werken die alte Konzertform in Kraft, doch werden einschneidende Änderungen vorgenommen, um den Anforderungen der neuen Zeit gerecht zu werden. Die einfache Liedform, das richtige Rondo, das – im Gegensatz zur Vivaldischen Konzertform – das Hauptthema immer in der gleichen Tonart vorführt, die klassische Sonatenform mit ihrem schön proportionierten Bau, haben allen diesen Werken ihren Stempel aufgedrückt. Es ist bezeichnend für Emanuels fortschrittliche Einstellung, daß er im zweiten Satz des F-Dur-Konzertes von 1772 die traditionellen Tutti am Anfang und Ende durch unbegleitete Klaviersoli ersetzt. Ebenso ungewöhnlich ist seine Idee, die Kadenzen für alle Konzerte der Sammlung auszuschreiben, wie es im 19. Jahrhundert häufig getan wurde.

Die Einstellung des alternden Emanuel zum Konzert zeigt sich wohl am besten in dem *Doppelkonzert in Es-Dur* (Wq 47), das in Hamburg – vielleicht erst im Todesjahr des Komponisten – entstand. Es ist für zwei Tasteninstrumente[1] bestimmt, das alte Cembalo und das junge Hammerklavier. Letzteres erfüllte Emanuel mit Mißtrauen. Obwohl sein Vater das Pianoforte bereits mehr als vierzig Jahre früher verwendet hatte, schrieb Emanuel das In-

[1] Friedemanns einziges Konzert für zwei Klaviere steht auch in Es-Dur.

strument ausdrücklich nur für dieses Konzert vor. In der Architektur weisen
die massiven Tutti des Doppelkonzertes deutlich auf die Form der Berliner
Werke zurück; anderseits aber steht die schüchterne Frage, welche die Geigen
zu Beginn des ersten Satzes äußern, in ausgesprochenem Gegensatz zu der
traditionellen Einstellung, daß ein Konzert mit einer kraftvollen Äußerung
beginnen solle. Auch erinnert das sprühende erste Thema des Finales an Haydn
(Beisp. 50).

Beisp. 50

Emanuels letzte Konzerte, in denen alle stilistischen Züge seiner früheren
Werke verschmolzen sind, trugen viel zum Ruhm ihres Schöpfers bei; in
Norddeutschland wurden sie noch lange nach Emanuels Tod aufgeführt und
erst durch Beethovens Kompositionen verdrängt.

Keine *Symphonien*[1] sind uns aus Emanuels erster Periode bekannt. Acht
Werke dieser Art (Wq 173 bis 181) wurden in Berlin geschrieben und liegen,
wie die meisten Kompositionen aus dieser Übergangsperiode, in verschiedenen
Fassungen vor. Die Symphonie in e-Moll von 1756 ist z. B. in einer Bearbeitung für Streicher (Wq 177) erhalten, in einer zweiten Fassung, die zu den
Streichern noch Hörner, Oboen und Flöten hinzufügt (Wq 178) und schließlich in einer Ausgabe für Klavier. Dies mag auf die Beliebtheit des Werkes
zurückzuführen sein, das von einem Kenner wie Hasse als unvergleichliches
Meisterwerk bezeichnet wurde. Sie beginnt mit einem kraftvollen, fast wilden
Satz, dem raketenartig aufschießende Läufe, eindrucksvolle Wechsel zwischen Dur und Moll und plötzliche Pianissimos, die von Fortestellen eingerahmt sind, das Gepräge verleihen. Eine höchst ausdrucksvolle Überleitung
(Beisp. 51) führt zum edlen Mittelsatz, der von einer an Glucks Schilderung
der Gefilde der Seligen gemahnenden Stimmung erfüllt ist. Ihm folgt ein
Finale, das mit seinen zackigen melodischen Linien und der darin zum Ausdruck kommenden wilden Entschlossenheit ein Bild ungebändigter Kraft ent-

---

[1] Neuausgaben: Vier Symphonien, Wq 183 RD (STEGLICH), Bd. 18; drei Symphonien für Streichorchester Wq 182/2, 3, 5 NMA (SCHMID), 1931 bis 1937; zwei Symphonien für Streichorchester („Streichquartette") Wq 182/1, 4, Langensalza: Bayer &
Söhne (RIEMANN) 1897; Symphonie Wq 174 Berlin: Lienau (OBERDÖRFFER) 1935;
Symphonie für Streichorchester Wq 177 MBF (GEIRINGER) S. 141 (Langspielplatte 3).

wirft. Doch stehen nicht alle Berliner Symphonien auf so hohem Niveau; die letzte dieser Periode, Wq 181 in F-Dur von 1762, weist sogar einen mehr konventionellen Charakter auf.

Die in Hamburg entstandenen zehn Symphonien bestehen aus zwei Gruppen: sechs Werken (Wq 182), die 1773 für Gottfried van Swieten, österreichischen Gesandten am Berliner Hof, komponiert wurden und vier (Wq 183), die 1780

Beisp. 51

mit einer Widmung an Friedrich Wilhelm, Kronprinzen von Preußen, erschienen. Demnach stellen diese Werke Verbindungen zu Persönlichkeiten her, die auch bedeutsame künstlerische Beziehungen zu Haydn, Mozart und Beethoven unterhielten. In den sechs Symphonien von 1773 für Streicher und Kontinuo[1] scheint die alte barocke Konzertsymphonie wieder aufzuleben; jedes Instrument wird abwechselnd zur Melodieführung und dann wieder zur Begleitung herangezogen. Ähnlich im Charakter sind die 1780 gedruckten Symphonien für zwei Oboen, zwei Hörner, Streicher, Fagott und Cembalo. Eindrucksvolle Tutti wechseln mit zarten Soli; es fehlt nicht an virtuosen Zügen und zeitgenössische Kritiker betonten denn auch die technischen Schwierigkeiten dieser Werke. Emanuel war anscheinend nicht geneigt, der süddeutschen Neuerung Folge zu leisten, ein Menuett als vierten Satz einzufügen. Alle Werke bestehen aus drei Sätzen, schnell – langsam – schnell, die durch modulierende Passagen miteinander verbunden sind. In der ersten Symphonie führt z. B. eine ausdrucksvolle Überleitung von dem ersten Satz in D-Dur zu dem schönen Es-Dur-Mittelsatz.

Reichardt, der einer Probe der Symphonien von 1773 beiwohnte, schrieb in späteren Jahren darüber[2]: „Man hörte mit Entzücken den originellen kühnen Gang der Ideen und die große Mannigfaltigkeit und Neuheit in den Formen und Ausweichungen. Schwerlich ist je eine musicalische Composition von höherem, keckerem, humoristischerem Charakter einer genialen Seele entströmt." Obwohl Reichardts Berichte in der Regel voll Übertreibungen sind, geben seine Bemerkungen doch eine Vorstellung davon, welche Wirkung diese ge

---

[1] Hugo Riemann, der als erster zwei von ihnen herausgab, hielt sie irrtümlicherweise für Streichquartette.
[2] Allgemeine Musicalische Zeitung, 1814.

fühlsbetonten, vom Geist der „Sturm-und-Drang"-Bewegung erfüllten
Werke auf die Zuhörer ausübten. Die folgende Sammlung zeigt die gleichen
Merkmale, steht jedoch künstlerisch auf noch höherer Stufe. In diesen vier
Symphonien lebt eine selbst bei Emanuel nur selten auftretende dramatische
Kraft. Die mächtige Steigerung am Anfang der D-Dur-Symphonie, die un-
heimliche Trillerkette im ersten Satz des Es-Dur-Werkes, das humorvolle
Finale der F-Dur-Symphonie hinterlassen unauslöschliche Eindrücke. Es ist
mehr als ein Zufall, daß das Finale von Beethovens II. Symphonie dem Anfang der F-Dur-Symphonie – vielleicht des anziehendsten Werkes der Gruppe –
melodisch verwandt ist.

Von einem Komponisten, der seine Instrumentalwerke mit so starkem Ausdrucksgehalt erfüllt, können bedeutende Beiträge auf dem Gebiete der *Vokalkomposition*[1] erwartet werden, und tatsächlich übertrifft Emanuel auf diesem
Gebiet seinen älteren Bruder bei weitem. Er komponierte Lieder, Arien, Chöre,
Kantaten und Oratorien für geistliche und weltliche Anlässe, doch schrieb
er nie eine Oper.

Als Komponist weltlicher *Lieder* oder Oden (wie sie damals bezeichnet
wurden) entwickelte er sich in derselben Weise wie in seiner Instrumentalmusik; bis zum Ende nimmt sein Schaffen an Bedeutung und technischer Vollendung zu. Anders war es jedoch auf dem Gebiete des geistlichen Liedes. Die
Abneigung, die der König gegen Kirchenmusik hegte, brachte es mit sich,
daß Emanuel in Berlin nur wenige geistliche Werke größeren Formats schrieb;
um dieser Seite seines Wesens Ausdruck zu verleihen, wandte er sich der
Komposition religiöser Lieder zu, wobei er Hervorragendes leistete. Die Lage
änderte sich, sobald er nach Hamburg zog, wo die neue Pflichten es ihm nicht
nur erlaubten, sondern ihn dazu zwangen, Chorwerke für die Kirche zu schreiben. Nun bedeuteten die kleineren Vokalformen weniger für ihn und die in
Hamburg entstandenen geistlichen Lieder weisen weder im Stil noch in der
künstlerischen Qualität Fortschritte auf.

Wir wissen wenig über Emanuels Tätigkeit auf dem Gebiete des *weltlichen
Liedes* in Leipzig oder Frankfurt, doch lieferte er in den ersten Berliner Jahren

---

[1] Neuausgaben: Fünfundzwanzig ausgewählte geistliche Gesänge, Leipzig:
Kahnt (DITTBERNER), 1918; Dreißig geistliche Lieder, Leipzig: Peters (ROTH), 1922;
Lieder und Gesänge, München: Musikalische Stundenbücher (VRIESLANDER), 1922;
„Die Trennung" für Singstimme und Klavier MBF (GEIRINGER), S. 140 (Langspielplatte 3). „Phillis und Tirsis", Solokantate, Leipzig: Breitkopf & Härtel (WALTHER),
1928; „Heilig" für Doppelchor und Orchester, St. Louis: Concordia (GEIRINGER),
1955; „Magnificat", New York: Schirmer (DIES), 1950; „Die Israeliten in der
Wüste", Wolfenbüttel: Holler (SCHLETTERER), 1864; „Auferstehung und Himmelfahrt", Wolfenbüttel: Holler (SCHLETTERER), 1865.

Beiträge zu verschiedenen Sammlungen, die, wie Marpurg behauptet, „das Mittel zwischen dem gekräuselten und zu glatten Styl hielten und dem Inhalte der wohlgewählten Poesien angemessen [waren], bey welchen man weder erröthen noch gähnen durfte". Sowohl diese weit verbreiteten Lieder als auch einige neue Werke wurden vom Komponisten 1762 als „Oden mit Melodien" (Wq 199) veröffentlicht. In den Texten erscheinen häufig die in jener Zeit so beliebten Schäfer und Schäferinnen; in formaler Hinsicht herrscht hier die damals übliche strophische Form. Der Klavierpart ist ausgeschrieben und die rechte Hand geht mit der Singstimme. Als einer der ersten fügte Emanuel den Liedern kurze, rein instrumentale Ritornelle ein, welche den Gesangsteilen vorangehen oder sie unterbrechen. Eines der schönsten der frühen Lieder ist das 1741 veröffentlichte „Eilt ihr Schäfer" auf einen Text Mariane von Zieglers. So verwendet Emanuel das Gedicht einer Autorin, deren Kantatentexte bereits sein Vater in Musik gesetzt hatte, und es ist erwähnenswert, daß das gleiche Schäferlied vierzig Jahre später von Joseph Haydn vertont wurde. Emanuels Komposition in einfacher zweiteiliger Liedform ist ganz reizend und von klassischer Einfachheit. Gleich wertvoll sind „Der Morgen", ein lustiges, anspruchsloses Jagdlied und der ergreifende Klagegesang „Die verliebte Verzweiflung", der Emanuels Lieblingstonart c-Moll verwendet. Manche andere Lieder der Sammlung von 1762 sind dagegen konventionell im Ausdruck und ohne tiefere Empfindung. Der Komponist verpflanzt oft seinen Klavierstil etwas mechanisch auf die Liedform und schafft Oden von mehr instrumentalem als vokalem Charakter.

In Berlin wurde auch eine Anzahl kantatenartiger Gesänge geschrieben, wie das fröhliche Trinklied „Brüder, unser Bruder lebe" (Wq 201) auf einen Text von Emanuels Freund Gleim, in welchem die Strophen abwechselnd von einer Gruppe lustiger Gäste und ihrem freigebigen Wirt angestimmt werden. Im gleichen Jahre 1766 veröffentlichte der Komponist „Phillis und Tirsis" (Wq 232) für zwei Soprane, zwei Flöten und Kontinuo, eines der zartesten, innigsten Kunstwerke des musikalischen Rokoko. In die Hamburger Zeit fällt „Selma" (Wq 236), eine leidenschaftliche Soprankantate, die 1770 mit Flöten- und Streicherbegleitung veröffentlicht wurde, 1776 aber im Voßschen „Musen-Almanach" in einer Ausgabe für Sopran und Kontinuo erschien. Der gleiche Almanach enthält für das Jahr 1782 das reizende Lied „Ich ging unter Erlen" (Wq 202/L), ein Kleinod natürlicher Anmut. Ganz anders im Charakter ist der großartige Gesang „Trennung" („Da schlägt des Abschieds Stunde" Wq 202/0), in dem vollklingende Oktaven der linken Hand Glockengeläute nachzuahmen scheinen (Beisp. 52). Das Lied nimmt einen unheimlichen Charakter an, wenn verminderte und übermäßige Intervalle in der linken Hand die hoffnungslose Traurigkeit dieser Abschiedsszene versinnbildlichen[1]. Die letzte Sammlung von Emanuels Oden (Wq 200), die 1789, ein Jahr nach dem Tode des Meisters, erschien, zeigt eine Steigerung des Gefühlsausdruckes wie auch der Kunstfertigkeit. Besonders die ernsten Lieder erscheinen wie Vorboten Beethovenscher Kunst. Im „Nonnelied" vermeidet der Komponist z. B. die traditionelle strophische Form; die Musik ist fein abgestuft, um den Eindruck wachsender Verzweiflung hervorzurufen.

Beisp. 52

Auf dem Gebiete des *geistlichen Liedes* ist Emanuels Schaffen untrennbar mit dem Werk Christian Fürchtegott Gellerts (1715 bis 1769) verbunden, dessen Einfluß auf das Lied des 18. Jahrhunderts mit dem Heinrich Heines auf das des 19. Jahrhunderts verglichen werden kann. Gellerts „Geistliche Oden und Lieder" von 1757 zählen zu den bedeutendsten Gedichten, die im Zeitalter des Rationalismus für die protestantische Kirche geschrieben wurden. Der Dichter führte mehrere Choralmelodien an, zu denen seine Gedichte gesungen werden konnten; nichtsdestoweniger wetteiferten verschiedene Generationen von Komponisten, sie zu vertonen. Ein halbes Jahrhundert nach ihrer Entstehung begeisterte der Adel ihrer Empfindung noch Meister wie Haydn und Beethoven. 1758 erschienen fünfundfünfzig Gellertsche Gesänge in Emanuels Vertonung (Wq 194) und hatten solchen Erfolg, daß zu Lebzeiten des Komponisten fünf Auflagen gedruckt werden mußten. Gellert, der betonte, daß „das beste Lied ohne die ihm eigene Melodie ein liebendes Herz [sei], dem seine Gattin mangelt", war von der Musik aufs tiefste beeindruckt. Im Vorwort zu seiner Ausgabe erklärte Emanuel: „Bey Verfertigung der Melodien habe ich so viel als möglich auf das ganze Lied gesehen. Ich sage, so viel als möglich, weil keinem Tonverständigen unwissend sein kann, daß man von einer Melodie, wonach mehr als eine Strophe gesungen wird, nicht zu

---

[1] Gustav Mahler mag Emanuels Ode, die 1900 durch Max Friedländer zum erstenmal veröffentlicht wurde, gekannt haben; sowohl in dem erschütternden Ausdruck wie in der harmonischen Sprache besteht eine gewisse Ähnlichkeit zwischen dem letzten Satz seines „Lied von der Erde" und Emanuels „Trennung".

viel fordern müsse." Obwohl er sich dieser Schwierigkeiten bewußt war, gebrauchte Emanuel nicht den (später in seinen weltlichen Liedern verwendeten) Ausweg, die Musik dem wechselnden Text entsprechend zu ändern, da dies die Verwendung seiner Oden im kirchlichen Gottesdienst unmöglich gemacht hätte. Es ist wohl wahr, daß „Du klagst" zwei Melodien hat, eine traurige in c-Moll für die ersten fünf, und eine heiter gelassene in C-Dur für die übrigen neun Strophen. Dies ist jedoch eine Ausnahme und in manchen anderen Gesängen wurden Widersprüche zwischen Musik und Text nicht vermieden. Manchmal überwiegt auch das deklamatorische Element, wodurch die melodische Schönheit beeinträchtigt wird. Gelegentlich betont Emanuel auch das instrumentale Gepräge der Lieder und schreibt klavieristische Ornamente vor, die wohl von den Sängern nicht beachtet wurden.

Die kleinen Mängel, die Emanuel mit den meisten Liederkomponisten seiner Zeit teilt, werden jedoch durch die außerordentlichen Vorzüge der Lieder bei weitem überwogen. In technischer Hinsicht, vor allem in der kühnen Harmonik und meisterlichen Kontrapunktik sind die Werke hervorragend. Die Intensität der Tonsprache zeigt sich in den ungewöhnlichen Vortragsbezeichnungen für manche Lieder wie etwa „erhaben und nachdrücklich", „prächtig", „großmütig", „gelassen". Zu den schönsten Gesängen der Sammlung zählen „Demuth", „Wider den Übermuth", „Der Kampf der Tugend" und das prachtvolle „Bitten", das Beethoven veranlaßt haben mag, diesen Text ebenfalls zu vertonen (op. 48/1).

1764 erschien ein Nachtrag zu Gellerts Liedern (Wq 195), der unter anderem den schönen achtundachtzigsten Psalm enthält, welcher in seiner kraftvollen harmonischen Sprache an Sebastians Choräle gemahnt. Der Erfolg dieses Werkes scheint Emanuel veranlaßt zu haben, 1774 Musik zu zweiundvierzig von Carl Friedrich Cramers sentimentalen deutschen Psalmübersetzungen zu veröffentlichen (Wq 196). Auch diese Stücke ähneln Choralkompositionen; im ganzen aber erreichen sie nicht die Kraft und Unmittelbarkeit des Ausdrucks der vorangehenden Sammlung.

Zwei Gruppen „Geistlicher Gesänge" von Sturm, die 1780 bis 1781 veröffentlicht wurden (Wq 197, 198), scheinen – besonders in den ernsteren Kompositionen – die markige Persönlichkeit des Textdichters, der Emanuels persönlicher Freund war (s. S. 212), zu spiegeln. „Der Tag des Weltgerichts" mit den drohenden punktierten Rhythmen in der linken Hand und das ergreifende „Über die Finsterniß kurz vor dem Tode Jesu", die beide mit Flehen um Erbarmen schließen, zählen zu Emanuels eindrucksvollsten Vertonungen. Leider ist die hier sich äußernde Frische der Eingebung in manchen anderen Liedern der Sammlung nicht anzutreffen.

Die Mehrzahl von Emanuels *größeren Vokalwerken* entstand in Hamburg im Zusammenhang mit seiner Berufstätigkeit. Vom Kirchenmusikdirektor einer der größten norddeutschen Städte erwartete man eine ständige Produktion von „Singstücken für die Kirche" (wie Emanuel sie in seiner Autobiographie bezeichnet). Hier kam es mehr auf Quantität als auf Qualität an. Emanuel fabrizierte nicht weniger als zwanzig Passionen und verschiedene Kantaten für Weihnachten, Ostern, Pfingsten, Michaelistag und bestimmte Sonntage. Außerdem schrieb er Geburtstags- und Hochzeitskantaten, Werke für die Amtseinsetzung eines neuen Pastors, das Begräbnis eines Bürgermeisters usw. Wenige dieser Kompositionen sind von Bedeutung. Dies ist Routinearbeit, die sich stereotyper Formen bedient, wie glatter Opernrezitative, Arien von farbloser Melodik, lieblos harmonisierter Chöre, in denen polyphone Episoden nur selten auftreten. Oft entlehnte Emanuel aus Werken anderer Komponisten, bearbeitete und transponierte sie, änderte die Texte, fügte ein wenig aus der eigenen Werkstatt hinzu und gewann auf diese Weise mit einem Minimum von Kraftaufwand eine „neue" Komposition. In seinem einchörigen „Heilig" in C-Dur (Wq 218) folgt z. B. einer kurzen, feierlichen Einleitung eine Fuge, die dem „Sicut locutus est" aus Sebastian Bachs „Magnificat" entnommen ist[1]. Seine Kantate von 1774 auf den sechzehnten oder vierundzwanzigsten Sonntag nach Trinitatis[2] verwendet als ersten und letzten Chor die Motette „Der Gerechte" von Johann Christoph Bach (vgl. S. 57), wobei die fünf Singstimmen und der Text unverändert bleiben, jedoch Orchesterinstrumente hinzugefügt sind. Der Rest der Kantate besteht aus Rezitativen und Arien Emanuels; anscheinend störte ihn der sich so ergebende stilistische Abstand zwischen verschiedenen Abschnitten des Werkes nicht. In seiner Matthäuspassion entlehnte Emanuel nicht weniger als drei Choräle und zehn Chöre aus dem gleichnamigen Werk seines Vaters und außerdem je einen Choral aus Sebastians Johannespassion, dem Weihnachtsoratorium und den Kantaten Nr. 39 und 153. Auch Kompositionen Telemanns wurden von ihm in seinen Passionen, besonders der Johannespassion verwendet. Tatsächlich ist keine der zwanzig Passionen Emanuels eine völlig neue Komposition. Vielleicht am anziehendsten sind in diesen Mischwerken die Bearbeitungen für Chor und Orchester, welche Emanuel von seinen eigenen geistlichen Liedern anfertigte.

Man fragt sich, warum Emanuel, statt Werke anderer Meister zu plündern, seiner Gemeinde nicht lieber das große Erlebnis zuteil werden ließ, Sebastians

---

[1] Vgl. KARL GEIRINGER „Artistic Interrelations of the Bachs", Musical Quarterly, Juli 1950.

[2] Autograph in Staatsbibliothek, Preußischer Kulturbesitz, Berlin. Das Werk ist im Wq-Katalog nicht erwähnt.

Passionen in ihrer Gänze zu hören. Der Grund für seine uns als pietätlos er-
scheinende Einstellung mag der Novitätenhunger der Hamburger gewesen
sein. Sie wollten nicht ein fünfzig Jahre altes Werk hören: eine Bearbeitung,
wie sie Emanuel durchführte, konnte dagegen als eine neue Schöpfung gelten[1].

In seiner Selbstbiographie bemerkte Emanuel, daß er sein ganzes Leben
lang viel auf Bestellung schreiben mußte, während er nicht allzu häufig in
der Lage war, nach seinem eigenen Geschmack zu komponieren. Wenn dies
auch etwas übertrieben klingt, so muß man doch, um den Komponisten richtig
würdigen zu können, jene minderwertigen Vokalwerke ausschalten, die nur
dem dringenden Gebot der Stunde ihr Dasein verdankten.

Eine kleine Gruppe geistlicher Werke wurde jedoch nicht für die Hamburger
Kirchen geschrieben, sondern für den großen Kreis von Emanuels Verehrern
im ganzen Land. Diese geben einen guten Begriff davon, welch hohes Niveau
der Komponist in seiner Chormusik zu erreichen vermochte. Das früheste
Werk dieser Art ist das *Magnificat* (Wq 215) für Solostimmen, vierstimmigen
Chor, Flöten, Oboen, Hörner, Trompeten, Pauken und Streicher, welches
1749 in Berlin entstand. Winterfeld, der feine Kenner protestantischer Kirchenmusik, bezeichnete es mit Recht als eine Anthologie verschiedener Stile. Tatsächlich finden sich in dem Werk französische Rhythmen und italienische Melodien, nach dem Vorbild Hasses. Wichtiger ist noch der Einfluß des Vaters
auf den Sohn. Die Melodien zu „Deposuit potentes" und „Fecit potentiam"
sind fast als Zitate aus Sebastians Magnificat anzusprechen und die feurige,
glänzende Fuge „Sicut erat in principio" scheint Eindrücke aus der Lehrzeit
des Komponisten zu spiegeln. Im letzten Abschnitt des Werkes verwendet
Emanuel ein uraltes Thema, das auch im Kyrie von Mozarts Requiem anklingt
(Beisp. 53). Anderseits sprechen die homophonen Chöre Nr. 1 und 4 und die

Beisp. 53

ausdrucksvollen Solonummern eine mehr persönliche Sprache. Im ganzen ist
der Komponist offensichtlich bestrebt solides handwerkliches Können an den

---

[1] Vgl. Emanuels Briefe an G. M. Telemann. Allgemeine Musikalische Zeitung,
1869.

Tag zu legen. Anscheinend war dies auf seine Absicht zurückzuführen, sich später um das Thomaskantorat zu bewerben und das Werk hiebei vorzulegen.

Die *Passionskantate* (Wq 233) von 1769 bis 1770 beruht, laut einer Bemerkung im Nachlaßkatalog, auf einer früheren Passion, aus der der Part des Evangelisten entfernt worden war. Das Werk enthält kaum irgendwelche Choräle und weist den damals beliebten sentimental-lyrischen Charakter auf. Die Trauermusik nach dem Tode Jesu ist für Flöten und gedämpfte Streicher gesetzt, um die Seelen der Hörer mit Schmerz und Leid zu erfüllen. Die berühmteste Nummer der Kantate war die h-Moll-Tenorarie Peters „Wende Dich zu meinem Schmerze, Gott der Huld" die – nach dem Bericht Burneys, der einer Aufführung beiwohnte – alle Hörer zu Tränen rührte. In dieser Partitur lebt die Empfindsamkeit von Emanuels Berliner Kollegen Karl Heinrich Graun, dessen „Tod Jesu" (1755) zu den erfolgreichsten Werken der Zeit zählte. Auch opernhafte Züge finden ihren Platz in dem Werk, wie die rondoartige Architektur am Ende des Stückes zeigen kann. Dennoch ist auch Sebastians Geist in dem Werk zu verspüren. In dem Chor „Lasset uns aufsehen auf Jesus" führen die Singstimmen unisono in langen Noten eine choralartige Melodie vor, begleitet von den langsam-feierlichen Klängen des Orchesters und so schafft Emanuel ein überwältigendes Bild göttlicher Majestät und ihrer Spiegelung in der Menschenseele. Gleich kraftvoll und von barockem Geist erfüllt ist die abschließende Doppelfuge.

Die zweiteilige Kantate „*Die Israeliten in der Wüste*" (Wq 238) entstand ebenfalls im Jahre 1769, wurde jedoch erst 1775 veröffentlicht. Das Werk ist völlig homophon angelegt und ganz undramatisch. Doch auch hier finden sich bedeutsame Einzelstellen, wie das Gebet Moses' in der Form eines erregten Akkompagnato-Rezitativs, das häufig durch die wilden Ausrufe des Chors unterbrochen wird. Ein anderer Höhepunkt der Partitur wird erreicht, da Moses dreimal an den Felsen schlägt und Wasser hervorspritzt. Hier erzeugen die murmelnden Läufe der Geigen, die den freudigen Gesang des Volkes begleiten, ein höchst farbiges Bild.

So oft diese Kantate in späteren Jahren aufgeführt wurde, erklang zum Abschluß das 1779 veröffentlichte zweichörige „*Heilig*" (Wq 217). Mit der Komposition eines deutschen Sanctus folgte Emanuel alten protestantischen Traditionen, wie dies auch sein Vorgänger Telemann und sein Bruder Friedemann getan hatten. Der Anfang ist nicht gerade vielversprechend, denn das Werk beginnt mit einer etwas spielerischen „Ariette" für Sopransolo, welche sogar aufrichtige Bewunderer des Werkes als fehl am Platz empfanden. Rochlitz ließ sie in seiner Ausgabe des „Heilig" ganz aus, während Zelter sie für einen eigenen dritten Chor bearbeitete. Vom Beginn des Hauptteiles an strahlt das

Werk jedoch dramatische Energie und Feuer aus. Die Musik wird von einem „Chor der Engel" und einem „Chor der Völker" angestimmt, die Emanuel mit kontrastierenden Instrumentengruppen ausstattete und wohl in verschiedenen Teilen der Kirche aufstellte. Am Anfang werden nur Streicher zur Begleitung des Engelchors verwendet, ein volles Orchester aber mit Oboen, Trompeten und Pauken für den Chor der Völker. Dreimal verkündet jede der beiden Gruppen die Worte „Heilig ist der Herr Zebaoth". In dem von Händelscher Größe erfüllten Schlußsatz wird die Hymne „Herr Gott, dich loben wir" als machtvoller Cantus firmus von dem in Unisono geführten Chor zu einer polyphonen Orchesterbegleitung angestimmt. Kühne Modulationen und wirkungsvolle Nebeneinanderstellung scharf kontrastierender Tonarten – um die himmlische von der irdischen Gruppe abzuheben (Beisp. 54) – verleihen die-

Beisp. 54

ser Musik eine Ausdruckskraft, die noch lange nach Emanuels Tod Bewunderung erregte. Seltenere Tonarten wie Cis-Dur, H-Dur und Fis-Dur werden gewöhnlich für die göttlichen Scharen verwendet, das einfachere D-Dur, G-Dur und C-Dur für die Menschen. Es besteht hier eine deutliche Neigung zu chromatischer Aufwärtsbewegung; höher und höher steigen die Harmonien, bis die ganze Oktave durchlaufen ist. Mit dem „Heilig" schuf Emanuel ein Werk, das unberührt war von dem damaligen Verfall protestantischer Musik und seinen schönsten Klavierwerken ebenbürtig ist. Der Komponist selbst bemerkte darüber am 16. September 1778 an seinen Verleger Immanuel Breitkopf: „Dieses ‚Heilig' ist ein Versuch durch ganz natürliche und gewöhnliche harmonische Fortschreitungen eine weit stärkere Aufmerksamkeit und Empfindung zu erregen, als man mit aller ängstlichen Chromatik nicht im Stand ist zu thun. Es soll mein Schwanen Lied von dieser Art seyn und dazu dienen, daß man meiner nach meinem Tode nicht zu bald vergessen möge."

„*Auferstehung und Himmelfahrt Jesu*" (Wq 240), 1778 veröffentlicht, ist die Vertonung eines Textes von Karl Wilhelm Ramler der auch von Telemann und Zelter in Musik gesetzt wurde. Das Libretto führt keine biblischen Persönlichkeiten ein und beschränkt sich auf lyrische Betrachtungen. Emanuels Musik aber verleiht der sentimentalen Dichtung Kraft und Feuer. Die unheimliche Orchestereinleitung der im Unisono geführten Violen und Bässe, die pianissimo endet, scheint den Tod von Gottes Sohn zu beklagen. Der erste Chor bereitet in schüchterner Weise auf das Wunder der Auferstehung vor. Ihm folgt ein großartiges Rezitativ „Judäa zittert", in welchem ein Erdbeben und eine Überschwemmung die Reaktion der Natur auf das Wunder der Auferstehung schildern. Lediglich mit Streicher- und Paukenbegleitung erzielt der Komponist hier „eines der machtvollsten Rezitative, die in der zweiten Hälfte des 18. Jahrhunderts in Deutschland entstanden" (SCHERING). Unter den Arien wurde das große Baßsolo mit Trompeten und Hörnern „Ihr Tore Gottes, öffnet euch" besonders bewundert. Zelter ließ diese Arie in seiner Vertonung des Ramlerschen Textes aus, und erklärte „Bach habe sie so kolossalisch groß und göttlich komponiert, daß vielleicht jeder Komponist nach ihm daran zuschanden würde". Von ähnlicher Bedeutsamkeit sind auch die großen Chöre des Werkes, insbesonders das monumentale Finale zu den Worten „Gott fähret auf mit Jauchzen", mit dem fast an Beethoven gemahnenden Unisono der Stimmen bei den Worten „Der Herr ist König" (Beisp. 55) und der freien Schlußfuge. Die großen Ausmaße dieses Chores,

Beisp. 55

der fast ein Drittel der gedruckten Partitur füllt, schaffen ein Gegengewicht zu der in Ramlers Dichtung überwiegenden Zahl der Solonummern. Zwischen den Werken Händels und Haydns finden sich in Deutschland nur wenige Oratorien von gleicher Bedeutung, und man versteht, warum Mozart sich veranlaßt sah, das Werk ein Jahr nach seiner Veröffentlichung in Wien zu dirigieren.

Im Gegensatz zu seinem älteren Bruder war Emanuel an den Strömungen seiner Zeit aufs lebhafteste interessiert. Die musikalische Sprache der Empfindsamkeit war von größter Wichtigkeit für ihn, doch als richtiger Sohn Sebastians lehnte er ihre oberflächliche Rührseligkeit ab und gab ihr Tiefe und Kraft. So zeigen seine Werke echte Leidenschaft statt der modischen schwächlichen Sentimentalität und in ihrer gefühlsmäßigen Ausdrucksstärke kommen sie dem Größten nahe, das der „Sturm und Drang" auf dem Gebiete der Literatur hervorbrachte. Haydn, Mozart und Beethoven waren aufs tiefste beeindruckt von Emanuel Bachs Kompositionen, die fortschrittlich und wieder auch konservativ, beseelt und doch kraftvoll sind.

DRITTES KAPITEL

DER BÜCKEBURGER BACH

JOHANN CHRISTOPH FRIEDRICH BACH

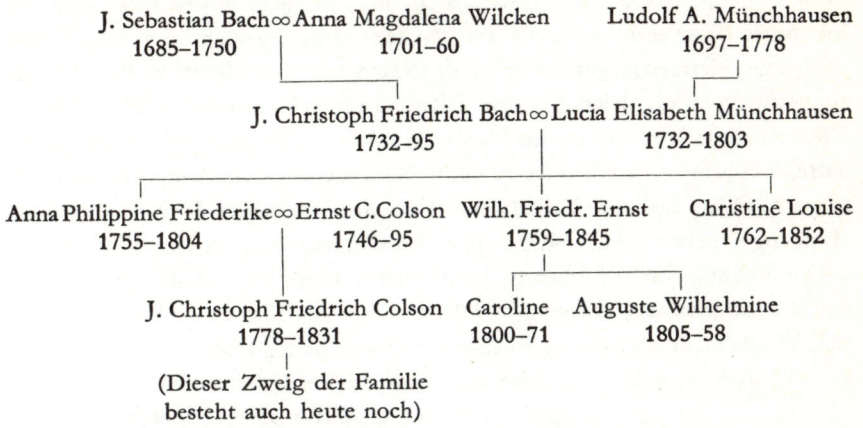

JOHANN Christoph Friedrich Bach wurde am 21. Juni 1732 geboren. Er war der älteste Sohn aus Sebastians zweiter Ehe, der sich als Musiker bewährte und stammte, gleich seinen Halbgeschwistern, nicht nur väterlicherseits von Musikern ab. Seine Mutter, Anna Magdalena Wilcken, war Sängerin; ihre Großväter hatten Stellungen als Stadtmusiker und Organist innegehabt, während ihr Vater als Hoftrompeter wirkte.

Friedrich erhielt seine musikalische Ausbildung vom Vater und sollte gleich seinen älteren Brüdern an der Leipziger Universität Jus studieren, bevor er eine Stellung als Musiker annahm. Bald aber nach seiner Matrikulierung ergab sich für ihn eine Möglichkeit, am Hofe des Grafen von Schaumburg-Lippe im westfälischen Bückeburg eine Anstellung zu erlangen. Da Sebastian damals fast blind war und seinem Beruf kaum nachgehen konnte, erschien das lippesche Angebot zu günstig, um übergangen zu werden und Friedrich verließ demnach kurz vor seinem achtzehnten Geburtstag sein Vaterhaus.

Wieso es zu der Berufung kam, wissen wir nicht. Es mag sein, daß Sebastian Beziehungen zum Bückeburger Hof unterhielt, denn Graf Albrecht Wolfgang zu Schaumburg-Lippe war mit der Witwe nach Prinz Leopold von Anhalt-Köthen verheiratet[1], für deren Geburtstag Bach seinerzeit eine Kantate („Steigt freudig in die Luft", BWV 36a) komponiert hatte. Es erscheint jedoch wahrscheinlicher, daß es Emanuel war, der dem Halbbruder zu seiner Stellung verhalf. Als Graf Wolfgang zu Schaumburg-Lippe 1748 starb, folgte ihm sein Sohn, Graf Wilhelm, in der Regierung. Dieser begab sich alsbald nach Berlin, um König Friedrich zu besuchen, mit dem er sowohl brennendes Interesse für militärische Probleme wie große Liebe für Musik teilte. Daß er während des Berliner Aufenthaltes den Cembalisten des Königs kennenlernte, geht aus Emanuels Widmung von zwei Triosonaten an den Grafen hervor (s. S. 229). Der junge Herrscher war bestrebt, an seinem Hof den Musen zu ihrem Recht zu verhelfen und gleich Friedrich dem Großen Kammermusik zu pflegen. Vielleicht sprach er von seinen Plänen zu Emanuel, der somit eine Möglichkeit hatte, den jungen Halbbruder zu empfehlen. Sicher ist, daß zur Zeit als Sebastians Nachlaß unter die Erben aufgeteilt wurde, Friedrich Bach in den Akten als hochgräflicher Schaumburg-Lippischer Cammer-Musicus angeführt wird.

Die Stellung war für einen jungen Musiker ausgezeichnet. Friedrich erhielt jährlich zweihundert Thaler, zwei Drittel dessen was der achtzehn Jahre ältere und bereits recht angesehene Emanuel am preußischen Hof empfing. Natürlich bot Bückeburg, eine Stadt von sechstausend Einwohnern, nicht die künstlerische und geistige Anregung, die man in Berlin genoß, doch war der Ort schön gelegen und Friedrich mag sich an den ungeheuren Eichen- und Buchenwäldern in der Nähe Bückeburgs erfreut haben, die Herder als die „schönste, deutscheste, kühnste, romantischste Gegend der Welt" erschienen. Auch war die Tätigkeit im Dienste einer Persönlichkeit, die Goethe als „außerordentlich" bezeichnete, gewiß anregend. Wieder ist es Herders Beschreibung, die wir heranziehen müssen, um uns von Graf Wilhelms Erscheinung eine Vorstellung zu machen: „Ein schönes Oval des Kopfes, helle, angenehm funkelnde Augen, eine feine geistige Nase, ein männliches Kinn, eine treffliche, freie gewölbte Brust geboten jedem ... Hochachtung sowie schwächeren Gemüthern eine Art von Staunen und Ehrfurcht." Der Graf hatte sich als zweiter Sohn zunächst nicht auf seine Regierungszeit vorbereitet, sondern seinen ganzen Ehrgeiz auf die Erlangung militärischer Tüchtigkeit konzentriert. Da er aber infolge des Todes seines älteren Bruders die Regierung übernahm, setzte er es sich zum Ziel, das kleine Reich in bezug auf militärische Leistungsfähigkeit, Wohlstand und Kultur vorbildlich zu gestalten. Er führte die allgemeine Wehrpflicht ein, begründete ein neuartiges System der Versicherung für die

---

[1] Siehe K. A. Varnhagen von Ense „Biographische Denkmale" I. Berlin 1824.

Untertanen, machte wüste Landstrecken urbar, schuf in den großen Wäldern
Wohnstätten für die Veteranen der Armee, nahm sich der Waisen und Armen
an und – was am erstaunlichsten ist – führte diese großzügigen Pläne ohne
übermäßige Besteuerung der Bevölkerung durch.

Auf musikalischem Gebiet war Graf Wilhelm, der oft sein Orchester selbst
leitete, ein großer Verehrer der italienischen Meister. Er nahm zugleich mit
dem jungen Bach zwei Italiener in seine Kapelle auf: Angelo Colonna als
Konzertmeister und Giovanni Battista Serini als Komponisten. Sebastians
Sohn war zunächst nur Mitglied der Kapelle und mußte sich mit italienischer
Musik gründlich vertraut machen. Daß er hiebei die Zufriedenheit seines Ge-
bieters fand, geht aus der Tatsache hervor, daß der Graf ihn 1755 mit einem
schönen großen Garten außerhalb der Stadtmauer beschenkte. Möglicherweise
war dies als Hochzeitsgabe gedacht, denn im gleichen Jahre heiratete Friedrich
Lucia Elisabeth Münchhausen, Tochter eines Mitglieds der gräflichen Kapelle.
Die mit Friedrich gleichaltrige Lucia war Sängerin von Beruf; sie studierte bei
Serini und erhielt am Bückeburger Hof ein Jahresgehalt von hundert Thalern.
In der Wahl einer Sängerin, deren Vorfahren durch drei Generationen als
Hofmusiker oder Organisten gewirkt hatten, folgte Friedrich getreulich dem
Vorbild des Vaters; auch daß er als einziger unter Sebastians Söhnen bereits
im Alter von dreiundzwanzig Jahren eine Heirat einging, zeigt ihn der alt-
bachischen Tradition verknüpft. Lucia Elisabeth Bach war jedoch, im Gegensatz zu Anna Magdalena Bach, nicht gezwungen, ihre künstlerische Tätigkeit
bald nach ihrer Eheschließung aufzugeben, sondern übte ihren Beruf bis zu
ihrem Tod im Alter von einundsiebzig Jahren aus.

Ein Jahr nach der Hochzeit kam es zu einer Veränderung in Friedrich
Bachs Stellung. Der große Krieg brach aus, der sieben Jahre anhalten sollte.
Die beiden italienischen Musiker verließen Bückeburg; es wurde kein Ersatz
für sie geschaffen und ihre Obliegenheiten fielen mit Selbstverständlichkeit
Friedrich Bach zu. Zunächst bedeutete dies nicht viel, denn der Graf hatte
nur an militärischen Unternehmungen Interesse. Er schloß eine Allianz gegen
Frankreich mit Hannover und England – letzterem war er eng verbunden, da
er in England geboren und erzogen worden war – und gewann in den folgenden Jahren Erfolge, die ihm schließlich den Rang eines britischen Feld-
marschalls brachten. Ganz vergaß er aber seine heimischen Musiker nicht, und
als 1759 Friedrichs erster Sohn geboren wurde, fungierte der Graf als Taufpate und bestätigte Friedrichs Ernennung zum Konzertmeister mit einem Gehalt von vierhundert Thalern, was eine Verdopplung des Anfangsgehalts darstellte. Dies war für den Bachschen Haushalt eine hochwillkommene Nachricht,
denn die Folgen des Krieges hatten sich in den Lebensbedingungen sehr fühl-

bar gemacht, besonders da Bückeburg als Verbündeter Englands mehrfach von französischen Truppen besetzt wurde. Schließlich kam es zum Friedensschluß und im November 1763 kehrte der Graf heim, nachdem er als Kommandant der portugiesischen Armee, die er völlig neu organisierte, außerordentliche Erfolge erzielt hatte. Nun nahm er größten Anteil an der Musikpflege seines Hofs und dank seiner Ermutigung gelang es Friedrich Bach, in dem kleinen Bückeburg ein künstlerisches Niveau aufrechtzuerhalten, das mit dem weit bedeutenderer Höfe den Vergleich aufnehmen konnte. Aufführungen fanden zweimal wöchentlich statt; außerdem wurden besondere Ereignisse durch Oratorien, Symphonien usw. gefeiert, und Bückeburg konnte sich rühmen, wichtige neue Werke sogleich nach ihrem Erscheinen zu erwerben. Die Vorherrschaft der italienischen Musik nahm allmählich ab und Werke von Gluck, Haydn und Mitgliedern der Mannheimer Schule erklangen zuweilen unter Bachs Leitung.

Das geistige Leben am Hof wurde durch die Ankunft eines begabten jungen Philosophen, Thomas Abbt, im Jahre 1765 bereichert. Der Graf liebte es, sich mit Abbt, der als Konsistorialrat wirkte, zu unterhalten und dieser berichtete an Moses Mendelssohn, daß es jedermann mit Bewunderung erfüllen müsse, wie der Herrscher ganze Stellen aus Shakespeare ausdrucksvoll rezitierte oder in einer Sternennacht über die wichtigsten Probleme der Menschheit tiefsinnig philosophierte. Friedrich Bach mag wohl auch mit Abbt in Berührung gekommen sein, der als früherer Privatdozent in Halle Friedemann Bach gekannt haben dürfte. Sicherlich war der Konzertmeister gleich dem Grafen aufs tiefste erschüttert, als Abbt 1766 plötzlich vom Tod dahingerafft wurde.

Die nun vorherrschende gedrückte Stimmung am Hof ließ Friedrich erkennen, wie hier doch alles von der Einstellung eines einzigen Menschen abhing. Das Leben in einer Großstadt erschien dagegen in verlockendem Licht, und als er von Telemanns Tod in Hamburg vernahm, bewarb er sich um diese wichtige Stellung, wobei er sich wohl nicht im klaren war, daß sein Halbbruder Emanuel ähnliche Schritte unternommen hatte. Emanuel, der ja weit höheres Ansehen genoß, wurde gewählt und es zeugt für Friedrichs Wesensart, daß er dies dem Halbbruder nicht nachtrug. Die Beziehungen zwischen den beiden waren herzlich und manche Werke Emanuels fanden ihren Weg in die Bückeburger Bibliothek während zuweilen Kompositionen Friedrichs, wie die Kantate „Ino", zuerst in Hamburg erklangen. Die Bewerbung um den Posten in der Hansestadt brachte Friedrich einen kleinen Vorteil, da der Graf ihm eine Gehaltserhöhung von sechzehn Thalern bewilligte. So erhielt er nun vierhundertsechzehn Thaler jährlich und sechzig Thaler Tafelgeld (als Ersatz für die Mahlzeiten, die ihm bei Hofe zustanden) sowie ein Quantum Brennholz;

hiezu kamen die von seiner Gattin verdienten hundert Thaler. Obwohl dies für ein Ehepaar, das im Laufe der Jahre neun Kinder aufzog, keineswegs reichlich war, konnte man in einer Provinzstadt damit das Auslangen finden. Aus einem uns unbekannten Grund wurde 1771 die dem Komponisten zustehende Brennholzlieferung herabgesetzt, worauf Friedrich dem Grafen schrieb, daß er nun nur einen Ofen heizen könne und daher gezwungen sei, in dem Zimmer, wo sich seine ganze Familie aufhielt, zu komponieren. Der Graf gewährte ihm daraufhin das frühere Quantum; dies aber, zusammen mit dem 1768 festgelegten Gehalt, war die höchste Honorierung, die Friedrich in Bückeburg erhielt. Doch gab es in anderer Hinsicht Entschädigungen. Am Hofe wirkte sich mehr und mehr der heilsame Einfluß der jungen Gattin des Herrschers aus. Der Graf hatte sich um seine entfernte Verwandte Gräfin Maria Eleonore beworben, nachdem er sie nur durch ein Bildnis kennengelernt hatte; die Ehe wurde geschlossen, als die Braut zweiundzwanzig und der Bräutigam einundvierzig Jahre alt war. Das Experiment war höchst erfolgreich, denn die Gräfin war weit mehr als anziehend und besaß große Liebesfähigkeit. Von tiefer Gläubigkeit beseelt, empfänglich für Schönheit, stellte sie auch die ideale Zuhörerin für einen Komponisten dar. Wie sehr muß sich Friedrich an Briefen wie dem folgenden vom 25. April 1774 gefreut haben, den die Gräfin ihm schrieb, nachdem er ihr für ein Geschenk gedankt hatte:

„Wenn Sie die überreichte Kleinigkeit so gütig aufnehmen, macht es Ihrer Denkart so viel Ehre, wie jedes musikalische Stück, womit Sie Herzen zu erheben und edlerer Empfindungen und Thaten fähig zu machen wissen. Jeder erste Dank gebühret also Ihnen selbst. Ich habe nichts gethan, als nur von fern zeigen wollen, daß ich vielleicht nicht ganz unwürdige Zuhörerin Ihrer vortrefflichen Gesänge bin; ein großer Zweck, allein wie unvollkommen gegen das, was Sie uns geben! Wenn mir die Natur bessern Muth und Stimme verliehen hätte, so würde ich jetzt schon in Ihre Chöre einstimmen; – aber was hier nicht möglich war, hoffe ich in einer bessern Welt bey dem großen Hallelujah, zu welchem Sie uns vorbereiten und so manche selige Vorempfindung geben.

Aller Himmelsseegen ruhe auf Ihnen und Ihrem lieben Hause! Solches wünschet aus Hochachtung und Erkenntlichkeit

Marie Eleonore
Gr. z. Schaumburg-Lippe, g. Gr. z. Lippe"

Die schwärmerische Ausdrucksweise der Gräfin ist für das empfindsame Zeitalter charakteristisch; die Bescheidenheit, mit der sie sich einem bürgerlichen Angestellten gegenüber ausspricht, jedoch etwas höchst seltenes in der Ära des aufgeklärten Absolutismus. Wie ungewöhnlich dies war, zeigt sich

schon in Friedrichs Briefen an den Grafen, die gewöhnlich mit der Schluß-
floskel enden: „ich ersterbe in tiefster Ehrfurcht."

 Nun da Friedrichs Schaffen unter dem Einfluß der gütigen und feinfühligen
Gräfin aufblühte, empfing er auch noch weitere Aufmunterung durch die
Ankunft einer hervorragenden Persönlichkeit in Bückeburg. Johann Gottfried
Herder (geb. 1744), der als Schriftsteller und Kritiker damals bereits hohes
Ansehen genoß, wurde 1771 als Hofpastor und Konsistorialrat angestellt,
um dem Grafen jene intellektuelle Anregung zu vermitteln, die dieser seit
Abbts Tod entbehren mußte. Herder blieb fünf Jahre in Bückeburg, und
dieser Aufenthalt erschien ihm selbst als ein Exil. Für Bachs künstlerische
Entwicklung aber war diese Zeit von höchster Bedeutung. Herder, der ein
leidenschaftlicher Musikfreund war, mag Emanuel Bach kennen gelernt haben,
als er 1769 den gemeinsamen Freund Lessing in Hamburg besuchte. Daß er
Emanuels Bruder in Bückeburg antraf, wird ihm willkommen gewesen sein.
Ihn beschäftigte damals das Problem, wie zwischen Wort und Musik das
Gleichgewicht herzustellen sei und nun hatte er Gelegenheit, zusammen mit
Friedrich Bach Experimente auf diesem Gebiet durchzuführen. Herder schrieb
Texte für Kantaten, biblische Oratorien und ein Musikdrama, die der Konzert-
meister vertonte, nachdem er jede Einzelheit mit dem Textdichter erörtert
hatte. Friedrich stürzte sich mit Feuereifer in diese Arbeit. Wieviel sie ihm
bedeutete, geht aus einem Brief der Gräfin an Herder über dessen neue Dichtung „Die Kindheit Jesu" hervor, die Bach noch nicht kannte. Es war dies
eine traurige Zeit für den Komponisten, der gerade sein Söhnchen Ludolf
Emanuel verloren hatte. Drei Tage nach dem Begräbnis[1] schrieb die Gräfin:
„Wie sehr wünsche ich, daß unser guter Bach sich an diese schöne Arbeit
mache! Mich deucht, eben jetzt am ersten würde er damit seinen tiefen Kummer lindern und wieder der Trost seines Hauses sein." Herder tat wie geheißen
und Friedrichs Komposition wurde einen Monat später aufgeführt und mit
großer Bewunderung aufgenommen.

 Die mit Herder verbrachten Jahre waren tatsächlich eine goldene, fruchtbringende Zeit für den Komponisten. Herder aber fühlte sich in Bückeburg
eingeengt und erstrebte einen weiteren Wirkungskreis; daher nahm er mit
Freuden Goethes Einladung nach Weimar im Jahre 1776 an. Schon vor seiner
Abreise war die zarte Gräfin als Dreiunddreißigjährige einem alten Leiden
erlegen. Der Gatte, der ohne Kinder und nahe Verwandte zurückblieb, konnte
den Verlust nicht verwinden und folgte der geliebten Gattin ein Jahr später.

---

 [1] Der Brief ist vom 5. Januar 1773; das Begräbnis fand am 2. Januar 1773 statt.
Vgl. C. U. von ULMENSTEIN in AfMf IV, 1939.

Im September 1777 sah sich Friedrich Bach seines Herrn beraubt, dem er siebenundzwanzig Jahre lang treu und ergeben gedient hatte; auch fehlten ihm die beiden Menschen, die ihn am stärksten zu schöpferischer Tätigkeit inspiriert hatten.

Die Freude an seiner Arbeit in Bückeburg war geschwunden und Friedrich sehnte sich nach einem Wechsel in seiner Lebensführung. Glücklicherweise war er durch die Erziehung seines ältesten Sohnes genötigt wenigstens eine kurze Unterbrechung seiner Tätigkeit am Hofe eintreten zu lassen. Der achtzehnjährige Friedrich Wilhelm Ernst Bach, das Patenkind des verstorbenen Grafen, hatte sich zu einem tüchtigen Musiker entwickelt und der Vater fand, daß der Sohn noch der künstlerischen Anregungen in einem Musikzentrum bedürfe, um volle Meisterschaft zu erringen. Wäre es nicht ratsam, ihn seinem Onkel Johann Christian anzuvertrauen, der in London so großes Ansehen genoß? Christian, der Friedrich wohl einige Jahre früher anläßlich der Mannheimer Aufführung seiner Oper besucht hatte, sagte gerne zu und Friedrich wurde ein Urlaub gewährt, um den jungen Wilhelm nach England zu bringen. Die Reise, die im April 1778 begonnen wurde und drei Monate in Anspruch nahm, gab dem Künstler die geistige Erfrischung, deren er bedurfte. Es war eine überaus eindrucksvolle Zeit. Am Hinweg besuchten Vater und Sohn Emanuel in Hamburg und Wilhelm hatte Gelegenheit, sich als Pianist öffentlich hören zu lassen. In London kamen sie gerade zurecht zur Aufführung von Christians Oper „La Clemenza di Scipione" in einer glänzenden Besetzung. Auch andere Opern konnten sie hören; sie wohnten den Bach-Abel-Konzerten in den neueröffneten prunkvollen Hanover Square Rooms bei, sie besuchten Vauxhall – so genossen sie in vollen Zügen das glitzernde, farbige Leben während einer Londoner „season". In anderer Hinsicht war der Besuch nicht so glücklich gewählt, denn Christian hatte viele Ungelegenheiten und Sorgen, da ihm von einer betrügerischen Haushälterin, der er die Bezahlung von Rechnungen übertragen hatte, etwa eintausendzweihundert Pfund Sterling veruntreut worden waren. Abgesehen davon aber muß der Londoner Aufenthalt höchst genußreich für Friedrich gewesen sein, der auch von der Begeisterung seines Bruders für das moderne Pianoforte angesteckt wurde und ein Instrument für sich erstand.

Als er nach Bückeburg zurückkehrte (während Christian sich nach Paris begab, um die Aufführung seiner Oper „Amadis des Gaules" vorzubereiten) brachten dieses Hammerklavier und die vielen neuen Werke, die er unterwegs gekauft hatte, Lichtpunkte in eine sonst recht deprimierende Lebensweise. Nach London war es nicht leicht, sich an Bückeburg zu gewöhnen, besonders da ein neuer Herrscher, Graf Philipp Ernst, die Regierung führte, der alsbald

Friedrichs Einkommen verringerte, indem er die ihm seit 1768 gewährten zusätzlichen sechzehn Thaler strich. Künstlerisch aber verblieb Bückeburg auf seinem hohen Niveau und, wie man aus Forkels „Musikalischem Almanach auf das Jahr 1782" entnimmt, galt Friedrich Bachs Orchester als eines der besten in Deutschland. Der Konzertmeister, dem Christian Bach viel von Mozart gesprochen hatte, führte verschiedene Werke dieses Meisters, darunter „Die Entführung aus dem Serail", in Bückeburg auf.

Unternehmungsgeist zeigte sich auch in einer 1787 begonnenen Veröffentlichung. Friedrich kündigte seine Absicht an, vierteljährlich eine Anzahl eigener Werke herauszugeben und das Angebot schien so verlockend, daß sich für diese „Musikalischen Nebenstunden" genannte Publikation mehr als vierhundert Subskribenten aus allen Teilen Deutschlands meldeten. Er veröffentlichte 1787 und zu Beginn des Jahres 1788 vier solcher Lieferungen, die Werke für Klavier, Violinsonaten, Lieder, Arien, Solokantaten und eine Symphonie im Klavierauszug umfaßten. Abgesehen von einem Lied, das sein Sohn komponierte und einigen kleinen Beiträgen ihm bekannter hochstehender Persönlichkeiten brachte er nur eigene Werke. Wie er im Vorwort bemerkte, war es sein „Zweck, dem Geübten sowohl als dem Anfänger etwas zur Unterhaltung zu geben". Den einleitenden Worten folgten wertvolle Anweisungen über die Ausführung musikalischer Verzierungen. In dieser Veröffentlichung versuchte Friedrich anscheinend sich die Geschäftstüchtigkeit seines Bruders Emanuel zum Vorbild zu nehmen, doch war ihm leider nur geringer Erfolg beschieden; nach einem Jahr wurde das Unternehmen – entgegen allen Hoffnungen des Herausgebers – nicht mehr fortgesetzt.

1787 starb Graf Philipp Ernst nach einer Regierungszeit von zehn Jahren und hinterließ einen zweijährigen Sohn, für den die Mutter, die musikliebende Gräfin Juliane die Regierung übernahm. In ihr fand Friedrich etwas von der verständnisvollen Einstellung, die ihm die unvergeßliche Gräfin Maria gezeigt hatte. Die neue Herrscherin fand Zeit, täglich eine Klavierstunde bei Bach zu nehmen und sang häufig die Solopartie in einem Oratorium. So verliefen Friedrichs letzte Dienstjahre in einer durchaus angenehmen Atmosphäre. Eine erfreuliche Beziehung ergab sich auch zu Herders Nachfolger im Amte des Konsistorialrats. Dieser Mann namens Horstig schrieb nach Friedrich Bachs Tod einen Nachruf, in dem er dessen künstlerische und menschliche Persönlichkeit schilderte und auch dankbar der gemeinsam verbrachten Zeiten gedachte:

„Nie werde ich der seligen Stunden vergessen, die ich in seinem Hause verlebte. Mit welcher zuvorkommenden Gefälligkeit unterhielt er mich Stundenlang an seinem Instrumente! Wie schwand der Abend in seiner lehrreichen Gesellschaft, wie oft übereilte uns die Mitternacht, ehe wir es dachten. Wie gerne durchsichtete er meine Versuche im Satz . . . Wie munterte er mich auf, ihm aus dem Vorrathe meiner eignen und fremden poetischen Versuche, die empfindungsreichsten Stücke mitzutheilen. Sein Verlust bleibt mir unersetzlich. Aber sein Andenken wird in meiner Seele nie erlöschen."

Diese abendlichen Zusammenkünfte müssen auch für Bach viel bedeutet haben. Die Anregungen, die sich aus Gesprächen mit einem Menschen wie Horstig ergaben, waren gerade was der alternde Musiker brauchte, um über manche traurige Geschehnisse hinwegzukommen. Es war Friedrichs Schicksal, alle seine Brüder sterben zu sehen, zuerst den jüngsten, Christian, dem er sich seit dem Londoner Besuch so eng verbunden fühlte, dann Friedemann und schließlich seinen teuren Emanuel. Stärker traf ihn noch das Hinscheiden der jüngeren Generation. Emanuels zweiter Sohn, der Maler, war noch vor dem Vater gestorben und als der Tod auch Emanuels Erstgeborenen 1789 ereilte, war Friedrich, wie er an den Verleger Immanuel Breitkopf schrieb, „so niedergeschlagen, so unthätig gemacht, daß [er] erst nach und nach wieder anfing zu denken". Für einen Mann, den die Bachsche Familientradition mit solchem Stolz erfüllte, war es tragisch, in seinen eigenen Kindern die einzige Hoffnung auf ein Fortbestehen des großen künstlerischen Erbguts zu erblicken. Dies um so mehr als unter ihnen nur *ein* Musiker, der noch unverheiratete Friedrich Wilhelm Ernst, war. Die beste Arznei gegen so trübe Gedanken war Arbeit und „obwohl", wie Horstig bemerkt, „die meisten seiner Compositionen in seinem Pulte verschlossen blieben, so konnte er es doch nicht müde werden, gleich der Seidenraupe seine Gespinste bis auf die letzten Tage seines Lebens fortzuweben". Auch ließ die Qualität des Geschaffenen keineswegs nach. Noch im August 1794 vollendete er eine Symphonie in B-Dur, die zu seinen umfangreichsten und fortschrittlichsten Werken zählt.

Anna Magdalena Bachs Kindern war es nicht vergönnt, ein hohes Alter zu erreichen. Während sowohl Friedemann wie Emanuel mit vierundsiebzig Jahren starben, erlag Friedrich einem „hitzigen Brustfieber" einige Monate vor seinem dreiundsechzigsten Geburtstag, am 26. Januar 1795.

Mehr als irgendein anderer Sohn Sebastians hielt Friedrich an der alten Bach-Tradition getreulich fest. Daß er sein ganzes Leben hindurch am gleichen kleinen Hof wirkte, daß er frühzeitig heiratete, eine große Zahl von Kindern zeugte (und auch wieder verlor) –, all dies sind Züge, wie wir sie in der Geschichte der früheren Bache finden. Es ist anzunehmen, daß Friedrich in seinem engen Wirkungskreis recht zufrieden war und nur selten eine Änderung seiner Lebensweise erstrebte. Für ihn war das Leben im kleinstädtischen Bückeburg

nicht eintönig, denn in seiner unausgesetzten schöpferischen Tätigkeit fand
er die Abenteuer und Erlebnisse, deren er bedurfte.

DIE KOMPOSITIONEN
JOHANN CHRISTOPH FRIEDRICH BACHS

Das künstlerische Schaffen Johann Christoph Friedrich Bachs zerfällt in
der Hauptsache in zwei Zeitabschnitte. Wenn wir von den vereinzelten unbe-
deutenden Werken im galanten Stil absehen, die während der ersten Bückeburger Jahre geschaffen wurden, da der Künstler nur als ein Orchestermusi-
ker fungierte, so ergibt sich eine *erste Schaffensperiode* in den sechziger und
siebziger Jahren. Der Einfluß der italienischen Musik, die am Bückeburger
Hof den ersten Platz einnahm, ist hier deutlich zu beobachten. Friedrichs
Bewunderung für die Berliner Schule und für die reiche Polyphonie seines
Vaters bildet hiezu freilich ein Gegengewicht, so daß das Gesamtbild der
Einheitlichkeit entbehrt. Anders steht es mit den nach der Londoner Reise
(1778) geschriebenen Werken der *zweiten Schaffensperiode.* Der Einfluß Grauns
und Emanuels wird nun allmählich durch den von Christian Bach verdrängt,
und die Widersprüche zwischen der Kunst des Nordens und der des Südens,
die sich in den früheren Werken offenbarten, verschwinden. Friedrichs Musik
wird einheitlicher in der Struktur und gewinnt an heiterer Sanglichkeit. Er
wird mit den Stileigenheiten Mozarts und Haydns vertraut und seine Kunst
nähert sich den Idealen klassischer Einfachheit, Grazie und Ausgewogenheit.
   Für Friedrich Bach besaß *Klaviermusik*[1] dieselbe hohe Bedeutung wie für
seine Brüder. Er war auch als ausübender Künstler berühmt, und Forkels
Almanach bemerkt, „daß er im Klavierspiel beynahe keine Schwierigkeiten
kenne". Ebenso rühmt der Nekrolog seine „beyspiellose Fertigkeit der Finger
und eine Präzision im Vortrage, die mit jedem Anschlage den Meister ver-
kündigte". Eine interessante Auswahl aus seinen frühen Klavierwerken bietet
das *Musikalische Vielerley*, das Emanuel 1770 als eine Art Familienalbum herausgab. Es enthielt nicht nur die Kompositionen des Hamburger Bach, sondern
auch solche des „Capellmeister Bach in Eisenach" (Johann Ernst) und des

---

[1] Neuausgaben: Sonaten in A, D und A für Klavier und Sonate in C für Klavier
vierhändig (SCHÜNEMANN), Leipzig: Siegel, 1920; Allegretto mit achtzehn Variationen für Klavier (RIEMANN), Leipzig: Steingräber; Rondo in C für Klavier (PAUER)
in „Alte Klaviermusik", IV. Leipzig: Breitkopf & Härtel; Sonate in A für Klavier
vierhändig (RIEMANN), Leipzig: Steingräber.

„Concertmeister Bach in Bückeburg"[1]. Die zwei Sonaten von Friedrich in dieser Sammlung (*Sü* IV/4 und 5) zeigen den Übergang von der mehr konventionellen Tonsprache des galanten Stils zur weit inhaltsreicheren Emanuels. Es sind dies reichverzierte, liebenswürdige Stücke ohne tieferen Gefühlsausdruck, doch bemerkenswert durch die sorgfältige Bezeichnung aller dynamischen Übergänge von pp zu ff und die Einbeziehung ausgedehnter Durchführungsabschnitte. Das lebhafte Interesse des Komponisten an italienischer Musik zeigt sich in dem reizenden „Andante alla Siciliana", dem Mittelsatz der C-Dur-Sonate. Die „Menuetten zum Tanz" (*Sü* IV/10 und 12) und die „Alla Polaccas" (*Sü* IV/13 und 14) im „Musikalischen Vielerley" sind kurze, anspruchslose Stücke der Art wie sie im 20. Jahrhundert als „Gebrauchsmusik" bezeichnet werden.

1785 wurden die *sechs leichten Sonaten fürs Clavier oder Pianoforte* (*Sü* IV/I) veröffentlicht; ihnen folgte 1787 Friedrichs Sammlung *Musikalische Nebenstunden*, die drei Sonaten (*Sü* IV/6 und 7), eine Sonatine[2] und zahlreiche kleinere Stücke enthielt. 1789 beschlossen die *Drey leichten Sonaten fürs Clavier oder Pianoforte* (*Sü* IV/2) die Reihe von Friedrichs Werken für ein Tasteninstrument, die noch zu seinen Lebzeiten gedruckt wurden. Es ist charakteristisch für den Komponisten, daß er die Einfachheit seiner Musik betonte. Dies sind für Musikliebhaber bestimmte Kompositionen, in denen weder an die Fingerfertigkeit noch an das Verständnis der Ausübenden allzu große Ansprüche gestellt werden. In den langsamen Mittelsätzen in Moll herrscht der Geist der Empfindsamkeit vor, doch in den ersten Sätzen und vor allem in den fröhlichen Rondo-Finales setzt sich der flüssigere Stil des Londoner Bach durch. Friedrich schließt zwar den Gebrauch der älteren Tasteninstrumente nicht aus, doch ist seine Musik in erster Linie für das Hammerklavier bestimmt, dessen singender, fülliger Ton hier vortrefflich ausgenützt wird. Wir finden in diesen Stücken einfache, volksliedartige Weisen sowie mitunter die Wärme und Lieblichkeit der Mozartschen Tonsprache wieder. Es ist bemerkenswert, daß das Allegretto in G-Dur mit 18 Variationen (*Sü* IV/8) auf dem Thema „Ah, vous-dirais-je, Maman" aufgebaut ist, das auch der junge Mozart zu Klaviervariationen (K. V. 265) benutzte. Das Rondo der A-Dur-Sonate (*Sü* IV/2) aus dem Jahre 1789 erinnert mehr an den Stil Haydns; als eine pikante Einzelheit verdient hier die Verbindung gegensätzlicher Rhythmen in beiden Hän-

---

[1] Das völlige Fehlen von Friedemann Bachs Werken ist entschieden auffallend. Offenbar konnte Emanuel nicht mit einer pünktlichen Ablieferung der Manuskripte seines Bruders rechnen.

[2] *Sü* kennt den dritten und vierten Teil der *Musikalischen Nebenstunden* nicht, so zählt er weder die F-Dur-Sonate Nr. 3 noch die a-Moll-Sonatine mit auf.

den Erwähnung (Beisp. 56). Die kleinen Charakterstücke der „Musikalischen Nebenstunden" (*Sü* IV/16) bieten noch mehr Abwechslung als die der früheren Sammlung. Sie enthalten außer Menuetten und Polonäsen auch Villanellen, Angloises, Schwäbische, Solfeggii, Märsche und Scherzi.

Beisp. 56

Friedrich gehörte zu den ersten Komponisten, die für Klavier vierhändig schrieben. Vielleicht war es wiederum sein jüngerer Bruder, der ihn hiezu anregte (vgl. S. 297). Seine erste vierhändige Sonate in A-Dur (1786; *Sü* IV/17) besteht aus zwei Sätzen (Allegro con spirito-Rondo, Allegretto), während die zweite in C-Dur, aus dem Jahre 1791, (*Sü* IV/18) die dreisätzige Anlage (schnell – langsam – schnell) seiner zweihändigen Sonaten aufweist. Dies ist wiederum Unterrichtsmusik, die im wesentlichen für Spieler von begrenzten technischen Fähigkeiten bestimmt ist. Obwohl mitunter die Stimmen der beiden Pianisten einander in etwas mechanischer Weise verdoppeln, gelingt es Friedrich doch, hier ansprechende und wirkungsvolle Stücke zu schreiben. Auch wenn die Spieler nur geringe Fingerfertigkeit besitzen, können sie trotzdem – bei sorgfältiger Beobachtung der dynamischen Zeichen – diesen bescheidenen Duos Frische und selbst Glanz verleihen.

Wie sein Bruder Emanuel konnte auch Friedrich der *Orgelmusik* kein wirkliches Interesse abgewinnen. Das einzige Werk, das wahrscheinlich für die Königin der Instrumente bestimmt war, ist eine *Fughette* (*Sü* IV/27), die er in das Album eines Freundes schrieb. Das Thema besteht aus den Anfangsbuchstaben seines

Beisp. 57

Namens: H(ans) C(hristoph) F(riedrich) B(ückeburger) BACH (Beisp. 57), wobei Friedrich höchstwahrscheinlich an seines Vaters Verwendung des Familiennamens in der Kunst der Fuge dachte.

Friedrich Bachs *Kammermusik*[1] zeichnet sich durch dieselbe Anmut und Anspruchslosigkeit aus wie seine Klavierwerke. Die Sammlung „Musikalisches Vielerley" enthält bedeutsame Beispiele des Stiles seiner *ersten Schaffensperiode*. Eine Sonate für Cello und bezifferten Baß in A-Dur (*Sü* V/4) besteht aus einem einführenden Larghetto, einem Allegro in Sonatenform und zum Beschluß einem Tempo di Menuetto. Das Werk weist anmutige melodische Linien auf und ermöglicht dem Streichinstrument die Entfaltung einer bescheidenen technischen Brillanz. – Ein Trio für Flöte, Violine und Baß in A-Dur (*Sü* V/9) wurde 1763 komponiert, möglicherweise zu Ehren der glücklichen Heimkehr des Grafen Wilhelm aus dem Siebenjährigen Krieg. Eine Fußnote in dem hübsch ausgestatteten Band gibt an, daß das Werk auch von Flöte und Klavier allein ausgeführt werden kann. In diesem Fall wird der Violinpart mit der rechten Hand auf dem Klavier gespielt, eine Art der Ausführung, die Sebastian und Emanuel durchaus geläufig war. Die zahlreichen Imitationen im Allegretto (Beisp. 58) verliehen dem Werk einen rück-

Beisp. 58 Allegretto

schauenden Charakter, während die zarten Flötensoli des Mittelsatzes der Empfindsamkeit, die damals gerade in Mode war, zu huldigen scheinen.

Zwei Trios für zwei Violinen und bezifferten Baß haben sich in sorgfältigen Abschriften von der Hand des deutsch-amerikanischen Organisten und Komponisten Johann Friedrich Peter (1746 bis 1813) erhalten[2]. Der in Holland von deutschen Eltern geborene Musiker übersiedelte im Jahre 1769 nach

[1] Neuausgaben: Sonate in A für Violoncello und Klavier (SMITH), Braunschweig: Litolff, 1905; sechs Sonaten für Flöte und Klavier (nach den Flötenquartetten bearbeitet) (SCHWEDLER & WITTENBECHER), Leipzig: Zimmermann; Sonata a cembalo concertato, flauto e violino (HINNENTHAL), Leipzig: Breitkopf & Härtel, 1937; Trio für Violine, Viola, Klavier in G, Trio für Flöte, Violoncello, Klavier in C, Septett für zwei Hörner, Oboe, Violine, Viola, Violoncello, Klavier in C (SCHÜNEMANN), Leipzig: Siegel, 1920; sechs Streichquartette (DUTTENHOFER), Paris: Senart, 1922; Sonate in C für Flöte, Violine, Viola, Kontinuo. MBF, S. 192 (Langspielplatte 4).
[2] Vgl. KARL GEIRINGER, „Unbeachtete Kompositionen des Bückeburger Bach" in Festschrift Wilhelm Fischer, Innsbruck 1956, S. 99 ff.

Amerika und brachte eine ausgedehnte Sammlung von ihm selbst kopierter zeitgenössischer Kompositionen mit. Unter ihnen befinden sich vier Symphonien und zwei Trios von Friedrich Bach und eine Symphonie von Johann Ernst Bach, die der Verfasser in keiner anderen Bibliothek nachweisen konnte. Die beiden Trios (nicht bei *Sü*), die in Stimmen vorliegen und in den Jahren 1768 bzw. 1769 abgeschrieben wurden, stehen in A-Dur und F-Dur. Beide Werke sind dreisätzig mit einem Allegretto oder Allegro an erster Stelle; ihm folgt ein Andante, worauf ein Tempo di Minuetto den Beschluß macht. Dies ist einfache liebenswürdige Kammermusik, in der die Führung deutlich der ersten Violine zufällt, während die zweite stets auf eine tiefere Tonlage beschränkt bleibt. Auch hier ist die Wiedergabe durch nur zwei Instrumente durchaus möglich, obwohl in der Abschrift nichts hierüber bemerkt wird. Interessant in formaler Hinsicht ist die weitgehende Ausbildung der Sonatenform in den ersten Sätzen.

Direkt für Klavier und Geige (oder Flöte) ist ein „*Trio*" *in Es-Dur* (*Sü* V/8) geschrieben, in dem nun die Ausführung durch drei Instrumente nicht mehr der Wahl der Spieler anheimgestellt ist. Friedrich schreibt hier einen rein akkordisch gestalteten Klaviersatz für beide Hände, was von vorneherein die Übernahme der Noten der rechten Hand durch ein Melodieinstrument ausschließt. Der sehr ausgedehnte Durchführungsteil im ersten Satz – eine Besonderheit, für die Friedrich Vorliebe zeigt – sowie der Gebrauch der Sonatenform im Finale, einem graziösen Tempo di Minuetto, bezeugen des Komponisten handfestes Können.

Sechs Quartette für Querflöte, Violine, Viola und beziffertem Baß (*Sü* V/13), die bei M. C. Bock in Hamburg mit einer Widmung an den Grafen Wilhelm erschienen, gehören in die gleiche Schaffensperiode Friedrichs. Eine Einladung zur Subskription auf diese Werke gibt das Jahr 1768 als vermutliche Erscheinungszeit an, obwohl die Quartette wahrscheinlich schon früher geschrieben waren. Es sind liebenswürdige Werkchen in einem leichtbeschwingten, fröhlichen italienischen Stil, bestehend aus je zwei Sätzen in gemäßigtem Zeitmaß: der erste steht in primitiver Sonatenform, der zweite, in Da-capo-Form, ist entweder ein Menuett oder ein „Scherzo" im Zweivierteltakt, das deutlich den Geist des Rokoko verspüren läßt. In allen sechs Quartetten ist die Flöte vorherrschend: möglicherweise spielte der Graf, in Nachahmung Friedrichs des Großen, den Part selbst. Doch auch die Geige, die Bratsche und sogar der Baß nehmen lebhaften Anteil an der Entwicklung des melodischen Materials. Dieser Baß ist genau beziffert und zeigt somit, daß mit der Heranziehung eines Cembalos gerechnet wurde, doch da die Mittelstimmen sorgfältig ausgearbeitet sind, würde meistenteils das Cello allein genügen. Geschick in der Behandlung des Kammermusikstils und eine jugendliche Frische des Ausdrucks sind hervorstechende Züge dieses ansprechenden Frühwerks.

Eine Sammlung von *sechs Sonaten für Klavier mit Begleitung von Flöte oder Violine*, die G. F. Hartknoch in Riga 1777 herausgab (nicht bei *Sü*)[1], ist von Musikforschern übersehen worden. Sie gehören zu den bedeutendsten Kammermusikwerken, die Friedrich schrieb, bevor er seine volle künstlerische Reife erlangt hatte. Der Titel des Werks stimmt nicht genau, da der Flöte (Violine) wichtige Solostellen zugeteilt sind, und sie meist als gleichberechtigte Partnerin im musikalischen Dialog behandelt ist. Die Mittelsätze sind hier besonders anziehend. In der ersten Sonate scheint eine vollständige Solokantate mit Ariosi und zahlreichen Seccorezitativen in die Ausdruckswelt der Kammermusik übertragen zu sein. Die Flöte stimmt empfindungsvolle Kantilenen an, die immer wieder von dramatischen Episoden unterbrochen werden, in welchen die Melodie wie auch die Begleitung dem Tasteninstrument überlassen sind. Hier zeigt Friedrich seine gründliche Kenntnis des Stils von Emanuels Klaviermusik. Das „Andante amoroso" der sechsten Sonate widerspiegelt die Neigung jener Zeit zur Empfindsamkeit, während der Einschluß eines „Andante alla Polacca" drei anderen Werken eine feine Würze verleiht. Gelegentlich, wie im Andante von Nr. 5, haben wir sogar den Eindruck schon der Schwelle des Klassizismus nahezustehen (Beisp. 59).

Beisp. 59 Andante

Die gelegentliche Verwendung bezifferter Bässe in diesen Sonaten verschwindet in den *Streichquartetten* (nicht bei *Sü*), die Louis Duttenhofer aus nicht nachgewiesenen Quellen herausgab. Ihre sanfte melodische Sprache ist erfüllt von der Anmut des Rokoko. Diese dreisätzigen Quartette können – sofern sie tatsächlich Werke des Bückeburger Meisters sind – als Vorstudien zu den großen Klaviertrios gelten, die Friedrich späterhin schreiben sollte. Die zwei Geigen teilen sich in das melodische Material, das sie oft abwechselnd darbieten; die Bratsche begleitet dabei im Abstand einer Terz oder Sext.

---

[1] Ein Exemplar des Werkes ist in der Library of Congress in Washington vorhanden.

Sollte ein Klavierspieler den Cellopart mit der Linken und den Part der Bratsche oder einer der Violinen mit der Rechten spielen, während die übrigen beiden Stimmen unverändert bleiben, so wäre das Ergebnis nicht unähnlich den Klaviertrios unseres Meisters. Wärme und zärtliche Empfindung verbinden sich in diesen Quartetten mit gründlichem kompositorischen Können.

Unter den Kammermusikwerken aus Friedrichs *zweiter Schaffensperiode* finden wir zwei *Sonaten für Klavier und Violine*, erschienen in den „Musikalischen Nebenstunden" (*Sü* V/2)[1], und eine prächtige Sonate für Cello und Klavier (*Sü* V/3) aus dem Jahre 1789. In diesem letzteren Werk wird das Streichinstrument als Träger reizvoller Melodien verwendet. Die Wesensart des früheren „Trios" tritt nur gelegentlich in Erscheinung; im allgemeinen herrscht eine homophone Schreibweise vor, wobei das Klavier das Cello stützt und begleitet. Der reizvollste der drei Sätze ist das abschließende Rondo allegretto, dessen Hauptthema wie ein lustiges Studentenlied klingt (Beisp. 60).

Beisp. 60

In den *Trios für Clavier und zwei Melodieinstrumente* bevorzugt der Komponist die Verbindung von Flöte, Violine und Klavier, bzw. Violine, Viola und Klavier, während das Klaviertrio mit Violine und Cello – das eigentliche Klaviertrio der Zukunft – in seiner Kammermusik nur einmal in Erscheinung tritt (*Sü* V/7). Altmodisch wirken auch die trommelnden Cembalobässe und die komplizierten Ornamente, die er gelegentlich in seinen langsamen Sätzen verwendet. Andrerseits verzichtet er auf eine polyphone Führung der Stimmen; die beiden melodieführenden Instrumente kreuzen sich nur selten und schreiten vielfach in parallelen Terzen und Sexten fort. Der Klavierpart ist hier fast vollständig ausgeschrieben; die Einfügung von Füllstimmen könnte sogar die schöne Ausgewogenheit zerstören, die der Komponist zwischen den beiden Gruppen, den melodietragenden Stimmen einerseits und den rechts- und linkshändigen Stimmen im Klavierpart andererseits herstellt. Gebrochene Akkorde und die für das Hammerklavier besonders geeigneten Alberti-Bässe

---

[1] *Sü* führt nur eine der beiden Violinsonaten an.

sind zahlreich vorhanden und Sanglichkeit findet sich nicht nur in den Melodien, sondern auch in den Läufen und dem Figurenwerk. Das anziehende G-Dur-Trio für Violine und Viola (*Sü* V/10) wie auch das ebenso reizvolle C-Dur-Trio für Flöte und Violine (*Sü* V/12) sind Werke eines Künstlers, der für klassische Ausdrucksweise empfänglich war, obwohl er weder wünschte noch auch versuchte, die kompositorischen Methoden seiner früheren Jahre völlig aufzugeben.

Den Höhepunkt in Friedrichs Schaffen auf dem Gebiete der Kammermusik bildet sein *C-Dur-Sextett* (*Sü* V/14) und das *Es-Dur-Septett* (*Sü* V/15). Das erstere, für Pianoforte, zwei Hörner, Oboe, Violine und Violoncello[1], wurde wahrscheinlich in den achtziger Jahren geschrieben, während das zweite, für zwei Hörner, Oboe, zwei Klarinetten und zwei Fagotte in das Jahr 1794 fällt. Im Sextett spüren wir noch deutlich die Verwandtschaft mit dem Trio. Das Klavier und die Hörner haben oft ausgedehnte Pausenstrecken, so daß Streicher und Oboe sich selbständig machen können. In dieser klug erdachten, feinsinnigen Musik nähert sich der Komponist in erstaunlicher Weise dem Stil Haydns und Mozarts. Stellen wie Beisp. 61 zeigen die enge Verwandtschaft mit der Tonsprache der österreichischen Meister.

Beisp. 61   *Septett* (*Sü* V/15), *Rondo, Allegretto*

Die hohen Ansprüche, die an die Kunstfertigkeit der Spieler gestellt waren, weisen deutlich auf das hohe Niveau der Bückeburger Musiker hin. In dieser Hinsicht stehen das Sextett und das Septett durchaus im Gegensatz zu Fried-

---

[1] Das Sextett erschien bei André als Werk von „Giov. Christ. Bach". Ein englischer Bearbeiter, J. Christian Luther, hielt es für eine Komposition von Johann Christian Bach und ließ unter dessen Namen eine Bearbeitung des Werkes für Klavier und Violine erscheinen. Terry (John Christian Bach, S. 302 und 310/2) nimmt gleichfalls die Autorschaft von Christian an, da es ihm wohl nicht bekannt war, daß die Berliner Bibliothek die autographen Stimmen in der Handschrift Johann Christoph Friedrich Bachs besaß. – Eine dieser autographen Stimmen ist der Bratschenpart, der mit dem Cellopart identisch ist, obwohl er gelegentlich eine Oktave höher steht. Höchstwahrscheinlich sollte dieser Violapart den Cellopart ersetzen, wenn kein Cello vorhanden war; aber man kann kaum annehmen, daß der Komponist beide Stimmen zugleich gespielt haben wollte. Leider ist aber diese Spielart in Schünemanns Ausgabe des Werks vorgeschrieben, das infolgedessen „Septett" genannt wird. Die häufigen Unisono-Passagen, die sich hieraus ergeben, beeinträchtigen natürlich den kammermusikalischen Charakter des Werkes.

richs Klavierwerken, die auf größere technische Schwierigkeiten verzichten, um weitere Verbreitung zu erlangen.

Friedrich komponierte die meisten seiner *Klavierkonzerte* während der letzten fünfzehn Jahre seines Lebens. In die siebziger oder frühen achtziger Jahre des 18. Jahrhunderts fallen das E-Dur-Konzert für Cembalo (*Sü* IV/19), das einzige dieser Werke, in welchem das begleitende Orchester auf die Streicher beschränkt ist. Fünf weitere Konzerte entstanden in den späten achtziger und neunziger Jahren: zwei davon wurden vom Komponisten selbst als Werke für Cembalo oder Fortepiano bezeichnet. In all diesen Werken weist die Verwendung von Alberti-Bässen und anderen pianistischen Kunstmitteln auf Friedrichs fortschrittliche Gesinnung hin. Immerhin behält er aber noch die Gewohnheit des frühen 18. Jahrhunderts bei, in Tuttistellen das Soloinstrument auch als Kontinuo-Füllstimme zu benutzen. Flöten und Hörner oder Oboen und Hörner werden in all diesen Werken nur selten solistisch und meist zur Verstärkung gebraucht. Die Konzerte bestehen aus drei Sätzen (schnell – langsam – schnell), mit einem lustigen Rondo als Finale. In dem Es-Dur-Konzert (*Sü* IV/24) aus dem Jahre 1792 wird das erste Allegro in dramatischer Weise durch ein kleines eingefügtes Andante unterbrochen. Dieses Werk sowie die Konzerte in D-Dur (*Sü* IV/20) und A-Dur (*Sü* IV/21) könnten im Unterricht als Vorstudien zu Mozarts Klavierkonzerten vorzügliche Verwendung finden[1].

Achtzehn *Symphonien* von Friedrich Bach[2] sind bekannt. Acht unter ihnen (*Sü* VI/1 bis 4 und vier Werke, die bei *Sü* fehlen) sind in drei Sätzen gehalten und sind typische Werke der vorklassischen Schule, die den Einfluß Emanuel Bachs sowie west- und süddeutscher Komponisten zeigen. Das Orchester ist klein und besteht entweder aus Streichern allein oder aus Streichern, zu denen sich zwei bis vier Blasinstrumente gesellen. Bei allen Werken ist ein Cembalo für die Ausführung der Kontinuostimme heranzuziehen. Die Symphonie in F-Dur für zwei Oboen, zwei Hörner und Streicher (nicht bei *Sü*) wurde nach dem Zeugnis der Abschrift J. F. Peters in Bethlehem, Pennsylvania, am 27. Dezember 1768 kopiert[3]. Eine Symphonie in B-Dur für die gleiche Besetzung (nicht bei *Sü*) trägt das Datum 30. Dezember 1768. In Winston-

---

[1] Die Echtheit des von Polydor in einer Schallplattenaufnahme vorgelegten Doppelkonzertes für Bratsche und Cembalo (nicht bei *Sü*) ist zweifelhaft.
[2] Der vierte Teil der „Musikalischen Nebenstunden" enthält eine weitere Symphonie in D-Dur im Klavierauszug (nicht bei *Sü*). Eine Orchesterpartitur des Werkes hat sich bisher nicht gefunden.
[3] Vgl. GEIRINGER in Festschrift Wilhelm Fischer.

Salem, North-Carolina, befinden sich in Stimmen von der Hand Peters die beiden folgenden Werke: Symphonie in d-Moll für Streicher allein, kopiert 23. Dezember 1768 und Symphonie in E-Dur für Streicher und zwei Hörner, kopiert am 13. Januar 1769 (beide nicht bei *Sü*). Eine weitere Symphonie, die sich in Deutschland im Autograph Friedrichs erhalten hat, trägt das Datum 1770 und es kann angenommen werden, daß die stilistisch verwandten, doch undatierten drei weiteren Werke auch ungefähr aus der gleichen Zeit stammen. Angesichts der weitgehenden Übereinstimmung zwischen den acht frühen Symphonien seien nur zwei einer näheren Besprechung unterzogen, wobei Werke gewählt wurden, die in Deutschland nicht zugänglich sind.

Die d-Moll-Symphonie zeigt den Einfluß Philipp Emanuels auf die empfängliche Seele seines jungen Stiefbruders. Im ersten Satz (Allegro) wechseln schüchtern-zarte Melodien in parallelen Terzen oder Sexten mit wuchtigen Unisono-Ausrufen. Das Stück zeichnet sich durch einen wild-trotzigen Charakter aus, der auf die geistige Verwandtschaft mit dem dichterischen „Sturm und Drang" hinweist. In dem folgenden empfindsamen Andante amoroso (F-Dur) ist bei den drei höheren Streichern „con sordino", beim Baß „sempre piano" vorgeschrieben. Dieses in einfacher Rondoform angelegte Stück ist voll Wärme und Innigkeit. Ein lebhaft bewegtes Finale (Allegro assai, d-Moll) bringt die Komposition zu einem ausdrucksvollen Ende.

Die Symphonie in E-Dur zeigt mehr den Einfluß der italienischen Kunst, die am Bückeburger Hofe eine so bedeutsame Rolle spielte, sowie auch Anklänge an den Orchesterstil der Mannheimer Schule. Der kraftvoll bewegte erste Satz (Allegro assai) ist mit prunkvollen Läufen und Tremolos der Violinen und zahlreichen Echowirkungen ausgestattet. Interessant ist nahe dem Ende eine ausgeschriebene Crescendo-„Walze": während die Oberstimme über einem Orgelpunkt langsam emporsteigt, schreibt der Komponist zunächst *pp* vor, im folgenden Takt *poi f*, im dritten *f* und im vierten *ff*. In dem folgenden graziösen Andante in e-Moll bleiben nach der Sitte der Zeit die Hörner weg. In diesem Stück zeigt sich eine mehr nachdenkliche Stimmung; mitunter kommt selbst ein pathetischer Charakter zum Durchbruch. Das knapp angelegte Finale (Presto, E-Dur) erteilt wieder der leichtbeschwingten Muse des Rokoko das Wort. Es ist der typische Kehraus der neapolitanischen Opern-Sinfonia, bestimmt, den Zuhörer in fröhlicher Stimmung zu entlassen.

Die restlichen zehn Symphonien Friedrich Bachs (*Sü* VI/5 bis 14), die sich sämtlich in datierten Autographen erhalten haben, entstanden mehr als zwanzig Jahre später. Ihre Kompositionszeit fällt in die kurze Spanne zwischen 1792 und August 1794, fünf Monate vor dem Tod des Komponisten.

Mit Ausnahme der allerletzten sind die Symphonien für Oboen, Hörner und Streicher gesetzt; in zwei Fällen (*Sü* VI/5 bis 6) werden zwei Fagotte hinzugefügt. Die meisten dieser Werke sind mit bezifferten Bässen versehen und offenbar erwartete der Komponist noch die Heranziehung des Cembalos. In diesem Zusammenhang mag daran erinnert werden, daß selbst Haydns Londoner Symphonien vom Cembalo aus dirigiert wurden. Friedrichs B-Dur-Symphonie aus dem Jahre 1794 (*Sü* VI/14) ist sein einziges Werk, das auf die Mitwirkung eines Tasteninstrumentes verzichtet und ebenso ist auch die Zusammensetzung des Orchesters, bestehend aus Flöte, zwei Klarinetten, Fagott, zwei Hörnern und Streichern, einmalig. Diese zehn Symphonien sind alle viersätzig. Ein mitunter in Moll gehaltenes Largo oder Adagio bildet die dramatische Vorbereitung für das erste Allegro, das immer in Dur steht; ein einfach gehaltenes Andante oder Andantino (vielfach trägt es den Namen „Romanze") bildet den zweiten Satz, während ein munteres, anspruchsloses Menuett, das einem Volkstanz ähnelt, in das Rondo Finale überleitet. In diesen frohbewegten letzten Sätzen gleicht die melodische Erfindung jener der Pariser Symphonien von Haydn, während die geistreichen witzigen Rückleitungen zum Hauptthema ein gründliches Studium der Rondos von Emanuel erkennen lassen. Friedrich gestaltet diese Finale gerne als Charakterstücke: er nennt sie z. B. „Rondo Scherzo" oder „Rondo Scherzando", und die C-Dur-Symphonie von 1794 (*Sü* VI/11) enthält eine „Rondo Musette" (vgl. Haydns „L'Ours"). Seine letzte Symphonie, in B-Dur, ist besonders reizvoll; sie fesselt durch volksliedhafte Melodien, kräftige Rhythmen und farbige Instrumentation. Die Themen sind geschickt aufgeteilt zwischen verschiedenen Instrumentalgruppen, wobei auch oft wirkungsvolle dynamische Gegensätze geboten werden (Beisp. 62). Mehr als die anderen Symphonien Friedrichs ver-

Beisp. 62

dient dieses markige und von reichem Gefühlsleben erfüllte Werk eine Wiederbelebung in unsrer Zeit.

Zusammenfassend sei festgestellt, daß Friedrich Bach weder in seinen Symphonien noch in seinen sonstigen Instrumentalwerken als Pionier gewirkt hat.

Es genügte ihm, dieselben Pfade zu begehen, die fortschrittlichere Komponisten vor ihm betreten hatten. Deswegen dürfen wir jedoch seine Leistungen keineswegs gering schätzen, da sein Werk stets charaktervoll, frisch in der Erfindung und durchwegs gekonnt ist.

In seinem *vokalen Schaffen*[1] war Friedrich vielleicht vielseitiger als in seiner Instrumentalmusik. Es gibt kaum eine Kompositionsart, angefangen mit geistlichem und weltlichem Lied bis zu Oratorium und Oper[2], die er sich nicht zu eigen machte. Im Jahre 1773 erschien in Leipzig die erste Sammlung *„Geistlicher Lieder"* des Kopenhagener Pastors Balthasar Münter. Sie enthielt Werke verschiedener Komponisten und unter diesen sechs Lieder von Emanuel und fünf von Friedrich Bach (*Sü* III/8). Obwohl die Stücke des Bückeburger Konzertmeisters wenig erfindungsreich, ja sogar schwächer sind als die meisten übrigen Beiträge zu diesem Bande, forderte Münter Friedrich auf, eine zweite Sammlung allein zu vertonen. Sie wurde im folgenden Jahr gedruckt und enthält fünfzig Lieder (*Sü* III/9), die qualitativ weit höher stehen als die in der ersten Sammlung. In diesen geistlichen Liedern ahmt Friedrich den Stil seines Bruders in dessen Gellert-Oden nach; sie sind einfach, edel und sprechen eine harmonisch ungezwungene Sprache, wiewohl sich in der Betonung des Textes eine gewisse Nachlässigkeit mitunter störend bemerkbar macht. Das eindrucksvolle *Lied im Winter* (Nr. 44) atmet in seiner majestätischen Größe schon den Geist der späteren Vokalquartette Haydns (Beisp. 63). Schön ist auch Nr. 9, das *„Abendmahlslied"* und der demütig-unterwürfige *Bußgesang* (Nr. 33). In diesen Werken spüren wir den tiefreligiösen Geist der Bache in seiner ursprünglichen Inbrunst.

Beisp. 63

---

[1] Neuausgaben: „Die Amerikanerin" (WALTER), Leipzig: Breitkopf & Härtel, 1919; Motetten „Ich lieg und schlafe", „Wachet auf" (SCHÜNEMANN), Leipzig: Siegel, 1921; „Die Kindheit Jesu" und „Die Auferweckung Lazarus" (SCHÜNEMANN), DDT, Bd. 36; Rezitativ und Arie aus „Cassandra", MBF, S. 182 (Langspielplatte 4).
[2] Von den beiden Opern „Brutus" und „Philoctetes" (*Sü* I/1–2) aus dem Jahre 1774, blieb nur der Text erhalten; die Musik dazu ist verloren gegangen. Vom Duodrama *Mosis Mutter und ihre Tochter* (*Sü* I/3) sind nur Fragmente erhalten; leider geben sie kein klares Bild der Partitur.

Friedrichs *weltliche Lieder* kamen alle in den beiden Sammlungen „Musikalisches Vielerley" (1770) und „Musikalische Nebenstunden" (1787 bis 1788) heraus. Erstere Sammlung enthält noch ein Tanzlied (*Sü* III/14), das den zu Beginn des Jahrhunderts in weltlichen Liedern vorherrschenden instrumentalen Charakter aufweist. Wieder andere Lieder sind beeinträchtigt durch ein Übermaß an pedantischen Verzierungen; im großen und ganzen aber sind diese Kompositionen reizvoll und ausgezeichnet durch köstlichen Humor. In *Die Zeit* (*Sü* III/12) schildert Friedrich recht realistisch den Gegensatz zwischen der Langeweile, die alte Damen und dem Vergnügen, das junge Mädchen bereiten. In *Der Kranke* (*Sü* III/18) aus der zweiten Sammlung wird Gott angefleht, doch dem Wasser mehr Geschmack zu geben, da der Wein für die Gesundheit so schädlich sei. Weiterhin finden wir Trinklieder, die recht schwungvoll komponiert sind. *Rheinweinlob* (*Sü* III/23) z. B. ist volksliedhaft und schlicht gesetzt. In diesen späteren Kompositionen zeigt Friedrich, der in seinen früheren Liedern durchaus in der Vergangenheit wurzelte, eine sehr erfreuliche Natürlichkeit und Geradheit des musikalischen Ausdrucks.

Mehrere *Monodramen* für Solostimme, Streicher und Cembalo bilden den Übergang von den Liedern zu den größeren Vokalwerken des Komponisten. Die früheste seiner Solokantaten ist wahrscheinlich *Cassandra* (*Sü* III/4)[1] für Alt und Streicher, auf einen italienischen Text geschrieben. In einem langatmigen Monolog beschreibt Priamus' Tochter Cassandra die Tragödie des Trojanischen Krieges und beweint den Untergang der Stadt sowie den Tod Hektors, ihres größten Helden. Hier zeigt sich Friedrich als echter Dramatiker; viele Szenen des Monodramas gleichen denen der zeitgenössischen Opern von Hasse und Jomelli. Seccorezitative werden völlig vermieden, und Accompagnati von großer Ausdruckskraft wechseln mit Arien ab, in denen der Komponist Abwechslung in formaler Hinsicht zu bieten sucht. Der leidenschaftliche Charakter des Werks, mit seinem häufigen und plötzlichen Wechsel in Tempo und Dynamik, sowie der reichliche Gebrauch der Molltonarten deuten auf die Sprache der Empfindsamkeit hin, die um 1770 in Deutschland einen Höhepunkt erreichte. Bemerkenswert ist, daß die letzte Nummer der Kantate nicht eine Arie, sondern ein Rezitativ ist, das mit folgenden ergreifenden Takten endigt (Beisp. 64). Die Annahme einer Entstehungszeit der „Cassandra" gegen 1770 wird erhärtet durch einen Brief, den Herder bald nach seiner Ankunft in Bückeburg (1771) seiner Braut schrieb, worin von einer Einladung an den Hof zur Aufführung einer italienischen Kantate,

---

[1] Im Manuskript in der Bibliothèque du Conservatoire, Brüssel, erhalten.

Cassandra, die Rede ist[1]. Wenn auch das begleitende Orchester in diesem Werk nur aus wenigen Instrumenten besteht, erzielt Friedrich eine gewisse Abwechslung in der Klangfarbe durch die gelegentliche Verwendung von obligater Violine und obligatem Cello, sowie eines vollständig ausgeführten

Beisp. 64

Cembaloparts an Stelle des bezifferten Basses. Hiermit erreicht der Komponist Wirkungen, wie wir sie später in den schottischen Liedern Haydns wieder finden.

Die Texte der übrigen Solokantaten Friedrichs sind deutsch. Unter diesen hatte den größten Erfolg *Die Amerikanerin* (*Sü* III/2), die 1776 veröffentlicht wurde. Der Verfasser des Textes, Gerstenberg, wollte hierin das unverbildete starke Gefühlsleben der Naturkinder aufzeigen, die seiner Auffassung nach die neue Welt bevölkerten. Ein Liebhaber erwartet ungeduldig die Ankunft seiner Geliebten. Furcht erfaßt ihn, daß sie von wilden Tieren zerrissen worden sei, und er beschließt, lieber den Tod mit ihr zu erleiden als einsam weiterzuleben. Es paßt zum sentimentalen Charakter des Textes, daß der junge Mann, der seiner großen Liebe für das Mädchen Saide Ausdruck gibt, Sopran singt. Sanft und anmutig ist die Musik dieser Kantate. In den Accompagnato-Rezitativen zeichnet der Komponist mit viel Geschick den Bach, der sich durch den goldenen Sand schlängelt; dagegen steht er der Schilderung des „blutdürstigen Tigers" (eines Raubtieres, das nach Gerstenbergs Meinung in Amerika häufig war) etwas hilflos gegenüber. Die letzte Nummer schildert die Todessehnsucht des Liebhabers in einem langsamen Tanz voll edler Schönheit (Beisp. 65). Es ist nicht weiter erstaunlich, daß dieses rührselige Thema, in dem Dichter und Komponist ihre Geistesverwandtheit mit Rousseau zum Ausdruck brachten, die Musikliebhaber im Zeitalter der Empfind-

---

[1] Vgl. M. C. von HERDER, Erinnerungen aus dem Leben J. G. von Herders, Tübingen, 1820, S. 206.

samkeit ansprach. Der Erfolg der Kantate kann an der Tatsache ermessen werden, daß Friedrich nicht nur den Klavierauszug[1], sondern auch die Partitur des Werkes im Druck erscheinen lassen konnte.

Im Jahre 1786 veröffentlichte er eine weitere Kantate für Sopran, *Ino* (*Sü* III/3) auf einen Text, den schon Telemann und Sebastian Bachs Schüler, Kirn-

Beisp. 65

berger, vertont hatten. Ramlers Dichtung behandelt ein Thema aus der griechischen Mythologie, die Geschichte der unseligen Ino, deren Gatte, von einer zornentbrannten Göttin mit Wahnsinn geschlagen, den eigenen Sohn tötet und seine Frau zu ermorden droht. Um ihm zu entkommen, springt Ino ins Meer, das jüngste Kind an der Brust und beide werden in Meeresgottheiten verwandelt. Friedrichs Vertonung dieser Dichtung ist bei weitem die schönste der drei Kompositionen. Die großen Accompagnato-Szenen zeigen weit mehr Zusammenhalt, Vitalität und Kraft als jene der „Amerikanerin"; außerdem wird hier die Sprache der Empfindsamkeit durch dramatische Spannung ersetzt. Inos verzweifelte Flucht von einem Felsen zum andern, ihre Erschöpfung und die Schreie ihres sie keuchend verfolgenden Gatten Athamus erzeugen eine atemlose Erregung, die ihren Höhepunkt in dem tollkühnen Sprung in die Tiefe erreicht. Meisterlich gehandhabt ist die Verwandlung dieser schauerlichen Szene in die stille Heiterkeit der friedlich plätschernden Wellen. Dieses eindrucksvolle Werk kann in mancher Hinsicht als Vorläufer zur Kantate *Arianna a Naxos* angesehen werden, die einige Jahre später Joseph Haydn in London Ruhm einbringen sollte.

Friedrichs Kantate *Pygmalion* für Baß oder Alt (*Sü* III/1), zu der Ramler wiederum den Text verfertigte, blieb Manuskript. Die Kantate *Prokris und Cephalus* (nicht bei *Sü*) für Sopran ist nur aus einem Klavierauszug bekannt, der im dritten Teil der „Musikalischen Nebenstunden" (1787) erschien. Strenggenommen ist dies keine Solokantate, da eine kurze Zeit lang Prokris und Cephalus gleichzeitig verschiedene Töne singen. Friedrich mag wohl zur Schöpfung dieses deutschen Werkes angeregt worden sein als er 1778 die italienische Kantate seines Bruders Christian in London kennenlernte, die denselben Stoff behandelt, jedoch für drei Stimmen gesetzt ist (vgl. S. 320). Eine

---

[1] Im zweiten Teil der „Musikalischen Nebenstunden", 1787.

musikalische Verwandtschaft zwischen den beiden Kantaten ist allerdings kaum wahrzunehmen; das spätere Werk ist melodisch einfacher und geschlossener in seiner formalen Anlage. Hier wird der größte Teil der Geschichte von einem Erzähler vorgebracht, wohingegen Christians Kantate eher einer Miniaturoper gleicht.

Die ständige Verbindung, in der Friedrich mit Emanuel stand, veranlaßte den Bückeburger Komponisten, drei der Gellert-Oden seines Bruders für vierstimmigen gemischten Chor (*Sü* II/16 bis 18)[1] zu setzen. Ebenso bearbeitete er auch zwei eigene geistliche Lieder auf Texte von Münter für Sopran, Alt, Tenor und Baß (*Sü* II/15 und 19).

Von größerer Bedeutung als diese kleinen Bearbeitungen sind zwei vierstimmige *Motetten*, in denen Friedrich sich den Stil seines Vaters sehr geschickt zu eigen macht. Melodie und Rhythmus zu Anfang von *Wachet auf, ruft uns die Stimme* (*Sü* II/14) ähnelt Sebastians E-Dur-Violinkonzert (Beisp. 66),

Beisp. 66

und ein instrumentaler Charakter zeigt sich im ganzen Stück. In andrer Hinsicht aber ist die Ähnlichkeit mit den Werken des Vaters noch weit bedeutsamer! *Wachet auf* ist eine Choralmotette, die sowohl den Text wie die Melodie des großartigen Kirchenliedes verwendet. In der ersten Strophe wird die Melodie als Cantus firmus im Sopran gebracht, eine Technik, die Sebastian in seiner Kantate Nr. 140 auf den gleichen Choral anwendet. Gegen Schluß der Motette ist dann der Choral einfach harmonisiert, und diesmal sind die Akkorde Ton für Ton aus der Kantate des Vaters entlehnt. Dessen ungeachtet ist Friedrichs Motette weit mehr als eine bloße Kopie. Die Entwicklung der Choralmelodie, die dem Einsatz des Cantus firmus in der ersten Strophe vorangeht und folgt, ist lebendig und beweist technisches Können. Noch weit wirkungsvoller ist die Behandlung der zweiten Strophe, die wertvolles neues melodisches

---

[1] Sie heißen *Weynachtslied, Dancklied* und *Der thätige Glaube* (Wq 194/5, 8, 11). *Sü* hielt diese Bearbeitungen, die in Friedrichs Handschrift erhalten sind, irrtümlich für Originalkompositionen des Bückeburger Bach.

Material bringt. Ein schönes Adagio, das allmählich zur Melodie des Kirchenliedes zurückkehrt, leitet zur Choralharmonisierung über; ihr folgt als Coda
eine kurze gedrängte Fuge. Kraft, Feuer und freudige Inbrunst zeichnen die
Partitur dieser Motette aus, die zweifellos zu Friedrichs bemerkenswertesten
Werken zählt.

Auf dem gleichen Niveau steht die zweite Motette *Ich lieg und schlafe* (*Sü*
II/13), deren Eigenschrift die Jahresangabe 1780 trägt (aller Wahrscheinlichkeit nach dasselbe Jahr, in dem auch *Wachet auf* komponiert wurde). In *Ich
lieg und schlafe* verbindet Friedrich, ebenso wie es viele der älteren Bache getan
hatten, biblische Worte mit einem Choraltext. Ergreifend ist der Anfang
(Psalm IV/9), der mitunter melodische Wendungen bringt, die fast an Mendelssohn gemahnen (Beisp. 67). In der Mitte des Satzes setzt der Sopran mit

Beisp. 67

dem Choral *Es ist noch eine Ruh vorhanden* als Cantus firmus ein, während die
tieferen Stimmen mit dem Bibeltext fortfahren. Fuge und Choralharmonisierung
beschließen auch dieses bedeutsame Werk, in dem Friedrich die große Bach-
Tradition fortführt und hiebei zeitgenössische Stilelemente einfügt.

Wie aus dem Originalmanuskript von Friedrichs erstem Werk für Soli,
Chor und Orchester, der Kantate *Der Tod Jesu* (*Sü* II/1) hervorgeht (die Partitur ist in der Bibliothek des Brüsseler Konservatoriums aufbewahrt), wurde
dieses Werk am 15. August 1769 beendigt. Der Ramlersche Text des Werkes
war schon von Carl Heinrich Graun 1755[1] vertont und durch ihn berühmt
geworden. „An Geist und Verständnis entsprach Ramlers Text durchaus nicht
der Bibel. Er beschrieb die Passion des Herrn in einer Reihe von rührenden, trä-
nenseligen und klagenden Bildern, die durchzogen waren von erbaulichen Betrachtungen[2]." Die Musik, die Graun auf die Worte Ramlers schrieb, enthielt
eine Anzahl handfester Fugen, doch war sie grundsätzlich in einem opernhaften
Stil entworfen. Friedrich Bach, der noch keine Erfahrung auf diesem Gebiet

---

[1] Auch Telemann gehörte zu den Komponisten desselben Textes. Vgl. HANS
HÖRNER, „G. Ph. Telemanns Passionsmusiken", Leipzig, 1933.
[2] Siehe PAUL H. LANG, „Music in Western Civilization", New York, 1941, S. 502.

hatte, nahm sich das Werk des Berliner Komponisten zum Muster, machte jedoch gleichzeitig ausgiebigen Gebrauch vom väterlichen Erbteil. Grauns Kantate ist ohne Ouvertüre und beginnt mit dem Passionschoral. Der Bückeburger Konzertmeister folgte seinem Beispiel und schrieb den Choral in derselben Tonart, c-Moll. Dabei war jedoch die Mehrzahl der harmonischen Fortschreitungen der Matthäuspassion von Sebastian entlehnt (Nr. 72). Friedrich verfuhr auf ähnliche Weise in den übrigen Teilen der Kantate. Wiederholt übernahm er Grauns Tonarten, Tempo- und Taktbezeichnungen und mitunter selbst seine Melodien wie z. B. in dem Baßrezitativ *Jerusalem voll Mordlust ruft* oder der darauffolgenden Baßarie *So steht ein Berg Gottes*. Bei den Choralharmonisierungen aber macht sich der Einfluß des Vaters geltend. *Wen hab ich sonst* gleicht in gewisser Weise der Nr. 16 aus der Matthäuspassion und der Choral *Ich werde dir zu Ehren* stimmt fast vollkommen überein mit Nr. 3 aus Sebastians Werk.

Doch es wäre ungerecht dieses Werk als bloße Nachahmung stempeln zu wollen. Friedrichs Text unterscheidet sich in gewisser Hinsicht von dem Grauns. In der Kantate des Bückeburger Künstlers ist eine Anzahl Nummern aus dem früheren Werk entweder durch andere Stücke ersetzt oder vollständig ausgelassen. Fugen und polyphone Stimmführung spielen eine geringere Rolle; Friedrichs Werk ist von größerer Wärme und zarterer Empfindung beseelt. Es ist kennzeichnend, daß ein bei Graun mit *grazioso* bezeichnetes Duett in der späteren Kantate mit *amoroso* überschrieben ist. In Friedrichs Werk wird außerdem gelegentlich eine ausdrucksvolle Kraft spürbar (Beisp. 68),

Beisp. 68

die dem mehr äußerlichen Glanz der früheren Komposition fremd war. Echte Erfindung und Phantasie finden wir etwa im Chor *Herr, höre die Stimme*, auf einen Text, der in Grauns Kantate fehlt, und wenn Friedrich die sentimentale Sprache seiner Zeit durch die kraftvollere der Offenbarung Johannis ersetzt („Selig sind die Toten, die im Herrn sterben"), regt ihn dies zur Komposition einer eindrucksvollen Fuge an.

Einige der hervorragendsten Chorwerke Friedrichs wurden auf Texte Johann Gottfried Herders (vgl. S. 252) komponiert. Die Kantate *Michaels Sieg (Der Streit des Guten und Bösen in der Welt) (Sü II/8)* behandelt nochmals ein Lieblingsthema der Bache. Johann Christoph (13) wie auch Sebastian hatten es in ihren unsterblichen Kantaten verwendet. Herder, der einen tiefen Einblick in die Möglichkeiten der Vokalkomposition besaß, empfahl zu Beginn eine rondoähnliche Form, in der die Choralstrophen mit Chören auf Bibeltexte abwechseln. So verlangte er, daß der erste Chor „wie im fernen Ungewitter" klingen solle, der zweite „stärker und ungestümer", der dritte „am stärksten". Auch ließ sich Friedrich Bach von den klugen und einsichtigen Vorschlägen seines Textdichters leiten (wie es später Joseph Haydn bei der „Schöpfung" und den „Jahreszeiten" tat), um auf diese Weise auf einen wirkungsvollen Höhepunkt hinzuarbeiten. Eine Koloraturarie und das ihr vorangehende Accompagnato Rezitativ nähern sich dem damals modischen italienischen Stil, während Friedrich gegen Ende des Werks auf die Technik des Anfangs zurückgreift. Im Schlußteil wird vielfach die Melodie zu „Ein feste Burg" zwischen die Lob- und Triumphgesänge des Chors eingeschoben. Bedauerlicherweise wird Friedrichs Vertonung der Worte „der großen Stimme, die sprach im Himmel" in keiner Hinsicht dem machtvollen Text der Offenbarung Johannis gerecht. Ein Vergleich mit der Melodie Sebastians zu demselben Text offenbart die Unzulänglichkeit der späteren Fassung noch deutlicher (Beisp. 69).

Beisp. 69

Ein merkwürdiges Beispiel von der Zusammenarbeit mehrerer Bache finden wir in einer weiteren *Michaelis-Kantate (Sü II/9)*. Dies interessante Manuskript aus Emanuels Hinterlassenschaft trägt die Initialen seiner beiden Verfasser „J. C. F. B. & C. P. E. B." (Johann Christoph Friedrich Bach und Carl Philipp Emanuel Bach) mit der Bemerkung „das Baßaccompagnato von C. P. E. Bach"[1]. Offenbar wollte der Bückeburger Komponist dem Bruder

---

[1] Wq (246) führt es mit einem anderen Textanfang an. Das von ihm gegebene Datum, 1772, ist offenbar falsch. Nach der Liste von Emanuels Nachlaß zu schließen, gehört das Werk ins Jahr 1785.

aushelfen und lieferte ihm daher eine von ihm für den St.-Michaels-Tag ein-gerichtete Kantate. Sie besteht aus drei Nummern von Friedrichs Kantate *Michaels Sieg* und einer gleichen Anzahl von Musikstücken, die er für dieses Werk neu geschrieben zu haben scheint. Emanuels Beitrag war höchstwahr-scheinlich nicht nur auf die Baßbegleitung beschränkt. Gegen das Ende wird ein Chor *Heilig* in allen Stimmen zwar erwähnt, doch fehlt das Stück. Es ist anzunehmen, daß der Hamburger Bach an dieser Stelle das kurze einchörige *Heilig* (Wq 218) einschaltete, das genau dieselbe Instrumentalbegleitung auf-weist wie die *Michaeliskantate* (Streicher, zwei Oboen, drei Trompeten und Pauken) und überdies in Emanuels Nachlaß im gleichen Notenpaket enthalten war. Doch selbst in diesem „Heilig" strengte sich der alternde Komponist nicht übermäßig an, denn er erwählte wiederum seinen Vater als „Mitarbeiter". Nach fünfzehn Einleitungstakten des Hamburger Bach wird die Fuge *Sicut locutus est* aus Sebastians *Magnificat* verwendet, die hier mit einem neuen Text versehen ist (s. Abb. 16). Da der Text dieses Sammelwerkes aller Wahrschein-lichkeit nach von Herder stammte, scheinen vier große Geister ihren Beitrag zur *Michaeliskantate* geleistet zu haben.

Zu Friedrichs Hauptwerken gehören die beiden Oratorien *Die Kindheit Jesu* (*Sü* II/2) und *Die Auferweckung Lazarus* (*Sü* II/3), beide aus dem Jahr 1773. Wiederum verfaßte Herder die Texte dieser beiden Werke; sie stehen im großen und ganzen auf derselben Linie wie die von Ramler und Gerstenberg. Seine Dichtungen wollen nicht dramatische Berichte herzbewegender Vorgänge sein, sondern eher lyrische Beschreibungen von Gefühlsregungen, die durch diese Vorgänge erweckt werden. Obwohl sich der Dichter an den Originaltext der Bibel hält, wird die Person des *historicus*, des Erzählers der Geschichte, aus-geschaltet und wo nur immer möglich, wird die Erzählung der Handlung durch allgemeine Betrachtungen ersetzt. Wie in der Kantate *Michaels Sieg* versucht Herder hier eine größere Einheitlichkeit innerhalb der einzelnen Nummern zu erreichen, indem er rondoähnliche Formen bildet und den Kom-ponisten durch ausführliche Anweisungen leitet. In der *Kindheit Jesu* z. B. schreibt er nach der Verkündigung durch den Engel vor: „Himmlische Mu-sik, fernher, ohne Worte." Nach Ausrufungen seitens eines Hirten heißt es: „Himmlische Musik, näher, noch ohne Worte." Eine zweite und eine dritte Episode zwischen den Hirten schließt sich an, bevor es heißt: „Voller Chor mit Worten." Friedrich ging auf diese Anweisungen ein, indem er dieselbe Melodie erst für sordinierte Streicher setzte, dann für Streicher ohne Dämpfer, ein drittes Mal für Streicher, die durch Flöte und Fagott verstärkt sind, und schließlich für vollen Chor und Orchester unter Hinzuziehung der Hörner. Herders Textbücher dürfen nicht als selbständige Dichtungen angesehen werden. Ihr besonderes Merkmal besteht im gelegentlichen Gebrauch unvollständiger Sätze, die er „Hieroglyphen" nannte. Sie sollten den Komponisten anregen und eine gewisse Atmosphäre schaffen, nicht aber einen klaren Sinn ergeben. In der *Kindheit Jesu* z. B. stammelt einer der Hirten: „Ihr Brüder, sind wir? Wähnen? Hören? Sehn?" (was wohl bedeuten soll: Ihr Brüder, sind wir im Himmel? Wähnten wir die himmlische Vision zu hören und zu sehen?).

Friedrich komponierte zu diesen stark empfindsamen Texten eine Musik, die getreu ihren Charakter wiedergibt. Die Kantaten von Graun, Emanuels Vokalwerke und in gewisser Hinsicht auch die Oratorien der neapolitanischen Schule waren seine Vorbilder. Sanft und volksliedhaft sind seine Melodien, und die Da-capo-Form wird nicht nur in den Arien, sondern auch in den Chören verwendet. Der Aufbau der Oratorien ist klar und überzeugend. Friedrich macht von den musikalischen Mitteln weisen und sparsamen Gebrauch und versteht es, auf wirkungsvolle Höhepunkte hinzuarbeiten. Die erste Hälfte des „Lazarus", z. B., ist nur für Streicher instrumentiert; zu diesen gesellen sich später die Flöte und gegen Schluß noch Oboen und Hörner. Jedoch ist es bezeichnend für die Geisteshaltung des Komponisten, daß als letzte Nummer des Oratoriums nicht ein Jubelchor dient, sondern eine tiefempfundene Arie, die im pianissimo verebbt.

Auch beginnen die beiden Oratorien weder mit einem Chor noch mit einer Instrumentalouvertüre. Ariosoähnliche Anfangsnummern betonen noch ihren intimen, mehr kammermusikalischen Charakter. In beiden Werken wird ein reichlicher Gebrauch von Chorälen gemacht, deren Harmonisierung Friedrich gerne den Werken seines Vaters entlehnte. In der „Kindheit Jesu" wird das visionäre Rezitativ Simons „Mich reget Geist, ich seh, ich seh" eingerahmt von Choralstrophen aus Sebastians Kantate Nr. 83 „Und nun in Fried und Freud wall' ich ganz von hinnen". Im „Lazarus" stammt der Choral „Wenn Trost und Rettung schwunden ist" aus der Kantate Nr. 86. Doch scheint der barocke Prunk von Sebastians Akkordfolgen in diesen Werken nicht recht am Platze zu sein, denn sie bewegen sich innerhalb eines viel engeren seelischen Umkreises. Die bemerkenswertesten Stücke aus Friedrichs Partituren sind solch einfache aber tiefempfundene Nummern wie das volksliedhafte Hirtenlied, der jubilierende Schlußchor aus der „Kindheit Jesu", oder der Dialog zwischen der trauernden Maria und Martha, die sie zu trösten sucht, im „Lazarus". Wir können uns gut vorstellen, daß Werke dieser Art ein wirkliches Bedürfnis empfindsamer Seelen stillten. Als Gräfin Maria erstmals die „Kindheit Jesu" hörte, schrieb sie, daß sie „von der himmlischen Musik beseligt war". Und auch heute noch ergreift uns der sanfte Zauber von Friedrichs Oratorien.

VIERTES KAPITEL

DER MAILÄNDER (LONDONER) BACH[1]

JOHANN CHRISTIAN BACH

Sebastians jüngster Sohn, Johann Christian, geboren zu Leipzig am 5. September 1735, verbrachte seine Kindheit und frühe Jugend in einer wenig heiteren Umgebung. Die prächtige Hausmusik, die Sebastians ältere Kinder so freudig betrieben hatten, war, seit der Abreise der älteren Söhne aus Leipzig, stark zurückgegangen, denn nunmehr bestand die Familie nur noch aus dem geistesschwachen Gottfried, dem kleinen Friedrich und Christian sowie deren Schwestern und den Eltern. Überdies mußte Sebastian, kurz nach Christians Geburt, einen bösen Konflikt durchfechten. Ein Zwist mit Christians Taufpaten, dem Rektor J. August Ernesti, wütete jahrelang mit unverminderter Gewalt an der Thomasschule, und warf seine Schatten auf alle Familienmitglieder. Obwohl Sebastian hier keine direkte Niederlage erlitt, hinterließ dieser Zwist starke Erbitterung in ihm; die Folge davon war, daß das Interesse an seinen dienstlichen Aufgaben bedenklich abnahm und er sich soweit als möglich in seine eigene, innere Welt zurückzog. Auch seine Gesundheit begann zu leiden und die Familie mußte hilflos den Qualen zusehen, die der höchst tatkräftige Mann durch den Verlust seiner Sehkraft erlitt.

Als Christian noch ein Kind war, vermochte er natürlich nicht alles zu verstehen, was zu Hause vor sich ging, aber es konnte nicht ausbleiben, daß auch er von der allgemeinen Spannung und Bitterkeit berührt wurde. Aus diesem Erleben heraus faßte er den festen Entschluß, kein Leben wie das seines Vaters zu führen. Daß er aber Musiker werden wollte, war selbstverständlich; dies stand sowohl für ihn wie für Sebastian fest. Aber er wollte nicht an den Kirchendienst gebunden, schlecht bezahlt und ebenso wie sein Vater von einem engstirnigen und unkünstlerischen Stadtrat abhängig sein. Sicherlich müßte es ihm auch als Musiker gelingen, einen Weg zu Ruhm und Reichtum zu gewinnen. Träume dieser Art gewannen festere Gestalt als Christian, noch vor seinem fünfzehnten Geburtstag, den Vater verlor. Er war entsetzt über das geringe Maß an irdischen Gütern, das in einem Leben andauernden Fleißes und äußerster Sparsamkeit angesammelt worden war. Nachdem Sebastians ganze Habe unter die Witwe und die Kinder verteilt war, belief sich Christians

---

[1] Stammbaum siehe Seite 345.

weltlicher Besitz auf drei Klaviere (ein persönliches Geschenk seines Vaters), einige seiner leinenen Hemden, achtunddreißig Taler und die Aussicht auf einen Anteil an dem Ertrag aus dem Verkauf etlicher Wertgegenstände, den seine Mutter durchzuführen beabsichtigte. Ein Weiterleben mit seinen Schwestern in Leipzig kam nicht in Frage; er brauchte ja eine fachliche Ausbildung um jene Meisterschaft zu erreichen, die allein ihn für die erträumte Laufbahn befähigen konnte. So traf es sich glücklich, daß Emanuel sich seines jungen Halbbruders, den er kaum kannte, annahm und ihm eine Heimstätte in seinem Berliner Hause anbot. Christian nahm gerne an; dies um so mehr als es ihm den Vorteil bot, mit einem der ersten Klavierspieler seiner Zeit, der auch als Lehrer wachsendes Ansehen genoß, zu arbeiten. Mit Feuereifer stürzte er sich in seine Studien und entwickelte sich unter Emanuels Führung zu einem Virtuosen ersten Ranges. Die schon in Leipzig begonnenen Kompositionsstudien setzte er fort und schrieb nun verschiedene Werke, in der Hauptsache Klavierkonzerte, die von Musikfreunden Berlins recht freundlich aufgenommen wurden. So hervorragend auch Emanuels Unterricht war, bedeutete er doch nicht den entscheidenden Einfluß auf seinen jungen Schützling. Zu jener Zeit hatten die Opernaufführungen in Berlin, die der König in glänzendem Stil eingeführt hatte, ihren Höhepunkt erreicht. Da der Eintritt zur Oper jedem anständig Gekleideten freistand, machte Christian natürlich reichlichen Gebrauch von dieser Gelegenheit und lernte dabei die stilistischen Eigenheiten der im italienischen Stil geschriebenen Opern von Hasse, Graun und Agricola gründlich kennen. Dem Jüngling eröffnete sich eine neue Welt, die er mit der größten Begeisterung in sich aufnahm. Auch Emanuel war von der italienischen Opernmusik stark beeinflußt worden, die ihn zu kühnen Kompositionsversuchen am Tasteninstrument sowie zu einer völlig neuen klavieristischen Tonsprache angeregt hatte. Auf Christian aber übte die italienische Kunst einen noch viel tieferen Eindruck aus.

Züge des Opernstils auf andere musikalische Formen zu übertragen, wie es Emanuel getan hatte, erschien ihm nicht wichtig, denn er brachte der Oper nicht jenes Mißtrauen entgegen, das Sebastians ältere Söhne auf Grund ihrer musikalischen Erziehung empfanden und niemals vollständig überwinden konnten. Christian war von dem kränkelnden Vater nicht in dem Maße beeinflußt worden wie seine Brüder; er hegte keinerlei Vorurteile der Oper gegenüber, und seine Überzeugung wuchs, daß er gerade auf diesem Gebiete Lorbeeren erringen könne. Zunächst aber erschien es ihm als zwingend notwendig, die italienische Oper in ihrem Heimatland zu studieren. So kam es, daß während Emanuel sich die größte Mühe gab, seinem Bruder eine gute Stellung als Organist oder Cembalist in Deutschland zu verschaffen, Christian jede nur denkbare Möglichkeit erwog, nach Italien zu reisen. Es war dies kein leichtes Vorhaben, da er keinen materiellen Rückhalt hatte und von seinem Bruder abhing, der einem so phantastischen, ganz im Gegensatz zu der guten alten Bachtradition ausgedachten Plan in keiner Weise Verständnis entgegenbringen konnte. Aber Christian ließ sich nicht entmutigen. Er hatte von seinem Vater die Entschlossenheit geerbt, zu erreichen was ihm wichtig schien, und diese, verbunden mit Klugheit, Talent und Charme, verhalf ihm schließlich zum Erfolg. Wir kennen nicht die Einzelheiten, doch wenn wir dem Bericht mehrerer Schriftsteller glauben dürfen, so schloß er sich einer italienischen Primadonna an, die in ihr Heimatland zurückkehrte. Jedenfalls verließ er als etwa Zwanzigjähriger seinen Bruder und zerriß alle Bande mit der Familie Bach sowie mit seinem Vaterlande, das er nur gelegentlich anläßlich kurzer Besuche wiedersehen sollte. Von nun an lag es einzig in seiner eigenen Hand, ob Erfolg oder Mißerfolg ihm beschieden sein sollte.

Als der französische Gelehrte, J. J. L. de Lalande, Italien ungefähr zu jener Zeit besuchte[1], schrieb er: „Mir scheint, daß in diesem Lande sogar die Paukenfelle zarter, harmonischer und wohlklingender sind als im übrigen Europa; auch singen die Menschen selbst immerzu! Ihre Bewegungen, die Modulationsfähigkeit ihrer Stimmen, der Silbenrhythmus, ihre ganze Unterhaltung – alles dort atmet Musik." Christian Bach, der an die Laute des sächsischen und preußischen Dialekts gewöhnt war, mag sogar noch entzückter gewesen sein als der Franzose. In kürzester Zeit war der Sprößling einer alteingesessenen thüringischen Musikerfamilie zum vollkommenen Italiener geworden. Er nannte sich Giovanni Bach, sprach und schrieb Italienisch flüssig, und bald nach seiner Übersiedlung gab er sogar den Glauben seiner Väter auf und wurde Katholik, was ihm von seinen Brüdern zutiefst verübelt wurde. Dieser Übertritt entsprang freilich weniger seiner religiösen Überzeugung als praktischen Erwägungen. Er war ja aufs eifrigste bemüht, sich in jeder Beziehung der vorherrschenden Geistesrichtung anzupassen; außerdem stellte, wie seine italienischen Freunde betonten, die Zugehörigkeit zur katholischen Kirche die unerläßliche Vorbedingung zu einer wirklich guten Anstellung dar. Die Religion an sich bedeutete Giovanni nicht viel; daher trug er keinerlei Bedenken, diesem Rat zu folgen, und die Tatsache, daß er sich damit vollkommen von dem löste, was seines Vaters Lebensinhalt gewesen war, bekümmerte den Jüngling nicht im mindesten.

Sein heißer Wunsch, in Italien feste Wurzeln zu schlagen, fand tatsächlich Erfüllung. Giovanni hatte das Glück, der Schützling eines wohlhabenden

---

[1] „Voyages en Italie", Venedig, 1769.

italienischen Edelmannes, des Grafen Litta in Mailand zu werden, der den vielversprechenden Musiker nicht nur für sein Privatorchester verpflichtete, sondern es ihm auch ermöglichte, seine musikalischen Studien fortzusetzen. Die
Beziehungen zwischen den beiden Männern gestalteten sich höchst freundschaftlich, eine Tatsache, die ebenso sehr für den großmütigen jungen Grafen
wie für den Empfänger solcher Gunst spricht. Weder Sebastian noch irgendein anderer seiner Söhne dürfte jemals so großzügige Unterstützung von einem
Arbeitgeber empfangen haben wie sie Giovanni hier zuteil wurde. Offenbar halfen ihm hiebei seine Anpassungsfähigkeit und seine ungezwungene
Liebenswürdigkeit, Eigenschaften die sonst nicht eben häufig in der Familie
Bach vorkamen und möglicherweise von seiner Mutter ererbt waren. So sehen
wir ihn eine zweite höchst wichtige Verbindung eingehen. Das Studium bei
Padre Giovanni Battista Martini von Bologna, der allerersten Autorität auf
dem Gebiete der Musiktheorie, schien Graf Litta für Giovanni von größter
Bedeutung zu sein, und dieser machte gern Gebrauch von der Empfehlung
des Grafen. Er begab sich nun häufig für längere Zeitspannen zur Unterweisung bei Martini nach Bologna. In den Zwischenzeiten aber sandte er Martini
seine Kompositionen zur Korrektur und korrespondierte mit ihm über die
kleinsten Einzelheiten kontrapunktischer Technik, all dies mit einem be-
harrlichen Fleiß, der stark an den jungen Sebastian erinnert. Mehrere Jahre
dauerte dieser fruchtbringende Verkehr, und Graf Litta bewies seine Dankbarkeit dem Padre gegenüber, indem er ihm die verschiedenartigsten Gaben
schickte, zu denen etwa achtundzwanzig Pfund hausgemachter Schokolade
oder eine Anzahl seltener Bücher zählten, die der Gelehrte mit der Bemerkung
empfing, daß ja „Bach selbst seine höchste Belohnung sei". Unter des Padres
Führung komponierte der junge Künstler verschiedene Kirchenmusiken für
Mailand; am 13. August 1757 schrieb der Graf z. B. voll Freude an Martini,
daß die führenden Kritiker das *Officio* und die *Messa di Requiem* seines „geliebten Giovannino" als „korrekt, eindrucksvoll, klar, flüssig und wohltuend
harmonisch" bezeichnet hätten.

Im ersten Augenblick erscheint es seltsam, daß der junge Giovanni, der
einer Anstellung an einer Kirche Deutschlands ausgewichen war, nun so viel
Zeit für italienische Kirchenkomposition aufbringen konnte. Dies war freilich
eine Konzession an den Grafen Litta, der ihn als Organisten am Mailänder
Dom anstellen lassen wollte: ein „netter kleiner Posten", wie der Graf es
bezeichnete, und „ein vorzüglicher Rückhalt für das Alter". Deshalb war es
für Giovanni von größter Wichtigkeit, sich mit der liturgischen Kompositionsweise Italiens intensiv zu beschäftigen und sich durch eigene Kompositionen
in einflußreichen geistlichen Kreisen bekannt zu machen. Bach folgte bereit-

willigst der Führung des Grafen, und ging mit größtem Eifer ans Werk; denn vom Standpunkt einer neuzuerwerbenden Erfahrung, schien ihm jedwede Kompositionsart wertvoll zu sein. Littas hohes Ansehen brachte ihn schließlich an das ersehnte Ziel. Im Juni 1760 dankte der betagte Organist des Duomo ab und gab seine Einwilligung, daß Bach seine Stellung erhielte; die Behörden stimmten dann dieser Abmachung bei. Auf diese Weise war ein guter und keineswegs anstrengender Posten, der ein Einkommen von achthundert Lire brachte, Giovanni in den Schoß gefallen. Da er fortfuhr, für Graf Litta zu arbeiten und zu komponieren, ging es ihm materiell gewiß nicht schlecht. Daß er solch finanzielle Sicherheit erworben, änderte jedoch nichts an Bachs ursprünglichem Vorhaben; er hatte im Grunde nicht die Absicht, sich nun friedlich in Mailand niederzulassen. Das wirkliche Ziel seines Ehrgeizes – die Oper – ließ er niemals aus dem Auge, und sogar während seiner intensiven Studienzeit bei Martini fand er Mittel und Wege, um diesen tiefeingewurzelten Wunsch zu befriedigen. Bereits im Januar 1757 schrieb er dem Padre von Neapel aus, wo er einige Monate verblieb. Man kann annehmen, daß solche Besuche, die er dem wichtigsten Opernzentrum des Landes abstattete, bei verschiedenen Gelegenheiten wiederholt wurden. Was er eigentlich in Neapel unternahm, ist unbekannt; vielleicht wollte er bloß die Oper an ihrer wahren Quelle studieren, indem er den Aufführungen im Teatro di San Carlo beiwohnte, dessen achtzig Mann starkes Orchester und weltberühmte Sänger ihn begeistert haben müssen. Aber wie auch immer seine Lernmethode beschaffen war, sie trug die besten Früchte. 1758 legte er Martini eine *Aria cantabile* aus eigener Feder vor, die ein Altist aus Bologna allabendlich im Mailänder Opernhaus zum Vortrag brachte. Ohne Zweifel wurden ähnliche Versuche fortgesetzt, obwohl leider keine Note dieser Musik erhalten geblieben ist, und allmählich errang Giovanni auch als Komponist von Stücken für die Bühne Ruhm. So kam es, daß er im selben Monat, in dem er seine Dienstzeit am Dom begann, Mailand verlassen mußte, um zwei Sänger zu prüfen, die vom Teatro Regio in Turin angestellt worden waren. Dies tat er, da er den Auftrag erhalten hatte, für das berühmte Opernhaus ein Werk zu schreiben, das im kommenden Karneval dort aufgeführt werden sollte. Seine erste Oper, *Artaserse*, gelangte dort 1761 zur Wiedergabe und der Erfolg muß ein großer gewesen sein, denn Giovanni wurde nun mit dem noch ehrenvolleren Auftrag bedacht, eine Oper für das Teatro di San Carlo in Neapel zu komponieren. So entstand *Catone in Utica*, ein Werk, das noch im selben Jahr aufgeführt wurde und so gefiel, daß es trotz der den Italienern eigenen „Gier nach Novitäten" (Burney) 1764 nochmals zur Wiedergabe gelangte. Überdies bestellte San Carlo, stark beeindruckt von Bachs glänzendem Erfolg,

ein weiteres Werk von ihm, und im Januar 1762 erntete sein *Alessandro nell'
Indie* großen Beifall[1].

Obwohl Christian Neapel von seinen früheren Besuchen her gut kannte, muß
er einen eigenartigen Schauer empfunden haben, als er sein eigenes Werk
in diesem Riesentheater aufgeführt sah, einem Bauwerk, das ein englischer Besucher, Samuel Sharp, als „vielleicht das bemerkenswerteste Objekt, das einem
auf Reisen begegnen mag", beschrieben hat[2]. Bach war wohl mit der Zeit ab-
gestumpft geworden gegen das ungezügelte Benehmen des Publikums, das
heutige Opernliebhaber mit Schaudern erfüllen muß. Als Ersatz für häus-
liche Gesellschaften statteten die verarmten Edelleute Italiens einander während der Aufführungen Besuche ab und unterhielten sich laut in den Logen.
Ebenso gebräuchlich war der fortgesetzte Applaus für besonders beliebte Sänger, während ihrer Gesangsdarbietungen; die Männer im Parterre verstärkten
noch die Wirkung ihrer lauten Ausrufe, indem sie mit langen Stöcken auf die
Bänke schlugen. Daß die Musik in diesem Höllenlärm überhaupt gehört und
gar gewürdigt werden konnte, ist kaum zu verstehen.

Jedenfalls verbrachte Giovanni herrliche Monate in Neapel und sonnte sich
in seinen Erfolgen; begreiflicherweise zögerte er, die Orgelempore wieder
zu besteigen. Er war nun bereits ein ganzes Jahr abwesend von Mailand gewesen, und hatte mittlerweile seine dortigen dienstlichen Verpflichtungen
einem Ersatzmann übergeben. Graf Litta, dem allerhand nicht ganz ungerecht-
fertigte, abfällige Kritik über das Benehmen seines Schützlings zugetragen
wurde, verlor allmählich die Geduld. Padre Martini anderseits war ein so
hervorragender Musiker und zugleich ein so feiner Beobachter menschlichen
Charakters, daß er die unwiderstehliche Macht erkannte, die seinen Schüler
der Kirchenmusik abspenstig machte und er versuchte – freilich ohne Erfolg –
beim Grafen zu vermitteln. Bach aber erkannte schließlich, daß er dem
Wunsche seines Wohltäters nachkommen müsse, und kehrte im April 1762
nach Mailand zurück. Doch hatte ihm das Schicksal keinen allzulangen Aufenthalt dort zugedacht. Die Berichte über seine außergewöhnlichen Erfolge
auf der Opernbühne waren schon weit über die Grenzen Italiens hinaus-
gelangt. Damals benötigte Colomba Mattei, Impresaria des King's Theatre
in London, einen „maestro", der ihrem Institut Glanz verleihen und ihr in
ihren großen finanziellen Schwierigkeiten Hilfe angedeihen lassen konnte.
Der junge Bach schien ihr gerade der Richtige zu sein, und sie bot ihm die

---

[1] In dieser Oper sang der große Tenor, Anton Raaf, für den Bach eine seiner
schönsten Arien schrieb, „Non so d'onde viene". Späterhin übernahm Raaf die Titelrolle in der ersten Aufführung von Mozarts „Idomeneo".
[2] Vgl. SAMUEL SHARP, „Letters from Italy", London, 1767.

Stellung eines offiziellen Komponisten des King's Theatre für die Saison vom November 1762 bis Juni 1763 an. Dies war freilich ein höchst verlockender Posten für Christian. Die Worte die Samuel Sharp geschrieben hatte[1], spiegeln die vorherrschende Meinung: „einem wirklich vorzüglichen Künstler kann man nur den guten Rat geben, sich nach England zu begeben, wo die Belohnung für Talente jeder Art zehnmal so groß ist wie in Neapel". Auch Bach war der gleichen Meinung und hegte den Wunsch, sein Glück bei einem englischen Publikum zu versuchen. Sogar sein Mäzen konnte die Gültigkeit solcher Argumente nicht leugnen, und so machte sich der Mailänder Domorganist, nach nur wenigen Monaten seines Dienstes, auf den Weg nach England[2].

Obwohl Bach an einem ausschließlich der Pflege der italienischen Oper gewidmeten Theater angestellt war, machte er gar nicht erst den Versuch, in England als Italiener zu erscheinen; auf den Programmen stand „Mr. John Bach", ein „sächsischer Musikmeister", oder auch ein „sächsischer Professor". Dies ist in gewisser Hinsicht bemerkenswert, da es die damals in England obwaltenden Verhältnisse beleuchtet. Das regierende Königshaus war erst 1714 aus Hannover nach England gekommen. Obwohl König Georg III. als erster der hannoveranischen Herrscher in England geboren und erzogen wurde, pflegte er immer noch eine enge Verbindung mit Deutschland, um so mehr, als er in seiner Eigenschaft als Kurfürst von Hannover seinen Einfluß dort auch weiterhin geltend machte. Die menschlichen Bande mit Deutschland waren

---

[1] a. a. O.

[2] Terry berichtet in seiner Biographie des Komponisten, daß sich Christian zuerst von Mailand an den Strelitzer Hof in Nordostdeutschland begab, wo er einen Reisezuschuß von hundert Talern für seine Reise nach London erhielt. Dies beruht auf der Annahme, daß eine Quittung vom 8. Juli 1762 über diese Summe, die als Unterschrift den Namen Bach trägt und im Mecklenburg-Strelitzschen Archiv bewahrt ist (von Terry jedoch nicht eingesehen wurde), von Christian Bach herrührt. Miesner erklärt anderseits im BJ 1937, daß diese Unterschrift von Emanuel stamme, eine Annahme, die glaubwürdig erscheint. Es ist doch recht unwahrscheinlich, daß Christian den gewaltigen Umweg auf seiner Reise von Mailand nach London machte, der ihn durch ein kriegführendes Land gebracht hätte. Er hatte wohl Interesse daran, mit dem Strelitzer Hof Fühlung zu nehmen, da Prinzessin Sophie Charlotte von Mecklenburg-Strelitz, die im September 1761 König Georg III. von England geheiratet hatte, nach einem deutschen Musikmeister Ausschau hielt. Die Beziehung war jedoch schon dadurch hergestellt, daß Christian für die Ankunft der Königin in England eine Ode von John Lockman „Thanks be to God who rules the Deep" vertont hatte. Er war der Königin daher bereits bekannt und wurde tatsächlich 1763 zu ihrem Musikmeister ernannt. Emanuel stand anderseits, wie auch andere bedeutende Berliner Musiker, in engster Verbindung mit Joh. Wilhelm Friedrich Hertel, dem Hofkapellmeister in Strelitz, und besaß eine Dauereinladung, dort zu dirigieren, was er 1762 getan zu haben scheint.

sogar noch stärker für die Königin, die 1761 mit achtzehn Jahren den Mecklen-
burg-Strelitzer Hof verlassen hatte, um Georg III. zu heiraten und sich nur
langsam an die englische Lebensweise gewöhnen konnte. So bedeutete die
deutsche Abstammung eines Musikers in ihren Augen einen ganz entschiedenen Vorzug, und Bach ließ es sich angelegen sein, diesen Vorzug zu betonen.
Anderseits entbehrte seine Lage auch nicht der entschiedenen Nachteile. Im
King's Theatre hatten die Italiener lange Zeit die Vorherrschaft geführt; sie
beobachteten nun mit Neid die Erfolge eines deutschen Komponisten auf
ihrem ureigensten Gebiete und scheuten nicht davor zurück, ihn mit jeder
nur erdenklichen Waffe aus dem Felde zu schlagen. Fügen wir diesem Konflikt
noch das Labyrinth der Intrigen hinzu, durch welches jeder Theaterbeflissene
hindurch muß, so können wir uns wohl vorstellen, daß sich John Bach kein
leichtes Leben erkoren hatte, als er Signora Matteis Ruf Folge leistete. Vielleicht dachte er sogar manchmal sehnsuchtsvoll an die friedvolle Orgelempore
zurück, die er in Mailand verlassen hatte.

Er faßte den Plan, eine ernste Oper für das Theater zu schreiben, aber als
er die Sänger, die ihm zur Verfügung standen, näher kennenlernte, war er
über deren Mittelmäßigkeit nicht wenig bestürzt. So viel hing ab von dem
ersten Eindruck, den er in London machen würde, daß er es unbedingt vermeiden wollte, seinen guten Ruf einer solch mäßigen Besetzung anzuvertrauen.
So entschloß er sich, dem Publikum erst einmal einige *pasticci* (Flickopern) vorzuführen, die von verschiedenen Komponisten stammten. In der Zwischenzeit
aber suchte er Mittel und Wege, seiner eigenen Schwierigkeiten Herr zu werden.
Ein Ausweg bot sich ihm schließlich. Anna Lucia de'Amicis, eine italienische
Sängerin, hatte schon in heiteren Rollen Ausgezeichnetes geleistet und er entschloß sich nunmehr, es mit ihr in einer ernsten Partie zu versuchen. Das
Experiment gelang vortrefflich, und als Bach im Februar 1763 sein neues
Drama *Orione* aufführte, wurde dies zu einer wahren Sensation. Burney berichtet darüber: „Jeder, der überhaupt Musik beurteilen kann, spürte während
der ganzen Aufführung die Ausstrahlung eines Genies[1]." Dem Königspaar,
das die Premiere mit seiner Gegenwart beehrte, gefiel *Orione* so gut, daß es
auch einer zweiten Aufführung beiwohnte, obwohl diese an einem Dienstag
stattfand, einem Tag, an dem die gesellschaftlichen Snobs es für unfein hielten,
das King's Theatre zu besuchen. Jedoch, ob es nun Dienstag oder Samstag
war – das Opernhaus zeigte sich immer überfüllt, wenn Bachs Werk gespielt
wurde, und eine Sammlung von „beliebten Gesangstücken" aus der Oper,
die von der unternehmungslustigen Firma Walsh einige Wochen nach der

---

[1] Burney, A General History of Music, IV, 181 ff.

Premiere gedruckt wurde, fand reißenden Absatz. Im Mai desselben Jahres, nach der dreizehnten Aufführung von *Orione*, brachte Bach seine *Zanaide* heraus, mit derselben hervorragenden Primadonna in der Titelrolle, und der Widerhall beim Publikum war gleichermaßen begeistert.

Trotz alledem wurde John Bachs Kontrakt mit dem King's Theatre im folgenden Jahre nicht erneuert. Signora Mattei war der zahllosen Schwierigkeiten, die eine Impresaria bedrängten, müde und hatte sich entschlossen, nach Italien zurückzukehren; an ihrer Stelle aber übernahmen wieder zwei Italiener, der Sänger Mingotti und der Geiger Giardini, das Theater. Da ihnen der sächsische Meister nicht behagte, verpflichteten sie an seiner Statt einen italienischen Komponisten. Giardini war ein besonderer Gegner Deutschlands, und es ist bekannt, daß er sich als alter Mann weigerte, Haydn, „jenen deutschen Hund", kennenzulernen. (Haydns Gefühle scheinen ähnlicher Natur gewesen zu sein, denn er trug in sein Tagebuch ein, daß Giardini „wie ein Schwein" gespielt habe.)

Doch war es unmöglich, Christian im Bereich der Oper vollkommen auszuschalten, und 1765 und 1767 wurden neuerdings zwei seiner dramatischen Werke im King's Theatre aufgeführt. Das königliche Paar trat wieder voll und ganz für ihren „getreuen und vielgeliebten Bach" ein, wie er in einem königlichen Dekret genannt wird, das ihm gewisse Druckprivilegien gewährte, um ihn vor unautorisierten Veröffentlichungen seiner Werke zu sichern. Ja, es war im Grunde dem Königspaar zu verdanken, daß er nicht schon am Ende der ersten Londoner Saison nach Italien zurückkehrte. Damals wurde er zum Musikmeister der Königin mit einem Gehalt von dreihundert Pfund Sterling ernannt, ein Posten, den er bis zu seinem Tode beibehielt. Bachs Pflichten bei Hofe waren vielgestaltig. Regelmäßig gab er der Königin Unterricht, einer wahren Musikfreundin, die auf der Überfahrt nach England die Schrecken eines furchtbaren Sturmes tapfer überstand, indem sie ständig auf ihrem geliebten Cembalo spielte[1]! Ihre Zeitgenossen lobten ihren „lieblichen und fehlerfreien" Gesang und Haydn ging wenigstens so weit, ihre Leistungen auf dem Klavier als „ganz gut – für eine Königin!" zu beschreiben. Gelegentlich wurde von Bach auch verlangt, den König zur Flöte zu begleiten; er wird sich wohl dabei an die ähnliche Situation seines Bruders Emanuel in Potsdam erinnert haben. Dann mußten auch die königlichen Kinder unterrichtet werden, was allmählich eine beträchtliche Aufgabe bedeutete, da Königin Charlotte im Alter von dreißig Jahren ihrem Gatten bereits zehn Kinder geboren hatte.

---

[1] Vgl. JOHN HENEAGE JESSE, „Memoirs of the Life and Reign of King George III.", London 1867.

Immerhin muß es dem Musikmeister doch auch Vergnügen bereitet haben, mit den Prinzen und Prinzessinnen zu arbeiten, die den großen Gainsborough, als er ihre Porträts malte, „beinah närrisch vor Begeisterung machten in der Betrachtung eines so reichen Sternbildes jugendlicher Schönheit"[1]. Einige von ihnen waren ausgesprochen begabt, besonders der Prinz von Wales, dessen „außerordentliche Liebe zur Musik" später einen so günstigen Eindruck auf Haydn machen sollte.

Im ersten Jahr seines Dienstes bei Hofe wurde Bach das Vergnügen zuteil, das Auftreten jenes einzigartigen Wunderkindes, des achtjährigen Wolfgang Amadeus Mozart und seiner Schwester Nannerl in Buckingham House vorzubereiten. Die Familie Mozart traf im April 1764 in London ein und Bach war hingerissen von Wolfgang; sie wurden gleich die besten Freunde und hatten den größten Spaß daran, zusammen Kunststückchen am Cembalo einem entzückten Publikum vorzuführen. Er nahm z. B. Wolfgang auf den Schoß, und sie spielten zusammen ein Stück, wobei sie von Takt zu Takt abwechselten; oder sie komponierten gemeinsam eine Fuge – Bach machte den Anfang, Mozart den Schluß. Dieses gemeinschaftliche Musizieren mit John Bach war für das kindliche Genie von größter künstlerischer Bedeutung; die Werke Mozarts zeigen deutlich den gewaltigen Einfluß, den der reife Meister auf ihn ausübte.

Natürlich war der Musiklehrer der Königin auch für den Unterricht des Hochadels vielbegehrt und in kürzester Zeit bildeten sich einträgliche und auch sonst angenehme Verbindungen zwischen ihm und der englischen Aristokratie, die ihn sogar gesellschaftlich in ihren Kreis aufnahm. Das Londoner Leben bot damals viel Freude und Anregung – zumindest den Angehörigen der bevorzugten Klasse. Lustbarkeiten, Abendgesellschaften und Maskenbälle folgten fast pausenlos aufeinander. Vergnügungszentren waren die „köstlichen, reizenden, eleganten, entzückenden" Ranelagh-Gärten, denen, nach Ansicht der Londoner, „das Paradies selbst kaum gleichen konnte"[2], und Vauxhall, ein wahrhaftiges Märchenland mit seinen Myriaden von farbigen Lichtern, herrlichen Blumen und dem prächtigen Musiksaal, den Hogarth ausgeschmückt hatte. Diejenigen, die mehr geistige Bereicherung suchten, konnten diese im London des späten 18. Jahrhunderts in zahlreichen Salons finden. John Bach paßte ausgezeichnet in diese Gesellschaft, in der die Damen „bereifrockt, prächtig geschmückt, mit Obst, Federn und Quasten auf riesige Haartrachten getürmt, die Herren gepudert und bezopft, mit Kniehosen und

---

[1] Vgl. HENRY ANGELO, „Reminiscences", London, 1828 bis 1830.
[2] Vgl. HENRY FIELDING, „The History of Amelia", London, 1752.

Schnupftabakdosen, in unvergleichlicher Weise miteinander konversierten"[1]. Er besaß ausgesprochenes geselliges Talent. Seine Heiterkeit, sein natürlicher Charme, seine Sicherheit im Auftreten verbanden sich mit funkelndem Verstand und einer Gabe, hübsche *bons mots* zu prägen. Eigenschaften solcher Art machten ihn in den eleganten Kreisen ebenso willkommen wie in den neuartigen Klubs der Blaustrümpfe oder bei den berühmten Künstlern der Zeit, wie Gainsborough, Cipriani und Zoffany. Er gewöhnte sich bald an einen ziemlich luxuriösen Lebenswandel und fand Befriedigung darin, nun mit seinem Gelde freier umgehen zu können, als er es als Kind in seines Vaters Hause gelernt hatte, wo strengste Sparsamkeit beobachtet worden war. John Bach kleidete sich höchst elegant, was wir aus den beiden schönen Porträts von Gainsborough ersehen können[2]; er besaß auch einen eigenen prächtigen Wagen, in dem er von einem hochgeborenen Schüler zum andern fuhr. Daß er denselben Kutscher während seiner ganzen Londoner Zeit beibehielt, beweist seine liebenswürdige und leutselige Veranlagung. Aus Anhänglichkeit folgte dieser getreue Diener späterhin der Witwe seines verstorbenen Herrn nach Italien[3].

Trotzdem Bach mitten im Wirbel sozialer Verpflichtungen stand, war er auf den verschiedensten Gebieten erstaunlich tätig. Er komponierte nicht nur ernste Opern, sondern auch Beiträge zu komischen Werken, die in Covent Garden aufgeführt wurden, und belieferte die Vauxhall-Konzerte mit vielen entzückenden Arien, die seiner Lieblingsschülerin, Mrs. Weichsell[4], manche Lorbeeren einbrachten. Ununterbrochen komponierte und publizierte er Klavierwerke, Kammermusik und Symphonien. Trotz all dieser schöpferischen Arbeit und seiner Unterrichtstätigkeit gelang es ihm immer noch, sich auch als ausübender Künstler und als Konzertunternehmer zu betätigen. Im zweiten Jahr seines Londoner Aufenthaltes führte er, zusammen mit Carl Friedrich Abel, Abonnementskonzerte ein, die bis zu seinem Tode fortgesetzt wurden. Die freundschaftliche Verbindung zwischen den Familien Bach und Abel hatte mit Sebastians Aufenthalt in Köthen angefangen, wo Christian Ferdinand Abel unter ihm als vorzüglicher Cellist und Gambenspieler wirkte.

---

[1] Vgl. ROSE MACAULAY, „Life among the English", 2. Auflage, London, 1946.

[2] Eines dieser Porträts sandte er auf Wunsch seinem alten Lehrer, Padre Martini, „als kleines Dankeszeichen seiner tiefen Schuldigkeit", als Ergänzung zu Martinis Bildersammlung berühmter Musiker. Das Bild ist noch im Liceo Musicale in Bologna erhalten.

[3] Vgl. „Court and Private Life in the Time of Queen Charlotte, being the Journals of Mrs. Papendiek", London, 1887.

[4] Sie war die Mutter der großen Sängerin Elizabeth Billington, die zu Reynolds Hl. Cäcilie Modell stand und auch von Haydn sehr bewundert wurde.

Karl Friedrich, der Sohn des älteren Abel, soll bei Sebastian in Leipzig studiert haben, wenn wir zeitgenössischen Berichten Glauben schenken dürfen[1], und er wurde 1748 als Gambist am Dresdener Hoforchester angestellt. Zehn Jahre später ging er nach London, wo sein vorzügliches Spiel ihm überall Beifall eintrug und auch seine Anstellung als Kammermusikus der Königin Charlotte bewirkte. Burney schreibt über Abel in seiner „Allgemeinen Musikgeschichte": „Für seine Finger gab es keinerlei Schwierigkeiten; er besaß einen erlesenen und feinsinnigen Geschmack und ein sicheres und richtiges Urteil . . ." John Bach und Friedrich Abel verband eine innige Freundschaft. Jahrelang teilten sie dieselbe Wohnung und verkehrten mit dem gleichen Freundeskreis. Diese herzliche Verbindung trug in künstlerischer Beziehung schönste Frucht durch die Einrichtung der Bach-Abel-Konzerte, deren fünfzehn jede Saison stattfanden und zu den Hauptdarbietungen auf musikalischem Gebiet zählten. Bach wie auch Abel traten in diesen Konzerten als Komponisten, Solisten und Dirigenten auf; überdies gelang es ihnen, die Mitwirkung bedeutender Künstler zu erzielen, wie der Sängerinnen Mrs. Weichsell und Grassi, des großen Oboisten J. C. Fischer (des Schwiegersohns Gainsboroughs) und des vorzüglichen Geigers Wilhelm Cramer aus Mannheim. Einem weiteren deutschen Gast, J. B. Wendling, dem ersten Flötisten des berühmten Mannheimer Orchesters, ist wahrscheinlich eine Einladung zu verdanken, die Bach als den Höhepunkt seiner bisherigen künstlerischen Errungenschaften angesehen haben mußte. 1772, zehn Jahre nach seiner Ankunft in London, wurde er aufgefordert, ein Bühnenwerk für Mannheim, Hauptstadt der Churpfalz, zu komponieren, das als Galavorstellung zu Ehren des Geburtstags des Kurfürsten erklingen sollte. Es war dies nicht das erste Mal, daß eine Oper des Komponisten in Deutschland aufgeführt wurde. 1766 und 1768 war sein *Catone in Utica* am Braunschweiger Hof (vgl. S. 349) zur Wiedergabe gelangt, und Prinz Ferdinand war davon so beeindruckt, daß er dem Komponisten eine Lebensrente gewährte[2]. Jedoch hatte die Mannheimer Aufforderung eine weit größere Bedeutung. Zu jener Zeit galt diese Stadt als eines der wichtigsten Musikzentren, da der Kurfürst Karl Theodor weder Kosten noch Mühe gescheut hatte, erstklassige Sänger zu gewinnen und ein Orchester aus den vorzüglichsten Spielern zusammenzustellen (eine „Armee der Generale", wie Burney sie nannte), das allgemein als das beste Europas galt. Für eine so hervor-

---

[1] In den Akten der Thomasschule sind freilich keinerlei Beweise für diese Angabe gefunden worden, und der jüngere Abel mag nur von seinem Vater ausgebildet worden sein.

[2] Vgl. MIESNER im BJ, 1936. Miesner weist auch darauf hin, daß Johns Trio op. 2 der Prinzessin Augusta von Braunschweig-Lüneburg gewidmet war.

17. JOHANN CHRISTIAN BACH

von Thomas Gainsborough

18. Autograph von J. Christian Bachs Klavierkonzert in B-Dur.
Rechts unten schrieb Christian in die Notenzeilen:
„Ich habe ich dieses Conc. gemacht, ist das nicht schön?"

ragende Künstlerschar zu komponieren, erschien Johann Christian als die
Erfüllung jenes Wunschtraumes, der ihn als Jüngling so unwiderstehlich von
Deutschland nach Italien gezogen hatte. Nun konnte er triumphierend in sein
Vaterland zurückkehren mit einem Ansehen, das alle Auszeichnungen, die
seinen Brüdern zuteil geworden waren, in den Schatten stellte. Im November
1772 wurde seine Oper *Temistocle* in glänzender Besetzung aufgeführt, wobei
wiederum Anton Raaf mitwirkte, der schon vor zehn Jahren in Bachs Oper
Alessandro nell' Indie in Neapel Lorbeeren geerntet hatte. Eine große Anzahl
hochgestellter Persönlichkeiten wohnte der Aufführung bei, und der Erfolg
des Werkes war durchschlagend; so bildete der Abend ein unvergeßliches Ereignis in Christian Bachs Laufbahn. Überhaupt war die ganze Zeit, die er in
Mannheim verbrachte, für ihn überaus anregend. In dieser Stadt, in der Musik
die höchste Herrscherin war, lagen wohl romantische Erlebnisse in der Luft.
Als Mozart sich 1777 dort aufhielt, um eine Stellung im kurfürstlichen Orchester zu erlangen, verliebte er sich zweimal; seine erste Leidenschaft für Rose
Cannabich wich dann der viel tieferen und anhaltenderen Liebe zu Aloysia
Weber. Bach, der bis dahin ein eingefleischter Junggeselle gewesen und den
Reizen bezaubernder Primadonnen, mit denen er arbeitete, anscheinend teil-
nahmslos gegenübergestanden war, verliebte sich nun in die junge Tochter
seines Gastgebers, die schöne Augusta Wendling, und hielt um ihre Hand an.
Sie aber weigerte sich, einen zwanzig Jahre älteren Mann zu heiraten, was sie
jedoch später nicht daran hinderte, die Geliebte des Kurfürsten zu werden, der
noch um neun Jahre älter war als Christian! Ihre Zeitgenossen beschreiben sie als
eine eiskalte Natur, so daß man Bach nicht allzusehr zu bedauern braucht, daß
sie ihn abwies. Immerhin hatte er aber während seines Aufenthaltes bei Wendling erkannt, daß ein eigenes Heim entschiedene Vorteile bot. Nach London
zurückgekehrt, hielt er Umschau nach einer geeigneten Frau und fand sie in
der italienischen Sängerin Cecilia Grassi, die er schon jahrelang gekannt hatte.
Sie heirateten 1773, der Bräutigam war achtunddreißig, die Braut siebenundzwanzig Jahre alt. Cecilia war zwar nicht schön, aber eine tüchtige Musikerin,
deren „saubere Intonation, klagend-liebliche Stimme und unschuldiger Ausdruck" Burneys Lob ernteten; sie erwies sich als wertvolle Helferin, die ihrem
Gatten auch beim Gesangsunterricht an die Hand ging.

Der Erfolg Bachs in Mannheim war nicht vergessen worden, und im folgenden Jahr wurde sein *Temistocle* dort wiederholt; leider war aber der Komponist in London zu sehr beschäftigt, um der Aufführung beizuwohnen. Erst
1776, vier Jahre später, konnte er die Stadt wieder besuchen und schrieb aus
diesem Anlaß eine neue Oper, *Lucio Silla*. Obwohl die Besetzung fast dieselbe
war wie bei *Temistocle*, war das Publikum viel weniger begeistert. Eine neue

Bewegung zugunsten einer deutschen Nationaloper war im Aufstieg, und Bachs
Komposition gehörte zu den letzten italienischen Werken, die in Mannheim
aufgeführt wurden. Bald nach *Lucio Silla* errang Holzbauers deutsche Oper
„Günther von Schwarzburg" dort einen glänzenden Erfolg. Es ist bemerkenswert, daß Holzbauer, der 1711 geboren war und bis dahin nur italienische
Texte vertont hatte, sich der neuen nationalen Richtung anpaßte, während
der viel jüngere John Bach dies gar nicht in Erwägung zog.

Ein Ansporn ganz besonderer Art bot sich, als Christian 1778 beauftragt
wurde, eine Oper für Paris zu schreiben, wo gerade der Wettkampf zwischen
den Anhängern Glucks und Piccinis mit unerhörter Heftigkeit wütete. Nach
den Berichten des Baron Grimm waren jedoch beide Lager in Paris von der
neuen Oper Bachs, *Amadis des Gaules*, gründlich enttäuscht; den Piccinisten
war das Werk zu wenig reizvoll und zu schwerfällig, während die Gluckisten
es ebenso altmodisch fanden wie Piccinis Machwerke.

Längere Zeit hatte Bach keine Verbindung mehr mit dem King's Theatre
in London gehabt, wahrscheinlich weil er der Intrigen der dort herrschenden italienischen Clique satt war. Solange er als Konzertveranstalter,
ausübender Künstler und Lehrer wirklich erfolgreich war, konnte er sich von
diesen „Kollegen" und ihren Kabalen fernhalten. 1778 hielt er es jedoch für
notwendig, zum Schauplatz seiner früheren Triumphe zurückzukehren und
eine neue Oper, *La Clemenza di Scipione*, vorzuführen. Zu jener Zeit war er
ängstlich bemüht, sein Ansehen in London zu erhöhen, da allerlei Vorkomm-
nisse dazu beigetragen hatten, seine Beliebtheit herabzumindern. Auf dem
Gebiete des Unterrichts war seine Vormachtstellung untergraben worden
durch den großen italienischen Sänger Venanzio Rauzzini, der 1774 nach
London kam und wie ein Magnet die gesellschaftliche Elite der Schüler anzog;
ein noch ernsthafterer Rivale erstand ihm in dem deutschen Pianisten Johann
Samuel Schroeter[1], den Bach selbst 1772 dem Londoner Publikum vorgestellt
und in jeder erdenklichen Weise gefördert hatte. Schroeter, um fünfzehn Jahre
jünger als sein Wohltäter, wurde in Bälde für den allerersten Pianofortespieler
der Hauptstadt gehalten. Aber weit schlimmer noch war, daß der Unterricht
„dieses bestrickenden, sich anschmeichelnden, galanten Lehrers der Schönen"[2]
äußerst begehrt war. Dies verletzte Bachs Stolz aufs tiefste und außerdem

---

[1] Er war der Sohn eines Oboisten und der Bruder der großen Sängerin und Schau-
spielerin Corona Schroeter, die ab 1776 in Weimar in engster Verbindung mit Goethe
wirkte und die Rolle der Iphigenie kreierte. Wenige Jahre nach J. S. Schroeters
Tode verliebte sich dessen aristokratische Witwe in Haydn, der versicherte, daß er
sie geheiratet hätte, wenn er frei gewesen wäre.
[2] Vgl. PAPENDIEK, a.a.O.

schwand sein Einkommen dahin. In der Rückschau wirkt die Angelegenheit besonders tragisch, da der John so bitterlich kränkende Zustand innerhalb einiger Jahre von selbst aufhörte. Schroeter heiratete eine Schülerin aus dem Hochadel und mußte seiner neuen Verwandtschaft versprechen, nicht mehr öffentlich aufzutreten. Außerdem war seine Gesundheit erschüttert und er starb schon 1788, im Alter von achtunddreißig Jahren. Doch konnte John Bach all dies nicht vorausahnen, und der Verlust seines Ansehens durch Schroeter verursachte ihm schweren Kummer. Überdies litt er unter den Auswirkungen eines allzu ehrgeizigen Unternehmens. 1775 wurden die Bach-Abel-Konzerte, die früher in Carlisle House und späterhin in Almack's Assembly Rooms stattgefunden hatten, in andere, höchst elegante Räume verlegt. Ein neues Gebäude war in Hanover Square erstanden, das gemeinsam von Bach, Abel und Sir John Gallini, einem wohlhabenden Tanzmeister, angekauft wurde. Der herrliche, mit Bildern von Gainsborough und Cipriani geschmückte Konzertsaal wurde seiner prunkvollen Ausstattung wegen allgemein bewundert und eine Aristokratin schrieb darüber an ihren Sohn: „Es ist entschieden eine gewaltige Leistung Bachs, die Stadt auf so elegante Weise zu ergötzen." Tatsächlich war es eine kühne Tat, doch zu gewagt für John Bachs Geldmittel. Es fiel ihm schwer, die Darlehen, die er für das Projekt erhalten hatte, zurückzuzahlen und nach zwei Jahren vergeblichen Ringens mußte er die Partnerschaft mit Gallini aufgeben, der nunmehr als einziger Besitzer des Konzertsaales fungierte und ihn lediglich an Bach weitervermietete. Aber auch dann konnte er seine frühere finanzielle Sicherheit nicht wiedererlangen. Die den Bach-Abel-Konzerten so lange treuergebenen Musikliebhaber Londons waren nun auf neue Darbietungen erpicht, und nachdem das Publikum die Reize des Hanover Square-Saales ausgekostet hatte, fühlte es sich eher von anderen Unterhaltungen angezogen. So schrumpften die Einkünfte aus diesen Konzerten zu einem Bruchteil der früheren Summen zusammen, und der Earl of Abingdon, ein Musikmäzen, mußte finanziell aushelfen, um die Konzertreihe überhaupt aufrechtzuerhalten.

Dies waren freilich böse Rückschläge; doch sollte man glauben, daß sie ein Mann, der nur sechsundvierzig Jahre alt und mit Talent und Fleiß begabt war, irgendwie hätte überwinden können. Ein vollkommener Bruch mit der Vergangenheit, sowohl in bezug auf künstlerische Darbietungen wie auch auf die luxuriösen Lebensgepflogenheiten wäre freilich unerläßlich gewesen. Christian mangelte es jedoch an Energie, solche Veränderungen durchzuführen. Er hatte in keiner Weise die kämpferische Natur seines Vaters geerbt. Während für diesen Schwierigkeiten geradezu einen Antrieb bedeuteten, überwältigten sie seinen jüngsten Sohn. Die dauernden Sorgen und Probleme wirkten sich auch äußerst ungünstig auf seine Gesundheit aus, und nachdem er im Mai 1781 im letzten Konzert der Saison aufgetreten war, erlitt er einen geistigen und körperlichen Zusammenbruch. Die Übersiedlung aufs Land brachte nicht die erhoffte Besserung; schon im November spürte er die Notwendigkeit, sein Testament zu machen. Seine körperliche Schwäche nahm beständig zu und am Neujahrstage 1782 raffte ihn der Tod dahin.

Bei Bachs Begräbnis am 6. Januar machte sich das beschämend kurze Gedächtnis der Londoner bemerkbar. Sie hatten nach nur wenigen Monaten ihren einstigen Liebling vergessen, und nicht mehr als vier seiner Freunde waren anwesend, um Bach die letzten Ehren zu erweisen. Unter seinen Gläubigern war die Hölle los. Seine Schulden hatten sich bis zur Summe von viertausend Pfund Sterling angehäuft und um sie zu decken mußte das letzte Stück aus seinem Besitz verkauft werden. Trotz seiner außerordentlichen Erfolge und eines Einkommens, dessen Höhe sein Vater niemals auch nur erträumt hätte, hinterließ Christian seiner Witwe sogar noch weniger als Sebastian seiner Anna Magdalena vermacht hatte. Glücklicherweise aber war die englische Herrscherfamilie freigebiger als die Leipziger Stadtväter. Königin Sophie Charlotte bezahlte das Begräbnis ihres Musikmeisters und gewährte seiner Witwe sowohl hundert Pfund Sterling zur Rückreise nach Italien als auch eine jährliche Pension von zweihundert Pfund. Anderseits aber wurde noch vor Bachs Begräbnis ein offizielles Dekret veröffentlicht, das Schroeters Ernennung zu seinem Nachfolger bekannt machte.

Das Leben dieses jüngsten Sohnes Sebastians unterscheidet sich in mancher Hinsicht von dem seiner Brüder; es war abenteuerlicher und erfreute sich größerer öffentlicher Anerkennung und blendenderer Erfolge; ihm ward ein höheres Einkommen und ein luxuriöseres Dasein zuteil, doch hatte er auch mehr Schulden. Für einen erstrangigen Musiker war das Leben in London erfüllt mit Bewegung und Erregung: es gab hier keinen Augenblick der Entspannung. Man hatte dauernd auf der Hut zu sein, den Kabalen ehrgeiziger Kollegen nicht zu unterliegen und mußte durch angestrengteste Arbeit den Heißhunger des Publikums nach steten Neuigkeiten befriedigen. Immerhin gelang es John Bach, zehn Jahre lang die Stellung eines Musikpapstes in der englischen Hauptstadt zu behaupten. Mit seinem frühen Tode bezahlte er den Preis für ein ereignisreiches, glanzvolles Leben.

DIE KOMPOSITIONEN JOHANN CHRISTIAN BACHS

Wie sein Bruder Emanuel, lieferte auch Johann Christian Bach einen erheblichen Beitrag zur Entwicklung des Wiener klassischen Stils. Die Musik
des Berliner Bach beeindruckte den jungen Haydn tief, der von ihr eine ausdrucksvolle, eigenpersönliche Sprache lernte, sowie die Kunst, ein Thema bis
zu seinen letzten Möglichkeiten auszuschöpfen. Christian Bach übte einen
ähnlichen Einfluß auf den jungen Mozart aus. Er erhob – wie schon Burney
hervorhob – das Gesetz des Kontrastes innerhalb eines Satzes zum Prinzip
und bevorzugte überdies anmutig leichte, gleichzeitig aber auch gefühlsreiche
Melodien, – Züge, die verwandte Neigungen des Salzburger Meisters verstärkten. Es gab wenig zeitgenössische Künstler, denen der junge Wolfgang Amadeus so viel Liebe und Bewunderung entgegenbrachte wie dem Londoner Bach.
Von der Zeit, da der achtjährige Knabe in London mit dem Musiklehrer
der englischen Königin vierhändig spielte, bis zu Christians Tod, blieb Mozart
dem älteren Freund treu ergeben. Als sie sich vierzehn Jahre nach dem ersten
Zusammentreffen in Paris wiedersahen, schrieb er an den Vater: „. . . ich liebe
ihn (wie Sie wohl wissen) von ganzem herzen – und habe Hochachtung für
ihn, und er – das ist ein mahl gewis, daß er mich so wohl zu mir selbst, als
bey andern leuten – nicht übertrieben wie einige, sondern Ernsthaft – wahrhaft, gelobt hat."

Nur wenig ist bekannt über Christians frühe musikalische Ausbildung. Wie
seine Brüder studierte er als Kind bei seinem Vater. Aber noch bevor er das
Alter erreicht hatte, in dem der Unterricht des größten Lehrmeisters seiner
Zeit hätte voll ausgenützt werden können, wurde Sebastian von verhängnisvollem Siechtum ereilt. Der junge Christian lebte dann bei Emanuel in
Berlin und es besteht kein Zweifel, daß er bald ganz unter den Einfluß seines
Halbbruders geriet. Der leidenschaftliche Subjektivismus von Emanuels Klavierstil ist in den wenigen Kompositionen Christians zu spüren, die wir mit
Sicherheit der Berliner Zeit zuweisen können. Doch war der Jüngling keineswegs ein bloßer Nachahmer von Emanuels Musik. Er hatte seines Vaters
Unterweisung nicht ganz vergessen, und seine eigene Vorliebe für größere
Formen und Ensembles setzte sich durch. So waren seine frühesten Werke
zwar für Klavier, aber mit Streicherbegleitung, geschrieben. Es sind nicht
Sonaten für ein einzelnes Instrument, sondern auf breiterer Basis konzipierte
Konzerte.

Die Übergangsperiode in Christians Schaffen begann um 1755 mit seinem
Aufenthalt in Italien. Die romantische Inbrunst seiner früheren Werke lebte

zwar noch fort in diesen Kompositionen und es ist kennzeichnend, daß es besonders die ausdrucks- und seelenvolle Musik Tartinis war, die seinem italienischen Werk ihren Stempel aufdrückte. Dabei fühlte der junge Mann jedoch, daß sein technisches Können noch unzulänglich war, und er nahm gerne die Gelegenheit wahr, bei Padre Martini, dem größten italienischen Musiklehrer, zu studieren. Giambattista Martini in Bologna war ein vorzüglicher Geiger, ein vollendeter Spieler aller Tasteninstrumente, ein ausgezeichneter Mathematiker, ein erfolgreicher Komponist und Musikwissenschaftler, und die unbestrittene Autorität auf dem Gebiete des Kontrapunkts. Unter seiner Leitung schrieb nun der Abkömmling gläubiger protestantischer Organisten und Kantoren zahlreiche lateinische Kirchenmusiken und trat sogar zum Katholizismus über. Der solide technische Unterricht, den er beim Padre genoß, blieb der feste Boden, auf dem sein ganzes späteres Schaffen ruhte.

Nach einigen Jahren in Italien wandte sich Christian einem musikalischen Gebiet zu, das die anderen Bache immer mit leichter Verachtung angesehen hatten, wenngleich sie sich im Grunde auch davon angezogen fühlten. Christian wurde ein erfolgreicher Opernkomponist, der die Aufführungen von fünf seiner Bühnenwerke innerhalb zweier Jahre erleben durfte. Durch die neapolitanische Oper machte der junge Bach die Bekanntschaft mit leichter, sorgloser, unkomplizierter und melodischer Musik, und es muß als beachtenswerte Leistung gewertet werden, daß ihm eine vollständige Verbindung der verschiedenen künstlerischen Erfahrungen, die er bis zu dieser Zeit gesammelt hatte, gelang. Aus der soliden Erdhaftigkeit der Bache, der leidenschaftlichen Ausdrucksfähigkeit der „Empfindsamkeit", der spielerischen Scheinwelt der Bühne und dem melodischen Wohlklang der katholischen Kirchenmusik schuf der Schüler des Padre Martini Kompositionen, die edle Melodik mit Leichtigkeit verbanden, die technisch gekonnt und doch frei von Schwerfälligkeit waren.

Die volle künstlerische Reife, die Bach nun mit siebenundzwanzig Jahren erreichte, fiel in die Zeit seiner Berufung nach England. Es ist nicht verwunderlich, daß seine besondere Kompositionsweise mit ihrer Mischung von deutschen und italienischen Elementen, die zu gleich hohen Leistungen auf dem Gebiete der Vokal- und der Instrumentalmusik führte, ihn zu einem der erfolgreichsten Komponisten seiner Zeit machte. Seine Werke – deren Stil wir vielleicht als frühklassisch bezeichnen können – erklangen überall in Europa, und die Verleger verschiedenster Länder wetteiferten miteinander, sie nachzudrucken.

Es scheint jedoch, daß dieser jüngste Sohn Sebastians weder die charakterliche noch die körperliche Kraft besaß, der demoralisierenden Wirkung solch großer Beliebtheit zu widerstehen. Während der zwanzig Jahre, die der Komponist in London verbrachte (1762 bis 1782), kam es zu einem Stillstand in seiner künstlerischen Entwicklung. In vielen Einzelheiten sind die Werke der siebziger Jahre denen der sechziger überlegen, doch ist eine grundlegende Veränderung nicht zu verzeichnen. So kam es, daß die Werke dieses zunächst so beliebten Komponisten den Musikfreunden allmählich als verblaßt und altmodisch erschienen. Jene höchste Vollendung des klassischen Stiles, wie wir sie bei Haydn und Mozart bewundern, erreichte Bach weder in formaler Beziehung noch auch in der Ausdruckskraft seiner Werke. So war es die Tragik in Christians Laufbahn, daß er verhältnismäßig früh an die Schwelle des gelobten Landes gelangte, aber, verwirrt durch das Lob seiner Bewunderer, dort stehen blieb und starb, bevor er die Möglichkeit hatte, die letzten und entscheidenden Schritte in das neue Gebiet zu tun.

Für den fortschrittlichen Geist des jungen Komponisten ist es bezeichnend, daß er nur wenige Werke für *Klavier allein* schrieb, solange ihm nur die älteren Tasteninstrumente, Cembalo und Clavichord, zur Verfügung standen. In London aber stellte sich Bach völlig um, denn hier hatte er die Möglichkeit, das neue Fortepiano mit seinem nuancenreichen Ton auszuprobieren, auf welchem nicht nur plötzliche dynamische Gegensätze, sondern sogar crescendi und decrescendi ausführbar waren[1]. Die anfängliche Zurückhaltung ist freilich zu bedauern, denn die c-Moll-Sonate op. 5 Nr. 6 (T 339), die sicherlich während seines Aufenthalts in Italien geschrieben wurde, gehört zu seinen bedeutendsten Werken. Der leidenschaftliche Charakter des eindrucksvollen, dreiteiligen Präludiums, mit dem die Sonate beginnt, deutet auf den Einfluß norditalienischer Violinwerke, und beweist gleichzeitig, wie gut Bach sich sogar in Italien an die Tonsprache seines Halbbruders erinnerte. Die darauffolgende Fuge mit ihrem etwas konventionellen Thema legt Zeugnis ab von Christians solidem technischem Können auf dem Gebiete des Kontrapunkts; man sieht hier, wie der Schüler des Padre Martini von dessen Unterweisung guten Gebrauch gemacht hat. Besonders die prächtige Engführung am Schluß offenbart den Komponisten als einen Fachmann, der des Namens Bach würdig war (Beisp. 70). Ein gavotteähnliches Allegretto, mit einer etwas steifen Grazie, beschließt diese interessante Komposition, die offenbar zwischen 1757 und 1760 geschrieben wurde,

---

[1] Neuausgaben: Zehn Klaviersonaten (LANDSHOFF), Leipzig: Peters, 1925; Sonate in C für Klavier vierhändig (KÜSTER), NMA, 1927; Sonate in F für Klavier vierhändig (NEUBAUER), Münster: Bisping, 1931; Sonate in G für zwei Klaviere (HUDNIK), Mainz: Schott, 1923.

bevor der Komponist den italienischen Belcanto auch in seinem Instrumentalstil anwandte.

Die übrigen fünf Sonaten aus op. 5 (T 338 bis 339), die um 1768 veröffentlicht wurden, sind offenbar in den Londoner Jahren entstanden. Sie zeigen jene Lieblichkeit und Grazie im Ausdruck, die warme, melodische Sinnlich-

Beisp. 70

keit, die den jungen Mozart so begeisterte. Es war besonders die sanfte, reizvolle und edle Sprache des Es-Dur-Rondo-Finales in Nr. 4, die den empfänglichen Knaben tief beeindruckte. Bemerkenswert ist, daß Wolfgang, der die Sonaten noch aus dem Manuskript spielte, 1765 drei von ihnen (Nr. 2, 3, 4) als Konzerte bearbeitete, indem er eine Begleitung für zwei Violinen und Baß (K. V. 107) hinzufügte. Wie Alfred Einstein betont, scheint das junge Genie diese Konzerte nicht nur auf dem Heimweg von London, sondern auch in späteren Jahren noch gespielt zu haben; die von ihm hinzugefügten Kadenzen sind offenbar mit reiferer Handschrift geschrieben als die übrige Partitur.

Die Titelseite der Sonaten op. 5 trägt zwar die Bezeichnung *pour le Clavecin ou le Piano Forte*, aber es kann kein Zweifel sein, daß Bach das moderne Instrument in erster Linie vorschwebte. Die Albertischen Bässe, Arpeggien und melodischen Läufe dieser Werke sind offenbar für die Ausführung am Hammerklavier gedacht, und das schöne Adagio aus Nr. 5 mit seiner einschmeichelnden Kantilene hätte niemals auf dem starren, unnachgiebigen Cembalo zur Wirkung kommen können.

John Bachs spätere Klavierwerke stehen vielleicht in der Qualität noch höher, offenbaren jedoch keinen Stilwandel. Die sechs Sonaten op. 17 (T 341 bis 342), die um 1779 veröffentlicht wurden, sind wieder in zwei oder drei Sätzen gehalten. Noch einmal wird hier die Mischung brillanter Eleganz mit dem Belcanto und der homophonen Tonsprache der italienischen Oper verwendet, die das Signum seiner Londoner Werke war. Sowohl die erste Nummer im op. 5 wie die des op. 17 besteht aus einer Sonate, die sogar ein Anfänger spielen könnte; wer sich jedoch diese Werke auf Grund ihrer Leichtigkeit anschaffte, mußte bald bemerken, daß in den folgenden Sonaten die Arpeggien in beiden Händen, die raschen Läufe, Triller und anderen Verzierungen nur von einem ausgesprochenen Pianisten ausgeführt werden können. Christian gab sein Bestes in den edlen Andantes in Es-Dur (die Tonart einiger seiner schönsten Kompositionen) der Sonaten op. 17, Nr. 2 und 6. Das abschließende c-Moll-Prestissimo von Nr. 2 zeigt einen Humor und Geist, welcher der üblichen hohlen Fröhlichkeit der damaligen Londoner Klaviermusik weit überlegen war.

Als Lehrer mag Christian oft Gelegenheit gehabt haben, einen Schüler am gleichen Instrument oder auf einem zweiten Klavier zu begleiten. Um 1774 spielte er sogar öffentlich vierhändig mit einem sechsjährigen Wunderkind, der späteren Mrs. Billington, die eine der größten englischen Sängerinnen wurde. Der Erfolg dieses Unternehmens ermutigte Bach, Originalkompositionen für zwei Spieler zu veröffentlichen, und so wurde er einer der Begründer einer neuen Gattung der Klaviermusik. Um 1779 wurden mehrere Werke *a due cembali obligati* oder *für zwei Spieler an einem Pianoforte oder Cembalo* herausgegeben. Das Duett op. 15/5 für zwei Cembali (T 340) ist wahrscheinlich ein früheres Werk, das während der ersten Jahre von Bachs Londoner Aufenthalt entstand. Hier müssen sich die Spieler mit häufigen Echowirkungen zufriedengeben, oder mit dem Spielen von parallelen Terzen oder Sexten. Die Duette für *ein* Klavier op. 15/6, op. 18/5 und 6 (T 340, 343, auch 351 bis 352) scheinen etwas späteren Datums zu sein. Sie werten geschickt die Möglichkeiten der neuen Musikgattung aus. Obwohl sie bloß aus zwei Sätzen bestehen, sind sie auf einer breiteren Basis konzipiert und nehmen manchmal einen beinahe symphonischen Charakter an. Ausnahmsweise zeigen diese Werke eine neue und fortschrittliche Anlage, die einer jüngeren Generation den Weg wies.

Zwei der vierhändigen Klavierstücke wurden in eine 1780 veröffentlichte, Unterrichtszwecken dienende Sammlung (T 350 bis 352) aufgenommen. Das gleiche Werk enthielt außerdem „vier progressive Studien für das Cembalo oder Pianoforte[1]": es waren dies sorgfältig gestaffelte Werke für ein Tasteninstrument, die keine großen technischen Probleme bieten. In dasselbe Bereich gehört die *Méthode ou Recueil de connaissances élémentaires pour le Forte-Piano ou Clavecin* (bei Leduc, Paris erschienen), die Bach zusammen mit Pasquale Ricci für die Schüler des Konservatoriums zu Neapel schrieb. (Deshalb sind die Übungen nicht nur mit französischen, sondern auch mit italienischen Anweisungen versehen.) Dieses Lehrbuch behandelt die Grundbegriffe des Klavierspiels in zwölf Kapiteln. Besonderes Interesse verdienen die Abschnitte,

---

[1] Auf dem Original heißt es: „Four Progressive Lessons for the Harpsichord or Piano Forte".

die Tempo und Verzierungen behandeln und sogar über die Unterweisungen im „Versuch" Emanuels hinausgehen. Der zweite Teil enthält sechs dreisätzige Tonstücke, die nach Christians Tod auch einzeln erschienen sind, unter dem charakteristischen Titel „Sechs progressive Studien, komponiert von Herrn Bach, Lehrer des berühmten Herrn Schroeter" (T 349 bis 350). Der geschäftstüchtige Verleger aber schrieb sie dem falschen Bach zu, denn diese Musikstücke waren diejenigen, die Emanuel seinem „Versuch" beigegeben hatte (Wq 63); sie wurden im *Recueil* wiedergedruckt, ohne Namensnennung des Komponisten[1].

Die zahlreichen kleinen Übungen im ersten Teil von Riccis und Christian Bachs Lehrbuch sind zur Bequemlichkeit des Lehrers mit einer „Begleitung von Flöte oder Violine" versehen. Da einige Lehrer es vorzogen, ihre Schüler am Tasteninstrument selbst zu begleiten, während andere hierzu die Violine bevorzugten, gewöhnte sich Christian Bach daran, in ein und derselben Sammlung Klavierduos mit *Duos für Clavier und Violine*[2] zu verbinden. Neunundzwanzig solcher Duos für ein Tasteninstrument und ein Melodieinstrument wurden in Christians letzten Lebensjahren oder kurz nach seinem Tode gedruckt. In der Regel waren diese Werke Damen der Gesellschaft gewidmet, und das Fehlen von technischen Schwierigkeiten sowie die Gewandtheit ihrer glatt dahinfließenden Tonsprache fand sicherlich Anklang bei dem schönen Geschlecht. Daß diese Duette von Musikliebhabern sehr geschätzt wurden, ist aus der Tatsache ersichtlich, daß die erste Sonatengruppe für Klavier und Violine, die als op. 10 im Jahre 1773 erschien (T 322 bis 323), alsbald nicht nur in London, sondern auch in Wien[3], Paris und Amsterdam nachgedruckt wurde. Die Stücke stehen alle in Durtonarten und verwenden höchstens drei Vorzeichen. Der erste Satz ist in unentwickelter Sonatenform gehalten mit einem energischen, aber ein wenig altmodischen ersten Thema, einem sanglichen, etwas mozartischen Nebengedanken und einem launigen, oft volksliedhaften Endthema. Nach wenigen Versuchen, das erste Thema zu ent-

---

[1] Terry, der sogar ein vollständiges Menuett (S. 136 bis 137) neudruckt, hält sie für Werke von Christian, wobei er ihre offensichtliche stilistische Verwandschaft mit Werken Emanuel Bachs übersieht.
[2] Neuausgaben von Christian Bachs Kammermusik: Sonaten in B, C, G, A, F op. 10 Nr. 1 bis 5 für Klavier und Violine (LANDSHOFF), London: Hinrichsen; Sonaten in D, G, A op. 16 No. 1, 2, 4 für Klavier und Violine (KÜSTER), NMA, 1927 bis 1933; Sonaten für zwei Violinen (FRIEDRICH), NMA, 1936; drei Streichtrios (UPMEYER), BV, 1948; sechs Nocturnes für zwei Violinen und Viola (BECK), New York Public Library, 1937; Trio in D für Klavier, Violine und Violoncello (RIEMANN), Leipzig: Breitkopf & Härtel, 1903; drei Flötenquartette op. 8 (KÜSTER & GLÖDE), BV, 1927; sechs Quintette (STEGLICH), RD, Abteilung „Kammermusik", I.
[3] Die Wiener Ausgabe benennt sie mit dem traditionellen Titel „Trio".

wickeln und entferntere Tonarten aufzusuchen, setzt die verkürzte Reprise mit dem zweiten Thema ein. Der Schlußsatz ist gewöhnlich ein Allegretto oder „Tempo di Menuetto" in einfacher Da-capo-Form oder in Rondoform mit zwei Episoden.

Es ist bemerkenswert, daß Christian den Anfang der ersten Partita in Sebastians „Clavir Übung" als Hauptthema seiner ersten veröffentlichten Sonate für Klavier und Violine (op. 10/1) benützte. Der Sohn veränderte die rhythmische Gestaltung der Melodie und zwängte das fließende barocke Melos in eine klargebaute viertaktige Phrase. Trotzdem offenbart der ganze erste Teil, in dem das Thema sogar der linken Hand des Klavieristen anvertraut ist (ein Verfahren, das Christian in seinen späteren Sonaten kaum jemals mehr verwendete), den Einfluß der Musik seines Vaters. Die Natur des zweiten Themas und der Gebrauch der Violine als füllende Mittelstimme aber zeigt, daß die Komposition nach dem Barockzeitalter entstanden ist.

Es vermehrt jedoch die Anziehungskraft dieser Sonaten, daß die Geige nicht ständig zu einem bloßen Begleitpart herabgewürdigt ist. Kleine Echowirkungen oder Imitationen sind ihr gelegentlich zugewiesen und im Finale von Nr. 2 hat sie ein langes Solo, wobei das Klavier lediglich als Stütze dient; in der dritten Sonate dieser Gruppe spielt die Geige sogar zeitweilig allein, während das Klavier pausiert.

Bachs spätere Duette sind im Grunde den Werken aus op. 10 ähnlich. Doch kann die Geige auch durch eine Flöte ersetzt werden, die freilich ein noch ungeeigneteres Instrument ist, um eine tiefgesetzte Mittelstimme zu spielen. Häufig herrscht sogar das Blasinstrument vor (vgl. op. 16/2, T 325) und gelegentlich entwickelt sich ein spontaner Zwiegesang zwischen Flöte und Klavier. Es scheint nicht ausgeschlossen, daß diese Kompositionen das Studium der prächtigen Violinsonaten von Christians Verwandten, Johann Ernst (vgl. S. 505) widerspiegeln.

Wie seine beiden Brüder Friedemann und Emanuel, schrieb auch Christian Werke für zwei Melodieinstrumente ohne Baß. Ungefähr um 1775 kamen sechs *Duette für zwei Violinen* in London ohne Opuszahl heraus (T 335 bis 336). Diese kleinen suitenähnlichen Gelegenheitswerke bestehen aus zwei oder drei Sätzen, deren Tonsprache im wesentlichen homophon ist. Dem Anfänger im Violinspiel können sie als melodische und leicht ausführbare Übungen dienen.

Eine große Anzahl *Trios* in der traditionellen Verbindung von zwei Violinen und Baß (T 317 bis 321) ist in Manuskripten erhalten, die manchmal die Bezeichnung „Del Signore Bach in Milano" tragen. Es ist anzunehmen, daß die größere Zahl dieser Werke geschrieben wurde, bevor Bach nach London kam. Man kann sowohl in ihren Melodien als auch in der Anordnung der

Sätze den Einfluß der italienischen Sinfonia erkennen[1]; sie zeigen die seltene Anwendung des polyphonen Stils, welche die Verfallsperiode der Triosonate kennzeichnet, und Überschriften wie *Affettuoso, Minuetto grazioso* oder *Allegrino prezioso* (T 318 Nr. 1) weisen auf das Vorbild Emanuels hin.

Wahrscheinlich aus der letzten Zeit von Bachs Aufenthalt in Italien stammen sechs Trios oder *Nocturnes* op. 4 für zwei Violinen und Viola oder „Basse obligé" (T 314 bis 316), die zuerst um 1765 in Paris[2] und späterhin auch in London und Amsterdam gedruckt wurden. Obwohl der Gebrauch des füllenden Tasteninstrumentes noch dem Ermessen des Spielers anheimgestellt war, sind diese Werke doch eigentliche Streichtrios im heutigen Sinne. Wie das Vorwort zur neuen Ausgabe der New York Public Library richtig bemerkt, bilden diese Trios einen „guten Zeitvertreib für Quartettspieler, wenn der Cellist zu spät kommt"! Die Bratsche ist keineswegs nur als Baßstütze verwendet: nicht selten werden ihr Sololäufe zugewiesen, und Bach verwendet auch Stimmkreuzungen mit der Violine. Jedes dieser Werke beginnt mit einem langsamen Satz, dem ein Menuett mit Trio folgt, während rasche Teile vollkommen fehlen. Dank der eigenartigen Zusammenstellung der Instrumente tragen diese Kompositionen ein zartes und unbeschwertes Gepräge, das in der damaligen Musik recht ungewöhnlich war.

Werke eines dritten Triotypus wurden vom Komponisten selbst 1763 als op. 2 (T 313 bis 314) herausgegeben. Diese sechs Stücke sind für Cembalo, „begleitet" von Violine (oder Flöte) und Cello geschrieben. Auch hier – ebenso wie in den Sonaten für Klavier und Violine – ist der Geige keineswegs nur eine untergeordnete Stellung zugewiesen: sie kann sich auch solistisch ergehen, und gelegentlich gibt es sogar ein frisches Frage- und Antwortspiel zwischen dem Tasten- und dem Saiteninstrument. Das Cello ist jedoch unlöslich an den Cembalobaß gebunden, was die Notwendigkeit seiner Verwendung in Frage stellt. Diese Tatsache mag Bach später veranlaßt haben, statt Trios Sonaten für Violine und Klavier zu schreiben.

In Christians *Quartetten* für Flöte, Violine, Viola und Cello werden einige der Merkmale der früheren Triosonate sichtbar. Die zwei Oberstimmen wechseln fröhlich miteinander ab oder sie vereinigen sich, während die Bratsche, die nicht allzu oft an der thematischen Verarbeitung teilnimmt, als füllende Mittelstimme dient, und das Violoncello eine Art Kontinuobaß als harmonische Grundlage liefert. Es wäre ein Leichtes, Bratsche und Cello auf das Cembalo

---

[1] In T 321 Nr. 1, der einzigen Triosonate, die mehr als drei Sätze hat, ist das Andante in H-Dur offenbar ein Fremdkörper, da die Ecksätze des Werkes in Es-Dur stehen.
[2] Die Erstausgabe bezeichnet sie irrtümlich als op. 2.

zu übertragen, und somit die traditionelle Triosonate wiederherzustellen. Tatsächlich scheinen die wenigen Kompositionen dieses Genres, die zu Lebzeiten Christians veröffentlicht wurden – sechs Quartette op. 8 (T 306 bis 307) um 1775 gedruckt und drei Quartette, die 1777 zusammen mit Werken von Abel und Giardini (T 309) herauskamen – verhältnismäßig frühe Werke zu sein, die kurz vor oder nach der Londoner Übersiedlung des Komponisten entstanden. Sie bestehen aus den typischen zwei Sätzen, der erste entweder schnell oder langsam, der zweite ein Menuett oder Rondo der Art wie man sie häufig in den Kammermusikwerken seiner Reifezeit findet; immerhin erscheint uns eine gewisse Zartheit und Subjektivität der Sprache, eine romantische Neigung zur Empfindsamkeit als der Widerhall der Eindrücke, die Christian in früheren Jahren empfangen hatte. Vier weitere Quartette, zwei für zwei Flöten, Viola und Cello, eines für zwei Flöten, Violine und Cello, und eines für Flöte und Oboe (oder zwei Flöten) Viola und Cello, die posthum als op. 19 (T 307 bis 308) erschienen, weisen die geschliffene Eleganz von John Bachs Spätwerken auf. Wie seine Symphonien bestehen sie aus drei Sätzen, und der intime, kammermusikalische Charakter weicht konventionelleren, auf breiterer Basis konzipierten Formen.

Den Höhepunkt in seiner Kammermusik erreichte Christian in seinen *Quintetten* op. 11 (T 303 bis 304), die er in den siebziger Jahren schrieb und veröffentlichte. In diesen Werken, die für Flöte, Oboe, Violine, Viola und Baß gesetzt sind, erweist sich der Komponist in seiner sprudelnden Erfindungsgabe als Meister auf dem Gipfel seiner schöpferischen Kraft. Er war sich des Wertes dieser Quintette durchaus bewußt und widmete sie denn auch dem Kurfürsten von der Pfalz; denn es lag ihm daran, die Beziehungen zu diesem einflußreichen Gönner der Künste, für den er die Opern *Temistocle* und *Lucio Silla* schrieb, nicht abbrechen zu lassen.

Frau Papendiek erzählt in ihren Memoiren, daß Christian eines schönen Sommertags sich in großer Eile befand, ein neues Musikstück für eine bevorstehende Probe fertigzustellen. Er machte sich rasch ans Werk, und während die Partitur unter seinen Händen entstand, schrieben zwei Kopisten, die hinter ihm stehend ihm über die Schulter sahen, die Stimmen aus. Das so geschaffene Werk war der „entzückende erste Satz" des Es-Dur-Quintetts (op. 11/4). Wenn diese Anekdote, die uns an ähnliche, mit Mozarts Namen verbundene Geschichten erinnert, den Tatsachen entspricht, muß Bach die Komposition im Geiste fertiggehabt haben, ehe er die Noten zu Papier brachte. Wir finden jedenfalls keinerlei Herumtasten oder Improvisieren in irgendeinem dieser Quintette. Es sind aufs Feinste zugeschliffene Juwele, in denen jede reizvolle

Einzelheit aufs Sorgfältigste entworfen ist. Bezeichnenderweise bekundet
Christian sogar in diesen Werken seine Vorliebe für das alte Trio. Er unterteilt
seine Instrumente in zwei Gruppen, ein Trio zweier Melodieinstrumente mit
Baß, dem ein weiteres Trio der übrigen zwei Instrumente mit Baß gegenübersteht (Beisp. 71). Der Wechsel zwischen Blas- und Streichinstrumenten bringt

Beisp. 71

besonders fesselnde Wirkungen hervor. Wie in den Quartetten, nimmt der Baß
nicht an der thematischen Verarbeitung teil, da er einen typischen nur stützenden Kontinuo bildet. Seine Bezifferung mag jedoch eine bloße Konzession
an den Wunsch des Verlegers sein, da ein füllender Cembalopart nicht wirklich notwendig ist und, angesichts der durchsichtigen Setzweise, eine zu mas-
sige und schwerfällige Wirkung hervorbringen könnte[1].

Die Besprechung von Christians Kammermusik kann am besten mit der
Bemerkung abgeschlossen werden, die Leopold Mozart 1778 in einem Brief
an seinen Sohn schrieb, der soeben in Paris seine Bekanntschaft mit dem englischen Bach erneuert hatte:

„Das Kleine ist groß, wenn es natürlich-flüssend und leicht geschrieben
und gründlich gesetzt ist. Es so zu machen ist schwerer als alle die den meisten
unverständlichen künstlichen Harmonischen progressionen, und schwer aus-
zuführenden Melodyen. hat sich Bach dadurch heruntergesetzt? – keineswegs!
Der gute Satz, und die ordnung, il filo – dieses unterscheidet den Meister
vom Stümper auch in Kleinigkeiten.“

---

[1] Die *Sei Sinfonia* (sic!) *pour deux Clarinettes, deux Cors de chasse et Basson* (T 285),
von Longman & Broderip herausgegeben, sind von geringem künstlerischem Interesse. Ihre ungewöhnliche Besetzung deutet an, daß sie vermutlich Bearbeitungen sind.
Das von T (302) angeführte Sextett op. 3 ist nicht von Christian, sondern von Friedrich
Bach (vgl. S. 263).

Das *Klavier-Konzert*[1] ist eine der Lieblingsformen Christians. Wie sein Vater und sein Bruder Emanuel war er ein geborener Klaviermeister, wobei die Möglichkeit brillanter Schaustellung beim Konzert seiner auf Dramatik und äußeren Effekt eingestellten Natur fast noch besser entsprach als die Verwendung der intimeren Sonate. Unter den frühesten Werken, die er in Berlin schrieb, ist eine Anzahl Klavierkonzerte, und als er nach London übersiedelte, war das op.1, mit dem er sich der Musikwelt der englischen Hauptstadt vorstellte, eine Gruppe von sechs Konzerten. Insgesamt sind uns annähernd vierzig Konzerte für obligates Klavier bekannt, die aus allen Schaffensperioden Christians stammen.

Eine Anzahl Konzerte, die sich im Manuskript erhalten haben, entstanden zur Zeit von Christians Aufenthalt im Hause seines Bruders. Der formale Aufbau ähnelt dem des Italienischen Konzerts von Sebastian, und auch sonst verrät der Klavierpart das sorgfältige Studium der Klaviermusik des Vaters (Beisp. 72). Anderseits aber dient auch die Musik des Bruders ohne Zwei-

Beisp. 72

Konzert E dur, 1.Satz

fel als ein Vorbild. Das f-Moll-Konzert (T 301/17) trägt die Bemerkung *riveduto dal Sign. C. P. E. Bach*, und das A-Dur-Konzert (T 300/12) bringt in seinem Mittelsatz rezitativische Abschnitte, wie sie so oft von Emanuel verwendet wurden. Die fünf Werke, die in Christians Handschrift erhalten sind (T 298/1 bis 4, 299/5), legen den Nachdruck auf Homophonie, einen leidenschaftlichen Subjektivismus und den Ausdruck schwermütiger Sehnsucht, was auf die künstlerischen Ideale der Empfindsamkeit hinweist. Zwei davon stehen in Moll (das der reifere Komponist nur selten gebrauchte), und die Mittelsätze tragen solch aufschlußreiche Überschriften wie *Adagio affetuoso con Sordini* oder *Andante e grazioso con Sordini*. Auf das von Korrekturen strotzende Manuskript des B-Dur-Konzerts (T 298/1) kritzelte der Jüngling mit naiver Freude über seine eigene Leistung: „Ich habe ich dieses Conc. gemacht, ist das nicht schön?" (Abb. 18). In der Tat hatte er allen Grund, auf diese frühen Kom-

---

[1] Neuausgaben: Konzerte in B und D für Klavier und Orchester (LANDSHOFF), Leipzig: Peters, 1931 bis 1932; Konzert in Es für Klavier und Orchester (PRAETORIUS), Leipzig: Eulenburg, 1937; Konzert in A für Klavier und Orchester (STADELMANN), Mainz: Schott, 1935.

positionsversuche stolz zu sein. Sie enthüllen ein ungewöhnliches Talent, und die fortschrittlichsten unter ihnen – die Konzerte in E- und G-Dur (T 298/4, 299/5) – zeigen in ihrem Aufbau schon die wesentlichsten Merkmale von Christians Vollreife.

Zwei Konzerte in Es-Dur und A-Dur, die um 1770 bei G. F. Hartknoch in Riga herauskamen (T 297), leiten hinüber zu Christians italienischer Periode. Die häufigen Unisoni des vollen Orchesters, besonders am Ende einer Phrase, verleihen dem Es-Dur-Konzert ein beinahe barockes Gepräge. Im Finale wird das Anfangsmotiv des Hauptthemas den ganzen Satz hindurch benutzt, um die rhythmische und harmonische Struktur zu bereichern. Dieses hier von Christian angewendete Kunstmittel ist von Sebastian und Emanuel entlehnt, und erschien später wieder in veränderter Form in den Quartetten und Symphonien Haydns und Mozarts. Die plötzlichen Gegensätze im Gefühlsinhalt und die häufigen dramatischen Fermaten weisen darauf hin, wie sehr Christian noch mit der Welt der Empfindsamkeit verbunden war. Gleichzeitig aber offenbaren die Wärme und Pracht seiner weitgeschwungenen melodischen Linien, besonders im ersten Satz des A-Dur-Konzerts, wie auch der sinnliche Wohlklang der langsamen Mittelsätze in beiden Werken, den höchst wichtigen Einfluß, den der italienische Schauplatz auf den empfänglichen Geist des jungen Künstlers ausübte.

Ein Konzert in E-Dur (T 300/13), dessen Manuskript mit *dell' Sign. Bach in Meiland* überschrieben ist, entstand höchstwahrscheinlich gegen Ende des italienischen Aufenthaltes. Wiederum ist es der Mittelsatz, der eine liebliche Kantilene bringt, die nur von einem mit der Kunst des Belcanto wohlvertrauten Komponisten stammen konnte, während schöne Modulationen, wie er sie von seinem Bruder gelernt hatte, die harmonische Sprache vertiefen. In den Tuttiteilen des ersten Satzes ist die Doppelthematik, die in früheren Werken nur angedeutet war, voll entwickelt. Zwei stark gegensätzliche Gedanken, ein energischer, rhythmisch-kräftiger und ein anmutig singender, werden vorgeführt, und das Soloinstrument verleiht ihnen einen mehr klavieristischen Charakter. Dieses Werk zeigt den „italienischen Bach" von seiner besten Seite.

Die sechs Konzerte op. 1 (T 292 bis 293), die Christian 1763 kurz nach seiner Ankunft in London herausgab, sind der Königin von England gewidmet; sie sind typische Werke eines Modekomponisten, der bestrebt ist, einem möglichst weiten Kreis von Musikliebhabern zu gefallen. Auf verschiedene Weise begrenzt er nun die zur Verwendung gelangenden Mittel: der einstige begleitende Klangkörper von vier Streichern ist zu zwei Violinen und Cello zusammengeschrumpft; die bisher üblichen drei Sätze sind in vier Werken

19. Gottlieb friedrich bach

Selbstportrait, Pastell

20. JOHANN PHILIPP BACH

Selbstportrait, Pastell

durch zwei ersetzt, wobei ein Menuett oder ein anderes tanzähnliches Stück das Finale bildet. Der in den früheren Konzerten vorherrschende Wettstreit zwischen Solo und Tutti weicht nun der anmutigen Abwechslung von Klavier und Orchester. Die technischen Anforderungen an den Solisten bleiben stets im Rahmen der Fähigkeiten des durchschnittlichen Musikliebhabers. Kreuzen der Hände oder große Sprünge sind fast ganz vermieden; selten werden mehr als zwei Stimmen gebraucht, und die dünne Feinheit und Durchsichtigkeit des Satzes entspricht der leichten Klangmasse der Begleitinstrumente. Im Aufbau weisen diese Konzerte eine einschneidende Veränderung auf. Die unter anderen von Tartini gepflegte Konzertform mit ihren vier Tutti und drei eingestreuten Soli, die in Christians älteren Werken Verwendung fand, herrscht nun nicht mehr vor. Wir bemerken eine deutlich sichtbare Entwicklung in der Richtung der Sonaten-Konzertform, mit ihrem thematischen Dualismus in der Exposition. Der Stil ist durchwegs homophon und betont melodisch gehalten, vermeidet aber tiefere Gefühlsinhalte. Doch ist in diesen Werken die Oberflächlichkeit des galanten Stils nicht zu spüren; ihr Frohsinn entbehrt nicht der Wärme, und auch ein dunklerer Zug ist in ihr Strahlen eingeflochten – eine Verbindung, die den jungen Mozart so unwiderstehlich anzog. Das sechste Konzert der Sammlung enthält, zu Ehren ihrer Majestät, eine Reihe von Variationen über „God save the King", und die Variationenform, in der Christian niemals Hervorragendes leistete, ist hier mit größter Einfachheit behandelt, um die königliche Empfängerin nur ja nicht zu ermüden.

Die sechs Konzerte, die um das Jahr 1770 als op. 7 (T 293 bis 294) veröffentlicht wurden, sind mit op. 1 eng verwandt. Die Gruppe enthält zwei dreisätzige und vier zweisätzige Konzerte, und auch die Widmung an die Königin von England ist die gleiche. Burneys Bemerkung, daß Christians Klavierwerke „so beschaffen seien, daß die Damen sie mit nur wenig Mühe spielen könnten", mag auf beide Gruppen von Konzerten sowie auch auf seine Sonaten für Violine und Klavier bezogen werden. Die große Neuerung ist in einer Andeutung im Titel enthalten: *Sei Concerti per il Cembalo o Piano e Forte.* Bach, der 1768 als erster auf einem Pianoforte ein Solo öffentlich vorgetragen hatte, bestimmte diese Werke nicht so sehr für das alte Cembalo mit seinem starren Ton als für das moderne Pianoforte, auf dem eine Kantilene mit all den nötigen dynamischen Schattierungen ausgeführt werden konnte. Die heitere, sanfte, leichtbeschwingte und singende Musik dieser Konzerte mit den häufigen Albertischen Bässen (Beisp. 73) ist für ein Tasteninstrument geschrieben, das die Ausdrucksfähigkeit des älteren Clavichords besitzt, nicht aber seinen äußerst schwachen Ton. Mozartschen Zügen begegnen wir beständig: wenn

Klavierarpeggien die Hauptstimmen in den Streichern begleiten, und wenn
launige kleine Motive zwischen Solisten und Orchester lustig hin- und her-
hüpfen, so wirkt dies wie eine Vorahnung späterer Werke des Salzburger
Meisters. Ein Vergleich der Kompositionen dieser beiden Künstler ist höchst

Beisp. 73

Concerto op. VII/6, Andante

aufschlußreich, da er beweist, wieviel der jüngere von seinem Vorbild empfing,
und doch auch, wie sehr er es übertraf. Obwohl alle die Konzerte dieser
Gruppe ihre Vorzüge haben, verdienen doch einige Einzelheiten besondere
Erwähnung.

Im ersten Satz des dritten Konzerts in D-Dur, *Allegretto con spirito*, bezeugen
die neckische Frage und die rauhe Antwort des Nebenthemas (Beisp. 74)

Beisp. 74 *Allegro con spirito*

den köstlichen Humor des Komponisten. Das Allegretto in Rondoform, das
den zweiten und letzten Satz des Konzerts bildet, weist ein besonders durch-
sichtiges Gewebe auf, ist jedoch gleichzeitig sehr solid geformt. Der c-Moll-
Mittelsatz von Nr. 5, mit seinen lieblichen, schwermütigen Melodien und sanft
dahingleitenden Läufen, ist echteste Klaviermusik; der kurze, sprühende letzte
Satz wirkt virtuos, trotz seiner geringen technischen Schwierigkeiten. Solche
Stücke, die für Studierende mittleren Grades geeignet sind, klingen schwerer
als sie wirklich sind, und bieten eine Erklärung für John Bachs enorme Beliebtheit als Klavierlehrer.

Sogar die dritte Gruppe von sechs Klavierkonzerten, die im Jahre 1777 als
op. 13 (T 295 bis 296) herauskam, ist in der Grundhaltung nicht allzu verschieden von dem vierzehn Jahre früher veröffentlichten op. 1. Derselbe har-
monisch-homophone Stil herrscht hier vor, und das Tasteninstrument behält
seine seit den Tagen Sebastians überlieferte Rolle bei: abwechselnd ist es als
Kontinuo-Füllstimme im Orchester und als Soloinstrument behandelt. Wieder sind zwei der sechs Konzerte in drei Sätzen, die vier anderen in je zwei
angelegt. Obwohl die Gruppe diesmal nicht der Königin gewidmet ist, so ist

sie doch wiederum einer Dame, einer Mrs. Pelham, zugeeignet. Alle diese Kompositionen haben nun an Breite der Anlage und Tiefe der Empfindung gewonnen; sie bilden nicht nur den Beschluß, sondern auch den Höhepunkt in Bachs Schaffen auf diesem Gebiet. Es ist beachtenswert, daß der Gebrauch von Oboen und Hörnern „ad libitum", zusätzlich zum älteren Streichtrio, vorgeschlagen wird. Der Komponist hält einen größeren Orchesterapparat für wünschenswert, um dem bedeutsameren Inhalt dieser Konzerte würdigen Ausdruck zu geben. Wahrscheinlich sind die schönsten Konzerte der Gruppe die zwei dreisätzigen. In Nr. 2, D-Dur, ist das Andante des Mittelsatzes nicht frei von opernhaften Zügen; einige der Läufe klingen, als ob sie eher für Koloratursopran als für ein Tasteninstrument bestimmt seien; doch die gesunde, im Volkslied wurzelnde melodische Erfindung zieht den Hörer in ihren Bann. Dieselben volksliedmäßigen Züge sind auch in den Melodien des Rondo-Finale dieses Konzerts zu beobachten und in Nr. 4, in B-Dur, erscheint sogar eine echt schottische Melodie, da der letzte Satz Variationen auf das beliebte Volkslied „The Yellow-Haired Laddie" (Der gelbhaarige Knabe) enthält. Als Haydn nach England kam, brachte er diesem Konzert, das sich sehr schnell beim englischen Publikum als Lieblingsstück durchgesetzt hatte, so viel Interesse entgegen, daß er es 1792 für Klavier allein übertrug[1]. Der Wiener Komponist, der zu jener Zeit eben begann, schottische Volkslieder zu bearbeiten, mag Christians Werk als Vorbild genommen haben, als er seine eigenen Variationen über schottische Volkslieder schrieb[2]. – Der Erfolg von Bachs Klavierkonzerten op. 13 erscheint durchaus begreiflich. Mit reifem Können überaus liebenswürdig und anziehend gestaltet, sind sie musikalische Gegenstücke zu den köstlichen Porträts eleganter Damen der Gesellschaft, die gleichzeitig unter den Händen von Gainsborough und Reynolds entstanden.

Von Christians zahlreichen *Symphonien*[3] wurden über vierzig zu seinen Lebzeiten gedruckt. Man· kann diese Werke grundsätzlich in drei Kategorien ein-

---

[1] Seinerseits hatte Christian einen Klavierauszug von Haydns Symphonie Nr. 62 in D (komponiert 1777) verfertigt, der von Sieber in Paris veröffentlicht wurde (T 352).

[2] Vgl. KARL GEIRINGER, „Haydn and the Folksong of the British Isles", Musical Quarterly 1949.

[3] Neuausgaben: Sinfonia concertante in Es (STEIN), Leipzig: Eulenburg, 1935; Sinfonia concertante in A (EINSTEIN), Leipzig: Eulenburg, 1934; Symphonie in D op. 18/1 (LANDSHOFF), Leipzig: Peters, 1934; Symphonien in Es (op. 9/2), B (op.18/2), D (op. 18/4) (STEIN), Leipzig: Peters; Symphonien für Doppelorchester in Es und D (STEIN), Leipzig: Peters; Symphonie in G (SONDHEIMER), London: Bernoulli. 5 Symphonien (STEIN), RD 30.

teilen: die Ouvertüren, die ursprünglich als Einleitungen zu Opern geschrieben waren, die für Aufführungen in Konzerten bestimmten Symphonien und die „Symphonies concertantes", die Stilelemente des Konzerts mit denen der Symphonie verbinden. Da Ouvertüre und Symphonie die gleiche Anlage besaßen und beide eng verwandt mit der Symphonie concertante waren, sollen hier alle drei Arten zusammen besprochen werden.

Wie in allen seinen Werken verbindet John Bach auch in seinem symphonischen Schaffen die spezifischen Merkmale italienischer und deutscher Musik. Er brachte der locker gefügten, einsätzigen Ouvertüre der italienischen komischen Oper eben solches Interesse entgegen, wie der solider gebauten Einleitung zur ernsten Oper Italiens. Nicht minder wichtig erschienen ihm jedoch die Mannheimer Symphonien mit ihrem plötzlichen Gefühlsumschlag und ihren eindrucksvollen Orchesterwirkungen sowie die Wiener Symphonien, die Züge aus Tartinis Konzertform mit denen der italienischen Ouvertüren vereinigten und außerdem volkstümliche Elemente hinzufügten[1]. Christian gewann Anregungen von jeder dieser Formen und näherte sich in seinem Schaffen jeweils der einen oder der anderen, ohne aber eine ausgesprochene Vorliebe für eine unter ihnen kundzutun. Auch ist es bezeichnend, daß keine wirkliche stilistische Entwicklung in seinen Symphonien festgestellt werden kann. Seine reifsten Werke auf diesem Gebiet, obwohl denen aus seiner Jugendzeit an Qualität weit überlegen, greifen in mancher Hinsicht auf letztere zurück.

Seine beiden ersten Symphonien, die Ouvertüren zu den Opern *Artaserse* und *Catone in Utica* (T 272 Nr. 3, 277 Nr. 6) gehören wahrscheinlich in das Jahr 1761[2]. Rein formal gesehen, sind diese Werke, die für zwei Oboen, zwei Hörner und Streicher gesetzt sind, typisch für die Ouvertüre der neapolitanischen Opera seria. Dem schnellen ersten Satz, der ein leicht gegensätzliches zweites Thema, jedoch keine wirkliche Durchführung aufweist, folgt ein einfaches Andante für Streicher allein. Das Finale, das in formaler Hinsicht dem Rondo nahe kommt, nimmt Tempo, Tonart und Instrumentierung des ersten Satzes wieder auf. Bachs persönlicher Stil kommt zur Geltung in den lieblichen, edlen Melodien des Andantes, mit ihren sorgfältig ausgeführten Begleitstimmen, welche die gründliche Ausbildung Christians durch Padre Martini deutlich zeigen. Ebenso bemerkenswert ist das Andante grazioso für Streicher und Flöte, das den zweiten Satz in der Ouvertüre bildet, die Bach

---

[1] Vgl. FRITZ TUTENBERG, „Die Sinfonik Joh. Christian Bachs", Wolfenbüttel, 1928.

[2] Die beiden Opern wurden erstmalig in jenem Jahr aufgeführt. Gerbers Bericht im Lexikon der Tonkünstler, Leipzig, 1790, I/34, daß *Catone* bereits 1758 in Mailand zur Wiedergabe gelangte, scheint nicht zu stimmen.

1763 zu Galuppis *La Calamità de' Cuori* (T 272 Nr. 2) schrieb. Insbesondere die anziehende Harmonisierung verleiht dieser instrumentalen Arie eine feine Würze (Beisp. 75).

Die sechs Symphonien, die 1765 als op. 3 (T 262 bis 263) veröffentlicht wurden, waren für den Konzertsaal geschrieben, wahrscheinlich für die zu-

Beisp. 75

sammen mit Abel veranstaltete Serie. Sie zeigen die typischen Merkmale der Opernouvertüre, wie etwa den Gebrauch der Bläser als Füll- und Verstärkungsstimmen in den Tuttiteilen. So bemerkt denn auch der Musikkritiker der „Hamburger Unterhaltungen" im Jahre 1766, daß man sie für Werke eines Italieners halten würde, stünde der Name des Autors nicht auf dem Titelblatt. In mancher Hinsicht aber gehen diese Kompositionen über das Vorbild hinaus. Chromatik belebt die einzelnen Stimmen, der Phrasierung wird größere Sorgfalt gewidmet und in der Melodik zeigen sich Anklänge an deutsche Volkslieder. Nr. 3 und 4 dieser Gruppe sind besonders anziehend. Der Mittelsatz von Nr. 3 ist ein köstliches, leicht archaisch wirkendes, sarabandenähnliches Andantino. In Nr. 4 ist der letzte Satz ein Tempo di Minuetto in Rondoform, ein Finaletypus, der Christians Lieblingsform werden sollte. Nr. 1 ist aus einem anderen Grund bedeutsam. George de St. Foix wies darauf hin, daß Mozarts Symphonie in D (K.V. 19), die er 1765 in London komponierte, nicht nur in derselben Tonart steht, sondern sich auch sonst stark an dieses Werk anlehnt.

Christian Bachs dreizehn Symphonien op. 6, 8 und 9[1] (T 262 bis 269/3) ähneln einander in hohem Maße. Es wurden sogar zwei der Symphonien op. 6 in op. 8 wiedergedruckt. Das genaue Kompositions- oder Erscheinungsjahr dieser Werke ist nicht bekannt, doch liegt op. 6/1 in einem Manuskript vor, das 1764 datiert ist, während op. 6/6, aus später zu behandelnden Gründen, aus den Jahren 1771 oder 1772 stammen dürfte. Die anderen Symphonien dieser Gruppe mögen wohl in den dazwischenliegenden Jahren entstanden sein. Die allgemeinen Wesenszüge dieser Werke sind noch dieselben wie die der

---

[1] Op. 9 wurde später als op. 21 neu herausgegeben.

früheren Symphonien und Ouvertüren. Die formale Konstruktion blieb im Grunde unverändert; Unisoni zwischen den beiden Violinen sind häufig, und wiederholt scheint der Gebrauch eines Kontinuo-Instrumentes angebracht, um Lücken zwischen Melodie und Baß auszufüllen. Die Einbeziehung zweier verschiedener Violastimmen in der D-Dur-Symphonie op. 6/2, die der Instrumentierung eine ungewöhnliche Klangfarbe verleiht, kann auch als altmodischer Zug gewertet werden. Anderseits fehlt es durchaus nicht an Vorstößen ins Neuland. Interessante Durchführungsteile werden nun in einigen Sätzen verwendet (vgl. op. 6/1), und es werden auch die Möglichkeiten der Bläser besser ausgenützt. In op. 9 wechselt ein Quartett von zwei Oboen und zwei Hörnern häufig ab mit dem Streichquartett – eine Technik, die den Gebrauch zweier Orchester in Christians op. 18 vorausahnen läßt. Gleichzeitig nimmt der musikalische Inhalt erheblich an Bedeutung zu. Op. 6/3 gehört zu den besten Symphonien des Komponisten. Das launige zweite Thema des entzückenden Finales weist eine rhythmisch verfeinerte Erfindung auf, die nur selten in Werken dieser Zeit zu finden ist (Beisp. 76).

Beisp. 76

Ebenso schneidig und feurig ist der bourréeähnliche letzte Satz von op. 9/3, während das Finale aus op. 8/4, ein Tempo di Minuetto, eine gesunde Erdhaftigkeit aufweist, zu der die sehnsüchtige Lieblichkeit des darauffolgenden Trios einen wirksamen Gegensatz bildet. Ähnliche Züge zeigt der letzte Satz von op. 9/2, eine Symphonie, die beim Publikum des 18. Jahrhunderts sicherlich sehr beliebt war, da zahlreiche alte Drucke und Manuskripte des Werks auf uns gekommen sind. Der fesselndste Teil der Symphonie ist der Mittelsatz, „Andante con sordini" in c-Moll, in dem ein zartes, melancholisches Lied der sordinierten ersten Geigen von gezupften Streichern begleitet wird. Hier ist in spezifisch Christian Bachscher Manier, wohlklingende Rokokomusik von wehmütig-sehnsüchtigem Gefühl durchdrungen.

Die Symphonie op. 6/6 in g-Moll unterscheidet sich ausgesprochen von den übrigen. Sie zeigt deutlich den Einfluß der Sturm-und-Drang-Bewegung, welche die führenden Musiker Deutschlands und Österreichs um 1771 und 1772 erfaßte. Haydn und Mozart sowie Komponisten von geringerer Bedeutung wurden von dieser „romantischen Krise", wie sie Th. de Wyzewa nannte, ergriffen. Christians Symphonie enthüllt eine ungehemmte Gefühlsseligkeit und leidenschaftliche Subjektivität, wie wir sie aus Haydns „Abschieds-" und „La-Passione"-Symphonien gut kennen. Der erste und der letzte Satz drängen stürmisch voran, mit ihren rauhen Dissonanzen und plötzlichen dynamischen Kontrasten. Im „Andante più tosto Adagio" des Mittelsatzes werden edle Melodien von ausdrucksvollen Harmonien gestützt. Bemerkenswert ist das Beethovensche crescendo am Schluß, das in ein piano hinüberleitet und in einem geheimnisvollen pianissimo verschwebt (Beisp. 77).

Beisp. 77

In ungefähr denselben Jahren, in denen Christian seine op. 6, 8 und 9 komponierte, schrieb er drei Symphonien, die Einflüsse der Suiten- und Konzertform widerspiegeln. In diesen Werken, die wie späte Ableger des barocken Concerto grosso wirken, war der Komponist mehr an den klanglichen Möglichkeiten, die sich aus der Abwechslung von Soli und Tutti ergeben, als an der Entfaltung technischer Virtuosität interessiert. Die zeitgenössischen Verleger betonten den gemischten Charakter dieser Werke, indem sie sie *Concert ou Symphonie* (T 284/3) oder *Symphonie concertante* (284/1 und 2) nannten. Die reichhaltigen Möglichkeiten, welche die Verbindung von zwei bis vier Soloinstrumenten bot (zwei Violinen – Oboe und Cello – Violine und Cello – Violine, Viola, Oboe und Cello), regten die Phantasie des Komponisten in hohem Maße an, und unter diesen konzertanten Symphonien finden wir einige der schönsten Instrumentalwerke, die Bach in jener Zeit schrieb.

Die Symphonie concertante in A-Dur mit Violin- und Cellosoli (T 284/2) gehört zu der kleinen Zahl symphonischer Werke Christian Bachs in nur zwei Sätzen. Das einleitende Andante di molto verbindet die Kennzeichen eines Anfangsstückes mit denen eines Mittelsatzes. Grazie und klangliche Schönheit dieses Idylls läßt es als eine wahre Perle unter den Instrumentalwerken des Komponisten erscheinen, und es nimmt nicht wunder, daß Mozart besonders davon beeindruckt war (vgl. das *Incarnatus* seiner c-Moll-Messe). Der zweite Satz ist eine Art Gavotte in Rondoform, wie sie Bach oft gebrauchte. Hier malt er ein zartes Rokoko-Pastellbild, mit Schäfern und Schäferinnen, die sich schüchtern zu den Tönen einer Musette im Tanze drehen (Beisp. 78).

Verglichen mit diesem Werk, hat das „Concert ou Symphonie" in Es-Dur (T 284/3) mehr symphonischen Charakter und ist weit gedrungener angelegt.

Hier ist das Anfangs-Allegro, dessen sanfte Lieblichkeit verborgenes Feuer zu verhüllen scheint, der bedeutendste Satz. Das beseligte Andante, das eine obligate Oboe statt der in den anderen Sätzen vorgeschriebenen zwei Solo-violinen verwendet, stimmt eine typisch italienische Melodie der Zeit an, die

Beisp. 78

etwas an Glucks Arie „Che farò senza Euridice[1]" im „Orpheus" erinnert. Im robusten Schlußsatz, einem Tempo die Minuetto, erkennen wir den erdnahen Geist von Haydns ländlichen Tänzen.

In der „Symphonie concertante" in G-Dur (T 284/1) werden sämtliche Orchesterinstrumente abwechselnd als Solisten und dann wieder als Begleiter gebraucht, wobei eine den Orchesterkonzerten Vivaldis und Sebastian Bachs verwandte Technik erzielt wird. Die Instrumentation mit ihren vier Violin-[2] und zwei Violastimmen ist reich und wohlklingend, und der Satz wird durch interessante Imitationen aufgelockert. Die ganze Haltung des Werkes ist heiter-optimistisch und einfach-natürlich. Als Finale dient ein frisches Menuett in Da-capo-Form anstatt des traditionellen Rondos.

Den Höhepunkt in seinem symphonischen Schaffen erreicht Bach mit seinem op. 18 (T 269 – 271), das William Forster in London kurz vor dem Tode des Komponisten herausgab. Es enthält Opernouvertüren wie auch Konzert-symphonien, die wahrscheinlich zwischen 1772 und 1777 komponiert wurden. Nr. 2, 4 und 6 sind für normales Orchester gesetzt, die übrigen drei für Doppel-orchester. In letzteren ist die Technik der „Symphonie concertante" in größe-rem Umfang wieder aufgenommen. Der Komponist greift neuerlich auf den Typ des Concerto grosso zurück, indem er die Instrumente in zwei verschiedene Gruppen teilt – Streicher, Oboen, Fagotte und Hörner im ersten Chor, Strei-

---

[1] Auch Haydn benutzt eine ähnliche Melodie wie die der obengenannten Gluck-Arie in dem einleitenden Adagio seiner elften Symphonie (komponiert 1763). Der österreichische Komponist schrieb in den sechziger Jahren zahlreiche Werke, die Ähnlichkeit mit Christians Symphonies concertantes aufwiesen.

[2] Nicht drei Violinen, wie der Titel angibt, und wie Terry demzufolge irrtümlich bemerkt.

cher und Flöten im zweiten. Diese verschiedenen Klangkörper wetteifern miteinander, und die hieraus sich ergebenden klanglichen Effekte erscheinen Bach
wichtiger als Probleme der Formgebung. Für die Entwicklung der klassischen
Symphonie liefern diese Werke keinen neuen Beitrag. Das thematische Material wird nur in beschränkter Weise durchgeführt, und auch in Harmonie und
Rhythmus sind wenig fortschrittliche Züge erkennbar. Die melodische Erfindung ist jedoch hervorragend; Schönheit, Wärme und Glanz dieser breitge-
schwungenen Themen sichern den Werken einen besonderen Platz innerhalb
der Musik der Zeit. Christians gründliche Ausbildung durch Padre Martini macht sich hier immer noch bemerkbar: im ersten Satz von Nr. 1 z. B.
finden wir eine ungewöhnliche Verbindung zweier Gedanken: das erste Orchester setzt mit dem energischen Hauptthema ein, während das zweite gleichzeitig eine aus dem Nebenthema gewonnene einschmeichelnde Melodie ertönen läßt (Beisp. 79).

Beisp. 79

Der konzertierende Charakter der Werke offenbart sich besonders in Nr. 3,
der Ouvertüre zu *Endimione*, worin die beiden um die Wette spielenden Geigen
einander bis in die höchsten Höhen hinaufzwingen. Auch die Bratsche legt
hier ihre gewohnte Trägheit ab und nimmt stärksten Anteil an der thematischen
Verarbeitung. Selbst Cello und Baß haben gelegentlich von einander abwei-
chende Partien. In Nr. 5 bemerken wir auffallende Gegensätze im Gebrauch
instrumentaler Gruppen. Im ersten Satz herrschen die Streicher vor, und die
Holzbläser sind reine Füllstimmen, wie in den früheren Symphonien; der
letzte Satz bringt dagegen einen konzertartigen Themenaustausch zwischen
Flöte und Oboe, mit den begleitenden Streichern als Hintergrund.

Während diese drei Werke offensichtlich einem Nebenzweig der symphonischen Musik angehören, nähern sich die drei übrigen viel mehr der landläufigen
Symphonie der Zeit. Nr. 2, die Ouvertüre zu *Lucio Silla*, die für volles Orchester einschließlich Klarinetten (diese sind Überbleibsel der ursprünglichen
Fassung für die Oper) gesetzt ist, zählt zu Christians prächtigsten Orchester-
werken. Dem anmutig leichten und farbfreudigen ersten Satz wird ein feier-
lich-ernstes Andante gegenübergestellt, das trotz seines erhabenen Charak-

ters Spuren der weltlich-sinnlichen Veranlagung des Komponisten nicht verbergen kann. Das feurige Rondo-Finale ist unwiderstehlich und die Durchsichtigkeit der hier verwendeten „durchbrochenen Arbeit" beweist, wie sehr sich Bach gelegentlich dem klassischen Stil näherte.

Auf nicht ganz gleicher Höhe stehen Nr. 4 und 6, die eher die funkelnde Laune des Komponisten als Gefühlstiefe bekunden. Nr. 6 hat ausnahmsweise vier Sätze: Allegro – Andante – Allegretto – Allegro. Man mag Zweifel hegen, ob das gavotteähnliche Allegretto ursprünglich einen Teil des Werkes bildete; jedoch paßt es gut hinein, da es den frohen und sorglosen Charakter der ganzen Komposition betont. Der beste Satz ist wohl das Finale in seiner knappen formalen Struktur und durchsichtigen Instrumentation. Nr. 4 trägt besonders festliche Züge und fügt Trompeten und Pauken dem üblichen Instrumentarium hinzu. Das fesselnde Andante kam ursprünglich in der Ouvertüre zur Oper *Temistocle* (1772) vor, doch schaltete Bach die „Clarinetti d'amore" für die Konzertfassung aus, da diese Instrumente für ein symphonisches Orchester schwer zu beschaffen waren. Im ersten Satz wirken die rauhen Sforzandoantworten auf die neckischen Fragen im piano der Violinen wie eine Episode aus einer Buffooper. Jedoch bei aller Leichtigkeit des Inhalts ist die Struktur des Werks festgefügt, und Einzelheiten wie die geistvollen Imitationen im Finale (Beisp. 80) zeigen die Hand des Meisters.

Beisp. 80

Abschließend sei bemerkt, daß bei John Bach in der Regel eine glückliche Ausgewogenheit zwischen den benutzten Mitteln und der Bedeutung der Musik besteht; die Werke für größeres Ensemble weisen eine reich strömende Erfindungskraft auf und sind mit besonderer Sorgfalt ausgearbeitet. So gibt Christian sein Bestes in den Quintetten, den umfangreichsten seiner Kammermusik, und in seinen größeren Orchesterkompositionen.

Christians *Kirchenmusik*[1] (T 199 bis 210) verwendet fast ausschließlich lateinische Texte und ist für den katholischen Gottesdienst bestimmt. Sie kann in

---

[1] Die Manuskripte befinden sich hauptsächlich im Britischen Museum zu London und in der Benediktinerabtei zu Einsiedeln. Eine Anzahl kostbarer Autographe aus den Jahren 1757 bis 1760 gehören der Staats- und Universitätsbibliothek Hamburg.

zwei deutlich geschiedene Gruppen eingeteilt werden. Einige Werke sind Bearbeitungen aus Bachs Opern und Kantaten, die oft in höchst oberflächlicher Weise angefertigt waren und aller Wahrscheinlichkeit nach nicht vom Komponisten selbst stammen. Der Dichter J. J. W. Heinse dachte offenbar an solche Stücke, als er in seinem Roman „Hildegard von Hohenthal" (1795/96) erwähnte, daß Bach diese kirchlichen Melodien „beim Trinken von Champagner und Burgunder – und ohne einen Funken der Religion" geschrieben habe. Weit größer ist die Bedeutung der in Italien zwischen 1757 und 1762 geschriebenen Originalkompositionen. Zu ihnen zählen: ein *Dies irae*, zwei *Gloria in excelsis*, drei *Lezioni del offizio per gli morti*, zwei *Magnificat*, ein *Miserere*, ein *Salve Regina*, zwei *Tantum ergo* und zwei *Te Deum*. Sie sind für Solostimmen mit Instrumenten oder für Chor und Orchester gesetzt. Wenn der Text besondere Eindringlichkeit oder Prachtentfaltung verlangt, wie im Dies irae, Magnificat oder im Te Deum, schreibt der Komponist einen achtstimmigen Doppelchor vor. Der Orchesterapparat besteht gewöhnlich aus Streichern, Oboen, Hörnern und Orgel, während in Werken glänzenderer Art Trompeten die Hörner ersetzen, bzw. zu den Hörnern hinzugefügt werden.

Christians Technik der Gegenüberstellung verschiedener Vokal- und Instrumentalgruppen weist auf venezianische und römische Vorbilder hin, die seit dem 17. Jahrhundert die italienische Kirchenmusik beherrscht hatten. Die Stimmführung seiner Werke ist so solid wie man es von einem Sohne Sebastians, der von Italiens größtem Lehrmeister unterwiesen worden war, erwarten konnte (Beisp. 81). Andererseits aber weisen die Verwendung von Arien und Duetten, die von den Solisten geforderte stimmliche Virtuosität und andere opernhafte Elemente auf neapolitanische Einflüsse hin. Obwohl der Komponist des eigenen Könnens damals keineswegs sicher war und die Werke, begleitet von bescheidenen Briefen, an Padre Martini zur Korrektur schickte, fanden diese Kirchenmusiken Anklang und sogar Bewunderung. Sie verhalfen Bach zu der erwünschten Anstellung als Organist am Mailänder Dom, und das Te Deum von 1758 (T 210/2) wurde von C. F. D. Schubart als „eines der schönsten, die wir in Europa haben", bezeichnet.

1761 erreichte Bach endlich jenes künstlerische Ziel, das ihn bewogen hatte, Deutschland zu verlassen und nach Italien zu reisen. Seine erste Oper, *Artaserse*, wurde am Teatro Regio in Turin aufgeführt, und innerhalb weniger Monate wurden zwei weitere Bühnenwerke von ihm, *Catone in Utica* und *Alessandro nell'Indie*, an einem der ersten italienischen Opernhäuser, dem Teatro San Carlo in Neapel, gegeben[1]. Der junge Mailänder Domorganist versuchte in diesen Werken den Stil der neapolitanischen Komponisten aufs genaueste nachzuahmen. Ensembles kommen selten vor; die Arien sollten in erster Linie dem Ohr schmeicheln und in üppigen Koloraturen schwelgen, während Orchesterrezitative zumeist vermieden wurden. Das einzige bedeutungsvolle Beispiel dieser Art im dritten Akt des „Catone" ist so ungewöhnlich instrumentiert, daß das

Beisp. 81   *Te Deum* (1758)

orchestrale Gewand den Eindruck erweckt, einem Konzert oder einem Divertimento entlehnt zu sein. Anderseits sind die zur Fortführung der Handlung dienenden, vom Cembalo begleiteten Seccorezitative in der flüchtigsten Weise behandelt. Dennoch macht sich auch in diesen Werken Bachs Ursprung und Erziehung bemerkbar. Mit Recht bemerkt Hermann Albert in seinem schönen Artikel über Christians Opern: „In der handfesten natürlichen Derbheit, die ... in seinen Opern immer wieder durchbricht, lebt ganz entschieden noch etwas von der gesunden Lebenslust der alten Thüringer Bache fort." Deutscher Herkunft ist auch Christians sorgfältige, stets fesselnde Instrumentation; seine Melodien mit ihren chromatischen Durchgangstönen sind von einer Wärme und Zartheit erfüllt, die auf die romantisch-subjektive Periode des Komponisten in Berlin hinweisen. Diese Züge, verbunden mit dem glänzend-

---

[1] Neudrucke aus Christian Bachs weltlichen Vokalwerken: Zwölf Konzert- und Opern-Arien (Landshoff), Leipzig: Peters, 1930; Zwei weltliche Arien (Walter), Leipzig: Breitkopf & Härtel, 1928; „Lovely yet ungrateful swain" MBF. S. 207 (Langspielplatte 4).

heiteren Stil der neapolitanischen Oper, ergeben eine Mischung, deren Anziehungskraft der junge Mozart nur schwer widerstehen konnte. Die Tenorarie aus dem dritten Akt des „Alessandro" (T 214/19), die er in London hörte, war ein Lieblingsstück des Achtjährigen, und noch im Jahre 1778 schrieb er an seinen Vater aus Paris:

„Ich habe auch zu einer übung die *aria non sò d'onde viene etc.* die so schön vom Bach componirt ist, gemacht, und die ursach, weil ich die vom Bach so gut kenne, weil sie mir so gefällt, und immer in ohren ist, denn ich habe versuchen wollen, ob ich nicht ungeachtet diesen allen im stande bin, eine *Aria* zu machen, die derselben vom Bach gar nicht gleicht?"

Christian selbst hing auch sehr an diesem Stück. Er verwendete es zweimal in London in pasticci, und viele Jahre später nahm er diese Arie (wohl für das erste Auftreten von Anton Raaf in Paris 1778) wieder auf; sie hatte nun die feingeschliffene Eleganz seiner reiferen Werke angenommen, dabei jedoch an Gefühlsstärke etwas eingebüßt (Beisp. 82).

Beisp. 82

Im ganzen strahlen seine in Italien geschriebenen Opern Wärme und jene beinahe romantische Inbrunst aus – wie z. B. in dem Duett in E-Dur *Se mai turbo* aus *Alessandro* (T 213 Nr. 5) –, wie sie nur einer jungen, glühenden Künstlerseele verliehen ist.

Die Zahl der Bühnenwerke, die Bach in seiner Reifezeit schrieb, ist verhältnismäßig klein. Abgesehen von seinen Beiträgen zu mehreren pasticcii komponierte er fünf Opern, die in London aufgeführt wurden, zwei für Mannheim und eine für Paris, nämlich:

> *Orione.* London, 1763.
> *Zanaida.* London, 1763.
> *Adriano in Siria.* London, 1765.
> *Carattaco.* London, 1767.
> *Temistocle.* Mannheim, 1772.
> *Lucio Silla.* Mannheim, 1776.
> *La Clemenza di Scipione.* London, 1778.
> *Amadis des Gaules.* Paris, 1779.

Wiederum läßt sich hier kein grundlegender Unterschied zwischen diesen und Bachs früheren Werken aufzeigen. Sie sind alle Opere serie und zeigen deutlich die Grenzen von Bachs dramatischem Vermögen. Seine Versuche, heroische Gefühle oder echte Tragik darzustellen, erscheinen uns hohl und künstlich, starke Empfindungen wirken bei ihm beinahe bombastisch; anderseits ist er höchst erfolgreich in seinen Bemühungen, sanfte, liebliche, wehmütige, edle und warme Gefühle wiederzugeben. Christians reifere Opern offenbaren wohl einen Fortschritt in der technischen Verfeinerung, aber romantischer Überschwang ist nun nicht mehr so deutlich bemerkbar wie in seinen früheren Werken.

Die Zahl der Accompagnato-Rezitative nimmt nun ständig zu; sie sind besonders häufig in den Opern der siebziger Jahre, wie „Lucio Silla" und „Amadis". In den Arien wird besonderer Nachdruck auf Kontrastwirkungen gelegt, die ja auch in seiner Instrumentalmusik eine so bedeutsame Rolle spielen. Der Formenreichtum in diesen Solonummern ist sehr groß. Christian benutzt hier nicht nur verschiedenartige dreiteilige Bildungen, sondern auch Rondotypen. Besonders die letzten Opern enthalten eine sehr fesselnde Rondoart, die aus schnellen und langsamen Teilen besteht und Themen verwendet, welche schon im vorangehenden Rezitativ vorkamen. (Vgl. die Arie „Nel partir" in „La Clemenza di Scipione", T 230 Nr. 17.) Auch sonst sind in den Werken der siebziger Jahre Rezitative und Arien mit großem Geschick zu wirkungsvollen Szenen von gleichartiger Struktur verbunden. Gerne gebraucht der Komponist ein konzertierendes Holzblasinstrument, Flöte, Oboe oder Fagott, in Verbindung mit einer Solostimme, und schafft so, wie einst sein Vater, eine Art Zwiegesang zwischen Sänger und Instrumentalisten. Da er vorzüglich für die Instrumente schreibt, sieht sich der Flötist oder der Oboist vor eine ebenso dankbare Aufgabe gestellt wie der Sänger, und der Bläser findet mitunter sogar eine Gelegenheit, eine Kadenz in das Anfangsritornell einzufügen. Bachs Verwendung der Klarinette (er gebraucht sie erstmalig 1763 in seiner Oper „Orione"), weist entschieden in die Zukunft. Er schreibt sie z. B. vor, um einen Hauch des Jenseits verspüren zu lassen (wie in der „Ombra"-Szene in „Lucio Silla", T 232 Nr. 5), oder auch um romantische Sehnsucht auszudrücken. In „Temistocle" (1772) geht er gar noch einen Schritt weiter und verwendet „Clarinetti d'amore", deren Ton dank ihrer birnenförmigen Schallbecher einen sanften Charakter besaß.

Die Ensemblenummern und die Chöre gewinnen nun immer mehr an Bedeutung. Nach französischer Operntradition wird gerne eine Großform gebildet, in der Chöre so wiederholt werden, daß sie mit Solonummern abwechseln. Gegen Aktschluß kommt es dann zu einer Art von Opernfinale, wobei Accompagnato-Rezitative, Soli und Ensembles, dicht aufeinanderfolgen, und die Zahl der ausübenden Künstler sich allmählich vermehrt. Der vorwiegend lyrische Charakter solcher Formen beweist aber, daß Christian die formale musikalische Abrundung des Aktes viel wichtiger war als die Steigerung zu einem dramatischen Höhepunkt (vgl. den Schluß von „Temistocle", T 241).

In einem Werk der siebziger Jahre bemerken wir eine enge Verwandtschaft mit Opern hervorragender deutscher Meister. Das Textbuch zu „Lucio Silla", der für Mannheim geschriebenen Oper, war schon zwei Jahre vorher von Mozart komponiert worden. Möglicherweise war die Beeinflussung diesmal eine umgekehrte, und Christian seinerseits unterlag einigermaßen dem Einfluß seines jungen Freundes. Abert weist darauf hin, daß das Liebesduett im ersten Akt eine gewisse strukturelle Ähnlichkeit mit dem in Mozarts Oper hat. Daß John Bach auch Gluck aufs genaueste studiert hatte, ist in den tragischen Weisen des ersten Aktes erkennbar. Obwohl Christian im Jahre 1770 nicht gezögert hatte, den „Orpheus", Glucks Meisterwerk, dadurch zu verunstalten, daß er sieben eigene Nummern hinzufügte, zeigte er sich später tief beeindruckt von dem großen Opernreformator. Diese Haltung offenbart sich namentlich in seiner französischen Oper, „Amadis des Gaules", besonders in den Rezitativen, die dem Gesamtchor zugeteilt sind, und in der mächtigen Szene, in der Oriane den Tod des Amadis beklagt (fehlt bei T). Hier findet sich in des Komponisten Tonsprache der Ausdruck der Erhabenheit und echtes Pathos. In „Amadis" spüren wir die Bemühung des Londoner Bach, einem französischen Publikum zu gefallen. Das französische Textbuch ist die Bearbeitung eines Textes, den Lully 1684 vertont hatte. Die Arien sind höchst einfach konzipiert, und Koloraturen fehlen fast ganz. Überdies enthält die Partitur zahlreiche Ballette[1] und da sie vollständig auf Seccorezitative verzichtet, begleitet der umfangreiche Orchesterapparat das ganze Werk. „Amadis" erreichte nur sieben Aufführungen, wohl hauptsächlich wegen seines schwachen Textbuches, dessen ursprüngliche fünf Akte in ungeschickter Weise auf drei reduziert worden waren. Jedoch muß das Werk den Parisern gefallen haben, denn die vollständige Partitur erschien bald im Druck; gleichzeitig wurde dem Komponisten ein weiterer Auftrag, eine Oper zu schreiben, zuteil. Doch dieser Plan scheiterte an seinem frühen Tod.

Wenn wir nun auf Bachs gesamtes Opernschaffen zurückschauen, können wir den Schlüssel zu seiner Bewertung in einer Bemerkung Burneys finden.

---

[1] Neuausgabe von drei Instrumentalnummern aus der Oper in MBF S. 213 ff (Langspielplatte 4).

Nach dem lauen Empfang der Oper „Adriano in Siria" in London, bemerkte der
große Historiker, daß die in der Oper enthaltenen Arien, für sich abgesondert
betrachtet, ausgezeichnet waren, obwohl sie in ihrer Gesamtheit unglückselig
wirkten[1]. Es kann nicht geleugnet werden, daß Christian Bachs Opernwerke
an derselben Schwäche leiden wie seine neapolitanischen Vorbilder. Die Einzelnummern sind nicht zusammengeschweißt durch jenen dramatischen Sinn,
der eine Folge von Musikstücken zu einer wirklichen Oper formend verbindet.
So war das einzige Mitglied der Familie Bach, das konsequent das Gebiet der
Oper pflegte, unfähig, einen Beitrag von dauerndem Wert in dieser Form zu
liefern. Es besteht übrigens eine bemerkenswerte Ähnlichkeit zwischen Christians ernsten Opern und denen seines Zeitgenossen Joseph Haydn. Beide
konnten erlesene Musikstücke schreiben, aber kein echtes und zwingendes
musikalisches Drama.

Es ist bedeutsam, daß der Londoner Bach stets gern bereit war, dramatische
Einzelszenen für die Konzertaufführungen seiner Freunde zu schreiben. So
komponierte er zwei Stücke für den Kastraten Tenducci (T 250 Nr. 3a, 251
Nr. 8), unter denen *Rinaldo ed Armida* für Mezzosopran und Orchester mit
Pianoforte solo und einem überaus reizvollen, dem berühmten Oboisten
J. C. Fischer zugedachten Oboenpart, besonders erfolgreich war. Das Werk
erfreute sich solch großer Beliebtheit während des 18. Jahrhunderts, daß es
sogar für Glasharmonika bearbeitet wurde.

Verschiedene Kantaten sowie Christian Bachs Oratorium können nur als
Nebenprodukte seines Opernschaffens angesehen werden. Die Texte sind alle
italienisch und gleichen denjenigen der neapolitanischen Oper, wenn auch ihr
Umfang geringer ist. Ein gutes Beispiel hiefür bildet *Cefalo e Procri*, Cantata a tre
voci, in London 1776 komponiert (nicht bei T)[2]. Nach dem Zeugnis der
Originalhandschrift, die in der Library of Congress zu Washington erhalten ist,
wurde der Sopranpart des Cefalo für den Kastraten, Signore Savoi, geschrieben,
der einer der meistbeschäftigten italienischen Opernsänger Londons war. Der
Sopranpart der Procri war dagegen für eine Sängerin bestimmt, Cecilia Grassi,
Bachs Gattin, und die dritte Rolle, Aurora, für die Altistin Signora Sales.
Cefalo und Aurora singen je eine Arie, während der Komponist seine Gattin mit zwei Arien bedachte. In der ersten stimmt der Sopran einen Wett-
gesang mit der Solovioline an, die so virtuos behandelt ist, daß das Anfangs-

---

[1] a.a.O., IV, 487.
[2] Terry führt nur Rezitativ und Arie der Aurora aus dieser Kantate an (T 247–
248), in einem Manuskript im Britischen Museum und in einem zeitgenössischen
Druck (hier einen Ganzton aufwärts transponiert).

ritornell vor dem Einsatz der Sängerin fast wie ein Violinkonzert anmutet. Die zweite Arie ist mit einem obligaten Fagott bedacht, und sein hohler, etwas komisch wirkender Ton bietet einen vorzüglichen Gegensatz zu der warmen, lieblichen Klangfarbe des Soprans. Christian Bachs Musik ist sprühend und farbig, sämtliche Ausführende, Sänger wie Instrumentalisten, sind mit dankbaren Aufgaben betraut, so daß die Feinschmecker der Londoner Konzertsäle diese Musik als delikaten Leckerbissen empfinden mußten, der freilich im nächsten Augenblick wieder vergessen war. Das bedeutendste Musikstück dieser Partitur ist wohl das begleitete Rezitativ der Aurora in e-Moll. Alle nur verfügbaren Orchesterwirkungen werden hier verwendet, um das großartige Schauspiel des Sonnenaufgangs zu beschreiben. Bach gebraucht die Methode der „Walze", die er wahrscheinlich in Mannheim kennengelernt hatte: ein allmählich aufsteigendes Motiv nimmt gleichzeitig an Tonstärke zu, während ein Orgelpunkt unbeweglich im Baß liegen bleibt. Erst setzt eine Geige ein, dann eine zweite, die Flöten gesellen sich mit spielerischen Weisen dazu, dann die Klarinetten, leise wehklagend, anschließend das Fagott und zum Schluß die Hörner. So vereinigt sich das Orchester in einem gewaltigen Crescendo, und am Höhepunkt des Forte setzt die Stimme der Aurora ein. Haydn mag wohl Gelegenheit gehabt haben, Bachs Partitur während seines Londoner Aufenthaltes kennenzulernen. Wenn auch seine eigene Vertonung des Sonnenaufgangs in der „Schöpfung" und in den „Jahreszeiten" an Ausdruckskraft ungleich höher steht, so benützt er doch, rein technisch gesehen, ähnliche Mittel.

Es ist bezeichnend für Bach, daß er in seiner „Serenata a quattro" *Endimione* (1774; T 248/49), und in seinem einzigen Oratorium *Gioas, Re di Giuda* (1770; T 226/27) Texte von Metastasio, dem größten Librettisten der neapolitanischen Oper, benützte. Trotz seiner zahlreichen Chöre ist das Oratorium, wie Terry richtig bemerkt, nichts weiter als „eine *nicht* agierte Oper über ein biblisches Thema". In Bachs Partitur kann nur wenig entdeckt werden, was darauf schließen läßt, daß sie für ein von Händel begeistertes Publikum geschrieben war.

Während der Londoner Bach hier keinerlei Bedürfnis empfand, seinen Stil dem „Genius loci" anzupassen, verhielt er sich wesentlich anders in einer Anzahl kleiner Lieder für Singstimme und Orchester auf englische Texte. Für die populären Abendkonzerte im Freien in Vauxhall schrieb er höchst erfolgreiche kurze Vokalstücke, von denen drei Gruppen mit je vier Liedern zu seinen Lebzeiten gedruckt wurden (T 254/55). Bei solchen Darbietungen wurden oft wallisische, irische und schottische Volkslieder aufgeführt; in den von Bach komponierten Stücken zeigt sich denn auch eine seltsame Mischung englischer

Volksmelodik mit italienischen virtuosen Koloraturen (Beisp. 83). Die über-
mütigen Melodien, die Bach in den Vauxhall-Konzerten erklingen ließ (besonders „Ah, seek to know" – T 255/2) beweisen, wie sehr er die Atmosphäre dieses einzigartigen Vergnügungsparks genoß. Gleich Joseph Haydn

Beisp. 83   *In this Shady Blest Retreat*

tell__ the love.ly charm.er near, tell the love.ly charm_____er, the love.ly charm.er near.

gab er sich ganz dem Reiz dieser Gärten hin, die Boswell, der Johnson-
Biograph, folgendermaßen beschrieb: „ . . . eine Mischung von seltsamen
Darbietungen, belustigenden Schaustellungen, und Musik. . . nicht allzu vor-
nehm, da für die Allgemeinheit bestimmt, sowie schließlich – nicht zu vergessen! – vorzügliches Essen und Trinken."

FÜNFTES KAPITEL

ZWEI MALER ZU MEININGEN

GOTTLIEB FRIEDRICH UND JOHANN PHILIPP BACH

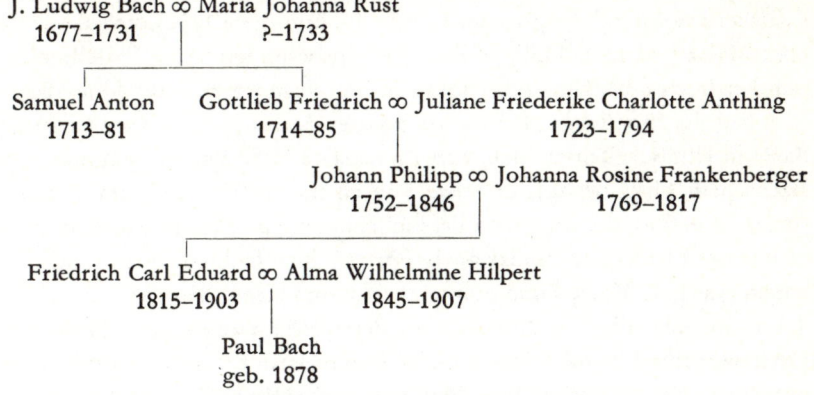

J. Ludwig Bach ∞ Maria Johanna Rust
  1677–1731 | ?–1733

Samuel Anton   Gottlieb Friedrich ∞ Juliane Friederike Charlotte Anthing
  1713–81   1714–85 | 1723–1794

Johann Philipp ∞ Johanna Rosine Frankenberger
  1752–1846 | 1769–1817

Friedrich Carl Eduard ∞ Alma Wilhelmine Hilpert
  1815–1903 | 1845–1907

Paul Bach
geb. 1878

NACH dem Tode Ludwig Bachs in Meiningen im Jahre 1731 konnte keiner seiner beiden Söhne des Vaters Stelle als Hofkapellmeister einnehmen. Samuel Anton (geb. 1713), sowie Gottlieb Friedrich (geb. 1714), waren zu jung für einen solch verantwortungsvollen Posten; überdies galt ihr Hauptinteresse nicht der Musik, obwohl sie tüchtige Orgelspieler waren. Der ältere Sohn besuchte die Universität Leipzig, um Rechtswissenschaft zu studieren, wie es auch sein Vetter Philipp Emanuel Bach gleichzeitig tat, und genoß häufig die Gastfreundschaft seiner Verwandten in der Thomaskantorei. Als er 1735 nach Meiningen zurückkehrte, fand Samuel Anton Beschäftigung verschiedenster Art am Hof, bis er im Jahre 1777 den Posten eines Kammersekretärs erhielt, den er bis zu seinem Tode im Jahre 1781 innehatte. Kurze Zeit betätigte er sich auch als Hoforganist, gleich seinem Bruder Gottlieb Friedrich, dem jedoch die Musik gleichfalls nur als Nebenbeschäftigung diente. Gottlieb war Maler im Hauptberuf, und in dieser Eigenschaft wurde er 1745 offiziell am Meininger Hof angestellt. Schon sein Onkel, Nikolaus Ephraim Bach (vgl. S. 121), hatte den beiden Musen, Musik und Malerei, gedient, indem er die Höflinge in Gandersheim in diesen Künsten unterrichtete. Außerdem war Gottliebs Großvater mütterlicherseits, Samuel Rust, der Architekt, der zusammen mit J. Peter Rust (wahrscheinlich sein Bruder) am Bau des Schlosses Elisabethenburg beteiligt war. Aus diesem Erbgut erwuchs für Johann Ludwig Bachs zweiten Sohn eine ausgesprochene künstlerische Neigung; sie gelangte übrigens auch bei Samuel Anton zum Durchbruch, der ebenfalls Miniaturen malte. Anderseits kam bei Gottlieb Friedrich auch die traditionelle Bachsche Begabung zur Geltung; er war ein tüchtiger Organist und Pianist und versuchte sich auch in musikalischer Komposition[1].

Gottlieb, der 1785 starb, hinterließ drei Söhne: zwei wurden protestantische Geistliche, während der jüngste, Johann Philipp (geb. 1752), sich als erfolgreicher Maler betätigte. Philipps Bildnisse, insbesondere seine Pastellmalereien, wurden höchst beifällig aufgenommen; es wurde geradezu Mode, daß jedes Mitglied der fürstlichen Häuser von Sachsen-Meiningen, Sachsen-Coburg und Sachsen-Hildburghausen sich von ihm malen ließ. Philipp war mit typisch Bachschem Fleiß begabt; er reiste von einem kleinen Hof zum andern und porträtierte dort alle wichtigen Persönlichkeiten. Einmal, in Rudolstadt, malte er nicht weniger als dreiundzwanzig Porträts innerhalb von zehn Wochen. Wir haben eine gute Vorstellung von seiner unermüdlichen Tätigkeit, da er fünfzig Jahre lang über alle seine Aufträge und deren Honorare eingehend Buch führte. Diese sauberen Kontobücher erinnern durchaus an die gewissenhafte Art, mit der sein geschäftstüchtiger Pate, Philipp Emanuel Bach, Geldangelegenheiten zu behandeln pflegte. Es erscheint denkbar, daß der Hamburger Bach sein Patenkind dazu veranlaßte, eine derartige Buchführung aufzunehmen, als der junge Maler ihn 1773 besuchte und vortrefflich porträtierte. Da Philipp Bach nur bescheidene Honorare verlangte, wurde er trotz dauernder Bestellungen nicht gerade ein reicher Mann, doch war er mit einer solchen Lebensweise scheinbar restlos zufrieden. Auch war diese rastlose Tätigkeit offenbar gerade das, was er brauchte, denn er wurde vierundneunzig Jahre alt und genoß als der älteste Bürger Meiningens allgemeine Bewunderung. Neben seiner so ausgedehnten Tätigkeit als Maler fand er immer noch Zeit, die Arbeit eines Hoforganisten auszuüben und sich aktiv am Schützenkorps der Stadt zu beteiligen. Nachdem er sechzig Jahre lang dessen Mitglied gewesen war, wurde er von der ganzen Stadt begeistert gefeiert, und in einer Meininger Zeitung[2] war folgendes über ihn zu lesen:

---

[1] Vgl. Pusch, „Meiningen und die Bachschen Nebenlinien". Thüringer Fähnlein, 1935, und „Neue Beiträge zur Geschichte des deutschen Altertums", 19. Lief. „Meininger Pastellgemälde", von E. Doebner und W. Simons, Meiningen, 1904. s. auch Conrad Freyse, „Unbekannte Jugendbildnisse Friedemann und Emanuel Bachs", in „Wissenschaftliche Bachtagung", Leipzig, 1950.

[2] Meininger Volksblatt, 1835, Nr. 33, S. 141.

„Eines Künstlers höchste Freude
Ist Genuß der Augenweide
An der schönen Frauen Bild :
In die Seele eingedrungen,
Bis zum Sprechen gut gelungen,
Hast Du's schöner noch enthüllt."

Philipp wurde an'jenem Tag in einer Staatskarosse durch die Stadt gefahren; eine Musikkapelle folgte hinterher sowie die Mitglieder des Schützenkorps in Galauniform; hübsche junge Mädchen standen Spalier entlang den Straßen, durch die er fuhr, und sie warfen ihm Blumen vor die Räder: sogar Kanonensalven wurden vor dem Bankett abgefeuert, das man ihm zu Ehren veranstaltete.

Philipps robuste, energische Natur vererbte sich auch auf die folgenden Generationen. Dem Dreiundsechzigjährigen wurde ein Sohn, Friedrich Karl Eduard geboren, der herzoglicher Förster wurde und das Alter von achtundachtzig Jahren erreichte; auch dieser erfreute sich, ebenfalls erst mit dreiundsechzig Jahren, der Geburt eines Sohnes, Paul Bach (geb. 1878), der ein feinsinniger Musiker und begabter Maler ist[1]. In seinem Besitz befindet sich eine erlesene Sammlung von Gemälden seines Großvaters und Urgroßvaters. Pauls Tochter, Annemarie Ortner, hat die großen künstlerischen Gaben dieses Familienzweiges geerbt.

DIE WERKE VON GOTTLIEB FRIEDRICH
UND JOHANN PHILIPP BACH

In den Werken des älteren der beiden großen Maler des Meininger Familienzweigs, Gottlieb Friedrich, offenbaren sich Wesenszüge der Rokokokunst. Verglichen mit dem prunkvoll-schwelgerischen Stil des Barock wirkt diese Kunstrichtung leichtbeschwingt und viel intimer. In der Malerei führte sie vielfach zu einer Verminderung der Größenverhältnisse. Die gewaltigen, imposanten Gemälde und Fresken, weitreichenden Herrschergelüsten entsprungen, wurden vielfach durch kleinere und niedlichere Werke ersetzt. Als letztes Produkt dieser Reduktion entstand die Miniatur, eine Kunstform, in der Gottlieb Friedrich einige seiner schönsten Werke schuf. Seine Miniaturen wurden mit Pastellfarben ausgeführt, nicht mit den üblichen Ölfarben; eine

---

[1] Der Autor dieses Buches besitzt vier reizende, winzige Ölgemälde des Bach-Hauses in Eisenach, die Paul Bach für ihn malte. (S. Abb. 8.)

Veränderung im Material, die wiederum das Streben des Rokoko nach Grazie und ätherischer Leichtigkeit widerspiegelt. Man könnte die Verwendung der labilen pulverähnlichen Substanz der Pastellfarben als ein Symptom der unbeschwerten Denkungsart der Zeit erklären, die Reaktion des Künstlers auf die Erfordernisse seiner Umwelt.

Gottlieb Friedrich, der in erster Linie Porträtmaler war, scheint besonders den französischen Künstler Quentin de la Tour bewundert zu haben, dessen Methode er sich zu eigen machte. Wie de la Tour studierte der Meininger Künstler seine Modelle sorgfältig und bemühte sich, in seinen Gemälden eine möglichst vollkommene Naturähnlichkeit zu erzielen; hierbei gelang es ihm, die Persönlichkeiten bedeutsam zu charakterisieren und Porträts herzustellen, denen es nicht an dekorativen Qualitäten mangelt. Ähnlich wie de la Tour zeigte der deutsche Künstler einen hochentwickelten Sinn für Farb- und Lichtwirkungen; so gelangen ihm treffliche und gefällige, wenn auch kurzlebige Leistungen.

Doch begnügte sich Gottlieb Friedrich nicht nur damit, die Rezepte des Rokoko von seinem französischen Vorbild zu übernehmen; er ließ es sich auch angelegen sein, den internationalen Stil der Eigenart seines eigenen Heimatlands anzupassen. So sind seine besten Werke zweifellos diejenigen, in denen er modische Verspieltheit zugunsten einer echten Vertiefung aufgibt, jede Schmeichelei vermeidet und selbst vor schonungslosem Realismus nicht zurückschreckt. Ein vorzügliches Beispiel hierfür ist das Tripelporträt der Herzogin Philippina Elisabeth Caesar von Sachsen-Meiningen, ihrer Tochter und einer Hofdame, das 1759 gemalt wurde und nun im Meininger Rathaus aufbewahrt wird. Mit unbarmherziger Objektivität gibt die Leinwand in sorgfältigem Detail die hochmütig-verdrießlichen Gesichter der drei Frauen wieder; sie wirken steif, unnahbar und recht unbehaglich in ihren prunkvollen Gewändern. Des Malers feiner Sinn für Humor zeigt sich in der unleugbaren Ähnlichkeit zwischen der hochgestellten Dame und dem lächerlichen kleinen Mops zu ihren Füßen. Das Pastellbild des herzoglichen Küchenschreibers Weißenborn stellt einen Mann dar, mit schmalem Kopf, zusammengepreßten Lippen und ängstlichem Gesichtsausdruck, der ein Cello schabt. Halsbinde und Mütze sollen ihn wohl vor jedem Luftzug schützen, und die seltsam flache Maltechnik des kleinen Bildes trägt dazu bei, einen langweiligen Philister naturgetreu darzustellen.

In den Miniaturen, die Gottlieb Friedrich von sich selbst und seiner Familie malte, gab er wohl sein Bestes. Sein Selbstbildnis (Abb. 19) stellt einen modisch und tadellos gekleideten Mann dar, mit einem sensitiven Gesichtsausdruck und müden, etwas enttäuscht blickenden Augen. Es ist ein edles und zartes Bild eines weisen, wenn auch nicht besonders energischen Mannes, dem eine nicht allzu angenehme Rolle als Sohn eines großen Vaters und Vater eines bedeutenden Sohnes zuteil ward.

Da Gottlieb erst siebzehn Jahre alt war, als Johann Ludwig starb, mag das schöne Pastellbild, das er von seinem Vater malte, in späteren Jahren aus dem Gedächtnis entstanden oder von früheren Porträts kopiert worden sein. Diese Miniatur (Abb. 9) gehörte zu Philipp Emanuels ausgedehnter Gemäldesammlung und kam später in den Besitz der Berliner Bibliothek. Wir sehen hier einen stattlichen Mann mit feurigen dunklen Augen, einem sinnlichen Mund und dem fleischigen Kinn der Bache. Es ist das Gesicht eines hochintelligenten Mannes, der Sinn für die Freuden des Lebens hatte. Man kann sich wohl vorstellen, daß ein Mensch dieser Art Vorliebe für italienische Musik hegte.

Eines der bedeutendsten und schönsten Bilder von Gottlieb Friedrich ist das seines Verwandten Johann Sebastian (Abb. 7). Wir können annehmen, daß es jenes Pastellbild war, dessen gut getroffene Porträtähnlichkeit Emanuel in einem Brief an Forkel von 1775 rühmend hervorhob.

Wenn wir einer wohlfundierten Überlieferung in der Meiningenschen Familie Bach glauben dürfen, hat Gottlieb Friedrich Bach dieses Porträt seines großen Vetters während eines Aufenthaltes in Leipzig gemalt und es dann Sebastian überreicht, von dem es Emanuel erbte. Dieser tauschte dann das Bild später um gegen das Pastellbild von Johann Ludwig Bach, da er ja schon das große Gemälde seines Vaters von Haussmann besaß. Auf diese Weise kam also Sebastians Porträt an den Maler selbst zurück; es ist heute noch in dessen Familie erhalten[1]. Gleich anderen Pastellbildern Gottlieb Friedrich Bachs ist auch dieses Porträt nicht signiert. Jedoch sind die besonderen Wahrzeichen der Kunst des Malers unverkennbar: die geringe Größe des Bildes, der intensive Gebrauch seiner Lieblingsfarbe, eines leuchtenden Kobaltblau, und vor allem die lebendige Realistik der Auffassung. Der prächtige Hofanzug, den Sebastian auf dem Bilde trägt, steht in starkem Gegensatz zu der nüchternen Kleidung auf dem Haussmann-Porträt. Dies könnte einen Anhaltspunkt für die Datierung des Pastellbildes liefern. Sebastian hatte am 28. November 1736 den Titel eines Hofkomponisten des Kurfürsten von Sachsen erhalten und es mag wohl sein, daß das Pastell zu Ehren dieses wichtigen Ereignisses gemalt wurde, wobei der neue kurfürstliche Hofkomponist seine offizielle Galakleidung anlegte. Selbst wenn Gottlieb Friedrich keinen anderen Anspruch auf Berühmtheit machen könnte, so würde doch dieses ausdrucksvolle Abbild des Thomaskantors, das eine große Bereicherung unseres äußerst bescheidenen Besitz-

---

[1] Vgl. Karl GEIRINGER, „The Lost Portrait of J. S. Bach", New York, 1950.

tums an authentischen Bach-Porträts[1] darstellt, völlig genügen, dem Maler einen Platz unter den tüchtigen Porträtisten seiner Zeit zu sichern.

Gottliebs Sohn, Johann Philipp, ward ein viel längeres Leben und ein viel größerer Erfolg beschieden als seinem Vater. Er wurde 1752 geboren, also ein Jahr nach der Entstehung von Händels Oratorium „Jephta", und als er vierundneunzig Jahre später starb, saß Wagner schon über der Komposition des „Lohengrin". Zahlreiche Zeichnungen und Ölgemälde sowie nahezu tausend Pastellbilder hat der Künstler in seinem langen Leben geschaffen. Unter ihnen finden wir mehr als hundert Porträts von Mitgliedern von Fürstenhäusern.

Als junger Mann half Johann Philipp seinem Vater. Die damals von ihm gefertigten Bilder sind denen Gottliebs ungemein ähnlich, und es ist nicht verwunderlich, daß die beiden Pastelle, die er 1773 von seinem Paten Emanuel malte, lange Zeit als Werke des älteren Malers galten. Die sehr realistische Darstellung der massiven Züge des Komponisten, der Kunstgriff des Malers, einen dunklen Hintergrund für die beleuchtete Seite des Kopfes und einen hellen für die beschattete Seite zu wählen, die große Sorgfalt, mit der der Stoff von Emanuels Anzug gemalt ist, könnten ebenso auf die Urheberschaft des Vaters wie auf die seines Sohnes schließen lassen. Wir wissen jedoch aus einer Eintragung Emanuels in die an Forkel gesandte Genealogie, wer der wirkliche Schöpfer des Pastells war: „Vater und Sohn", schrieb Emanuel, „sind vortreffliche Porträtmaler (Letzterer hat mich vorigen Sommer besucht und gemalt, und vortrefflich getroffen)." Offenbar schenkte der junge Künstler Emanuel ein Pastellbild, während er ein zweites selbst behielt[2].

Später aber nahmen die Gemälde Philipps einen anderen Charakter an. Der silbergraue Ton auf manchen seiner Bilder mag als erstes Zeichen einer Abweichung von der Kunst seines Vaters gelten. Ein erstaunliches maltechnisches Geschick zeigt sich um diese Zeit im Porträt einer Freiin von Stein, auf dem das Perlenhalsband und die Haut durch den duftigen Schleier, der den Hals umgibt, hindurchleuchten.

Allmählich geriet Philipp unter den Einfluß englischer Maler; in seinen Porträts finden wir dieselben raschen Pinselstriche, dieselbe manierierte Eleganz und vornehme Prunkhaftigkeit, die Gainsborough und Reynolds kennzeichnen. In reiferem Alter ist schließlich eine betonte Wendung zur Klassik zu erkennen.

---

[1] S. Heinrich BESSELER: Fünf echte Bildnisse Johann Sebastian Bachs, Kassel 1956.
[2] Ersteres kam dann in den Besitz der Berliner Bibliothek, während das letztere in der Familie des Malers verblieb, und heute (1958) Herrn Paul Bach gehört. (Vgl. Abb. 15.)

Philipps Malweise wird wesentlich einfacher und strenger, und ersetzt die rhythmische Bewegtheit seiner früheren Werke durch einen ausgiebigen Gebrauch der geraden Linie; gleichzeitig verzichtet er auf die früheren lebhaften Farben zugunsten einer mehr zurückhaltenden Tongebung. Nun gelingt es ihm sogar noch besser als seinem Vater, den Charakter des Porträtierten auf der Leinwand festzuhalten. Ein gutes Beispiel für diesen reiferen Stil gibt uns sein mit großer Zurückhaltung gemaltes Selbstporträt (Abb. 20). Die Haltung des einfachen, schlichten Mannes, der uns mit nüchternem Gesichtsausdruck ansieht, ist ein wenig steif und ungeschickt. Der Künstler vermeidet hier peinlichst jede romantische Selbstverherrlichung und bemüht sich eifrigst um völlige Wahrhaftigkeit der Darstellung. Das Gemälde, das er auf dem Bilde gerade in Arbeit hat, ist ein Porträt seiner zweiten Frau, Johanna Rosine (geb. 1769). Dieses Pastellbild ist uns auch erhalten, und es zeigt eine leichte, frohe und liebevolle Behandlung des Stoffes, die sich von der Pedanterie und der ziemlich formalistischen Haltung des Selbstporträts stark unterscheidet. Beim Malen seiner Gattin hält Philipp durchaus nicht mit seinen Gefühlen zurück, und es gelingt ihm hier die Charakterstudie einer liebenswürdigen, warmherzigen und mütterlichen Frau. Trotzdem er sich hauptsächlich der Porträtmalerei widmete, vermied Philipp die Gefahren der Routine und Monotonie; er brachte zu jeder neuen Arbeit eine frische Einstellung, und dies beweist die Größe seiner künstlerischen Persönlichkeit.

SECHSTES KAPITEL

BACHE IN EISENACH

JOHANN ERNST UND JOHANN GEORG BACH

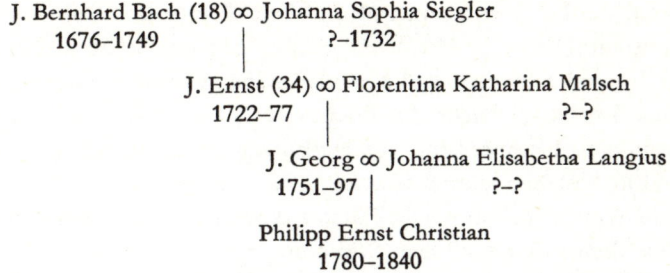

J. Bernhard Bach (18) ∞ Johanna Sophia Siegler
1676–1749 | ?–1732

J. Ernst (34) ∞ Florentina Katharina Malsch
1722–77 | ?–?

J. Georg ∞ Johanna Elisabetha Langius
1751–97 | ?–?

Philipp Ernst Christian
1780–1840

DIE 1665 begonnene Tradition des Bachschen Orgeldienstes in Eisenach wurde durch das ganze 18. Jahrhundert fortgeführt. Dem großen Johann Christoph (13) folgte ein Vetter, Johann Bernhard (18), und als dieser 1749 starb, ging die Stelle an Bernhards ältesten Sohn, den 1722 geborenen Johann Ernst über. Der junge Organist, der von seinem Vater sowie von seinem Verwandten Sebastian Bach Unterweisungen empfangen hatte, war nicht nur in der Musik gut ausgebildet. Er hatte auch juristische Vorlesungen an der Universität Leipzig inskribiert, und obwohl er seine Studien dort nicht beendete, da er mit neunzehn Jahren nach Eisenach zurückzukehren gezwungen war, lag ihm viel daran, auch seine Kenntnisse in der Rechtswissenschaft auszuwerten. Herzog Friedrich III. von Gotha, der damals Eisenach regierte, gab ihm die Erlaubnis, sich als Advokat für das sog. Untergericht niederzulassen. Doch Ernst gab sich mit dieser Lösung nicht zufrieden und behauptete, daß die meisten Klienten sich lieber einem „Hofadvokaten" anvertrauten, der zu sämtlichen Höfen Zutritt hatte. 1749 und 1750 richtete er Gesuche an den Herzog, in denen er eindringlichst erklärte, daß der Rang des Hofadvokaten anderen, neu angestellten Rechtskundigen zuerteilt wurde, während „seine Wenigkeit immer mehr in Miß-Credit, Verachtung und gänzliche Vergessenheit" verfalle. Der Herzog antwortete aber, daß „die gesuchte Hof-Advocatur mit dessen Organistenfunction sich nicht wohl zusammenschickte". Es mögen wohl verschiedene

Gründe für diesen Bescheid maßgebend gewesen sein, wie z. B. der Unterschied im sozialen Rang der beiden juristischen Ämter, Ernsts allzukurzes Universitätsstudium und anderseits seine ausgesprochene künstlerische Begabung, die es nicht wünschenswert erscheinen ließ, seine musikalischen Pflichten zugunsten derer eines Anwalts zu vernachlässigen. Allmählich fand sich Ernst damit ab, daß sein Ehrgeiz auf juristischem Gebiete in Eisenach nicht befriedigt wurde; er ließ daher die Rechtsprechung vollständig fahren und widmete all seine Kräfte der musikalischen Tätigkeit. Alsbald trug dieser Entschluß gute Früchte. In Weimar wuchs der junge Fürst Ernst August Constantin heran, der bei Antritt seiner Mündigkeit Weimar und Eisenach regieren sollte[1]. Constantin liebte die Musik und nahm Unterricht bei Sebastians Schüler J. Kaspar Vogler. Überdies wußte er, daß seine zukünftige Gemahlin, Prinzessin Anna Amalia, die Nichte Friedrichs des Großen von Preußen und selbst eine ausgebildete Komponistin, auf erstklassige musikalische Darbietungen an ihrem Hofe bestehen würde. So schien eine Reform der musikalischen Verhältnisse zu Weimar geboten. Der Fürst war auf Ernst Bach aufmerksam geworden, als dieser ihm 1749 eine Sammlung reizvoller Fabeln widmete, und er hielt den Eisenacher Organisten für den geeigneten Mann, die Weimarer Musikpflege in die richtigen Bahnen zu lenken. Ernst wurde aufgefordert, Pläne für ein vergrößertes und verbessertes Hoforchester auszuarbeiten, dessen Kosten jedoch den Betrag von zweitausendfünfhundert Talern nicht überschreiten durften. Vorsichtshalber wurde auch der berühmte Hofkapellmeister von Gotha, Georg Benda[2], um seine Meinung befragt. Benda erklärte geradeheraus, daß die Einrichtung eines wirklich guten Orchesters mit solch einem geringen Etat völlig unmöglich sei. Aber Ernst, mit echt Bachscher Sparsamkeit, fand trotzdem eine Lösung und behauptete, mit einem Etat von zweitausendvierhundertzehn Talern auskommen zu können. Da er die Fähigkeiten aller Weimarer Musiker gut kannte, machte er Vorschläge zu ihrer angemessensten Verwendung; er plante eine regelmäßige Heranziehung der Hoftrompeter und verschiedener musikbeflissener Lakaien und Beamter, für die kein zusätzliches Gehalt zu zahlen war. Sein Plan wurde angenommen, und als Fürst Constantin die Regierung übernahm, war eine seiner ersten Amtshandlungen, am 3. Februar 1756 ein Dekret zu unterzeichnen, das Ernst Bach zum Fürstlich Sächsischen Hofkapellmeister ernannte – eine Stellung, die sein Lehrer und Pate, Sebastian Bach, vierzig

---

[1] Das Fürstentum Eisenach war mangels eines männlichen Nachfolgers 1741 mit Weimar vereinigt worden.

[2] Georg BENDA war mehrere Jahre lang der Kollege von Emanuel Bach am Hofe Friedrichs des Großen.

Jahre früher vergeblich angestrebt hatte. Ernst erhielt ein Gehalt von vierhundert Talern, wie es in seinem Plane vorgesehen war; gleichzeitig durfte er seinen Posten als Stadtorganist zu Eisenach beibehalten, freilich mit dem Vorbehalt, einen Ersatzmann zu stellen, sooft er nicht in der Stadt war. Es folgte eine äußerst beschäftigte Zeit für ihn, denn, nach Ernsts Bemerkung in seinem Gesuch mußte „sowohl vor Durchlauchtigsten Herzog als auch Durchlauchtigster Herzogin immer etwas Neues componiert werden". Überdies galt es, zweimal täglich musikalische Veranstaltungen zu bieten und oft noch ein drittes Mal für besondere Akademien. Dennoch fand Ernst Zeit genug, sich seiner Untergebenen anzunehmen; in ausführlichen Bittgesuchen versuchte er, ihnen außer der regelmäßigen Bezahlung ein kleines Entgelt für besondere Dienste zukommen zu lassen, wie etwa eine Flasche Wein für einen Musiker, der zum Tanz aufspielte.

Diese anstrengende, doch auch lohnende Tätigkeit dauerte nur zwei Jahre. Denn 1758 starb Fürst Constantin plötzlich und hinterließ zwei Söhne im Säuglingsalter und eine neunzehnjährige Witwe, welche die Regierung übernahm. Allzu ehrgeizige musikalische Pläne mußten fallen gelassen werden, da Prinzessin Amalias Hauptsorge war, mit größtmöglicher Sparsamkeit zu regieren, um dann später ihrem ältesten Sohn, sobald er die Großjährigkeit erreichte, ein finanziell stabiles Fürstentum übergeben zu können. Dies bedeutete das Ende des Weimarer Orchesters. Um jedoch ihre Hochachtung für Ernst Bach auszudrücken, gestattete ihm die Fürstin, seinen Titel beizubehalten und zahlte ihm eine lebenslängliche Pension aus.

Ernst betrauerte seinen Gönner tief und schrieb eine Kantate für seine Begräbnisfeier. Von da an widmete er sich ganz seinem Beruf in Eisenach, wo er 1765 auch als „Kastenverwalter" der Kirche angestellt wurde und aus dieser Quelle ein drittes Gehalt bezog. Da einige seiner Werke auch gedruckt wurden, war seine Existenz finanziell gesichert, und Emanuel hatte guten Grund, in der Genealogie (um 1774) zu bemerken: „lebt jetzt vom Hofe entfernt bey seinem Organistendienst in Eisenach sehr vergnügt und ruhig."

Das Privatleben des Komponisten scheint im traditionellen Bachstil abgelaufen zu sein. 1750 heiratete er die Tochter eines Pastors, die ihm sieben Kinder, darunter sechs Söhne, gebar. Mit Ausnahme eines einzigen zeigte keiner von ihnen eine Neigung zum überlieferten Beruf der Familie, aber der älteste, Johann Georg (geb. 1751), trat, zur Freude seines Vaters, in dessen Fußstapfen und studierte Musik und Jura zugleich, in der wohlbegründeten Hoffnung, einst seines Vaters Nachfolger zu werden. Dies geschah denn auch nach Ernsts

Tode 1777, und Georg behielt den Posten zwanzig Jahre lang bei[1]. Alle ehrgeizigen Wünsche, die Ernst gehegt hatte, fanden bei diesem Sohn Erfüllung,
da er zum Hofadvokat und später zum kaiserlichen Notar ernannt wurde,
jedoch gleichzeitig, wie sein Vater, Organist und Kastenverwalter blieb. Als
er sich 1793 um den freien Posten des Kämmerers im Eisenacher Rat bewarb,
wurde er ihm gewährt, weil er „ein wohlerfahrener, tätiger und dabei ehrlicher
Mann" sei. Jedoch riet man ihm, daß er als Mitglied des Edlen Rates gut daran
täte, den Posten als Stadtorganist aufzugeben. Aber Georg, der auf die hervorragenden Dienste, die seine Familie über hundert Jahre auf diesem Gebiet
geleistet hatte, stolz war, wollte durchaus nicht, daß ein anderer denn ein Bach
diese Stelle bekäme. Er machte deshalb den Vorschlag, seinen Beruf beizubehalten und wenn nötig, einen Ersatzmann zu stellen, bis sein Sohn Philipp
Ernst Christian, der damals als Dreizehnjähriger „einen außerordentlichen
Trieb zur Musik" zeigte, alt genug sei, um die Stelle zu übernehmen. Dieser
Vorschlag wurde angenommen, aber als Georg 1797 starb und der Sohn noch
nicht siebzehn Jahre alt war, mußte ein älterer und erfahrener Mann ernannt
werden, und so verschwand der Name Bach aus den Annalen von Eisenachs
Musikleben[2].

Wir wissen nicht, ob der letzte der vier Organisten aus der Familie Bach
schöpferisches Talent besaß. Kein Zweifel besteht jedoch, daß Georgs Vater,
Johann Ernst, in hohem Maße produktiv begabt war und von seinen Zeitgenossen hoch geschätzt wurde. 1758 wurde er aufgefordert, das Vorwort
zu einem wichtigen musiktheoretischen Werk, Adlungs „Anleitung zu der
musikalischen Gelahrtheit" zu schreiben; ferner wurden bald nachher je zwei
Werke von Ernst und Emanuel Bach in einer Sammlung zeitgenössischer
Klaviersonaten in Nürnberg veröffentlicht, während ein so angesehener Künstler wie Georg Benda sich mit einem einzigen Stück begnügen mußte. Und
ebenso schrieb ein Kirchensuperintendent, Christian Köhler, in einem Vorwort zum „Eisenacher Gesangbuch", das er 1776 herausgab, über Kapellmeister Bach:

„Wir erwarten von ihm . . ., da er eine besondere Gabe zur Kirchenmusik
von Gott erhalten, mit Verlangen einen sanften, rührenden und durch Töne

---

[1] Dies widerlegt Emanuels Bemerkung in der Genealogie, Johann Ernst habe
„Söhne, aber vermutlich unmusikalische". Vgl. H. Kühn, „Vier Organisten Eisenachs aus bachischem Geschlecht", in JSBiT, Berlin, 1950.
[2] Georgs Sohn wurde Oberamtskopist, während seine Tochter den Diakonus Johann Wilhelm Victor Kühn heiratete, von dem Hermann Kühn, der Verfasser der
obengenannten Studie, abstammt.

redenden Kirchenjahrgang zur Musik, damit einmal das Schreyende, das Lär-
mende, das Brausende, aus denen Tempeln verdrängt werden möge."
Jedoch konnte dieser Wunsch nicht erfüllt werden, da Ernst Bach, fünfund-
fünfzigjährig, ein Jahr später starb.

DIE KOMPOSITIONEN JOHANN ERNST BACHS

Die Zahl von Johann Ernst Bachs heute bekannten Werken ist leider ziemlich klein. Scheinbar schrieb er weit weniger Kompositionen als seine Verwandten in Hamburg und London und selbst diese bescheidene Produktion
dürfte sich nur bruchstückweise erhalten haben[1]. Immerhin können wir aus
ihrer Analyse zweierlei feststellen: Johann Ernst war einer der begabtesten
Künstler der jüngeren Bach-Generation; auch zählte er zu den ersten Komponisten, die bewußt versuchten, in ihren Werken den Unterschied zwischen
weltlicher und geistlicher Musik hervorzuheben. In seinen religiösen Kompositionen folgte Ernst zunächst in den Bahnen seines großen Lehrers
Sebastian Bach. In den dreißiger und den vierziger Jahren des 18. Jahrhunderts stand er unter dem Einfluß der künstlerischen Persönlichkeit des
Thomaskantors. Die Werke der fünfziger und frühen sechziger Jahre zeigen jedoch ein etwas abweichendes Bild. Obwohl sie noch die künstlerische Tradition des Barock aufrechterhalten, machen sie in steigendem Maße
Gebrauch von der neuen Tonsprache der Empfindsamkeit. Von nun an folgte
Ernst Bach in seinen Kantaten und Oratorien der Führung von Karl Heinrich
Graun, einem Meister auf dem Gebiete der Kirchenmusik und kontrapunkti-
scher Kunst, der aber gleichzeitig für die neue „Sprache des Herzens" eintrat.
Ganz anders war die Einstellung des Eisenacher Komponisten auf dem Gebiete
der weltlichen Musik. Hier gab er sich einer fortschrittlichen Form des galanten
Stils hin, die leichtbeschwingt, anmutig und unterhaltend war, dabei mit ge-
diegenstem Können gehandhabt und von einer Gefühlswärme durchdrungen,
die Ernsts Vertrautheit mit der Sprache der Empfindsamkeit beweist.
Nur eine einzige unter den vielen Symphonien, die Ernst nach Angabe Gerbers für den prinzlichen Hof schrieb, scheint sich erhalten zu haben. Alle üb-

---

[1] *Neuausgaben:* Phantasie und Fuge in F-Dur für Klavier (PAUER) in „Alte Meister
des Klavierspiels", Leipzig: Breitkopf & Härtel; Sonate in D-Dur für Klavier und
Violine (KÜSTER), NMA, 1927; Largo und Allegro aus Sonate in F-Dur für Klavier
und Violine, MBF S. 159 (Langspielplatte 3); drei Sätze aus Psalm VI für Soli, Chor
und Orchester, MBF S. 166ff (Langspielplatte 3); „Sammlung auserlesener Fabeln"
(KRETZSCHMAR), DDT, Bd. 42; „Passionsoratorium" (KROMOLICKI), DDT, Bd. 48.

rigen Instrumentalkompositionen, die wir besitzen, sind für Tasteninstrumente oder für Klavier und Violine geschrieben.

Das Choralvorspiel „*Valet will ich dir geben*" und die Fantasie und Fuge in d-Moll mit ihren zahlreichen Hinweisen auf Manual und Pedal sind offenbar der Orgel zugedacht. Ebenso waren die zwei Fantasien und Fugen in F-Dur[1] und a-Moll ursprünglich für die Orgel bestimmt, können aber auch auf einem besaiteten Tasteninstrument gespielt werden. Anderseits sind die Sonaten in F-Dur und G-Dur, die um 1760 in Nürnberg im fünften Teil von Ulrich Haffners „Oeuvres mêlées" herauskamen, sowie auch die Sonate in A-Dur für das Cembalo geschrieben.

In Ernsts *Fantasien* wird die innere Verwandtschaft zwischen dem barocken Tokkatastil und der ausdrucksvollen Sprache des Zeitalters der Empfindsamkeit spürbar. Diese Stücke mit ihren gebrochenen Akkorden und Läufen, ihrem häufigen Rhythmus- und Tempowechsel, ihren Folgen von Rezitativ- und Ariosopartien weisen zurück auf ähnliche Stücke von Sebastian Bach und den Wiener Meistern Fux und Froberger. Dabei kann jedoch die Annäherung an die phantasievolle Tonsprache Emanuel Bachs nicht geleugnet werden. Die vierteilige *Fuge* in d-Moll hält sich nicht auf der Höhe der geistvollen Fantasie, die ihr vorangeht. Das schwerfällige, gelegentlich etwas eintönige Ricercarthema und das Fehlen von Modulationen lassen das Werk als ein Produkt aus Ernsts Studienjahren erscheinen. Die dreiteilige Fuge in F-Dur aus dem Jahre 1770 steht wesentlich höher. Wenn auch die kontrapunktische Arbeit nicht gerade bedeutend ist, so tragen doch die durch farbige Chromatik bereicherte Harmonik und die geschickt geplanten Harmonien dazu bei, die Aufmerksamkeit des Hörers zu fesseln.

Die Schreibweise der *Sonaten für Klavier* ist völlig homophon und die technischen Möglichkeiten des Tasteninstrumentes werden sehr geschickt ausgewertet. Eine gewisse stilistische Weitschweifigkeit (die Sonate in G hat vier Sätze) läßt des Komponisten Mangel an Erfahrung erkennen, und gelegentlich mutet eine improvisationsartige Stelle wie eine Huldigung an das Werk seines Vetters Emanuel an. Diese Kompositionen sind leichter und froher Natur, und ihre melodische Sprache ist offenbar von italienischen Mustern beeinflußt; anderseits aber wird die im zeitgenössischen Klavierstil so häufig zu findende Oberflächlichkeit durchaus vermieden. Die Sonaten zeichnen sich durch rhythmische Abwechslung, die auch sonst für Ernst Bachs Werke kennzeichnend ist, aus, und der Komponist ist eifrig bestrebt, die verschiedenen musikalischen Ge-

---

[1] Die Fantasie und Fuge in F wurde von Emanuel Bach 1770 in seinem *Musikalischen Vielerley* herausgegeben.

danken gründlich zu verarbeiten. Das „Minuetto con variazioni" der G-Dur-Sonate vermeidet gewandt die zu der Zeit üblichen rein ornamentalen Variationen, so daß vom technischen Standpunkt aus das Werk entweder zwei Jahrzehnte früher oder auch später hätte geschrieben sein können.

Die *Sonaten für Klavier und Violine* muten wie eine Fortsetzung der Cembalosonaten an. Grießbach in Eisenach veröffentlichte die drei ersten 1770; eine Neuauflage erschien 1780. Eine zweite Gruppe von drei Sonaten kam 1772 heraus. Sie alle weisen die Dreisätzigkeit der italienischen Sinfonia auf (schnell – langsam – schnell); der zweite Satz endigt oft mit einem Halbschluß, der ins Finale hinüberleitet, was den Einfluß von Emanuels Streben nach größerer Einheitlichkeit beweist. Diese Sonaten sind kürzer und gedrängter als des Komponisten Frühwerke und der früher gebräuchliche Hinweis auf die „Begleitung" der Violine steht nicht mehr auf der Titelseite. Tasten- wie Saiteninstrument beginnen jetzt sich als gleichberechtigte Partner zu betätigen; die bloße Unisono-Verdopplung der rechten Hand des Klavierspielers durch die Violine ist fast vollständig verschwunden, und Violine und Klavier ergehen sich oft in geistvollem Dialog (Beisp. 84). Ernst ist bestrebt, Musik zu schreiben,

die den Möglichkeiten der beiden Instrumente angemessen ist; so verwendet er z. B. langausgehaltene Töne der Geige, die von lebhaftem Figurenwerk des Klaviers umspielt werden. Sein Tasteninstrument war höchstwahrscheinlich das Cembalo, aber die gesanglichen Teile der langsamen Sätze und der gelegentliche Gebrauch Albertischer Bässe verraten sein Interesse an den Möglichkeiten des neuen Pianoforte mit seinem biegsameren Ton. Ernsts Violinsonaten sind heiter, häufig humorvoll, lebendig und geistreich; dabei frei von der seichten Munterkeit, die so oft die typischen Produkte des galanten Stils beeinträchtigt. In der Zeitspanne zwischen Sebastian Bach und Mozart lassen sich nur wenige Violinsonaten von gleicher Bedeutung aufzeigen.

Eine Probe von Bachs Leistungen als Sinfoniker hat sich dank der Kopiertätigkeit des unermüdlichen Johann Friedrich Peter in Winston-Salem, North Carolina, erhalten (vgl. S. 259). Die durch Feuchtigkeit stark beschädigten,

stellenweise kaum mehr leserlichen Stimmen tragen die folgende Überschrift:
Sinfonia e B dur / à / Violino Primo / Violino Secondo / Viola / Fagotto
Primo / Fagotto Secondo / e / Basso / del Sige Bach / à Eisenach

Das spätestens 1769 entstandene Werk zeigt die übliche dreisätzige Anlage.
Ein frisches Allegro mit synkopiertem Hauptthema leitet mit Hilfe eines Adagio-
Halbschlusses in der Dominante zu einem durch reiche dynamische Abwechslung ausgezeichneten Andante (pp abgelöst von f!), das gleich den Ecksätzen
in der Haupttonart steht. Ein keckes Allegro im Sechsachteltakt bildet den
Abschluß des knapp gehaltenen Werkchens. Bemerkenswert ist die obligate
Verwendung der beiden Fagotte; sie sind in allen drei Sätzen nicht nur als
harmonisch füllende Stimmen gebraucht, sondern auch mit bedeutsamen kleinen Soli betraut. Ihre Partien sind gewöhnlich von denen des Basses unabhängig und dank der koloristischen Verschiedenheit entfalten sich reizvolle
Wechselspiele zwischen den Streichern und Bläsern.

Einem Vokalwerk Ernst Bachs, das heute als eine seiner bedeutendsten
Leistungen angesehen wird, blieb der Erfolg zu seinen Lebzeiten versagt.
1749 veröffentlichte Ulrich Haffner den „ersten Teil" der *Sammlung auserlesener
Fabeln* des Eisenacher Komponisten. Der zweite Teil jedoch, der diesen achtzehn Liedern folgen sollte, erschien niemals im Druck. Immerhin brachte die
Nürnberger Firma, um diese Unterlassung wieder gutzumachen, zwei Klaviersonaten Ernsts später heraus.

Ulrich Haffner besaß entschieden ein vorzügliches Urteil, da er sich entschloß, dieses Werk eines jungen unbekannten Komponisten zu veröffentlichen. Andrerseits aber nimmt es auch nicht wunder, daß das musikalische
Publikum sich den „Fabeln" gegenüber recht zurückhaltend verhielt. Man
braucht dies nicht gerade der Tatsache zuschreiben, daß Ernsts Lieder mehr
instrumental als gesanglich komponiert sind, daß die Deklamation mitunter
zu wünschen übrig läßt und daß schwerauszuführende Koloraturen sowie
große Sprünge in der Singstimme sich störend bemerkbar machen; all dies
war im deutschen zeitgenössischen Lied keineswegs ungewöhnlich. Viel
wahrscheinlicher ist, daß der beinahe revolutionäre Charakter, der den Fabeln
Ernsts in gewisser Hinsicht anhaftet, an ihrem Mißerfolg schuld war. Statt
der französierenden, witzig anmutenden Modegedichte, hatte Bach die gediegenen, inhaltsreichen Fabeln Gellerts und seiner Nachfolger gewählt, die damals
noch nicht allgemein anerkannt waren. In seiner Vertonung verlieh er ihnen
Wärme und Leben; auch schilderte er die Natur in einer Weise, die wohl in Händels Oratorien in Erscheinung tritt, im deutschen Lied aber völlig unbekannt
war. Der Gesang der Nachtigall, der Schrei der Eule, das Summen der Bienen

(Beisp. 85) wurden entweder durch die Singstimme oder das Tasteninstrument nachgeahmt, und dem Komponisten gelang es, die etwas steifen und pedantischen Texte in lebensvolle, von Humor funkelnde Genrebildchen zu verwandeln. Ernst führte auch noch einen weiteren Bruch mit der Tradition herbei:

Beisp. 85

er vermied den Gebrauch des Strophenliedes, sobald dieselbe Melodie nicht auf alle Verse eines Gedichts paßte und diesen nicht gerecht wurde. So oft eine Fabel in der Stimmung wechselt, ändert sich auch die Singstimme und Begleitung. Dieses Vorgehen bringt Abwechslung in die Fabeln und läßt die musikalische Ballade späterer Zeiten vorausahnen, die mit der Verwendung der Strophenform aufräumte. Die Behandlung des Continuo in den Fabeln stellt wohl die bemerkenswerteste Neuerung dar. Erscheint die Aussetzung des bezifferten Basses für den Spieler zu schwierig, so schreibt der Komponist auch die rechte Hand des Klavierparts aus, wodurch dann vollständige Begleitungen entstehen, die 1749 ausgesprochen fortschrittlich wirkten. So stellen die Fabeln einen entschiedenen Markstein in der Entwicklung des Rokokoliedes dar. Wie auch immer der Widerhall beim Publikum gewesen sein mag, der fürstliche Gönner, dem die Fabeln gewidmet waren, erkannte ihre Verdienste an; es war dies kühne schöpferische Wagnis wohl ein entscheidender Grund dafür, daß der Komponist den Posten eines Weimarer Hofkapellmeisters erhielt.

Eine anziehende *Kantate zu Ehren des Geburtstages von Herzog Friedrich III. von Gotha* entstand wahrscheinlich in den frühen fünfziger Jahren. Hier glich ausnahmsweise einmal ein weltliches Werk mit seinen Rezitativen, Arien und Chören Ernsts geistlichen Kompositionen; es kann auch sein, daß der Komponist die Kantate, mit leicht geändertem Text, für eine Kirchenmusik verwendete. Auffallend ist, daß im ausgedehnten ersten Teil die verschiedenen Chorstrophen durch Rezitative voneinander abgetrennt sind; so kommt eine rondoähnliche Form zustande, wie sie Gluck gern in seinen Opern gebrauchte.

In dem interessanten Vorwort, das Ernst 1758 für Adlungs „Anleitung zu der musikalischen Gelahrtheit" schrieb, drückte er unzweideutig seine Bedenken über den Niedergang der Kirchenmusik seiner Zeit aus. Zweifellos war es sein Streben, hier ein weiteres Herabsinken des Niveaus zu verhindern;

Spitta bezeichnet Ernst mit Recht als einen der bedeutendsten Komponisten deutscher *Kirchenmusik* in der auf Johann Sebastian folgenden Generation.

Nur wenige seiner kirchlichen Vokalwerke sind erhalten und diese blieben mit geringen Ausnahmen alle im Manuskript. Wir besitzen eine aus Kyrie und Gloria bestehende Kurzmesse, ein deutsches Magnificat, „Meine Seele erhebet den Herren", mehrere Kantaten, darunter die Trauerkantate auf den Tod des Herzog Ernst August Constantin aus dem Jahre 1758 und das „Passionsoratorium" von 1764. In diesen Kompositionen verbinden sich konservative mit fortschrittlichen Elementen in anziehender Weise. Der Choral ist der eigentliche Lebensquell von Ernsts Kirchenmusik, wie er es für seinen großen Vorgänger und Verwandten gewesen war. Wenn auch seine Harmonisierungen viel einfacher sind und der Ausdruckskraft von Sebastians Chorälen ermangeln, so vergaß Ernst doch niemals die reichen Möglichkeiten der Choralkantate und der ihr verwandten Formen, mit denen er sich während seines Leipziger Aufenthaltes aufs engste vertraut gemacht hatte.

Sein *Kyrie* und *Gloria* in D-Dur mag wohl in Nachahmung von Sebastians kurzer Messe in F-Dur (BWV 233) geschrieben worden sein; der Thomaskantor hatte als Cantus firmus den deutschen Choral „Christe du Lamm Gottes" verwendet, während der Eisenacher den Choral „Es woll uns Gott gnädig seyn" zur Grundlage seines Werkes machte. Es mutet seltsam an, daß die Messe des jüngeren Komponisten strenger und stärker rückblickend angelegt ist als Sebastians Werk und den Charakter einer Motette hat. Jede Choralzeile wird von einer der vier Stimmen in langausgehaltenen Noten angestimmt und ist von kleinen Fugati umgeben, eine Technik, die Pachelbel in seinen Orgelchorälen verwendete. Im *Kyrie* findet die erste Hälfte der Melodie des Kirchenliedes Verwendung, im *Gloria* die zweite. Dies kraftvoll-freudige Werk kann man als eine der ersten größeren Kirchenmusiken Ernsts betrachten; wahrscheinlich entstand es während oder kurz nach seiner Lehrzeit in Leipzig[1].

In Ernsts *Magnificat* („Meine Seele erhebet den Herren") beobachten wir ein gegenteiliges Verfahren: der Text ist deutsch, aber die Melodie des lateinischen *Magnificat* wird als Cantus firmus benutzt. In der ersten Nummer finden sich kurze Fugati, die von Sopran, Alt, Tenor und Baß intoniert werden, während ein zweiter Baß in langausgehaltenen Tönen die einzelnen Verse des Lobliedes erklingen läßt. Wiederum zeigt sich Ernst Bach hier von der Technik Pachelbels beeinflußt, doch nimmt er eine fortschrittlichere Haltung ein, da bei ihm die Themen der Fugati von denen des Cantus firmus unabhängig sind.

---

[1] Ernsts Abschriften von zwölf von Sebastians Klavierbearbeitungen verschiedener Konzerte gehören wahrscheinlich auch in diese Zeitspanne.

Besonders beachtenswert ist der Choralgebrauch in Ernsts Kantaten. Der Choral wird entweder nur von Instrumenten allein gespielt, oder er ist für Chor und frei gestaltete Orchesterbegleitung gesetzt; der Choral ist Solostimmen antiphonal gegenübergestellt, er erscheint in Rezitativen, in Arien oder in einfacher Harmonisierung. Es gibt kaum eine Form in den Choralkantaten des Thomaskantors, die sein Schüler etwa übersehen hätte. In *Mein Odem ist schwach* z. B. erfindet Ernst eine Art Rondoform durch den Wechsel von Abschnitten, welche die Choralmelodie als Grundlage haben, und solchen, die frei erfunden sind. Zuerst führen ein Solobaß und der Chor, der das harmonisierte Kirchenlied anstimmt, einen jener tiefergreifenden Dialoge aus, die uns aus den Kantaten des jungen Sebastian wohlbekannt sind. Nach einer leidenschaftlichen Da-capo-Arie des Soprans erscheint der Choral nochmals, schlicht harmonisiert. Eine kräftige Fuge für alle vier Stimmen führt zur dritten Verwendung der Choralmelodie, wobei Sopran und Fagott den Cantus firmus in Oktaven bringen, begleitet von Holzbläsern und den pizzicati der Bässe; eine zweite Fuge auf ein eindrucksvolles Thema (Beisp. 86) beschließt

Beisp. 86

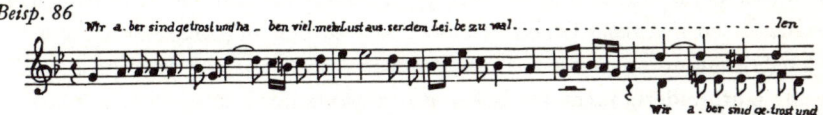

das Werk. Da diese Nummer mit einem Halbschluß auf der Dominante der Haupttonart endet, ist wohl anzunehmen, daß beim Gottesdienst noch eine Choralstrophe angefügt wurde[1].

Der Einfluß von Ernst Bachs großem Lehrer zeigt sich auch in anderer Beziehung. Die Stimmung in seinem *Passionsoratorium* scheint von der feierlichen Weihe in Sebastians Matthäuspassion inspiriert zu sein und die Todessehnsucht, von der die Musik des Thomaskantors durchweht ist, zählt auch zu den charakteristischen Zügen im Werke seines Schülers.

In einer weiteren Einzelheit läßt Ernst die Welt des Barock wiedererstehen. Seine Komposition des VI. Psalmes, *Ach Herr, straf mich nicht in*

---

[1] Auch die Kantate *So gehst du nun mein Jesu hin* (handschriftliche Partitur mit der Datierung 1771 in der Stellfeld-Sammlung der Universitäts-Bibliothek Ann Arbor, Michigan), die vielleicht ein Werk Johann Ernsts ist, räumt dem Choral eine wichtige Rolle ein. Nach einem einleitenden Rezitativ wird das Kirchenlied erstmalig im dreiteiligen Takt vom Chor mit freier Orchesterbegleitung vorgetragen; später singt es der Sopran als Choralarie und am Schluß der volle Chor im geraden Takt und schlichter Harmonisierung.

deinem Zorn, beginnt – ebenso wie die Werke früherer Generationen – mit den wiederholten, kurzen Ausrufen „Ach, ach; Herr, Herr, Herr, Herr", die sich den ganzen Satz hindurchziehen und das Bittgebet eindringlich und fieberhaft erregt unterstreichen.

Ernsts Kirchenmusik enthält zahlreiche Fugen. Sie beginnen zwar mit eindrucksvollen, weitgeschwungenen Themen, aber, wie Hermann Kretzschmar richtig bemerkt[1], „gerät er auch in ihnen wieder in bequeme, zuweilen durch Vorhalte und gebundene Harmonie gewürzte Homophonie; wenn's zum Aufschwung kommt, greift er zu Motivwiederholungen, zu Sequenzen, zu Generalpausen und anderen dramatischen Mitteln". In solchen Kompositionen tritt die Janusnatur der Kunst Ernsts besonders in Erscheinung; er wollte sich von der Tradition nicht loslösen, war anderseits aber doch bestrebt, sich dem Geist seiner Zeit anzupassen.

In den meisten seiner Kirchenkantaten kündet sich die Gefühlsbetontheit, die das Zeitalter der Empfindsamkeit erstrebte. So stehen beispielsweise in seinem deutschen „Magnificat" mehr als die Hälfte der Nummern in Moll, und ein düster-leidenschaftlicher Zug herrscht vor. Der Lobgesang Mariae gibt hiezu kaum Anlaß und es wäre gewiß auch verfehlt, in irgendwelchen Geschehnissen in Ernsts Leben den Schlüssel zu der im „Magnificat" obwaltenden Stimmung zu suchen. Im allgemeinen dürfen ja die Kompositionen des 18. Jahrhunderts nicht als Bekenntnismusik aufgefaßt werden, wie es für das 19. Jahrhundert zutrifft. Ernst Bach hatte eben die großen Möglichkeiten eines dunkler gefärbten musikalischen Ausdrucks entdeckt und konnte der Versuchung nicht widerstehen, sie auch in diesem Werk heranzuziehen.

Synkopierungen sind ein wichtiges Kennzeichen seiner Werke; dadurch wird seiner Kirchenmusik ein Zug der Erregung und rastloser Ungeduld verliehen. Eine große Rolle spielt die Chromatik in seiner Melodik, und häufig kommen Halbtonfortschreitungen in seiner Musik vor, wie etwa (Beisp. 87)

Beisp. 87

aus der Kantate „Mein Odem". Auch liebt Ernst kühne Modulationen und einen plötzlichen Wechsel der Tonart. Das erste Arioso im „Passionsoratorium" z. B. fängt in c-Moll an, erreicht dann mit Hilfe enharmonischer Verwechslungen fis-Moll (Beisp. 88) und durchläuft g-Moll und d-Moll am Wege

---

[1] DDT 42/XIII.

zur Endtonart F-Dur. Auch in anderen Sätzen ist die Schlußtonart anders als die Anfangstonart.

Der Komponist schenkt seinen Tempobezeichnungen besondere Aufmerksamkeit; in der Kantate *Kein Stündlein geht dahin* schreibt er sogar die vom Chor zu erzielende Stimmung mit dem Wort „freudig" vor, ein deut-

Beisp. 88

sches Aequivalent für das italienische „Allegro". Auch die Dynamik ist höchst abwechslungsreich, und in gewissen Stücken wechseln f, p und pp beinahe in jedem Takt miteinander ab. Interessant ist die Kantate „*Auf und säumt euch nicht ihr Frommen*"[1], bei der im Orchestervorspiel des ersten Chores pp vorgeschrieben ist, das nach zehn Takten beim Einsatz der Singstimmen in „fortissime" übergeht. In dem gleichen Stück lösen sich späterhin *p* und *f* regelmäßig im Abstand von nur zwei Vierteln ab. Der ausdrucksvolle Charakter von Ernsts Kirchenmusik ist außerdem durch einen beinahe unerschöpflichen Klangfarbenreichtum verstärkt. In der Kantate *Der Herr ist nahe* (der Begräbnismusik für den Herzog Ernst Constantin[2]), ist der erste Chor für Flöte, sordinierte Streicher und Pizzicato der Bässe gesetzt. Sein seltsamer Dreiachteltakt beschwört die Vorstellung eines mittelalterlichen Totentanzes. Die folgende Da-capo-Arie im Adagio-Zeitmaß ist außergewöhnlich zart gehalten: zwei Soloviolinen begleiten nebst dem üblichen Streichorchester den Sopran. In einem Chor gegen Ende des „Passionsoratoriums" wird das volle Orchester von Flöten, Oboen, Hörnern und sordinierten Streichern im p und pp in einer ungewöhnlichen und erregenden Weise benutzt, um die Hörer

---

[1] Manuskript Partitur in der Stellfeld-Sammlung der Universitätsbibliothek Ann Arbor, Michigan.

[2] EITNERS „Quellenlexikon" nimmt an, daß die Kantate „Kein Stündlein geht dahin" für die Begräbnisfeierlichkeiten des Herzogs geschrieben war. Jedoch steht auf der Titelseite der Kantate „Der Herr ist nahe" in der handschriftlichen Partitur der Marburger (früher Berliner) Bibliothek in einer Hand des 19. Jahrhunderts die Angabe „aus der Trauermusik auf Herzog Ernst Constantin".

344   *Die Kompositionen Johann Ernst Bachs*

auf die Tragik des Hinscheidens des Herrn vorzubereiten. Anderseits lassen
in der Kantate *Herzlich lieb hab ich dich* die Oboen und Hörner den mächtigen
Chor Nr. 5 mit anschließender Fuge hoch aufleuchten. Mit einem „Concerto"
beginnt die Kantate *Die Liebe Gottes ist ausgegossen*, in dem ein reich verzierter
obligater Orgelpart mit Hörnern und Streichern wetteifert. Schließlich setzt
der Chor ein, während gleichzeitig die Instrumente in spielerischer Freude
ihre munteren Figurationen ausführen und hiermit die überströmende Liebe
Gottes für die ganze Welt schildern. Sogar in der darauffolgenden Da-capo-
Arie des Soprans ist der konzertierende Orgelpart beibehalten. Sebastian Bach
hatte zwar schon Kantaten mit obligater Orgel geschrieben, aber Ernsts Werk
steht im Geist und in der Technik Werken einer späteren Zeit, wie z. B.
Haydns großer Orgelmesse aus dem Jahre 1766 näher.

Die Anordnung der Einzelnummern in den geistlichen Werken des Eisenacher Komponisten ist einfallsreich und unkonventionell. Seccorezitative
und Accompagnati wechseln ab, wie es auch in italienischen Werken der Zeit
der Fall ist. Höchst poetische Wirkungen gelingen Ernst durch die Verknüpfung
von Ariosi oder Arien mit Chornummern. So singt etwa in der Kantate „Kein
Stündlein geht dahin", deren Text mehrere Bibelzitate bringt, die auch Brahms
später in seinem Requiem benutzte, der Alt von Schmerz, Angst und Qual,
worauf der Chor mit den Worten Jesaias' antwortet: „Ich will euch trösten wie
einen seine Mutter tröstet." Späterhin ruft eine Einzelstimme Jesus um Hilfe
an in der Todesstunde, worauf eine Chorfuge antwortet: „Die Erlöseten des
Herren werden wiederkommen und gen Zion kommen mit Jauchzen; ewige
Freude wird über ihrem Haupte sein" (Beisp. 89). Im deutschen „Magnificat"

Beisp. 89

läßt der Eisenacher Komponist die Solostimmen mit dem Chor auf eine in die
Zukunft weisende Art abwechseln. Im letzten Satz steht der Chor dem Soloquartett gegenüber, ebenso wie es von Mozart und insbesondere von Haydn
später so erfolgreich durchgeführt wurde.

Man ist geneigt, die Bedeutung vorklassischer Instrumentalkompositionen
besonders zu betonen. Doch ist es kaum weniger wichtig, die Verbindungs-
glieder zu erkennen, die das Barock mit der Klassik gerade auf dem Gebiete
der Vokalmusik zusammenschließen. In dieser Beziehung wird man der Werke
Johann Ernst Bachs gedenken müssen.

SIEBENTES KAPITEL

SEBASTIANS KINDER UND DIE FAMILIE BACH

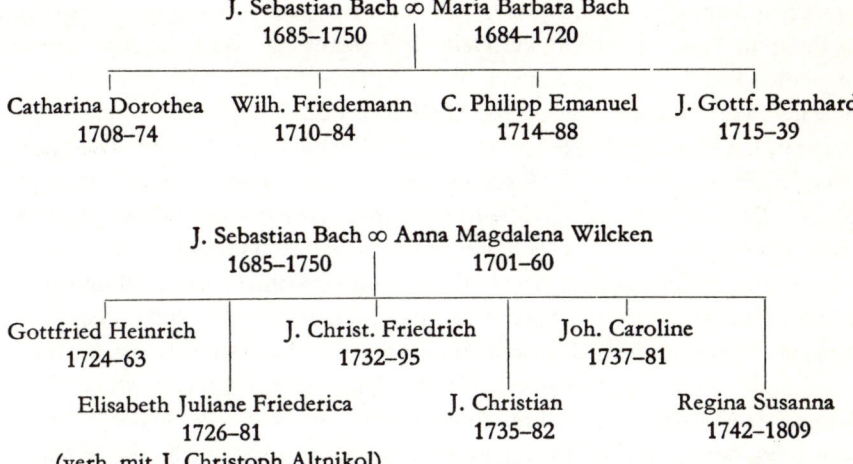

J. Sebastian Bach ∞ Maria Barbara Bach
1685–1750   1684–1720

Catharina Dorothea	Wilh. Friedemann	C. Philipp Emanuel	J. Gottf. Bernhard
1708–74	1710–84	1714–88	1715–39

J. Sebastian Bach ∞ Anna Magdalena Wilcken
1685–1750   1701–60

Gottfried Heinrich	J. Christ. Friedrich	Joh. Caroline
1724–63	1732–95	1737–81

Elisabeth Juliane Friederica	J. Christian	Regina Susanna
1726–81	1735–82	1742–1809
(verh. mit J. Christoph Altnikol)		

Um die Schicksale der Nachkommen Sebastians richtig zu verstehen, müssen wir wieder zu dem Sterbejahr Bachs, 1750, zurückkehren. Nach des Meisters Tode erklärte seine damals neunundvierzigjährige Witwe ihren festen Entschluß, nicht wieder heiraten zu wollen. Es ist nur allzu verständlich, daß sie, die neunundzwanzig Jahre hindurch all ihre Hingabe und Treue einem Sebastian Bach geschenkt hatte, sich unfähig fühlte, ähnliche Empfindungen einem andern Manne entgegenzubringen. Diesen Entschluß faßte Anna Magdalena, obwohl sie von Anfang an ihrer unsicheren Vermögenslage bewußt gewesen sein muß. Da Sebastian stets äußerst sparsam gelebt hatte, hinterließ er immerhin einen für einen damaligen Kirchenmusiker nicht unbeträchtlichen Besitz. Doch waren es neun Kinder, die auf ihren Anteil Anspruch machten, und da kein Testament vorgefunden wurde, fiel ein Drittel des Vermögens der Gattin zu, während die restlichen zwei Drittel gleichmäßig unter die übrige Nachkommenschaft verteilt wurden. Die zwei ältesten Söhne nahmen sich denjenigen Teil der Noten, Bilder und Bücher ihres Vaters, der ihnen am brauchbarsten schien, und der jüngste, Christian, behielt die drei Klaviere, die ihm Sebastian geschenkt hatte.

Nachdem einige Schulden getilgt worden waren, wurde der zu verteilende Besitz auf eintausendsieben Taler geschätzt; hiervon erhielt die Witwe siebenundsiebzig Taler, eine Beteiligung an dem „Ursula Erbstolln" im Werte von sechzig Talern, einige Schuldverschreibungen, die womöglich niemals bezahlt wurden, und verschiedene wertvolle Instrumente nebst Silber- und Schmuckgegenständen, die sie veräußern sollte. Alle männlichen Familienmitglieder verließen Leipzig. Der schwachsinnige Gottfried zog nach Naumburg zu seinem Schwager J. C. Altnikol, während Friedemann den jungen Christian zu Emanuel brachte, der ihm ein Heim und weitere musikalische Ausbildung angeboten hatte. Es verblieben in Leipzig die Witwe selbst, ihre unverheiratete zweiundvierzigjährige Stieftochter Catharina und Magdalenas eigene zwei Töchter, die dreizehnjährige Caroline und die achtjährige Susanne. Die Leipziger Behörden bewilligten Magdalena das übliche Halbjahrsgehalt, aber da ihr eine Überzahlung, die ihr Mann siebenundzwanzig Jahre vorher erhalten hatte, abgezogen wurde, erhielt sie nur zweimal einundzwanzig Taler und einundzwanzig Groschen, ferner elf Taler zwölf Groschen für Kerzen und acht Scheffel Korn. Die Wohnung in der Thomasschule mußte bis zum Februar 1751 geräumt werden, und ein verzweifelter Kampf um das nackte Leben begann, wobei jeder verkäufliche Gegenstand veräußert wurde. Es gelang Magdalena, das was sie von Bachs Manuskripten noch in Händen hatte, an den Stadtrat zu verkaufen, der ihr vierzig Taler „wegen ihrer Dürftigkeit, auch einiger überreichter Musicalien" ausbezahlte. Schließlich waren alle Geldquellen versiegt und sie mußte als „Almosenfrau" von der städtischen Fürsorge leben. Als sie 1760, neunundfünfzigjährig, verschied, wurde die Witwe des Thomaskantors auf ärmlichste Weise unter Gesang von nur drei Thomasschülern zu Grabe getragen.

Man verfolgt mit Bestürzung dieses Schicksal von Sebastians vielgeliebter Gattin. Die Sparsamkeit, die beide stets gepflegt hatten, und der Geschäftssinn Bachs waren vollkommen umsonst gewesen. Magdalena hatte ihre eigene Laufbahn aufgegeben und in ihrer langjährigen Ehe sich unablässig für ihre große Familie abgeplagt; trotzdem wurde der Witwe nicht einmal die bescheidenste Existenz zuteil. Ihre Kinder, die der Mutter soviel verdankten, erhoben keinerlei Einspruch gegen die Schande, daß sie von der Wohltätigkeit derselben Stadtbeamten abhing, gegen die ihr Gatte, der Kgl. Polnische und Kurfürstlich Sächsische Hofkomponist so mannhaft aufgetreten war. Und all dies konnte geschehen, während drei Bach-Söhne gute Stellungen inne hatten und ein vierter in Italien Erfolge zu erringen begann. Magdalenas eigener Sohn Friedrich, dessen Charakter in seinem Nekrolog besonders gepriesen wurde – „durch die Güte seines Herzens und die Rechtschaffenheit der

Gesinnungen hat sich Bach verehrungswürdig gemacht" –, ließ seine Mutter elend zugrunde gehen!

Um dieses erstaunliche Benehmen der Bach-Söhne im rechten Licht zu sehen, müssen wir immerhin die geographischen Entfernungen in Betracht ziehen, die nunmehr die verschiedenen Familienmitglieder trennten und wohl zur Lockerung der alten Blutsbande beitrugen. Die früheren Bach-Generationen hatten in Thüringen nahe beieinander gelebt. Von Erfurt nach Arnstadt oder Eisenach zu reisen, bedeutete keine Schwierigkeit, ja, man konnte die Reise auch zu Fuß machen, wenn es an Geld mangelte. So war ein ununterbrochener Verkehr zwischen den Verwandten durchaus möglich. Auch konnten Botschaften durch Freunde und Kollegen, die sich gerade auf der Durchreise befanden, übermittelt werden; auf diese Weise war jede Bach-Familie unterrichtet über der anderen Wohlergehen und konnte in Zeiten der Bedrängnis eingreifen. Ambrosius Bach hatte z. B. trotz seines bescheidenen Einkommens sich verpflichtet gefühlt, seine Schwiegermutter und seine geistig zurückgebliebene Schwester bei sich wohnen zu lassen. In Weimar lebten eine Schwägerin sowie zwei Neffen in Sebastians Hause. Vielleicht hatten diese Bache mehr Familiensinn als die spätere Generation; jedenfalls standen sie alle in engster Verbindung mit ihren Verwandten.

Die Verhältnisse für Sebastians Kinder hatten sich jedoch gewaltig verändert. Es waren große Entfernungen, die Halle, Bückeburg, Berlin und Leipzig trennten, von Mailand ganz zu schweigen. Die Söhne hatten keine Gelegenheit, Magdalena und ihre Töchter zu besuchen, denn den Luxus von Vergnügungsreisen konnte sich keiner leisten; anderseits ist es auch zweifelhaft, ob die Gattin und die Töchter Bachs von Leipzig aus eine Korrespondenz mit der Familie aufrechterhielten. So waren sich die Männer wohl kaum der Schwierigkeiten bewußt, gegen die ihre nächsten Angehörigen anzukämpfen hatten; sie waren von ihren eigenen Angelegenheiten völlig in Anspruch genommen und werden dem Weibervolk in Leipzig wenig Beachtung geschenkt haben. Bald nach Sebastians Tode verehelichte sich der einundvierzigjährige Friedemann; der junge Friedrich mußte sich in seine neue Stellung eingewöhnen, und Emanuel fühlte, daß er sein Teil beigesteuert habe, indem er für Christian sorgte. Als 1756 der Krieg ausbrach, wurde Leipzig zum Feindesland für die Bewohner von Bückeburg, Halle und Berlin, und für sie schwer zugänglich. Es ist unwahrscheinlich, daß eine Bitte Magdalenas um Unterstützung um diese Zeit ihre Söhne erreicht hätte, wie es auch für diese unendlich schwierig gewesen wäre, Geld zu senden. So verursachte eine höchst unglückliche Verkettung von Umständen die Tragik der letzten Jahre der Witwe Sebastian Bachs.

Wie es ihren Töchtern erging, ist unbekannt geblieben. Aus Emanuels Briefen an seinen Verleger, Immanuel Breitkopf, entnehmen wir, daß er seiner seit
1759 verwitweten Schwester Elisabeth Altnikol regelmäßig Geld schickte; es
kann wohl sein, daß dieses auch für Catharina, Caroline und Susanne mitbe-
stimmt war. Vielleicht gewährten auch die anderen Brüder eine Unterstützung, doch haben wir hierfür keine schriftlichen Beweise. Das Dunkel,
welches das weitere Schicksal der Bach-Töchter verhüllt, wurde erst 1800
aufgehellt, als die musikalische Welt auf die achtundfünfzigjährige Susanne
aufmerksam wurde, die offenbar kränklich und arbeitsunfähig war. Friedrich
Rochlitz, der Herausgeber von Breitkopfs *Allgemeiner Musikalischer Zeitung*,
hatte von ihrer verzweifelten Lage gehört und im Mai 1800 einen Aufruf
erlassen, der mit folgenden Worten schloß: „Die Familie Bach ist nun ausge-
storben bis auf eine einzige Tochter des großen Sebastian Bach. Und diese
Tochter, jetzt in hohem Alter – diese Tochter darbt. Sehr wenige wissen es,
denn sie kann, nein sie soll, sie wird auch nicht betteln!"

Zuerst war die Reaktion auf Forkels Bittschrift nicht gerade ermutigend;
nur sechzehn Beiträge, in summa sechsundneunzig Taler, gingen ein. Jedoch
dies war für Susanne eine beträchtliche Summe, und sie drückte ihren tief-
gefühlten Dank an die Spender aus. Beethoven jedoch, als er dies in der Zeitschrift las, war empört über diese höchst bescheidenen Beträge, und in seinem
Freundeskreise wurde eine neue Sammlung von dem Klavierbauer Andreas
Streicher in Gang gebracht, die zweihundertsechsundfünfzig Taler ergab. So
konnte Sebastians jüngste Tochter doch noch in leidlicher finanzieller Sicherheit leben, bis sie 1809 die Augen für immer schloß.

Auch zwischen den Bach-Söhnen waren die gegenseitigen Beziehungen
nicht allzu eng gewesen, was wohl an ihren verschiedenen Temperamenten und
dem Altersunterschied lag. Friedemann scheint sich von den anderen ferngе-
halten zu haben. Als die Brüder noch im väterlichen Heim lebten, galt er
immer als der Vielversprechendste der Bach-Söhne, und sogar noch später erklärte Emanuel, daß sein Bruder am ehesten berufen sei, die vom Vater über-
kommene Tradition weiterzuführen. Anderseits war aber Emanuel ein weit
größerer Erfolg im Leben beschieden und deshalb fühlte er sich verpflichtet,
Friedemann finanziell auszuhelfen. Schließlich entmutigte ihn jedoch des ältesten Bruders Unfähigkeit, die eigenen Probleme zu lösen, sowie seine Neigung,
sich willenlos treiben zu lassen, denn dies waren Eigenschaften, die dem praktischen Sinn und der Zielstrebigkeit Emanuels durchaus fremd waren. Friedemann wieder fand Emanuels Musik nicht gehaltvoll genug und sprach nur her-
ablassend von diesen Werken als von „artigen Sächelchen". Zu seinen Halb-
brüdern scheint Friedemann kaum Beziehungen unterhalten zu haben, Chri-

stians Erfolge mögen ihn verärgert haben, so etwa als er sich – vergeblich –
um die Organistenstelle in Braunschweig bewarb und hörte, Christians Oper
Catone in Utica sei hier so erfolgreich gewesen, daß der Fürst dem Komponisten
eine Pension auf Lebenszeit aussetzte. Eine abfällige Äußerung, die Friedemann
seinem Vater zuschrieb, mag eher seiner eigenen Einstellung Christian gegenüber entsprochen haben. In einer Unterhaltung mit Cramer behauptete er
nämlich, sein Vater habe eine Zeile aus einer bekannten Fabel von Gellert
auf den jüngsten Sohn angewandt: „Für Christl bin ich gar nicht bange. Der
kommt durch seine Dummheit fort[1]." Wie er Friedrich Bach, den andern
Halbbruder, einschätzte, wissen wir nicht, aber wir können annehmen, daß
ihm dieser weniger Anlaß zur Kritik gab als Christian. – Emanuel legte dagegen
eine völlig andere Einstellung an den Tag. Er unterhielt einen regelmäßigen
Briefwechsel mit Friedrich, nahm gerne die Beiträge des Bückeburger Musikdirektors in sein *Musikalisches Vielerley* auf und führte Friedrichs Kantate *Ino*
auf. Die Brüder zeigten einander ihre Werke und jeder versuchte für den
anderen Abonnenten für dessen Publikationen zu werben. In einer Beziehung
beneidete Emanuel sogar den Stiefbruder. In der Genealogie der Familie Bach,
die er Forkel zuschickte, schob er folgende Bemerkung über Friedrich ein:
„hat eine musikalische Frau und Kinder, welche musikalisch sind". Wir
können hier zwischen den Zeilen seine Betrübnis über den Mangel an musikalischer Begabung bei den eigenen Kindern lesen. Seinem früheren Schüler
Christian gegenüber muß Emanuel recht gemischte Gefühle gehegt haben. In
der Genealogie bemerkt er, daß Christian Musiklehrer der englischen Königin
sei und fügt hinzu „Inter nos – machte es anders als der ehrliche Veit". Tatsächlich war der Unterschied zwischen Christian und seinem Ahnherrn, dem
Müller Veit Bach (vgl. S. 8), ein zweifacher: Christian hatte einen hohen
gesellschaftlichen Rang erworben, was den weltlich gesinnten Emanuel gewiß
mit Stolz erfüllte. Jedoch verübelte er dem Halbbruder seinen Religionswechsel;
schließlich war sein Ahnherr Veit Bach, trotz Schwierigkeiten und Gefahren,
dem Protestantismus standhaft treu geblieben, während Christian aus reinem
Opportunismus Katholik geworden war. Auch in den künstlerischen Anschauungen bestand eine tiefe Kluft zwischen den beiden Brüdern. Eine Unter-

---

[1] Gellerts Gedicht kam 1748 heraus. Sebastian kann diese Bemerkung also nur
in den zwei Jahren vor seinem Tode gemacht haben. Zu jener Zeit lebte Friedemann
in Halle und es ist zweifelhaft, ob er überhaupt Gelegenheit hatte, den Vater zu besuchen. Ähnlich steht es wohl mit der Sebastian zugeschriebenen Bemerkung über
Emanuels Musik, daß sie, wie Preußisch Blau, bald verblassen würde.

haltung zwischen Emanuel und dem Dichter Matthias Claudius, die in einem Brief an Gerstenberg[1] wiedergegeben ist, zeigt dies sehr deutlich.

Claudius berichtete Emanuel auf die Frage, wie es in Kopenhagen mit der Musik stehe: „Schobert und Ihr Bruder sind die Lieblingsautors; *Sie* gefallen nicht sonderlich", worauf Emanuel erwiderte: „Hinter seiner und meines Bruders jetzigen Composition ist nichts ... Sie läßt das Herz leer."

Von Christians Beziehungen zu seinem früheren Lehrer wissen wir so gut wie gar nichts. Die ihm zugeschriebene Bemerkung, wenn überhaupt glaubwürdig, („mein Bruder lebt um zu komponieren, während ich komponiere um zu leben"), dürfte hauptsächlich des „bon mot" wegen gemacht worden sein. Jedenfalls hat Christian, in seinem eigenen Lehrwerk über das Klavierspiel, gezeigt, welch nachhaltigen Eindruck er von dem „Versuch" Emanuels empfangen hatte, als er bei ihm in Berlin lebte. Die künstlerische Persönlichkeit des Bückeburger Bruders war nicht so stark profiliert, um Reibungen zu erzeugen; so verstand sich Christian ebenso gut wie Emanuel mit ihm. Einer der Glanzpunkte in Friedrichs bescheidenem Dasein war der Besuch, den er dem berühmten Londoner Bruder 1778 abstattete. Christian erwies sich sehr gastfreundlich und lud sogar seinen Neffen Wilhelm ein, bei ihm als Klaviervirtuose die letzte Ausbildung zu empfangen.

Die verschiedenartigen Beziehungen der Brüder zu einander erscheinen begreiflich, da es sich hier um gegensätzliche Persönlichkeiten handelt, die teils der ersten, teils der zweiten Ehe Sebastians entstammen. In Friedemann und Emanuel, den Söhnen der Bach-Tochter Maria Barbara, trat das Bachsche Erbteil viel mehr in den Vordergrund als bei Friedrich und Christian. Gerade bei Friedemann können wir gewisse Familienzüge in solcher Steigerung beobachten, daß sie ihn an den Rand des Verderbens brachten. Hartnäckigkeit, Taktlosigkeit und die Neigung, eher den schwierigen als den leichten Weg zu wählen, sind Wesenszüge der meisten Bache. Friedemann mag diese Veranlagung sowohl vom Vater wie von der Mutter ererbt haben. Leider wissen wir allzuwenig über Barbara Bachs Charakter, doch kennen wir das Leben ihres großen Onkels, Johann Christoph (13), das eben wegen dieser spezifisch Bachschen Züge so unglücklich war. In Friedemann erkennen wir dieses zweifache Erbteil in seiner Unfähigkeit, die Reaktionen anderer richtig einzuschätzen, in seiner Ablehnung, kleine Konzessionen zu machen, wie etwa wichtigen Persönlichkeiten, die ihm von Nutzen sein konnten, vorzuspielen oder sie zu unterrichten.

---

[1] Vgl. Bernhard ENGELKE, „Gerstenberg und die Musik seiner Zeit", in Zschr. d. Ges. f. Schleswig-Holstein. Geschichte, 1927.

Diese familieneigenen Charakterzüge sind bei Emanuel viel weniger ausgeprägt. Echt Bachisch war jedoch seine Einstellung dem preußischen König gegenüber, dem er nicht genügend zu schmeicheln bereit war, sowie sein Unabhängigkeitsdrang, der ihn das bürgerliche Hamburg mit seinem mittelmäßigen Musikbetrieb dem Flitterglanz des von Etikette beherrschten preußischen Hofes vorziehen ließ. Anderseits verdankte er vielleicht der mütterlichen Linie eine gewisse ruhig-freudige Einstellung zum Leben wie es sich gerade bot, wie auch den Sinn für Humor, Wesenszüge, die schon bei seinem mütterlichen Urgroßvater Heinrich hervortraten.

Von Barbaras unglückseligem dritten Sohn, Gottfried Bernhard (47), wissen wir zu wenig, um ein klares Bild von seiner Persönlichkeit zu bekommen. Die feindselige Haltung seiner Vorgesetzten, zusammen mit der Unfähigkeit des jungen Mannes, den Geldbeutel fester anzuziehen, was ihn schließlich in Schulden stürzte, erscheint uns wie eine Wiederholung des Schicksals seines Großonkels mütterlicherseits, Johann Christoph (13).

Sebastians zweite Frau hatte, wie die erste, drei Söhne, die die Kindheit überlebten. Auch von diesen war der eine (der merkwürdigerweise auch den Namen Gottfried trug) obwohl musikalisch, nicht mit Erfolg gesegnet. Gottfried Heinrich, der Erstgeborene, war schwachsinnig wie es auch seine Großtante Dorothea, die Schwester von Ambrosius Bach, gewesen war. Die beiden anderen Söhne jedoch waren viel schmiegsamer veranlagt als Barbara Bachs Sprößlinge. Friedrich konnte fünfundvierzig Jahre lang, während seines ganzen Berufslebens, die gleiche Stellung beibehalten – und zwar unter drei verschiedenen Vorgesetzten, mit denen allen er in den besten Beziehungen stand –, eine Tatsache, die uns an Joseph Haydn erinnert, der im selben Jahr geboren wurde. Friedrichs Bruder Christian gab freilich schon als Jüngling die meisten der traditionellen Familiengrundsätze auf. Er verließ Deutschland, trat zum katholischen Glauben über und war der erste Bach, der auf der Opernbühne Erfolge errang. Doch selbst in diesem so weltlichen Liebling der Londoner Gesellschaft konnte sich die Herkunft nicht ganz verleugnen; war doch Christians erstaunlicher Fleiß und sein Bemühen, der seichten Rokokomusik Wärme und Tiefe zu verleihen, ein Bachisches Erbteil. In späteren Jahren kam auch bei ihm – ähnlich wie bei seinem Vater – ein Zug hartnäckigen Beharrens zum Durchbruch; fast zwanzig Jahre hindurch blieb er den erprobten Formen der Musik treu und verschloß sich der siegreichen neuen Richtung in der Tonkunst.

So kann man Bachischen Wesenszügen bei jedem der Söhne Sebastians begegnen, obwohl sie in den Kindern der ersten Ehe mit größerer Deutlichkeit zum Vorschein kamen, als in denen seiner zweiten Gattin.

21. WILHELM FRIEDRICH ERNST BACH

Ölgemälde

I. S. BACH.

22. DER MALER J. SEBASTIAN BACH II.

Sohn Emanuels und Enkel Sebastian Bachs

Stich

ACHTES KAPITEL

ZWEI ENKEL SEBASTIANS

JOHANN SEBASTIAN II
UND WILHELM FRIEDRICH ERNST BACH

ALS am 26. September 1748 das dritte Kind Emanuel Bachs getauft wurde, übernahmen nicht weniger als sechs Adelige die Patenschaft. Es waren dies die beiden Markgrafen, Friedrich Heinrich[1] und Carl von Brandenburg-Schwedt; zwei Staatsminister, Graf Keyserlingk und F. W. von Happe; die Witwe eines Generals von Meyer, sowie ihre Tochter, die Gattin von Emanuels Freund, Friedrich Wilhelm von Printzen (vgl. S. 207). Dies erlauchte Aufgebot an Paten beweist nicht nur, wie hoch Emanuel Bach im Ansehen der Berliner stand, sondern auch die großen Hoffnungen, die er in diesen zweiten Sohn setzte. Um ihm zu äußerem Erfolg zu verhelfen, sicherte ihm der Vater die Gönnerschaft hochgeborener Musikliebhaber; und um ihm stets die Persönlichkeit des Großvaters vor Augen zu halten, ließ er ihn Johann Sebastian taufen, obwohl keiner seiner Paten diesen Namen trug. Emanuel soll Rochlitz[2] über Sebastian II gesagt haben: „In dem will ich der Welt einmal alles hinterlassen, was ich von meinem großen Vater gelernt und dann selbst gefunden habe."

Mit einer Sendung solcher Bedeutung betraut zu sein, erschien dem jungen Sohn Emanuels nicht gerade als leichte Bürde, und in echt Bachscher Manier reagierte er auch darauf: er rebellierte. Er wollte gar nicht erst versuchen, ein zweiter Sebastian zu werden, und um dies der Welt zu verkünden, legte er des Großvaters Namen ab und ersetzte ihn durch Samuel in seiner Unterschrift. Auch ihm standen die Musen an der Wiege, aber Zeichnen und Malen zogen ihn viel mehr an als die musikalische Komposition. So wollte er sich denn auch unbedingt in der bildenden Kunst ausbilden lassen. Emanuel war natürlich enttäuscht und tief betrübt und gab sich jede erdenkliche Mühe, Hans (so

---

[1] Markgraf Friedrich Heinrich war der Neffe des Fürsten, dem Sebastian seine Brandenburgischen Konzerte gewidmet hatte. Emanuel blieb mit dem Paten seines Sohnes sogar nach seiner Übersiedlung aus Berlin in Verbindung. 1780 widmete Emanuel dem Markgrafen Friedrich Heinrich seine zweite Sammlung der *Sonaten für Kenner und Liebhaber.*

[2] Vgl. Allgemeine Musikal. Zeitung, II, S. 829.

nannte er gern den Jungen) zur Vernunft zu bringen. Jedoch war dies völlig zwecklos. So sanft und fügsam der Jüngling sonst war, so konnte er doch auch ebenso starrhalsig sein wie sein Großvater, und nichts vermochte seinen Entschluß, Maler zu werden, zu erschüttern. Endlich, mit zweiundzwanzig Jahren, erhielt er vom Vater die Erlaubnis, bei Friedrich Oeser, dem Direktor der Leipziger Akademie, der Emanuel ein äußerst günstiges Urteil über seines Sohnes Begabung abgegeben hatte, zu studieren. Zwar lebten nun mehrere Tanten von Hans in Leipzig, aber keine von ihnen war in so günstigen finanziellen Verhältnissen, um dem angehenden Kunstjünger ein Heim zu bieten. Deshalb logierte er bei dem Kupferstecher Stock, einem jungen und tüchtigen Fachmann, der zwei Jahre früher den jungen Goethe in der Kunst des Holzschnitts und der Kupferstecherei unterwiesen hatte. Hans Bach empfing natürlich die gleiche Ausbildung, und da sich Stocks bescheidene Wohnräume auf dem Dachboden des „Silbernen Bären" befanden, eines Hauses, in dem auch J. Gottlieb Immanuel Breitkopf und sein berühmter Musikverlag untergebracht waren, paßte dies Emanuel ganz ausgezeichnet. Er stand ja schon längere Zeit in den besten Beziehungen zu dem Verleger, den er sehr hochschätzte; nunmehr konnte er ihm auch das vierteljährliche Taschengeld seines Sohnes (in der Höhe von fünfzig Talern) anvertrauen und ihn bitten, den jungen Künstler etwas zu betreuen. Es mag gerade zu dieser Zeit gewesen sein, daß das Porträt von Hans Bach entstand – das Bild eines träumerischvergeistigten Jünglings (Abb. 22), der in sein Buch vertieft ist. (Offenbar strengte ihn das Lesen an, da er das Buch so nahe an die Augen hält; vielleicht litt er auch an demselben Augenleiden wie sein Großvater.)

Während seines Leipziger Aufenthaltes erkrankte Hans ernstlich (ähnlich wie es auch Goethe in dieser Stadt erging), wurde aber liebevoll von den Breitkopfs gepflegt, die sich nun als die treuesten Freunde erwiesen. Hans blieb daher in brieflicher Verbindung mit ihnen, als er später zu weiteren Studien nach Dresden zog. Auch ist es nicht uninteressant zu wissen, daß er sich die regelmäßige Zusendung der von Breitkopf herausgegebenen Verzeichnisse von musikalischen Neuerscheinungen erbat. Offenbar war er also der Tonkunst gegenüber gar nicht so gleichgültig als er vorgab. Doch gehörte sein Herz der Malerei und es war sein heißester Wunsch, das Mekka der Künstler, Italien, zu besuchen. Der Vater fügte sich nolens volens in das Unvermeidliche und ließ es sich nun angelegen sein, Hans die allerbeste Ausbildung zu sichern. Er ermöglichte es dem jungen Mann Rom aufzusuchen, wo Hans, abgesehen von einem Besuch in Hamburg, mehrere Jahre verblieb. Es war eine herrliche Zeit der geistigen Anregung für ihn; herzliche Freundschaft seiner Malerkollegen wurde ihm hier zuteil, denn „die stille, reine Seele, der

seltene, edele Mensch" (Rochlitz) schlug sie alle in seinen Bann. Unter ihnen
befand sich auch der Maler J. Friedrich Reifenstein, der etliche Jahre später
Goethe auf seiner Suche nach Sehenswürdigkeiten begleiten sollte. Als Hans
wiederum schwer krank wurde, „handelte Reifenstein an ihm wie ein Vater[1]".
Jedoch waren diesmal die Bemühungen seiner Freunde umsonst und am
11. September 1778, wenige Tage vor seinem dreißigsten Geburtstag, verschied Johann „Samuel".

Mehrere Jahre später brachte ein Hamburger Schriftsteller namens Dr. Fr.
J. Lorenz Meyer, der einst mit Hans in Italien gewesen war, einen Abschnitt
über den Maler in seinem Buch „*Darstellungen aus Italien*[2]", die den tiefen Eindruck widerspiegeln, den der Künstler auf alle, die ihn kannten, gemacht
hatte. Meyer schrieb: „Mit einer Ehrfurcht, die das Andenken verstorbener
Männer von vorzüglichen Verdiensten heiligt, nannten die Künstler in Rom
den Namen Johann Sebastian Bach, einen Sohn des verstorbenen großen
deutschen Tonkünstlers. Er starb im dreißigsten Jahr an einem von ihm selbst
vernachlässigten und von den unwissenden römischen Wundärzten schlecht
behandelten Schaden, den 11. September 1778 in Rom. Die Kunst betrauert
mit Recht diesen frühen Verlust ihres großen Zöglings. In ihm schätzten seine
Freunde den trefflichen und geistvollen Künstler, und den edelsten Menschen
zugleich, und sprachen in Bewunderung von seiner Ruhe und Standhaftigkeit
im Tode, der einer der allerschmerzhaftesten war[3]. Bekannt genug sind seine
Verdienste als vollendeter Landschaftsmaler, der hohe Flug des Dichtergeistes
in seinen Kompositionen, die glückliche Wahl und Wahrheit in seinen Nach-
bildungen der Natur, die Kraft und Bestimmtheit in der Ausführung und
Haltung und der große Geschmack, besonders in der Zusammensetzung und
Zeichnung seiner Baumgruppen."

Das Schaffen des jungen Künstlers spiegelt jene Zeit des friedlichen Neben-
einanders von Rokoko und Klassizismus wider, bevor letzterer unbestritten
die Oberhand gewann. Samuels „Ideale Landschaft" im Hamburger Museum
bezeugt die Zugehörigkeit zu beiden Stilrichtungen. Hier erkennen wir einerseits die Abhängigkeit von Winckelmanns der Antike zugewandten Zeitalters
in Darstellungen eines römischen Aquädukts oder eines korinthischen Tempels, anderseits aber auch Anklänge an das Rokoko Watteaus in den lässig an-

---

[1] Brief Emanuels an Oeser, v. 11. August 1777.
[2] Berlin, Voss, 1792; S. 155/56.
[3] Auch Emanuel betont, in einem Brief vom 20. Juni 1777 an Breitkopf, die
äußerst schmerzliche Natur von Hansens Krankheit, an der er schon über fünf Monate gelitten hatte. Diese Qual sollte noch über ein Jahr dauern, bis Hans vom Tode
erlöst wurde.

mutigen Gestalten, die sich zwischen dem Laubwerk eines wohlgepflegten
Parks elegant bewegen (Abb. 23). Gleichzeitig aber finden sich in Johann
Sebastians „Idealer Landschaft" auch schon Vorahnungen romantischen Füh-
lens. Wir erkennen sie in der Darstellung des verlassenen baumumsäumten
Weihers und des auf einsamer Höhe thronenden Tempels. Ein ähnlich ge-
fühlsgesättigtes Werk voll dramatischer, ja realistischer Effekte sehen wir in
Hans' Zeichnung einer Mühle (Abb. 24), die ein verfallenes Haus mit gebor-
stener Mauer und durchlöchertem Dach zeigt, dazu eine wilde, einsame Landschaft und einen seltsam erleuchteten Himmel, der das Herannahen eines
Gewitters kündet. Vielleicht schwebte Hans hiebei die Mühle des Stamm-
vaters der Familie vor und er sah in ihrem traurigen Zustand ein Gleichnis für
das Nachlassen von Vitalität und Kraft in der neuen Bach-Generation.

Es wird vielfach behauptet, daß der Klassizismus, so sehr er auch durch
Winckelmann und Goethe Förderung empfing, eigentlich nur von den Romanen
voll und ganz verstanden wurde, während der weite mystische Bereich sowie
der Empfindungsgehalt der Romantik eher den Deutschen zugänglich war.
Sollte dies den Tatsachen entsprechen, so wäre jedenfalls Johann Sebastian
Bach II ein vorzügliches Beispiel hiefür; denn wie seine Zeitgenossen Oeser,
der Deutsche, und Gessner, der Schweizer, verlieh er seinem Schaffen jene
feinen Abstufungen, reichen Farbtöne und vor allem jenen Gefühlsgehalt,
mit dem der romantische Geist die Natur als Trägerin persönlicher Empfindungen deutet.

Der „Bückeburger Bach" war gewiß der wenigst ehrgeizige Sohn des
Thomaskantors. Er hatte als einziger dieselbe Stellung sein ganzes Leben lang
inne, und war offenbar von den Vorzügen eines großen Musikzentrums
nicht stark angezogen. Noch ausgeprägter erscheinen diese Charakterzüge in
seinem ältesten Sohn, *Wilhelm Friedrich Ernst*, geb. 1759. Er hätte wohl genug
Begabung gehabt, um erfolgreich als Konzertpianist wirken zu können, doch
mangelte es ihm an jenem Geltungsbedürfnis, das zum Erringen eines wirklichen Erfolges nötig ist.

Als ältester Sohn aus einer Familie, in der beide Eltern Berufsmusiker waren,
wurde er selbstverständlich für denselben Beruf ausgebildet. Sobald sein
Vater das Gefühl hatte, seinen Sohn alles, was er selbst verstand, gelehrt zu
haben, nahm er ihn 1778 mit nach London, wo Wilhelm vom Onkel Christian
den letzten künstlerischen Schliff erhalten und ins musikalische Berufsleben
eingeführt werden sollte. Der junge Mann blieb drei Jahre in London und,
angeregt durch das blühende Musikleben der englischen Hauptstadt und be-

sonders durch das glänzende Vorbild seines Onkels, mag er, soweit ihm dies
seine zurückhaltende Natur gestattete, einen gewissen Grad von Virtuosität
erreicht haben. Gleichzeitig muß er auch Erfahrung im Unterrichten gewonnen haben, da er gelegentlich Onkel und Tante bei deren Schülern vertrat.
Diese Studienzeit erreichte ein tragisches Ende am Neujahrstag 1782, als nach
einer Zeit der Krankheit und bitterer Enttäuschungen der Tod Christian
Bach ereilte. Seine Gläubiger bemächtigten sich seiner Habe, sein Heim
wurde aufgelöst, die Witwe zog nach Italien und für Wilhelm bot sich keine
Möglichkeit, weiterhin in London zu verbleiben. Nach der Versteigerung
aller Besitztümer seines Onkels erwarb er noch mit seinen mageren Ersparnissen eine Porträtbüste Christians und kehrte über Frankreich und Holland
nach Deutschland zurück, indem er sich als Pianist und Organist durchschlug.
Diese Lebensweise sagte ihm wohl kaum zu und er dürfte es mit Freude
begrüßt haben, als sich ihm die Gelegenheit bot, als Musikdirektor in Minden
(Westfalen), nahe seiner Geburtsstadt Bückeburg, zu wirken. Es kann sein,
daß der Einfluß seines Vaters ihm zu dieser Stelle verhalf; jedenfalls ist es bemerkenswert, daß in Friedrich Bachs *Musikalischen Nebenstunden*, die ja hauptsächlich aus des Komponisten eigenen Werken bestanden, eines der Lieder von
einer adligen Dame aus Minden stammt! Auch hier aber sollte Wilhelm nicht
lange bleiben. Es ergab sich, daß 1786 König Friedrich Wilhelm II, der Nachfolger Friedrichs des Großen, Minden einen Besuch abstattete. Eine Kantate des
Musikdirektors wurde zu Ehren dieses Ereignisses aufgeführt, und der Monarch zeigte sich von dem Werk recht beeindruckt. Der Name Bach war ihm
natürlich wohlbekannt; dies um so mehr, als 1780 Emanuel durch die Widmung
von vier seiner Symphonien an den damaligen Kronprinzen Friedrich Wilhelm
eine neuerliche Verbindung hergestellt hatte. Da nun der König den jungen
Neffen Emanuels kennenlernte, entschloß er sich, ihn nach Berlin mitzunehmen. So konnte Friedrich Bach am 11. Juli 1789 seinem Verlegerfreund
Breitkopf mitteilen: „Mein Sohn, welcher jetzt in Berlin ist und welchem es da
recht wohl geht, und der auch Hoffnung hat, in des Königs Capelle aufgenommen zu werden; bis jetzo hat er von der Königin 40 rd vor Information [Unterricht] monathlich." Wilhelm wirkte zunächst als Lehrer der
Königinwitwe Friedrichs des Großen, Elisabeth Christine, und als sie 1797
starb, versah er bei der jungen Königin Luise von Preußen, der Gattin seines
neuen Herrschers, Friedrich Wilhelm III. (der seinem Vater im selben Jahr
1797 auf dem Thron folgte), ähnliche Dienste; außerdem unterrichtete er die
königlichen Kinder.

Wilhelm Bach muß das Leben in der preußischen Hauptstadt sehr anders als
im kleinstädtischen Minden gefunden haben. Musik spielte in Berlin eine be-

sonders große Rolle, da König Friedrich Wilhelm II. sich sehr für sie begeisterte und selbst ein vorzüglicher Cellist war. Im selben Jahr als Bach dort
angestellt wurde, besuchte Mozart Berlin, um Aufführungen seiner Oper „Die
Entführung aus dem Serail" beizuwohnen; er verlieh seiner Bewunderung für
den preußischen König Ausdruck, indem er ihm seine drei letzten Quartette
widmete. Sieben Jahre später wurde Beethoven in Berlin mit größter Begeisterung empfangen und schlug die dortigen Musikfreunde durch seine Klavierim-
provisationen in seinen Bann. Höchstwahrscheinlich war Wilhelm Bach in der
Lage, dem jungen Genie zuzuhören. Einer der Prinzen, der hochbegabte Louis
Ferdinand, war Beethoven sofort freundschaftlich zugeneigt, und dies quittierte
der Meister denn auch mit folgendem Kompliment: „Er spielt gar nicht könig-
lich oder prinzlich, sondern wie ein echter, guter Klavierspieler." Wenn dieser
Prinz wie seine Geschwister auch von Wilhelm Bach unterrichtet wurde, muß
dieses Urteil den Lehrer erfreut haben, obgleich er Beethovens freimütige Ausdrucksweise etwas anstößig gefunden haben mag. Wilhelm, am Bückeburger
Hof erzogen, wo des Grafen Wort für alle höchstes Gesetz war, hätte sich niemals getraut, eine ähnliche Bemerkung über seine königlichen Schüler zu
machen. Trotz seiner bescheidenen, zurückhaltenden Art aber erzielte er zufriedenstellende Erfolge als Lehrer. Nachdem eine der Prinzessinnen, Friederike Charlotte Ulrike, den Herzog von York geheiratet hatte, fand Josef
Haydn Gelegenheit, mit ihr in England zu musizieren; dabei lobte er ihr Klavierspiel wie auch ihren Gesang. Ein anderer Schüler, Prinz Heinrich, bewies
seine Anhänglichkeit an seinen Musikmeister, indem er, nach seiner Übersiedlung nach Rom, veranlaßte, daß eine jährliche Pension von dreihundert Talern an Wilhelm Bach ausbezahlt werde, was letzterem gestattete,
sich vom Hof zurückzuziehen, als seine königliche Herrin 1810 starb. Die
Unterrichtstätigkeit scheint ihn nun völlig befriedigt zu haben. Keinerlei Berichte über ein öffentliches Auftreten seinerseits sind uns erhalten, und es ist
wohl möglich, daß der gewaltige Eindruck von Beethovens Spiel ihn so ent-
mutigt hatte, daß er gar nicht mehr ans Konzertieren dachte. Er war ja ohne-
hin scheu und in sich gekehrt und abgesehen von Besuchen in einer Freimau-
rerloge, zu deren Mitgliedern er zählte, nahm er am gesellschaftlichen und
geistigen Leben der Hauptstadt nicht in dem Maße teil, wie es sein Onkel getan hatte. Schon als junger Mann hätte er ein zurückgezogenes Leben wie das
seines Vaters vorgezogen, was aus seiner Bewerbung (am 21. November
1795) um Friedrichs einstige Stelle in Bückeburg hervorgeht, die nach dem
Tode des direkten Nachfolgers seines Vaters freigeworden war. Jedoch kam
er zu spät; Konzertmeister Wagny hatte schon den Posten bekommen. Die
Fürstin erklärte dies mit dem Ausdruck des Bedauerns und fügte ein Hono-

rar für eine ihr zugeschickte Komposition bei mit dem Bemerken, sie habe, unterrichtet von Bachs „angenehmer und vorteilhafter Lage in Berlin nicht vermuten können, daß er dieselbe jemals gegen eine minder lukrative hiesige vertauschen würde".

In seiner Eheschließung ahmte Wilhelm nicht des Vaters Beispiel nach. Er heiratete erst mit neununddreißig Jahren (1798); seine Frau, die Tochter eines Barbiers, war neunzehn Jahre alt. Jedoch war ihnen kein langes Glück beschieden. Nach der Geburt der zweiten Tochter starb die junge Frau an Scharlach, bevor sie einundzwanzig Jahre alt war. Da der Witwer nun für die zwei kleinen Kinder sorgen mußte, heiratete er neun Monate später zum zweiten Male, diesmal eine Frau von achtundzwanzig Jahren, die ihm eine treue Gefährtin sein langes Leben hindurch blieb. Das Ehepaar Bach scheint ein ruhiges, behagliches Leben geführt zu haben und beide erfreuten sich ausgezeichneter Gesundheit. Wilhelm, im Gegensatz zu den meisten Familienmitgliedern, wurde sechsundachtzig Jahre alt[1], seine Frau sogar achtundachtzig Jahre. Zwei Jahre vor seinem Tode wurde Wilhelm noch eine große Freude zuteil; er war der einzige Bach-Musiker, dem es vergönnt war, die Wiederentdeckung der Kunst von Sebastian Bach mitzuerleben und der feierlichen Enthüllung des Leipziger Bach-Denkmals am 23. April 1843 beizuwohnen. Schumann berichtete über diesen denkwürdigen Akt in seiner „Neuen Zeitschrift für Musik": „Der Gefeierte des Tages war außer Bach der einzige seiner noch lebenden Enkel, ein noch rüstiger Greis von 84 Jahren mit schneeweißem Haar und ausdrucksvollen Zügen, der mit Frau und zwei Töchtern von Berlin herübergekommen war. Niemand hatte von ihm gewußt, selbst Mendelssohn nicht, der so lange in Berlin gelebt, der sich gewiß nach Allem, was Bach betrifft, emsig umgethan – und der Mann lebte doch seit über 40 Jahren in Berlin. Über seine Lebensumstände konnten wir nichts Näheres erfahren, als daß er Capellmeister der Gemahlin Königs Friedrich des IIIten war und später eine Pension erhielt, die ihm eine sorgenfreie Existenz sicherte." Wilhelm Bach besaß nur jene beiden Töchter; sein einziger Sohn war als Kind gestorben und so war kein Erbe da, um den Namen Bach weiterzutragen. Nach seinem Tode heiratete eine seiner Töchter, blieb aber kinderlos und demnach starb Wilhelms Linie aus.

---

[1] Das Datum auf seinem Grabe, 1846, ist unrichtig. Er starb 1845. Vgl. Hey in BJ 1933.

DIE KOMPOSITIONEN WILHELM FRIEDRICH ERNST BACHS

Rein äußerlich genommen, unterscheiden sich die Lebensläufe der beiden künstlerisch begabten Enkel Sebastians in höchstem Maße. Sebastian II erlangte niemals eine feste Anstellung und starb bereits mit dreißig Jahren; Wilhelm dagegen hatte einen guten Posten am preußischen Hofe inne und erreichte das hohe Alter von sechsundachtzig Jahren, was keinem anderen Mitglied dieses Familienzweiges vergönnt war. Und trotzdem ist eine gewisse Ähnlichkeit in ihrer künstlerischen Laufbahn festzustellen. Wilhelms musikalischer Stil bildete sich aus während der entscheidenden Jahre, die er bei seinem Onkel in London verbrachte. Hier machte er sich die Tonsprache des frühen Klassizismus zu eigen, die noch Spuren der etwas steifen Grazie der Rokokomusik trug. Das Andante con moto in B-Dur in seiner *Grande Sonate pour le Pianoforte*, die er am 6. Dezember 1778 im Konzertsaal am Hanover Square zur Aufführung brachte, zeigt den Neunzehnjährigen deutlich als Jünger seines Onkels (Beisp. 90).

Beisp. 90

Diese Art der Tonsprache behielt er mehr oder weniger innerhalb aller uns bekannten Werke bei[1]. Ob er zu komponieren aufgehört hat, oder innerlich zu einem Stillstand kam, läßt sich nicht feststellen, da die genaue Entstehungszeit seiner Werke nur in Ausnahmefällen bekannt ist. Jedenfalls glitten die gewaltigen Umwälzungen in der Musik, die Beethoven, Schubert, Schumann und Chopin bewirkten, an ihm ab; ja selbst die romantischen Züge in den Spätwerken Mozarts und Haydns blieben von ihm unbemerkt. Sein Stil veränderte sich kaum und die schöpferische Leistungsfähigkeit erlosch in ihm längst vor seinem Tode. Sein Bestes gab er noch zu Lebzeiten

---

[1] Neuausgaben: Trio in G für zwei Flöten und Viola (ERMELER), BV; „Das Dreyblatt", MBF S. 231; „Wiegenlied einer Mutter", MBF S. 237; Sextett in Es, MBF S. 238 (Langspielplatte 4); drei Walzer in „Die Familie Bach" (GEIRINGER), Wien: Universal-Edition.

seines Vaters und seines Onkels, doch als es das Schicksal wollte, daß er der einzige überlebende Bach-Musiker war, der die Familientradition fortsetzen sollte, verkümmerten seine schöpferischen Impulse unter dem Druck solch hoher Verantwortung.

Nur eine verhältnismäßig kleine Zahl seiner Werke wurde zu seinen Lebzeiten gedruckt, wie z. B. der Klavierauszug seiner erfolgreichen Kantate *Westphalens Freude ihren . . . geliebten König . . . zu sehen* (Bösendahl, Rinteln, 1791), die seine Anstellung in Berlin erwirkte; sechs *Trios für Klavier, Violine und Cello* (Preston, London, ca. 1785); zwölf *Grandes variations pour piano* (Schlesinger, Berlin); eine Auswahl deutscher und französischer Lieder und Arietten, die der Königin von Preußen gewidmet waren (vom Verfasser selbst veröffentlicht), die zwölf *Freymaurer-Lieder*[1], die 1788 in zwei Ausgaben in Kopenhagen und Leipzig erschienen, und das *Rheinweinlied* (Werckmeister, Berlin). Die Mehrzahl seiner Werke sind im Manuskript in Berlin und im Britischen Museum zu London erhalten, welch letzteres 1883 von C. Zoeller eine große Anzahl von Wilhelms Werken ankaufte, meist in der Originalhandschrift des Komponisten.

Wilhelm Bach vermied die größeren Kompositionsformen. Er schrieb keine Opern[2], wie es sein Onkel Christian getan hatte, und seine weltlichen und geistlichen Kantaten sind alle ziemlich bescheidene Erzeugnisse[3]. Sein Schaffen umfaßt Klavierwerke, Kammermusik verschiedener Art, ein Ballett, Konzerte für ein und zwei Klaviere, Symphonien, Lieder, Duette, Chöre und kurze Kantaten. Darunter finden sich glänzende Konzertstücke, die dem Solisten das Äußerste an technischer Virtuosität zumuten, wie die zwei Rondos für Sopran und Orchester, *L'amour est un bien suprême* und *Ninfe se liete*, die im Solopart Koloraturen von atemraubender Schwierigkeit enthalten (Beisp. 91) Anderseits aber schrieb Wilhelm auch wieder einfache pädagogische Stücke, die für Dilettanten mit bescheidenstem Können bestimmt waren. Die *C-Dur-Sonate*

Beisp. 91

---

[1] Wq Nr. 202 S. 93/94 schreibt diese Lieder irrtümlicherweise C. P. E. Bach zu.
[2] Terrys Annahme in Groves Dictionary, daß sein „Columbus oder die Entdeckung Amerikas" eine Opernszene sei, ist irrig. Es ist eine kurze, balladenähnliche Kantate.
[3] Das Oratorium *Die Kindheit Jesu*, das ihm im MSS-Katalog des Britischen Museums zugeschrieben wird, ist das Werk seines Vaters (vgl. S. 275).

für Violine und Klavier, die der Komponist mit „Sinfonia" bezeichnet (wahrscheinlich um das Selbstgefühl der Spieler zu steigern), hat vier Sätze, aber die naive, ziemlich primitive Tonsprache wird dem pompösen Titel und der überlangen Form nicht gerecht. Das Werk, das wie folgt anfängt (Beisp. 92),

Beisp. 92

ist den pädagogischen Werken Clementis, Kuhlaus u. a., die um die Jahrhundertwende entstanden, verwandt. Hieher gehören auch die leichten ländlerartigen *Walzer für Klavier*, die sich in der Berliner Bibliothek erhalten haben, und sogar eine in Berlin komponierte G-Dur-*Symphonie für Orchester* ist ähnlichen Charakters. Von ihren drei Sätzen ist der letzte, ein Allegro im Sechsachteltakt, das eine vergnügte Jagdszene schildert, der beste. Auch dieses Werk ist sehr leicht aufführbar und war wahrscheinlich für Dilettanten bestimmt. Eine dritte Kategorie, die aus kurzen, gemischten Chören oder Männerchören mit oder ohne Solisten bestand, war offenbar für Liedertafeln und andere Amateurvereinigungen gedacht. Der Bogen der Empfindungen ist sehr weit gespannt. Ein gutes Beispiel der ernsten Chorwerke bietet das *Vaterunser* für Tenor und Baß mit Chor und Orchester. Die Solisten wechseln ab in ihren Lobpreisungen des Herrn, und jeder Abschnitt wird von einer Bitte aus dem Vaterunser, die vom Chor gesungen wird, beschlossen. Durch den Einsatz von Pauken und Trompeten bei den Worten „denn Dein ist das Reich und die Kraft und die Herrlichkeit" erreicht der Komponist einen Höhepunkt und das ganze Werk atmet Wärme und Inbrunst. Auf einer ähnlichen Grundlage steht die kantatenartige Ballade *Columbus oder die Entdeckung von Amerika* für Tenor- und Baßsoli, Chor, Holzbläser und Streichinstrumente; hier verwendet Wilhelm den gleichen Kunstgriff wie im „Vaterunser". Um die Ausdruckskraft zu erhöhen, zieht er Trompeten und Pauken heran, sobald er schildert, wie von den meuternden Seeleuten Land gesichtet wird. In einem weiteren Chorwerk mit Soli und Klavierbegleitung, *Erinnerung an Schillers Sterbetag*, finden sich in Harmonik und Melodik bescheidene Annäherungen an die Tonsprache der Romantik. – Anderseits komponierte Wilhelm eine Menge humoristischer, ja selbst burlesker Stücke, darunter das *Concerto buffo*, in dem verschiedene Spielzeuginstrumente verwendet werden. In ähnlicher Weise unterhalten sich in dem vom Klavier begleiteten „Duetto comico" *Der Dichter und der Componist* die beiden Autoren in hochtrabenden Worten über den künstlerischen Schaffensprozeß. Dabei werden sie jedoch immer wieder von einem Straßenhändler unterbrochen, der mit profanen Ausrufen wie „Limpurger Käse", „Äppel", „Johannisbeeren", „Maulbeern" und schließlich „Saure Gurken" grob dazwischenfährt. In einer Anweisung auf dem Titelblatt schreibt Wilhelm Bach vor, daß die Anpreisungen des Straßenhändlers „ganz im Berliner Dialekt und dem damit verbundenen Ton geruffen werden" müssen. In Liedertafelkonzerten muß ein Stück dieser Art besonderen Anklang gefunden haben.

Ein ähnlicher Sinn für Humor herrscht im *Dreyblatt* für sechshändiges Klavierspiel. In einer Notiz auf dem Titelblatt schreibt Wilhelm:

> „Der Herr, welcher die Mittelstimme spielt, setzt sich etwas mehr zurück, als die beyden ihm zu Seyten sitzenden Damen, deren Arme über den Seinigen müssen gehalten werden, so wie der enge Raum für 3 Personen etwas Zusammenschränkung erfordert."

Demzufolge muß der Spieler in der Mitte mit der Rechten die höchsten Noten, mit der Linken die tiefsten spielen.

Wilhelms *Lieder* zeigen die einfachen vorromantischen Züge einer Kompositionsart, wie sie etwa um 1780 Mode war, wobei er außer deutschen Texten auch französische und italienische vertonte. Für virtuosere Stücke zog er fremde Sprachen, die er vorzüglich beherrschte, vor. Der in Bückeburg empfangene Unterricht wirkte sich demnach günstig aus, während die vom Vater empfangene musikalische Ausbildung erstaunlich schwache Spuren in seinem Werk hinterließ. In der Tat merkt man wenig solides technisches Können in der Mehrzahl seiner Werke. Das Allegro fugato z. B., das ein vierhändiges Divertimento abschließt, bringt ein schwaches, durch seine melodische Wiederholung ungeschickt wirkendes Thema, wie es kein älterer Bach verwendet hätte (Beisp. 93).

Beisp. 93

Unter Wilhelms Kammermusikwerken verdient das ansprechende kleine *Trio für zwei Flöten und Viola* in G-Dur Beachtung. Von größerer Bedeutung ist ein *Sextett* in Es-Dur für Klarinette, zwei Hörner, Violine, Viola und Violoncello, das sich unter den im British Museum aufbewahrten Manuskripten erhalten hat. Der Name des Komponisten ist nicht genannt, aber da die Handschrift unverkennbar die seine ist und Werke ähnlicher Art in der Sammlung seiner Manuskripte enthalten sind, ist die Annahme, daß auch dieses Sextett von Wilhelm stammt, wohl gerechtfertigt. Dies ist ein echtes Kammermusikwerk, in dem jeder der sechs Spieler mit einem dankbaren Part bedacht ist; die Setzweise ist durchsichtig und äußerst wirkungsvoll. Insbesondere das Rondo Finale mit seinem an einen deutschen Volkstanz gemahnenden Hauptthema (Beisp. 94), zeigt Geist und Kraft. Die Musik ist solid gebaut und

Beisp. 94

wohlklingend, was in Wilhelms Werken sonst nicht eben häufig der Fall ist; der Komponist ist hier weder von den Ansprüchen der Virtuosen, noch von denen der Dilettanten beeinflußt und läßt seiner musikalischen Erfindungskraft freien Lauf. In der Regel aber zeigt die künstlerische Persönlichkeit von Sebastians Enkel nur wenige der besonderen Wahrzeichen, die wir in Werken von Mitgliedern der Familie Bach zu finden gewohnt sind.

EPILOG

Die beiden Enkel Sebastian Bachs können wohl als typische Vertreter der siebenten Generation von Veit dem Müller an gerechnet gelten. In körperlicher wie künstlerischer Beziehung war die Bachsche Kraft am Verebben; der begabte Johann Sebastian II starb mit dreißig Jahren, also bevor er wirkliche Meisterwerke hätte schaffen können, während Wilhelm Friedrich Ernst sich nie zu voller künstlerischer Reife entwickelte und einen oberflächlichen Stil beibehielt, der niemals einen Bach hätte erraten lassen. Auch bei anderen Enkeln Sebastians ergibt sich kein erfreulicheres Bild; die meisten von ihnen starben bereits in ihrer Kindheit. Was der Bückeburger Bach so tief empfunden hatte, war in gewisser Beziehung richtig: die Familie Bach war am Aussterben. Die Schicksale von Friedrichs Nachkommen sind bezeichnend. Seine älteste Tochter, Anna Philippine Friederike, heiratete 1776 den Leutnant Ernst Carl Colson. Sie hatten fünf Kinder, die zum größten Teil die typischen Merkmale der Degeneration trugen. Eines von ihnen, Wilhelm Friedrich (1781 bis 1809), war Epileptiker und übte niemals einen richtigen Beruf aus; er hatte einen illegitimen Sohn, Wilhelm Ernst, der sich mit fünfzehn Jahren erhängte. Dem ältesten von Friedrichs Enkeln, der nach seinem Großvater Johann Christoph Friedrich genannt wurde (1778 bis 1831), schien jedoch mehr Lebenskraft geschenkt zu sein als seinen Brüdern. Als junger Mann mußte er Bückeburg verlassen, da er allerhand Schwierigkeiten mit den Behörden hatte; dies führte außerdem zu einem Streit mit seiner Mutter, und von da an brachte er sich allein durch als Hauslehrer für Mathematik in verschiedenen adeligen Familien Ostdeutschlands. Mit fünfunddreißig Jahren heiratete er Josepha Schiweck, die ihm sechs Kinder gebar, welche ihrerseits auch alle kinderreich waren. Dieser Familienzweig lebte in bescheidenen Verhältnissen; einige Mitglieder verdienten sich ihr täglich Brot als Bauern oder Handwerker, andere aus der jüngeren Generation erlangten Stellungen als Schullehrer. 1939 konnte man die Spuren von achtundzwanzig Enkeln und zweiundfünfzig Urenkeln von Friedrich Colson verfolgen, einige von ihnen mit polnischen Namen. So fließt noch Blut von Sebastian Bach in verschiedenen Familien Schlesiens und Polens[1]. Sie sind alle katholisch wie ihr Vorfahre Ernst Carl Colson.

Während der wichtigste Zweig des Bachschen Familienstammes ausstarb oder sich von der Musik abwandte, blühten Seitenlinien noch länger weiter.

---

[1] Terrys Behauptung, daß „seit dem 13. Mai 1871 kein Bachsches Blut mehr durch menschliche Adern floß" (vgl. „Bach, The Historical Approach", 1930), kann deshalb nicht aufrecht erhalten werden. S. Ulmenstein in ZfMW, 1939.

Dies gilt etwa für die Ohrdrufer Linie, die einige gute Beispiele für den einfachen, tiefreligiösen, arbeitsamen Typus des Bachschen Musikers liefert.

Johann Christoph (22), der älteste Sohn von Ambrosius, kam 1690 nach
Ohrdruf; in dieser kleinen Stadt ging nun Sebastian als Waise fünf Jahre zur
Schule und empfing gründlichen Musikunterricht von seinem Bruder. Als
Johann Christoph 1721 fünfzigjährig starb, war seine Witwe in großer Not.
Ihr Gatte hatte nichts Nennenswertes ersparen können und von ihren fünf
Söhnen konnte nur der älteste, Tobias Friedrich[1] (40; 1695 bis 1768), sich als
Kantor in Udestedt selbst ernähren, während die beiden jüngsten, vierzehn-
und achtjährig, noch längere Zeit von der Mutter erhalten werden mußten.
Überdies waren noch drei Töchter zu versorgen. Dieses Problem wurde in der
herkömmlichen Weise gelöst. Christophs zweiter Sohn, Johann Bernhard (41;
1700 bis 1743), der bei seinem Onkel Sebastian in Weimar und Köthen studiert
und sich dort auch als Kopist betätigt hatte, folgte seinem Vater als Organist
von St. Michael *propter merita defunctis patris*, und da er erst zehn Jahre später
heiratete, konnte er zunächst seine Familie unterstützen. Der dritte Sohn,
wieder ein Johann Christoph (42; 1702 bis 1756), bewarb sich um die Stellung
als Kantor in Ohrdruf, als eine Vakanz eintrat; er legte Nachdruck auf den
Vorteil, der seiner Mutter daraus entstünde, „welche nunmehro in die acht
Jahre in einem armseligen Witbenstand mit so vielen unversorgten Kindern
leben muß", und so erhielt er den Posten. Der vierte Sohn, Johann Heinrich
(43; 1707 bis 1782) empfing von seinem Onkel Johann Sebastian Unterstützung, denn kurz nachdem der letztere nach Leipzig gezogen war, wurde
der Junge in die Thomasschule aufgenommen und wohnte bei Sebastian;
später wurde er dann Kantor in Oehringen. (Daß er sich, wie auch sein
älterer Bruder Johann Christoph, als Komponist betätigte, wird uns bestätigt durch eine Festkantate, die beide Brüder zusammen zur Feier der Hochzeit eines Grafen Hohenlohe mit einer sächsischen Prinzessin komponierten.)
Johann Andreas (44; 1713 bis 1779), der jüngste Sohn, hatte zuerst den
Drang, ein abenteuerliches Leben zu führen und wurde Mitglied einer Mili-
tärkapelle; er kehrte jedoch schließlich in seine Vaterstadt zurück, wo er die
Stelle eines Organisten an der Trinitatiskirche erhielt und nach dem Tode
seines Bruders Johann Bernhard 1743 zu dessen Nachfolger ernannt wurde.
Offenbar leistete er höchst zufriedenstellende Dienste; denn es wird berichtet,
daß beim Tode seiner Frau die Glocken eine Viertelstunde lang geläutet wur-

---

[1] Tobias Friedrich Bach war zuerst Kantor in Gandersheim und arbeitete zusammen
mit seinem Verwandten Nikolaus Ephraim Bach (vgl. S. 121); hinterher bekleidete
er die gleiche Stellung in Pferdingsleben und schließlich von 1721 bis zu seinem Tode
in Udestedt.

den „wegen seiner besonderen Kunsterfahrenheit und Verdienst". Auch in der folgenden Generation waren die Ohrdrufer Mitglieder der Familie Bach als Organisten, Kantoren oder gelegentlich als Pastoren tätig. Dem Organisten Andreas folgte sein Sohn Johann Christoph Georg (1747 bis 1814); Vater und Sohn betraf seltsamerweise das gleiche Unglück, daß ihre Kirche vom Feuer zerstört wurde, das erste Mal 1753 und nach ihrer Wiederherstellung neuerlich 1808. (St. Michael wurde 1945 auch noch von Bomben getroffen, was die Vernichtung einer wertvollen Bibliothek durch die Flammen zur Folge hatte.) Wenige Jahre nach Georgs Anstellung wurde sein Vetter Philipp Christian (1734 bis 1809) Kantor, da er nach Bericht des Stadtrats ein guter Musiker und Sänger „mit deutlicher und vernehmlicher Stimme" war. Jedoch lag Philipps Hauptinteresse auf dem Gebiet der Theologie, die er in Jena studiert hatte. 1772 wurde er in einer benachbarten Stadt Pastor, worauf sein Bruder, Ernst Carl Gottfried (1738 bis 1807) ihm als Kantor in Ohrdruf folgte. Der Sohn des letzteren, Carl Christian (1785–1859) – übrigens seinem Verwandten Sebastian darin ähnlich, daß er eine Kusine heiratete – erwählte das geistliche Amt und wurde ein hervorragender Prediger und Superintendent. 1814 hörten die Mitglieder der Familie Bach als Berufsmusiker in Ohrdruf zu wirken auf, jedoch betätigten sie sich weiterhin in dieser Gegend als Lehrer oder Pastoren; die zwölfte Generation dieser Linie hat sich bis in die Gegenwart erhalten.

Der Ohrdrufer Zweig trug auch dazu bei, die Bach-Tradition in Erfurt aufrechtzuerhalten, wo sich die Familie seit 1635 betätigt hatte. Der letzte Bach, der als Direktor der Stadtmusik wirkte, war Johann Christoph (19), der im gleichen Jahr wie Sebastian geboren war. Alle seine Söhne erwählten den Lehrberuf und zogen von Erfurt fort; so erhielt sein Schwiegersohn, Christoph Müller, nach Johann Christophs Tode im Jahre 1740, die Stellung. Außerdem trat ein weiterer Bach, Johann Günther (33; 1703 bis 1756), ein Urenkel von Johann (4), in die Kapelle als Violaspieler und Tenorsänger ein. Ungefähr gleichzeitig wirkte ein Sproß des Ohrdrufer Zweiges, Tobias Friedrich (geb. 1723), als Kantor in Erfurt. Sein derber, ausgesprochen Bachscher Humor drückt sich in einem Vers aus, den der achtzigjährige Kantor mit kräftiger Hand in das „Freundschaftsbuch" eines jungen Verwandten schrieb, der gerade bei ihm zu Besuch war:

> *„Ich bin ein Bach und trinke Bier*
> *und sterbe auch sowohl als ihr,*
> *doch ist, weil ich ein Cantor bin,*
> *im Leben, Sterben mein Gewinn."*

Tobias Friedrich, der 1813 als Neunzigjähriger dahinschied, war der letzte Bach-Musiker in Erfurt. Doch behielt der Name Bach seinen guten Klang in der Gegend bei, denn im benachbarten Dorf Bindersleben wirkte ein anderer begabter Mann dieses Namens, wiederum ein Johann Christoph Bach (1782 bis 1846), der von einem Familienzweig, der bis ins Jahr 1650 zurückverfolgt werden kann, abstammte, wobei allerdings keine Verwandtschaft mit dem Müller Veit feststellbar ist. Dieser Johann Christoph, der übrigens von Sebastian Bachs letztem Schüler J. Christoph Kittel unterwiesen wurde, war ein hervorragender Organist und Chordirektor, und verschiedene seiner Kompositionen wurden in Erfurt gedruckt. Die musikalische Begabung erhielt sich auch noch in seinen Nachkommen, und ein Enkel, Ernst Louis Heimann, genoß Ansehen als Organist und Regens chori.

Dem starken Interesse an genealogischer Forschung, welches in neuerer Zeit beobachtet werden kann, ist es zuzuschreiben, daß noch viele Zweige der Bach-Familie, die nicht vom Bäcker Veit[1] abstammen, wieder entdeckt wurden. Arthur Bach, aus Arnstadt, ein pensionierter Lehrer, bildete eine Art Bach-Gesellschaft. Der frühere jährliche Familientag, von dem Forkel berichtet, wurde nun wieder ins Leben gerufen und dank einem *Mitteilungsblatt*, das der *Bachsche Familienverband für Thüringen* seit 1937 herausgab, wurden alle Angehörigen der Sippe von neuen genealogischen Entdeckungen unterrichtet, sowie von Hochzeiten, Taufen und Todesfällen, Anstellungen etc., die in den Bach-Familien vorkamen. Der zweite Weltkrieg beschloß die Tätigkeit dieses Verbandes; es scheint auch, daß die meisten seiner aktiven Mitglieder teils durch den Tod, teils durch Auswanderung ausschieden. Jedoch hüten die noch überlebenden Bache ihr Erbteil getreulich, und es wäre nicht erstaunlich, wenn der Bachsche Familienverband zu neuem Leben erwachen würde.

Die Bache des 20. Jahrhunderts sind freilich keine Berufsmusiker mehr. Für sie ist Musik oder Malerei eine bloße Liebhaberei, und deshalb werden sie in unsere Untersuchung nicht einbezogen. Sogar ein Familienzweig wie die Ohrdrufer Bache des 18. Jahrhunderts ist für uns von geringerem Interesse, da er durchaus keine Seltenheit war. Ein Historiker hat errechnet[2], daß es z. B. siebenunddreißig Familien in Thüringen gibt, aus denen zwei oder mehr gute Musiker hervorgegangen sind. Aber es bleibt die Frage offen, wie es kam, daß es den Nachkommen des Bäckers Veit gelang, alle anderen Familien nicht nur

---

[1] Eine Anzahl Bach-Musiker tauchte in Bonn am Rhein auf; sie wirkten dort als Pianisten, Geiger oder Kirchenmusiker, unter ihnen Ferdinand Bach (geb. 1837), der mit 20 Jahren Mitglied von Joseph Joachims Quartett wurde, aber ein Jahr später am Typhus starb.
[2] Wilhelm Greiner, „Die Musik im Lande Bachs", Eisenach, 1935.

23. IDEALE LANDSCHAFT

Ölgemälde von J. Sebastian Bach II.

24. LANDSCHAFT MIT MÜHLE

an Zahl und Dauer, sondern vor allem an künstlerischer Qualität zu übertref-
fen. In dieser Beziehung können die Bache als einzigartig gelten; sie waren
selbst einer so hervorragenden Familie wie den französischen Couperins weit
überlegen, die vom 17. bis 19. Jahrhundert in ungebrochener Linie hervorragende Organisten, Pianisten wie auch ausgezeichnete Komponisten hervor-
brachten.

Während es schwierig wäre, bestimmte Gründe für die besonderen Leistungen der Familie Bach anzugeben, müssen doch einige Erbanlagen hervorgehoben werden, die ihnen zu Hilfe kamen. Ihnen allen war ein Kampfgeist
zu eigen, der durch Schwierigkeiten nur verstärkt wurde. Je größer die Heraus-
forderung, desto leidenschaftlicher war ihre Entschlossenheit, ihr tapfer zu
begegnen. So gelang es ihnen, während einer der traurigsten Zeiten in der
deutschen Geschichte eine Tradition wertvoller, in manchen Fällen sogar hervorragender musikalischer Leistungen auszubilden. Das starke Zusammen-
gehörigkeitsgefühl war weiterhin mitbestimmend. Ihre Heimstätten sowie
ihr reicher Schatz an praktischer Erfahrung als Musiker standen den Verwandten gegenseitig zur Verfügung; vereint konnten sie wirtschaftliche Katastrophen überstehen, die den einzelnen vernichtet hätten. Oft heirateten sie
Frauen aus musikalischen Familien, und so verdoppelte sich die künstlerische
Begabung, die aus zwei verschiedenen Quellen gespeist war. Es scheint auch,
daß verschiedene nationale Herkunft sich günstig in der Familie auswirkte.
Veit, der Begründer dieser Musikerdynastie, mag deutsch-ungarisches Erbgut
weitergegeben haben, das von seinen Ahnen oder denen seiner Frau stammte.
Dies bleibt freilich eine bloße Vermutung, während wir uns bei der Betrachtung
von Sebastian Bachs direkten Ahnen auf sicherem Boden befinden. Von seinen
Großeltern war nur ein Teil aus Thüringen; seine Großmutter väterlicherseits
stammte aus sächsischem Gebiet, dem Dorfe Prettin, das nahe der niederdeutschen Sprachgrenze liegt; so gingen wohl auch niederdeutsche Arteigen-
schaften auf ihn über. Seiner Großmutter mag er seine Neigung für norddeutsche Musik verdanken, die ihn veranlaßte, in Lüneburg und Lübeck statt
in Italien zu studieren. Die Familie seiner Mutter, wenn auch thüringischen
Ursprungs, war durch mehrere Generationen in Niederschlesien seßhaft gewesen, dessen Bevölkerung auch wieder eine gemischte war. Dieses Erbgut
verschiedener Volksstämme machte sich bei Sebastian geltend. Auch sei
darauf hingewiesen, daß im Gegensatz zu den beachtenswerten Leistungen
der nahen Verwandten sein Vater und wahrscheinlich auch sein Großvater,
Christoph Bach, keine schöpferischen Gaben besaßen. Das in zwei Generationen aufgestapelte Erbgut brach nun sieghaft in Sebastian hervor, der anderseits von der Lämmerhirtschen Seite Tiefe der Empfindung und Hinneigung

zu mystischer Ekstase ererbt hatte. Wie wichtig die Rolle ist, welche die Familie seiner Mutter hier spielte, wird noch durch eine weitere Tatsache beleuchtet. Sein Vater, J. Ambrosius, hatte einen Zwillingsbruder, J. Christoph (12); diese Zwillinge glichen einander so sehr, daß nicht einmal ihre Frauen sie unterscheiden konnten; auch als Musiker konnte man sie nicht auseinander-kennen (vgl. S. 74). Jedoch ähnelten sich die Nachkommen dieser Zwillinge keineswegs, und während J. Christophs Sohn, J. Ernst (25), eine nur durch-schnittliche Begabung als Organist aufwies, war J. Ambrosius der Vater von Sebastian.

Während die Leistungen dieses größten der Bache wie ein logischer Höhe-punkt erscheinen, zu dem das Wirken der Vorfahren hingeführt hatte, bieten seine Kinder wahrhaftig ein erstaunliches Bild. In der Regel ist die Nachkom-menschaft eines Genies nicht mit außergewöhnlichen Talenten bedacht: Aber trotz der gewaltigen Errungenschaften Sebastians auf dem Gebiete der Musik waren zwei seiner Söhne führend in der Tonkunst ihrer Zeit, während zwei weitere beträchtliches Talent aufwiesen. In dieser Beziehung müssen wir die Einzigartigkeit der Familie hinnehmen, ohne sie genügend erklären zu können. Doch sollte man der ungewöhnlichen günstigen Umstände eingedenk sein, die Sebastian mit der Wahl seiner ersten und zweiten Gattin schuf, da ja beide Frauen Nachkommen einer langen Reihe von Musikern und selbst begabte Sängerinnen waren.

Der Chronist, der die Geschichte der Familie Bach erforscht, gleicht einem Bergsteiger. Langsam klimmt er zu einer Hochebene empor, die ihm reizvolle Aussichten gewährt; das weite Gebiet durchquerend, gelangt er zu einem Turm von gewaltigen Ausmaßen, dessen höchste Zinne bis in den Himmel zu reichen scheint und ihm Ausblicke atemraubenden Glanzes gewährt. Er wandert fort in der weiten lieblichen Landschaft, die immer neue Anzie-hungspunkte enthüllt, und erst nach einer geraumen Zeit bietet sich ihm ein steiler Pfad ins Tal hinab. Aus der Entfernung zurückblickend, sieht er das Plateau nur in verschwommenen Umrissen, doch der Turm ragt noch empor in seiner ganzen Glorie.

STAMMTAFEL DER MUSIKER-FAMILIE BACH

(Nachkommen von Veit Bach)

Um die Verwandtschaftsbeziehungen der verschiedenen Bache klar zum Ausdruck zu bringen, wurde im folgenden das Dezimalsystem in Anwendung gebracht, das übersichtlicher und leichter zu handhaben ist als die Anordnung in einem Stammbaum. Die hiebei gebrauchte Methode läßt sich am besten mit Hilfe von Beispielen erläutern. Dem Namen des Müllers Veit wurde die Ziffer 1 vorangestellt, dem seines Bruders Caspar die Ziffer 2. Veits zwei Söhne, Johannes und Lips, sind durch 11 bzw. 12 gekennzeichnet; Caspars fünf Söhne durch 21, 22, 23, 24, 25.

Die drei Söhne von 11 Johannes sind 111 Johann, 112 Christoph, 113 Heinrich. Der einzige Sohn des Lips ist 121 Wendel. Die drei Söhne des 111 Johann sind 111.1, 111.2, 111.3; die drei Söhne des 112 Christoph sind 112.1, 112.2, 112.3.

Aus der Zahl der Ziffern läßt sich daher entnehmen, wieviele Generationen zwischen dem betreffenden Mann und dem Begründer der Dynastie liegen. (112.24 Johann Sebastian gehört demnach der fünften Generation nach Veit an.) Wenn wir von einer solchen Nummer die letzte Ziffer weglassen, erhalten wir die Nummer, die den Vater des betreffenden Mannes kennzeichnet; wenn wir zwei Ziffern weglassen, so kommen wir zum Großvater. (112.24 Johann Sebastian ist der Sohn des 112.2 Johann Ambrosius und der Enkel des 112 Christoph.)

Wenn zwei Nummern nur in der letzten Ziffer voneinander abweichen, so handelt es sich um Brüder (112.24 Johann Sebastian ist der Bruder von 112.23 Johann Jakob); wenn die Nummern in den letzten beiden Ziffern abweichen, so sind die betreffenden Männer Vettern. (112.24 Johann Sebastian ist der Vetter von 112.31 Johann Ernst.) Auch andere verwandtschaftliche Beziehungen lassen sich auf diese Weise leicht feststellen.

Die in Klammern nach dem Namen angegebenen Nummern beziehen sich auf die Numerierung in Johann Sebastians „Ursprung der musicalisch-bachischen Familie". Der Leser wird bemerken, daß unser System eine gewisse Übereinstimmung mit dem Sebastians aufweist, obgleich unsere Liste etwas umfangreicher ist.

Es wurde hier kein Versuch gemacht, Vollständigkeit zu erzielen. Jene Bache, die in frühen Jahren starben, wurden ebenso wie die Mehrzahl der weiblichen Familienmitglieder und die Nichtmusiker ausgelassen.

1	Veit (1), der Müller, Wechmar, ?–1619
2	Caspar, Stadtpfeifer, Gotha, Arnstadt, ca. 1570– ca. 1642
3	Hans („der Hofnarr"), Nürtingen, 1555–1615
11	Johannes oder Hans (2), Spielmann, Wechmar, ?–1626
12	Lips (3), Teppichwirker, ?–1620
21	Caspar, Musiker, Arnstadt, ca. 1600–?
22	Johannes, Musiker, Arnstadt, 1602–32
23	Melchior, Musiker, Arnstadt, 1603–34
24	Nicol, Musiker, Arnstadt, 1619–37

25	Heinrich (der Blinde), Arnstadt, ?–1635
111	Johann (4), Stadtpfeifer und Organist, Erfurt, 1604–73
112	Christoph (5), Stadt- und Hofmusikus, Arnstadt, 1613–61
113	Heinrich (6), Organist, Arnstadt, 1615–92
121	Wendel, Bauer, Wolfsbehringen, 1619–82
111.1	J. Christian (7), Direktor der Stadtmusik, Erfurt, 1640–82
111.2	J. Egidius (8), Direktor der Stadtmusik, Erfurt, 1645–1716
111.3	J. Nikolaus (9), Stadtpfeifer, Erfurt, 1653–82
112.1	Georg Christoph (10), Kantor, Schweinfurt, 1642–97
112.2	J. Ambrosius (11), Stadtpfeifer, Eisenach, 1645–95
112.3	J. Christoph (12), Stadtpfeifer, Arnstadt, 1645–93
113.1	J. Christoph (13), Organist, Eisenach, 1642–1703
113.2	J. Michael (14), Organist, Gehren, 1648–94
113.3	J. Günther (15), Organist, Arnstadt, 1653–83
121.1	Jakob, Kantor, Ruhla, 1655–1718
111.11	J. Jakob (16), Stadtpfeifergeselle, Eisenach, 1668–92
111.12	J. Christoph (17), Kantor, Gehren, 1673–1727
111.21	J. Bernhard (18), Organist, Eisenach, 1676–1749
111.22	J. Christoph (19), Direktor der Stadtmusik, Erfurt, 1685–1740
111.31	J. Nikolaus (20), Barbier und Wundarzt, Königsberg, 1682– nach 1735
112.11	J. Valentin (21), Kantor, Schweinfurt, 1669–1720
112.21	J. Christoph (22), Ohrdruf, 1671–1721
112.22	J. Balthasar, Trompeter, Köthen, 1673–91
112.23	J. Jakob (23), Hofmusikus, Stockholm, 1682–1722
112.24	J. Sebastian (24), 1685–1750
112.31	J. Ernst (25), Organist, Arnstadt, 1683–1739
112.32	J. Christoph (26), Organist, Blankenheim, 1689–1740
113.11	J. Nicolaus (27), Organist, Jena, 1669–1753
113.12	J. Christoph (28), Klavierlehrer, England, 1676–?
113.13	J. Friedrich (29), Organist, Mühlhausen, 1682–1730
113.14	J. Michael (30), Orgelbauer, Stockholm?, 1685–?
113.21	Maria Barbara, Gattin von J. Sebastian, 1684–1720
121.11	J. Ludwig, Hofkapellmeister, Meiningen, 1677–1731
121.12	Nikolaus Ephraim, Intendant und Organist, Gandersheim, 1690–1760
121.13	Georg Michael, Kantor, Halle, 1701–77
111.121	J. Samuel (31), Musiker, Sondershausen, 1694–1720
111.122	J. Christian (32), Musiker, Sondershausen, 1696–?
111.123	J. Günther (33), Lehrer und Musiker, Erfurt, 1703–56
111.211	J. Ernst (34), Organist und Hofkapellmeister, Weimar, Eisenach, 1722–77
111.221	J. Friedrich (35), Schulmeister, Andisleben, 1706–43
111.222	J. Egidius (36), Schulmeister, Groß Monra, 1709–46
111.223	Wilhelm Hieronymus (37), 1730–54
112.111	J. Lorenz (38), Organist und Kantor, Lahm, 1695–1773
112.112	J. Elias (39), Kantor, Schweinfurt, 1705–55
112.211	Tobias Friedrich (40), Kantor, Udestedt, 1695–1768
112.212	J. Bernhard (41), Organist, Ohrdruf, 1700–43

112.213	J. Christoph (42), Kantor, Ohrdruf, 1702–56
112.214	J. Heinrich (43), Kantor, Oehringen, 1707–82
112.215	J. Andreas (44), Organist, Ohrdruf, 1713–79
112.241	Wilhelm Friedemann (45), der „Hallesche Bach", 1710–84
112.242	Carl Philipp Emanuel (46), der „Berliner" oder „Hamburger Bach", 1714–88
112.243	J. Gottfried Bernhard (47), Organist, Mühlhausen, 1715–39
112.244	Gottfried Heinrich (48), schwachsinnig, 1724–63
112.245	Elisabeth Juliane Friederika, Gattin v. J. Christoph Altnikol, 1726–81
112.246	J. Christoph Friedrich (49), der „Bückeburger" Bach, 1732–95
112.247	J. Christian (50), der „Mailänder" oder „Londoner" Bach, 1735–82
112.248	Regine Susanna, J. Sebastians jüngstes Kind, 1742–1809
113.111	J. Christian (52), Theologe, Jena, 1717–38
113.121	J. Heinrich (53), Klavierist, ?– nach 1735
121.111	Samuel Anton, Organist und Staatssekretär, Meiningen, 1713–81
121.112	Gottlieb Friedrich, Organist und Maler, Meiningen, 1714–85
121.131	J. Christian, Klavierist, Halle, 1743–1814
111.211.1	J. Georg, Organist und Advokat, Eisenach, 1751–97
111.221.1	J. Christoph, Andisleben, 1736–1808
112.112.1	J. Michael, Musiktheoretiker, Komponist, Advokat, Güstrow, 1754–?
112.211.1	Tobias Friedrich, Kantor, Erfurt, 1723–1813
112.212.1	J. Wilhelm, Goldspitzenverfertiger, Ohrdruf, 1732–1800
112.213.1	Philipp Christian, Kantor und Theologe, Werningshausen, 1734–1809
112.213.2	Ernst Carl Gottfried, Kantor, Ohrdruf, 1738–1807
112.213.3	Ernst Christian, Kantor, Wechmar, 1747–1822
112.215.1	J. Christoph Georg, Organist, Ohrdruf, 1747–1814
112.241.1	Friederike Sophie, verm. m. J. Schmidt in 1789, 1757–1801
112.242.1	J. August, Advokat, Hamburg, 1745–89
112.242.2	J. Sebastian (J. Samuel), Maler, Rom, 1748–78
112.245.1	Augusta Magdalena Altnikol, verm. m. E. F. Ahlefeldt, Siegelmacher, 1751–1809
112.245.2	Juliane Wilhelmine Altnikol, verm. m. F. A. Prüfer, Buchdrucker, 1754–1815
112.246.1	Anna Philippine Friederike Bach, verm. m. Leut. W. E. Colson, 1755–1804
112.246.2	Wilhelm Friedrich Ernst, Hofcembalist, Berlin, 1759–1845
121.112.1	J. Philipp, Organist und Maler, Meiningen, 1752–1846
121.112.2	Samuel Friedrich, Pfarrer, Neuhaus, 1755–1841
111.211.11	Philipp Ernst Christian, Oberamtskopist, Eisenach, 1780–1840
121.112.11	Friedrich Carl Eduard, Oberförster, Liebenstein, Coburg, 1815–1903
121.112.111	Paul Bach, Postbeamter, Eisenach, geb. 1878

LITERATURVERZEICHNIS

IN AUSWAHL

ABERT H. *Joh. Christian Bachs italienische Opern und ihr Einfluß auf Mozart*, ZfMW, 1919.

ADLUNG J. *Anleitung zu der musikalischen Gelahrtheit.* Erfurt, 1758.

– *Musica Mechanica Organoedi* (1768). Neudruck (Christhard Mahrenholz). Kassel, 1931.

ALBRECHT H. and BACH A. *Die Bache in Arnstadt*. Mitteilungsblatt des Bach'schen Familienverbandes für Thüringen. Arnstadt, 1938.

(ARNSTADT). *J. S. Bach und seine Verwandten in Arnstadt*, hgg. von F. Wiegand. Arnstadt, 1950.

AUERBACH C. *Die deutsche Clavichordkunst des 18. Jhdts.* Kassel, 1953.

BACH C. P. E. *Versuch über die wahre Art, das Clavier zu spielen*. Berlin, 1759, 1762. Faksimile-Neudruck von L. Hoffmann-Erbrecht, Leipzig, 1957.

Bach Jahrbuch. Hgg. von A. Schering, A. Dürr und W. Neumann. Leipzig, 1904 ff.

Bach in Thüringen. Gabe der Thüringer Kirche an das Thüringer Volk zum Bach-Gedenkjahr 1950. Berlin, 1950.

BEAULIEU-MARCONNAY C. VON. *Ernst August, Herzog v. Sachsen-Weimar*. Leipzig, 1872.

BECHSTEIN L. *Aus dem Leben der Herzöge von Meiningen*. Meiningen, 1856.

BENECKE R. *Die Familie Bach* in MGG, I, 903 ff, Kassel, 1949–1951.

– *J. Christoph* (13) und *J. Christoph Friedrich Bach* in MGG, I, 954 u. 956, Kassel, 1949 bis 1951.

BERNHARDT R. *Das Schicksal der Familie Bach*. Der Bär, 1929–30.

BESSELER H. *Fünf echte Bildnisse J. S. Bachs*. Kassel, 1956.

– und KRAFT G. *Johann Sebastian Bach in Thüringen*. Weimar, 1950.

BEYSCHLAG F. *Ein Schweinfurter Ableger der Thüringer Musikerfamilie Bach*, in Schweinfurter Heimatblätter, 1925.

BITTER C. H. *C. P. E. und W. Fr. Bach und deren Brüder*. Berlin, 1868.

– *Die Söhne Sebastian Bach's* in „Waldersee: Sammlung Musikalischer Vorträge." Leipzig, 1884.

BLUME F. *Die evangelische Kirchenmusik*. Berlin, 1931.

– *Johann Sebastian Bach im Wandel der Geschichte*. Kassel, 1947.

– *J. S. Bach*, in MGG. Kassel, 1949–1951.

– *W. Friedemann Bach* in MGG, Kassel, 1949–1951.

BOJANOWSKI P. VON. *Das Weimar J. S. Bachs*. Weimar, 1903.

BORKOWSKY E. *Das alte Jena und seine Universität*. Jena, 1908.

– *Die Musikerfamilie Bach*. Jena, 1930.

BÜCKEN E. *Der galante Stil*. ZfMW, VI, 1923–24.

BUKOFZER M. *Music in the Baroque Era*. New York, 1947.

BURNEY CH. *Musical Tour, or Present State of Music in France and Italy*. London, 1771.

– *The Present State of Music in Germany, the Netherlands and United Provinces*. London, 1773.

– *General History of Music*. London, 1776–89.

CANAVE P. C. G. *A Re-Evaluation of the Role Played by C. Ph. E. Bach in the Development of the Clavier Sonata.* Washington (D. C.), 1956.

CHERBULIEZ A. E. *Carl Philip Emanuel Bach.* Zürich, 1940.

– *Johann Sebastian Bach, sein Leben und sein Werk.* Olten, 1946.

CHRYSANDER F. *Briefe von C. Ph. E. Bach und G. M. Telemann.* Allg. Musikal. Ztg. IV, 1869.

– *Eine Klavierphantasie von C. Ph. E. Bach.* Vierteljahrsschr. f. Musikwissensch. VII, 1891.

CRAMER H. *Die Violoncell-Kompositionen Ph. E. Bachs.* Allg. Musikzeitg., 1930.

DADELSEN G. v. *Kritischer Bericht zu „Die Klavierbüchlein f. Anna Magdalena Bach".* Neue Ausgabe sämtlicher Werke. Serie V/4. Kassel, 1957.

DAVID H. T. und MENDEL A. *The Bach Reader.* New York, 1945, ²1966.

DIECK W. *Die Beziehungen der Familie Bach zu Erfurt.* Thüringer Allgem. Ztg., 1935.

DIETRICH F. *J. S. Bachs Orgelchoral und seine geschichtlichen Wurzeln.* BJ, 1929.

– *Geschichte des deutschen Orgelchorals im 17. Jahrhundert.* Kassel, 1932.

DÜRR A. *Zur Chronologie der Leipziger Vokalwerke J. S. Bachs.* BJ 1957.

ENGEL H. *J. S. Bach.* Berlin, 1950.

FALCK M. *Wilhelm Friedemann Bach.* Leipzig, 1913. Neuausgabe Lindau, 1956.

FISCHER K. *Das Freundschaftsbuch des Apothekers F. Thomas Bach.* BJ, 1938.

FISCHER M. *Die organistische Improvisation im 17. Jahrhundert, dargestellt an den „44 Chorälen zum Präambulieren" von Joh. Christoph Bach.* Kassel, 1929.

FLUELER M. *Die norddeutsche Sinfonie zur Zeit Friedrichs des Großen und besonders die Werke Phil. Em. Bachs.* Berlin, 1908.

FORKEL J. N. *Über J. S. Bachs Leben, Kunst und Kunstwerke.* Nach der Originalausgabe von 1802 neu hgg. von J. Müller-Blattau. Kassel, 1950.

FREYSE C. *Eisenacher Dokumente um Sebastian Bach.* Leipzig, 1933.

– *Das Bach-Haus in Eisenach.* BJ, 1939, 1940–48.

– *Johann Christoph Bach.* BJ, 1956.

FRIEDLAENDER M. *Das deutsche Lied im 18. Jahrhundert.* Leipzig, 1902.

FROTSCHER G. *Geschichte des Orgelspiels und der Orgelkomposition.* Berlin, 1935.

– *J. S. Bach und die Musik des 17. Jahrhunderts.* Wädenswil, 1939.

FÜRSTENAU M. *Zur Geschichte der Musik und des Theaters am Hof zu Dresden.* Dresden, 1861–62.

GEBHARDT H. *Thüringische Kirchengeschichte.* Gotha, 1881.

GEIRINGER K. *Artistic Interrelations of the Bachs.* MQ, 1950.

– *The Lost Portrait of J. S. Bach.* New York, 1950.

– *Music of the Bach Family.* An Anthology. Cambridge, 1955.

– *Unbeachtete Kompositionen des Bückeburger Bach.* Festschrift W. Fischer. Innsbruck, 1956.

GREINER W. O. L. *Die Musik im Lande Bachs. Thüringer Musikgeschichte,* Eisenach, 1935.

GRESKY H. *Ein unbekannter Arnstädter Bach.* Beilage zum „Arnstädter Anzeiger", 1935.

GURLITT W. *J. S. Bach. Der Meister und sein Werk.* Kassel, ³1949.

HASE H. VON. *C. P. E. Bach und J. G. I. Breitkopf.* BJ, 1911.

HAYM R. *Herder nach seinem Leben und seinen Werken dargestellt.* Berlin, 1877–85.

HELMBOLD H. *Bilder aus Eisenachs Vergangenheit.* Eisenach, 1928.

HERTEL L. *Neue Landeskunde des Herzogtums Sachsen-Meiningen*, Heft 9. Hildburghausen, 1903–04.

HERTZBERG G. F. *Geschichte der Stadt Halle an der Saale*, III. Halle, 1893.

HEY G. *Zur Biographie J. Friedrich Bachs und seiner Familie. BJ*, 1933.

HOFFMANN H. J. K. *Die norddeutsche Triosonate des Kreises um J. G. Graun und C. P. E. Bach.* Kiel, 1927.

JESSE J. H. *Memoirs of the Life and Reign of King George III.* London, 1867.

KAUL O. *Zur Musikgeschichte der ehemaligen Reichsstadt Schweinfurt.* Würzburg, 1935.

KRAFT G. *Johann Ernst Bach* in MGG, I, 960, Kassel, 1949–1951.

– s. BESSELER H.

KRETZSCHMAR A. F. H. *Geschichte des neuen deutschen Liedes.* Leipzig, 1912.

– *E. Bachs und V. Herbings Lieder.* Vorwort zu *DDT*, Bd. 42.

KÜHN H. *Aus der Eisenacher Zeit J. Ambrosius Bachs.* Thüringer Fähnlein, 1935.

LÄMMERHIRT H. *Bachs Mutter und ihre Sippe. BJ*, 1925.

LAUX K. *Der Thomaskantor und seine Söhne.* Dresden, 1939.

LINDAU M. B. *Geschichte der kgl. Haupt- und Residenzstadt Dresden.* Dresden, 1885.

LÖFFLER H. *Nachrichten über die St.-Georgen-Orgel in Eisenach.* Zschr. f. evangel. Kirchenmusik, IV, V, 1926–27.

– *Bache bei Seb. Bach. BJ*, 1949–50.

MENDEL A. s. DAVID H. T.

MERSMANN H. *Ein Programmtrio K. Phil. Em. Bachs. BJ*, 1917.

MIESNER H. *Philipp Emanuel Bach in Hamburg.* Leipzig, 1929. Nachdr. 1969.

– *Mitteilungen über die Familie Friedrich Bachs. BJ*, 1931.

– *Ungedruckte Briefe von Phil. Emanuel Bach. ZfMW*, 1932.

– *Urkundliche Nachrichten über die Familie Bach in Berlin. BJ*, 1932.

– *Beziehungen zwischen den Familien Stahl und Bach. BJ*, 1933.

– *Graf v. Keyserlingk und Minister v. Happe. BJ*, 1934.

– *Aus der Umwelt Phil. Emanuel Bachs. BJ*, 1937.

– *Phil. Emanuel Bachs musikalischer Nachlaß. BJ*, 1938, 1939, 1940–48.

MOSER H. J. *Johann Sebastian Bach.* 2. Aufl. Berlin, 1943.

MÜHLFELD C. *Die herzogliche Hofkapelle in Meiningen.* Meiningen, 1910.

MÜLLER-BLATTAU J. *Genealogie der Musikalisch Bachischen Familie.* Kassel, 1950.

– s. FORKEL

NOHL K. F. L. *Musikerbriefe.* Leipzig, 1873.

OERTEL A. *Festschrift zum Bachjahr 1950* hg. vom Bach-Ausschuß der Stadt Ohrdruf, Ohrdruf, 1950.

OLEARIUS J. G. *Begräbnispredigt auf Heinrich Bach*, hg. von R. Eitner, Monatshefte f. Musikgeschichte, 1875.

ORTH S. *Neues über den Stammvater der „Erfurter Bache", Johann Bach.* Die Musikforschung IX/4.

PAPENDIEK. *Court and Private Life in the Time of Queen Charlotte.* London, 1887.

PIRRO A. *J. S. Bach.* Paris, 1907.

PLAMENAC D. *New Light on the Last Years of Carl Phil. Eman. Bach. MQ*, 1949.

POHL C. F. *Mozart und Haydn in London.* Wien, 1867.

POTTGIESSER K. *Die Briefentwürfe des J. Elias Bach.* Die Musik, 1912–13.

PUSCH. *Meiningen und die Meininger Bach'schen Nebenlinien.* Thüringer Fähnlein, 1935.

Rauschenberger W. *Die Familien Bach.* Frankfurt a. M., 1950.

Reeser E. *The Sons of Bach.* Amsterdam (ohne Datum).

Reichardt J. F. *Briefe eines aufmerksamen Reisenden, die Musik betreffend,* Leipzig 1774–76.

Riemann H. *Die Söhne Bachs* in ,,Präludien und Studien", Leipzig 1895–1900.

Riemer O. *Johann Sebastian II.* Musica 7/8, 1950.

Ritter A. G. *Zur Geschichte des Orgelspiels im 14.–18. Jahrhundert.* Leipzig, 1884.

Rochlitz F. *Für Freunde der Tonkunst,* IV. Leipzig, 1832.

Rolland R.: *Voyage musical au pays du passé.* Paris, 1920.

Rollberg F. *J. Ambrosius Bach. BJ,* 1927.

– *J. Christoph Bach. ZfMW,* XI, 1928–29.

– *Wo stand J. S. Bachs Geburtshaus?* Eisenacher Ztg. 10. X. 1929.

– *Von den Eisenacher Stadtpfeifern.* Verein f. Thür. Geschichte und Altertumskunde. Jena, 1932.

– *Jakob Bach, Kantor und Knabenschulmeister in Ruhla.* Thüringer Fähnlein, 1933.

– *Aus der Heimat und dem Familienkreis des Jenaischen Organisten J. Nikolaus Bach.* Jenaische Ztg., Nr. 88, 1933.

– *Die Geschichte der Eisenacher Kantoren.* Aus Luthers lieber Stadt, 1936.

Sadie S. *The Wind Music of J. C. Bach.* Music & Letters, 1956.

Schäfer F. *Der Organist J. Christoph Bach und die Eisenacher Münze.* Luginsland, 1929.

Schenker H. *Ein Beitrag zur Ornamentik als Einführung zu Phil. Em. Bach's Klavierwerken.* Wien, ²1954.

Schering A. *Kleine Bachstudien. BJ,* 1933.

– *Philipp Emanuel Bach und das ,,redende" Prinzip.* Jahrbuch Peters, 1939.

– *Bach und das Musikleben Leipzigs im 18. Jahrhundert.* Leipzig, 1941.

Schmalz T. *Denkwürdigkeiten des Grafen Wilhelm.* Hannover, 1783.

Schmid E. F. *C. Ph. E. Bach und seine Kammermusik.* Kassel, 1931.

– *Joseph Haydn und Carl Philipp Emanuel Bach. ZfMW,* 1932.

– *C. P. Emanuel Bach* in MGG, I, 924 ff. Kassel, 1949–1951.

Schneider M. *Thematisches Verzeichnis der musikalischen Werke der Familie Bach. BJ,* 1907.

Schökel H. P. *J. Christian Bach und die Instrumentalmusik seiner Zeit.* Wolfenbüttel, 1926.

Schumm O. *Hof- und Stadtorganist J. Christoph Bach zu Eisenach.* Luginsland, 1927.

Schünemann G. *J. Christ. Friedrich Bach. BJ,* 1914.

– *Friedrich Bachs Briefwechsel mit Gerstenberg und Breitkopf. BJ,* 1916.

– *Thematischer Katalog der Werke J. C. F. Bachs.* DDT 56.

Schwarz M. *J. Christian Bach. Sein Leben und seine Werke.* Leipzig, 1901.

Schweitzer A. *J. S. Bach.* Paris, 1905; Leipzig, 1908.

Seiffert M. *Geschichte der Klaviermusik.* Leipzig, 1899.

Sharp S. *Letters from Italy in the years 1765 and 1766.* 2. Aufl. London, 1767.

Sittard J. *Geschichte des Musik- und Konzertwesens in Hamburg.* Hamburg, 1890.

Spitta P. *J. S. Bach.* Leipzig, 1873–80.

– *Musikgeschichtliche Aufsätze.* Berlin, 1894.

Steglich R. *Karl Phil. Eman. Bach und der Dresdner Kreuzkantor G. A. Homilius. BJ,* 1915.

– *Johann Sebastian Bach.* Potsdam, 1935.

St. Foix G. de. *A propos de Jean-Chretién Bach.* Revue de Musicologie, X, 1926.

STUDENY B. *Beitrag zur Geschichte der Violinsonate im 18. Jahrhundert.* München, 1911.

TERRY C. S. *Johann Sebastian Bach. Eine Lebensgeschichte.* Übertragen von Alice Klengel. 2. Aufl. Leipzig, 1935.

— *John Christian Bach.* London, 1929, ²1967 (revid. v. H. C. R. Landon).

THIELE G. *Die Familie Bach in Mühlhausen.* Mühlhäuser Geschichtsblätter, 1920–21.

TUTENBERG F. *Die Sinfonik J. Christian Bachs.* Wolfenbüttel, 1928.

ULDALL H. *Das Klavierkonzert der Berliner Schule und ihres Führers Philipp Emanuel Bach.* Leipzig, 1927.

ULMENSTEIN C. U. v. *Die Nachkommen des Bückeburger Bach. AfMf,* 1939.

VETTER W. *Der Kapellmeister Bach. Versuch einer Deutung.* Potsdam, 1950.

VRIESLANDER O. *C. P. E. Bach als Klavierkomponist.* Dresden, 1922.

— *C. P. E. Bach.* München, 1923.

— *C. P. E. Bach als Theoretiker,* in „Von Neuer Musik". Köln, 1925.

WEISSMANN A. *Berlin als Musikstadt.* Berlin, 1911.

WENNIG E. *Chronik des musikalischen Lebens der Stadt Jena.* Jena, 1937.

WETTE G. A. *Historische Nachrichten von der berühmten Residenzstadt Weimar.* Weimar 1737.

WIEGAND F. s. Arnstadt.

WIEN-CLAUDI H. *Zum Liedschaffen C. P. E. Bachs.* Reichenberg, 1928.

WINKLER H. A. *Die Bachstätte in Eisenach; der Streit um J. S. Bachs Geburtshaus.* Flarchheim, 1931.

WINTERFELD C. VON. *Der evangelische Kirchengesang und sein Verhältnis zur Kunst des Tonsatzes.* Leipzig, 1847.

WIRTH H. *Joh. Christian Bach* in MGG, I, 942, Kassel, 1949–1951.

WOTQUENNE A. *Thematisches Verzeichnis der Werke von C. P. E. Bach.* Leipzig, 1905. Nachdr. Wiesbaden 1965.

ZELTER K. F. *K. F. C. Fasch.* Berlin, 1801.

ZILLER E. *Der Erfurter Organist J. Heinrich Buttstädt.* Halle, 1935.

AUSGEWÄHLTE STUDIEN, DIE NACH ABSCHLUSS DER ERSTEN AUFLAGE ERSCHIENEN SIND

BACH C. P. E. *Autobiographie.* Faks. d. Ausg. Hamburg 1778, hgg. v. W. S. Newman, Hilversum, 1967.

BARFORD P. *The Keyboard Music of C. P. E. Bach.* London, 1965.

BRAUN W. *Material zu Friedemann Bachs Kantatenaufführungen in Halle (1746–64).* Musikforschung, 1965.

BUSCH G. *C. Ph. E. Bach und seine Lieder.* Kölner Beiträge zur Musikforschung. Regensburg, 1957

CRICKMORE L. *C. P. E. Bach's Harpsichord Concertos.* Music & Letters, 1958.

DADELSEN G. v. *Bemerkungen zur Handschrift J. S. Bachs, seiner Familie und seines Kreises.* Tübinger Bach Studien I, Trossingen, 1957.

DOWNES E. O. D. *The Operas of J. Chr. Bach.* Dissert. Harvard Univ. Cambridge, Mass., 1958.

ENGEL H. *Musik in Thüringen*. Mitteldeutsche Forschungen, Köln, 1966.

FISCHER K. v. *Arietta variata* in „Studies in 18th Century Music" (Festschrift K. Geiringer) London, 1970.

FREYSE C. *Die Ohrdrufer Bache*. Eisenach und Kassel, 1957.

GEIRINGER K. *Unbekannte Werke von Nachkommen J. S. Bachs in amerikanischen Sammlungen*. Kongreß Bericht, Köln, 1958.

JURISCH H. *Prinzipien der Dynamik im Klavierwerk Ph. E. Bachs*. Kongreß Bericht Kassel, 1962.

KOCH H. *Johann Nicolaus, der „Jenaer" Bach*. Musikforschung, 1968.

KRAFT G. *Neue Beiträge zur Bach Genealogie*. Beiträge zur Musikwissenschaft, 1959.

– *Entstehung und Ausbreitung des musikalischen Bach Geschlechtes in Thüringen*. Wittenberg, 1964.

KUNZE S. *Die Vertonung der Arie „No sò d'onde viene" von J. Chr. Bach und W. A. Mozart*. Analecta Musicologica, 1965.

MITCHELL W. J. *Modulation in C. P. E. Bach's „Versuch"* in „Studies in 18th Century Music" (Festschrift K. Geiringer) London, 1970.

MÜLLER-BLATTAU J. *Bindung und Freiheit. Zu Wilhelm Friedemann Bachs Fugen und Polonäsen* in „Von der Vielfalt der Musik" Freiburg im Br., 1966.

NEUMANN W. und SCHULZE H.-J. *Bach-Dokumente* I und II. Kassel, 1963, 1969.

NEWMAN W. S. *C. P. E. Bach's Autobiography* MQ, 1965.

ROSE G. *Father and Son. Some attributions to J. S. Bach by C. P. E. Bach*, in „Studies in 18th Century Music" (Festschrift K. Geiringer) London, 1970.

SCHEIDE W. H. *J. S. Bachs Sammlung von Kantaten seines Vetters Johann Ludwig Bach*. BJ, 1959, 1961, 1962.

SCHMIEDECKE A. *J. S. Bachs Verwandte in Weißenfels*. Musikforschung XIV, 1961.

SCHULZE H. J. *Frühe Schriftzeugnisse der beiden jüngsten Bach Söhne*. BJ, 1963/64.

SIMON E. J. *A Royal Manuscript. Ensemble Concertos by J. C. Bach*. Journ. Amer. Musicol. Society, 1959.

SUCHALLA E. *Die Orchestersinfonien C. P. E. Bachs*. Augsburg, 1968.

WARBURTON E. *J. C. Bach's Operas*. Proceedings Roy. Mus. Assoc. London, 1965/66.

WESTON G. B. *Some Works Falsely Ascribed to Friedemann Bach*. In „Essays on Music", Festschrift A. Davison, Cambridge (Mass.), 1957.

WIEGAND F. *Die mütterlichen Verwandten J. S. Bachs in Erfurt*. BJ, 1967.

WOHLFAHRT H. *Wilhelm Friedrich Ernst Bach*. Schaumburg-Lippische Heimatblätter, 1959.

– *Neues Verzeichnis der Werke von J. Christoph Friedrich Bach*. Musikforschung, 1960.

WYLER R. *Form- und Stiluntersuchungen zum ersten Satz der Claviersonaten C. Ph. E. Bachs*. Bern, 1960.

YOUNG P. M. *The Bachs, 1500–1800*. London, 1970.

ZAVARSKY E. *Zur angeblichen Preßburger Herkunft der Familie Bach*. BJ, 1967.

AUSGEWÄHLTE KOMPOSITIONEN, DIE NACH ABSCHLUSS DER ERSTEN AUFLAGE IM NEUDRUCK ERSCHIENEN SIND

Carl Philipp Emanuel Bach: Kurze u. leichte Klavierstücke mit veränderten Reprisen (Jonas) Wien, 1961; Sei Sonatine nuove (Goecher) Mainz, 1964; Six Sonatas for Clavier, W. 51 (Rose) Bryn Mawr, 1973. – Orgelwerke, 2 Bnde (Fedtke) Frankfurt a. M., 1968. – Vier Sonaten f. Flöte u. Klavier, W. 83–86 (Walter) Wiesbaden, 1955; Sonate f. 2 Violinen u. Continuo, D dur (Nagel) Wolfenbüttel, 1972; Trio Sonate f. Flöte, Violine, Klavier D dur W. 151 (Braun) Stuttgart, 1972; Sonata for Alto Recorder and Harpsichord (Waitzmann) New York, 1974. – Cembalo Concerto D major, W. 43/2 (Landshoff) New York, 1967; Harpsichord Concerto D major (Kulukundis) Madison, 1970. – Doppelkonzert Es dur f. Cembalo u. Fortepiano, W. 47 (Jacobi) Kassel, 1958. – Konzerte f. Orgel oder Cembalo in G dur u. Es dur W. 34 u. 35 (Winter) Hamburg, 1964. – Two Concertos for Flute and Strings (Piccioli) New York 1954, 1960; Concerto for Flute and Strings G major W. 169 (Heinz) New York, 1960; Concerto for Flute and Strings A major, W. 168 (Kneihs) Zürich, 1967. – Vier Orchestersinfonien (Steglich) „Erbe deutscher Musik" B. 18, Wiesbaden 1966; Symphonie A dur W. 182/4 (Lebermann) Mainz, 1970. – Geistliche Oden u. Lieder W. 194, New York, 1973. – Phillis u. Thirsis (Nagel) Köln, 1972. – Die Israeliten in der Wüste (Darvas) Zürich, 1971.

Johann Christian Bach: Zwei Sonaten f. Klavier u. Flöte, op. 16 No 1 u. 2 (Küster) Kassel, 1960; Three Quartets for Flute and Strings A maj., C maj., D maj., London, 1961; Quartett f. Flöte, Streicher u. Continuo, op. 8/6 (Nagel) Mainz, 1970; Trio f. 2 Flöten u. Baß (Radeke) Wolfenbüttel, 1972. – Cembalo Konzert A dur (Hoffmann) Wolfenbüttel, 1963; Concerto per il Cembalo op. VII/5 (Illy) Roma, 1967. – Oboe Concerto F major (Maunder) London, 1963. – Sinfonien f. 5 Bläser (Stein) Leipzig 1957–58; 3 Concerted Symphonies (White jr.) Tallahassee, 1963; Sinfonie D dur v. 1777 (Lebermann) Mainz, 1970; Symphony op. 18/2 (Beechey) London, 1971; Symphonie op. 6/1 (Gmür) Zürich, 1971; Sechs Sinfonien op. 3 (Smith) Wien, 1972; Symphonie op. 6/3 (Gmür) Wiesbaden, 1973. – Ouverture zu „La clemenza di Scipione" (Landon) Wien, 1970. – Sechs italienische Duettinen f. 2 Soprane u. Klavier (Reichert) Wiesbaden, 1958; Four Scotch Songs for voice and instruments (Fiske) London 1969. – Temistocle (Downes, Landon) Wien, 1965; Amadis des Gaules (Ford) Westmead, Farnborough 1972; La clemenza di Scipione (Arnold) Westmead, Farnborough 1972. – Dies irae (Bastian) Mainz, 1972; Kyrie (Vos) Saint Louis, 1972.

Johann Christoph Friedrich Bach: Sechs leichte Sonaten f. Klavier (Ruf) Mainz, 1968. – Variationen über „Ah, vous dirais-je maman" f. Klavier (Barbé) Zürich, 1966; Klavierstücke aus den „Musikalischen Nebenstunden" (Kreutz) Mainz, 1968. – Sonate f. Klavier vierhändig, A dur (Hillemann) Wilhelmshaven, 1960; Sonate f. Klavier vierhändig, C dur, Wilhelmshaven, 1969. – Sonate f. Flöte, Violine u. Continuo A dur (Frotscher) Hamburg 1956; Sonate f. Flöte, Violoncello u. Cembalo D dur (Ruf) Kassel, 1956; Sonate f. Violoncello u. Continuo, G dur (Ruf) Kassel, 1961; Sonate f. Violoncello u. Continuo, A dur (Wenzinger) Kassel, 1961; Sonate f. Flöte u. Cembalo F dur (Hinnenthal) Wiesbaden 1966; Sonate f. Cembalo, Flöte u. Violine C dur (Nagel) Mainz, 1970. – Cembalo Konzert E dur (Hoffmann) Wolfenbüttel, 1966. – Konzert f. Klavier u. Viola (Seiler) Berlin, 1966. – Drei Sinfonien (Wohlfahrt) Bückeburg, 1966; Sinfonie D moll (Hoffmann) Wolfenbüttel, 1973. – Der Tod Jesu (Salzwedel) Bückeburg, 1964.

Wilhelm Friedemann Bach: Konzert G dur f. Klavier solo (Hoffmann-Erbrecht) Lippstadt, 1960; Fantasie C dur f. Klavier (Hoffmann-Erbrecht) Lippstadt 1963; Zwölf Polonaisen (Woytowicz) Kraków, 1968; Klavierphantasien (Schleuning) Mainz, 1970. – Orgelwerke (Fedtke) Frankfurt a. Main, 1968. – Drei Duette f. 2 Violinen(Altenmark) Wiesbaden, 1966. Sinfonia f. 2 Flöten u. Streicher (Päuler) Zürich, 1967; Sinfonie D dur (Lebermann) Mainz 1970. – „Ehre sey Gott in der Höhe", Kantate (Schultz-Hauser) Berlin, 1964.

IN DIESEM BUCH BEHANDELTE WERKE
DER FAMILIE BACH

PERSONENVERZEICHNIS

Weitere Werke von Karl Geiringer

Instrumente in der Musik des Abendlandes

1982. 265 Seiten mit 20 Textabbildungen und
89 Tafelabbildungen. Leinen
(Beck'sche Sonderausgaben)

„Die Musikinstrumente ... werden in die Epochen der Musikgeschichte eingeordnet und den jeweils herrschenden musikalischen Formen und Entwicklungen zugeordnet. Dadurch werden die Wechselwirkungen zwischen der musikalischen Stilentwicklung und dem Formenkanon einerseits und dem Instrumentenbau und dem sich wandelnden Klangideal andererseits deutlich ... Obwohl Geiringer in solchen übergeordneten Zusammenhängen denkt, ist sein Buch ein pragmatisch knapper, faktenreicher Leitfaden, der über die Steinzeit genau so kundig informiert wie über Synthesizer und Computer als ‚Komponiermaschinen‘.“ *Frankfurter Allgemeine Zeitung*

Johann Sebastian Bach
Unter Mitarbeit von Irene Geiringer

2., überarbeitete Auflage. 1978. XIII, 377 Seiten mit 5 Abbildungen auf Tafeln sowie 7 Abbildungen und 71 Notenbeispielen im Text. Leinen (Beck'sche Sonderausgaben)

„ ... läßt sich sagen, daß das Werk von Karl Geiringer die Ansprüche erfüllt, die ein großer Leserkreis heute an ein Buch über Bach stellen wird: es vermittelt, auf Grund der gegenwärtigen Forschungsergebnisse, ein klares Wissen über den Meister und sein Werk und gibt uns auch ein Bild von der musikalischen Welt seiner Zeit“. *Du, Zürich*

Verlag C. H. Beck München

Musiker im Porträt

„Mit der Reihe ‚Musiker im Porträt‘ von Walter Salmen und der Mit-
verfasserin Gabriele Salmen entsteht nicht nur ein zuverlässiges, wenn
auch im Umfang begrenztes Nachschlagewerk, sondern darüber hinaus
ein kulturhistorisch interessanter und wertvoller Wegweiser duch die
Musikgeschichte.“   *RAI*

Walter Salmen
Band 1. Von der Spätantike bis 1600
1982. 200 Seiten mit 87 Abbildungen. Paperback
(Beck'sche Schwarze Reihe, Band 250)

Walter Salmen
Band 2. Das 17. Jahrhundert
1982. 184 Seiten mit 82 Abbildungen. Paperback
(Beck'sche Schwarze Reihe, Band 251)

Gabriele und Walter Salmen
Band 3. Das 18. Jahrhundert
1983. 187 Seiten mit 83 Abbildungen. Paperback
(Beck'sche Schwarze Reihe, Band 252)

Gabriele Salmen
Band 4. Das 19. Jahrhundert
1983. 188 Seiten mit etwa 80 Abbildungen. Paperback
(Beck'sche Schwarze Reihe, Band 253)

Gabriele Salmen
Band 5. Das 20. Jahrhundert
Erscheint voraussichtlich 1984

Verlag C. H. Beck München